Rudolf Wacker
Tagebücher 1913–1939

Band 1

Rudolf Wacker
Tagebücher 1913–1939

Herausgegeben von Rudolf Sagmeister

Band 1

Topos Verlag

CIP-Titelaufnahme der Deutschen Bibliothek

Wacker, Rudolf:
Tagebücher : 1913–1939 / Rudolf Wacker. Hrsg. von Rudolf
Sagmeister. – Vaduz, Liechtenstein : Topos Verl.
ISBN 3-289-00505-4
Bd. 1 (1990)

Die Herausgabe dieser Edition unterstützten
die **Vorarlberger Landesregierung**,
die **Landeshauptstadt Bregenz**,
die **Vorarlberger Landes- und Hypothekenbank**
und die **Vorarlberger Illwerke AG**

Schutzumschlag: Gestaltung Frank Mätzler, Bregenz; unter Verwendung zweier Faksimileseiten aus den Tagebüchern Rudolf Wackers und Wackers Werken *Selbstbildnis mit Händen*, 1919, Bleistift, Privatbesitz (Band 1), und *Stilleben mit zwei Köpfen*, 1932, Öl auf Holz, Österreichische Galerie, Wien (Band 2).

Meiner Familie,
besonders meiner Frau Kathleen
und meinem Schwager Meinrad Pichler,
möchte ich für ihre Unterstützung
während dieser langwierigen Arbeit danken.
Danken möchte ich auch dem
Bregenzer Stadtarchiv, das mir den Zugang
zu den Originalen so häufig ermöglichte,
und der Familie Wacker für ihr
Entgegenkommen.

Inhaltsverzeichnis

Band 1

Band 2

Einleitung

Es gibt aber auch Leute die meinen, daß die Aussprache an und für sich eine Preisgebung sei. – Von diesen bin ich sehr entfernt. Ja im Gegenteil ich betrachte Diskurse über die intimsten Erlebnisse als öffentliche Angelegenheiten. Jedem der selber in der Schule des Lebens lernt u. strebt ein Mensch zu werden, dem zeige ich gerne meine Kassabücher.

16. Juli 1913

Bedeutung der Tagebücher

Wenn in der heutigen Zeit ein derart umfangreiches Editionswerk unternommen wird, scheint es vorab notwendig zu sein, ein solches Unterfangen zu legitimieren. Rechtfertigen die privaten Aufzeichnungen eines „Provinzkünstlers" diesen Aufwand, oder wird damit Bedeutsamkeit vorgegeben, die sich in einer überregionalen Sicht doch sehr relativieren würde?

Solchen Fragen ist mit konkreten Antworten zu begegnen: Die österreichische Geschichtsschreibung zur Kunst der Zwischenkriegszeit steckt noch in den Anfängen und hat bisher nur die naheliegenden Quellen erschlossen. In diesen bisherigen Betrachtungen hat zudem die Neue Sachlichkeit die geringste Rolle gespielt, da sie bereits zu ihrer Zeit die bescheidenste öffentliche Teilnahme erfuhr und später meist als genuin deutsche Angelegenheit betrachtet wurde. Erst in jüngster Zeit haben Ausstellungen und dazugehörige Publikationen diese Vorstellungen zu verändern begonnen[1]. Anders bietet sich das Bild in der Bundesrepublik Deutschland, wo die Wertschätzung der Neuen Sachlichkeit bereits in den sechziger Jahren eingesetzt hat. Auch hier war zuerst der nachhaltige Schutt, den der Nationalsozialismus über diese Kunstrichtung ausgebreitet hatte, abzutragen. Erst danach war die Bedeutsamkeit und Aktualität der gegenständlichen Malerei der zwanziger und dreißiger Jahre in ihrer ganzen Dimension erkennbar. Eine Quelle von dem Umfang und der Authentizität, wie sie Wackers Tagebücher darstellen, ist auch jenen Forschungen bisher nicht zur Verfügung gestanden. Wieland Schmied beklagt in seiner bahnbrechenden Arbeit zur Neuen Sachlichkeit[2] gerade das Fehlen authentischer Aufzeichnungen und persönlicher Reflexionen zu dieser Zeit. Und John Willett stellt fest, daß „die Geschichte der Eroberung der Provinz durch den Expressionismus" noch geschrieben werden müßte[3]. Wackers Tagebücher sind geeignet, einen wesentlichen Teil dieser Lücken zu füllen. Das nicht nur, weil er zu entscheidenden Zeiten sich an den Orten der künstlerischen Innovationen persönlich aufhielt, sondern weil er auch den theoretischen Unterbau rezipierte und kommentierte und die Tagebücher zugleich ein hohes Maß an eigener Reflexion dokumentieren. Daneben wird sich schwerlich eine ergiebigere Quelle zur deutschen Kunstsoziologie über nahezu vier Jahrzehnte (1913–1939) finden lassen, die unverzerrte, weil nicht für die Öffentlichkeit bestimmte[4] Dokumente zur Existenz eines freiberuflichen Künstlers enthält. Damit sind nicht nur die Auskünfte des Autors über seine persönliche, künstlerische und materielle Situation angesprochen, sondern auch die umfangreichen „harten Daten" zum allgemeinen Kunstbetrieb: von der Ausbildung im habsburgischen Wien und wilhelminischen Weimar über das Bauhaus und die Kunstszene des republikanischen Berlin bis zur Faschisierung Deutschlands und Österreichs. Wackers Beschreibungshorizont greift aber noch weit über die westeuropäischen Erfahrungen hinaus, da er seine fünfjährige sibirische Kriegsgefangenschaft nicht nur sehr bewußt erlebte, sondern auch exakt beschrieb. Das einschneidendste Ereignis dieser Zeit, die Russische Revolution, erlebte er somit vor Ort auch in ihren Forderungen hinsichtlich der politischen Inanspruchnahme der Kunst. Wie nachhaltig Krieg, Kriegsgefangenschaft und in vielen Fällen auch das Erlebnis der Revolution Wackers Generation geprägt haben, wird gerade in den späteren Tagebüchern immer wieder spürbar. Auch darin bieten diese persönlichen Aufzeichnungen Erklärungsmuster, die weit über die Einzelperson hinaus exemplarisch sein dürften.

Mit dieser Feststellung ist auch schon eine weitere Qualität der gesamten Tagebuchaufzeichnungen angesprochen, nämlich die zeitgeschichtliche Bedeutung. Wacker gehört zu jener Generation, die in der Monarchie aufgewachsen, durch den Ersten Weltkrieg ernüchtert, von der Demokratie enttäuscht und im Faschismus gescheitert ist. Die einzelnen Phasen dieser beispielhaften Biographie sind in den Tagebüchern in ihrem genauen Ablauf festgehalten.

Neben der biographischen, kunsthistorischen, soziologischen und zeitgeschichtlichen Relevanz ist auch der literarische Wert dieser Tagebücher nicht hoch genug zu veranschlagen. Dieser ergibt sich aus Wackers ungewöhnlicher Fähigkeit, persönliche Befindlichkeit auszudrücken, aus dem steten Zusammenhang zwischen schriftlicher und bildlicher Äußerung und der reflektierten und scharfen Wahrnehmung der äußeren Umstände. Und ebenso wie er seine künstlerische Entwicklung niemals dem Zufall überließ, sondern stets einer vergleichenden Kontrolle unterzog, so dienten ihm alle faßbaren schriftlichen Äußerungen von bildenden Künstlern als Maßstab zur Vervollkommnung seines eigenen Schreibens[5].

Beschreibung der Tagebücher

Rudolf Wacker hat sehr früh, sicher seit 1910, Tagebuch geführt, nicht erst seit 1913, wie bisher angenommen wurde[6]. Aus einem Brief an seine Mutter geht hervor, daß er in seinem ersten Studienjahr in Wien nicht nur bereits ein Tagebuch, sondern sogar daneben noch ein „Maltagebuch" geführt hat[7]. Bei Wackers ausgewiesener Neigung zur Schriftlichkeit – neben dem über 1000-seitigen Tagebuch hinterließ er noch weit über 2000 Postkarten und Briefe – ist sogar anzunehmen, daß er möglicherweise schon seit der späten Kindheit persönliche Aufzeichnungen angefertigt hat. Diese frühen Tagebücher und Schriften blieben aber bis heute unauffindbar.

Vorhanden sind acht Bücher und acht Hefte aus der Zeit zwischen 1913 und 1939. Sie setzen ein mit dem 26. Februar 1913, am 25.2.1913 war Wackers zwanzigster Geburtstag gewesen, und berichten in diesem und den folgenden Jahren über das Studium an der Großherzoglichen Sächsischen Hochschule für bildende Kunst in Weimar, von der nationalen Kriegsbegeisterung beim Ausbruch des Ersten Weltkriegs, von den Ernüchterungen der Militärausbildung und den erschütternden Erlebnissen an der Front, von fünfjähriger Kriegsgefangenschaft in Sibirien, von der Russischen Revolution, von der Herrschaft der Roten und der Weißen Armee und der Tschechischen Legion, vom urbanen Leben im Berlin der Zwischenkriegszeit, vom Leben in der österreichischen Provinz in den zwanziger und dreißiger Jahren, von Fluchtversuchen und Heimreisen, vom Ende der Demokratien in Deutschland und Österreich, vom „autoritären christlichen Ständestaat" und vom Hitlerfaschismus.

All diese einschneidenden historischen Ereignisse werden nicht nur registriert, sondern in ihren Auswirkungen auf die unmittelbaren Lebenszusammenhänge des Schreibers begriffen und mit seinem künstlerischen Schaffen in Verbindung gesetzt. Daraus entsteht ein dichtes literarisches Geflecht bewußt erlebter Alltagsgeschichte. Zugleich sind die Tagebücher der wichtigste Schlüssel zur Entstehung und zum Verständnis der künstlerischen Produktion Wakkers, ihr gesamter geistiger und materieller Hintergrund wird nachvollziehbar.

In Inhalt und Umfang sind die einzelnen Tagebücher keineswegs einheitlich. Zeitweise dominiert die Beschreibung der äußeren Bedingungen, zeitweise das ganz Private, dann wieder die künstlerischen und politischen Intentionen und deren Realisierungen. Ähnlichen Wandlungen unterliegt das Tagebuchschreiben auch hinsichtlich der Funktion für den Schreibenden selbst. Dient es in der ersten Phase vornehmlich der Formulierung von Maximen für ein zukünftiges Künstlerleben, so ersetzt es im Krieg und in der Gefangenschaft die fehlende Kommunikation zur Verarbeitung übermächtiger Eindrücke und Ängste. In der Hauptschaffensperiode wird es bisweilen die Buchführung über Gesehenes, Gelesenes und Selbstgeschaffenes, mit der Zuspitzung der politischen Situation zu Beginn der dreißiger Jahre treten die persönlichen Überlegungen und daraus resultierenden Konsequenzen dieser dramatischen Situation in den Vordergrund. Die letzten Abschnitte schließlich sind ein Zeugnis einer tiefresignativen Stimmung als Reaktion auf die Unterdrückung jeglicher geistigen Freiheit, der Schluß ist Schweigen.

Das erste Tagebuch umfaßt auf 189 Seiten den Zeitraum vom 26. Februar 1913 bis zum 31. Dezember 1925. Nicht enthalten sind darin die Zeit vom August 1914 bis zum September 1920 sowie Wackers Aufenthalte in Berlin 1921 und in Wien und Rumänien 1923/24; darüber berichten gesondert geführte Tagebücher. Das Tagebuch der Militärdienstzeit reicht vom 1. August 1914 bis zum 14. November 1914 und umfaßt 53 Seiten. Wackers Feldtagebuch ist nur noch in einem „Auszug" erhalten und enthält auf 114 Seiten den Zeitraum vom 26. Mai 1915 bis zum 28. Oktober 1915. Die Tagebücher der Kriegsgefangenschaft, sie reichen vom 22. Juni 1916 bis zum 17. Juli 1920, machen gemeinsam mit den Lektürelisten dieses Zeitraumes und einem „Übersichtlichen Rückblick. Kriegsjahre 1914–1918" 255 Seiten aus. Das Berliner Tagebuch umfaßt auf 76 Seiten den Zeitraum vom 20. Januar 1921 bis zum 15. Juni 1921. Das Tagebuch 1926–1929 reicht vom Januar 1926 bis zum 14. Juli 1929 und enthält 139 Seiten, das Tagebuch 1929–1934 vom 14. Juli 1929 bis zum 31. Dezember 1934 und enthält 104 Seiten, das Tagebuch 1935–1938 vom 1. Januar 1935 bis zum 14. März 1938 und umfaßt 86 Seiten. Sein letztes Tagebuch 1938/39, für das er ein besonders umfangreiches Notizbuch gewählt hatte, konnte Wacker nur noch bis zur Seite 21 füllen. Es beschreibt den Zeitraum von Ostern 1938 bis zum Januar 1939. Insgesamt enthalten die Tagebücher einschließlich der Lektürelisten 1040 Seiten.

Rezeption

Der hohe Stellenwert von Wackers Tagebüchern zur Deutung seines Werks und seines Lebens wurde schon früh erkannt. 1946, anläßlich der ersten Gedächtnis-Ausstellung Rudolf Wacker im Vorarlberger Landesmuseum Bregenz, erstellte der mit Wacker befreundete Bregenzer Maler Rudolf Hoegler einen Katalog mit Tagebuchauszügen Wackers[8]. Die hier publizierten Tagebuchstellen bildeten bis 1974 die wichtigste Quelle, da anschließend alle Tagebücher, mit Ausnahme des Tagebuches der Militärdienstzeit, des Auszugs aus dem Feldtagebuch, der Tagebücher der Kriegsgefangenschaft, des Berliner Tagebuches 1921 und des letzten Tagebuches 1938/39, verschollen waren. Der Lindauer Freund Wackers, Robert Goetzger, hatte die restlichen Tagebücher von der Witwe Wakkers zur Aufbewahrung übertragen erhalten. Davon wußte selbst Wackers enger Freund Max Haller, der Verfasser der ersten Wacker-Monographie[9], nichts[10]. Haller konnte deshalb nur auf die bereits von Hoegler publizierten Stellen zurückgreifen, die er in einem Anhang in Auszügen wiederum veröffentlichte. Zusätzlich zitiert Haller im Text einige Stellen aus Wackers Feldtagebuch und den Tagebüchern der Kriegsgefangenschaft. Alle bis 1974 erschienenen Arbeiten über Wacker, in denen auf Wackers Tagebuch Bezug genommen wird, fußen daher auf den bei Hoegler und Haller publizierten Tagebuchauszügen[11]. Erst 1974 änderte sich diese Situation schlagartig, als die Stadt Bregenz die vollständigen Tagebücher von der Witwe erwerben konnte. Oscar Sandner, der zuvor schon wichtige Arbeiten über Wacker verfaßt hatte, wertete die neugefundenen Tagebücher für sein 1975 erschienenes Werk „Rudolf Wacker, Zeichnen als

Befreiung"[12], aus. Sandner zitiert Wacker im Text, im Katalog ordnet er den Zeichnungen die diese betreffenden Tagebuchstellen zu, und ebenso wie schon Hoegler und Haller gibt er eine – nun erweiterte und systematische – Auswahl von Tagebuchstellen in einem Anhang wieder. 1983 unternahm der Verfasser den Versuch, eine „Autobiographie" aus den Tagebüchern, Bildern, Zeichnungen und Photographien Wackers zusammenzustellen. Diese „Bekenntnisse" Rudolf Wackers[13] sind bis heute die umfangreichste Publikation aus Wackers Tagebüchern. In die österreichische und deutsche Kunstgeschichtsschreibung hat das Tagebuch – über die erwähnten Zitierungen hinaus – kaum bis gar nicht Eingang gefunden[14].

Etwas anders verhält es sich mit dem künstlerischen Oeuvre von Rudolf Wakker. Schon zu Lebzeiten war Wacker vor den Schwierigkeiten, die das Operieren von der Provinz aus mit sich brachte, gestanden. Er hatte diese Probleme durch die Mitgliedschaft in verschiedenen Künstlervereinigungen, durch die Pflege seiner vielfältigen Bekanntschaften in Kunsthistorikerkreisen und durch sein stetes persönliches Engagement auf häufigen Reisen in die Metropolen zu überwinden versucht. Nach seinem Tode fiel Wacker, wie der Großteil der gegenständlichen Künstler, aus kulturpolitischen Gründen – auch ein Erbe des Nationalsozialismus – dem „Vergessen" anheim. Seine neuerliche Entdeckung geschah vorerst durch seine Künstlerfreunde. 1946 wurde im Vorarlberger Landesmuseum Bregenz die erste Gedächtnis-Ausstellung durch die Vorarlberger Künstlervereinigung „Die Bauhütte" unter der Mitarbeit Wackers enger Freunde Robert Goetzger und Rudolf Hoegler veranstaltet. Zwölf Jahre später, 1958, widmete ihm die Österreichische Gemäldegalerie Wien eine Gedächtnis-Ausstellung mit 45 Ölbildern und 20 Zeichnungen[15]. Diese Ausstellung hatte aber nicht die „erhoffte Schubwirkung" auf die österreichische Kunstgeschichtsschreibung[16]. Das Interesse an Wackers Werk blieb ein lokal begrenztes, und in den folgenden Jahren fanden Ausstellungen weiterhin nur in der engeren Heimat Wackers, in Vorarlberg und Tirol, statt[17]. 1971 erfolgte in Verbindung mit dem Erscheinen der ersten Wacker-Monographie[18] eine Ausstellung in der Galerie des Neufeld Verlages Lustenau. 1975 veranstaltete die Stadt Bregenz gemeinsam mit der Präsentation des Zeichnungen-Buches (Neufeld Verlag) von Oscar Sandner die bisher größte Ausstellung von Zeichnungen Wackers mit rund 200 Exponaten. Insbesondere den zahlreichen Schriften Oscar Sandners[19] und den Bemühungen des Neufeld Verlages, bei dem 1983 auch „Rudolf Wacker. Bekenntnisse. Eine ‚Autobiographie' aus Tagebüchern, Bildern, Zeichnungen und Photographien"[20] erschien, ist es zu verdanken, daß Wacker allmählich einem bloß lokalen Bekanntheitsgrad entrissen wurde. Wie weit der Weg von Bregenz nach Wien war, hatte schon Wacker am eigenen Leibe erfahren, und dies zeigte sich wieder 1977 bei der Wiener Ausstellung „Neue Sachlichkeit und Realismus. Kunst zwischen den Kriegen", in der Wacker nur mit *einem* Werk vertreten war[21]. Erst 1984 mit der Ausstellung „Abbild und Emotion. Österreichischer Realismus 1914–1944" in Wien und Bregenz[22] wurde Wackers Stellung als bedeutendster Vertreter der Neuen Sachlichkeit innerhalb Österreichs endgültig erkannt und bestätigt.

Zu seinen Lebzeiten hatte Wacker weitaus häufiger Ausstellungen in Deutschland und in der Schweiz als in Österreich beschickt. Bei den großen deutschen Ausstellungen und Anthologien (F.G. Hartlaubs erster umfassender Ausstellung der Neuen Sachlichkeit 1925 in verschiedenen deutschen Städten und Franz Rohs Standardwerk über den Magischen Realismus „Nachexpressionismus" Leipzig 1925) war er allerdings durch den Raster nationaler Kunstgeschichtsschreibung gefallen, in Österreich war die Neue Sachlichkeit nie ein Thema besonderer Aufmerksamkeit. Erst in der Zeit neuerlicher Wertschätzung dieser Kunstrichtung seit den sechziger Jahren wurde auch auf Wackers Arbeiten zurückgegriffen. 1968 war er in Hamburg bei der Ausstellung „Realismus in der Malerei der 20er Jahre"[23] und 1974 in Berlin bei der Ausstellung „Realismus und Sachlichkeit. Aspekte Deutscher Kunst 1919–1933"[24] jeweils vertreten, bei der großen Europarats-Ausstellung „Tendenzen der zwanziger Jahre" 1977 in Berlin[25] sogar mit mehreren Bildern und Zeichnungen. Um so unverständlicher ist es, daß Wacker, wie überhaupt alle Österreicher, auf der Pariser bzw. Berliner Ausstellung 1981 „Realismus. Zwischen Revolution und Reaktion 1919–1939"[26] ganz fehlte. Das dürfte jedoch nicht nur eine Geringschätzung der Österreichischen Kunst der Zwischenkriegszeit zur Ursache haben, sondern auch an der bisher kaum stattgefundenen Aufarbeitung dieser Epoche durch die österreichische Kunstwissenschaft liegen.

Edition

Wackers hinterlassene Tagebücher befinden sich zur Gänze im Stadtarchiv der Vorarlberger Landeshauptstadt Bregenz. Sie bestehen aus acht Notizbüchern unterschiedlichen Formats[27] und einer hartgebundenen Sammelmappe mit acht Heften. Als Schreibmaterial verwendete Wacker meist Füllfeder und Tinte, nur während der Militärdienstzeit schrieb er mit Bleistift. Die Eintragungen von 1913 bis 1918 wurden in Kurrentschrift vorgenommen, danach hat Wakker auf lateinische Schrift umgestellt. Russische Eigennamen, Buchtitel, die gebräuchlichsten Gegenstände des täglichen Bedarfs und bisweilen auch in direkter Rede wiedergegebene Gespräche sind in den Tagebüchern der Kriegsgefangenschaft in kyrillischer Schrift festgehalten.

Wichtigste Absicht bei der Herausgabe war es, Wackers Tagebücher, auf deren Relevanz eingangs bereits hingewiesen wurde, der Forschung und interessierten Öffentlichkeit zugänglich zu machen. Um die Authentizität der Aufzeichnungen zu wahren, wurde Wackers Schreibweise – auch wo sie nicht den allgemeinen Regeln entspricht – beibehalten. Nur dort, wo es für ein eindeutiges Verständnis notwendig erschien, wurden Orthographie und Interpunktion behutsam angepaßt. Auch Wackers zahlreiche Abkürzungen wurden größtenteils belassen, nur abgekürztes „und", „oder", „gegen" u.a. wurden teilweise ohne besondere Kennzeichnung ausgeschrieben. Alle sonstigen Zusätze des Herausgebers sind als solche durch eckige Klammern gekennzeichnet. Eingefügte Anmerkungen beziehen sich in der Hauptsache auf Personen und Ortserklärungen oder auf kommentierte Textstellen, deren Hintergrund für den Leser nicht ohne weiteres verständlich ist. Zugleich verweisen die Anmerkungen durchgehend auf die parallele künstlerische Produktion des Tagebuchschreibers.

Jedem einzelnen Tagebuch wird eine kurze Einführung vorausgeschickt, die jeweils biographische Daten, den intellektuellen und materiellen Hintergrund und den Stand der künstlerischen Entwicklung beschreibt. Dabei wurden zweierlei über das Tagebuch hinausgehende Quellen eingebracht: einerseits zusätzliches authentisches Material (hauptsächlich Briefe aus dem Nachlaß) und zeitgenössische Belege (besonders Zeitungskritiken), andererseits die Ergebnisse der heutigen kunsthistorischen Forschung. Überhaupt waren dem Herausgeber neben dem umfangreichen Nachlaß, der sich seit 1985 im Franz-Michael-Felderarchiv und Vorarlberger Literaturarchiv in Bregenz befindet und hauptsächlich aus 1190 Karten und Briefen besteht, auch die übrigen Teile der Hinterlassenschaft zugänglich: die Bibliothek, die Sammlung der Kritiken, das von Wacker genau geführte Ausstellungs- und Werksverzeichnis, die „Listen gelesener Bücher" und die photographische Sammlung. Als wichtigste Auskunftspersonen standen in erster Linie Wackers Witwe, Frau Ilse Wacker, und sein Sohn Romedius Wacker jederzeit und bereitwillig zur Verfügung. Weitere wichtige Zeitzeugen waren Verwandte und ehemalige Freunde Wackers; vor allem Frau Elsbeth Allgäuer, Bregenz, Frau Paula Risch, Bregenz, Max Perlhefter, Feldkirch, Dr. Josef Vintschger, St. Gallen, und Fritz Schlechter, Lindau.

Wo in den Einführungen und den Anmerkungen zum Tagebuch Wackers Aussagen nicht nur wiedergegeben, sondern auch kommentiert werden, geschieht letzteres zumindest in der Absicht des Herausgebers sehr vorsichtig, da eine abschließendere Deutung und Wertung sowohl des Tagebuches als auch des künstlerischen Oeuvres von Rudolf Wacker noch eines breiten kunstwissenschaftlichen Diskurses bedürfen.

Benutzerhinweise:

Abkürzungen:

TB	=	Tagebuch
V.F.	=	Vaterländische Front
VKG	=	Vorarlberger Kunstgemeinde
W.	=	Wacker

Wacker verwendete in seinen Tagebüchern häufig Abkürzungen; diese werden bei ihrem jeweiligen ersten Auftreten durch Ergänzungen in eckigen Klammern vervollständigt.
Für Verweise auf Wackers künstlerisches Oeuvre wurden vor allem die Monographien von Max Haller (Der Maler Rudolf Wacker 1893–1939. Lustenau 1971) und von Oscar Sandner (Rudolf Wacker. Zeichnungen. Zeichnen als Befreiung. Lustenau 1975) benutzt, wobei Hallers „Oeuvre-Katalog der Malerei" mit Haller, Sandners „Katalog der Zeichnungen" mit SaKat. abgekürzt zitiert werden. Hieraus stammen auch die Angaben zu den Werken Wackers in dieser Reihenfolge: Titel, Entstehungsjahr, Technik, Maße (Höhe steht vor Breite; bei Haller in cm, bei Sandner in mm), Wackers Beschriftung.

Anmerkungen zur Einleitung

1. Siehe Literaturliste, besonders: Ausstellung und Publikation: Abbild und Emotion. Österreichischer Realismus 1914–1944. Hg. v. Kunstverein Wien. Museum für angewandte Kunst, Wien/ Künstlerhaus, Bregenz. Wien 1984.

2. Wieland Schmied: Neue Sachlichkeit und Magischer Realismus in Deutschland 1918–1933. Hannover 1969, S. 25.

3. John Willett: Expressionismus. München 1970, S. 132.

4. Nach Information von Frau Ilse Wacker gewährte Wacker zu seinen Lebzeiten niemandem Einblick in seine Tagebücher.

5. Neben den von Wacker im Tagebuch und den Lektürelisten genannten Werken finden sich in seiner Bibliothek u.a.:
   Ferdinand Runkel (Hg.): Arnold Böcklins Memoiren. Tagebuchblätter von Böcklins Gattin Angela. Mit dem gesammelten brieflichen Nachlaß. Berlin 1910 (erworben Wien 1910).
   Otto Brahm (Hg.): Karl Stauffer-Bern. Sein Leben. Seine Briefe. Seine Gedichte. Berlin 1911 (erworben Wien 1911).
   Henriette Feuerbach (Hg.): Ein Vermächtnis von Anselm Feuerbach. Berlin 1911.
   Wilhelm Miessner (Hg.): Künstlerbriefe der Renaissance. Ausgewählt auf Grund des Werkes v. Dr. Ernst Guhl. Berlin 1913 (erworben Weimar 1913).
   Friedrich Schulze (Hg.): Napoleons Briefe. Leipzig 1912 (erworben Weimar 1913).
   Ernst Hartung (Hg.): Alles um Liebe. Goethes Briefe aus der ersten Hälfte seines Lebens. Vlg. Langewiesche-Brandt. Ebenhausen bei München o.J. (erworben Weimar 1912).
   Woldemar von Seydlitz (Hg.): Leonardo da Vinci. Malerbuch. Vollständige Zusammenstellung seines Inhalts. Verlegt v. Julius Bard. Berlin 1910 (erworben Weimar 1912).
   Michelangelo Buonarroti: Dichtungen. Übertragen von Heinrich Nelson. Jena 1909 (erworben Weimar 1912).
   Karl Hagemeister: Karl Schuch. Leben und Werke. Mit 60 Abb., vielen Briefen Schuchs und einem Auszug aus seinem Tagebuch. Berlin 1913 (erworben 1914).
   Max Sauerlandt (Hg.): Emil Nolde. Briefe aus den Jahren 1894–1926. Berlin 1927 (erworben 1930).
   Hans Graber (Hg.): Paul Cezanne. Briefe. Erinnerungen. Basel 1932.
   Hans Graber (Hg.): Eduard Manet. Briefe. Basel 1933.
   Vincent van Gogh: Briefe an den Maler Anthon von Rappard. 1881–1885. Wien 1937 (erworben 1937).

6. Siehe Oscar Sandner: Rudolf Wacker. Zeichnungen. Zeichnen als Befreiung. Lustenau 1975, S. 53.

7. „Endlich will ich Dir einmal an Hand der Briefe u. des Tagebuches ausführlicher schreiben. Da steht in meinem Tagebuch: ‚Ein schöner Sonntag [...]' Ich gebe keinen Heller aus, wozu Ihr nicht ‚Ja' sagen würdet also werdet Ihr auch von mir nicht fordern, daß ich ein ‚Kassa'buch führe. Ich hab sonst schon genug zu schreiben: Briefe, Tagebuch, Maltagebuch usw. – " Brief an die Mutter, Wien, 23.10.1910, Nachlaß.

8. Rudi Hoegler: Der Maler Rudolf Wacker 1893–1939, hsg. zur Gedächtnisausstellung Rudolf Wacker. Bregenz 1946.

9. Max Haller: Der Maler Rudolf Wacker 1893–1939. Lustenau 1971.

10. „Leider sind, von der Abreise nach Nischni Nowgorod alle späteren Tagebücher verschollen bis auf [...]". Ebenda o.p.

11. Siehe Literaturliste zu Wacker.

12. Siehe Anm. 6.

13. Rudolf Sagmeister: Rudolf Wacker. Bekenntnisse. Eine „Autobiographie" aus Tagebüchern, Bildern, Zeichnungen und Photographien. Lustenau 1983.

14. Einzelne Tagebuchstellen zitieren u.a.:
Wieland Schmied (siehe Anm. 2), S. 254.
Rupert Feuchtmüller: Kunst in Österreich. Bd. 1. Forum Verlag Wien 1973, S. 245.
Oscar Sandner in verschiedenen Publikationen (siehe Literaturliste).

15. Siehe Katalog der Ausstellung: Gedächtnisausstellung Rudolf Wacker 1893–1939. Österreichische Galerie, Wien 1958 (Vorwort von Karl Garzarolli).

16. Siehe Sandner (Anm. 1), S. 22.

17. Ebenda; vgl. auch die Liste der Ausstellungskataloge zu Wacker (Literaturliste).

18. Siehe Anm. 9.

19. Siehe Literaturliste.

20. Siehe Anm. 13.

21. Siehe Katalog der Ausstellung: Neue Sachlichkeit und Realismus. Kunst zwischen den Kriegen. Museum des 20. Jahrhunderts, Wien 1977, Kat. Nr. 182, S. 206, Abb. S. 107.

22. Siehe Anm. 1.

23. Siehe Katalog der Ausstellung: Realismus in der Malerei der 20er Jahre (Katalog bearbeitet von Hans Platte u.a.). Kunstverein Hamburg, 1968, Nr. 146, Abb. 86.

24. Siehe Katalog der Ausstellung: Realismus und Sachlichkeit. Aspekte deutscher Kunst 1919–1933. Staatliche Museen Berlin 1974, S. 221, Nr. 321, Abb. 92.

25. Siehe Katalog der Ausstellung: Tendenzen der zwanziger Jahre. 15. Europäische Kunstausstellung. Berlin 1977, 4/263 ff. mit Abb. (Text von Norbert Haas).

26. Siehe Katalog der Ausstellung: Realismus. 1919–1939. Zwischen Revolution und Reaktion. Centre Pompidou, Paris; Staatliche Kunsthalle, Berlin. München 1981.

27. Die genauen Maße werden jeweils bei den Titelblättern zu den einzelnen Tagebüchern angeführt.

Einführung zum Tagebuch 1913/14

Wer etwas werden will, der muß über sich lauschen und hören was sein Eigenes will.
14. Juni 1913

Am 25. Februar 1893 wurde Rudolf Wacker als viertes und jüngstes Kind des Romedius Wacker aus Thaur bei Hall in Tirol und der Marianne, geb. Wüstner, aus Mellau im Bregenzerwald in Bregenz geboren. Wacker betonte stets seine Verbundenheit mit den bäuerlichen Verwandten in Tirol (Bichlbach, Reutte)

Bild 1

Familie Wacker (v.l.n.r.): Maria, Marianne, Franz, Rudolf, Romedius, Romedi. Aufnahme ca. 1897.

und Vorarlberg und zog sich in äußeren und inneren Krisenzeiten dorthin zurück. Von seiner Mutter, einer Wirtstochter, konnte er sich sein ganzes Leben nicht lösen; – bis zu ihrem Tod sorgte und kochte sie für ihn, auch noch nach seiner Heirat lebten sie im gemeinsamen Haushalt. Der Vater war Stadtrat von Bregenz, Ehrenkommandant der freiwilligen Feuerwehr, Ehrenmitglied des Vorarlberger Landwirtschaftsvereins etc. und in seinem Beruf als Baumeister sehr erfolgreich. Er baute für sich und seine Familie in Bregenz eine Villa im römischen Stil mit begehbarem Flachdach, von Ballustersäulen umgeben. Zu seinen Kindern soll er gesagt haben, sie könnten werden, was sie wollten, es wäre genug da; – auch für einen brotlosen Künstler würde es reichen. Zeit seines Lebens sollte Wacker von der Unterstützung durch seine Eltern, später durch seine Brüder abhängig bleiben. Die wirtschaftliche Sicherheit und das öffentliche Ansehen seiner Eltern bestimmten erheblich Wackers spätere Selbsteinschätzung. Die beiden Brüder Franz und Romedi wurden Ärzte, die Schwester Maria besuchte eine Höhere Töchterschule in Innsbruck und heiratete 1910 den Gymnasialprofessor Dr. Emil Allgäuer. Im Hause Wacker herrschte ein bildungsbeflissenes Klima. Der Vater finanzierte seinem Schwager[1] die Drucklegung eines Werkes über „Göttliche Notwendigkeits-Weltanschauung, Teleologie, mechanische Naturansicht und Gottesidee".

Maria und Romedi durften 1906 für ein halbes Jahr in Rom studieren, und Romedi verfaßte 1912 ein wissenschaftliches Werk zur Anthropologie der Walser für die Universität Zürich[2].

Der Nachzügler Rudolf besuchte von 1904–1909 fünf Jahre lang das Gymnasium in Bregenz, welches ihm so verhaßt war, daß er noch dreißig Jahre später schrieb: „Meine Jugend war sehr glücklich, nur an das damalige Gymnasium habe ich eine schlechte Erinnerung behalten"[3]. Als Sechzehnjähriger erkrankte er schwer an einer Grippe und Lungenentzündung und wurde zur Erholung ins Gebirge nach Brand ob Bludenz geschickt. Dort zeichnete er sehr viel nach der Landschaft[4] und faßte den Entschluß, Maler zu werden. 1909 trat er in die Fachschule für Gewerbliches Zeichnen in Bregenz ein, die ihm Fleiß und sehr guten Erfolg in den Lehrgegenständen „Dekoratives Zeichnen, Modellieren und Aktzeichnen" bescheinigte[5]. Das Fehlen der Matura wollte er im Selbststudium mehr als wettmachen, denn seiner Meinung nach sollte ein „Künstler unbedingt gebildet, ja sogar einer der Gebildetsten sein"[6].

Im Herbst 1910 ging Wacker nach Wien, um an der Akademie der Bildenden Künste die Aufnahmeprüfung zu machen. Er bestand sie nicht, erst beim zweiten Versuch im darauffolgenden Jahr hatte er Erfolg[7], doch da hatte er sich bereits entschlossen, der Einladung Egger-Lienz', als Meisterschüler nach Weimar zu kommen, Folge zu leisten. Der Bregenzer Bildhauer Franz Plunder, der mit Wacker ein Zimmer in Wien bewohnte, berichtet in seinen Lebenserinnerungen, daß Wacker an den ersten Tagen der Prüfung alle seine Zeichnungen aus Unzufriedenheit zerrissen habe[8]. Ab November 1910 studierte Wacker an der „behördlich conzessionierten privaten Münchner Zeichen- und Malschule Gustav Bauer"[9], um sich auf einen neuerlichen Versuch zur Aufnahme an der Akademie vorzubreiten. Gleichzeitig nahm er Kontakt zu Egger-Lienz auf, von dem er sich aus „landsmannschaftlichen"[10] Gründen Hilfe oder eventuell sogar eine Stelle als Schüler erhoffte. Die schon von der Presse verkündete Besetzung einer Professur an der Wiener Akademie durch Egger war vom Thronfolger Erzherzog Franz Ferdinand verhindert worden[11]. Dies führte zum Wegzug Eggers aus Wien und zu seiner Annahme eines Angebotes aus Weimar, an der dortigen Kunsthochschule zu unterrichten.

Am 24. Oktober 1911 schrieb Wacker an seine Eltern: „Wenn Ihr aber wollt, daß ich ‚Akademiker' werde, dann gehe ich an die ‚Großherzogl. sächs. Hochschule für bildende Kunst' nach Weimar."[12]. Im November 1911 bat Wacker um Aufnahme in die künftige Klasse Egger-Lienz[13]. Da Egger seine Stelle erst im April 1912 antrat, studierte Wacker zunächst bei Prof. Fritz Mackensen[14], dem damaligen Leiter der Weimarer Kunsthochschule. Mackensen taucht zwar im Tagebuch nie auf, doch hat sich Wacker „Aussprüche" von ihm auf einem Zettel notiert[15]. Wahrscheinlich ist auch, daß Mackensen als Gründungsmitglied der Worpsweder Künstlerkolonie Wacker in seiner Liebe zur Natur bestärkte und sein Interesse für Paula Modersohn-Becker und R.M. Rilke geweckt hat.

Egger übte auf die studierende Jugend eine große Anziehungskraft aus. Seine Klasse wuchs von anfangs ca. zehn Schülern auf über siebzig an, so daß sie wegen Überfüllung geteilt werden mußte[16]. An seinen Unterricht erinnert sich der ehemalige Schüler Diet Plaetzer-Elberfeld: „Seine Korrekturen waren geistiger Genuß. Die halbe Akademie, gerade auch die Schüler anderer Meister, drängte sich in das übervolle Atelier, um gepreßt und schwitzend, in schweigender Spannung den immerfort neuen Offenbarungen Eggerscher Korrektur zu folgen."[17]. Egger hatte sein Atelier im obersten Dachgeschoß der von van de Velde neu errichteten Akademie, einen Stock tiefer befand sich sein Schüleratelier. Zweimal die Woche pflegte er zur Korrektur herabzusteigen, und regelmäßig traf er sich mit seinen Lieblingsschülern im Gasthaus zum Weißen Schwan oder lud sie in sein Atelier, um mit ihnen über die Kunst und Gott und die Welt zu sprechen. Bei diesen Zusammenkünften notierte sich Wacker die markantesten Äußerungen Eggers[18].

Egger ließ neben sich kaum einen anderen Künstler seiner Zeit gelten und verwickelte sich in unzählige Pressefehden, zu deren Dokumentation er zwei eigene Ausschnittbüros beschäftigte[19].

Dafür, daß Eggers Einfluß auf ihn nicht zu übermächtig wurde, sorgten nicht nur Wackers weltoffenere Kunstauffassung, sondern auch seine Mitschüler. Otto Pankok[20], der ein halbes Jahr nach Wacker in die Klasse eintrat, rechnete in seinem Buch „Stern und Blume"[21] 1930 mit Egger ab. Insbesondere nahm er ihm übel, daß er seinen vorherigen Lehrer Lovis Corinth einen Pinselkraftmeier nannte. In den anderen Punkten entsprechen seine Vorwürfe fast völlig den von Wacker im Tagebuch (15.III.13) geäußerten. Weitere Studienkollegen Wackers waren Johannes Hepperger, Heinrich Stegemann, Karl Peter Röhl, Gert Wollheim, Ernst Penzoldt, Ludwig Renner, Johanna Gräf und Otto Herbig[22]. Herbig[23] wurde Wackers bester Freund. Er war vier Jahre älter, hatte zuvor an der Münchner Akademie und in Berlin bei Corinth studiert, längere Studienreisen nach Paris und Italien unternommen und arbeitete seit 1914 selbständig in Berlin, wo ihn Wacker besuchte. Ebenfalls von großer Bedeutung für die künstlerische Entwicklung und die Erweiterung von Wackers Horizont war die Freundschaft mit dem viel älteren und schon arrivierten Künstler John Jack Vrieslander[24]. Vrieslander hatte mehrere Jahre in Paris im deutschen Künstlerkreis des Café du Dôme verbracht, arbeitete als Zeichner und Graphiker; u.a. hat er einige Titelblätter für Herwarth Waldens Wochenschrift „Der Sturm" gestaltet[25].

Als Egger schließlich 1913 um seine Entlassung bat, beschlossen zwölf seiner Schüler, ihm nach Südtirol zu folgen, und errichteten in Klausen eine freie Kunstschule unter seiner Leitung[26]. Wacker blieb aber in Weimar und erhielt im Oktober ein eigenes Atelier[27] als Schüler von Prof. Walther Klemm[28]. Zu Klemm und dessen Frau und Tochter Gerdi hatte Wacker eine familiäre Beziehung. Während seiner Kriegsgefangenschaft stand er mit diesen in Briefkontakt, und nach seiner Rückkehr bildeten sie einen wichtigen Rückhalt für seinen Neuanfang.

Die Weimarer Jahre waren eine glückliche, materiell sorgenfreie Zeit, in der sich Wacker ganz seiner Ausbildung widmen konnte. Er erhielt monatlich den väterlichen Wechsel, hatte einen Kreis gleichgesinnter Freunde, die Sommerferien verbrachte er gemeinsam mit Herbig in Bregenz und genoß bei steigendem Selbstwertgefühl das Kunststudentenleben. Seine Professoren bezeugten ihm außerordentliches Talent[29] und prophezeiten ihm, er werde eine hervorragende Stellung unter den österreichischen bildenden Künstlern einnehmen[30]. So schien er einer glänzenden Zukunft entgegenzugehen.

Gerade zwanzig Jahre alt, einen Tag nach seinem Geburtstag am 25. Februar 1913, begann Wacker dieses Tagebuch. Unregelmäßig machte er in den folgenden zweieinhalb Jahren bis zum Kriegsausbruch 1914 neunundsechzig Eintragungen in großer Kurrentschrift. Es sind zumeist kurze Absätze, manchmal nur einzelne Sätze; – die längsten zusammenhängenden Stellen sind seine nachträglich verfaßten Berichte über Museumsbesuche. Alltägliches Geschehen und äußere Ereignisse sind im Gegensatz zu den späteren Tagebüchern fast vollständig ausgeklammert. Das Fehlen einer Beschreibung seiner äußeren Situation mag sich zum einen Teil daraus erklären, daß Wacker während der gesamten Weimarer Zeit fast täglich, zumindest aber mehrmals in der Woche, Briefe oder Karten mit ausführlichen Berichten an seine Eltern sandte[31], zum anderen, wesentlicheren Teil aber daraus, daß Wacker ganz im Sinne seiner Kunstauffassung sein persönliches Erleben zum Anlaß nahm, allgemein gültige Lebensweisheiten aufzustellen. Er wollte ja stets „im Besonderen das Allgemeine ausdrücken" (17.III.13), „Ewigkeitswerte bilden" (13.VII.13), „das Persönlichmenschliche durchdringen, um zu Ewigmenschlichem zu gelangen" (12.VII.14).

Fort von Zuhause, nach einer sicheren Lebensführung und einer eigenen Weltanschauung ringend, schuf er sich ein „Gesetzbuch" im Sinne von Kants kategorischem Imperativ. Ein großer Teil seiner Betrachtungen besteht aus noch einzulösenden Forderungen an sich selbst, beginnt mit „man muß", „ich muß",

„sie muß", „wir sollen", „wir müssen trachten". Getreue Pflichterfüllung und „gute Arbeit" sollten ihm Trost und die Grundlage einer „sicheren Lebensführung" bilden (20.XI.13). Thomas Carlyles „Arbeiten und nicht verzweifeln"[32] machte er zu seinem Wahlspruch. Die Hochachtung der bürgerlichen Tugenden wie Intelligenz, Höflichkeit, Selbstbändigung, Selbstbeherrschung, sichere Ruhe, Solidität, Respekt vor der Tradition, vor dem Handwerk und vor allem vor der Arbeit durchzieht dieses und alle weiteren Tagebücher wie ein roter Faden und bestimmt auch Wackers Kunstauffassung. Prägend wirkte wohl das Elternhaus, auch sein Vater, dem als zugezogenem Tiroler unter Einhaltung dieser Regeln der Aufstieg in die bürgerliche Elite von Bregenz geglückt war. Der Boheme fühlte sich Wacker nie zugehörig. Seinen Freunden gegenüber betonte er oft, er wolle aussehen wie ein Bürger, am liebsten wie ein Friseur oder ein Offizier[33]. Höflich, distanziert und beherrscht sprach er auch in Vorarlberg stets ein gepflegtes Hochdeutsch, nie Dialekt (17.IV.13).

Das Tagebuch setzt ein mit Wackers Emanzipation von seinem Lehrer Egger. Wacker warf ihm „Beschränktheit", „Einseitigkeit", „Fanatismus in der Ablehnung alles ihm Fremden" und „programmäßiges Auftreten gegen die moderne Kunst" vor (15.III.13). Dennoch spürt man noch lange Eggers Einfluß. So etwa, wenn Wacker Corinths Malweise als „Drauflospatzerei aus Mangel an Selbstzucht" (5.IV.13) oder die Futuristen und Kubisten als „ganz außerhalb der Kunst stehend, als Kunst der Impotenz" (14.IV.13) beurteilte. Seine eigentlichen Lehrmeister glaubte er bei den alten Meistern in den Gemäldegalerien gefunden zu haben (12.III.13). So wurde er ein passionierter Museumsbesucher, der sich in mehrseitigen Beschreibungen im Tagebuch das Gesehene zu eigen zu machen suchte. Auch aus dem Leben der großen Meister wollte er lernen. Mit Vorliebe las er Künstlerbiographien, Memoiren, Autobiographien, Briefsammlungen und Tagebücher: beginnend mit Vasaris Lebensbeschreibungen über Ludwig Richters Lebenserinnerungen zu Rodins Gesprächen bis zu Gauguins Noa Noa und van Goghs Briefen[34]. Karl Scheffler und Julius Meier-Graefe öffneten ihm mit ihren Arbeiten[35] die Augen für die internationale moderne Kunst und verschafften ihm Zugang zu Cézanne, Toulouse-Lautrec, Gauguin, Munch, van Gogh, Renoir etc. (27.XII.13).

Inwieweit die Bemühungen um eine künstlerische und geistige Erneuerung Weimars eines Harry Graf Keßler und Henry van de Velde bereits durch die provinzielle, chauvinistische Hofgesellschaft Weimars zunichte gemacht worden waren, läßt sich schwer sagen. Keßler hatte seit 1902 als Leiter des Weimarer Museums internationale zeitgenössische Kunstausstellungen organisiert, u.a. mit Munch und Rodin, bis er 1906 einer Hofintrige weichen mußte[36]. Van de Velde[37] leitete die Weimarer Kunstgewerbeschule und verteidigte seine weltoffene, fortschrittliche Position gegen alle reaktionären Kräfte, wurde aber selbst bei Kriegsausbruch als „Ausländer" verfolgt und seines Lehramts enthoben. Wacker hat van de Veldes „Essays" und dessen „Kunstgewerbliche Laienpredigten" mit großer Begeisterung gelesen und sich vieles darin angestrichen[38]. Im nahegelegenen Jena, Herbig kam ja aus Jena, hielt Botho Graef[39] seine kunstgeschichtlichen Vorlesungen über Degas, Toulouse-Lautrec, Munch etc. und förderte die Maler des „Brücke"-Kreises.

Trotz alledem waren und blieben für Wacker die alten Meister die erstrebenswertesten Vorbilder fürs ganze Leben. Durch „strengste Disziplin" wollte er sich selbst wieder zu einem „ehrlichen Handwerker" erziehen (5.X.13), um an die Tradition anknüpfend „Bilder solide wie eine Goldschmiedearbeit" (17.III.13) zu malen. Das größte Lob, das er für einen zeitgenössischen Künstler, Wilhelm Leibl, übrig hatte, war, ihn einen „Rembrandt unserer Zeit" zu nennen (2.VII.14). In Rembrandt sah Wacker die Ideale der deutschen Klassik verwirklicht. Er schätzte an ihm, daß er „das Allgemein Menschliche so betont, daß das Zeitliche zum Ewigen wird, alles derart verinnerlicht, daß es Symbol wird" (17.III.13). Wacker selbst äußerte immer wieder sein Verlangen nach Harmonie in Leben und Kunst, nach einer Harmonie der Gegensätze, keine Kompromisse, sondern „gegenseitiges Steigern und Bewahren der einzelnen Teile" – „Kultivierung der Gegensätze" (Mitte Mai 14). Das liest sich wie eine Beschreibung seiner späteren Bilder, erklärt von vornherein den scheinbaren Widerspruch zwischen Wackers späterer täglichen Fronarbeit vor den unendlich ausgepinselten Tafelgemälden und seinen nächtlichen Ekstasen der rasch hingeworfenen Aktzeichnungen. Nicht zufällig wurde dieses Bedürfnis nach Ausgleichung von Gegensätzen, das Wacker zeitlebens beherrschte, in Weimar grundgelegt. Denn die Lektüre Goethes[40] beschäftigte ihn gerade hier besonders und begann auch in anderen Bereichen stetig wirksamer zu werden. Von ihm übernahm Wacker sein pantheistisches Weltbild und sein faustisches Streben nach Vervollkommnung. Er wollte „Gelehrter, Weltmann und Künstler zugleich" sein. Die „Zeichenstunde" galt ihm als „eigentliche Religionsstunde", als „Selbsterziehung zur Sittlichkeit in der Erkenntnis des allebendigen Geistes in der Natur" (30.V.13)[41].

Die intensive Lektüre und die häufigen Museumsbesuche hemmten allerdings vorerst Wackers eigene künstlerische Produktion. Er stellte ein Auseinanderklaffen zwischen seinem theoretischen Wissen, seinem „Kunstwollen", und seinen praktischen Fähigkeiten fest (Anfang April 14). Außer den üblichen Akademiearbeiten entstanden fast nur Porträtzeichnungen seiner Freunde, Freundinnen und der Familie[42]. Die Selbstporträts[43] zeigen ihn gleich dem Tagebuch auf der Suche nach sich selbst, indem er sich in verschiedenen Gefühlslagen sehen, d.h. kennenlernen wollte: „Wer etwas werden will, der muß über sich lauschen und hören was sein Eigenes will" (14.VI.13).

In den zwei letzten Friedensmonaten wurden die Eintragungen häufiger. Man spürt förmlich die Spannung vor der Entscheidung, die alle Lebensbereiche durchdrang. Wackers Flucht vor den politischen Realitäten in das ewige Reich der Kunst war notwendigerweise zum Scheitern verurteilt. Er hatte Angst, in den „unruhigen Zeiten" – „das Fieber der Leidenschaften durchfurchte" seinen

Körper – nicht zur künstlerischen Gestaltung seiner Gefühle und Stimmungen zu kommen (1.VI.14). Er suchte sein Heil in der Arbeit, in der „weltfernen Werkstatt" (10.VI.14). Im Anblick einer seiner Zeichnungen nach der Schwester fand er „Erlösung und Befreiung aus allem wirren Erleben und Weh" (9.VII.14). „Das Leben ist Lärm, die Kunst Musik. – Aus der Wirre müssen wir zum Licht [...]. Je größer das Chaos, desto voller wird der Klang" (9.VII.14). Da aber alles Verkriechen nichts nützte, warf er sich schließlich mit wahrer Todesverachtung in den Krieg. Es scheint fast so, als wäre er froh darüber gewesen, seine Eigenverantwortlichkeit abzugeben, sich ein- und unterzuordnen bis zur völligen Selbstaufgabe (31.VII.14). Vom Kriege hatte sein verehrter Lehrer Egger beim Stammtisch im Weißen Schwan zu Weimar ja nur in den höchsten Tönen gesprochen: „[...] – das ist ja das Schönste und Großartigste, – wenn er Volkswille ist"[44]. Und hatte sich Wacker anfänglich von dem Krieg in seiner Kunstausübung gestört gefühlt, so ließ er sich schlußendlich doch von dessen „Notwendigkeit" zu seiner „menschlichen und künstlerischen Bereicherung" überzeugen[45]. Mit Goethes Faust I in Liliputausgabe im Tornister und vom „Geiste Rembrandts" umweht, rückte er als Rekrut ein (31.VII.14).

Mit dem Zivilistenleben schloß er zugleich dieses Tagebuch ab, um nach mehr als sechsjähriger Pause im selben Buch wieder anzuknüpfen. Über die Militärdienstzeit, den Krieg und die Kriegsgefangenschaft berichtete Wacker in eigenen Tagebüchern.

Anmerkungen zur Einführung Tagebuch 1913/14

1. Dr. phil. Alois Rüscher: Göttliche Notwendigkeits- Weltanschauung, Teleologie, mechanische Naturansicht und Gottesidee. Mit besonderer Berücksichtigung von Haeckel, Wundt, Lotze und Lechner. Zürich 1902.

2. Dr. med. Romedius Wacker: Zur Anthropologie der Walser des Großen Walsertales in Vorarlberg. Berlin 1912. (= Sonderabruck aus der Zeitschrift für Ethnologie, Heft 3 u. 4, 1912.)

3. Auf einem Zettel unter dem Titel: „Biographische Notiz (Februar 1938)". Nachlaß.

4. Eine größere Anzahl dieser Zeichnungen und Aquarelle befindet sich in zwei Privatsammlungen in Feldkirch und Zürich.

5. Frequenzbestätigung der K.K. Fachschule für Gewerbliches Zeichnen. Bregenz, am 25. Juli 1910. Nachlaß.

6. In einem Brief an seine Eltern vom 24.10.1911 aus Wien rechtfertigte W. sein Verlassen des Gymnasiums und stellte seine weiteren Bildungsziele und wie er diese erreichen wollte, dar. Nachlaß.

7. W. scheint in der „Klassifikationsliste der allgemeinen Malerschule 1905–1911" in den Studienjahren 1910/11 u. 1911/12 jeweils unter der Nr. 91 auf. Aus der Liste geht nicht hervor, ob jemand die Prüfung nicht bestanden hat oder nach bestandener Prüfung von der Aufnahme in die Akad. Abstand nahm. Archiv der Akad. der Bild. Künste Wien.

8. Franz Plunder: Sowitasgoht. Lebenserinnerungen. Bregenz 1972, S. 45 ff. Plunder zählte zum engeren Freundeskreis Wackers und erwähnt diesen öfters in den zitierten Erinnerungen, zumeist in anekdotischer Form: z.B. S. 139, S. 143 ff., S. 150. Franz Plunder (1891–1974), Bildhauer; studierte an der Wiener Akad. bei Müllner u. Bitterlich; erlernte während des Bildhauerstudiums das Bootsbauen (Hamburg, Werft Hacht); segelte 1923 mit dem selbstgebauten Boot „Sowitasgoht" zusammen mit drei Freunden über den Atlantik; mehrjähriger Aufenthalt in den Vereinigten Staaten, erfolgreich als Bildhauer; 1930 Rückkehr nach Bregenz bis 1939; 1940–1944 Lehrer für Bildhauerei am St. John's College, Annapolis, Md. und Santa Fé, N.M.; 1957 endgültige Rückkehr nach Bregenz. Lit.: Siehe Ausst. Kat. „Kunst in Vorarlberg 1900–1950". Bearbeitung Helmut Swozilek. Vorarlberger Landesmuseum. Bregenz 1976, S. 155.

9. Frequentationszeugnis für das Studienjahr 1910/11. Wien am 30. Juni 1911: „Fleiß und Fortschritt im Studium des Porträts und Aktes." Nachlaß.

10. Albin Egger-Lienz war so wie Wackers Vater Tiroler (geb. 29.11.1868 in Stribach/Osttirol). „Egger-Lienz noch nicht da. Dessen Meinung will ich auch noch. Möglich sogar, daß er einen Schüler nimmt. Wenigstens einige Stunden. Da könnte man lernen. Aus ‚Landsmannschaft'". (Brief Wackers an seine Eltern vom 18.10.1910, Wien.) Nachlaß.

11. Vgl. Wilfried Kirschl: Albin Egger-Lienz. 1868–1926. Das Gesamtwerk. Wien 1977, S. 162 u. S. 678.

12. Brief vom 24.10.1911, Wien. Nachlaß.

13. Siehe: Die Weimarer Malschule. Kat. zur Ausstellung zum Gedächtnis der Gründung der Weimarer Kunstschule im Jahre 1860. Sept.–Okt. 1960. Kunsthalle Weimar. Weimar 1960, S. 52; Zur Geschichte der Kunstschule vgl.: Die Weimarer Kunstschule 1860–1919. Kunsthalle, Kunstsammlungen zu Weimar 1980 (Ausst. Kat.).

14. Fritz Mackensen, Figuren-, Porträt- u. Landschaftsmaler, Bildhauer und Radierer, geb. 1866 in Greene (Braunschweig), gest. 1953 in Bremen; Schüler von Peter Janssen, F.A. Kaulbach u. Dietz; Mitbegründer der Künstlerkolonie Worpswede (1889); 1908 Lehrer, 1910–18 Direktor der Kunstschule Weimar; 1933–35 Leiter der Nordischen Kunsthochschule in Bremen. Lit.: R.M. Rilke: Worpswede (= Knackfuß Künstlermonographie 64) 1903, S. 21–42.

15. Zettel: „Aussprüche Prof. Fritz Mackensen. Weimar, Winter 1911/12." 8 Lehrsätze. z.B.: „Das *Kleinste am Größten* machen." „*Zeichnen* ist *Malen* ist Zeichnen." Nachlaß.

16. Kirschl (Anm. 11), S. 716.

17. Zitiert nach Kirschl (Anm. 11), S. 195. Diet (Dietrich) Plaetzer-Elberfeld, Architekturmaler; geb. 1892 in Elberfeld; studierte an den Akademien Düsseldorf, Leipzig und Weimar. Sein Erinnerungs-Aufsatz erschien am 26.4.1927 im Generalanzeiger für Elberfeld, Barmen. (Vgl. Kirschl, S. 718.)

18. 8 Notizblätter mit Aufzeichnungen über 6 Zusammenkünfte in Weimar 1912/13. Nachlaß. Diese Aufzeichnungen (sowie Tagebuchstellen, in denen sich W. mit Egger auseinandersetzte) sind zum größten Teil veröffentlicht bei Kirschl (Anm. 10), S. 194 u. S. 717 ff. W. hat diese Notizen 1925 teilweise dem Kunsthistoriker Dr. Heinrich Hammer in Innsbruck für eine Egger-Biographie zukommen lassen. Hammer zitierte W. mehrfach. H. Hammer: Egger-Lienz. Innsbruck 1930, S. 119, S. 120, S. 122 u. S. 144. „Für die Schilderung des Weimarer Aufenthalts verdanke ich außer dem Künstler selbst besonders dem Maler Rudolf Wacker (Bregenz – Berlin), der damals sein Lieblingsschüler war, wertvolle Aufschlüsse, für die ihm an dieser Stelle vieler Dank erstattet sei." (S. 119).

19. Vgl. Kirschl (Anm. 11), S. 720.

20. Otto Pankok (1893–1966), Maler, Graphiker u. Schriftsteller; studierte 1912 kurze Zeit in Düsseldorf bei Prof. Männchen, dann von Okt. 1912 bis März 1913 in Weimar, zuerst bei Mackensen, dann bei Egger; Freundschaft mit Gert Wollheim; 1914 Kriegsdienst; 1915 verschüttet, bis 1917 in Lazarett u. Sanatorium; ab 1919 in Düsseldorf im Kreis um Johanna Ey, Mitglied der Künstlergruppe „Junges Rheinland"; 1947–1958 Professor an der Düsseldorfer Kunstakad. Lit.: Otto Pankok. Zeichnungen, Grafik, Plastik. Hg. von K.L. Hofmann, Chr. Präger, B. Bessel. Berlin 1982.

21. Otto Pankok: Stern u. Blume. Mit 150 Abb. Hg. u. verlegt vom Freihochschulbund Düsseldorf 1930 (autobiograph. Text v. O.P., S. 7–32). Vgl. auch Kirschl (Anm. 10), S. 195.

22. Alle Jahrgangskollegen Wackers sind verzeichnet in: Die Weimarer Malschule (Anm. 13), S. 52 ff. Kurze Biographien der genannten Personen finden sich in den Anmerkungsteilen der Tagebücher bei deren jeweils ersten Erwähnung.

23. Zu Otto Herbig siehe Anm. 10 zum TB 1913/14.

24. Zu J.J. Vrieslander siehe Anm. 11 zum TB 1913/14.

25. Der Sturm. Wochenschrift für Kultur und die Künste. Hg. u. Schriftleiter Herwarth Walden. Jg. 1911, S. 467 (Abb.), S. 475 (Abb.), S. 515 (Abb.), S. 603 (Abb.).

26. Vgl. Kirschl (Anm. 11), S. 222, S. 680, S. 726.

27. Die Weimarer Malschule (Anm. 13), S. 54.

28. Zu W. Klemm siehe Anm. 12 zum TB 1913/14.

29. „Die künstlerische Veranlagung, welcher schon ganz hervorragende Proben von ‚Können' künstlerischer Qualität zu Grunde liegen, sowie der dem wahren Talente eigene Ernst, mit welchem er sein künstlerisches Ziel verfolgt, lassen ihn für die Zukunft als einen dem Vaterlande würdigsten Künstler erscheinen und [...]". Zeugnis, ausgestellt durch Egger-Lienz, St. Justina bei Bozen, am 12. Jänner 1914. Nachlaß.

30. „Seine künstlerische Arbeit, der er mit großem Ernste und Erfolg obliegt, zeugt von persönlicher, selbständiger Auffassung u. läßt ihn berufen erscheinen, unter den österreichischen bildenden Künstlern eine hervorragende Stelle einzunehmen." Gutachten von Prof. W. Klemm. Weimar, im Januar 1914. Nachlaß.

31. Wackers umfangreiche Korrespondenz füllte eine große Holztruhe (90 x 70 cm). Diese befindet sich im Nachlaß im Besitz der Witwe. 1985 erwarb das Land Vorarlberg große Teile des Nachlasses, darunter Wackers gesamte Korrespondenz (ca. 1190 Briefe und Karten) für das Franz-Michael-Felderarchiv und Vorarlberger Literaturarchiv in Bregenz.

32. Thomas Carlyle: Arbeiten und nicht verzweifeln. Düsseldorf und Leipzig o. J. Dieses Buch hatte Wacker bereits 1910 in Salzburg erworben, es befindet sich noch in seiner teilweise erhaltenen Bibliothek und weist zahlreiche Unterstreichungen auf, z.B.: „*Arbeit ist Leben*" (S. 11).

33. Gespräch mit Ilse Wacker, Bregenz, am 6.7.1982.

34. In den Jahren 1910–14 hatte Wacker eine größere Anzahl von Künstlermonographien erworben. In seiner Bibliothek finden sich heute noch u.a. Werke von/über: Karl Schuch, Anselm Feuerbach, Stuck, Karl Stauffer-Bern, Rembrandt, Michelangelo, Dürer, Rubens, Leonardo, Daumier. Hier auch noch die genauen Zitate der im Text genannten Lektürebeispiele:
Giorgio Vasari: Lebensbeschreibungen der ausgezeichneten Maler u. Bildhauer u. Architekten der Renaissance. Berlin 1911.
Ludwig Richter: Lebenserinnerungen eines dt. Malers. Selbstbiographie nebst Tagebuchniederschriften und Briefen. Hg. und ergänzt von H. Richter. Einleitung von Ferdinand Avenarius. Leipzig o. J.
Auguste Rodin: Die Kunst. Gespräche des Meisters. Gesammelt v. Paul Gsell. Leipzig 1912.
Paul Gauguin: Noa Noa. Berlin o. J. (3. Aufl.).
Vincent van Gogh: Briefe. Dt. Ausgabe von M. Mauthner. Berlin 1911 (4. Aufl.).

35. Karl Scheffler (1869–1951) und Julius Meier-Graefe (1867–1935) waren die zwei vielleicht einflußreichsten Kunstschriftsteller und Kritiker jener Jahre. Von diesen las Wacker 1912: Julius Meier-Graefe: Vincent van Gogh. München 1910 u. Auguste Renoir. München 1911; Karl Scheffler: Paris Notizen. Leipzig 1907.

36. Zum gesellschaftl. u. kulturellen Leben in Weimar, insbes. zu Kesslers Rolle dortselbst vgl. Henry van de Velde: Geschichte meines Lebens. München 1962, bes. S. 222 ff. u. S. 284 ff.

37. Henry van de Velde, Maler, Entwerfer für Kunstgewerbe, Architekt, Innenarchitekt u. Kunsttheoretiker; geb. 1863 in Antwerpen, gest. 1957 in Zürich; studierte ab 1881 in Antwerpen; 1884/85 in Paris; als Maler vom japan. Holzschnitt u. von van Gogh, später von Seurat beeinflußt; ab 1890 Studium der Architektur u. der dekorativen Kunst; 1902 vom Großherzog als künstlerischer Berater nach Weimar berufen, gründete und baute er dort die Kunstgewerbl. Lehranstalten, die er von 1908–15 leitete. Er verließ Weimar 1915, da seine Stellung nach Kriegsbeginn – van de Velde war Belgier – unhaltbar geworden war. Lit.: A.M. Hammacher: Die Welt Henry van de Veldes. Köln 1967.

38. Henry van de Velde: Essays. Leipzig 1910; Henry van de Velde: Kunstgewerbl. Laienpredigten. Leipzig o. J.

39. Botho Graef, Archäologe (1857–1917).

40. Vgl. TB.-Eintragungen: 1.III.13, 8.V.13, 5.VIII.13, 17.VIII.13.

41. Zum Einfluß der Kunsterziehungsbewegung auf Wackers Generation vgl. Peter Joerissen: Kunsterziehung u. Kunstwissenschaft im Wilhelminischen Deutschland 1871–1918. Köln/Wien 1979, bes. Kapitel II.

42. Sechs dieser Zeichnungen sind verzeichnet bei: Oscar Sandner: Rudolf Wacker. Zeichnen als Befreiung. Lustenau 1975, S. 203; weitere Arbeiten aus der Weimarer Akademiezeit befinden sich in einer Zürcher Privatsammlung.

43. Vgl. Sandner (Anm. 42), SaKat. 5 u. 6; Sandner schätzt die Zahl der Selbstbildnisse im gesamten Oeuvre auf rund 100 (S. 16). Einer seiner Selbstporträtzeichnungen vom März 1914 (SaKat. 5, Abb. S. 16) gab Wacker den Titel „Traurigkeit". Siehe auch: Rudolf Sagmeister/Kathleen Sagmeister-Fox: Selbstbildnisse/Self-Portraits. Edmund Kalb. Rudolf Wacker. Bregenz 1985.

44. Aufzeichnungen über Gespräche mit Egger-Lienz. Notizblatt vom 14. Januar 1913 im Weißen Schwan/Weimar. Nachlaß.

45. Wie und von wem beeinflußt dieser Prozeß vor sich ging, zeigt sich am deutlichsten im nachfolgenden Tagebuch über die Militärdienstzeit.

Tagebuch 1913/14

Eintragungen vom 26. Februar 1913 bis zum 31. Juli 1914. S. 1–88 (88 Seiten). Enthalten in dem von Wacker auf der Innenseite beschrifteten Tagebuch:

Rudolf Wacker
Tagebuch von 1913 bis 1926
mit Unterbrechung von 1914 August bis Sept. 1920
und den Aufenthalten in Berlin, Wien, Sibiu zwischen 1921 u. 26. –

Wacker führte das 1913 begonnene Tagebuch (hart gebunden, 20,5 x 16,5 cm, 189 Seiten) nach der Unterbrechung durch Militärdienst, Krieg und Kriegsgefangenschaft (siehe Tagebuch der Militärdienstzeit, „Auszug aus meinem Feldtagebuch" und Tagebücher der Kriegsgefangenschaft) 1920 im selben Buch fort (siehe Tagebuch 1920–1925).

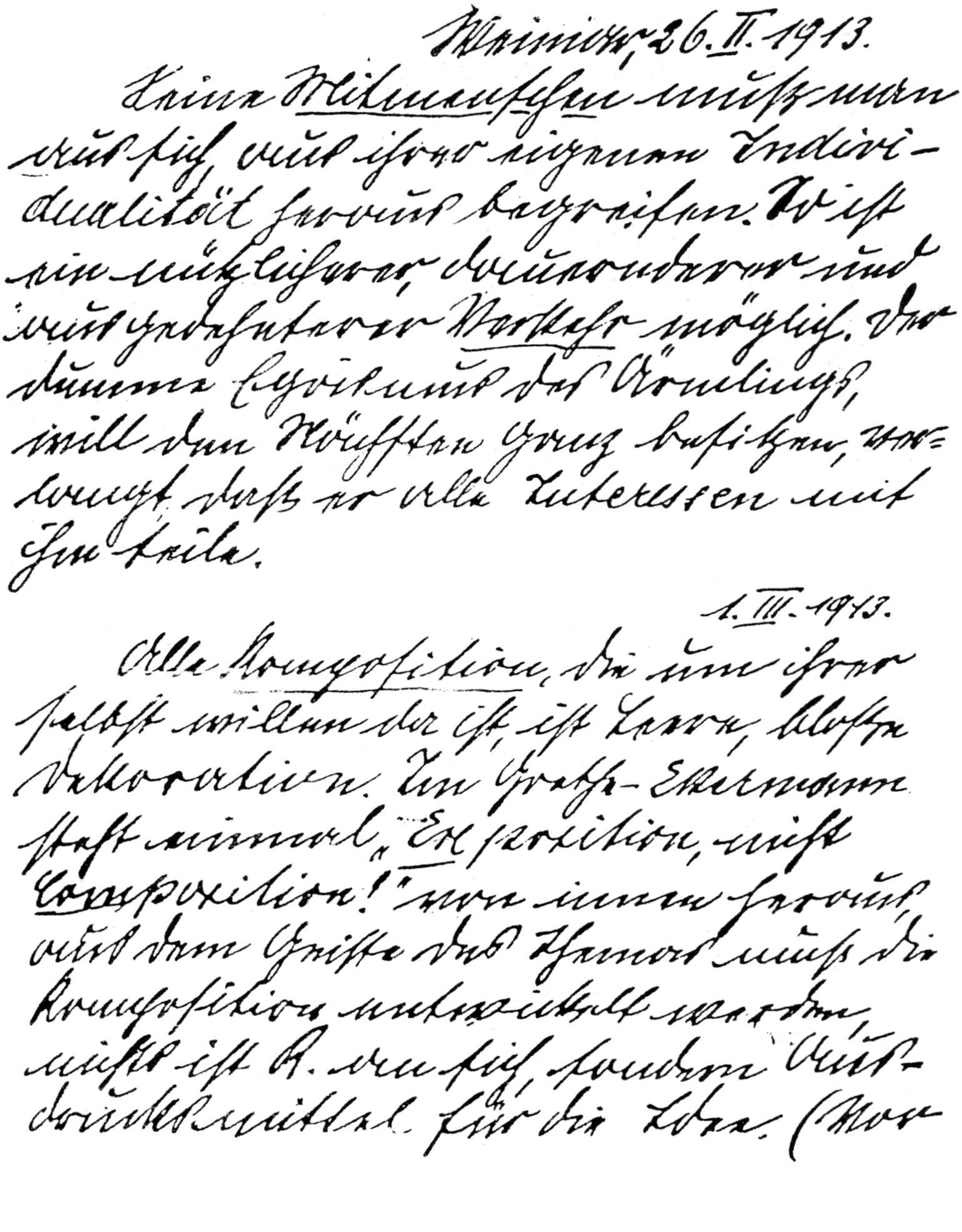

Weimar, 26. II. 1913.

Keine Bildaufgaben muß man aus sich, aus ihrer eigenen Individualität heraus begreifen. Es ist ein möglichst besonderer und ausgedehnter Verkehr möglich. Der dumme Egoismus des [illegible], will den Künstler ganz besitzen, verlangt, daß er alle Interessen mit ihm teile.

1. III. 1913.

Alle Komposition, die um ihrer selbst willen da ist, ist leere, bloße Dekoration. Im Goethe-Eckermann steht einmal „Exposition, nicht Composition!" Von innen heraus, aus dem Geiste des Themas muß die Komposition entwickelt werden, nicht ist K. an sich, sondern Ausdrucksmittel für die Idee. (Mor

Faksimile der ersten Seite aus dem ersten Tagebuch Rudolf Wackers.

Weimar, 26. II. 1913.
Seine Mitmenschen muß man aus sich, aus ihrer eigenen Individualität heraus begreifen. So ist ein nützlicherer, dauernderer und ausgedehnterer Verkehr möglich. Der dumme Egoismus des Ärmlings, will den Nächsten ganz besitzen, verlangt, daß er alle Interessen mit ihm teile.

1. III. 1913.
Alle Komposition, die um ihrer selbst willen da ist, ist leere, bloße Dekoration. Im Goethe-Ekermann[1] steht einmal „Exposition, nicht Composition!" von innen heraus, aus dem Geiste des Themas muß die Komposition entwickelt werden, nichts ist K.[omposition] an sich, sondern Ausdrucksmittel für die Idee. (Vor dem Jenenser Universitätsbild von F. Hodler[2] und in Erinnerung an Leonardos Abendmahl.) –
Neulich sah ich am Horizont gegen den Himmel ein Haus; es war der Mittelpunkt der Landschaft, auf welchen radialförmig angeordnete Wolken aufmerksam machten, ebenso wiesen die Rillen eines Ackers darauf hin. – z. Bsp. derartige Naturvorkommnisse können als kompositionelle Ausdrucksmittel dienstbar werden.

4. III. 13.
Einen Kopf malen ist gleich wie eine Schlacht führen. Man muß ein Feldherr sein, der alles gleich ins Treffen bringt, – Form, Farbe u. Tonwert! – Wem alle diese Ausdrucksmittel zu Gebote stehen, scheint mir der beste Künstler, denn er stellt die Welt am wahrhaftigsten, am wirklichsten dar.

12. III. 1913.
Wenn einer einmal zu einem gewissen Kunstwissen gelangt ist, d.h. wenn einer begriffen hat, worin das Wesen der Kunst besteht, welcher Weg zu ihr führt, also wie die Natur studiert werden muß, – mit einem, wenn der Geist der Natur zu einem sprechen begonnen hat, und wenn einer Beziehungen zu den Meistern gewonnen hat, – dann ist einer soweit, daß er allein arbeiten kann und der Akade-

---

1. In Wackers Bibliothek: Goethes Gespräche mit J.P. Eckermann. 1. und 2. Bd. Hg. u. eingeleitet v. Franz Deibel. Leipzig 1908. Auf der Innenseite des Einbandes: „Rudolf Wacker Zum 19. Geburtstag 25. II. Weimar 1912". In Bd. 2 auf S. 408 trug W. ein: „(dies auf demselben Sofa lesend, wo sie einmal saßen!)".

2. Ferdinand Hodler (1853–1918), schweiz. Maler. „Auszug der Jenenser Studenten in den Freiheitskrieg 1813", Wandbild in der Universität Jena. 1908/09. 1913 wurde die hundertjährige Wiederkehr des Befreiungskriegsjahres 1813 gefeiert. Als Hodler im September 1914 einen Protest gegen die Bombardierung der Kathedrale von Reims durch die dt. Artillerie unterschrieb, wurde er unmittelbar aus sämtl. dt. Künstlervereinigungen ausgeschlossen und sein zuvor gefeiertes Wandgemälde hinter einer Bretterwand vernagelt. Vgl. Ferdinand Hodler. Ausst. Kat. Nationalgalerie Berlin, Musée du Petit Palais Paris, Kunsthaus Zürich.Zürich 1983, S. 158.

Bild 2

Diese Aufnahme entstand an Wackers 20igstem
Geburtstag (25.II.1913) im Atelier seines
Freundes Otto Herbig in der Kunsthochschule Weimar.
W. sandte das Foto als Postkarte an seine Mutter
mit der vorderseitigen Beschriftung:
„Rudolf Wacker / 20 Jahr alt! Weimar"

mie entwachsen ist. Er braucht keine Professoren mehr, denn er hat in den alten Meistern viel bessere Bekanntschaften gemacht u. aus dem großen Kreis wählt er, u. lernt was für ihn paßt.

15. III. 13. Weimar.
Ich habe von meinem Prof. A. Egger-Lienz[3], den ich als sein treuester Schüler gerade zu schwärmerisch verehrte, Distanz bekommen. Ich war so nahe an ihm, daß ich ihn überschätzte, jetzt kann ich ihn erst erkennen, – und damit auch mich selber wieder.
Er und seine Kunst ist sehr einseitig, beschränkt und durchaus nicht das allein Gültige. Daß er das nicht erkennt, ist durch sein Bauerntum begründet, in dem Mangel an übersichtlicher Einsicht. Er ist Fanatiker, seine imponierende Kraft besteht in seiner absoluten Ablehnung alles ihm Fremden, wodurch er als eine starke abgeschlossene Persönlichkeit wirkt. – Der Umgang mit einer solchen Persönlichkeit beeinflußte mich dahin, auch mich selbst so bestimmt zu begrenzen.
Jetzt erkenne ich wieder, daß ich nicht so bin. – Wenn man aus Eggers Anschauungen die Konsequenzen zieht, bleibt für ihn fast nichts als Kunstwerk bestehen. Für ihn gibt es nur die „große Form und Bewegung" (es gibt in der Kunst aber noch ganz andere Dinge, z.B. die Lebendigkeit der Oberfläche, der latente geistige Ausdruck (Leonardo) u. es gibt vor allem auch noch ganz andere Ausdrucksmöglichkeiten, – valeurs und Farbe!) und da er außerdem ein tendenziöser Literat ist, (dies ist vielleicht zu viel gesagt, aber ich meine tendenziös weil er programmäßig gegen die „moderne Kunst" auftritt, und Literat weil er Allegorien malt, abstrackte Gedanken, anstatt visuelle Erlebnisse. Siehe „Das Leben", „Erde", anders „Haspinger"[4] welches wirklich ein Bild ist u. offenbar sein stärkstes Werk) so spielt für ihn auch das Thema eine große Rolle. –
Ich werde wahrscheinlich einmal sehr vieles, vielerlei, als Kunst bewerten und gelten lassen, ich werde ein intelligenterer Mensch sein. – Aus dem Drange nach dieser Begrenzung habe ich diese Kompliziertheit zu unterdrücken versucht und habe den einfachen Bauern gesucht, den plump kräftigen. Ich bin aber kein solcher, sondern besitze eine gewisse graziöse Kraft und z.B. das derbe Naturbur-

---

3. Albin Egger-Lienz, Maler, geb. am 1.3.1868 in Stribach bei Lienz (Osttirol), gest. am 4.11.1926 in Rentsch bei Bozen; studierte an der Münchner Akademie bei Raupp, Hackl und Lindenschmit; 1899 siedelte er nach Wien u. verbrachte die folgenden Jahre teils hier, teils in Tirol (Lienz, Hall); vom 15.4.1912–5.6.1913 Lehrtätigkeit in Weimar; Hollandreise; ab 1.9.1913 bis zu seinem Tode arbeitete er in St. Justina bei Bozen. Über Eggers Lehrtätigkeit in Weimar und seinen Einfluß auf W. siehe Einführung. Lit.: Wilfried Kirschl: Albin Egger-Lienz. 1868–1926. Das Gesamtwerk. Mit 835 Abb. Wien 1977.

4. Vgl. Kirschl (Anm. 3) Werkverzeichnis. „Haspinger Anno Neun" (1908/09), S. 530 M 248, Abb. S. 147; „Das Leben" (oder „Die Lebensalter", mehrere Fassungen, 1909/11), S. 538 M 302–306, Abb. S. 187, 189; „Erde" (Triptychon 1912), S. 540 M 319, Abb. S. 199. An den beiden letztgenannten Werken arbeitete E. unmittelbar vor und während der Weimarer Zeit.

schentum, das ich in Gesellschaft oft zeige ist mehr eine koquette Schauspielerei. Das Wissen um die eigenen Grenzen gehört übrigens zum Wichtigsten. Wenn niemand seine Fähigkeiten übersteigen würde, könnte jeder etwas Brauchbares schaffen. –

17. III.

Cassel (8.9. u. 10. d.[es] M.[onats]) machte mir den Eindruck einer philiströsen Beamtenstadt. – Die Akademie ist erst im Erstehen (durch Olde)[5] u. ich werde keine Lust haben, mitzuhelfen diesen steinigen Boden zu beackern, denn wozu soll auch ein junger Mensch in eine Stadt wo er Anregungen suchen muß u. gegen den düsteren Trübsinn ankämpfen muß. –

Die Galerie ist sehr schön, mein Eindruck ist: – Rembrandt! „Jakobs Segen" ist das stärkste Bild das ich bis jetzt von ihm gesehen habe, somit vielleicht das Kunstwerk, das mir den tiefsten Eindruck machte. Es ist offenbar eines seiner späteren ganz reifen, freien Werke. – Komposition, Licht, Farbe, Form, alles Ausdruck! Hier ist in dem Besonderen das Allgemeine gesagt. Ein alltäglicher Vorfall und bestimmte (individuelle) Menschen durch alle Mittel des Malers lebenswirklich dargestellt und darin das Allgemein Menschliche so betont, daß das Zeitliche zum Ewigen wird, alles derart verinnerlicht, daß es Symbol wird. Dieses Bild ist überhaupt ein Symbol des Menschenlebens. (Hier ist zu erkennen, daß diese Kunstart gerade entgegen Egger's Schaffen ist. Er will Symbole gestalten und versucht es durch Abstraction alles Besonderen und an Stelle des, im Lebenswirklichen fühlbaren Symboles tritt die Allegorie, die abstracte Idee, durch Typen, schematische Formen ausgesprochen.) – Die Saskia ist mit einer consequenten Liebe gemalt, die ans Unbegreifliche grenzt, alles ist bis aufs Letzte vollendet und solide wie eine Goldschmiedearbeit erbaut und steht vor uns als die Verwirklichung alles überhaupt Möglichen. – Unbeschreiblichen Eindruck machte mir die Merkwürdigkeit des Ausdruckes der Frau, deren Bildnis als „junge Frau" bezeichnet ist, es ist sonderbar visionär wie die Menschen Leonardos. – Menschlich begreiflicher ist das Bildnis des „Architekten". Rembrandt ist ein Riese der ganz allein steht, und doch ist er der selbstverständlichste, natürlichste, der menschlichste Mensch; wie ein Christus ist er. –

Von den Rubens-Bildern betrachtete ich vor allem den „Orientalen" als die feinste Malerei, die ich von ihm gesehen habe. – Jordaens, den ich zum erstenmal sehe, (aufmerksam geworden durch das in Stockholm sich befindende Bild einer „badenden Frau"), ist urkräftig strotzend aber unkultiviert und neben Rubens roh, besonders in der Farbe. – Eine Fülle der köstlichen Niederländer ist da. Besonders habe ich mir gemerkt: Terborch „Lautenspielerin", wunderbar stofflich

5. Hans (Johann Wilhelm) Olde (1855–1917), Maler und Graphiker; studierte an der Münchner Akad. bei Löfftz, dann an der Académie Julian in Paris; wurde 1902 als Leiter der Kunstschule nach Weimar berufen, 1911 als Direktor der Kunstakad. nach Kassel.

gemalt und die süsse Frau individualisiert bis auf's Letzte (z.B. ihre rechte, verkürzte, Saiten greifende Hand, wo andere sich mit dem Schema, der Construction einer Hand genügen würden, ist hier in ihr allein schon die ganze köstliche Person charakterisiert). Jan Steen „Bohnenfest" auf welchem mir sogleich, durch die Komposition (Diagonal Komp.), das prächtige Weib in die Augen sprang, das so dort lümmelt und mit den Augen blitzt. Adriaen van der Velde eine Dünenlandschaft, in der so eine Seeluft weht, daß man staunt, wie nach 400 Jahren die Impressionisten glauben können, die Luft erst entdeckt zu haben. Dann Potter, Metsu usw. – Die Altdeutschen sind vertreten durch Baldung, Altdorfer (eine Kreuzigung die an Grünewald erinnert) Dürer, L. Cranach d.Ä. und ein schönes Madonnenbild von van der Goes. – Von den Romanen schaute ich ein Bild von Tizian an, das aber nicht behagen wollte nach dem Rembrandt und ein vorzügliches Porträt von Tintoretto, ein tükischer, sehr bewußt auftretender Italiener, dessen Bildnis besonders wohl durch die Komposition so stark wirkte.

Weimar, 1. IV. 1913.
Es gab eine Zeit, da suchte ich den Frauen durch Betonung derber Männlichkeit zu imponieren, jetzt durch Zartheit, d.h. durch feinfühlendes Verstehen und Würdigen ihrer Zartheit. – Dazu gehört ein gewisser Feminismus, – alles was wir begreifen ist in uns enthalten; um einen Ochsen gut zu malen, muß man selbst ein Ochse sein.

5. IV.
Ein Kunstwerk zu produzieren, dazu gehört eine gewisse intelligente Ruhe, – jene Selbstbändigung, die den heutigen Leuten fehlt (z.B. dem L. Corinth). Es ist allerdings nicht nur der Mangel an Selbstzucht, sondern dieses „Drauflospatzen" entsteht aus der Wirre und nervösen Hast unserer Zeit und ist der Ausdruck respektloser, verderbter, roher Menschen. Es ist die rohe Kraftgeste, – von der sich die eigentliche Kraft, die ruhige, überlegene wohl unterscheidet, – die durch Ehrfurcht und Liebe zu Verständnis und Beherrschung gelangt ist. – Außer den alten Meistern können die Franzosen, ein Leibl nicht genug Vorbild sein und ein sehr mittelmäßiger, aber ehrlicher, solider Maler ist heute als eine erfreuliche Seltenheit zu würdigen.

17. IV. Weimar. 1913.
Wer Individualitäten begreift, kämpft nicht gegen sie, der Verstehende hastet nicht. Die Auflehnung gegen anders Gesinnte u. = Lebende ist eine durchaus negative Arbeit, einmal weil ihr Erfolg höchst gering sein wird u. zweitens, weil in diesem Streit Zeit und Kraft für die eigene Arbeit verloren geht, und überhaupt wird sich das Wertvolle stets selbst behaupten. – Diese Erkenntnisse und die angeborene Anlage zur Liebenswürdigkeit bringen mich zur Kultivierung der **Höflichkeit**, welche in der Gesellschaft die einzig mögliche Umgangsform

ist; sie verbindet und ist die Brücke zu irgendwelchen Beziehungen u. schafft zugleich durch die Respekt fordernde Respektierung, Distanz. –

18. IV. 1913.
Persönlichkeiten oder Dinge miteinander zu vergleichen, um Superlativbegriffe aufzustellen, ist müssig; es handelt sich darum, durch die, aus dem Vergleich gewonnene Differenz, die einzelne Individualität als solche besser erkennen zu können. –

Weimar, 25. April 1913.
Gegenwärtig läßt mich die Sehnsucht nach einem einzigen Weibe den mangelhaften Verkehr mit Freundinnen, die immer nur einen Teil meiner Bedürfnisse befriedigen können, entbehren. –
Ich sehne mich nach einem Weibe, welches die Erfüllung meiner schönsten Vorstellung einer Frau ist. Die ich als wertvollen, sittlichen Menschen aus tiefstem Grund verehre und hochachte, und deren Schönheit in mir die glühendste Liebeslust auslöst, jene göttliche Wollust, die Ausdruck inniger Liebe, gegenseitigen Verstehens ist. Ein Weib, dem ich ebenfalls ihre idealste Vorstellung von dem Mann erfülle, die ihr vorhergeahnt, durch die Erfahrung, das Erlebnis meiner Persönlichkeit, zu klarem Begriff wird; eine Frau die mich erkennt, die meine Gesinnungen teilt (diese mögen bereits vorhanden gewesen oder durch mich geweckt worden sein) und mich hingebungsvoll liebt. –
Es ist das erste weibliche Wesen, dem ich in meinem Leben begegnet bin, von welchem ich (nie so stark wie in der Stunde) das Gefühl habe, daß sie dieser Erfüllung am nächsten komme, – die treue teure Gespielin meiner Kindheit, in der dieselbe köstliche Erotik des ursprünglichen Kindes lebte und die mir später die reine, edel wirksame „erste Liebe" schenkte.

28. April 1913.
(Beethoven Abend IX. S.[ymphonie])
Zu der Musik stehe ich vorläufig in dem bloß sinnlichen Verhältnis des Laien. – Bei dem Nachempfinden ist mein Gefühl gezwungen, der abstrakten Melodie irgend etwas Erlebtes nachzubilden, womit ich, bei den mannigfaltigen Wiederholungen, denn bald ermüde, nicht mehr folgen kann und erst nach anderen Gedanken u. Betrachtungen wieder einsetze. – Ich werde durch sie sehr gehoben und angeregt, vor allem regt mich diese feierliche Stimmung zu Gedanken über mich und mein Leben an. – Dann schaue ich wundervoll geklärte Porträts (z.B. meine Eltern, Schwester, Freundinnen) und dieses innerliche Schauen ist ein glückliches Erleben, denn solch geträumte Kunstwerke sind die Vorboten geschaffener, gleich dem Frucht-Ahnen der Blüten. – Ich erfreue mich auch an den Ausdrucksmitteln, am Klang, wie der Maler sich am Klingen der Valeurs oder der Farbtöne ergötzt.

8. Mai 1913.
Menschen ähnlicher Gesinnungsart, solche, in welchen dieselben Entwicklungsmöglichkeiten an Reichtum enthalten sind, finden sich – gleich wie chemische Stoffe sich nach ihrer Zusammengehörigkeit ordnen.

17. Mai 1913.
Absichtliches Benehmen und objektive Betrachtung schliessen eine hingebungsvolle, tröstliche Liebe aus; die Person ist dann Interessegegenstand, – Erfahrungsobjekt.

20. Mai.
Am Ende handelt es sich nie um das Resultat, sondern darum, daß wir intensiv leben u. erleben. Der Wert aller Personen und Sachen liegt für uns in ihrer Fähigkeit in welchem Grade sie dazu dienen uns anzuregen, zu steigern. Schließlich ist die ganze Arbeit einfach ein Steigerungsgrund.

24. Mai.
Die Toleranz mit allen Menschen friedlich auszukommen, wird in dem Grade bestehen, als wir vielseitig, gründlich, erkennungsreich sind.
Es ist ja des Künstlers erstes Gebot, sich von dem Objekt aus befruchten zu lassen, kindlich ohne vorgefaßte Vorstellung neue Anregungen zu empfangen und alles Einzelne als für sich Bestehendes zu erfassen samt seinen Beziehungen zum Ganzen, überall die Konsequenz des Charakters zu erkennen; dieses Empfinden der organischen Konsequenz erfüllt uns mit Liebe (Rodin, Dostojewsky). Man muß biegsam sein, sich nie verknöchern u. so reich sein, daß immer noch Platz ist für etwas ganz Neues. So erlebt man auch keine „Enttäuschungen". Wir beurteilen u. schätzen ein, nach unserem instinktiven Gefühl u. unseren gesammelten Erfahrungen – die so gewonnene Vorstellung muß aber immer nur für einen Versuch gelten, man darf sich nicht binden.

30. Mai 1913.
(Gedanken noch vom Herbst)
Die Erziehung ist einer der wesentlichsten Kulturfaktoren, dessen Beachtung wohl zu wenig Wichtigkeit erwirbt, denn wir sehen überall als Lehrer recht simple und kleinliche Durchschnittsmenschen fungieren. Ein Erzieher müßte ein großer, freier Mensch sein, ein lauterer Charakter, ein lebenstüchtiger, welterfahrener Mann. Ein Gelehrter, Weltmann und Künstler zugleich! Der wird auch, wie der Künstler, der mit der Erkenntnis der Charakterkonsequenz begabt ist, vor der im Kinde erst embryonenhaft entwickelten Individualität Achtung haben, u. die tiefe Ehrfurcht empfinden, die ihm unmöglich macht mit gewalttätigen Händen, mit schmutzigen Fingernägeln möcht ich sagen, an den zarten Knospenblättern zu zerren. – Für ein sehr wertvolles, überall unterschätztes Er-

ziehungsmittel halte ich einen künstlerischen Zeichenunterricht. Wieviel Stunden sind da, nur Denkmechanik zu üben; die gediegene Zeichenstunde könnte die nutzlose „Konfessionsstunde" reichlich ersetzen, als eigentliche Religionsstunde gelten, Selbsterziehung zur Sittlichkeit. Allerdings müßte die Anregung zu dieser Erziehung in anderer Weise versucht werden, als es leider überall sowohl in Volks- und Mittelschulen als auch in Fachschulen und Akademien geschieht. Zumeist wird hier nur der wertvolle, künstlerische, der naive Sinn verdorben, der als Zwang auferlegte Unterricht, programmäßig durchgeführt, bezieht sich nur auf Äußerlichkeiten. (Mit geraden Strichen wird begonnen, dann werden scheußliche Ornamente abgezeichnet, später kommen „Pinselübungen" und falls dann Blumen gemalt werden, ist stets nur von der Geschicklichkeit die Rede). Ich denke mir man müßte Stoff und Ausdrucksmittel jedem ganz frei stellen und aller Unterricht könnte nur in der Anregung bestehen, den Geist der Natur, mit eigener Seele, zu fassen, das Interesse, die Freude am Leben zu wekken und damit die Grundlagen zu bauen für eine erste Weltanschauung (Sittlichkeit und Religion) (Gottesfurcht, d.i. Erkenntnis des allebendigen Geistes, – Notwendigkeit, – Energie – Schönheit, dann Toleranz, kurzum: Lebens u. Weltauffassung). Menschen die eine derartige Erziehung genossen haben und dadurch mit der Natur somit auch mit der Kunst in Contakt stehen, einer solchen Generation wäre es unmöglich „Futuristen u. Kubisten" zu zeugen oder deren Originalität der Impotenz, für „neue Kunst" zu halten ... Allerdings neu, – aber die Kunst ist im Prinzip immer dieselbe und alle rechte Kunst ist immer „modern" d.h. sie ist immer lebendig u. spricht zu uns, alle anders moderne ist und bleibt tot.

14. Juni 1913.
Wer etwas werden will, der muß über sich lauschen und hören was sein Eigenes will, zweckfrei sein! Zeit haben und sich entwickeln lassen, wie die Natur Blüten werden und Früchte reifen läßt. –
Wer ein starkes u. reiches Selbst hat, der folgt seinem Drange unbekümmert und setzt keinen Zwang über sich, und schweift weit und verliert auf allen Irrwegen nichts von sich, sondern härtet und gewinnt hinzu. – Der Unbegabte ist der Philister, der einer Idee folgt und der sein bißchen Eigenes einmauert, damit er es nicht verliert.

Bregenz, 28. Juni 1913.
nachträglich
(Nach dem Verkauf von Waltrauts Bildnis)[6]
Wer ein Bild von sich gibt, dem ist zu Mute, wie dem Vater dessen Kind in die

6. Waltraut von Conta, Freundin und Geliebte Wackers in Weimar. Während der Kriegsgefangenschaft führte W. mit ihr einen lebhaften Briefwechsel, und er trug sich mit dem Gedanken, sie zu heiraten. Freundschaftliche Beziehungen hielt er zeitlebens mit ihr aufrecht.

Fremde zieht. – Es gibt Händler die glauben, man könne Erlebnisse der Seele bezahlen, um Geld kaufen. – Wie schmerzlich ist der Abschied, wenn man zu dem Objekt durch innige menschliche Beziehungen verbunden war.

Bild 3

Foto rückseitig von R. W. beschriftet:
„Rudolf Wacker Weimar Juni 1913 (Atelier i. Prellerhaus)".
Im „Prellerhaus" waren Ateliers für fortgeschrittene, bereits selbständig arbeitende Studenten der Weimarer Kunsthochschule untergebracht.

Am 1. Juli 1913.
Je geklärter wir werden, desto selbständiger werden wir in uns beruhen. – Des reifen Rembrandt Existenz, war allein in seiner Persönlichkeit begründet, ohne auswärtige Stützpunkte. –
Des Mannes Welt ist in sich gefestigt und real, die Frau ist empfindsam, anlehnungsbedürftig und anpassungsfähig. – Der Werdende bedarf der steigernden Unterstützung durch Gleichgesinnte. – Die Frauen geben sich hin und nehmen uns ganz, mit allem was wir sind und haben, durch ihre Liebe in sich auf. Ihnen geben wir von den geschöpften Reichtümern und sie nehmen unseren Überfluß, und dankend legen wir ihnen Kränze zu Füssen.

9. Juli.
Alle unsere Worte mit welchen wir versuchen unsere Gedanken und Empfindungen als Erkenntnisresultate auszusprechen, sind Münzen, zumeist sehr gewöhnliche, andere kursieren nicht. – Mit Worten bauen wir uns selber Systeme, die sich durch die Weiterentwicklung verändern. Wir tragen Ideen aus wie Kleider, – die uns wie Gerüste dienen, sie sind die notwendige Form.
Im Unvollendeten doch immer vollendet, denn wir können nur als Ganzes existieren. Harmonie!

Bregenz, 13. Juli 1913.
Ein Porträt ist dann gut, wenn in ihm Ewigkeitswerte ausgesprochen sind. – Wer über die äußerliche banale Ähnlichkeit nicht hinauskommt, dessen Bild kann kein Interesse erwecken. Nur die Seele spricht wieder zur Seele. Was in der Tiefe gefaßt wird, hat allgemeines Interesse; die Wurzeln der verschiedenen (individuellen) Bäume sind einander durch das Erdreich verbunden. – Alles wahr und tief Empfundene hat Beziehung zu dem Kern des Seins, ist allgemein menschlich.
Der ernste, innerliche Mensch betrachtet alles von hohen Gesichtspunkten aus und bringt so alles untereinander in Beziehung, das Kleinste in Zusammenhang mit dem Großen. So gibt es für ihn keine Oberflächlichkeit – es ist übrigens überall dasselbe: Ob Darstellung, – Leben od. Arbeit – denn wenn er sich auch mit der Oberfläche beschäftigt, so ordnet er alles unter, er ist kein Losgerissener (so z.B. einer würde die Arbeit, die fruchtbare nicht kennen, nur die losgerissene Tätigkeit).

Bregenz, 16. Juli 1913.
(nachtrgl.)
„... meine Worte entsprechen nicht meinen Gedanken – das aber ist eine Erniedrigung dieser Gedanken." (Dostojewski: „Der Idiot" II. Bd.)
Jemand sagte einmal zu mir: „Ich kann mir denken, daß einer ganz schweigt, daß ein Künstler so feine Empfindungen hat, daß er es gar nicht wagt, auch nur den Versuch zu machen, sie zu formulieren, denn das Mißlingen, (die von vornherein eingesehene Unmöglichkeit) wäre für seine Ideen eine Profanierung." (G. Wesche, Weimar/Erfurt)
– Es gibt aber auch Leute die meinen, daß die Aussprache an und für sich eine Preisgebung sei: – Von diesen bin ich sehr entfernt. Ja im Gegenteil ich betrachte Diskurse über die intimsten Erlebnisse als öffentliche Angelegenheiten. Jedem der selber in der Schule des Lebens lernt u. strebt ein Mensch zu werden, dem zeige ich gerne meine Kassabücher. – Das Edle verbindet sich dem Niedrigen nicht u. kann nicht beschmutzt werden. Wenn ich einen Edelstein zeige, können ihn viele beschauen, seine Schönheit kann keiner, (durch geiles Betasten etwa des Händlers,) erniedrigen, – der kann mitgenießen der rein schaut u. so der Schönheit offenbar wird, u. der hat ein Recht auf sie. –

Bregenz, 19. Juli 1913.
Organisch sein heißt nichts anderes als zusammenhängend – alle Teile untereinander in Beziehung. Dann ist Harmonie da. – Im Kunstwerk ganz gleich wie im menschlichen Leben!

30. Juli.
Der Tanz ist ein Hymnus an die Sinnlichkeit!!

31. Juli.
Ich werde durch den Verkehr mit anderen Menschen – (die doch zumeist, oft bei einem respektablen Wissen recht wenig Einsicht u. Übersicht des Lebens und keinen Sinn für seine Schönheit haben) – einfach gezwungen, mich für einen Ausnahmemenschen zu halten. Wenn dieses Gefühl durch klare Unterscheidung begründet ist, kann es nicht schädlich sein, denn es hat nichts mit der hochmütigen Überhebung zu tun. – Je mehr ich von meiner besonderen Begabung und der Notwendigkeit des Durchschnitts als Menge überzeugt bin, desto mehr werde ich von den immer zu hoch gestellten Anforderungen ablassen und so am besten die Form eines Verkehrs mit ihnen finden. –

1. August.
Das Baden in Sonne und Wasser macht den Menschen gut, – zufrieden, harmonisch in sich und mit der Natur. Man fühlt sich in eine Art Urzustand versetzt, in welchem man sogar die Arbeitssorgen vergißt. –
Um diesen Zustand vollends zu genießen und ihn zur höchsten Glückseligkeit zu steigern, müßte man ihn mit einem geliebten Weibe erleben. –

5. August 1913. (nachträgl.)
„Geh! Ihr seid der Frauen nicht wert! Wir tragen die Kinder / Unter dem Herzen, u. so tragen die Treue wir auch; / Aber ihr Männer, ihr schüttet mit eurer Kraft u. Begierde / Auch die Liebe zugleich in den Umarmungen aus!" (Goethe, Elegien I.6.)
Aus diesem Gedanken des Mutterwerdens, der zumeist **unbewußt** im Hintergrund steht, erklärt sich wahrscheinlich die scheue, reizende Zurückhaltung der Mädchen.[7] (Schäferszene v. Rubens, Pinakothek M.[ünchen] u. „Maria Verkündigung" v. Grünewald; Mai 1914) –
Weiter das **unbewußte** Verlangen nach Vergewaltigung – welche nicht allein durch rohe Kraft geschehen muß u. auch nicht bloß aufs Physische bezogen (ich meine z.B. das durchaus sichere Auftreten – ganz gleich in welcher Form – des vollkommenen Vertrauens). – Ihr Verantwortungsgefühl scheint befriedigt, weil

7. Die beiden Bildbeispiele wurden von W. erst nachträglich eingefügt.

sie einfach von stärkeren Kräften eingenommen, sich als Besiegte ergeben mußten.

17. August 1913.
Kunstverständig ist nur derjenige, der die Kunst als Form und nicht nur ihren Gehalt begreift. („Den Stoff sieht jedermann vor sich; den Gehalt findet nur der, der etwas dazu zu tun hat, und die Form ist ein Geheimnis den meisten." – Goethe). Dem sich die Form nicht offenbart, der ist ein Laie; und da passiert es, daß oft die vortrefflichsten Menschen in dem Übelsten Schund, Kunst vor sich zu haben glauben. –
Es kommt ja immer überall auf das „Wie?" an! –
Zum Erfassen der Kunstform zu gelangen gehört Talent (angeborener Sinn künstlerisch aufzufassen) und sehr viel Studium. – Darum darf man Menschen (Laien) (– wie ich es oft tue –) gar nicht nach ihren Kunstansichten bewerten. (Wieviele begreifen z.B. eine Holbeinsche Zeichnung?)

19. August 1913. Bregenz.
Gastfreundschaft. – Es ist schön und recht, daß ein Mensch, der eine gefestigte äußere Existenz hat, dem andern, der nach der innern suchend und ringend, jene aus irgendwelchen Umständen (diese mögen in ihm od. außer ihm liegen) nicht besitzt oder gewinnen kann, in seinen sichern Kreis aufnehme und einen Platz für ruhige Arbeit od. Erholung gönne.

Bregenz, 22. August 1913.
Malen ist: Zeichnung und Farbe als Eines zu begreifen.

25. August.
Die Liebe ist immer neu und sie fängt stets von vorne an!

28. August.
Wie man doch einen Menschen, ein Weib, als individuell erleben kann. Z.B. mit geschlossenen Augen den Geruch aufnehmend, erfühle ich die ganze Persönlichkeit. –
Das ist bei der Arbeit so schön, dieses Ahnen und Erleben des Individuellen, das immer, tief geschaut, ein Allgemeines auf besondere Art ausdrückt: alles untereinander in Beziehung, in Form, Farbe u. Bewegung, im kleinsten Teil und großen Ganzen immer dieser eine Mensch.

30. August 1913.
Wir nehmen oft unbewußt auf. Später auf einmal ist es als ein erlebter Reichtum lebendig.

gegenüber zu finden, daß ich gar kein „Können" habe und nicht weiß wo und wie es anzufangen ist, sondern mich lediglich auf meine Empfindung verlassend drauf los arbeite; zum Schluß könnte einem zu Mute sein wie dem „Reiter vom Bodensee".

5. Januar 1914.
Hier wird einem im Genuß der reinen Natur unsere Verwurzelung mit der Erde wieder recht fühlbar u. bewußt.

Weimar, Anfang Februar.
Die Frau ist für mich der Kernpunkt des Lebens, zu dem alles hinführt und von dem alles ausgeht. –
Das Weib beschäftigt mich als ideelles Problem am stärksten, und spricht mich am eindringlichsten (zur künstlerischen Gestaltung reizend) als Form an. – Es ist meine Lust die Weiblichkeit mit allen Sinnen zu erfühlen und zu genießen. — Das Erleben dieser einen Frau gibt mir viel Orientierung in der Gesamtheit der Frauen und eine deutlichere Vorstellung „meiner Frau", was als ein Fortschritt meiner Männlichkeit, menschlich und künstlerisch ein reifer Werden bedeutet. –
– Der Mann ist ein Herrscher! –
– Ich verachte die Sentimentalität. Ein rechter Mann hat einen Grund in sich, von dem aus er sich immer ins Gleichgewicht bringen kann. –
Das künstlerische Schaffen, ganz zweckfrei, ist für den Künstler entweder die Form seiner gesunden, kräftigen, heiteren Lebenserfassung Ausdruck zu geben, oder die Form, vermittels welcher, durch Auseinandersetzung die innere Harmonie (durch Leiden gestört) erstrebt wird.

Anfang Februar.
Das Studium des bewegten Aktes führt mich zu einer größeren, einfacheren, wesentlicheren[13] Auffassung; geschlossener und einfacher auch beim Porträt, die Form zu sehen und den Ausdruck gesammelter und lebendiger. Ferner komme ich dazu, z.B. die Linie empfindsamer bloß als Ausdruck einer Schönheit zu erleben.

Anfang März.
Besuch in Berlin (28. Februar bis 6. März).
Das Schönste: war das Wiedersehn meines besten Freundes Otto Herbig, unsere gegenseitige Aussprache, und das Verständnis das so umfassend möglich ist bei einer gleichgearteten Lebenserfassung. Dadurch ist eine köstliche Harmonie des Zusammenseins begründet.

---

13. „einfacheren, wesentlicheren" wurde nachträglich von W. eingesetzt.

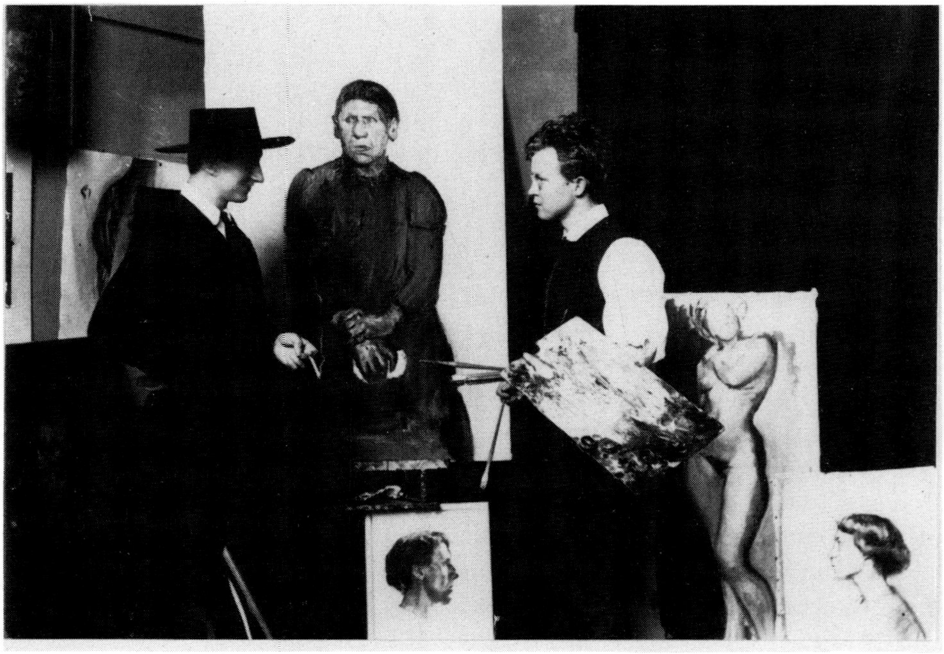

Bild 5

Foto rückseitig von R. W. beschriftet:
„Rudolf Wacker / Otto Herbig / in Herbigs Atelier
Weimarer Akademie 1913"

Eine solche Freundschaft ist etwas herrliches! Wir haben beide wieder viel von einander gehabt. Er beginnt sich immer freier und kräftiger zu entfalten in Leben und Kunst. Ich habe oft das Gefühl, geniale Veranlagung bei ihm zu sehen. – Wenn man den exakten und sinnbetörenden Apparat der Großstadt bedenkt, der in einem fort arbeitet, bekommt man einen unheimlichen Eindruck einer ganz furchtbar kolossalen Energie. – Ich komme immer mehr in die Lage in der Großstadt ein stark gesteigertes u. sehr gewinnreiches Leben zu führen; der Welt mit größerer Freiheit und Sicherheit gegenüber zu stehen und so werde ich immer mehr ein Bürger in dieser Welt.
Von den Galerien erwähne ich hier, womit ich mich am hauptsächlichsten beschäftigt habe. Schade ist, daß die mittelmäßige Kunst in diesen großen Aufbewahrungsräumen ganz untergeht, die an anderen Orten doch Genuß bieten könnte./
Kaiser Friedrich Museum: Am meisten Freude hat mir vielleicht ein Frauenbildnis Roger van der Weyden gemacht. Daneben hängt ein wundervolles Bild

„Johannes des Täufers" von Geertgen Tot S. Jans. Herrliche deutsche Bilder von J. van Eyck (Porträt Arnolfinis), H. Memling, Dierick Bouts. Porträts von H. Holbein, die koloristisch so fein sind, daß man alle andern gerühmten Maler davor vergißt. Von Dürer ist das prächtige Madonnenbild da, die betende Maria mit den lieben Händen, jenes geistreiche Frauenporträt (rechts der Edelstein) und die deutsche Hausfrau. L. Cranach „Der Jungbrunnen"; farbig, merkwürdig, von köstlichem Humor. „Flucht nach Ägypten", dieses scheint eines seiner schönsten Bilder zu sein. A. Altdorfer, hat viel vom Geiste Grünewalds, in seinen Bäumen eine starke Musik. F. Hals für mich ein neues Erlebnis. Ich sah ihn noch nie so gut vertreten, und er war mir immer zu flott. Jetzt verstehe ich diese Art Flottheit besser; sie scheint der Freiheit des Rodin verwandt. (Bildnis des Tyman Oosdorp) Die Niederländer geben die letzte Möglichkeit an subtiler Darstellung. Ter Borch, v. d. Neer, Metsu, P. de Hooch. Jan Steen (Wirtshausgarten) er scheint der großzügigste unter ihnen.
Rembrandt. Seine Henddrickje mit einer Glut gemalt, – ich finde nichts was sie als innerlicher bezeichnen könnte als eben: mit „Rembrandtscher" Glut. Dieses prachtvolle Gesicht möchte man mit beiden Händen fassen. Das liebe Weib hat mir schon vielen Trost gegeben! „Jakob ringt mit dem Engel". Der Kopf des Engels mir ein neuer Eindruck. In seinem Ausdruck las ich die Darstellung einer Gottheit, die mit einer seltsamen Mischung von Güte, Wollust und Mitleid das ideale Streben der Menschheit weckt, sich erfreut und die Unmöglichkeit der Vollkommenheit eines menschlichen Ideales weiß.
„Potiphars Frau verklagt Josef". Großartig die Geste Josephs. Sein entsetztes Erstaunen – zugleich scheint er aber zu verstehen und zu verzeihen. – Im Kupferstichkabinett habe ich die Zeichnung nach der Saskia am Verlobungstag gesehen. Davor überkam mich eine große Freudigkeit. Ich fühle dieses erwärmte Gesicht. Die Ausführung ist ganz subtil./
Rubens nimmt einen immer gefangen durch die Gewalt seiner großen Formen und seine urkräftige Sinnlichkeit und männliche Fruchtbarkeit. – Ein weibl. Bildnis von (?) Jost Sustermanns hat mich menschlich interessiert, die herrschsüchtige Sinnlichkeit dieses Weibes.
Spanier: Frauenporträt v. Velasquez! Goya ist hier zahm vertreten. Mönch und Porträt einer alten Frau, wohl eine seiner früheren Arbeiten u. daran die Solidität bemerkenswert. Von Zurbaran ist das Bildnis eines schauderhaft unheimlichen Knaben da. – Porträt der Maria Mancini v. Pierre Mignard, ein schönes Frauenbild. – Sehr gutes Porträt einer alten Dame von Reynolds. –
Italien: Besonderes Erlebnis Plastiker der Frührenaissance Donatello, ganz frei in der Formgebung, ebenso Mino da Fiesole (Bld. d. Strozzi, u. Frauenbüsten) Desiderio da Settignano, Kinderporträts von Antonio Rosselino, der liebliche Lucca della Robbia, und wild und kraus Ant. Pollaiuolo, den man von dem Davidbild her geschliffener kennt. In einer florentinischen Holzfigur die als „Justitia" bezeichnet ist, sah ich jenen tierhaft stumpfen doch feierlichen Ausdruck ei-

ner schwangeren Frau. – Wundervoll das herbliebliche Frauenbild v. Domenico Veneziano. Daneben ein Porträt v. einem gewissen Bastiono Mainardi, eines Mädchens dessen Ausdruck mir irgend sehr bekannt war. Fra Filippo Lippi (Frauenporträt), Fresko von Filippino Lippi, – Botticelli! – Einen sehr starken Eindruck machte mir Mantegna, der von der Innerlichkeit eines frühen Deutschen ist, bes. Maria m. Kind, und auch die Darstellung im Tempel; – Köstliches Bild von Piero di Cosimo. Sehr schönes Frauenbild: Eleonore v. Toledo, von Agnolo Bronzino. Schönes Bild v. einem G. Busi gen. Cariani. – Das Auferstehungsbild und bes. die Wachsflorabüste halte ich nicht für Werke Leonardos. Tizian gab mir bis jetzt nur durch Reproduktionen, die gesehenen Originale haben mich immer mehr od. weniger enttäuscht. Der Anmut Raphaels gibt man sich hin. Auch Correggios Liebenswürdigkeit, (während Palmo Vecchio zumeist von einer widerlichen Süßlichkeit ist). –
Altes Museum:
Hier habe ich mit großem Interesse ägyptische Kunstwerke betrachtet. In einem Kabinett sind die Funde aus Tell El-Amarna, meistens vom Bildhauer Thetmes aufgestellt. Es sind unterlebens große (1/3) Plastiken, von denen ich nach Abbildungen die Vorstellung hatte, daß sie haushoch sein können. (!) Am stärksten hat mich der Kopf (bes. Profil) einer Königin interessiert. Ganz monumentaler Stil und dabei individuellster psycholog. Ausdruck. Merkwürdig modern scheint dieses Gesicht wieder; es könnte das Bild der feinsinnigsten Frau unserer Zeit sein. Auch Reliefs u. Wandmalereien habe ich gesehen und zum erstenmal, gleich ein sehr inniges, ein Verhältnis zu der ältesten Kunst gewonnen. –
Griechische Kunst. Wunderbare Bronzen, einige Marmorreste, von den Gipsabgüssen hat man nicht sehr viel. Die plastischen Gesetze der inneren Bewegung hier dieselben wie bei Rodin, nur haben sie bei diesem Modernen eine nervöse Oberfläche. – Antiker Schmuck, kostbarer u. (Kunst) geschmackvoller als alles unserer Zeit. – Griechische Tonfigürchen u. kl. Bronzen, köstliche Dinger, es ist wahrscheinlich eine Art Industrieerzeugnis gewesen, aber welcher Kunstgehalt! – Es ist schade daß man nicht Zeit finden kann, all die Herrlichkeiten eingehend zu studieren u. zu genießen. –
National Galerie: Karl Blechen, den ich zum erstenmal sah, hat mir einen sehr starken Eindruck gemacht und ich halte ihn für einen ganz genialen Künstler und für einen der großartigsten Landschafter. Sehr schöne, ergreifende Landschaften von C.D. Friedrich. – Karl Spitzweg ist auch gar nicht der Bürger den die Bürger für ihren Hausmusikanten halten, sondern hat sehr viel Genialisches, vielleicht Goyahaftes. – Ein wundervolles Frühlingsbild von dem Weimarer Karl Buchholz. – A. Böcklin, dessen sehr oft schlechte Malerei an Kitsch grenzt, auch in der Komposition, hat doch immer starke Empfindungen zu Grunde. – A. Menzel war ein starker Eindruck. Er gehört zu den ersten Künstlern, besonders Malern, aber er erwärmt einen nirgends. – Gerührt war ich von Renoirs Mädchenbildnis „Sommer", weil es mit so warmer Empfindung gemalt ist. Das an-

dere Bild welches von ihm da ist, gefiel mir nicht. Zuweilen steht mir Renoir sehr nahe[14]. Manet „Im Glashaus". Die Einfachheit der Farben! Hand und Kopf der Frau. In der Zeichnung sehr viel Stil. Vor dem Kopf von Couture kann man vermuten daß M.[anet] zu diesem zeichnerischen Stil von C.[outure] Anregung empfangen hat. Landschaften von Monet. Subtilste Empfindung. Valeurs. Alle malen ganz dünn, flüssig. Cezanne, 2 in der Stimmung verschiedene Stilleben (mehr heiter u. mystisch) u. 1 Landschaft. Wieder wie an Weihnachten in München als ich ihn zum erstenmal sah, wurde ich stark von ihm angesprochen und das schien ganz selbstverständlich so. – Die Woge von Courbet ein Ausdruck elementarer Kraft. 1 Don Quixote von Daumier, freier Empfindungsausdruck von vollendetster Form. Leibl ist nicht so gut vertreten wie in München. Wenn es nicht gelingt noch wichtige Erwerbungen zu machen, hat unser größter Maler der Nation in der „National"-Galerie keinen Platz bekommen. Es wird aber immer so weiter sein. Ich höre daß Bilder von Marées, Schuch u. viele Franzosen im Keller der Galerie aufgestapelt sind. Das ist ein Verbrechen an den Künstlern, und an der Menschheit das immer von neuem als solches gebrandmarkt werden müßte. Eine Vorenthaltung u. Verbergung geistiger Werte ist das größte Verbrechen.– Von dem Bildhauer Bourdelle ist in einer etwas geschmacklosen Umrahmung ein sehr lebendiger weibl. Kopf da. Eine wunderbare Figur „Tanzende" von G. Kolbe, der wohl unser bester Bildhauer ist, Rodin als ein „Genie" nicht mitgerechnet. (Ohne welchen auch gerade Kolbe unmöglich wäre.)
Von Munch habe ich graph. Arbeiten gesehen, darunter einige sehr gute (Damenporträt, Tierstudien, „Eifersucht") und fast alle künstlerisch. Im Kupferstichkabinett ließ ich mir das graph. Werk des Toulouse Lautrec geben. Er ist einer der künstlerischesten Künstler, der ohne jede Konzession, nur für sich selbst schafft, Befreiung suchend. Seine Zeichnung ist von rembrandtscher Ausdrucksdichtigkeit. —
– Den Maler E. Kuithan[15] haben wir besucht, sehr sympathischer Mensch, ernsthafter Künstler und führt ein wunderbares Familienleben. – Eine schöne Aufführung von Strindbergs „Kronbraut" gesehen – Inhaltlich reich an schönen

14. Im Juli 1912 hatte W. die Renoir-Monographie von Julius Meier-Graefe (Auguste Renoir. München 1911) erworben, in der er die folgende Stelle bes. kennzeichnete: „Die Menge gehört zu dem Symbol der Fruchtbarkeit. Es strömt von Leben aus diesen hundert und aberhundert Mädchenaugen, Mädchenlippen, Mädchenbrüsten. Eine paradiesische Fleischeslust, noch unverlangend, noch ungekrümmt von Leidenschaft, noch Idylle, und doch von starken Sinnen strotzend." (S. 76).

15. Kuithan war Otto Herbigs Lehrer in Jena an der Carl-Zeiss-Schule gewesen und hatte mit ihm 1910 eine Italienreise unternommen. Erich Kuithan, Landschafts-, Figuren- und Blumenmaler und Graphiker, geb. in Bielefeld 1875, gest. in Jena 1917; studierte in München bei Raupp und Schmitt-Reutte; 1897 zu Julius Exter bei Dachau; 1903 Berufung nach Jena zur Organisierung der von der Zeiss-Stiftung eingerichteten Zeichenschule; 1911 Übersiedlung nach Weimar; 1912 Berufung nach Berlin als Professor an die kgl. Zeichenschule. Seit seiner Heirat 1911 bildeten seine Frau, der weibl. Akt und die Darstellung von Mutter mit Kind seine Hauptmotive. Lit.: Oskar Schmolitzky: E. K. Ein Malerschicksal des 20. Jahrhunderts. Jena 1957.

Motiven, Ausdrucksform: sehr geschmackvolle Verknüpfung phantastischer und wirklicher Vorgänge. Das ganze Stück sehr poetisch. –
Zoologischer Garten. Die Ahnung der mannigfaltigsten Welt, läßt einen bedauern, daß wir unser Leben zumeist an kargen Plätzen fristen. – In dem Tierreich sind gar alle menschlichen Leidenschaften enthalten.

Am 29. März 14.
Manchmal erblühen uns Glückseligkeitsempfindungen inneren Lebenserlebens, welche uns allem Mühsal entheben, und wir sind fern getragen zu stillem Genuß göttlicher Schönheit.

Ende März 1914.
Der Unterschied zwischen Akademikertum und Künstlertum wird mir ganz klar. Der Akademiker durchdringt die Oberfläche der äußerlichen Erscheinungen nicht, er schaut nicht mit der Seele, er kann den „lebendigen Geist" nicht erfühlen, also hat er zu Leben u. Kunst nicht die Beziehung einer warmen innerlichen Anteilnahme. An die Kunst tritt er von außen heran, der Artist imponiert ihm und seine Kunstausübung ist ihm bloßes Metier. – Den Künstler treibt ein tief innerer Drang zur Gestaltung, das ekstatische Erleben der Dinge. Seine Kunstform ist der Ausdruck einer „Empfindung" und seine Arbeit eine Befreiung. (Da es sich lediglich um einen Empfindungsausdruck handelt, kann man sagen, prinzipiell, daß das Kunstwerk ganz gegenstandslos sein kann und von der allgemeinen sichtbaren Erscheinung (Gegenständlichkeit) des Objekts nichts wiederzugeben braucht.)

Anfang April 1914.
Wir sollen unser Kraftgefühl unablässig steigern. – Wir müssen trachten aus unserem Stärkebewußtsein jene große Selbstzucht zu gewinnen, welche eine siegreiche Lebensführung und das Entstehen des Kunstwerkes erfordert. Das Kunstwerk muß zu dem möglichst vollkommenen Ausdruck unseres Stärkegefühls wachsen. („W.z.M.") 21 [Wille zur Macht; 1921]
Der Drang nach Erlebnis und Genuß des Lebens, das Beschäftigtsein in der Welt, verhindert mich an der dauernden Konzentration, welche eine produktivere künstl. Produktion ermöglichen könnte. – Die Erfahrung bestimmt aber den Standpunkt der künstlerischen Betrachtung. – Vor vielen Umwegen oder Abgründen tatsächlicher Erfahrung bewahrt uns das intuitive Erkennungsvermögen. – Zuerst gehört uns das Leben, – die Kunst ist seine Blüte!
Das unmögliche Verhältnis meiner „Malversuche" zu meinem Kunstwollen und -wissen kann nur durch praktische Arbeit überwunden werden. Über meinem stolzen künstl. Selbstbewußtsein (als Zeichner) muß ich die Ruhe und damit zu der akademischen Arbeit finden die hier geleistet werden muß. – Die Einsicht, daß ohne das Gerüst der Zeichnung die Malerei unmöglich ist (außer einer ab-

strakten) – hat mich bis jetzt von dem Malen abgehalten. Allmählich führt mich die immer vollere und freiere Anschauungsweise, und der Wunsch meiner Auffassung möglichst lebensvolle Gestaltung zu geben, zur Malerei.[16]

April 1914.
Problem: eine Frau die Geliebte zweier Freunde. Voraussetzungen? Gewinn (künstlerisch.) (H.B.) [Hanna Busse]

24. April 14.
Je reifer und voller unsere Anschauung wird, desto mehr kommen wir zu einer bedeutsamen und wesentlichen Auffassung des Einzelnen. Von einem Gebiet, Arbeit, aus andere begreifend. IX. Symph. Beethoven.
Ich kam noch nie zu einer so direkten Musikerfassung. Ich habe die Musik als unmittelbaren Ausdruck von Lebensempfindungen erfaßt, ohne den Umweg durch die Analogie bildlicher Erscheinung. – Ich werde wunderbar angeregt und darf lichte Blicke in die Ferne tun, – Ahnungen. – Entwicklungsmöglichkeit zu einem fein u. tief gesteigerten Auffassungsvermögen. Zukünftiges Leben u. Arbeit. Beziehung zu den Frauen. –

Ende April 1914.
Dieser rasche Wechsel gegensätzlicher Stimmungen dürfte aus einer Empfindlichkeit herrühren, welche durch das Frühlingswetter verursacht wird. – Die Stimmungen erschöpfen sich, lösen sich ab, bevor ich zu ihrem künstlerischen Ausdruck gelangen kann. – Ich habe das Gefühl, daß diese Erlebnisse grundlegend sein können, für eine fruchtbare Arbeit im Sommer. – Der Wechsel von: Sanftmut – Bestialität, harmonischer Ruhe – aufgewühlten wilden Stürmen, Glückseligkeit – Verzweiflung, Oberfläche u. blutiger Innerlichkeit, Fröhlichkeit – Traurigkeit, usw., ist oft so schroff, und so durchaus gegensätzlich, daß die Gegenwart die Vergangenheit kaum begreifen kann. – Doch zeigt sich überall, daß der Wechsel vielleicht das erste Gesetz ist, für Entwicklung und Lebendigkeit.

11. Mai 14.
Es gibt zwiespältige und herrschsüchtige Frauencharaktere, die der Hingabe erst fähig werden, wenn eine vollkommene Herrschaft über sie kommt. Dazu gehört eine bestimmte und geschlossene Kraft, rasches, intelligentes, voraussichtiges Begreifen (ungetrübt durch die sinnliche Anziehung), also souveraine Beherr-

---

16. Durch Krieg und Kriegsgefangenschaft am Malen verhindert, blieb Wacker auch noch nach seiner Rückkehr die ersten Jahre vorwiegend Zeichner, bevor er sich der Malerei zuwandte. Das erste Bild, das er in sein selbst geführtes Werkverzeichnis aufnahm, datiert von 1924. Alles früher Geschaffene hielt er nur für Versuche in der Malerei.
Vgl. Max Haller: Rudolf Wacker. Lustenau 1971 (mit Oeuvre-Katalog der Malerei), o.p.

schung der Sexualität, und wohl sehr viel Erfahrung, die eine sichere Schauspielerei ermöglicht. – Ich werde zuweilen stark durch jene Sorte angezogen; trotzdem meine eigentliche Neigung nach jenen „süß melancholischen" Frauen geht. – Bei diesen „Tierbändigerinnen" lernen wir vielleicht am deutlichsten das katzenartige des weiblichen Wesens verstehen.

Mitte Mai 14.
Ich erkenne vorwiegend zweierlei Stimmungen in mir. Die eine führt mich nach der Richtung des Weltmannes, die andere macht mich zum Künstler. Erstere scheint ein körperliches Denken, ganz auf die gegenständliche Wirklichkeit gerichtet, letztere ein seelisches Empfinden – die Naivität eines Kindes zu sein. – Vielleicht ist die Veränderung dieser Stimmung von dem sexuellen Befinden abhängig. – Ich will diese Zweiteiligkeit kultivieren, – sie macht uns erst recht plastisch. – Die Teile müssen sich zur Harmonie verbinden, dürfen sich nicht als schroffe Gegensätze unbegreiflich sein; sie dürfen sich aber nicht vermischen, sondern sie müssen einzeln, doch zu einander Bezug nehmend, bewahrt und gefördert werden. Aus dieser Anlage baut sich die Herrschaft.

Ende Mai 1914.
Den Sinn und Ursprung vieler Erlebnisse und Äußerungen unseres Charakters lernen wir erst später begreifen; wie auch alles anders bedeutsam wird durch die rückgreifende Bezugnahme späterer Erlebnisse.
Die Natur ereignet sich; sie baut ihre Schönheit und Häßlichkeit, – sie bleibt dem Individuum aber zumeist verborgen, unbewußt, nur dem Seher zeigt sie ihr Gesicht. Die Eitelkeit spielt eine viel größere Rolle in unserem Leben als wir uns dessen bewußt sind. Ja oft ist sie selbst der Beweggrund für unsere leidenschaftlichsten Handlungen.

Am 1. Juni 1914.
Leidenschaftlichkeit ist unsere Voraussetzung; sie muß als Kraft bewußt, gesteigert, geleitet und geführt werden. – Damit wir aus ihr die Form und die Herrschaft bauen.

1. VI. 1914.
Das Fieber der Leidenschaften zerfurcht den Körper; er formt sich zum Ausdruck aller Erlebnisse. –
Manche Gefühle, Stimmungen verbrennen, ohne daß wir zu dem Versuch künstlerischer Gestaltung kommen können. Dies geschieht besonders in unruhigen Zeiten und vorübergehenden Entwicklungsstadien. Oft können wir den Zusammenhang und die Bedeutung erst später erfassen. Was wir gewesen sind, wird uns in der weitergerückten Entwicklungsstufe erst bewußt. Jedoch bleiben uns alle Erlebnisse und inneren Vorgänge ganz unser unvergeßlich Eigentum, so

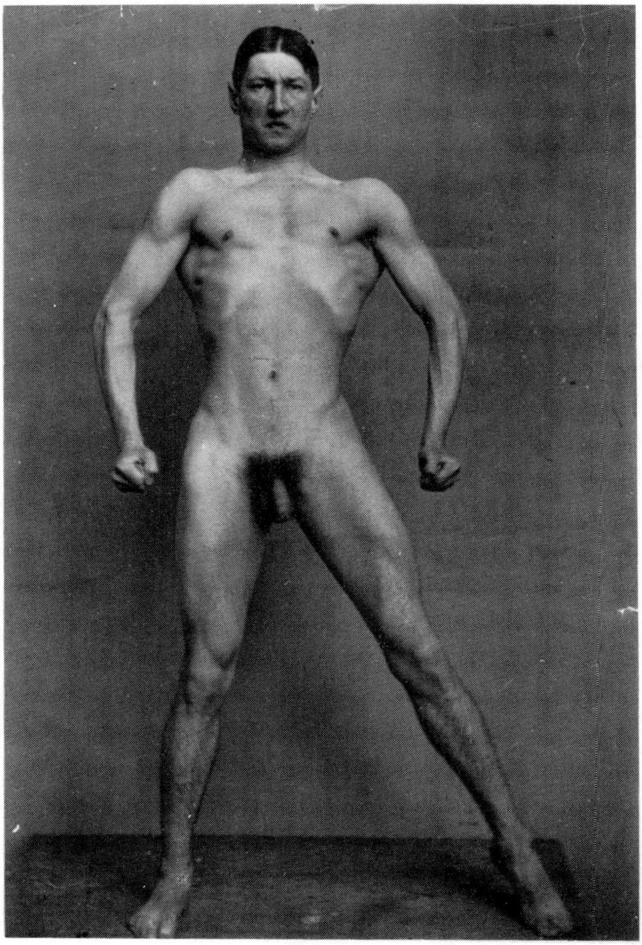

Bild 6

Wacker betrieb Sport, besonders Turnen, und kultivierte neben dem Geist auch den Körper. Aufnahme 1914.

daß sie immer wirksam sein können, wieder gegenwärtig und zu künstl. Gestaltung verwendbar.

– Alles geht in wellenförmigen Schwingungen vor sich, in den großen Linien kräuseln sich kleine. – Schließlich handelt es sich um die Extrakte.

Die sexuelle Befriedigung (vorausgesetzt die s. Beschaffenheit) ist für die künstlerische Produktion von sehr großem Einfluß.

3. VI. 14.
„Der Sache Unerbittlichkeit, dem Einzelwesen Güte," ein schöner Satz von meinem Freunde J.J. Vrieslander. Die Aktionsfähigkeit kann sich durch sich selber steigern (ökonomisch verteilt, Arbeit, Erholung, Ruhe). Darauf bezüglich: die vergangene Leistung, Erfahrung etc. ist Niveau bestimmend.

3. VI. 14.
Werte können nur von „Menschen" „geschaffen" werden. (Dann kann, bei vorausgesetzter Menschenkenntnis die Beurteilung des „Menschen" maßgebend sein, auch für die Bedeutung in Bezug auf das Berufsfeld, – Stellenbesetzung!)

am 4. Juni 1914.
Trotz vielseitigen Interessen werde ich doch immer eigentlich angezogen, nur von dem Gesunden, Üppigen, „Schönen", ich fühle mich dorthin zugehörig, wo die Fruchtbarkeit ist.

10. VI. 14.
Überall dieser Kreislauf: Anziehung, Ekstase, Ruhe. –
In der Arbeit allein finden wir dauerndes Heil. Sie muß sich zum vollkommenen Ausdruck unserer Lebenserfassung und persönlichen Eigenart gestalten.
Das Leben ist vieldeutig, die Kunst ist eindeutig. Sie ist die Darstellung einer Auffassung, Ursprung und Wirkung sind in Einem gehalten u. sichtbar.

Nachts 12. Juni 14.
Weihevolle Stunden innerer Empfängnis. – Wenn unsere Gefühle tief sind durchdringen sie das Persönlichmenschliche und beziehen sich auf die Dinge selber, meinen das Ewigmenschliche.
Aus der tiefsten Erschütterung nur wird die allumfassende Innerlichkeit geboren, – aus ihr glüht jene ehrfurchtzitternde Ekstase des Künstlers, der „im Kleinen das Große" zu schauen begnadet ist.
– Rembrandt, Christus – Beethoven! Ihre Freuden und Schmerzen sind so erschütternd, daß sie Jubel und Qual der ganzen Menschheit, ja des Weltalls bedeuten.

Bregenz, 2. Juli 1914.
München: Neue Pinakothek: Leibl, Bildnis d. Frau Gedon, das ist ein so herrliches Kunstwerk, daß es neben die schönsten Meisterbilder gestellt werden kann. Er ist durch seine Stärke wie ein Rembrandt in unserer Zeit. In seiner unerbittlichen Strenge mutet er so kerndeutsch an, das macht ihn zur Erscheinung eines Riesen. H. v. Marées: Diesmal bei günstiger Beleuchtung gesehen. Macht mir den Eindruck eines echten, ganz großen Künstlers. Ein Faustischer, des[sen] Leidenschaft das Suchen ist. So bleibt er oft problematisch. In den meisten Bil-

dern aber gewinnt er innerlichst ergreifenden Ausdruck in Zeichnung und Farbe. (Liebespaar, Selbstbildnis, Pferd, Hunde, Kinder)

5. Juli (nachträglich)
Es gibt unter den Frauen „Kokottennaturen". – Vielleicht ist überhaupt in dem Wesen der Frau etwas Kokottenhaftes – und vielleicht werden wir gerade dadurch so unablässig angezogen. Die Leere ist das Rätsel.

Am 9. Juli 1914 abends.
Bildnis meiner Schwester:[17]
Über allem wirren Erleben, aus allem Weh, schaue ich diese gereinigte Bildung; es wird mir die Gnade, einen Kristall zu finden, – aus ihm soll eine verinnerlichte Schönheit geschaffen werden, die mir eine Befreiung ist.

9. VII. 14.
In der weltfernen Werkstatt, möchte all des Künstlers Erleben, so gewaltig als sei es der Kampf des Weltalls, brodeln – aus diesem Chaos erhebe sich zu einem reinen Klang geformt das Kunstwerk: als eine Bewußtheit, als Erlösung. –
Das Leben ist Lärm, die Kunst Musik – Aus der Wirre müssen wir zum Licht, – durch das Einzelne zum Ganzen – aus dem Unklaren zum Bewußten – durch das Besondere zum Allgemeinen, – aus Irrtum u. trüben Ahnen zum Verstehen; aus Verachtung zum Verzeihen, aus allem Dunkel zu Erkenntnis, Gereinigtsein und Liebe!
Je größer das Chaos war, desto voller wird der Klang.

Bregenz, am 31. Juli 1914 abends.
Heute ist der Mobilisierungsbefehl für die gesamte österreichische Armee gekommen.
Ich habe mich in den letzten Tagen über mich selber gewundert, ein Künstler, den nur das allgemein Menschliche interessiert, u. der gewohnt ist sich mit den verborgenen Dingen, dem Zarten, dem Differenzierten zu beschäftigen – auch ich habe meinen friedvollen Goethe aus der Hand gelegt und habe mit dem lebhaftesten Interesse Karten u. Zeitungen studiert. –
Der Gedanke an die Vergänglichkeit führt uns zu einer Innerlichkeit, aus welcher sich eine starke Sehnsucht nach der Schaffung innerer, geistiger, lebendiger, Werte gebiert. – Großartig ist der Gedanke: sich der Notwendigkeit zu fügen, sich einer Sache unterzuordnen, abgesehen von der nationalen Bedeutung (Deutschtum gegen die Slawen und Franzosen), weiter begriffen sich mit Be-

17. Siehe auch SaKat. 3, Abb. S. 24; Bildnis der Schwester des Künstlers, Kniestück, 1913. Bleistift 595 x 318. Bez. r.u.: RW; rückwärts: Rudolf Wacker, Bregenz Oktober 1913/ ‚Bildnis meiner Schwester', Privatbesitz, Bregenz.

Bild 7

Foto rückseitig von R. W. beschriftet:
„Rudolf Wacker Juli 1914 (Photogr. einer lebensgroßen Porträtzeichnung nach meiner Schwester).
Dieser Reproduktion fehlt rechts u. links der Schultern ein Stück, wodurch der Aufbau gestört und der Ausdruck beeinträchtigt wird!
Mit in's Feld genommen."

wußtsein, als Glied der Weltgeschichte, – als Mensch in dem All, einzuordnen. – Wie viele Gedanken ziehen einem durch den Kopf. – Alles rechnet man zusammen und drückt noch alle Menschen die einem lieb u. wert sind noch ans Herz. – Wie großartig schön ist die Erregung in den Betroffenen. – Geist Rembrandts! Morgen rücke ich als Rekrut ein, beide Brüder als Ärzte. Ein paar Abbildungen nach Bildern in Kartenformat nehme ich mit u. Faust[18] u. d. hohe Lied (ein paar Blätter aus der Bibel) ein paar Reproduktionen nach meinen Zeichnungen (Marile, Mutter, Waltraut, ...)[19] u. ein paar brauchbare und liebe Gegenstände. – Zugleich erinnert uns der Gedanke der Vergänglichkeit an die Not, den gegenwärtigen Augenblick mit voller Hingabe zu leben, ekstatisch zu genießen und mit Unerbittlichkeit zu nützen.

---

18. Faust I. Eine Tragödie von Goethe. Leipzig 1907. Liliput-Ausgabe in Leder gebunden. Nachlaß. Sein Lehrer Klemm hatte den Faust 1913 illustriert: Goethe. Faust 1. Teil. 15 Holzschnitte. Dachau 1913.

19. Marile. Maria Allgäuer, Wackers Schwester. Siehe Anm. 17.

Einführung zum Tagebuch der Militärdienstzeit und zum „Auszug aus meinem Feldtagebuch"

Mit klingendem Spiel u. gezogenen Säbeln marschieren wir durch die Stadt, durchs winkende rufende Volk. – Ich schreite mit leuchtenden Augen, lauter Blitze zucken in meinem Körper und ich fühle mich voll kühnem Mut.

Feldtagebuch, S.2

Über Nacht komme ich zu mir selber u. muß jeden Morgen Selbstmord begehen.

15. VIII. 1914

Die beiden Bücher werden in einem Kapitel vorgestellt, da sie „untrennbar" miteinander verbunden sind; – Wacker vereinigte sie zu einem Buch, indem er die Einbände zusammenklebte.

Tagebuch der Militärdienstzeit

Anfang August 1914 rückten alle drei Wacker-Brüder nach Innsbruck ein, und jeder von ihnen begann ein Kriegstagebuch[1] zu führen. Romedi, der sich freiwillig aus der Schweiz zum Kriegsdienst gemeldet hatte, beschreibt darin den Stolz des Vaters, dem Kaiser drei Söhne geben zu können[2], und er schreibt über den Schmerz der Mutter beim Abschied: „Daß man ihr auch den Jüngsten entriß, traf sie am schwersten. Am Morgen führte sie mich mehr wie einmal unter Schluchzen in sein Zimmer, zeigte mir seine letzten Ferienarbeiten, unvollendete Porträts von Mutter und Schwester und ein versiegeltes Paket mit seinen noch eilig getroffenen Verfügungen, wühlte so im eigenen Schmerz und immer wieder durchrüttelte sie erneutes Weinen"[3]. Franz und Romedi wurden schon im August 1914 als Ärzte an östliche Kriegsschauplätze versetzt, während Rudolf zuerst noch seine Militärausbildung absolvieren mußte. Den August verbrachte er in Innsbruck, den September in Trient, den Oktober und November in Salzburg als Rekrut des Tiroler Kaiserjäger Regiments I, III. Inf. Reg. 59. Im Dezember besuchte er die Einjährigenschule in Steyr/Oberösterreich und war dann wieder in Salzburg bis zum Abmarsch an die Front im Mai 1915. Als Einjährig-Freiwilliger genoß Wacker die Privilegien eines Offiziersanwärters. In Innsbruck, wo die Familie Wacker einen großen Freundes- und Bekanntenkreis hatte, wohnte er außerhalb der Kaserne, und auch in Salzburg war ihm vergönnt, bei seiner Schwester zu nächtigen.

Tagebuch führte Wacker nur in den ersten Monaten. Im August und September machte er etwa jeden zweiten Tag Eintragungen, für den Oktober fehlen solche, im November folgt noch eine einzige längere zusammenfassende Eintragung, und damit endet dieses Tagebuch. Den Grund dafür sprach Wacker im Tagebuch aus: Ab Oktober in Salzburg, wurde sein „Bedürfnis des Schreibens" durch die Mitteilung zu seiner Schwester „gelindert" (14.XI.1914). Außerdem konnte er seine „Erlebnisse der lebendigen Seele" (14.XI.1914) seiner „geliebten Freundin" Johanna Gräf[4] geben, die ihn im November und Dezember besuchte. Für diese „tagebuchlose" Zeit verweist er uns auf seine Briefe an die Eltern und seinen Freund Herbig[5]. Seinen Eltern schrieb er während dieser Zeit täglich einen Brief oder eine Feldpostkarte[6].

Das Hauptthema dieses Tagebuches bildet Wackers Versuch, mitgerissen von der allgemeinen Kriegsbegeisterung, seinen inneren Widerwillen gegen alles Militärische niederzukämpfen, einen Sinn in seinem Soldatsein, im Kriegshandwerk zu finden. So hoffte er, gleich vielen Zeitgenossen, daß sich aus den „starken Erlebnissen" des Krieges eine „echte deutsche Kunst" entwickle, daß aller „Schwindel" und „Tand von selbst verderbe" (7.VIII.1914). Julius Meier-Graefe, den Wacker als Kunstschriftsteller sehr verehrte, markierte diese Wende folgendermaßen: „Der Krieg beschert uns. Wir sind andere seit gestern. Der Streit um Worte und Programme ist zu Ende. Wir kämpften gegen Windmühlen. Manchem war die Kunst ein Zeitvertreib. [...] Wehe dem Künstler, der heute nicht erlebt!"[7]. – Eine deutliche Drohung an die „Abseitsstehenden". Wackers alter Lehrer, Egger-Lienz, schlug in die gleiche Kerbe und bestürmte ihn in einem Brief: „Wenn doch alle nützen was sie jetzt erleben. Die Nachgeborenen werden jene beneiden die eine so große Zeit mit Bewußtsein miterlebt haben; wer aber selbst mit in diesen Kampf zieht ist sich der Bewunderung und Unsterblichkeit sicher"[8]. Wacker, der sich ja schon als Künstler in einer Außenseiterposition (24.VIII.1914) erlebte, forderte nun von sich selbst: „[...] man muß sie [„die Mühseligkeiten der milit. Disziplin und Schulung"] mit ergebungsvollem Gleichmut ertragen u. im stillen die Armen bedauern die in ihrem Dünkel befangen, nicht begnadet sind die Größe der Zeit zu begreifen u. unfähig in ihr mitzuschwingen" (4.IX.1914). Er erkaufte sich die erstrebte Anerkennung des Leutnants und der Zugführer (17.IX.1914) durch den zweifelhaften „Gewinn" der „schwersten Selbstbändigung, Verleugnung, Abtötung – Entbehrung" (15.VIII.1914). Allein schon die Wahl dieser Worte läßt vorausahnen, was kommen mußte: „Über Nacht komme ich zu mir selber u. muß jeden Morgen Selbstmord begehen" (15.VIII.1914). Seinem „intellektuellen Wollen" entgegen gelang ihm die Unterordnung und Anpassung an das Kasernenleben nicht; – auch die „vollkommenste Pflicht – Reglementeerfüllung" konnte ihn nicht befriedigen (9.VIII.1914), und so erscheinen seine häufigen pro-militärischen Äußerungen wie ein Versuch der Selbstsuggestion. Dieser unauflösbare Widerspruch und das gleichzeitige „Verschweigen – Müssen" (12.IX.1914) ließen Wacker seine Umgebung mit gesteigerten Sinnen wahrnehmen und führten zu geradezu expressionistischen Sprachausbrüchen im Tagebuch (vgl. z.B. 14.XI.1914). Eine Widerspiegelung seiner Gefühle und Stimmungen, die er früher in den Werken der Gemäldesammlungen gesucht hatte[9], fand er nun in der Natur (12.IX.1914). Das Zusammenleben mit den Kasernen-Kameraden fiel ihm schwer; – „[...] (– ich hatte ja in so exklusiver Gesellschaft gelebt!). Meine überschwenglichen Gefühlsäußerungen (Eruptionen) finden keinen Widerhall"[10]. Und so mußte ihm mit zunehmender Vereinsamung das Tagebuch die fehlenden Gesprächspartner und Freunde ersetzen.

„Auszug aus meinem Feldtagebuch"

Ende Mai bis Anfang Oktober 1915 stand Wacker als Zugskommandant an der Front in Galizien, Wolhynien und russisch Polen. Seine Truppe bewegte sich in dem Gebiet zwischen Tarnow, Ljublin, Kowel, Rowno und Lemberg[11]. Bereits am 7. Oktober 1915[12] geriet er bei Olyka in russische Gefangenschaft. Er wurde zunächst nach Rowno transportiert, kam dann für drei Tage in das Auffanglager Darnitza bei Kiew und erreichte nach neuntägiger Bahn- und Schifffahrt am 28. Oktober 1915 die Kreisstadt Tetjuschi an der Wolga im Gouvernement Kasan, wo er bis zum Juni 1916 gefangen gehalten wurde.

In Tetjuschi verfaßte Wacker die ersten 58 Seiten des Auszuges aus seinem Feldtagebuch; weitere 56 Seiten schrieb er im Kriegsgefangenenlager Tomsk im Januar 1917, als er bereits etwas Russisch gelernt hatte, und so scheinen russische Ortsbezeichnungen in kyrillischer Schrift auf. Das eigentliche Feldtagebuch blieb bis heute verschollen. In dem Auszug ging Wacker zwar auch chronologisch vor, die Gliederung erfolgte jedoch nach Orten. Er beginnt mit dem Ausmarsch aus der Kaserne in Salzburg, es folgt der Hauptteil – die Fronterlebnisse, und er schließt mit der Beschreibung seiner Gefangennahme und des Transportes in die Gefangenschaft nach Tetjuschi.

Wacker war froh, endlich an die Front zu kommen, denn „die große Einordnungsidee u. die nationale Begeisterung, hält auch beim Exerzieren u. bes. bei dem entsetzlichen Wartenmüssen, auch schwer an"[13]. Er war „gierig nach den Eindrücken des chaotischen rätselhaften Lebens" (S. 16)[14], und er hatte „Sehnsucht nach der großen Gefahr, damit sich meine Feuerfestigkeit erprobe" (S. 9). Er empfand es „als stolze Pflicht in dieser Völkerschlacht mitzukämpfen" (S. 46), er fühlte „stolzes Zugehörigkeitsgefühl zum deutschen Volk" (S. 5), und er hatte das „Gefühl Zeuge geschichtlichen Geschehens zu sein" (S. 38). Auch Wacker mußte den Weg des „Enthusiastic Welcoming of War" bis zum „Disillusioning Encounter with War" durchlaufen, den H. Hathesbrink in ihrer umfassenden Studie „Unknown Germany. An inner chronicle of the First World War based on letters and diaries"[15] beschreibt. So schrieb er wie ein Offizier an seine Soldaten: „[...] und doch sind wir Infanteristen die Männer, die mit ihren Körpern die vorwärtsdringende Front bilden, die mit ihren Körpern alle Breschen wieder auffüllen, die den Kampf für deutsches Land und deutsche Kultur (schöne Illusion!) führen; ihr Kampf entscheidet und baut die Weltgeschichte!" (S. 63). Die Anmerkung in der Klammer war wohl nur für ihn selbst bestimmt.

Er hatte im Krieg das „große Erlebnis" gesucht, das ihm „neue Augen" (S. 6, S. 28), die Welt zu schauen, geben sollte. Nun stürmten die unfaßbarsten Eindrücke auf ihn ein, die er aber nicht künstlerisch verarbeiten konnte („[...] kann mit der Aktivität als Krieger keine Arbeit vereinen. "[S. 48]), denn er empfand „ein Gekritzel als Schändung" (S. 7). So häuften sich denn seine „Eindrücke" im Tagebuch unverarbeitet und unverbunden in denkbar krassesten Gegensätzen (vgl. z.B. S. 32 ff.) an. Das Verlangen nach Verarbeitung und Gestaltung wuchs ständig und machte sich schließlich in dem Aufschrei Luft: „Nicht seine Arbeit tun dürfen ist das einzige Unglück! Die Arbeit ist das tägliche Brot um das wir bitten müssen!" (S. 75). Bei einer Aufzählung erstrebenswerter Dinge: „Wir haben ein Schwein gefangen. Post, Thee mit Zucker, ein Spiegel" (S. 64), durfte der Spiegel nicht fehlen; im Spiegelbild seines Gesichtes (S. 17) wollte er die vorgegangenen Veränderungen sehen. Mit der Gefangennahme konzentrierte sich seine ganze Hoffnung auf die Möglichkeit, wieder arbeiten (S. 111), „bilden" zu können. Und somit knüpfte er nahezu nahtlos an seine alten Arbeitsideale, die den Inhalt des Vorkriegstagebuches bestimmt hatten, an.

Anmerkungen zur Einführung zum Tagebuch der Militärdienstzeit und zum „Auszug aus meinem Feldtagebuch"

1. Romedius veröffentlichte sein Kriegstagebuch 1922 in der Schweiz. Romedius Wacker: Erlebnisse eines Arztes im Krieg und russischer Gefangenschaft, in: Sonntagsblatt der Solothurner Zeitung. Nr. 14–22, 1922. Das Kriegstagebuch von Franz befindet sich im Besitz der Familie Wacker in Bregenz. Franz Wacker: „Kriegstagebuch nach Aufzeichnungen geschrieben und begonnen zu Neujahr 1916 am Tonale, fortgesetzt im Frühling 1917 zu Pinzolo und beendet in Bregenz 1924." 21 x 14,5 cm, 291 Seiten; ein Aufsatz über „Die Schriftlichkeit der drei Wacker-Brüder" des Historikers Meinrad Pichler/Bregenz ist in Vorbereitung.
2. Romedius Wacker (Anm. 1), Nr. 14, 2. April 1922.
3. Siehe Anm. 2.
4. Siehe Anm. 1 zum TB der Militärdienstzeit.
5. Siehe TB 14.XI.1914. Im TB 1920–1925 schreibt W., nach seiner Rückkehr aus der Gefangenschaft, in der Einleitung: „Die Eindrücke, Erlebnisse, Gedanken während der ersten Kriegszeit sind niedergelegt in der Post an die Meinen, ebenso während des Feldzuges [...]" (18.IX.1920).
6. Siehe Anm. 23 TB der Militärdienstzeit.
7. Kriegszeit. Künstlerflugblätter. Hg. v. Paul Cassirer u. Alfred Gold. Nr. 1. Berlin, 31. August 1914.
8. W. zitierte diese Briefstelle in einem Brief an seine Eltern, Innsbruck, August 1914. Nachlaß. Die Briefe Eggers an Wacker befinden sich im Tiroler Landesmuseum Ferdinandeum, Innsbruck. Wackers Briefe an Egger sind verschollen.
9. Vgl. TB 1913/14.
10. W. verfaßte im November 1918 im Gefangenenlager Tomsk einen „Übersichtlichen Rückblick. Kriegsjahre 1914–1918". Siehe ebenda S. 2 (Heft 8 der Tagebücher der Kriegsgefangenschaft).
11. Eine detaillierte Beschreibung der Kampfhandlungen sowie Pläne und Skizzen zum Frontverlauf finden sich in: Österreich-Ungarns letzter Krieg. Hg. v. Österr. Bundesministerium f. Heereswesen u. v. Kriegsarchiv. Das Kriegsjahr 1915. 2. Bd. I. Teil. Wien 1931, S. 315–438, S. 549–724; 3. Bd. II. Teil. Wien 1932, S. 51–175.
12. Das Datum der Gefangennahme in Wackers Tagebuch stimmt überein mit der Eintragung: Kriegsarchiv Wien, Liste Internierungsort Oderady/Akt 10. VG 33. 840/16.
13. Brief an die Eltern, Innsbruck, am 16. August 1914. Nachlaß.
14. Wackers Texte werden nach den jeweiligen Seitenzahlen des „Auszugs" zitiert, da im Gegensatz zu den Tagebüchern hier eine fortlaufende Datumsangabe fehlt.
15. Hanna Hathesbrink: Unknown Germany. New Haven, Yale University Press 1948.

Tagebuch der Militärdienstzeit

Eintragungen vom 1. August 1914 bis zum November 1914. Wackers Beschriftung auf der Innenseite des Tagebuchs:

Tagebuch
vom 1. August 1914
bis November 1914
Hinterland als Soldat
(Einj.[ährig] Freiw.[illiger] Tirol, Kaiserjäger
I. Innsbruck, II. Trient,
Inf. Reg. 59 Salzburg)

Rudolf Wacker, Maler
Weimar
Bregenz (Österreich)
1. August 1914

Dieses Tagebuch (hart gebunden, 16,5 x 10,2 cm, 53 Seiten) wurde von Wacker Umschlag auf Umschlag auf das Notizbuch „Auszug aus meinem Feldtagebuch" aufgeklebt.

Bregenz 1. August.
2h Johanna[1], Paula[2]. Tiroler, – Frauen – gütige Mütterlichkeit, – gegen Rußld. – Innsbruck Krieg unabwendbar Lnt. [Leutnant] Braun, Depression, Dr. Michaeles. – gegen Frankreich! Hellensteiner Weinhaus[3], Salzbg. Ärzte[4] 1. Nacht 1. Sonntagmorgen: Begeisterung.

7.8.14.
Innsbruck Hofreitschule, kantige Tiroler Bauernburschen, – brüderlich – abgekehrt in dumpfem Weh, – hier und dort einer aus bestialischer Wut aufbrüllend. – Zusammentreffen mit Landsleuten. Menschen i. d. Kirche die wirklich beten. – Hofkirche. Bronzestatuen[5] v. Königen u. Fürstenfrauen, meinem Kunstwollen nahe, reiche Gewandung u. stark im innern Ausdruck, die starren Rüstungen expressiv belebt. Mit welcher Ergriffenheit sehe ich diese Kunstwerke! mit welcher Mischung von Gefühlen u. Gedankenkonzentration. –
Die Keime zu einer ernsten Kunst gehen wohl nicht verloren wenn wir fallen, sondern, – aus dem Blut heraus kann sich, mit der neuen Zeit, wieder eine echte deutsche Kunst entwickeln deren Vorläufer wir in unserm Wollen waren, – dann, so möchte man hoffen, verdirbt aller Schwindel von selber – die heimgesuchte Menschheit kann den Tand nicht brauchen. – Es wird fast jeder erschüttert u. kommt zu starken Erlebnissen.

–6.8.
Ich sehe die blaue Silhouette der Berge vor dem verglühenden Abendhimmel u.

1. Johanna Gräf. Malerin und Graphikerin; studierte ab 1912 an der Kunsthochschule Weimar bei Prof. Mackensen; 1919 Heirat mit Otto Herbig und Übersiedelung nach Berlin; 1921 Geburt des Sohnes Tyl; 1926 starb sie an Ohrenkrebs. Wacker hatte Johanna in Weimar kennengelernt; in den Weimarer Studienjahren besuchte er die Familie Gräf des öfteren in Jena; Johanna blieb seine „große Liebe", bis er seine spätere Frau Ilse Moebius 1921 in Berlin traf.

2. Paula Risch. Nachbarin; seit frühester Kindheit bis zum Tode Wackers mit ihm befreundet. Während des Krieges arbeitete sie im Photogeschäft der Familie; ab 1920 in Berlin Arbeit bei ihrem „Onkel" (Mann einer Cousine) Adolf Thomer, der eines der größten Maldekorationsgeschäfte Berlins besaß und ein bedeutender Sammler moderner Kunst war; Bekanntschaft mit Heckel, Schmidt-Rottluff, Mueller, Dix, Herbig, Gräfs ...; 1929 Heirat mit dem Schauspieler Elmo Barnay; 1930 Geburt des Sohnes Beato; ab 1932 wieder in Bregenz; 1935 Reise nach Moskau. Frau Paula Risch bin ich für viele aufschlußreiche Gespräche zu Dank verpflichtet.

3. Postkarte, Innsbruck, am 4.8.1914 an seine Eltern: „Wäsche zum Hellensteiner (wo wir alle drei Brüder gewohnt haben u. ich jetzt noch bin) schicken."

4. Wackers Bruder Franz hatte seine medizinische Fachausbildung in Salzburg erhalten. (Augenklinik)

5. Grabmal Kaiser Maximilians I.; bestehend aus einem Sarkophag mit der knienden Kaisergestalt, 24 Reliefdarstellungen seiner Taten am Sarkophag und 28 überlebensgroßen Erzstatuen seiner Ahnen zwischen den Pfeilern des Schiffes und am Eingang des Chores; ausgeführt von mehreren Künstlern zwischen 1508 und 1550. Siehe Georg Dehio: Die Kunstdenkmäler in Kärnten, Salzburg, Steiermark, Tirol und Vorarlberg. Bd. 1. Wien, Berlin 1933, S. 400.

höre den Gesang einer Amsel, der mich im Tiefsten rührt, draußen ziehn Truppen vorbei. –

7.8.
Mittags zu Franz[6] nach Ambras mit 2 Bertas. –

9.8.
2-ter Sonntagmorgen Waltraut[7] – Faust, – 11^{h} mit Wagen nach Ambras Abschied v. Franz. Offiziersgesellschaft, Frau Rittmeister Wherter. – Abends m. Berta F.[ischer] u. Berta Bickel.
Widerspruch der göttlichen Empfindungen durch die Schönheit d. Frauen u. d. Eckel vom mil. Erlebnis. – Ich sehe die Notwendigkeit dieser Organisation durchaus ein, in dieser Disziplin werden unsre modernen Erfolge beruhen, – aber dem intellektuellen Wollen entgegen fühle ich, wie wenig ich z. mil. Dienst tauge, wie wenig mich auch die vollkommenste Pflicht-Reglementeerfüllung befriedigen kann. Mein Organismus ist ganz anders aufgebaut. Des Künstlers Bedürfnis ist, unser Leben ganz auszubauen, es zu einem Eigenwesen, zu einem selbständigen individuellen Organismus zu bilden. –

10.
Es ist für mich, so aufeinmal, unfaßbar mich aller persönl. Freiheit beraubt zu fühlen, u. so schwer in dem Millionenheer die niedrigste Stufe einzunehmen. –

11.8.14.
Ein Trunk Wasser u. blauer Himmel!!!
– Kaninchen im Kas.[ernen] Hof. –

12.8.
Von m. Freunden aus Deutschland bekomme ich keine Nachrichten[8], – nie hätte ich die Verbindung mit ihnen notwendiger gehabt. Auf meinen flüchtig. Abschiedsbrief an Otto Herbig[9], habe ich keine Antwort mehr erhalten. Nie habe ich stärker gefühlt wie innig, innerlichst wir einander verbunden sind, wie nahe wir uns stehn, wie herzlich unsre Liebe ist. – Die Einfühligkeit, die mir seither

6. Franz Wacker (1881–1957), Augenfacharzt; Ausbildung in Salzburg; Militärdienst als Arzt in Italien und Ungarn; Ordination im elterlichen Haus; blieb ledig und unterstützte seinen Bruder Rudolf zeitlebens.

7. Waltraut von Conta. Freundin Wackers aus Weimar. Siehe Anm. 6 zum TB 1913/14.

8. Mit Ausnahme der Briefe Herbigs (siehe Anm. 11) finden sich im Nachlaß Wackers nur zwei Feldpostbriefe von seinen Freunden; einer von Karl-Peter Röhl vom 31.1.1915 aus Doberitz; einer von Georg Fischer vom 25.1.1915 aus Jeanmont; beide waren Studienkollegen Wackers an der Weimarer Kunsthochschule.

9. Siehe Anm. 10 zum TB 1913/14.

nur Wollust bereitet hat, auch als Schmerzempfindung, ist jetzt die Ursache meines Martyriums. Ich muß meine Seele, mein Ich, mit einer Mauer umgeben. – Abds./Ergreifende Wirkung der Musik. – Erinnerungen, mit glühender schreiender Inbrunst klammern wir uns an das Leben. –
– – Mein Gott, mein Gott alles tut mir weh, alles Angenehme, alles Arge, – mit welcher bittersüß schmerzlichen Wehmut denke ich alle Schönheit!

13.8.14.
Feierliche Feldmesse, großer Eindruck, am frühen Morgen, das ganze Tiroler Regiment, fern die Berge, die ernste Musik tönt herrlich, wunderbar, wie ein Geschenk vom Himmel. – Hier kann jeder den Sinn der Kunst ahnen. –
Neulich im Abendfrieden ein Spaziergang nach der Weiherburg mit einer schönen gütigen Frau. –

Bild 8

Bildpostkarte Wackers an seine Eltern, Innsbruck, am 22.8.1914. Die Abbildung stellt laut W. die Vereidigung der Tiroler Kaiserjäger am Höttinger Exerzierplatz dar. Vorderseite von W. beschriftet: „rechts steht ein Berg, der wunderschön war. – Ich sah ihn jeden Morgen v. m. Fenster aus / Einjähr. Freiwill. Rekruten"

15.
Wenn ich nicht als Opfer gefordert werde, – Zufall trifft das Kleine, im Großen herrscht Ordnung, Notwendigkeit – dann gewinne ich viel – die schwerste

Selbstbändigung, Verleugnung, Abtötung, – Entbehrung, bauen im Innern meine Seele reicher u. reifer und hämmern mir die männliche Härte die wir nach außen gegen die Welt brauchen. – Ich erinnre mich oft an den Aufsatz von Goethe „Die Natur"[10] in dem er die große Ordnung anschaulich macht. – – Eine schöne Frau herzt ihr Kind, ihr Mann ist wohl in's Feld gezogen. –
Über Nacht komme ich zu mir selber u. muß jeden Morgen Selbstmord begehen.

23. Aug. 14.
Hungerburg, See, Ottos Brief[11].

22.
Italien!? Bestürzung 16 Kameraden fort, Abschied.

24. August.
Am Inn. Gefechtsübung, Soldatenzug fährt vorbei, winken u. rufen Abschied. – Tautropfen an den Gräsern! Föhrenwaldung am Hungerb[ur]g.hang Höhenweg. Die alte Wehmut, Erinnerung an Jena, nach dem ich starke Sehnsucht habe. Es steht mir mit allem vor Augen, Rückmarsch, in einem Haus am Fenster steht eine sehr schöne Frau, ich werde an d. Bilder meiner Schwester erinnert, in innerer Bewegung recke ich beide Arme zu ihr empor. –
Gestern Nachmittag mit einem Vorarlberger Collegen auf d. Hungerburg, Auffahrt, Spaziergang im Wald, Bad im Bergsee, nackter Körper in Wasser u. Sonne! Alles unbegreiflich schön, voll Frieden. – Konzert, schöne Frauen, Heimweg, Abend.

24.8.14. Abends.
– Als gemeiner Rekrut[12] dem 3. Kais. jäg. Regmt. in Trient zugeteilt, dort als fahnenflüchtig eingetragen. – Die Irrtümer büßt immer der, an dem sie begangen.

---

10. In Wackers Bibliothek: Natur. Zwei Essays von Emerson nebst dem Goetheschen Hymnus. Insel-Bücherei Nr. 72 (1915 in Salzburg erworben).

11. Im Nachlaß finden sich 12 Briefe und zwei Postkarten aus den Jahren 1915–1918 von Herbig. Herbig diente als Sanitäter in Flandern, da ihm der Dienst an der Waffe – er war Bluter – versagt blieb. Er litt sehr darunter, nicht „Krieger" sein zu dürfen und beneidete Wacker um „das Leben in den stärksten äußeren Ereignissen" (Brief vom 26.5.1915); „die Lust zu stärkeren Erlebnissen, am meisten aber das Gefühl meine Pflicht gegenüber dem eigenen Volke nicht voll zu erfüllen, ein soldatisches Gefühl – ich könnte weinen, wenn ich unsere prächtigen Leute singend an mir vorüberziehen sehe." (Brief vom 11.8.1915; im Nachlaß Wackers).

12. Da W. keine Matura besaß, war es zunächst ungewiß, ob er die Berechtigung zum Einjährig-Freiwilligen Dienst und damit den Offiziersstatus erreichen würde. Im Frühjahr 1914 sandte er eine Auswahl seiner Zeichnungen, Gutachten und Bescheinigungen seiner Professoren in Weimar an das k.u.k. Landesverteidigungs-Ministerium in Wien, mit dem Ansuchen um die Berechtigung zur E.F. Militärdienstpflicht. Im Nachlaß: Bescheinigung Direktor Mackensens, Weimar, am 20.1.1914; Bescheinigung über die Echtheit der eingesandten Arbeiten durch Mackensen, Weimar, am 22.4.1914; sowie ein Gutachten von Prof. Ludwig von Hofmann.

— Obltnt.!! – moment. Verwirrung. – Emporwachsen, Abrüstung. Zivilkleider. Ltnt. – „Unannehmlichkeiten" 5 Kanzleien – innerste Erschütterung. Besuch d. Hofkirche. Anblick der lebendigen Erzbilder, – einsame Frau in Schwarz, starr u. schön, – im Hofgarten. Ächzen. Die andern nehmens leicht. – Der Künstler empfindet schon den Alltag bedeutsam. – Unsagbar wehe, weihevolle Gefühle. – Die einzige Bitte, daß ich alles Weh erfahren u. noch dahin lebe, daraus bilden zu dürfen.

25.8.14.
Trotz der Müdigkeit, möchte ich nicht zu Bett. – Verbringe d. Abend mit dem Collegen H. Srinzi Bozen. – Morgen, Waltraut, Eile, Fahrt bis Brixen mit Srinzi – apathisch, draußen die schönen Bergtäler im Sonnenfrieden. – Wie Theatercoulissen. Wir sehen nicht die Dinge, sondern uns selbst – lese im Faust, wehmütig zynische Stimmung. – Wirkung der Speise u. Trank. – Brixen. – Im Genuß eines schönen Abends gegen Bozen. – Schöne Ampezzotalerin!

– 26.8.14.
Abends noch bis 12^{h} in den Straßen, alten romantischen Gassen v. Bozen, – wie im Traum u. müde, letzte Freiheit – ? Morgen, schöne Fahrt. In dem südlichen heitern Land denkt man nicht a. d. Krieg, – erste Eindrücke vom Süden. – Die reiche Vegetation erregt den Wunsch zur Gestaltung, Landschaft, – weiche malerische Luft – fühle mich frei. – Trient Barbier. – Kirche – Gottesdienst – „ebenerdig", bunt, warm, Gefühl in einem oriental. Märchen zu spielen, – ungarische Truppen – Kaserne, letzte Nacht. Hotel Europe. – Ristorante di citta Venezia – Fackelzug. Ungarische u. deutsche Lieder, österr. u. deutsche Hymne, Wacht a. Rhein!

31. Aug.
Brief von Waltraut. – Sie steht mit mir auf u. arbeitet auf dem Feld. – Religiosität. Nacht Morgen!
Täglich 9 St.[unden] exerzieren. Strohsack mit 60 andern Einjäh.[rig] Freiw.[illigen] Kasernenleben. Menage. Gewöhnung. Abhärtung fürs Feld. Stumpfsinnigkeit u. Roheit der Männer. – Abends Bad.

2. Sept.
„An einem schönen Tage im September." Dieses Lied das L. Renner[13] mit meiner Schwester vor einem Jahr sang, fällt mir heut morgen ein u. stimmt mich so wehmütig. –

---

13. Ludwig Renner (1884-1962). Maler und Kunsterzieher in Landshut; Studienkollege aus Weimar; er besuchte Wacker in den Sommerferien in Bregenz; nach seiner Rückkehr war Wacker häufig bei ihm in Landshut.

3. Sept. 1914.
Der Brief von Waltraut ist sehr schön. – Oft ist ihr fraulicher Geist über mir, wie ein Engel u. tröstet mich.
Daß mein persönliches Leben u. meine Kunst jetzt beiseite liegen, dieser Gedanke wird mir nun immer selbstverständlicher.
Ich fühle wie sich ein Nationalismus in mir entwickelt, wie ich ihn früher nicht gekannt habe. – Ich habe eine Abneigung gegen alles „Ausländische", es scheint das jetzt alles klein u. unecht. Ich war nie so stolz ein Deutscher zu sein! Diesem ehrlichen, treuen, starken Volke anzugehören. – Ich habe eine starke Sehnsucht nach unsern prächtigen deutschen Frauen. – Schöner Traum von Waltraut u. Paula. –
Ich komme nur selten zu Zeitungen, – aber wenn ich von den deutschen österr. Siegen lese weine ich fast in freudig schmerzlicher Stimmung.

4. Sept.
Die Idee daß wir uns hier zum Kampf rüsten, macht die Mühseligkeiten die die milit. Disziplin u. Schulung mir bereitet ganz leicht erträglich u. es kommen immer wieder frohe Augenblicke. Die Pedanterie ist in so einer Organisation unvermeidlich; – man muß sie mit ergebungsvollem Gleichmut ertragen u. im Stillen die Armen bedauern die in ihrem Dünkel befangen, nicht begnadet sind die Größe der Zeit zu begreifen u. unfähig in ihr mitzuschwingen. –
Von Daheim Karte mit meinem Bild im Zug. Es liegt schon weit zurück. Wie rührend war Paula beim Abschied. –

6. Sept. 14.
In d. letzten Tagen sind viel Karten v. Otto gekommen: „Ich empfinde ganz mit Dir, mein bester Freund, ... Du bist mir der liebste Mensch der Erde. – Mit D.[einem] Tod wär mir mein halbes Leben genommen. Sei herzlichst umarmt v. D. O." – So stark haben wir beide unsre Liebe u. Freundschaft nie empfunden. – Er meldet sich als Freiwilliger – „will ich Bilder im Geist Grünewalds malen so muß ich doch für dieses Deutschtum auch mein Leben lassen können." Renner auch freiwillig. Vrieslander[14] ist in Berlin, – wohin ich mich oft wünsche. Für L. Renner kann d. Krieg eine Lösung sein. Ich denke oft an d. herrlich fein gebildeten Mensch u. höre d. Klang seiner wunderbaren deutschen Lieder.
Die schönen deutschen Lieder[15]! sie waren ein fröhliches Spiel – jetzt wandelt sich ihre Literatur wieder zum ergreifenden Ausdruck der Wirklichkeit. –
Ich habe Waltrauts Brief oft gelesen u. mich an ihren Schriftzügen ergötzt, die mir ihr Wesen vorstellen. Heute schreibe ich ihr.

14. John Jack Vrieslander. Siehe Anm. 11 zum TB 1913/14.

15. In Wackers Bibliothek: Martin Luthers Geistliche Lieder. Insel-Bücherei Nr. 144 (Salzburg 1914 erworben); Deutsche Kriegslieder. Insel-Bücherei Nr. 153 (Salzburg 1915 erworben).

– Es kommen mir heut am heitern Tage, wie vorbeiziehende Raben dunkle Gedanken.
Um Lehmberg wird blutig gekämpft, – meine beiden Brüder! – –
Am 7. kommt eine Karte von ihnen, 31. August trafen sie sich zufällig. Romedi war 4 Tage in der Schlacht, ist unversehrt! Franz konnte ihn, ermüdet u. verstaubt, mit Speis u. Trank laben, 2 St. waren sie beisammen. Diese Nachricht hat mich sehr ergriffen.

10. Sept.
Schön ist immer der Rückweg von der Übung – Abendfriede. – Heitere Stimmung gemischt mit leiser Wehmut u. etwas Fröhlichkeit! – Unsagbar tiefe Augenblicke im Park.

12. Sept. 1914.
Trient. In den Briefen meiner geliebten Mutter, offenbart sich überall eine wunderbare Weiblichkeit. So innerlich, inniglich, innig hingebungsvoll.
Immer war die Rede vom krassen Künstleregoismus, – besonders von meinem – hier zeigt sich wieder praktisch, welcher Art der ist. Ich bin viel „kollegialer" als meine Genossen – weil ich menschlicher bin! –
Da mir jede innerliche Mitteilung fehlt – die Versuche zu einer solchen mir nur immer Betrübnis bereiten – bekomme ich jetzt eine stärkere Fühlung mit der Landschaft (auch hier in dem fremden Land) und schaue in ihr den Ausdruck meiner Erlebnisse, – fühle in ihr meine Wehmut – eine geklärte Ruhe, – den wehen schwülen Sturm, die Mannigfaltigkeit der Seele u. den Wechsel der Stimmungen. Das ewige innere Sein der Natur, ihr Werden u. Vergehen.
Die Zukunft ist ganz unbestimmt. Wir harren der „Zufälle". – Dieses merkwürdige dumpfe u. heiße Gefühl: jede Voraussicht fehlt, wir können uns nur ergebungsvoll dem Schicksal anvertrauen. Alle selbst kleine persönliche Pläne sind unmöglich. – Es liegt die nächste Entwicklung aller Völker sogar im Dunkeln.

13. Sept.
Ich habe keinen lieberen Wunsch: als im Frühling von einer Verwundung genesend, daheim zu liegen, von dem deutschen Sieg zu hören. Das junge Leben das die Gedanken der Vernichtung nicht fassen kann, baut sich immer wieder schöne Hoffnungen.
Es hat, erinnere ich mich Zeiten gegeben, wo mir, zerquält von innerm Kampf mit d. Widersprüchen des Lebens, der Tod, gleichgültig, ja erwünscht gewesen wäre. –
Nie war mein vergangenes Leben so lebendig u. nie habe ich – wie ein unglückliches Mädchen od. ein Greis – so von Erinnerungen gelebt.

16. Sept. 14.
Endlich wird mir vom Ministerium das Ja zur Berechtigung d. Einjäh. freiwilligen Dienstes[16] mitgeteilt. – Ich habe es immer als selbstverständlich betrachtet, und doch hat es d. lb. Eltern u. zuweilen auch mir Sorge bereitet. – Wie unwichtig ist es jetzt – wie es in einer höheren Betrachtung immer geschienen hat. – Doch genieße ich auch jetzt immerhin als E.[injährig] F.[reiwilliger] eine unvergleichlich bessere Behandlung u. viele Ausnahmerechte, daneben nat. auch mehr Verantwortung.
Eine gewisse diesbz. Bedrücktheit ist jetzt gehoben. –

17. Sept. 14.
„Gesicherter Marsch" nach Mattarello. Bei der feldmäßig. Übung sind die Glieder selbständiger – damit ist mir die Hingabe an persönliche Gefühle u. Betrachtungen möglicher. – Landschaft, Befestigungen, – Schanzgraben, „Belvedere", – Ravina. (?) Südtirolische Dörfer. – Frauen, Mädchen heiß v. d. Sonne. Ich beobachte oft wie sie vor einem Trupp Soldaten schüchtern sind. Es hat den Anschein als veranlasse sie dazu eine sexuelle Erregung – als überkomme sie der Eindruck der Männlichkeit.
Zu beiden Bergseiten Weinlauben, in fröhlicher Fülle hängen sie u. erinnern mich an eine Stelle wo Gobinau[17] Raffael sprechen läßt. –
Nachmittags stehn wir in der Sonnenglut. Drüben spielt die Regimentskappelle Tanzweisen. Es zuckt mir in allen Gliedern und dann lache ich schallend.
Kalte Dousche. Erinnerung an Dostojewskys „Aus einem Totenhaus" – der Russe Dostojewsky!
Allmählich gelingt es mir besser mich zu konzentrieren u. meine Fähigkeit z. Soldat gebiert sich. Ich gewinne die Herrschaft. Leutnant u. die Zugsführer fangen an mich zu schätzen.

Nachmittag, Cafe. 18. Sept.
„Einjäh. freiw. Rekt. R. W. hat laut Befehl d. Ersatzbaonkommds sofort z. 59 Infant. Rgt. nach Salzburg ab zugehn".
Voll frohem Mut folge ich. Der Wechsel ist mir angenehm u. ich freue mich auf die schöne Stadt a. d. Salzach, die mir v. früher wohl bekannt ist, dort werde ich auch bald (Marile)[18] meine Schwester treffen – u. vielleicht noch schöne Stunden haben.
Fröhlich verlasse ich diese Stadt wie ich eintrat. Trient in dem ich ein Knecht war u. zuweilen doch ein „heimlicher König".

---

16. Siehe Anm. 12.

17. In Wackers Bibliothek: Arthur Graf Gobineau: Die Renaissance. Leipzig 1912 (1913 erworben).

18. Maria Allgäuer. W. wohnte während seiner Militärdienstzeit in Salzburg bei ihr. In seiner Freizeit ging er häufig mit ihrem Sohn Werner spazieren.

Bozen, an der Eisack 19. Sept. 14.
Am frühen Morgen, ich traf einen Collegen (Mutsch E.[injährig] F.[reiwilliger] II. Rgt. [Regiment] Kj. [Kaiserjäger]) u. habe ihn ein Stück begleitet. In meinen Zivilkleidern fühle ich mich wieder wie außerhalb des Getriebes. Mit empfänglicher Seele genieße ich deutsches Land und die frische milde Morgenluft. – Mein Herz blutet wieder.
Durch die Erzählungen Verwundeter ist mein Frohmut gestern Abend arg gedämpft geworden. – Ach ich bin keine Bestie! –
Ich habe beschlossen, – gewagt hier auszusteigen, um mein Vormittag mit Egger-Lienz zu verbringen, – der mir sehr wertvoll sein kann. Im Zug: Mann u. Weib. – Wartesaal – peinliches Opfer einer Unterhose wegen Diarohe. – Offiziersdame in Trauer. –

Bild 9 Bildpostkarte Wackers an seine Eltern, St. Justina, am 19.9.1914. Egger-Lienz' Werk „Haspinger" (1909), Pater Haspinger als Anführer der Tiroler Freiheitskämpfer, war nun plötzlich ganz aktuell. Karte rückseitig von R. W. and A. Egger-Lienz beschriftet: „Liebe Eltern, von einer schönen Stunde bei meinem verehrten Meister, herzliche Grüße. Euer Rudolf". „Herzliche Grüße Egger-Lienz".

21. Sept. 1914 Salzburg. (Riedenburg Artillerie Kaserne)
In St. Justina bei Professor A. Egger-Lienz[19] eine schöne Stunde innerlicher, u. wehmütiger Gefühle. Vornehm einfach alt wohnliches Heim. Sein Sohn öffnet mir. Frage nach dem Vater. Empfang im Erkerzimmer, – herzliche Begrüßung. Es kommt das Gespräch immer wieder auf den Krieg. Am stärksten begeistert

19. Siehe Anm. 3 zum TB 1913/14.

ihn der Einmarsch in Belgien. „Das sollte man malen. Man braucht nicht dort gewesen zu sein. Die Größe des Gedankens, von innen heraus bilden."
– „Das deutsche Volk allein hält jetzt die Welt noch zusammen. Wir werden auch siegen! Die Wahrheit: – es muß schon so sein – schon wegen der höheren Vorsehung! – Köpfe der deutschen Feldherrn. – Feigheit u. Volksverrat des Delcasse u. Poincare." Besuch in seinem Atelier. Wehmütig wie ein Flüchtling trete ich in die Sphäre der Kunstwerkstatt, in das Fest und den stillen weltfernen Raum schöner innerer Arbeit. – Er zeigt ein unvollendetes Werk[20], in dem er die Mühe und das Elend, den Schmerz der Welt, die Welt selber ihr Wesen, – das unfaßbar Merkwürdige, nur durch die Empfindung zu Ahnende, das uns umgibt, dieses Heiligprofane, darstellen will. „Wie Tiere sind sie auf der Erde zerstreut – und an die „Erde" gebunden." – „Alle müssen sich mühen, – und unser Leben ist am Ende doch lauter Mühsal u. Schmerz."
– Ich sehe viel Schönes in seinem Bild u. fühle mich erhoben u. angesprochen durch den hohen Ernst seines Wollens. Wie früher[21] aber scheint mir diese Art der Vereinfachung zu gedanklich zu sein und zur Allegorie zu führen. – (so in d. Bildern „Das Leben", Hausbau etc., anders ist der Haspinger u. d. Totentanz – Bilder die einem jetzt sehr nahe stehen u. die sehr stark in der inneren Stimmung sind.)
– Mein letztes Porträt, d. Zeichnung m. Schwester, konnte er sehr anerkennen, – gegen Haar u. Kleid versuchte er Einwendungen, ließ aber dann gelten; daß ich ja wohl so geseh'n und empfunden haben könne. – Er sähe alles sehr einfach. – Es müße sehr ähnlich, innerlich ähnlich sein, u. es sei ein erfreulicher Ernst darin u. hier sei der rechte Weg. – Erzählt von den Berliner Juden Künstlern (Liebermann) – daß sie eine Kriegszeitschrift[22] herausgeben wollen, – daß sie plötzlich eingestehen, – von dem Franzosentum ablenken u. von einer Deutschen Kunst sprächen. „Da gibts keine Rückkehr, hier hat das Gift zu weit gefressen."
Er ist der Meinung daß die Juden, zufolge der Veränderungen die der Krieg auf den Kunstmarkt ausüben wird, die Hände ganz davon ablassen werden.
Imbiß und Tee auf der Terasse. Seine Frau ernst u. sympathisch. – Kinder, – rührender Familienvater. – Bildnis seiner Mutter Maria Trojer v. Vater Egger gemalt.
Innsbruck, Abend bei Fischers. Erzählungen des verwundeten Leutnant Siegfried, – Müdigkeit. – Besuch Mariannes u. d. Kinder meiner Sopha, Abendessen. Berta. – Morgens a. Bahnhof 300 Verwundete. Ankunft u. Ausladen. – Alle blik-

20. Gemeint sind die Vorarbeiten für die „Schöpfung" – ein Zyklus von Wandgemälden. W. teilte seine Beobachtungen dem Kunsthistoriker H. Hammer mit. Siehe Heinrich Hammer: Albin Egger-Lienz. Innsbruck 1930, S. 144.

21. Siehe TB 1913/14, Eintragung vom 15. III. 1913.

22. Kriegszeit. Künstlerblätter. Hg. v. Paul Cassirer und Alfred Gold. Nr. 1–61, Berlin 1914–1916. Neben Max Liebermann wirkten u. a. August Gaul, Ernst Barlach, Wilhelm Trübner, Käthe Kollwitz, Rudolf Großmann u. Max Unhold mit.

ken zum Himmel. Sie sind abgemartet u. apatisch, selten sieht man ein schmerzliches Zucken oder ein dankbares Lächeln.
Mich bewegen die Frauen v. roten Kreuz, diese lieben Österreicherinnen mit ihrer heiteren Geschäftigkeit, – ich möchte beten unter ihren segnenden Händen leiden zu dürfen! –
Besuch bei Dr. Michaeles Walter, mein Jugendfreund.

Salzburg. 23. Sept. 1914.
Fahrt. Berge. –
Tiroler Menschen, die Männer, kantig, hart u. zäh wie Eisen und eine herrliche Treue leuchtet aus ihren Augen. – Die Voraussetzung für sie ist die Wahrheit. – Und die Frauen! Von innen heraus glühend. Ein junges Mädchen; eine Mutter deren 3 Söhne ins Feld gezogen sind. – Ich gerate in den Verbrecherwagen, kollegiale Menschlichkeit.
Salzburg. Stauffenstr. 7 Aufnahme, 1. Stock. Merkwürdige, – unheimlich-heimliche Gefühle beim Betreten der Wohnräume. – Treffe Bekannte. Vorarlberger. – Am andern Tag einen Schulkamerad. – Betrieb in der Kaserne überall anders. Salzburger Soldaten, roh, doch mehr polternd als bösartig. – Artilleriekaserne in Riedenburg.

25. Sept. 1914.
Hier ist Herbst. („Astern u. Georginen mit Freude einen ...“ H. Hesse) Die vielen Erinnerungen an die wunderbare Jugend im Elternhaus. –
Wie ich jetzt fühle ist es nicht das Bewußtsein des eigenen Wertes, – auch nicht das Anklammern an das Leben, – sondern vor allem die tief verwurzelte Liebe von Mutter u. d. Vater, den Geschwistern u. d. paar Menschen die mich sonst noch lieben, – als erster Otto, – was mir den Gedanken des Todes entsetzlich macht. –

29. Sept.
Ich möchte mich von allem Gewöhnlichen fernhalten (wo wir es nicht können, sind ja ringsumher davon umgeben, – besiegen – verstehn, – verzeihn!) So in Verklärtheit noch jede Stunde feierlich erleben, emporgehoben durch den zur Heiligkeit gesteigerten Ernst der Lebensauffassung, der Anschauung überhaupt. – Das ist die Voraussetzung zur großen Kunst: eine so innerliche, ewige Anschauung, daß alles „wie heilig“ ist. –

November 1914.
Salzburg den 14. November 1914.
Befehl: für etwa 100 Einjährig Freiwillige 59 I.[nfanterie] R.[egiment] für etwa einen Monat zur weiteren Ausbildung nach Steyr (Ob. Oestr.). –

Ungern verlasse ich die warme Umgebung der sorgenden Schwesterliebe, u. die schöne, lieb gewordene Stadt. Aber ergeben u. willig – „in soldatischer Haltung" – folge ich nun jedem Befehl. – Und bin dankbar, dafür, daß mir eine Zeit gegeben war zur Entwicklung. Nach vieler Läuterung bin ich da aus Volksgefühl mit innerem Müssen u. aus Lust an der schauerlichen Großartigkeit mit Willen – der Einsatz des Lebens ist Voraussetzung zur Möglichkeit tiefster Innerlichkeit und Größe! – in den Krieg zu ziehen. – Durch die Mitteilung zu m. Schwester ist das Bedürfnis des Schreibens gelindert. Eine Spur der reichen Empfindungen u. Gedanken dieser Zeit enthalten die Briefe an m. Eltern[23], meinen Freund Herbig, – und nun gebe ich meine Erlebnisse der lebendigen Seele meiner geliebten Freundin Johanna Gräf[24]. –
An Allerheiligen kam sie. Wie immer war sie die gütige u. verständige Freundin. Mir war so wohl bei ihr, – ein schöner Tag (Hellbrunn) sonnig, herbstlich schön mit stillem Glück. – Es erwacht die alte Liebe; in einer Mondnacht a. der Salzach offenbart sie sich. O, diese wehen, schmerzlich glücklichen Stunden! Sie bleibt noch den Allerseelentag hier. Trennen uns schwer, seither fast täglich ein Brief. – Drei Jahre liebt sie mich. Jetzt verstehe ich ihr Verhalten; es lag gerade in ihrem starkem Empfinden begründet. – O, was hat sie um mich leiden müssen. Ich war zu jung! Es mußte dieser Schrei nach Herzblut, nach innerlicher starker Liebe kommen, nach Verstehen.
Ich bin glücklich, erhoben durch ihre Briefe in denen jedes Wort ächt, schön, und tief ist. – Es verbindet uns eine tiefe innere Freundschaft. Dieses ahnende Verstehn der Unaussprechlichkeiten, wie ich es nur mit Otto habe, – und die sinnlichste Liebe. Ich erglühe heiß in d. Verlangen nach ihrer Nähe. An Weihnachten sollen wir uns sehen. Dieser letzte Jubel, in dem aller Schmerz u. alle Freude meines Lebens aufklingen soll!! –
– Die Behandlung als Soldat teilweise so roh, daß mir bes. anfangs als ich kränklich war, sehr weh tat, – als rühre man an Wunden. Absolute Empfindungslosigkeit. – Vereinigung der Einjährig-Fw. in eine Abteilung. – Ausbildung zum Zugskommandant. –
Künstler, Verhältnis zur Landschaft. – Das glühende Lebensgefühl macht die Erscheinung der Dinge so gewaltig, so lebendig aus Farb u. Form u. voll tiefer Ahnung u. Geheimnisse – die nach Erlösung schreien.
– Das Kind. Vatergefühle, weh, weh weh! – Bücher, Bilder. Alte deutsche Meister. – Heiligenbilder!! Märtyrer. – Rembrandt! (– Liliencron's Gedichte. –

23. W. schrieb täglich an seine Eltern und betrachtete diesen Briefwechsel als Weiterführung bzw. Ergänzung zu seinem Tagebuch. In einer Postkarte (Innsbruck, am 18.8.1914) bittet er seine Eltern bereits im August 1914 „alle Karten und Briefe dieser Zeit" aufzuheben. Sämtliche Briefe und Postkarten an die Eltern befinden sich im Nachlaß (seit 1985 im Franz-Michael-Felderarchiv und Vorarlberger Literaturarchiv/Bregenz).

24. Drei Postkarten mit Grüßen von Johanna Gräf an Wackers Eltern finden sich im Nachlaß: Salzburg, am 2.11.1914; Linz, am 25.12.1914; Steyr, am 27.12.1914.

Goethe, Schiller, – Zarathustra. –) Nachrichten v. Renner, Vrieslander, – Waltrauts Briefe, Paula, Otto; – jetzt im roten Kreuz, Heidelberg. Brüder. – Festung. Körperkraft. – Kühne Fröhlichkeit. – Kollegialität.[25]

25. Auf den folgenden Seiten (S. 54–59) notierte sich Wacker einige Namen, das Morsealphabet, milit. Lageplanskizzen und die Feldpostadressen seiner beiden Brüder.

Auszug aus meinem Feldtagebuch

Eintragungen vom 26. Mai 1915 bis zum 28. Oktober 1915.
Wackers Beschriftung auf der Innenseite des Notizbuchs:

Auszug aus meinem Feldtagebuch
Rudolf Wacker
Fähnr. Inf. Reg N⁰. 59
geb. Bregenz 25.II.1893
In Tetjuschi
(Тетюши)
Gouv. Kasan
Rußland
geschrieben

Das Feldtagebuch selbst blieb bis heute verschollen. Dieser „Auszug" wurde von Wacker 1917 in Tetjuschi in ein Notizbuch (hart gebunden, 17,8 x 10,8 cm, 114 Seiten) übertragen.

Eindrücke 1915

26. Mai 1915.
Als ich in voller Rüstung das Haus in der Stauffenstraße 7[1] verlasse, erreicht mich noch ein letzter Gruß von meinem Freund[2]: „Geliebter Freund, Deine Briefe vom 5.–9. reißen mein Herz auf. Was soll ich Dir geben? Es würgt mir im Halse – und das wäre alles ein Reichtum und eine Lust, eine lachende, tolle, wenn wir zusammen wären. Ich kann Dir nicht schreiben, nur daß ich Dich liebe. Wenn Dirs helfen kann, – ich kann nichts aufraffen mehr, Du mußt Alles nehmen aus den Worten. Dein O[tto]..!!" – Mir war, als rinne mein Blut über den Leib, aus dem Herzen quellend, und es war ein auflohender Jubel. Ich empfand den Gehalt seiner Worte als eine „Vermählung"! Will an ihn noch den letzten Gruß aus der heitern schönen Stadt schreiben, aber Kommandorufe unterbrechen mich. – Mit klingendem Spiel u. gezogenen Säbeln marschieren wir durch die Stadt, durchs winkende rufende Volk. – Ich schreite mit leuchtenden Augen, lauter Blitze zucken in meinem Körper und ich fühle mich voll kühnem Mut. Am Bahnhof Abschied von meiner Schwester und ihrem Kind. Sie erinnert mich an Grünewald's Magdalena, – händeringend und ganz zerfließend in Schmerz. Das Kind, das tausend kleine Dinge beschäftigen, sieht jetzt zur Mutter auf und fragt teilnahmsvoll und wie tröstend: „Warum weinst du?" –
Die Trompete gibt das Signal „vorwärts!" Letztes Küssen und Händedrücken. Der Zug setzt sich in Bewegung, der „Radetzkymarsch" wird gespielt. – Ich tanze und glühe, halte mich fest und ruhig – fühle harte, blitzende Kanten im Gesicht. –
Fahrt in der heitersten Abendlandschaft, Berge, Seen, Frühlingswiesen, am blauen Himmel der Mond. – 4^h Morgen Erwachen, frisch und fröhlich, in der lieblichen Vorstellung, ich fahre von Weimar nach Jena. – Wienerwald, Großstadtstrassen, – blasse Erinnerungen an die alte Zeit[3] tauchen auf. – Überall winken die Menschen, lustig, stumpf, in schreiendem Schmerz. Die Wienerinnen rufen „auf Wiedersehn".
Ich habe das Glück wenige Augenblicke noch mit meiner besten Freundin[4] zusammen zu sein, vom Wust eines Rangierbahnhofes umgeben. Erschütternde Empfindungen vor ihrem reinen Adel, ihrer großartigen Frauengüte, – in ihrem Wesen ist etwas patriarchalisches. Bin voller weher Lust, und äußerlich gehalten.

---

1. Wacker wohnte im Haus seiner Schwester Maria Allgäuer.

2. Otto Herbig. Wenn Wacker im folgenden von „meinem Freund" spricht, ist stets dieser gemeint. W. vermied bei diesen Aufzeichnungen die Nennung von Namen, umschrieb auftauchende Personen, gab nur die Initialen an oder ersetzte Namen ganz durch Punkte. Erst nachträglich ergänzte er diese Stellen teilweise mit Namensangaben.

3. Seine Studienzeit in Wien 1909–1911.

4. Johanna Gräf.

Bild 10

Foto rückseitig von R. W. beschriftet:
„E. F. Feldwebel I. R. 59 Rudolf Wacker
vor Abmarsch d. XI. Marschbataillons an die
Ostfront. Salzburg 16. Mai 1915."

– In Prerau treffen wir ein thüringisches Regiment. Ich möchte jeden umarmen in meiner Freude. – Einige singen „Ich hatt einen Kameraden" der feste Männerklang gibt den Eindruck der Unüberwindlichkeit. – Mir blutet das Herz, wie am Anfang wenn ich von den Deutschen Siegen hörte. Stolzes Zugehörigkeitsgefühl zum Deutschen Volk. Ich drücke vielen die Hand. Wir tranken das letzte Pilsner Bier. Zwei Soldaten tanzen „Schiebetanz". – Bald kommen die ersten Grabkreuze Gefallener, und vereinzelte Spuren der Zerstörung. Demolierte Bahnstationen, zerschossene Häuser, gesprengte Brücken, aber es sieht schon wie alte Ruinen aus, – „rotes Blut dünget Erde gern und gut" – der Frühling überwuchert bald. –

(Rzeszow)
Entsetzlicher Anblick eines Trupps Gefangener – trostloses gelbes Elend, sie kriechen, gehen mühsam an Stöcken, hinken, einer mit zerschossenem Gesicht. – Verwundete Deutsche. Notverbände, überall schwarzes klebendes Blut. Gelbe ausgemergelte Gesichter, aus den Augen blitzt Mut, jenes eigentümliche Leuchten und Flackern von Augen die in eine andere Welt gesehen zu haben scheinen und der Ausdruck großer Überwindung sind/ Dieses Erlebnis, das mich aus den Gesichtern der vom Feld Zurückgekommenen anblickte, das ich ahnte, – in Wirklichkeit zu erleben, und was ich innerlich von mir glaubte in der Tat zu bestätigen, das war für mich eines der wesentlichsten Motive ins Feld zu gehn. Ich wußte, daß ich gebunden sei, solange ich nicht durch die Wirklichkeit rechtfertige/. –
Ich war erschüttert von den ergreifend schönen Dingen und hatte große Lust zum Bilden, – empfand aber ein Gekritzel als Schändung. –

(Mrowla)
Marschbataillon. – Widerwärtigkeiten des „subalternen" Lebens quälen mich und erfüllen mich mit einem Ärger und Verdruß, wie ich ihn nie kannte. Es gibt Tage des Unwillens, wo ich vom Morgen bis Abend fluche, andere aber, in denen ich glücklich und heiter bin und mich an dem primitiven Leben freue. –
Eines Abends habe ich zum erstenmal aus dem Osten her Kanonen gehört. –
An den Strassen stehen Bildstöcke, Säulen, oben ein Kasten, in dem (klein, aus Gyps) eine weiße Christusfigur sitzt, – („ecce homo") erschreckend elend!

(Kamien)
Entkleide mich vor der Sonne. Empfindung eines nackten gesunden jungen Mannes, der zwischen den Fluren schreitet, – ein Stück hinter der Front.

(In der Front, bei Tarnogora am San)
Schönes, beruhigendes Gefühl in der ersten Linie vor dem Feind zu sein. – Bin vollkommen ruhig, so als wäre ich schon lange da. Nervöser Schlaf mit dem Gefühl innerer Ruhe.

– Die ersten feindlichen Geschosse in meiner Nähe. – Herzklopfen und jene Art von Lustigkeit die man z.B. beim Klettern in Lebensgefahr äußert und in der man ganz konkrete, die nebensächlichsten Dinge redet. – Lust sich zu wehren. Man faßt es leicht persönlich auf und ist wütend auf den Gegner wo er sich zeigt. –
Männerköpfe vor den Balken (Kiefernstämme) der Deckungen. – Merkwürdig urhaftes und doch zugleich modernstes Leben. –
Nachts feindlicher Feuerüberfall. Treffe einen Jungen der zittert, spreche ihm zu ruhig zu schießen. Am Morgen wieder blauer Himmel, Meisen und Finken singen, Waldtauben girren, der Kukuck ruft, – wieder tiefster „Waldfrieden".
– Ich habe Sehnsucht nach der großen Gefahr, damit sich meine Feuerfestigkeit erprobe.

– (galiz. Rudnik)
Die verlassenen Lagerplätze, der Gestank der Pferde und Menschenexkremente, der zum Stellungsbau verzerrte Hausrat, machen einen widerlichen Eindruck. –
In der demolierten Stadt gibt es Häuser, in denen eine ganz unbegreifliche Zerstörungswut gehaust hat. – Möbel zertrümmert, oder ins Wasser geworfen. Gläser, Flaschen, Scheiben zerschlagen, Schriften, Bücher, Briefe herausgerissen, zerfetzt, zerstreut. Beschmierte Schilder. Eine Apotheke in der nicht ein Gläschen ganz geblieben ist. Ausgeraubte Korbsesselfabrick. Auch jetzt nimmt sich jeder was er zu seiner Bequemlichkeit brauchen kann. – Jammervoller Anblick einer zum Skelett abgemagerten Katze, mit einem durchschossenen Bein. – Zwei letzte Rosen in einem Garten.
Jetzt bin ich mitten im Kriegsland. Ich sehe in der Landschaft vieles, das ich gestalten möchte. – Weites „unheimliches", zerwühltes Land, zersplitterte und verkohlte Bäume gegen den Abendhimmel, – draußen die Schlacht. – Pferdeköpfe. Aus allem müßte das „Weh der Welt" sprechen. –
– Bedürfnis auf Vorrat zu essen und zu schlafen. – Geduldiges Zuwarten, „stumpfsinnig" dem Augenblick gehörend. –
– Ich habe das Gefühl, daß wenn ich hier fallen würde, ich zu einem letzten innerlichen Sieg käme, aber nicht zum frohen, sondern zum bitteren des Märtyrers. – Der Gedanke an die Nächsten ist furchtbar traurig – diese trostlose Traurigkeit ist das Vorherrschendste. –

– Beim Einschlagen schwerer Granaten, denen gegenüber wir ganz hilflos sind, ducken sich die Menschen und zittern wie scheu gewordene Tiere. –

– Rötlicher Mondschein – wie er in süßen Liebesnächten scheint und die Luft durchsättigt ist voll balsamischer Frühlingsdüfte. –
Heute scheint er mir über dem grausen Weh der Welt – und entsetzt spüre ich einen widerlich-süßlichen Leichengeruch. –

– Zum Sonnenaufgang kommt ein Brief von Joh.[5], zum Schluß schreibt sie: „o Du, es kommt mir vor, als wachte ich in's Unendliche. – Es reißt uns beide nach Oben! – Geliebter es ist eine Wonne und Lust Dein zu sein!" – Mein Gott, wie glücklich bin ich in meinem nassen Sandloch, zu kurz ist mir Tag und Nacht hin mit dem göttlichen Gefühl: Eins zu sein mit Ihr, und mit allen kostbaren Erinnerungen an Sie auszufüllen. Ich bin voller Glückseligkeit und überirdischem Jubel. —
– Fieber, kann nichts essen, liege den ganzen Tag, eng in den Graben gekauert. Innerlich sehr ruhig und voll lieblicher Bilder. – Sehnsucht nach der Terasse am Bodensee und einem frischen Schluck Limonade. – Der Moder-, Brand-, Latrinen- und Leichengeruch, der hier alle Luft verpestet, widert mich an, – diese abscheuliche Mischung von Gerüchen, ist hier das allgemeinste Zeichen des Krieges. –
Von meinem Freund ein Gruß aus dem schönen Brüssel[6].
– Wir sind verliebte Leute, jeder sehnt sich nach den Erlebnissen des anderen. –
In einem kahlen Haus, in dem zuletzt unser Bataillonskommando war, hängt eine gute Reproduktion nach einem schönen Marienbild. (Florentiner?). – Das hat mich sehr traurig gemacht.

(Letomnia)
Herzlicher Brief von einer lieben Freundin. – Werden wir „schuldig" durch die Unbeständigkeit unserer Gefühle! – – Ich folge meinem Pulsschlag – und es tut mir im Innersten leid und macht mich traurig, daß den Menschen die ich liebe, durch mich selber Wehes geschieht. – –
– Die Gesten zarter, ganz kleiner, sehr weiblicher Hände einer Jüdin machen mir einen merkwürdigen Eindruck und rühren mich. – Dieses „tiefe Erstaunen" durchsättigt das Kunstwerk.

(Ruda)
Galizische Mädchen mit den breiten Gesichtern und plumpen, starken, gesunden, nackten Füßen. – Es packt mich heute ein wüste Geilheit. –
Merkwürdigerweise hatte ich, wie noch nie, nicht nur eine Gleichgültigkeit, sondern fast Abneigung gegen jede sexuelle Betätigung. Häufig in der Nacht fast pervers erotische, ganz tolle Träume, – so daß mich morgens die Erinnerung daran erschreckte und widerlich war. –

---

5. „Joh." (Johanna Gräf) wurde erst nachträglich von W. über Auslassungspunkten eingesetzt.

6. Herbig diente im „Künstler"-Sanitätszug des Kunsthistorikers Dr. Kaesbach in Belgien. Um Kaesbach waren in Ostende die Maler Erich Heckel, Anton Kerschbaumer und Max Kaus versammelt (alle wurden später Freunde Wackers). Neben der Krankenpflege blieb ihnen genügend Zeit zum Malen und Zeichnen, zu Lektüre u. Museumsbesuchen. In Ostende verkehrten sie mit dem belgischen Maler James Ensor. Vgl. Leopold Reidemeister (Hg.): Brücke-Archiv. Heft 4. Brücke-Museum. Berlin 1970, bes. S. 38 ff.

(Tarnogorod)
Gierig nach den Eindrücken des chaotischen, rätselhaften Lebens gehe ich bis in die Nacht hinein in den Straßen der Stadt herum. Fülle starker, bildlicher Eindrücke. – Verhungerte gehetzte Gestalten, alte Juden, junges Mädchen und Knabe, ein alt aussehendes Weib am Fenster ein Kind säugend, Barbier, fremdes Volk, Offiziere im Quartier. – Morgens Ausmarsch, schlafende Soldaten – wie sie am Wegrand, auf den Karren eingeschlafen sind. – „Die Not des Lebens und der Erde."

(Bilgoraj)
Marsch in fürchterlicher Hitze und Schwüle, schwarzer Staub haftet fingerdick an. – Zu einem Vorbeimarsch raffe ich mich immer noch auf, es macht mir Spaß und ich defiliere so gut wie am Exerzierplatz. – Bad der Soldaten im Fluß, – herrlich! – Juden, Jüdinnen, Händler, – die Salzburgischen Bauern in den Kneipen. Trinke alles was zu haben ist hastig hinein, Wein, Tee, Limonade, „Wutky"[7], kaufe ein jüdisches Weißbrot – Geruch! In einem ehemaligen Cafehaus „Gefrorenes" mit Milch – Geschmack „fabelhaft"! – In diesen Augenblicken starken wilden Lebens schwindet alle Müdigkeit. —
– Ich möchte oft in einen Spiegel schauen, mein Gesicht sehen, in dem sich vieles verändert haben muß. — Immer von neuem Auseinandersetzung mit der Umgebung. Oft unverständliche Hilflosigkeit, – das Schweigen steht in Widerspruch zu meiner früher so lebhaften, nimmersatten und überschwänglichen Lebensäußerung und Selbsthingabe. –
– Am Weg ein „Ecce homo", aus Stein und Holz, – altes naives Bild. – Wie bewegt mich der Anblick eines, auch sehr simpeln Kunstwerkes – da werde ich wieder meiner selbst froh und führe Zwiesprache. –
Im Staub der Straße liegt halbtot und keuchend ein kleiner Frosch und blickt unsagbar kläglich und jammervoll mich an. —

(Frampol)
Eine Polin verkauft in einem Laden Speck. Sie ist anständig, sauber gekleidet und gewaschen – das habe ich so lange nicht gesehen, daß sie mir einen merkwürdigen Eindruck macht, und in mir das Bedürfnis anregt, alle allgemeinen Verhältnisse überbrückend, mich ihr „menschlich" zu nähern. –
Die Gestalten und Köpfe der Juden ein starker Ausdruck des Rassetypus und psychologisch individueller Gesten. – Elende, krankhaft aussehende Kinder, gleichgültige, rassebewußte und geile Mädchen, jüdische Jünglinge femininen Charakters, alte Weiber mit verwelkten Brüsten säugend, teilnahmslose Greise. –
Ich denke viel an Rembrandt und an den großen Franzosen H. Toulouse-Lautrec. – Es fallen mir die Münder der Jüdinnen auf – wollüstige weiche üppige und

7. Schnaps.

wieder andere verzogene, geile Lippen von giftig roter Farbe, andere scharf und edel geschnitten.

Bild 11

Landsturmmann beim Einkauf bei einem galizischen Juden.
Galizien, 1914.

(Chrzanow)
Juden erzählen, daß die Russen hier furchtbar gegen sie gewütet haben, – alle Juden seien aus den Häusern gejagt worden, schauerliche Greueltaten seien verübt worden, viele Männer gehängt und Säuglinge sollen von der Brust weggerissen und zu Boden geworfen worden sein. –
Mein Freund H.[erbig][8] schreibt von seiner Wache an einem belgischen Bahnhof: „Ich hatte Abends schöne Augenblicke in denen ich mit „hellen" Augen, so wie's zum Kunstwerk notwendig ist, Menschen: heitere Kinder, hoffende Mädchen, reife Frauen und die welken Greise sah, – durchsichtig in der Vergänglichkeit – oder Ewigkeit des Lebens." –

8. Siehe Anm. 6.

– Gedanken an Goethes Hymnus „Natur"[9], wo er sagt: „Alles ist immer da in ihr" – „Gegenwart ist ihr Ewigkeit."
– Die Ewigkeit der Gegenwart bilden! Das Einzelne aus einer Weltanschauung heraus malen, so malen, daß intuitiv vom Einen aus das Ganze geahnt wird, – – wenn wir das „Besondere" tief fassen, bekommen wir immer ein „Allgemeines" mit; es verliert die Einzelerscheinung das Verwirrende, Chaotische. – –
Zwei beisammenstehende Pferde: ihre geistigen Beziehungen und ihre bildliche Zusammengehörigkeit.

(Otrocz)
Kaiserjäger und Landsturmbataillone ziehn vorüber; darunter auch Vorarlberger. Ich rufe oft nach ihnen und grüße sie und unser Heimatland herzlich.

(Debina)
– Scheue, erschrockene Augen der nervösen, erregten Menschen und Tiere – nahes Sturmgebrüll.

(Herrenhaus Koverski)
Ehemals vornehme Zimmer kahl ausgeräumt. Durchwühlte Bibliothek. – Briefe, alte Menukarten, französ. Baedeker über Deutschland, ein Lineal „Andenken an Meran", – lateinische und französische Klassiker (Vergil, Cicero, – Voltaire, Balzac, V. Hugo und L. Byron) in prächtigen Einbänden. Wertvolle Ausgaben. Viele kirchliche Bücher, Stiche, polnische Literatur. Weinflasche „Rysling". –
Der Anblick der Zerstörung einer häuslichen Ordnung mit ihren vielen Beziehungen und Erinnerungswerten, der rohen, äußerlichen Zerstörung einer geistigen Welt ist etwas furchtbar Trostloses und macht mich tief traurig. –
„Alarm" in dem ehemals so friedlichen Obstgarten. – Eilschritt über die Höhe. Reiter. Lese in der Dämmerung noch die eben erhaltene Post. Je näher wir der Feuerlinie kommen, desto ruhiger werde ich. – Ich fühle den alten Bauernstamm noch kräftig in mir.
Ziehe freudig und mutbegierig in den Kampf. –
Verwundete gehen zurück und werden getragen. Trupps gefangener Russen. Hilfsplätze. Jammer der Schwerverwundeten. Arbeitende Ärzte. Eingesetzte Reserven. Überall Feuer. Schaurige Nacht. –
Am Morgen philigranes Laubwerk der Birken und Föhren gegen den aufdämmernden, violetten, gelblichen nach oben in warmes Blau übergehenden Himmel. – Roter Sonnaufgang – heiterer Sonnentag – Schmetterlinge!

(In Wäldern in der Nähe von „Rudnik")
Fieberndes Bedürfnis zu essen und zu trinken, – suche einige Überreste.

9. In Wackers Bibliothek: Natur. Zwei Essays von Emerson nebst dem Goetheschen Hymnus. Insel-Bücherei Nr. 72 (1915 in Salzburg erworben).

Bei einem Überfall in dunkler Nacht, – nach tollen Strapazen – entsteht eine schauerliche Verwirrung. Ich dringe durch den dichten Wald, den Kugeln und Bajonetten entgegen.
Ich habe nur den Willen: „vorwärts, – durch Tod und Teufel!" und berausche mich an diesem Willen. – Hier empfand ich zum erstenmal die Bestätigung meines Mutes.
Graben einer Deckung im Feuer, zitternd und in Schweiß gebadet. – Gedanken an die Lieben – es sieht wüst aus, große Verluste – möchte oft einen Gruß schreiben – lege mich aber zur Ruhe – ich habe mehrere Tage und Nächte keine Stunde geschlafen. —
Gestern Nachmittag hatte ich 2 Dutzend Krebse in einem Kellerloch gefunden, in dem ärgsten Getümmel und ich werde den Ärger über ihren Verlust nicht los. – Kühle Erdgrube, Farnkräuter, Erdbeeren. –
Maschinengewehrfeuer von rechts und links, beim Vorgehen, das Glück führt mich vor eine Mulde, ich presse mich in sie und die Geschosse pfeifen knapp über dem Körper, entsetzlicher Eindruck – – woran hängt das Leben? —
Durchbruch. In dem Wald weiß keiner der Zurückgehenden was eigentlich geschehen ist. Sie gehen langsam, erschöpft und stumpfsinnig, Einzelne purzeln, die Verwundeten kriechen und viele bleiben zurück. –
– Abends Gewitter; wir fangen Regenwasser zum Trinken auf und die Soldaten trinken aus den Pfützen. Um 2^h Nachts kommt eine Reissuppe. –
Ich kann nicht schlafen, weil die Nerven noch zu erregt sind, – sensible Empfindung, wach und nervös wie nach starkem Alkohol, Nikotin oder Kofeingenuß.
Morgenrot, Sonnenaufgang, – ich habe ein sehnsüchtiges Verlangen in die Augen Joh.[annas][10] mit meinen neuen Augen zu schauen – in ihr Lächeln zu schauen. – Das beruhigte Gefühl daß ich jetzt das Erwartete erlebt habe.

(Schützengraben)
Ich bin von den kleinen äußeren Dingen immer wieder so abhängig. – Wenn wir unsre Arbeit haben und in dem ganzen Reichtum üppiger Lebensempfindung schwelgen, – wie spielend großzügig und rasch überwindet man dann die alltäglichen Widerwärtigkeiten, – aber hier in dem einseitigen Leben – –! –
– Doch kommen immer wieder lichte Augenblicke die himmelhoch die Armseligkeit der Umgebung und Tätigkeit überbrücken. –

(nördl. russ. Rudnik)
Alle naß bis auf die Haut, – vom Kriechen und Graben in dem vom andauernden Regen durchweichten Boden, mit einer Kothülle umgeben. Schüttelfrost. Vor uns gute sibirische Schützen. Der Exkremente, – lauter Schleim und Blut – muß ich mich liegend, in der eigenen Mulde entledigen. – Zweifel ob der Sturm gelin-

---

10. Siehe Anm. 5.

gen wird. – Wir werden da bluten! Der Gedanke an die Lieben, am meisten an die einzige Mutter ist das Trostloseste.
(Morgens nach Sonnenaufgang)
Alles starrt von Schmutz und Nässe, – die Kälte schüttelt uns. Schlaf wie in Todeskälte. Neben mir rückwärts liegt einer, der diese Sonne nicht mehr sieht.
– Die Lerchen trillern, wieder heiterblauer Himmel, mit lichten leisen Wölkchen. Wir sind dankbar, daß diese Nacht um ist. –
Mittags wieder in den Sandlöchern tödliche Sonnenglut. – Ich hatte heute endlich Zeit Läuse zu fangen. – Ich bekomme Lust ein erzhartes Männergesicht zu gestalten. –
Gestern sah ich einen Landstürmer, der mit ganz blutüberströmtem Gesicht zurückging. Aus dem hellroten Blut blickten seine Augen merkwürdig blöde. Er macht eine nebensächliche Bemerkung. – Ich schaue mir oft Rodins „Eva"[11] an und meine letzte Arbeit – das Bildnis nach meiner Schwester[12], an dem ich vor einem Jahr gearbeitet habe. –
– Ich pfeife alte Tanzlieder und lache. –
Die Toten noch nicht begraben, sie fangen schon an zu riechen. Stück Schweinefleisch bekommen.
Selbst das Verhältnis zu meinem Selbst gibt mir immer wieder Arbeit.
Nach langem, wieder heißer Cafe und Suppe.

(Bychawa)
Das III. tirol. Kaiserjäger Rgt. auf 2 Kompagnien zusammengeschmolzen.
Treffe Vorarlberger, grüße sie und unsre Heimat herzlich.
Einer erzählt mir vom Tod eines mir bekannten Salzburger Malers (Prof. Hofer)[13]. Geht mir sehr nahe und macht mich traurig und weh. Daheim seine schöne Frau mit ihrem kleinen Kind. –
Sturz in eine Pfütze. In der Dunkelheit Weg in knietiefem Kot.
– Feldwache. –
Katzengeschrei und Hundegebell im Dorf. – Dieses nächtliche Hundegebell ist etwas Typisches. –
Ein Zufallsschuß trifft einen, der seit Kriegsbeginn i. Feld steht, ins Herz, – er fällt neben mir tot um, – ein braver Soldat. –
Heut Nacht ist mir eine Kröte übers Gesicht gekrabbelt. –
Abends Pflöcke zur Schwarmlinie getragen. – Vor einer einzelnen Kugel bin ich heftig erschrocken. –

---

11. Rodins Skulptur „Eva" stand im Vestibül der Weimarer Kunsthochschule. Vgl. Hans M. Wingler: Das Bauhaus 1919–1933. Weimar, Dessau, Berlin und die Nachfolge seit 1937. Köln 1968, S. 362.

12. W. hatte Photografien seiner Zeichnungen nach der Mutter, nach Waltraut und nach seiner Schwester mit an die Front genommen. Siehe TB 1913/14, 31.VII.1914.

13. „(Prof. Hofer)" nachträglich eingesetzt.

Das Korn zum Springen reif. – Drei große russische Feuer. – Nachts der klagende Ruf der Käutzchen. –
Viel Heimweh in meiner trostlosen Einsamkeit. – Ich bin wie aus einer anderen Welt und so erscheine ich oft wie ein Schwächling. –
– Der „Hafer" ist jetzt auch reif. —
Wälder von Föhren, hohen Birken und Haselnußsträuchern wie ich sie nie gesehen habe. – –
Das fortgesetzte Darmleiden greift mich sehr an. Mattigkeit wie nach langer Krankheit, nur mühsam und mit großem Energieaufwand kann ich mich fortbewegen. Die Glieder sind schwer und nach dem Aufstehn von der feuchten Erde ganz steif. Es stellen sich Fiebervorstellungen ein und das Schlimme ist, daß sich das physische Übel dann in ein psychisches verwandelt.

(Reservestellung)
Wunderbares Bild der Räumlichkeit: hoher Föhrenwald durch den ein Weg ins Weite führt. —

(Ablösung)
Mondaufgang: Erinnerung an W.[altraut][14] die mir einmal in glücklicher Liebesstunde im Mond einen Mann zeigen wollte, der eine Frau küßt, – ich fand sie nicht, – ich suchte gestern wieder und wieder klang mir ihr heiteres, volles Lachen. –
Es soll wieder zu einem großen Vorwärtsdringen angesetzt werden – vor uns eine Ebene und die Russen in lang vorbereiteter Stellung.
Ich denke aber wieder mit frohem kühnem Mut an den Kampf. –
Abends ein fabelhaft großartiger Regenbogen, der göttlich eine Brücke über die „sich im Kriegszustand befindlichen" Länder schlägt.

(Glusk)
In einem gastfreundlichen Haus, – Milch und weißes Brot! Saubere Stube. – Mann, Frau und Mädchen, sauber gekleidet, begrüßen uns wie Retter, sind rührend hilfsbereit, und geben mir unter Tränen ihre Hände. 2 Eier mit Speck gekocht!
Heute (30. Juli 15) um 3^h Nachmittag sahen wir Lublin.
Im Innern wieder voll Bewegung, ein menschlich und historisch denkwürdiger Tag. –
In dem Haus in Glusk habe ich mich wieder einmal in einem Spiegel gesehen; ganz verwildert. –
Der erste Anblick der großen Stadt war großartig und unfaßbar. –
So stark hatte ich nie das Gefühl, Zeuge geschichtlichen Geschehens zu sein. –

---

14. „W." (Waltraut v. Conta) nachträglich eingesetzt.

Schornsteine und hohe steinerne Häuser der Stadt; –
He die vielen Lichter! Heftiger Wunsch in die Stadt zu kommen. – Hier konzentriert sich ja immer alles um das Eß- und Trinkbare!
Ganz phantastische Wünsche und Vorstellungen!
Ich möchte wieder einmal, eine Stunde nur, einen schwarzen Rock anhaben, und toll tanzen, so toll wie nie! – Aber wir gehn rechts vorbei und marschieren so lange in die Nacht bis wir angeschossen werden – dann eingraben und nicht schlafen. –

(Vorort Rudnik)
Einschlagen von Granaten in die Allee und in den Meierhof, mitten in die Truppe.
Heiteres Sommerhäuschen, dessen Bewohner in größter Eile ausgezogen sein muß. Ich finde nur eine Dose Staubzucker und nehme Teller um wieder einmal aus solchen zu essen, und Tinte um wieder einmal mit einer Feder zu schreiben, – wasche meinen Oberkörper. –
Gartenmöbel, Park, Obstbäume, Blumen! „Löwenmaul", rechts von uns große Schlacht im Gang, – „auf! – umhängen, – vorwärts!" –
– Kann trotz des heftigen Artilleriefeuers und der Erwartung auf den Befehl zum „Vorgehen" schlafen. Meine müden, zerschlagenen Glieder brauchen es unbedingt. – Kolonne Zivilisten mit gepackten Wagen halten an der Straße. Kommen uns mit hochgehobenen Händen entgegen. Kühe, schreiende Schweine und Gänse, viel Geschrei und Herumgetriebe. Heitere Vorrückung in einer lieblichen hügeligen Landschaft. Ich bin fröhlich und pfeife Lieder.
Durch ein nettes Dorf; die Bewohner zuerst scheu dann naiv zutraulich. Es sind Katholiken.
Grabe in einem Schweißbad. Viele Geschosse schlagen in meinen eben aufgeworfenen „Kugelschutz". Die Artillerie beginnt sich einzuschießen. Schöne Müdigkeit, wie sie nach sehr starken Anstrengungen eintritt, – lichtes, ruhiges Sinnen.
– es geht immer vorwärts, vielleicht bis zum „Sturm". Aber wir sind heut nicht mehr frisch.
Es kommt im Feuer immer wieder über mich fröhlich zu pfeifen. – Oft immer dieselbe Melodie wiederholend, typisch!
Um 1/2 6^h wieder 500 Schritt vorgekommen. – Starkes Feuer. Soldaten des angrenzenden čechischen Regiments gehen zurück. Reiße ekstatisch meinen Säbel heraus und brülle „vorwärts!, vorwärts!" – Bajonett auf! Maschinengewehrfeuer aus den Flanken, – ganze Schwarmlinie geht vor – von jetzt ab werden wir mit Explosivpatronen beschossen. Einige gräßliche Verwundungen. –
Oft, wenn das Feuer am ärgsten ist, gehe ich ganz aufgerichtet, anstatt möglichst geduckt, mit dem Gefühl mich dem Feind entgegenzustemmen. Es scheint, daß man sich an der aufgerafften straffen Haltung, an der in sich selbst aufgerichte-

ten Kraft, an der körperlichen Gebärde des Mutes, berauschen und innerlich halten will.
Harre in „ruhigem Fieber" auf das Kommende.
– Ein unreifer Apfel – Mutters Schokolade, – teile mit dem „nächsten" Kameraden. – Die Infanteristen die neben mir liegen sind meine Nächsten! –
Noch 50 Schritt im Haferfeld gekrochen. – Eine schwere Nacht, trotz Ermüdung schlaflos; ich kann die Soldaten nicht mehr wach erhalten – ich selbst bin der einzige der durchmacht.
Ganze Nacht Inft. Feuer, Explosivgeschosse. – Verwundete, keine Sanität da, sie schreien. – Drei Feuer wurden angezündet, und nun ist es gewiß, daß die Russen die Stellung, ohne unsern Sturm räumen. –
– Morgens kommt Einer mit Einkäufen aus Lublin: Himbeersaft, Kuchen, Sardinen, Zucker, Wurst! –
Post! ein Brief von Mutter, ich durchfliege ihn nur, kann vor Rührung nicht weiterlesen, meine Lippen zittern und die Augen füllen sich mit Tränen. – 2 Karten von W.[15] voll warmer Herzlichkeit und sorgender Liebe – in dieser Stunde! – Die Sonne geht auf ! – und gestern im Feuer schrieb ich an sie einen Gruß. —
Ungeheure Kartoffeläcker, – Mairhof, Dörfer, Zivilkarawanen, Eisenbahn, zerstörte Brücken. Sonnenglut.

Bild 12
Fliehende Zivilisten und k.u.k. Husaren. Polen, 1916.

15. Siehe Anm. 14.

Abends: lese jetzt Mutters innigen, schönen Brief – und muß wehren, daß meine brennenden Augen, die gestern so tapfer waren, nicht überströmend weinen – – vor Freude!
Gestern Nachmittag (5. August) kam die Nachricht: „Warschau gefallen!" –
Es ist ein großes Werk, wie das russische Heer auf der ganzen Front geschlagen wird. – Ich empfinde es als stolze Pflicht in dieser Völkerschlacht mitzukämpfen. Und das Gefühl wirklich mitzutun, mitzukämpfen, hatte ich nie so deutlich wie in diesen Tagen. –
Links wird „Sturm" geblasen. – Wütendes Feuer! – Merkwürdig wie ruhig und fröhlich ich bin.
Es ist ein schönes, männliches Erlebnis, so im Feuer zu liegen. –
Es muß von nachdauernder Wirkung sein.

(Vor Ljubartov)
Durch die ganze Nacht wird gestürmt, von den Unsern und von den Russen. – 2^h N.[achts] vorrücken. Wie weit die R. den Graben geräumt haben ist unbekannt. Wir sind weit voran und bekommen von allen Seiten Feuer, auch von den Eigenen. Schauerliche Nacht in ihrer Dunkelheit, Wirrnis und dem gräulichen, immer erneuten Sturmgeheul. – 1 Stunde Schlaf. – „Auf, die Russen kommen!" „Schießen!" – dann: „Feuereinstellen, Eigene!" – Täuschung. Ein Trupp Russen stürmt gegen unsern Graben. Ein Rudel wird von den Unsern gefangen, die andern verschwinden in einem alten Graben, den sie Nachts verlassen hatten, etwa 80 Schritt vor uns. – Wo sich ein Kopf herüben oder drüben zeigt wird drauf geschossen. Bei uns keiner getroffen, drüben, wie sich nachher zeigt, viele Kopfschüsse. – Die Sonne geht glutrot auf. – Eröffne ein Paketchen (von L. G. Lili Gräf[16]) das Abends die Post gebracht hatte. Esse ein Stückchen Schokolade. Freue mich über ein „Programm einer Hauptversammlung der Goethe-Gesellschaft"[17] – in dem's eingepackt war. Brief der Mutter. Karte von meinem Freund. Er bittet um „Sammlung, diese Seiten des Lebens gestalten zu dürfen." – Ich sehe auch viele grausame, herzzerreißende und schöne Dinge, – die ich wohl gestalten möchte: – daraus ein „Bild des innern Sieges" bilden. – Aber mit der Aktivität als Krieger kann ich keine Arbeit vereinen. —
Dann habe ich Läuse gefangen. – Um 9^h Vm. Befehl zum „Abmarsch" – Zuerst muß der Graben vor uns genommen werden. – Viele sind im Haferfeld zurückgekrochen, wir vermuten nicht viel im Graben. – Beeile mich die Rüstung umzuhängen. – Noch lebhaftes Feuer – dann „vorwärts, Sturm!" – Ich erreiche mit

16. „Lili Gräf" nachträglich eingesetzt. Lili Gräf (1897–1968). Bildhauerin; studierte an der Kunsthochschule Weimar bei Prof. R. Engelmann; 1918/19 in München; 1919–1923 am Bauhaus in Weimar; lebte und arbeitete in den zwanziger und dreißiger Jahren in Berlin; später Lehrerin in Neuß am Rhein; die letzten Jahre in einem Altersheim in Schleswig-Holstein, wo sie Kunstprogramme, Faschingsumzüge usw. gestaltete. Lili war die jüngere Schwester von Johanna Gräf.

17. Lilis Vater, H. G. Gräf, war Goethe-Forscher in Jena.

den ersten den russ. Graben, ziehe erst dort den Säbel – Revolver bleibt eingepackt. Die Russen schießen bis zuletzt und wehren sich noch mit dem Bajonett. Werfen die Gewehre weg, – schießen wieder: Aus (7. August, vor Ljubartov[18]) Verzweiflung, in dem Glauben, daß wir sie alle niedermachen werden. Furchtbares Schreien der Stürmer und der um ihr Leben Flehenden. – Langsam ergeben sie sich. Sie zittern am ganzen Körper und kriechen wie Hunde. – Einer schlägt gegen mich an und läßt plötzlich sinken. – Die Wut der Unsern wird durch den Tod eines tüchtigen Gefreiten gesteigert; sie schlagen mit den Kolben drein. Der war auf wenig Schritt mit einer Explosivpatrone in den Kopf geschossen. Ich sah ihn, wie er zurückgefallen, kniend mit zurückgebogenem Körper sich dem Tod ergab. Sein Kopf hängt zurück und das Hirn und Blut fließt zäh und warm zu Boden. Trübe weit aufgerissene Augen und offener Mund.
Mund.
– Es waren 122 (!) Russen – wilde Kerls von asiatischem Aussehen. Viele Verwundete, frische und schon Verbundene.
Schuß ins Gesicht, ins Auge, Bauchschüsse. –
Wir gehn weiter vor und beschießen die Fliehenden. Links von uns werden Rudels von vielen 100, von 1000den Gefangenen zurückgetrieben. Zu uns kommt ein Trupp, Hände hoch (64 Mann). Befehlen Chargen vor. Die Freude, daß Ihnen nichts geschieht! Zwei Freunde treffen und umarmen sich. –
Viele kriechen hinter den Strohschobern hervor. Einer mit zerschossenen Fingern, seine Hand ist ein wüster Blutklumpen. – Russische Seidenwäsche. Thee, Zucker. – Merkwürdig wie ahnungslos nah oft Tod und Leben nebeneinander sind! –
Weitere Vorrückung, links der Stadt Ljubartow. Viele gefallene Russen. – Ein Toter hat seine rechte Hand erhoben, an der er den Ehering trägt. –
Ein Asiatengesicht in schönem Todesfrieden.
– Bekomme bei einer polnischen Bäurin herrliche, frischgemolkene Rahmmilch.
– Gemüsegarten. – Mohn. – Dreimal eingegraben. Abends Marschbefehl fürs ganze Regiment. Laufen bis Nachts 2^h. Nördl. der Ortschaft Trojna Lager in einem Birkenwäldchen.
– Schreie eines Zivilisten der den Weg weisen soll und fürchtet daß er umgebracht werde. –
Gestern in einer Pfütze den ganzen Körper gewaschen. Ein toll, und wehmütig fröhlicher Abend mit dem lieben Kameraden T. (Trankenbolz Ritt.)[19]. Sprotten in Oel aus Riga, und Wein.
Schwangeres Weib mit breitem slavischem Gesicht, und schwarzen Augen in einem Krämerladen. – Sehe plötzlich ihre sehr fein weibliche Hand.
Heiterer Morgen. – Mein Gott, – gleich ist alle „Kriegsknechthärte" entschwun-

18. „(7. August, vor Ljubartov)" nachträglich ergänzt.

19. „(Trankenbolz Ritt.)" nachträglich ergänzt.

den. Die alte Sehnsucht nach Frieden, Arbeit, Heimat, Frauen und Freunden kehrt immer gleich wieder.

(Wyganow)
Liege den ganzen Tag fiebrig auf dem Stroh, wieder einmal in einer Hütte. – Weißgetünchte Wände, dicht mit Heiligenbildern behangen. Manche greuelhaft wie unsre moderne Marktware, manche andere – ja die vielleicht bloß 50 Jahre älteren schon – erfreulich, naiv. – Maria mit dem Kind, schwarzes Gesicht und Hände in reichem Goldwerk.
Hinter der Front erleide ich jedesmal Depressionen. Die körperliche Verlotterung wird hier erst bemerkt.
Oft sage ich mir:
Soviel neugieriges Leben kann nicht abgebrochen werden.
Vieles Erleben wird erst später benutzt und erst später wirksam werden. (Wie es auch sonst im Leben oft geschieht.)

(Milanow)
Nachrichtendetachement. Interessante, stolze Vorrückung. – Überschreiten eines Baches. – Hitze, in Sulanow: Milch und Wurst bei einer Jüdin „Frau Zeller".
Schöne Chaussee.
Kosaken vor und in Milinov. Sie zünden die Strohvorräte an. –
Brennende Häuser. Durchsuchung der Ortschaft. Einige Kosaken, denen das Pferd weggeschossen wurde werden Gefangene.
Ich habe das Palais des Fürsten S. zu durchsuchen. Vorstellung beim Fürsten, reiche ihm zuerst die Hand; sowohl militärisch als gesellschaftlich ziemlich aus der Rolle gefallen. – Es ist etwas tolles, – als verwildeter Feldsoldat, voll Kot und Staub, schweißtriefend, mit bereitem Revolver in fürstliche Räume zu treten! – Alte Dame, kranker Fürst, Töchter, Verwalter, Diener, Köchinnen. Geflüchtete, polnische Damen.
Später lassen wir uns im Park bewirten. Serviermädchen in reiner weißen Bluse, bleiches Gesichtchen, bringt Wurst, Thee, Wein, schönes Brot. Ein Herr schenkt mir eine Flasche brennend starken Schnaps.
An solchen Tagen freut mich das Kriegsleben, – und in der Fülle und Wirrnis der starken menschlichen Erlebnisse schwindet das Gefühl der Erschöpfung. Ich lebe ekstatisch auf, und habe selbst an dem Soldatsein an sich einen Spaß.
Einquartierung in Kastry, wo wir schon auf deutsche Truppen stoßen.
Stellung nördl. B. Vor zum Sturm angesetzt wird, ziehen die Russen gegen Morgen aus. – Fieber. –
Verfolgung und Vorrückung. Führe zwei Züge glücklich durch einen großen Wald.
An der Tete durch eine Ortschaft. Die Bewohner knien vor mir nieder und heben die Hände. Milch. – Kosakenpatrouille. –
Preiselbeer. – Abends Kantonierung in Kolombrody.

(Томске [Tomsk] Jan. 17)[20]
(Verschiebung gegen den Bug)
Von dem andauernden ruhrartigen Durchfall, der mich oft zwingt auszutreten und die Kompanie wieder einzuholen und in vieler Weise auch während eines Marsches alle Mühsale verdoppelt, geschwächt, und mit den wunden Füssen (der heiße Sand rieselt durch die zerfetzten Schuhe und reibt und brennt Sohle und Zehen wund) fällt mir das Marschieren sehr schwer. Scheine oft der Erschöpfung nahe; setze mir aber hartnäckig vor, auszuhalten bis ich nicht mehr kann, umfalle. – Es ist erstaunlich, wie sich diese Grenze immer wieder hinausschiebt! –

Luboml,
nehme Abends Quartier im Haus eines freundlichen Juden. – Hübsches Töchterchen! - Viel Post von Mutter und meinem Freund. – Immer von neuem faßt ihn Zweifel, oft er's nicht doch noch durchsetzen muß als Freiwilliger in die Kampflinie zu gehn, – trotzdem er viel zeichnet. – Es sei nur eine „momentane Erlösung"[21]. – Ich möchte ihm viel sagen, – und alles geben.
Heut bin ich zu einem Brief zu müde. –

Sawin.
Ein Rasttag, der mit Putzen und Exerzierübungen verbracht wird. – Alle Dörfer niedergebrannt. – Familie die am ehemaligen Herde (es ist der einzige Rest ihres Hauses) kocht. –
Gespensterhafte Menschen die in den verkohlten Trümmern suchen.
Am 18. Morgens, Geburtstag Seiner Majestät[22], Feldmesse. Erinnerung an die Seebeleuchtung in Bregenz und die Gäste daheim. –
Wir kommen durch die Gebiete wo deutsche Truppen noch vor kurzem blutig gekämpft haben. Zersplitterte Gewehre, Stühle, Geschirr, Stroh, Verband und Uniformreste, – einmal fand ich einige Blätter aus einer alten deutschen Bibel – herrliche, urkräftige Worte! und überall an Kochplätzen deutsche Feldpostpakete und Schachteln. –
Ulanen aus Potsdam, lustig anzusehn, wie zierliche Bleisoldaten.
Infanterie Regt. 71, die Erfurter! sicher Bekannte darunter! – Wie da mein Herz schlägt! –

---

20. Die folgenden Eintragungen („Auszug aus meinem Feldtagebuch") übertrug W. erst später, im Januar 1917 im Kriegsgefangenenlager Tomsk, in dieses Buch.

21. In einem Brief aus Brügge vom 18.8.1915 schrieb Herbig an W.: „Unser Schwert ist uns aus der Hand gewunden u. alles stürmt auf uns ein. Aber Du hast wenigstens den äußeren Halt: Du bist Krieger, das mag Dir in Vielem helfen. Ich kann mich nur durch gelegentliche und krampfhafte momentane Zeichnung betäuben." Brief in Wackers Nachlaß.

22. Kaiser Franz Josef I. Karl wurde am 18. August 1830 geboren.

Ließ mir Bart und Haare schneiden.
An der „Heerstraße" liegen Pferdekadaver. –

Cholm.
Marsch in strömendem Regen. – In Cholm leider nur durch einige Vorstadtstraßen, gleich sind wir wieder in der Einöde.
Sumpfige Felder.
In der Stadt sah ich zwei elegant gekleidete Damen, die eine sehr schön, und reizend in der Geste eines ahnenden und koketten Lächeln.
Über mich kam ein starkes merkwürdiges, wehmütiges und zugleich männlich stolzes Gefühl – ich gebe mich hin und bin zugleich doch voll Ironie.
Scheu, wie „Geächtete" benehmen wir uns in der vornehmen, städtischen Welt. Wir, die gemeiner leben als Tiere, die verwildert und roh, voll Schmutz und Ungeziefer sind, deren Kleider zerfetzt, deren Körper alles Übel und die Not des Krieges zerschunden hat, – und doch sind wir Infanteristen die Männer, die mit ihren Körpern die vorwärts dringende Front bilden, die mit ihren Körpern alle Breschen wieder ausfüllen, die den Kampf für deutsches Land und deutsche Kultur (schöne Illusion!) führen; ihr Kampf entscheidet und baut die Weltgeschichte! —
Am 17. gab ich die Zigaretten die mir die liebe ... geschickt hat deutschen Verwundeten und teilte meine Menage mit deutschen Offizieren. –
Marsch entlang der Bahnstrecke. Zerstörte Bahnwärterhäuschen, braune (dunkler Ocker) Bretter – und Blockhütten in Lauben. –
– Abends Lager am Bug. – Am 24. Abends in Macijow, Quartier in ziemlich eleganter verlassener Sommerwohnung.
Dem Anschein nach gehts morgen ins Gefecht. –
Abendbrot bei einem Juden. Wir haben ein Schwein gefangen. Post, Thee mit Zucker, ein Spiegel.
Morgens Weg durch die Stadt, von der ich nicht wußte, daß sie eine ist. Überall Juden, die mich sehr interessieren. Dieses rassige, zähe, gedemütigte und doch so stolze Volk, seine patriarchalische Religiosität, seine Geldgier, – überall Fanatismus.
Mittags schon Einquartierung; in einem Obst und Gemüsegarten. – Erinnerung an die ersten Birnen daheim!
Ich sehe immer ein stumpfes, aber mannigfaltig variiertes Grün. Plötzlich einmal eine sattfarbige Blüte, die Augen heften sich darauf und wollen nimmer ablassen, saugen gierig die Farbe ein! Ebenso stürzt sich mein Magen, der so lange nichts als Suppe, zähes Rindfleisch und Wasserkafe bekommen hat, auf jedes Grüne!

Cowel.
Vormittags 1/2 11 durch die Stadt Cowel marschiert, Juden. – Ein „Zivilist" in

einem blauen Anzug.
Schaufenster mit Krawatten und Krägen. Modeläden, Schneider, russische Uniformen auf den Schildern. Russische Typen. Cafehaus.
In den Städten immer eine sich überhastende Fülle von Eindrücken. Wir lagern natürlich 6 km außer der Stadt.
Am 26. Abends 8h Nachricht vom Falle Brest-Litowsk's. Gegen uns soll ein fdl.[feindliches] Kavallerieregiment im Anmarsch sein. – 25 Kilometer auf guter Straße! Am Weg viel getötetes Geflügel und verwundete Schweine.
In einer Erlenhaide werden von unsern Soldaten viele Schweine gefangen und mitgetrieben, die kleinen gleich getötet und aufgepackt. Wie die braven Burschen da immer gleich lustig werden!
Das erste Dorf in dem die Bevölkerung nach Kleidung und Typus echt russischen Charakter zu haben scheint. Einfache, ernste Menschen.
3h früh Tagwache. Auf der Heerstraße viel Bewegung. Zwei Generale. Aus der Richtung Luck hört man Kanonen. Nachmittags rücken wir in Gefechtsformation vor.
Obstgärten mit reifen Äpfeln und Birnen.
Nachmittags Überschreitung des Styr, bei Rozyszozc. Eisenbahnbrücke gesprengt. Die Holzbrücke knapp vor uns angezündet, kann nicht mehr gelöscht werden und stürzt ein.
Ich schwimme hinüber und nehme ein wunderbares Bad. Wirkung! Erquickung, Erinnerungen an den Bodensee. Ausgeglichene, friedvolle Stimmung. – Abends eingraben. Nachts 12h zurück als Reg. Reserve. Tag und Nacht nichts zu essen. Die flüchtig erbaute Fähre sei zerbrochen. Hier sind deutsche Siedlungen. 7 Stunden Schlaf! –

Vor Luck.
Vorrückung durch einen großen schönen Wald. – Deutsche Familie, die eben geflüchtet, fleht uns um Schutz an. Die Mutter hängt sich an mich. Wenigstens kann ich sie über die momentane Lage aufklären und trösten. – Bin stark ergriffen. – Sie gibt uns noch eingekochte Beeren und sagt, daß wir in ihrem Häuschen am Waldrand noch Speck und gebratene Hühner fänden. –
Gegen Abend stolz und fröhlich Vorrückung gegen Luck. –
Gegen das Feuer bin ich sehr gleichgültig geworden, – wie alle die länger da sind. „Entweder trifft's, oder nicht!" –

Am 1. September.
Cholupka.
Nachher. – Abends in verlassenem herrschaftlichen Haus einquartiert. Von allen Lieben Post. – Mein Herz blutet! – Gestern Nachmittag in Luck eingezogen. 10. Komp. löschte kollosale Getreidevorräte am Bahnhof. Leider nicht in die schöne Stadt gekommen. – Überfülle starker, erregender Eindrücke und Erlebnisse.

Bahnhof. (Gefallener russ. Offizier. Kiste neuer russ. Bajonette, – Möbel, herumschleichende Juden: diese Aasgeier!) Civilisten, gefangene Kosaken, geräumtes Hospital.
Abends noch 7 km. marschiert und in einer Artilleriekaserne Einquartierung. –

Vor Olyka.
Vormittags Kaserne. In der Nacht ist die 4 Kav. Trupp. Div. vorgegangen. „Lustiges Kriegsbild": vor Artilleriefeuer flüchtender Train und Kavallerie. – Nachmittags geh'n wir vor mit Sturmbefehl; erweist sich aber als unausführbar. – Von meinem Freund Kartenbilder erhalten: v. Eyck, v. d. Goes, und Ansichten von Ostende und Brügge![23] – Vor „Olyka" liegen wir, der Name hat mir einen lieben Klang. –
3. Zug detachiert zu I. R. 21. Während des Eingrabens plötzlich von links Maschinengewehrfeuer! u. von vorne Explosivgeschosse. – Drücke mich in eine Kartoffelfeldrille und fühle wie das M. Gewehr knapp über mich geht. –
Der Gefreite des 3. Schwarms, mein ehemaliger Diener, erhält neben mir einen Kopfschuß, kommt nicht mehr zum Bewußtsein. Ein tüchtiger, immer braver Bursch, der sich eben noch so sehr über seine Beförderung gefreut hatte. – Noch ein Toter. Vier andre neben mir verwundet. – Die Verluste schmerzen mich sehr. – Die ganze Nacht wie vorige wird gekämpft; die Russen wollen angreifen. – Menage kommt keine, und ich soll ja auch nichts essen. Fühle mich arg geschwächt vom Durchfall. Kopfschmerz. – Wir kränken uns jetzt immer auf die kalten Nächte, in der nassen Erde. – Links sieht man das Städtchen Olyka. – Tag und Nacht wird ohne Unterbrechung geschossen. – Die Sorge um meinen Zug beschäftigt mich. – Ich gewinne zu den Leuten ein immer näheres und gegenseitig vertrauenderes Verhältnis. –
Vielleicht bin ich doch ruhrkrank; – nun verlasse ich ungern meinen Zug und nur sehr ungern gehe ich ohne Wunde zurück. –
In der Nacht v. 31 Aug. sahen wir bei den Russen zum erstenmal japanische Waffen und Munition. —

Wieder ein göttlicher Sonnaufgang! – Josef Pf.[24], mein braver Diener kocht mir Thee. Ich schau mir die Kartenbilder an, zeig sie auch ihm und unterhalte mich mit ihm. – Das unstillbare und unerschöpfliche Bedürfnis mich mitzuteilen! – Eine glückseelige Stunde! Die alten Meister!!! Die deutsche, die germanische Kraft und Innerlichkeit! Der Reichtum tiefster „Gottesfurcht" (d. i. anbetendes Schauen, Ehrfurcht vor der Heiligkeit der Natur) Gedanken an unsre Zukunft. Diesen tiefen Lebensernst der Alten müssen wir gewinnen!
Das Kriegserlebnis reift mich doch! – Vor allem scheint mir auch, daß ich jener

23. Siehe Anm. 6.

24. Eventuell Josef Pfeiffer aus Bregenz/Vorkloster, mit dem W. später in Tomsk zusammen war.

reifen, männlichen, sich selbst genügenden Reife näher komme, die mir im neugierigen Lebensdrange früher oft gefehlt hat. – Ich glaube, daß ich auch den Frauen gegenüber, ruhiger, wissender geworden bin, ja der Welt gegenüber. Plastischer bin ich durch den Krieg worden! –
Und die völlige Gewißheit hat sich mir eingewurzelt, daß es sich in diesem Leben nur ums Arbeiten handelt – um das Gestalten der inneren Welt! – Nicht seine Arbeit tun dürfen ist das einzige Unglück! Die Arbeit ist das täglich Brot um das wir bitten müssen.
Hier im Feld tobt sich auch die „Abenteuerlust" aus, und wird frühzeitig der Sinn für eine geordnete, wirtschaftliche Lebensweise gefördert, zum Zwecke ausgiebiger Arbeit. —
– Fühle mich in der Schwarmlinie vor dem Feind immer am wohlsten. Abends leider Versetzung in Reserve. – Regen. –
Es ist merkwürdig wie man mit der geringeren Not immer zufrieden wird und immer wieder zufrieden wird.
Regen. Schöner wilder Laubbaum, wie wir ihn daheim nicht kennen, er hat für uns etwas Tropisches. – Fürchterliche Schrapnellwirkung.
Mein Bruder hat das gold. Verdienstkreuz a. B.[and] d. Tapferkeit bekommen (Res. Reg. Arzt, II. T.[iroler] L.[andes] Sch.[ützen] Rg.[Regiment]) – wie mich das für unsre besten Eltern freut! –
Bis 9^{h} Vorm. Reserve im schönen Laubwald in der „Mulde".
Regenbogen. – Vergnügen an der kargen Behaglichkeit. – Brief an m. Freund. –
Täglich schlachten meine Leute ein Schaf, die in Menge wild umher laufen. –
Goethes Hymnus „Natur", und Hamlet. –
Spät i. d. Nacht Einquartierung in Olyka. – Am Morgen Bekanntschaft mit einer Artistin aus Odessa, russ. Jüdin. Sehr interessant. – Die Kolonne steht aber schon marschbereit. –

„Stützpunkt"
am Stubla, Höhen s. ö. von Klewan.
Zwei Nächte Stellung gebaut. – In einem Haus in welchem wir Nachts kochen, ein stiller 90 jähriger Russe, der für uns Soldaten Holz von einem Klotz hackt. – Heute sah ich ihn wieder, wie er sich Kartoffeln ausgrub. Das ganze hübsche Häuschen (Holzhaus mit grünem Blechdach) ist zum Stellungsbau abgetragen worden. Seine Kinder und Enkel waren bevor wir kamen geflüchtet, er allein ist geblieben. Still ergeben müht er sich seine Nahrung (Krautsuppe und Kartoffeln) zu besorgen, und den ganzen Tag betet er, – dehmütiges Murmeln das sich oft erhebt zu inbrünstigen Anrufen Gottes! – Vom Haus entfernt fanden wir in einem Erdloch einige Laib Schwarzbrot, es wird aufgeteilt und gierig verzehrt; – – nun klagt der arme Alte, daß es sein Letztes gewesen sei!
Vergnügen an der Behaglichkeit des Deckungslebens. Wundervolles Tal und Höhe!

Abends „marschbereit". – Gestern wurde viel von Friedensverhandlungen gesprochen. – Jetzt soll's zurückgehn – Front eingedrückt!

Rückzug.
Ein Mann wird von einer durch Unvorsichtigkeit explodierenden Handgranate schwer verwundet.
– Der alte Russe sitzt mit einer alten Frau, es ist seine Nachbarin, am Wegrand! – (Radierung Rembrandts!)
Eingraben vor Olyka. In der Nacht Abmarsch; Regiment in Kolonne. – Schauerliche Nacht! Das Gefühl „Rückzug".
Durch brennende Ortschaften, Zivil am Wege, das mitgeführt werden muß. (Gedanken an die schönen Mädchen von Olyka – und doch machen diese Menschen die Not nur einmal durch; weichen ihr aus – wir suchen sie – bei ihnen handelt sich's nur um die äußern Besitztümer, bei uns immer um's Leben) Stockfinsterniß. Aufblitzen der Kanonen; scheinbar rechts und links vor uns. – Sprengungen. – Brennende wehe Füße. – Viele Soldaten können in dem raschen Tempo nicht mehr folgen, – sie können nicht mehr, bleiben liegen und fallen vielleicht den Russen in die Hände. – Kälte, Wind, zeitweise Regen. – Alle haben Durchfall. – Erinnerung an einen, der wie ein Affe dortsteht, ganz apathisch gegen seinen Zustand und doch lacht, vielmehr grinst er mit, wenn die Vorbeimarschierenden roh über seinen grotesken, furchtbar kläglichen Anblick lachen. –
Der Morgen und das Licht kam! 8^h Vorm. 1 1/2 stünd. Rast in einem Wald. – Cafe – (Gestern vor dem Abmarsch das ersehnte Liebesgabenpaket v. m. Schwester erhalten, wie's immer sein muß: mitten im ärgsten Wirbel! – Inhalt: Wäsche, Stückchen Salami, Theewürfel, Bonbons, Schokolade, Honig, Marmelade, ein Luftpolster! – Wie gern trag ich die Sachen mit! –)
Um 2^h Rast auf einer Höhe vor Luck – das unser Regiment blutig erobert hat, und das wir wieder aufgeben sollen! – bitter! – wie ein Verrat an den Gefallenen ist's! – Abends bei Pod Gaice Aufstellung als Feldwache. – So habe ich kaum jemals gefroren. Husten; schüttelt uns vor Kälte und so, daß ich nicht mehr sprechen kann. – Vormittags, bevor die R. kommen Einrücken. – Sumpf. Darüber auf den Höhen werden Stellungen gegraben. – Eben humple ich der Kompanie nach, wird mein Name gerufen. Oben steht der Mann meiner Schwester (Dr. E.A.)[25] herzliche brüderliche Begrüßung – /Vieles überbrückt sich da!/ – 3 Minuten – die Hand können wir uns nicht geben! –
Brigade Reserve. Eine halbe Stunde! die ich glücklich benütze mich zu waschen und das neue Hemd anzuziehen. – Bekomme von einem Mann des neu angekommenen Marschbaons Schuhe. –

25. Emil Allgäuer.

– Unterhaltung mit deutschen flüchtenden Kolonisten[26]. Mütter und Kinder, Greise. Sie reden ein schönes reines Deutsch. –
Nach 1/2 Stunde Verschiebung an eine gefährliche Stelle.
Nachts 9h–1h 50 Inft. zum Draht und Pflöcke tragen geführt. Bekommen dabei Feuer, es wird gestürmt. –
Morgens 3h Vorrückung, als Reserve eingesetzt. Wenig Inft. viel Artillerie-Feuer – Finde in einer Deckung zwei Schwärme Cechen verkrochen. – Wie sie unverständlich tun und plötzlich begreifen, wenn's an den Leib geht. – Tagsüber Ruhe. Abends Ablösung der Schwarmlinie. –
Armeebefehl: Zar soll Oberkommandant der russ. Armeen sein[27].
Unbedingt halten! – Rowno müsse fallen, das nähere den Frieden! (?)
– Die Cechen haben miserabel gebaut, schlechte Deckung und kein Ausschuß. Alles muß neu gebaut werden!
Heftiges, gut gezieltes Schrapnellfeuer. – Einem Mann meines Zuges – ein braver Bauer – reißt es den Kopf weg. Entsetzlicher Anblick. –

Beförderung.
(– Wer nichts ist aus dem kann man was machen! – Ein Streifchen am Kragen, ein Sternchen verändert ihn, – scheinbar!)

Die Russen wieder genug Artillerie. Auf unsre Stellung sehr gut eingeschossen. Heute wurden 2 Soldaten einer anderen Komp. als sie mit der „Fassung" kamen, getroffen. Auf der Stelle tot! – Sein Brot, Konserven und Zwieback mit seinem halben Schädel weggeschleudert! Der andere in die Wirbelsäule getroffen. Gesicht voll Erde. –
Massive Deckungen eingestürzt. – Man sitzt drinnen, ruhig, und vertraut auf das Glück! —
Erste Gage Auszahlung. – 825 K.[ronen] 100 K. Geschenk an meinen Neffen. Das Übrige soll aufbewahrt werden wie das folgende, – für später – für mich oder für meinen Freund O.[tto] H.[erbig] – für seine Arbeit, wenn ich nie zur Arbeit wiederkehre! –

Rückzug bei Luck 23. Sept.
Erst da's schon licht wird Befehl zum Verlassen des Grabens. Die ersten Russen

26. Die deutsche Einwanderung nach Wolhynien erfolgte 1816, 1831 und 1861 vornehmlich aus Westpreußen, Rheinland-Pfalz und Württemberg. Im Jahre 1914 wurden in Wolhynien zehn deutsche Kirchenspiele gezählt. Vgl. Karl Stumpp: Die Russlanddeutschen. Zweihundert Jahre unterwegs. Freilassing 1969, S. 13 ff. u. S. 110.

27. In Folge der schweren Niederlagen in Wolhynien im September 1915 wurde der russische Generalissimus Großfürst Nikolai Nikolaijewitsch abberufen, und der Zar selbst übernahm für kurze Zeit den Oberbefehl an der Westfront. Karl Ploetz: Auszug aus der alten, mittleren und neueren Geschichte. Leipzig 1920, S. 512.

schon vor dem Drahtverhau! – Ungeordnet durch die Mulde. Zu beiden Seiten ganze Lagen Schrapnell und Granaten. Zum Glück finden sie die Mulde nicht. Sumpf. Weiter Weg zur Styrbrücke und wir wissen ihn nicht bestimmt. Das Laufen sehr beschwerlich. Schon tauchen die russ. Mützen über der Höhe auf. Nehme ein Gewehr und Patronen zu mir, sie sollen mich nicht ohne äußerste Gegenwehr fangen. – Endlich die Brücke! – Mein Diener der Letzte, sie wird vor dem nachdrängenden Feind gesprengt.
Auf der zweiten Brücke Purzelnde und Tote, heftiges Maschinengewehrfeuer und Explosivgeschosse. Es scheint unmöglich drüber zu kommen. Mit denen das Glück ist, denen gelingt's, ein kühner Sprung: Es ist unbegreiflich wie das Leben hier so ganz vom Zufall abzuhängen scheint! –
Ordnen der Kompanien. Keine Stellungen vorgegraben! Eingraben vor der Höhe! – Honigbrot, letzter Rum, Schlaf! Nachmittags wieder Abmarsch.
Artilleriefeuer, zuerst wie von rückwärts, dann auch flankierend. – Sammeln der Regimenter 59 und 21 beim Wald. Führe Teile der 10. und anderer Kompanien im Dunkeln zum Sammelplatz. – Die Küche kommt doch noch und gute Fassung! – Lager. – Tiefe Nacht, einzelne Sterne! – Die Sonne geht wieder strahlend auf! gegenüber erbleicht der Mond! Ich liege und sehe die stehenden Männer glutfarben gegen den schon blauen Himmel, von unten (der aufgehenden Sonne) beleuchtet (wie das Rampenlicht der Bühne!). —

(Bei Werk 3)
Herrlicher Abend! Diese sonnigen Herbsttage! Der Duft der welkenden Blätter! Ein Aufleuchten zu letzter Glut! Wehmütig-heitere Stimmung, wie in einem ausgereiften Alterswerk, vor dem Abschied. – Hinter uns ein Dorf. Primitive Hütten und Menschen. Alte Befestigungen und Laufgräben. Zerstörte Meierhöfe! Moderne Straße.
Prachtvolle hohe Bäume wie bei Hobbema[28]. Sumpf, Kirche, Störche!
Der Mond geht glühend auf.
Die kühle – oder heiße? Erde (Ocker) des Auswurfs vor dem rosigen und blauen Abendhimmel!
Zwei Gefangene werden eingebracht. Wir unterhalten uns so freundlich mit ihnen. – Wie merkwürdig ist das alles!
Ganz nahe, im Dorf hinten spielt die Reg. Musik. Ich bin bewegt und möchte an alle zugleich schreiben. – – Wundervoller Brief meiner Mutter, mit Veilchen aus dem Garten. 21 Tage hatte sie keine Nachricht.
All dieses Weh? und einer solchen Frau angetan! Warum? von wem?

---

28. Meindert Hobbema (1638–1709), holländ. Landschaftsmaler.

Vormarsch.
Gehe mit 11 Divisionen vor! Denselben Weg zum 3. mal! – Marschiere neben meinem Sch.(wager)[29] – warum kann's nicht mein Freund sein?

In den letzten Tagen regte sich, wieder einmal die sinnliche Lust am Weibe, – wie ein aus der Ferne kommendes Gefühl, das einen allmählich umfaßt. – Ob das mit der besseren Menage zusammenhängen sollte? –

– Schon Vormittags wieder Artilleriefeuer. – Einmal mit meinem Zug ganz vorne, schweren Granaten die ringsum uns einschlagen glücklich entkommen.

Bei Pelza.
Stellung vor einem verlassenen Dorf. – Nachtlager in einem Heustadel (Reservezug).

Wieder vor Olyka.
Ganze Nacht rasend marschiert. Gegen Morgen Lagerung als Brigade Reserve. Eben niedergelegt, Befehl: „auf!" – und kommen eben da es Tag wird in die Feuerstellung. Natürlich sofort heftiges Feuer, – viel Fluchen, aber einzeln kommen wir ohne Verluste vor.
Ich gehe vor als eben die Sonne glühend und strahlend über dem Horizont aufgeht, voll innern Sieg und Jubel, ganz frei vor dem Tod, in dem Gefühl, jetzt, im Angesicht dieser Sonne, könne ich nicht erschossen werden, und wenn's geschähe, so sei es geheimnisvolle tiefe Notwendigkeit, die ich heiter und ergeben als eine Erfüllung erleben könne! –
Wir liegen nördlich von Olyka, die Stadt ist hinter dem Hügel verborgen.
Nach den Zeitungen wie ich höre und auch den Anzeichen hier, dürfte eine Offensive gegen Serbien oder Italien zu erwarten sein. – Unsere Stellung soll für den Winter ausgebaut werden, – da bleiben die 59er kaum![30] – Jedenfalls ist eine Veränderung zu erwarten.
Einwagonierung, Ausrüstung vielleicht in Salzburg! Ich konnte diese Nacht nicht schlafen, so durchglühte mich der Gedanke, daß mir vielleicht noch einmal plötzlich, in wenige Tage gedrängt, das heiße Leben gegeben werde. – Tage in Wien!
Johanna! – Die Großstadt! oder Salzburg! – Das Essen, Trinken, Wohnen in Häusern! Zwei, drei Tage Urlaub? Fahrt über München? Stunde in der Pinakothek! Heimat! Eltern, Schwester, Neffe, Jugendfreundin! Meine alten Arbeiten! Wie groß wäre das!

---

29. „(wager)" nachträglich ergänzt.

30. Eine Schilderung des Schicksals des Infanterie Regiments 59 gibt Bruno Spitzl: Die Rainer. Als Feldkurat im I. R. 59 im Weltkrieg. Salzburg 1952, S. 57 ff.

Intensivster Genuß!
Die feurigste Hingabe an den Augenblick und alles Greifbare! – und doch alles ganz übersinnliches Erleben!!! Das denkbar gesteigertste Leben! Alles Momentane mit beiden Händen packen, und doch darin eine Ewigkeit genießen, schauen, alles Einzelne in seiner Individualität fassen, und doch darin wieder nur einen Ausdruck des Allgemeinen, der wesentlichen großen Lebenserscheinungen sehen, sich ganz dem Persönlichen und Augenblicklichen hingeben und doch hindurch sehen und darüber hinausblicken, die Erscheinung der Dinge betasten und ihr Wesen fühlen, und in dem Gefühl: miteinzuklingen in die tiefen Akkorde des Lebens, Geist zu sein unter Geistern, – die Empfindung unzerstörbaren Daseins zu haben! —

In russischer Gefangenschaft.
Im Zug „Kiew-Pensa"[31].
Am 6. Okt. der 11. Komp. zur Dienstleistung zugeteilt. Übernehme den in der Feuerlinie eingesetzten 3. und 4. Zug. 10. Komp. Reserve hinter uns. Links 1. Komp. Reserve hinter uns. Links 1. Komp. Rechts schließt I. R. 14. an. – Habe mich während der 2 Tage eifrig bemüht, daß die Stellung „musterhaft" ausgebaut werde. – Diese beiden letzten Tage in einem Schützengraben werden mir denkwürdig bleiben! Am 6. Abends noch gute Fassung und von der lieben P.(aula)[32] – ein Paketchen Lebkuchen!
Spät Abends Besichtigung der Stellungen durch unsern Divisionär. –
Am 7. Früh weckt mich, wie oft, der Ruf „die Russen kommen." Ich hänge den Revolver um, und befehle „alles an die Gewehre!"
In der Nähe, seitlich russisches Sturmgeschrei. – Vor uns nur wenige Russen. Zurückgetriebene Gefangene, laufend, werden von uns für zurückgehende Russen gehalten, in dem Dämmerlicht. –
Mein Diener bringt mir den Rucksack, die Flasche Wein stecke ich in die Tasche. Stehe am linken Flügel, bei einer Traverse erhöht.
Munition soll nachkommen. Gebe dem Kamerad (Prof. Ubell)[33] der I. Komp. einen Schluck Wein. –
Rechts und links gehn jetzt die Russen in Masse vor. Wir schießen lebhaft, halb rechts und links. – „Die Stellung muß gehalten werden!"
– Mache den Revolver schußbereit. –
Will im Verbindungsgraben ein Stück zurück um von höherm Platz aus Über-

31. W. machte die folgenden Aufzeichnungen nachträglich, als er bereits in russische Gefangenschaft geraten war, während der Zugsfahrt in das Gefangenenlager Tetjuschi. Gleich den vorhergehenden Eintragungen übertrug er sie im Januar 1917 im Kriegsgefangenenlager Tomsk in dieses Buch.

32. „(aula)" nachträglich ergänzt.

33. „(Prof. Ubell)" nachträglich ergänzt.

Bild 13

Russischer Angriff. Galizien, 1915.

sicht zu gewinnen. – Höre rückwärts kämpfen und ehe ich zur 2. Traverse komme, springt vor mich (er außer dem Graben oben) ein Russe mit dem Bajonett. – /Mein erster Schuß geht nicht los! Ein Leben hängt vom andern ab, als wären sie gleichwertig, es handelt sich nur darum, welcher von beiden in einer Viertelsekunde denken und handeln kann! – Mein zweiter Schuß geht los, trifft in die Brust, – der Andere schlägt hintüber. –
Rückwärts wimmelt's von Russen. – Handgranaten! – Eigene Artillerie beschießt unsere Stellung. –
Von einem Rudel Russen umgeben! Wahl zwischen: noch einen umbringen und dann ohne dadurch einen Zweck erreichen zu können, niedergemacht zu werden, – oder sich ergeben. –
Die Waffen werden abgelegt. Es gibt kein Zaudern, mit Kolben u. Bajonett werden wir in die Gefangenschaft getrieben, unter rauhen wilden Schreien. Übersteigen des Drahtverhaues, es ist unzerstört, bei uns kam von vorne nicht Einer durch. – /Sie sind rechts bei I. R. 14 und besonders links beim Wald, durchgebrochen, sehr rasch in Kolonne vorgestürmt und dann in Schwarmlinie gegen die Reserven im Rücken her vorgegangen. – Es soll ein blutiges Gemetzel gewesen sein. Wer nicht liegen geblieben ist, wird gefangen./ –
Furchtbares Laufen in eigenem Infant-, Maschinengewehr- u. Artilleriefeuer. – Vor diesem Feuer hatte ich Angst! – Und doch richte ich mich wieder stolz auf, wenn ich sehe, wie die Russen um uns den Spaten zum Kopf halten und ducken. – Einmal legen wir uns nieder. – Scheine der Erschöpfung nahe. –

Beim Regimentskommando erstes „Halt". – Die Kameraden der 10. Komp. auch gefangen! – Ein russ. Arzt bietet uns Zigaretten an! – Unsere Kolonne etwa ein Bataillon. Alles Eßbare wird noch aufgezehrt. – Unterhaltung mit den Eskortsoldaten. Es sind Deutschsprechende, 419. Inf. Reg. – früher stunden sie am Balkan.

Die Gefahr ist vorüber.
In Olyka die letzten Schrapnells.
– Interessanter Eindruck, das Treiben hinter der feindl. Front zu sehen. – r. Oberst. – In Olyka u. den Dörfern, viele Weiber u. Mädchen, mehr als wir je beim Durchmarsch sahen. Sie scheinen sich also verkrochen gehabt zu haben. – Ihre Gesten jetzt. –
Stolzes Gefühl des Gefangenen. Divisionskommando. Freundlicher Verkehr mit russ. Offizieren u. Ärzten. Vorzüglicher Thee! Weißbrot! – Geldstand wird aufgenommen, Kompaß, Waffen, Munition abgenommen. – Es werden noch zwei Trupps Gefangene eingebracht. – Weg durch Klewan. Der Marsch wird mir sehr schwer. Endlose Straße. Etappenverkehr. Train, Sanität, Automobile. In einem außer russischen japanische angeblich auch italien. u. serbische Offiziere. –
Ankunft beim „Kommando Stab-Corpus", Abends. –
Freundliche Offiziere. – Einer, vermutlich ein Engländer, gefällt sich, uns damit zu verblüffen, wie gut die R. von unsern Vorgängen u. Verhältnissen unterrichtet sind. – Noch Abends werden wir (Offiz. von jetzt ab gesondert von der Mannschaft) auf 4 Leiterwagen nach Rovno gebracht. –
Begleitung von Kosaken. –

Rowno.
3 Tage in kahlen schmutzigen Kasernräumen. Karges Essen, Suppe. Im Hof schenken mir Kosaken von ihrem (Каша) Hirsebrei. Vor ihrer Mahlzeit singen sie ein schönes, einfaches Gebet, feierlicher Klang. – Unsre Gefangenen vermehren sich bis auf 70.
Die R. haben an der ganzen Front angegriffen u. überall in derselben Weise wie bei uns Abteilungen herausgefangen, ohne weitern Erfolg. – Die r. Soldaten drängen sich als Wechsler auf (geben für 20 K nur 6 Rubel), auch Uhren wollen sie kaufen.
Das instinktiv gewordene Gefühl, alles russ. Feldbraun als feindlich zu begreifen schwindet allmählich.
In der ersten Zeit, nach der Gefangennahme hatte ich das Gefühl „vogelfrei" zu sein – um so aufrechter war ich. –

3 Tage dauerte die Fahrt bis Kiew, Gefang. Lager Tarnitza[34]. Die Stadt nur im Vorbeifahren gesehen. Sieht romantisch aus.
Tarnitza wird mir immer ein entsetzlicher Eindruck bleiben. Der Sandboden, die niedern Holzbaraken u. Zelte, die hohen Kiefern, vereinzelte österr. u. deutsche Soldaten, die russ. Soldaten, außer dem Gewehr mit einer Peitsche bewaffnet. Vor dem Platz wo das Essen ausgegeben wird drängt sich eine Kolonne von 10 000 ausgehungerten Menschen. 5 000 können nur verpflegt werden. Eine vernünftige Organisation fehlt, und diese Menge wird den ganzen Tag mit Peitschen hin u. her getrieben. Die Mannschaft muß von der Front bis hierher zu Fuß gehen. – Erzählung eines Einjährigen von diesen Märschen! – Das Geschrei der Hungrigen, das der Geschlagenen, das Gebrüll der Wärter, der Anblick der kranken, abgezehrten, frierenden Gefangenen, u. der Anblick so vieler Gesichter in denen schon der Wahnsinn sich eingefressen hat, ist fast unerträglich, folternd und erweckt die schauerliche Furcht selbst vom Wahnsinn ergriffen zu werden. Täglich sterben viele vor Kälte u. Hunger u. Krankheit, sie verenden in einer Ecke u. werden Morgens starr gefunden. – Anblick wie einige sich in einem Misthaufen verkriechen! – In der Latrine Blut u. Schleim! – Die Schilderung all dieses Elends wäre endlos. Mitten drinn sein, ganz ausgeliefert, und ohne jede Möglichkeit auch nur das Geringste helfen zu können. Dies dauert für uns 3 Tage. Übernachten in unserm Wagon, dicht gepfercht. 1000 Mann fahren mit uns ab.

19. Okt. Bei der Abfahrt v. Kiew Fieber. –
– Vielerlei Gerüchte über unsere Zukunft: Hoffnungen – Enttäuschungen im Großen wie im Kleinen, also das Leben noch wenig vom i. d. Schwarmlinie verschieden. Und ich ertrage auch hier alles mit derselben Ergebenheit wie dort. – Aber ich fühle, daß jetzt wieder der Kampf mit dem Leben da ist – gegenüber dem Tod gab es keinen Kampf mehr. – Bekommen tägl. 1.50 Rub.[35], – od. auch nicht! – Aussteigen auf allen Stationen: Brot, Wurst, Theewasser. – Der Zug bleibt oft halbe Tage u. Nächte stehn. –
Die Landschaft wird immer nördlicher. Eindruck schwedischen Landes, bes. tragen dazu bei die rot u. blau bemalten Häuser.
Fahrt bis Pensa 8 Tage. – Am stärksten bewegt mich der Anblick der Frauen. Zu dem intensivsten u. ungläubig erstaunten Gefühl mit dem des aus dem Krieg Kommenden der alles Leben neu betrachtet, kommt noch das Interesse am

34. Kiew war einer der drei großen Sammelpunkte für Kriegsgefangene. Dreißig Kilometer vor Kiew liegt Darnitza, das von 1915 ab als Durchgangslager fungierte. „Hier schwankten die Verhältnisse während des Krieges zwischen den schlechtesten und den besten." Siehe Elsa Brändström: Unter Kriegsgefangenen in Rußland und Sibierien 1914–1920. Berlin 1922, S. 17 ff.

35. Während des Transportes in die Lager waren für die Mannschaft 25 Kopeken, für Offiziere zuerst 75 Kopeken, später 1,50 Rubel pro Mann für die Verpflegung vorgesehen; zumeist aber erhielten sie diese Mittel nicht. Siehe Brändström (Anm. 34), S. 9, S. 22 ff.

Fremdländischen. – Die eitle Sorge, daß viele nur das letzte in meinen gierigen Blicken lesen (!) –
Manchmal löst sich aller Sinn u. Körper selber, wie aus einer Erstarrung, atmet wieder den warmen Duft des Lebens, befreit sich, wächst auf! – Hoffentlich wird's möglich zu arbeiten! Daran denke ich den ganzen Tag u. begreife schon alles unter diesem Gesichtspunkt. Lebe auf bei diesem Gedanken!!!
Französische Karten an die Eltern. –
Erwerbe von einem Inft. einen Band Schiller! – Lese Peer Gynt u. Zolas „Sturm auf die Mühle", „Vier Jahreszeiten".
Unzahl Marschtruppentransporte. Einige schneiden uns Grimassen, die meisten grinsen u. grölen, andere schauen stumpf. Lauter gleichförmige Gesichter: gesunde Zähne, breite Mäuler, kleine, oft schief liegende Augen, breite stumpfe Nasen. – Es ist noch wenig durchgegangen durch dieses Volk. Aber sicher ruht eine kolossale Kraft in ihm noch verborgen. (Den Eindruck geben auch die exzentrischen Gestalten ihrer Dichter) – Aber ist nicht die gesunde, ungebildete Masse der Boden auf dem Großes wächst? – Die Riesen des Mittelalters! Seither wird alles breiter, allgemeiner – Erfindung der Buchdrucker-Kunst von wesentl. Einfluß! (Egger)[36] Züge mit Flüchtlingen u. Heimatlosen aus Polen u. Wolynien. Viele Deutsche darunter, Viele, viele schöne u. groteske Bilder: Die gedrängten Köpfe u. Arme an den Wagonfenstern u. Thüren (Viehwagon) farbige Tücher, besd. rot, Kinder, Greise, Mädchen, Mütter. Rührend wie diese Menschen von ihrem letzten Brot den hungrigen, bittenden Gefangenen schenken, u. an andre Stelle geben diese ihre letzten Habseligkeiten (Löffel, Feldflasche) für ein Restchen schimmliges hartes Brot hin. –
Abends am 26. Okt. fuhren wir über die Wolgabrücke: ... romantische Einfahrt vor Kasan. Morgens Auswagonierung, Weg durch die Stadt. – Große interessante Stadt. Unsere Kaserne an der Peripherie. Nachtlager auf Holztischen. Garten. Nebenan ein Bordell. Am Fenster breites, ruhiges Weib, dunkle Haut. – Verlangen den Männern zu entfliehen. – Ja selbst die Gesellschaft dieser „Verworfenen" sollte mir mehr sein! – Blick in eine Gerberei.
27. Nachm. Weg durch die Stadt zum Wolgahafen. – Kleine Mädchen, Gymnasiastinnen, mit Zöpfen, elegante Damen, Jüdinnen, geschminkte abgelebte Puppengesichter, nervöse intelligente Köpfe. Chinesen. Viele ausgesprochen asiatische Typen. – In der Vorstellung, daß ich vielleicht nun lang in der Einsamkeit leben werde, trinke ich noch ekstatisch die bunten Dinge der Stadt in mich hinein. – Unheimliche Straßen am Ende der Stadt. – Kinder, Greise.

36. Egger hatte seine Vorstellungen einer kunstgeschichtlichen Entwicklungsgeschichte in Weimar seinen Schülern dargelegt, wobei für ihn nach der Gotik der „große Bruch" kam: „ Dann kommt der große Wendepunkt, seit dem eine große Wirrnis ist. Die Ursache dieser großen Veränderungen, glaube ich liegt in der Erfindung der Buchdruckerei." Siehe Wackers Aufzeichnungen über die Gespräche mit Albin Egger-Lienz in Weimar, 1. Zusammenkunft im „Weissen Schwan", am 24.11.1912. Nachlaß.

Die menschliche Phantasie kann nichts erfinden u. gestalten, das so grotesk wäre, daß es in der Natur nicht vorkäme!
Hübsche Holzhäuser (Stil aus dem Orient beeinflußt) moderne Bauten, sehr viele Kirchen, miserables Pflaster. Auch in dieser Stadt hat man den Eindruck, als sei eine Kultur nur „darübergelegt" – die größten Kontraste! – Großer Exerzierplatz. – Treiben am Hafen. Besuch einer Tataren-Theestube. Verladen der Warenballen in die Schiffe. „Kulis" bewegen ein gr. Faß ruckweise fort, stimmen einen Gesang an; wenige hochhebende Töne, dann setzt d. Gesang die Arbeit rhytmisch fort! Bin voll Lust u. Begeisterung wieder auf einem Schiff zu sein! – Am „Schiffsschnabel", Erinng. wie ich vor 5 J. zum erstenmal von daheim fort „in die Welt"[37] fuhr! Sehe den Weibern, den „Müttern" zu wie sie ihre Kinder säugen u. wiegen.
Flüchtlinge aus Polen u. Wolynien, denen nichts geblieben ist, als ein Nest voll Junge. Daneben schlafende, schnarchende Männer. Schlafende Mädchen u. Kinder. – Warum reizt es mich immer über den Schlafenden zu lauschen; als spräche hier die Natur deutlicher, offenbare ihre Geheimnisse?
Am 28.X. Früh 6^h Ankunft in Tetjuschi (Тетюши). Ich hatte nur 2 Std. geschlafen u. war kurz vor der Station wieder aufs Deck getreten. Steile Ufer, Brüche, ockerfarben braun bis ins goldocker u. rot. Rote u. blaue Holzhütten. Oben grüne Häuser, zierlich wie Laubsägewerk. – Großes Dorf, hier „Stadt" (город).
Post, Musikal. Handlung. Nachtwächterturm, Mädchengymnasium, Kloster, Windmühlen. In einer primitiv. Kaserne. Aufnahme des Nationale, Verteilung in Quartiere. Hier bleiben wir.

---

37. Im Oktober 1910 fuhr W. nach Wien, um die Aufnahmeprüfung an die Akademie der Bildenden Künste zu machen.

Einführung zu den Tagebüchern der Kriegsgefangenschaft

Ich werde dort, wo mein Leben vor 5 J.[ahren] abgebrochen wurde, an meinen 22 Jahren wieder anknüpfen, und es wird mir nicht anders sein, als wäre die Gefangenschaft ein Traum nur gewesen, der mich durch Erfahrungen bereichert und mir meine Ziele klarer vorgestellt hat. – ....

20.IV.1919

Früher habe ich die Gefangenschaft wie einen unnatürlichen, außergewöhnlichen Zwischenfall von kurzer Dauer angesehen, wie ein Experiment und gleichsam als außenstehender Beobachter, allmählich werde ich zum Gefangenen, es ist wie ein Lebenslos – so wie einer Zuchthäusler, lebenslänglich Verbannter, Ausgeschiedener wird.

31. Mai 1919

Vorausgestellt sei, daß Wackers Schicksal kein Einzelschicksal war. Während des Ersten Weltkrieges gerieten allein aus Österreich-Ungarn 45 146 Offiziere und Offiziersaspiranten und 2 050 000 Soldaten in russische Gefangenschaft. In Österreich-Ungarn und Deutschland befanden sich 2 804 529 russische Kriegsgefangene[1]. Zu sagen ist auch noch, daß bis zur Revolution die Behandlung der Offiziere, Wacker war Zugskommandant und Fähnrich und wurde als Offizier behandelt, eine ungleich bessere als die der Mannschaft war. Offiziere erhielten größere Unterkünfte, mehr Sold und damit bessere Verpflegung, und sie durften nach der Haager Konvention[2] nicht zur Arbeit gezwungen werden. Nur infolge dieser Vorzugsstellung war es Wacker möglich, diese „Chronik in Schrift und Bild" der Ereignisse in Sibirien zu erstellen. In Sibirien erlebten die Gefangenen die Zarenherrschaft, März- und Oktoberrevolution 1917, Aufstände der Menschewiki, die Errichtung einer weißen, sibirischen Regierung unter Koltschak, den Bürgerkrieg zwischen Weißen und Roten, die für die Gefangenen folgenschwere Einmischung und Herrschaft der Tschechischen Legion[3], die Rückeroberung durch die Rote Armee und den endgültigen Sieg der bolschewistischen Revolution. Wacker war Augenzeuge und unmittelbar Betroffener, auch wenn ihm die Rolle als „außenstehender Beobachter"[4] mehr zugesagt hätte. Seine Tagebücher zeigen, inwieweit ein einzelner von der Geschichte bestimmt wird bzw. sich ihr entziehen kann.

Der Krieg und die Kriegsgefangenschaft bildeten für Wacker die prägenden Erlebnisse seiner Entwicklung zum „erwachsenen" Menschen und Künstler. Sie fielen in die Zeit von seinem einundzwanzigsten bis zu seinem siebenundzwanzigsten Lebensjahr. In diesen sechs Jahren entwickelten und veränderten sich Wackers politisches Weltbild und seine Kunstauffassung grundlegend. In den früheren Tagebüchern ignorierte er geradezu das politische Geschehen, nun wurde er zu einer Stellungnahme gezwungen und beschäftigte sich intensiv mit politischen, soziologischen und wirtschaftlichen Theorien. Bei seinen Zeichnungen verlor sich der Einfluß des Wiener Jugendstils und seiner Lehrer Klemm, Mackensen und Egger-Lienz, das Vorbild Leibl wurde durch van Gogh ersetzt[5], und er fand zu einem ihm eigenen expressiven Stil. Er baute sich einen neuen Freundeskreis aus russischen Malern und Kameraden auf, auf den er später immer wieder zurückkommen sollte. Die Liebe zu Rußland und zu seinen „tiefen Menschen"[6] und die Erinnerung an die Gefangenschaft ließen ihn nie mehr los. So schrieb er u.a. am 30. Dezember 1930 ins Tagebuch: „Es ist 10 Jahre her, und nun bin ich 10 Jahre zurück. Fühle noch und weiß es nun, daß die Gefangenschaft für unser Leben grundlegend bleibt und bleiben soll."

Noch während der Gefangenschaft, im November 1918[7] in Tomsk, zog Wakker aus der Erinnerung und mit Hilfe seiner Tagebücher in einem „Übersichtlichen Rückblick. Kriegsjahre 1914–1918"[8] eine erste Bilanz. In den ersten acht Monaten der Gefangenschaft, vom November 1915 bis zum Juni 1916 in Tetjuschi, litt er an „vollkommener Teilnahmslosigkeit an den kriegerischen und politischen Ereignissen", er erlebte sie als „eine Zeit der Vorenthaltung", als „ein Leben von Erinnerung und Hoffnung"; – nur „allmählich gelingt die Ummodlung zu rezeptiver Tätigkeit und die Beschränkung in engen Raum"[9]. In Tetjuschi begann Wacker zwar wieder zu zeichnen, aber: „Die unmittelbare Umgebung des Lebens fehlt. Es entstehen nur Augenblicksskizzen nach Kameraden, Spiegel und Russen."[10]. Nur langsam gewöhnte er sich in das Gefangenenleben im Lager und richtete sich darauf ein. Rückblickend schrieb er am 5. Februar 1920: „Meine größten Fehler hier waren, daß ich nicht gleich 1915 Sprachen erlernt habe (russ., französ., engl.) und Farben etc. gekauft und Studien gemalt habe."

Ab Juli 1916 war er im Kriegsgefangenenlager Tomsk, das außerhalb der Stadt lag und von Wachtürmen und einem Zaun umgeben in Erdbaracken 5 200 Gefangene einschloß[11]. Hier besserte sich die Lage für die Gefangenen. Im Januar 1917 durfte Wacker zum erstenmal seit sechs Monaten das Lager für drei Stunden verlassen[12]. Von nun an war es den Gefangenen gegen ehrenwörtliche Verpflichtung, keine Fluchtversuche zu unternehmen, und unter Begleitung eines russischen Offiziers erlaubt, zu je zwölf etwa einmal wöchentlich in die Stadt und die Umgebung des Lagers auszugehen[13]. Diese Ausflüge waren aber stets zu kurz und zu selten, sie oblagen der Willkür der Wachen, und es konnte geschehen, daß die Gefangenen dennoch monatelang nicht aus dem Lager kamen. War er einmal draußen, so quälte Wacker die „Flucht der Erscheinungen", erregte ihn „bis zum Kopfschmerz [...] da Hingabe oder Gestaltung (Sättigung) ausgeschlossen ist"[14]. Zurück im Lager, hielt er diese „ungemalten Bilder" in detaillierten Beschreibungen mit Farbangaben unter der Bezeichnung „Eindrücke" im Tagebuch fest.

Innerhalb des Lagers entstanden die verschiedensten Aktivitäten. Wacker beteiligte sich an Turn- und Tanzkursen, in einer Peer-Gynt-Aufführung des Lagertheaters stellte er mit großem Erfolg den Tanz der Anitra dar[15], leitete einen Zeichenkurs und begann Russisch, Französisch und Stenographie zu erlernen[16]. All dies stärkte und weckte Wackers Lebens- und Arbeitsdrang und führte ihn dazu, wieder in vermehrtem Maße zu zeichnen und schriftliche Aufzeichnungen zu machen[17]. Seit der Russischen Revolution beschäftigte er sich intensiv mit den politischen Ereignissen. Er begrüßte die Revolution, und er interpretierte den Weltkrieg nun als Klassenkampf, als „Kampf des Kapitals gegen das Kapital", um „seine Machtstellung über das Proletariat zu befestigen" und „um durch Bindung der Kräfte gegen Außen vom inneren Kampf abzulenken, die sozialistische Bewegung zu unterdrücken"[18]. Die Gefangenen hielten politische Versammlungen ab, und nach einer Zeit der Desorganisation bildeten die Internationalisten unter ihnen eine eigene „Rote Garde" zur Bewachung des Lagers. Diese schränkte die Freiheit der andersdenkenden Kriegsgefangenen stark ein und versuchte, durch Propaganda neue Mitglieder zu werben[19]. Wacker verhielt sich neutral, seine Hauptfrage war: Kann „der sozialistische Staat Grundlage für eine freiere, geistige Entwicklung und Betätigung des Individuums"[20] sein –?. Und er machte sich Gedanken über eine zukünftige „demokratische Kunst" und wie die Stellung des Künstlers im „sozialen Staat" aussehen würde[21].

Bereits im Juni 1918 wurde die Bolschewikenherrschaft in Tomsk durch einen Aufstand der Menschewiki, der Sozialrevolutionäre, gestürzt[22], und im Juli 1918[23] übernahm die Tschechische Legion das Lager. Auf ihrem Weg nach Wladiwostok hatten sich der Tschechischen Legion örtliche Sowjets und „kriegsgefangene" Internationalisten entgegengestellt. Daraufhin besetzten die Tschechen das Gebiet entlang der Transsibirischen Eisenbahnlinie und hielten die Kriegsgefangenen unter strenger Bewachung in den Lagern fest[24]. Ihre gemeinsame Herrschaft mit den Weißen sollte bis zum Dezember 1919 andauern. Nach dem Zusammenbruch Österreich-Ungarns traten mehrere Freunde und Bekannte Wackers aus dem Lager in die Nationalverbände der Tschechischen Legion ein. Mit deren Hilfe gelang es Wacker, sich in der Stadt einen Bekanntenkreis zu schaffen. Besonders unter den Angehörigen der Tomsker Universität fand er Freunde und Gönner. Durch den Bürgerkrieg war es zu Versorgungsschwierigkeiten im Lager gekommen, und so war Wacker auf den Verkauf von Zeichnungen zur Aufbesserung seines Soldes angewiesen. Er nahm Porträtaufträge an, u.a. porträtierte er den Tomsker Friedensrichter und dessen Frau[25], illustrierte ein Buch[26], erteilte Malunterricht[27], und er hoffte, durch die Vermittlung eines Universitätsprofessors[28] eine Stellung an der Universität zu erhalten. In der Lager-Druckerei seines Freundes Emil von Tomičić erlernte er die Technik des Linoleumdrucks, und er sah darin „eine neue und sicherere Erwerbsmöglichkeit"[29].

Im Sommer verbrachte er nach Möglichkeit die meiste Zeit im Uschaikatal, einer Flußlandschaft nahe dem Lager. Dort zeichnete er „landschaftliche Kompositionen, [...] nach Figuren und Tieren – ... alles was mir in den Weg kommt"[30]. Die kurzen Sommermonate waren Wackers glücklichste und produktivste Zeit. Beim Baden und Spazierengehen am Flußufer lernte er endlich wieder Frauen kennen, erlebte kleine Abenteuer und fand weibliche Modelle. Am 7. Juli 1919 schrieb er: „Ich lebe in einem gesteigerten Arbeitsdrang und zeichne vormittags und abends Porträts und Bildnisskizzen, nachmittags im Freien nach den Birken, Pferden und kleinen Mädchen."

Mit der neuerlichen Machtübernahme durch die Rote Armee 1919 verlor Wacker seinen Kundenkreis und mußte sich nach einer neuen Erwerbsmöglichkeit umsehen. Die ehemaligen Kriegsgefangenen waren von der Regierung zu „freien ausländischen Bürgern" erklärt worden und durften sich uneingeschränkt in der Stadt bewegen. Sie bekamen jedoch keinen Sold mehr und dadurch, daß die alte Währung für ungültig erklärt wurde, kamen sie auch um ihre geringen Ersparnisse. Wacker beschloß, aus dem Lager in die Stadt zu ziehen und nach Arbeit zu suchen. Im März 1920 übersiedelte er in die Stadt, nachdem er bereits seit Januar eine Beschäftigung in einer Künstlerwerkstatt gefunden hatte. Nun wurde er offiziell in die „Werkstatt für dekorative Malerei" aufgenommen und arbeitete dort von 9 bis 4 Uhr „wie ein Beamter"[31], malte Theaterdekorationen und Agitationsplakate. Er litt bei dieser Arbeit unter dem Gefühl der „Unbrauchbarkeit", und er kam sich, „ohne Natur vor sich zu haben, ganz gottverlassen"[32] vor. In Gedanken an seinen Freund Otto Herbig schrieb er: „Wie mir graut vor mir, meiner jetzigen skrupellosen Arbeit, – ich bin ganz demütig und klein, erbärmlich geworden"[33]. Für die Meinung seiner Genossen in der Gewerkschaft bildender Künstler Tomsk, man brauche nun an Stelle der „bourgeoisistischen Afterkunst" eine „echte, wahre proletarische Kunst"[34], hatte er wenig übrig. Für ihn waren diese zur Mehrzahl „Anstreicher und Dilettanten"[35]. Im April beteiligte er sich mit dreißig Arbeiten an einer Ausstellung in Tomsk, und eine Künstlerkommission wählte anschließend für das dortige Museum vier Zeichnungen und zwei Linoleumschnitte Wackers zum Ankauf aus[36].

Der sehnsüchtig erwartete bolschewistische Umsturz hatte nicht die gewünschten Veränderungen gebracht. Vielmehr gestaltete sich die tägliche Nahrungsmittelbeschaffung zum Überlebenskampf, und der versprochene baldigste Abtransport in die Heimat wurde immer weiter hinausgezögert. Wacker hatte die revolutionären Bewegungen in Rußland und im Westen mit lebhafter Anteilnahme verfolgt, und noch im Juli 1919 war er geneigt, in Lenin den größten Mann seiner Zeit und im „Bolschewismus keine bloß wirtschaftliche oder politische Bewegung, sondern etwas wie eine neue Religion, eine große soziale Umgestaltung die eine neue Kulturepoche in der Menschheitsgeschichte einleitet"[37] zu sehen. Nun aber empfand er beim Lesen des Programms der Kommunistischen Partei Rußlands „Ekel" vor „einer verrohten, verarmten Welt und ihrem wüsten Getriebe"[38]. Er glaubte nun, die „Heraufkunft eines Zeitalters, in dem alle Interessen rein materialistisch gerichtet" sind und dem alle Kultur „nur als Luxus"

Heft 1: 22. Juni 1916–13. Juli 1916

Aus einem Notizbuch.
Aufzeichnung während der Reise von Tetjuschi nach Tomsk.

Sisran (Сызрань) 25. Juni 1916 (Gefangenen Lager).
Am 22. in der Morgendämmerung „romantischer" Weg zum Hafen [unleserlich]. Die Nacht „marschbereit" in Erwartung des Abreisebefehls zugebracht. 5h Morgens Abfahrt von Tetjuschi (Тетюши).
Auf dem Zwischendeck III. Kl. eines Passagierdampfers. Flache Ufer, gleichförmig, unbewohnt und unbebaut. In der «Дамская» (Damenabteil) eine stattliche, üppige Russin, in blauem Kleid, aus dem mittleren Bürgerstand. Oben in der ersten Klasse drei vornehme junge, wunderschöne Frauen mit ihren Männern. Kokettieren der (r.[ussischen]) deutschen Offiziere, mit „Monockel"!
– Die durch keine Arbeit oder Genuß tätige oder befriedigte Sinnlichkeit macht mich ganz zu einem wilden Tier hinter Eisenstäben. Mit der Gier wilder Tiere schauen wir, und wie solche werden wir betrachtet, oft mit Gläsern von der Ferne! –
Die Stadt Samara(Самара)macht einen guten Eindruck. – Hier sollen sehr viele Deutsche leben. – Auf unserm Schiff, im rückwärtigen Teil (etwa IV. Kl.) deutsche Flüchtlinge aus Wolynien, Tataren und Polaken. Alle Weiber mit Kindern und Säuglingen. Ein unheimliches Gewürm wie all diese beraubten, verlassenen, elenden Menschen Nachts auf dem Boden durcheinander liegen: schnarchende Männer mit Affengesichtern, alte Weiber, säugende Mütter, schlafende, übernächtig wache und schreiende Kinder, verkrüppelte Säuglinge mit Greisengesichtern und merkwürdig listigen Augen, halbnackte schlafende Mädchen die Hand zwischen den Beinen, Soldaten und Krüppelgewordene.
Gesang der Lastträger. –
24. Früh bis 27. Abends in dem scheußlichen Lager von Sisran, sonst eine Sammelstelle für die Transporte der Verbrecher nach Sibirien. – Flöhe, Wanzen in Scharen! Etagenlager! Dreimal Zählung. Schtisuppe [Schtschi = Sauerkraut] und Rindfleisch, unbestimmte Dauer dieses Aufenthalts! –

Samara (Самара) abends den 28.VI.16.
Bis heut Mittag im Viehwagen auf dem Rangierbahnhof von Sisran. Brod, Wurst-Einkauf in den Bahnhofbuden. Киляток (Theewasser) – Unterhaltung über das Leben in der Schwarmlinie. Fühle mich wieder ganz ins bewegte Kriegsleben versetzt. Vormittags endlich Abfahrt. Neue Transporte Gefangener von der letzten russischen Offensive. –
Endlose Ebenen, hin und wieder ein elendes Strohdorf. – Kamel-Karawane, Kamele auf der Weide, und vorgespannt. Erster „asiatischer" Eindruck! – Arbeiterweiber am Bahnbau. – In Samara Zusammentreffen mit einem 59er Fähn-

rich. Zehn Minuten in der Stadt! Menge schöner russischer und jüdischer Frauen. Eine Verkäuferin mit herrlichen springenden Brüsten. Eine schenkt mir mit lieben Gebärden eine welke Jasminblüte! (Die Blume die mich immer so stark an unsern Gartenzaun und meinen ersten Lebensfrühling erinnert). – Deutschsprechende Kokotten die ein paar Worte mit uns wechseln. – Bewachungsmannschaft von abstoßender Blödigkeit! – Das schauerliche Pfeifen der russ. Lokomotiven!! (Das ich zum erstenmal von fern hörte als wir vor Lublin lagen, und das mir 1/4 Jahr später in Tarnitza so schauerlichen Eindruck machte).
Um 1^h Mittag fuhren wir über die Wolga (zum zweitenmal!) – Einkauf gesottener Flußkrebse. – Züge mit Gefangenen die aus Sibirien kommen (viele haben schon geglaubt daß sie auf der Heimreise seien!) und jetzt in Rußland auf Arbeit geschickt werden. Einer erzählt, daß Nowonikolajewsk, wo wir hinkommen sollen, eine schöne Stadt sei – „überall Alkohol und chinesische Zigaretten!"
Trotz der geringen Bewegungsfreiheit verwirrende Fülle starker Eindrücke!
Fühle mich sehr wohl; das Lager im Viehwagon, die unregelmäßigen Imbisse (Wurst, Thee und Brot), das Herumkollern, und alles Mühsal eines Gefangenentransportes macht mir mehr Spaß als Beschwerden und die Erwartung der neuen Dinge, die Fahrt ins Ungewisse rührt wieder einmal all meine Sinne kräftig auf!
– Am 26. Juni vor zwei Jahren habe ich Weimar verlassen, meinem Freund Otto abends in Jena zum letztenmal die Hand gedrückt, in guter Hoffnung daß wir uns bald in Bregenz oder München wiedersehen!

30. Juni 16. im Viehwagon.
In Раевка (Rajevka) einige schon ganz „asiatische Typen", Baschkiren und Tataren Männer und Frauen. – Es ist so unglaublich anscheinend ganz alte Weiber (50–60jährige) stillen zu sehen. – Hier tragen die Männer breitrandige weiße Filzhüte. –
In den Bafken Weiber mit ganz tollen Mündern: breit, -bewegliche, weiche aufgeworfene Lippen; alle schöne Hufeisengebisse. – In der Station Далеканово (Daljekanowo) Begegung mit einem Personenzug: Soldaten und Zivil; – eine abscheuliche Grimasse! – schöne junge Frau mit merkwürdigen Augen – es scheint als fingen und brächen sie viele Lichter in ihnen, edelgeformte Nase mit freien großen sehr beweglichen Flügeln, feingekräuselte Lippen, kräftige Bakkenknochen, bräunlich gelbe Hautfarbe, – die Augen wahrscheinlich blau, scheinen aber braun, – die Farbe dieser Augen dürfte veränderlich sein wie der Himmel. – Ein Gesicht das mich sehr zur Gestaltung reizt. –
Die Landschaft hier streckenweise hügelig – und scheinbar hochliegend. – Birkenwälder, hohe wilde Birken.
Der Eindruck und die Schönheit des flachen Landes ist ganz abhängig von der Beleuchtung und dem Himmel (wobei besonders auch die Wolkenbildung sehr wichtig ist.)

– Abends: eine junge „Moroslawin" mit schönem Gesicht, das aber so breit ist, daß der durch gewohntes Anschauen in uns entstandene Begriff von Proportion eines Kopfes irre wird und es den Eindruck macht, diese Breite überschreite die Gesetze der Räumlichkeit, ja als grenze sie sich gar nicht fest ab sondern zerfließe mit der umgebenden Luft.

1. Juli 16.
Tatarische Arbeiter am Bahnbau, schwarze Kaftane, rote oder gelbe Hemden, grünbraune Gesichter, weiße Hüte: vor der rötlichen Lehmerde. –
Abends, Симбирская (Cimbirskaja)
Jetzt fahren wir im Ural. Es ist unaussprechlich welches Entzücken mir der Anblick der Kalkfelsen, der Tannen, der alpenkräftigen Kräuter bereitet, – sah ich doch über ein Jahr nichts als Ebene! –
Der Charakter der Landschaft ist unserm heimatlichen Mittelgebirge so ähnlich, daß ich nicht begreifen kann, daß ich nicht irgendwo aussteigen und wieder geliebte Menschen grüße. –
Die Birken und Tannen dieser wilden Waldungen erinnern mich mehr als ich's je daheim sah an die altdeutsche Zeichnung (Altdorfer, Cranach). – Entwurzelte Birken, die für die Komposition sehr brauchbar sind (die weißen Stämme, schräg gelegt, und das hellgrüne Laub, in dem dunkeln Waldhang).
In Тундуще (Tundusch) tanzt ein Mädchen auf der Wiese zum Abschied unsres Zuges! (wie Lydia !! 1918)

2. Juli 16.
Abends $7.^{15}$ den geograph. Grenzstein zwischen Europa und Asien passiert! –

3. Juli in Челябинске (Tscheljabinsk).
Unterhaltung mit einer Verkäuferin. – 1 Pfund Walderdbeeren! – Unter den Strassenkehrerinnen und Bahnarbeiterinnen prächtige Weiber. Alle nackte kräftige Füße, feste stabile Beine und Fesseln, strotzende Brüste, muskulöse Rücken, und alle herrliche, gesunde Zähne. – Abends den 4. in Кургане (Kurgan). –

5. Juli in Петропавловске (Petropavlovsk).
Morgens 3^{h} ein „Abendessen", das warm sein soll, endlich was Warmes! ist aber geronnen. – Kleine Russin mit kurzen Haaren. – Gestern den ganzen Tag Regen und „sibirische Kälte".
(Liege in den Soldatenmantel gehüllt auf einem Brett, ganz in Kleidern, wie im Feld.) Bin Morgens nach dem Erwachen immer mißmutig. Wenn ich zum Fensterloch heraussehe, und immer noch die Gegend vorbei fliegt wie am Abend vorher, drängt sich mir der Gedanke auf: wozu denn dieses endlose Fahren? entfernt mich doch jede Radumdrehung weiter von der Heimat!

6. Juli 16. Омске (Omsk).
Abends über den Fluß Иртише (Irtisch), ähnlicher Eindruck wie die erste Überfahrt der Wolga an einem Herbstabend. – Wir stehen auf einem Nebengleis und haben von der großen Stadt gar nichts. Trinke bloß zur Feier 10 Gläser Чай (Thee).
Omsk, Morgens: neben uns ein Zug Chinesen (die in Rußland arbeiten) – leider nur zu kurz! – Schöne Rassemenschen unter ihnen. Einer trägt zur Flöte mit schriller Stimme und lebhaften Gebärden ein dramatisches Lied vor. – Es soll in den sibir. Städten viele Chinesen geben, – ich freue mich drauf! –

7. Juli.
Ausfahrt aus Omsk (Charakter der russischen Städte, – sogenannte „Städte"!) – Heiße Luft, Wolken über den Vorstadtvierteln. Erinnerung an Vrieslanders Zeichnungen aus seinem Werk „Paris"[1].
Station Татарская (Tatarskaja), korpulente junge Dame in blauer Jacke, an W. [Waltraut] erinnernd. – Bekomme ein gebratenes Huhn zu kaufen, das mit unendlichem Wohlbehagen verspeist wird: – Sonnenuntergang – die grünen Blechdächer und die zuweilen rosa getünchten Häuser stehen sehr schön zum Himmel. Kalte, lichtkrapprote Wolken auf blaugrauem Himmelsgrund, – wie ich es noch nie gesehen habe. Rotviolette Spiegelung in den Wasserpfützen.

Ново-Николаевске (Nowonikolajewsk) 9. Juli.
Am 8. Abends Ankunft in Nowo Nikolajewsk. Das Stadtbild von der Brücke aus sehr schön! Weg zum Kommando. Aufteilung in Quartiere in der Stadt. – Diese große Stadt soll vor 20 Jahren noch ein Dorf gewesen sein. Dementsprechend ihr Charakter. Die meisten Städte sehen so aus: In eine Umgebung von Steppen, von Hütten, Gebrauchs- und Einrichtungsgegenstände, von Menschen, die sich noch in einem Zustand befinden, wie ihn uns etwa die Steinzeit darstellt, – werden Bahngeleise gelegt, Fabriken, Maschinenhäuser und einige „moderne Bauten" gestellt. (Natürlich wurde die „neueste Bauart", die „modernsten Ornamente" übernommen –, was ja sehr einfach ist, da diesen Machwerken überall keine Kultur Voraussetzung ist.) – Durch dieses Nebeneinander so zeitungleicher, unzusammenhängender Dinge machen die russ. Städte den verwirrenden Eindruck etwa wie eine Wohnung in der man eben im Umzug begriffen ist. –
Merkwürdiger Eindruck der Kafehäuser und Modeartikelschilder. – Übernachten in einem Haus in welchem [fehlt[2] ....
..............................] gewohnt haben.
Unserm Quartier gegenüber, durch einen ganz schmalen Hof getrennt ein

1. J. J. Vrieslander lebte von 1905–1908 in Paris. 1913 erschien von ihm die zeichnerische Folge „Paris" mit 25 Blättern.

2. An dieser und an den beiden folgenden Stellen ist das Original beschädigt.

Wohnhaus durch dessen erleuchtetes Fenster folgende Szenerie sichtbar ist: ein anscheinend alter Herr, elegant gekleidet, sitzt und liegt mit einer Dame auf einem Bett und bemüht sich leidenschaftlich um deren Besitz, Durchblick in's nächste Zimmer: ein Mann, halb ausgekleidet liegt auf einem Sofa, neben ihm sitzt eine Dame und liest. Später erweist sich, daß der anscheinende Greis ein junger Mensch ist, von großstädtischem Aussehen und einem so unzufriedenem, mürrischem Gesichtsausdruck, wie ich im Leben noch keinen widerwärtigeren gesehen habe. Natürlich bei uns am Fenster dicht gedrängt ein Haufen Gaffer. – Die Nichtbeachtung die das Gegenüber uns angedeihen läßt, ist geradezu großartig. Wir sind zwar bemerkt worden, [fehlt ....] Um 2^{h} verläßt [........................] sich vor einem Schreibtisch, liest Zeitungen und verzehrt noch ein Abendbrot (Thee, Butterbrot und Huhn), wir legen uns auf den Boden.
Den folgenden Tag verbringe ich größtenteils im Hof. Im untern Stockwerk ist ein Wasch- und Plättgeschäft. – Wäscherinnen aus der Rigaer Gegend, Lettinnen die etwas deutsch verstehen. Unter ihnen ist eine kleine, üppig, mit jüdischem Einschlag, sehr reinlich, in weißer Bluse, vielleicht die Leiterin. Bei einer andern habe ich überaus hübsche und liebe Hände gesehen. – Von einem Fenster herunter kokettiert eine etwa 30jährige Jüdin in schwarzem Seidenkleid, – blendend weiße Haut, dekoltiert, geradezu schweinisch sinnlicher Mund, schwarze, verschleiert glänzende Augen, von denen man oft fast nur das Weiße sieht. – [fehlt ....] etjuschi nach Tomsk weiter geschickt werden soll. Den befreundeten Musiker Sch. (Georg Schuller, Wien)[3] trifft das Los zu bleiben. – Die Wäscherinnen nehmen mir bis zu den letzten Minuten meine Aufmerksamkeit für sich, so daß unser Abschied sehr kurz war. So starken Eindruck macht die Gegenwart, ein Blick in die Welt außerhalb des Gefängnislebens, daß ich in der letzten Stunde Zusammenseins mit diesem Menschen, der mit mir durch 8 Monate so vieles geteilt hat, den zu haben ich oft dankbar war, der mir so viel geworden ist, – nicht ihm gehören konnte! –
Auf dem Weg zum Bahnhof: elegante Damen und Weiber aus niedern und niedersten Ständen. – Ob hier, wie überhaupt in den russ. Städten die Weiber <u>wirklich</u> so schön sind, oder ob mich (und viele andere) meine ausgehungerten Sinne nur zu dieser Anschauung verführen, weiß ich nicht. (Ein halbes Jahr an der Front und 8 Monate im Gefängnis mögen wohl was wirken!) – Vielleicht spielt auch der Reiz des Fremdländischen mehr mit als ich mir bewußt bin. – Jedenfalls sind mir die slavischen Frauen, die mit ihren breiten Gesichtern, strotzenden Brüsten, üppigen Becken alle den Eindruck unerschöpflicher Fruchtbarkeit erwecken, sehr sympatisch!
Man begegnet hier vielen <u>Chinesen</u>; meist sind sie einzeln, manchmal zu zweit. Blau, grau, oder schwarz gekleidet, hemdartige Jacke mit langen Ärmeln, in de-

3. Georg Schuller, Wien, Musiker; taucht erst wieder in späteren Tagebüchern, bei Aufenthalten Wackers in Wien, auf.

nen sie gern die Hände verbergen, weite, unten zugeschnürte Hosen; Arbeiter oder Seidenhändler mit riesigen, in Würfelform gebundenen Lasten auf den Rücken. – Übernachten wieder im Viehwagon.

9. Juli 1/2 6^{h} Abfahrt.
Sonntag («воскресенье»), an allen Stationen das ganze schaulustige Puplikum versammelt. – Intelligenter Wachsoldat mit verbrecherischem Fuchsgesicht. Er hat einmal an der chinesischen Grenze gedient, ist weit herumgekommen, ist nicht neugierig, sitzt träg und schweigend, wird aber sehr tätig, wenn er Gelegenheit sieht sich einen Vorteil zu nutze machen zu können und er übersieht das nie; freut sich dann selbstzufrieden. Sein ganzes Wesen drückt beständig aus: „Wir kennen alles!" – Er läßt uns im Aus- und Einsteigen vollkommene Freiheit.

Am 10. Juli Morgens 3^{h} in Тайга (Taiga).
Um 9^{h} Vormittags Ankunft in Томске (Tomsk).
Ein Прапорщик (Fähnrich) führt uns ins Konzentrationslager. Hinter uns schließen sich wieder die Tore; es ist ein Gefühl als sei man nun in eine Mäusefalle gegangen.
Wenigstens weiß ich, daß ich in diesen 17 Reisetagen alles getan habe, um mir wieder einmal sinnliche Eindrücke aus der Natur und dem Leben, – worin für mich der Mensch die stärkste Anziehungskraft hat – zu verschaffen. Ich habe, wo es möglich war, nie versäumt auf den Stationen auszusteigen, habe wenig geschlafen, um viel zu sehen, und meine hungrigen Augen haben viel gesehen! – Leider bestimmt der unmäßig gesteigerte, durch keinen natürlichen Genuß erlöste, durch keine Arbeit abgelenkte Geschlechtstrieb das Schauen und Erleben zu einer Einseitigkeit, bedingt es immer zu direkter Beziehung zu sich, und macht so unfähig zu vielem mannigfaltigerem, sensibleren Sehen, reinerem, geistigerem Erlebnis. Die Augen sind wie durch einen blutigen Schleier getrübt, sehen nicht klar, nicht rein, nicht weit! Das Gefühl dieses erlösten Sehens, leisesten Empfindens, die Ahnung geheimnisvoller zartester und tiefster Zusammenhänge ward mir früher oft: nach den Wonnestunden mit der Geliebten; nach durchtollten Nächten wenn ich Morgens über die tauigen Felder ging; in der dünnen Luft der Berge; auch bei stark erregender Musik und immer während der Ergriffenheit durch die Arbeit. – Also, wie es scheint, stets dann, wenn die Bestie der Sinnlichkeit entweder sich ausgetobt hatte, oder durch erschütterndes Seelenerlebnis, stärkste geistige Anspannung zur Ruhe gebracht worden war. – . Und doch ist diese Sinnlichkeit die treibende und schaffende Kraft; sie schafft die Bewegung, sie schafft das pulsierende Leben aller ideellen und aller materiellen Welt! Wo sie versiegt, verdorrt alles Leben! –

Aus meiner von Tomsk abgesandten Post

2. Томске (Tomsk) Sibirien Konzentrationslager f. K. gefg. Offiz. T. 13. Juli 16. (an O.[tto] H.[erbig]) ... .. Nun sehe ich nur noch Uniformen, und von der Welt nur ein ganz kleines Stückchen durch ein Fenster, Gitter und Stacheldraht ....

13. VII. (Joh.) Gestern habe ich m. Eltern obige Adresse telegraphiert. Hoffentlich erfährst du sie auch bald. — ... Ich hab ja seit März keine Post von Dir. Warum gerade von Dir nicht, ist mir unerklärlich. – Ich habe Dir natürlich immer weiter regelmäßig geschrieben.

Verzeih mir bitte wenn ich Dir etwa zuweilen ungerechte Vorwürfe gemacht habe! –

Wenn es Dir nur gut geht!!!

Ich hatte heute eine rasende Sehnsucht, ein bis zur Fieberillusion gesteigertes Verlangen nach Dir; jetzt bin ich voll Wehmut. Lebwohl! Ich bedecke Deine schönen Hände ganz mit Küssen und bleibe ewig Dein R.

Heft 2: 16. Januar 1917–31. August 1918

Aufzeichnungen, Tomsk Jänner 1917 bis VIII. 1918.
(Eindrücke und Gedanken)

Tomsk, 16. Januar 1917. (Einkauf in der Stadt)
– Nach 6 Monaten endlich einmal für 3 Std. das Gefängnis verlassen[4]. – Wie sich gleich wenn man vor's Tor tritt: die Straße, und wieder Menschen vor sich sieht, freie Luft um sich fühlt, die Brust ausdehnt! Und beim Rückkehren in's Lager ist's, als werde man wieder in einen engen eisernen Sarg gezwängt! – Links der Straße ein Birkenhain: die zarten Ästchen und dunkeln Rindeflecken gegen den Schnee und grauen Himmel. – Blaugestrichenes Holzwerk, rote Reinhäuser, ein schmutzig rosarot getünchtes Haus gegen das Himmelgrau. – Volksmenge auf die Ausgabe von Brot und Zucker wartend, – Bauernweiber: breite Becken, meist aufgestülpte Hosen, klarblaue Augen, zurückweichendes Kinn, die Gesichter knallrot von Sonne und Kälte – „wie angestrichen". – Unbegreiflich naher und schroffer Gegensatz zwischen niedrigstem, ganz primitivem Volk und eleganter Großstadtwelt. – Große Dame in schwarzem Sammt, – blaßgelbes Gesicht, mongolischer Typus. – Kindliche, puppenhafte Gymnasiastinnen. – Die gebildeten Frauen machen den Eindruck, sich einer geistigen Überlegenheit gegenüber den Männern bewußt zu sein. – Sie scheinen in wenig Generationen einen weiten Entwicklungsweg gegangen zu sein, – rasch, sprunghaft, scheinen innerlich zerrissen, haltlos; exzentrische Charaktere, – nervöses Gebahren, bleich, krapprote Lippen, schönes volles kapriziös frisiertes Haar. Viele scheinbar kalt, teilnahmslos, abgelebt, – als wäre ihnen alle Illusion zerstört, als begriffen sie alles Leben nur mehr aus materiellen und rein egoistischen Motiven heraus, als sei ihnen aller Glaube an eine schöne Handlung die nicht Grimasse sei entschwunden. – Ein Ladenmädchen, lieb und hübsch. – Wenn man nach so langem „unter Männern leben" wieder eine Frau vor sich hat, fühlt man, wie innerlich eine neuerliche Auseinandersetzung mit dem „Weibe" vor sich geht, – eine allgemeinmenschliche Berührung findet sogleich statt, unnennbare fein sinnliche Kräfte gehen herüber und hinüber, – und es ist eine rechte Ironie mit dieser „Verkäuferin", die jetzt ein Objekt ist an dem sich inneres Erlebnis abspielt, über Preise der Socken, die Größe eines Tschainiks[5] etc. zu verhandeln. Und doch liegt ein Reiz in diesem: auf dünnem durchsichtigem Eise gehen! –

4. Wacker befand sich seit dem 11. Juli 1916 im Kriegsgefangenenlager Tomsk. Das Lager befand sich außerhalb der Stadt und war von einem Bretterzaun und Wachtürmen umgeben. Einige Photographien des Lagers, der Baracken und der Wachtürme befinden sich in Wackers Nachlaß. Ausgang in die nahe Stadt erhielten die Gefangenen nur in Begleitung eines Wachsoldaten in kleinen Gruppen. Für den Winter 1915/16 gibt Brändström eine Besetzung von 5200 Gefangenen für das Lager Tomsk an. Siehe Elsa Brändström: Unter Kriegsgefangenen in Rußland und Sibirien. 1914–1920. Berlin 1922, S. 25.

5. Tschainik (auch Tschainigg geschrieben) = russ. Teekessel.

Bild 14

Kriegsgefangenenlager Tomsk. Blick auf die „Hauptallee". Aufnahme 1917.

Bild 15

Foto rückseitig von R.W. beschriftet: „Konzentrationslager Tomsk / Sommer 1917 (Diese Straße außerhalb sah ich 4 Jahre lang)"

Mitten in der Stadt ein Platz (unter der Brücke) auf dem die Soldaten gegen Strohmänner den „Sturm" üben. Es sieht so mittelalterlich grotesk aus so lächerlich unglaublich: und geschieht heute in dieser Welt seit Jahren und Tag für Tag in Wirklichkeit! – Ein „Bettler" – wie das Wrack eines zum Krüppel zerschmolzenen Menschenbildes, dennoch über sein Antlitz nur kindliche Milde, ein unzerstörbares unendliches Lächeln gebreitet! –
Ein Passant macht m. Kameraden durch eine Geste darauf aufmerksam, daß seine Nase weiß gefroren ist. –

Tomsk, 10. März 17. (Dunkle Nacht-Erlösung)
Ich liege ermattet auf meinem Stroh, – sehne mich nach Schlaf – der mich endlich doch für einige Stunden von der Qual dieses Daseins erlösen soll. – Ich kann aber nicht einschlafen und erlebe entsetzliche Stunden des Zweifels an allem, – wie ich sie nie früher gekannt habe. – Der Lärm der fremden Menschen um mich, die immer in gleicher Stumpfheit in den Tag hineinleben hat mich abgemartert. – Abends habe ich noch den Gesang der Soldaten gehört – vor einem Jahr haben sie auch schon gesungen, nächstes Jahr soll ich sie noch hören. – Die stete Qual, der Schmerz, den dieser endlose Krieg über die Erde breitet hat mich ermüdet, ich bin ausgebrannt, das Leben, das ich einmal geliebt habe existiert nicht mehr, ich bin abgeschnitten von allen Quellen die mich genährt haben. – Die Welt starrt mich in ihrer ganzen sinnlosen Nüchternheit an, wie ein Schraubstock umzwängt sie mich. Fort ist aller farbige Zauber, alle Musik verklungen; ich bin wie losgetrennt vom Leben. – Ich suche wohin alles Streben der Menschheit will, wohin es kann. – Die Wissenschaft und die Kunst, sind die einzigen Wege auf denen sie versucht, sich als Geist zu manifestieren, und sich zu höherem geistigen Wesen zu entwickeln. – Ein Korallenbau ist die Forschung (es lebt nur die oberste Lage). Und ihre praktische Anwendung bedeutet auch immer nur einen zivilisationellen Erfolg (Erfolg?). – Die Kunst, in ihrem Mühen den Sinn des Lebens zu fassen, – : wenn's ihr auch gelingt, ein Stück Welt von irgend einem Standpunkt aus zu begreifen und zu gestalten: – wozu diese Abbilder einer Illusion oder diese quälenden Darstellungen der Maschinerie des Menschenlebens? – Wir suchen nach der großen allesumfaßenden Idee – und bewegen uns ewig im selben Kreis, – fest in's Endliche gebunden, hinausstrebend in's Unendliche stoßen wir immer wieder und immer nur an die Wand des Endlichen. – Im Gefühl der Unzulänglichkeit flüchte ich zurück in's Menschengetriebe, in den warmen Sumpf, in's gemeine animalische Leben. – Es ekelt mich an, Tier zu sein, – es peinigt mich, nie mehr erkennen zu können, als daß wir Sklaven der Natur sind ohne Wissen zu welchem Ende. –
Wenige Fäden sind es, die mich noch halten: mich gelüstet, die einzige Freiheit zu gewinnen – meine Kehle mit dem Rasiermesser zu durchschneiden! —— Sklaven sein der Natur! Den Glauben im Herzen an eine Entwicklung der Menschheit, eine Entwicklung der Welten zu immer höherem Sein!

T.[omsk] April 17. (Expressionismus)

Was ich in den Stunden tiefer Ergriffenheit, in der Glückseligkeit die aus bitterstem Weh geboren ist, in jenen Augenblicken innersten Daseinsgefühles – dem Aufleuchten eines Glaubens an unzerstörbare Göttlichkeit geistigen Wesens – in denen das Auge plötzlich so seherhaft durchdringend in die Erscheinungswelt blickt, in Formen und Farben eine Seele durchglühen ahnt und uns eine unfehlbare Wünschelrute gegeben ist, echt und unecht zu unterscheiden, – was ich in solchen Stunden als Ziel meiner Kunst gefühlt habe, tritt mir zunehmend deutlicher und breiter in's Bewußtsein.

Eine starke (suggestiv wirkende), innerliche (geistige) Ausdruckskunst zu schaffen muß unser Ziel sein! Auf dieses Ziel hin, das nur im Zustand stärkster Konzentration auch nur gesehen werden kann – muß das ganze Leben eingerichtet werden! – Eine neue, lebendige und weiterbauende Kunst wird immer nur da entstehen, wo ihr Wollen ist: Ausdruck ihrer Zeit zu sein und ihre Mittel aus den Bedingungen dieser Zeit gewonnen sind. – Woran z.B. der Klassizismus vor allem krankt ist: daß jene „Künstler" sich weltfremd in eine ferne Zeit geflüchtet haben, daß sie so alte Kunstformen nachahmend, dieselben unmöglich mit Leben erfüllen konnten. – Wo nicht das aus der warmen Gegenwart geschöpfte Erlebnis nach Ausdruck ringt, werden immer nur Schemen entstehen. – Die auf die Wirklichkeit gerichtete Kunst der Realisten und später der Impressionisten hat endlich das blutlose Ideal der Klassizisten gestürzt, hat wieder vom Leben ausgehend neue Formen und Schönheitsbegriffe geschaffen. – Von dem Wahn genesen eine griechische Welt erstehen lassen zu wollen und diese Welt als einzig Schöne anzubeten, sehen wir nun vollends ein die grundsätzlich verschiedene Charakteranlage des nordischen Menschen gegenüber dem südlichen, wenden uns von der wesensfremden Antike und Renaissance ab und werden uns der innern Beziehung zur, lang mißverstandenen, altdeutschen K.[unst] bewußt. Unsere Zeit hat einen Grünewald ausgegraben und kommt, wieder mit deutschen Augen betrachtend konsequent zur Erkenntnis ihn als den reinsten und größten Meister deutscher Kunst einzuschätzen! Der Hunger nach Ausdruckkunst hat Greco neu entdeckt, hat uns zu Giotto, zu den Aegyptern getrieben; ja ich glaube neuerdings, daß auch die Verirrung die stammelnden Versuche der Wilden als „große Kunst" auszurufen, ursprünglich auf diesen Trieb zurück gedeutet werden kann. – Ich habe seit 2 1/2 Jahren kein Bild mehr vor Augen gehabt; – ich fühle aber, daß ich die Versuche der jüngsten Künstler neu beurteilen werde. Ich habe sie früher absolut verneint, nun komme ich dazu ihr Wollen, – in seinem Ursprung jedenfalls anzuerkennen. – Auf den Impressionismus der in die Sackgasse des Neoimpressionismus auslief, mußte die Reaktion erfolgen: der Expressionismus. Unter den jüngsten Deutschen ist der klarste und entschiedenste Umstürzler und Neuaufbauer A. Egger-Lienz, dieser starken, kerngesunden Persönlichkeit gebührt an erster Stelle der Name eines „Expressionisten" i. besten Sinne! – (Nicht den verwirrten Köpfen die sich diesen zugelegt haben).

Wenn ich ihn als Reaktionär begreife, verstehe ich das, wogegen ich mich später – als der Eindruck diese Kraftnatur zu eigenem Atem kommen ließ – gefühlsmäßig gewehrt habe als Konsequenzen der Reaktion (z.B. Mein Hinneigen zu J. J. Vrieslander z. Teil ein Reaktionsmittel gegen Egger.): Eggers Ausschalten des Individuellen der Erscheinung, in der Absicht einer höchsten Steigerung des allgemeineren, urhaften Lebens; seine Tendenz zum „Monumentalbild", ja schließlich sein vollkommenes Unterordnen der Farbe. –
Mir schwebt vor: Durch die individuelle Erscheinungsform den Ausdruck innewohnenden allgemeinen Lebens zu geben. – Wenn die individuelle Erscheinung in ihren Wurzeln erfaßt wird, wird sie zugleich immer als ein Lebenssymbol gelten: Wir sind fest an die Erde gebunden!!! Im wirklichen Leben können wir zu dem Erlebnis der inneren Werte auch nicht anders kommen, als durch Hingabe an das Persönliche und an den Augenblick; es gibt keine abstrakte Lebensform! Überall sind wir durch das Endliche bedingt und können uns nur zu Ewigkeitsahnungen aufschwingen. – Das Beiseitelassen der individuellen Erscheinung läßt einige Bilder Eggers nicht mehr Symbole des Lebens sein, sondern macht sie zu abstrakten Allegorien. – In seinen Riesenformaten u. dem Wunsch Bildkunst u. Architektur zu verbinden, sehe ich, – trotz seines heftigen Widerspruchs – eine Neigung zum Dekorativen.[6]
Der Eindruck der „Monumentalität" muß ganz durch innere, geistige Größe hervorgerufen werden – und die bedarf zu ihrer Offenbarung durchaus nicht großer äußerer Dimension. Den Beweis hierfür liefern Radierungen Rembrandts, die das klassische Beispiel für diesen Begriff der Monumentalität sind: (z.B. Man sehe sich Eggers Skizze zum „Sämann u. Teufel" an und wird finden, daß er in dem großen Bild nicht dieselbe geistige Dichte erreicht hat (?) – Man frage sich ob Daumier dieselbe Gewalt gehabt hätte, wenn er seine Bilder in's Überlebensgroße ausgedehnt hätte – oder ob sie nicht an Ursprünglichkeit und geistiger Durchdringung verloren hätten?) – Die Farbe, die Egger nie zur Unterstützung seines zeichnerischen Ausdrucks dient, muß zu gleichwertigem Ausdrucksmittel gesteigert werden. – Das Ringen die Farbe in diesem Sinn zu erfassen, lebte in Cezanne; er hat sie zu synthetischer Ausdrucksmacht gesteigert. – Die Zusammenfassung u. geklärteste Verkörperung des modernen Kunstwillens ist: Van Gogh. – Was würde dieser prophetische Geist wohl noch geoffenbart haben, wenn ihn der Wahnsinn uns nicht so früh geraubt hätte! –
Ein Fortschaffen in seinem Sinne glaube ich in E. Munch zu erkennen. Zu einem sichern Urteil über ihn, kann ich hier nicht kommen, weil mir die Anschauung

6. Anläßlich der großen Dresdner Ausstellung „Monumental-Dekorative Malerei" 1912 entbrannte ein heftiger Pressekampf um diese Art von Malerei. 1913 erschien eine Broschüre Eggers „Monumentale Kunst" (Vlg. Walther, Berlin), eine Sammlung von Zeitungsartikeln aus dem Sommer 1912, die durch ihre aggressive Kritik der Kunst Liebermanns, Klingers, Hodlers, Corinths usw. Aufsehen und Widerspruch erregt hatten. Vgl. Wilfried Kirschl: Albin Egger-Lienz. Das Gesamtwerk. Wien 1977, S. 202 ff.

fehlt. Ich denke mich aber nicht zu täuschen, wenn ich urteile nach dem Eindruck „konzentriertester Geistigkeit" den ich vor seinen Werken einmal empfangen habe (M.[unch] Ausstellung Jena 1913) und der mir Jahre hindurch, bis in diese Einsamkeit geblieben ist. –

T.[omsk] 24. April 17. (Eindrücke)

– Es ist wohl nicht nur das Fremdländische der Objekte, sondern meine Einsamkeit; die vollkommene Abgeschlossenheit vom Leben, – die mir während eines Spazierganges in der Stadt eine solche Überfülle und Intensität der Eindrücke verschafft. – Ich erinnere mich, daß früher auf dem Weg durch eine gewohnte Umgebung es im Allgemeinen doch viel vereinzelntere Fälle waren, wo eine Erscheinung blitzartig vor mir auftauchend mich ekstatisch begeisterte und die volle Hingabe meiner Sinne erzwang. – Karl Scheffler (Berlin) macht einmal über die „Empfindsamkeit auf Reisen"[7] die Bemerkung, sie rühre daher, daß wir arbeitslos den festen Standpunkt gegenüber der umgebenden Welt verlören, passiv dem Einstürmen der Eindrücke überlassen seien. – Hier auf einer belebten Straße geschieht die Folge packender Bilder so rasch, daß ich sie dem ununterbrochenem Blitzezucken orkanischer Stürme vergleichen könnte. Ein Eindruck überstürzt den anderen, und da Hingabe an sie od. gar ihre Gestaltung (also Sättigung) ausgeschlossen ist, erlebe ich Qualen eines Erdürstenden dem ein Zauber die göttliche Quelle vorspiegelt, die entschwindet bevor er sich bückt nach ihr, versiegt noch eh' er seine brennenden Lippen gekühlt. – Die Flucht der Erscheinungen quält mich, erregt mich bis zum Kopfschmerz. – Eine ähnliche Anstrengung für die Augen müßte es sein, wenn im Kinomatograph der Film mit doppelter Geschwindigkeit abgespielt würde. – Von den Russen plötzlich befreit, wieder vom Leben einer Straße umdrängt, gibt es Augenblicke in denen völlig das feste Bewußtsein schwindet. Man fragt sich: war die Gefangenschaft ein Traum oder war das frühere Leben ein Traum, aus dem nun wieder ein Stück aufdämmert? Noch eine merkwürdige Empfindung hatte ich: Wir werden vom Publikum schon als zum Straßenbild gehörig begriffen, – wie „zum Schauspiel" für sie hergekommen sehen uns die Leute an – wir bleiben fremd und sie ohne Frage nach unserm Innenleben. Die Ahnung eines solchen Zustandes hatte ich früher zuweilen beim Anblick von Menagerietieren oder Artisten. – Es ist mir bei einigen Frauenköpfen die Schönheit der im Schatten stehenden Gesichtshälfte aufgefallen: ein kühles Leuchten der Farbe und wie daraus das dunkle Auge glüht! – Überhaupt die wunderbare Farbigkeit der Schatten im Freilicht! (das Rätsel der Impressionisten, – das wenige alte Meister gekannt zu haben scheinen) – Eine Greisin mit blaßgelbem Gesicht und ganz erloschenen fahlen Augen in tiefen Höhlen. –

7. In Wackers Bibliothek findet sich: Karl Scheffler: Paris Notizen. Leipzig 1907 (1912 in Weimar als Geschenk von Biewald erhalten). Das Buch enthält das Kapitel: Empfindsames Reisen I–10.

Selbstgefällige Chinesenkinder von russischen Kindern neugierig umstanden. – Ein Weib mit dem Gesicht eines satten Hamsters. – Die Sinnlichkeit der Wangenlinie eines lachenden Mädchens das vor mir her geht. – Gruppe zweier Weiber: die eine den Kopf auf dem Schoß der anderen, von der ihr Läuse gesucht werden. – Die gesunde Schönheit einer Arbeiterin, die durch Schmutz u. Fetzen hindurch beglückt, neben ihr eine abstoßende häßliche und herausfordernd aufgeputzte Dame. – Ein schwarzgekleideter Chinese mit schreiend gelbem Gesicht auf einem Kutscherbock, – zwingend an H. Toulouse-Lautrec erinnernd. An diesen großen Franzosen denke ich überhaupt sehr oft; besonders gibt es Frauentypen hier, die wie seine Kunst, mit der Schärfe einer ätzenden Flüssigkeit auf die Sinne wirken, den Geist zu furchtbarem Cynismus aufstacheln und förmlich physischen Schmerz verursachen. –

Tomsk. 28. April 1917. (Eindrücke)
– Die beim „Einkaufen" erforderliche Aktivität verringert wahrscheinlich die Empfänglichkeit für geistige Eindrücke. Man muß sich an's Programm halten und ist in steter Sorge um seine Durchführung. –
Die immer gleiche und enge Umgebung züchtet in mir wieder jene Art „Menschenscheu der Jünglingsjahre", macht mich schüchtern und unbeholfen im Verkehr mit Menschen; am Abend vor dem Ausgang ist's mir zu Mute wie früher, wenn mir eine Reise bevorstand. Bei der Erledigung geschäftlicher Angelegenheiten verfolgt mich eine quälende Zerstreutheit, der gleich die man an sich bemerkt, wenn man im Fieber ist oder nach starken Überanstrengungen. – Heute hat es zum erstenmal geregnet (28. IV.)! Der erquickende Duft den die Erde nach dem Regen ausströmt, und der eigentümliche Geruch der nach dem Besprengen staubiger Straßen in der Luft liegt, übte seinen alten Reiz: erfüllte mich mit unbestimmbaren Gefühlen, – jenen instinktiven Gefühlen die nie eine klare Form im Bewußtsein annehmen – und wie eine leise, dunkle Erinnerung an ein fernes Pflanzenleben sind. –
Die Passanten haben sich an die Häuserwand gestellt um sich vor Regen zu schützen und bildeten so ein noch viel lebendigeres und tolleres Hintereinander als (etwa) die Köpfe einer Zuschauerbank (Theater, Kino, Konzert etc.), weil sich dort doch immer Angehörige derselben Gesellschaftsklasse zusammenfinden. – Eine Chinesin mit der bekannten Verstümmelung der Füße, die aber trotzdem einen graziösen und weichen Gang hat! – Indifferente, starre Miene der Ladenmädchen, – die sich jedoch rasch zu lebhaftem Spiel der Koketterie wandelt, wenn der Mann als erster dieses Spiel beginnt. – Schön geformte, aprikosenblütenfarbene Hände einer Kassierin, geziert mit einem roten Stein von der Farbe frischer Lippen. – Ein Marschbataillon mit roten Fahnen im Tackte der „Marseillaise". –
Tiefschwarze, glänzende Augen einer Cretine. – Auf dem „Bazar" eine schwangere Frau, blaß und dunkeläugig, mit jenem weltentrückten Blick und dem rüh-

rend behutsamen Gang der Trächtigen. – Entspringt nicht all unsere Ehrfurcht vor der Frau ursprünglich aus der (vielleicht unbewußten) Empfindung, daß sie die „Gebärerin" ist? (Es ist eine trächtige Hündin im Lager – sehr häßlich ist sie glaub ich, – aber ich empfinde eine tiefe Sympathie zu ihr, – auch sie ist eine Verkörperung des „Geheimnisses alles Werdens"!) – In einem Papierladen fand ich eine farbige Reproduktion des „Don Juan" (D'Andarrde)[8] v. M. Slevogt, und eine Photographie nach einem sehr interessanten russischen Bild (Original: На заимке Хромова близь г. Томска [Siedlung Chromowa in der Umgebung von Tomsk]). Rückstehend wird besagt, daß es das Porträt des Fjodor Kosmitsch sei. (Ein Mann, der angeblich diesen Namen führte, wurde 1836 im Gouv. Perm (K) aufgegriffen und wegen seiner unerforschlichen Herkunft und seines merkwürdigen Gebahrens (!) nach Sibirien verschickt. Dort soll er sich durch seinen frommen Wandel die Achtung der Mitmenschen erworben haben. Er soll in hohem Grade hellseherisch begabt gewesen sein, was Ursache wurde daß sich im Volk viele Sagen über ihn gebildet haben. U. a. daß er der wirkliche Alexander I. sei. 1864 starb er, 1908 wurde er heilig gesprochen und erschien ein Buch über sein Leben.) – Das Bildnis dieser mystischen Persönlichkeit dürfte also um die Mitte des 19. Jhdt. gemalt worden sein, – von irgend einem Unbekannten, – der vielleicht gar kein „Maler" war. – Ein Greis in langem hellem Kaftan, mit weißem Bart und Haar, nach russischer Art getragen, die Linke im Gürtel, die Rechte über die Brust gelegt, in einer engen Betkammer stehend. (Die Stellung der Füsse erinnert an den Watteauschen „Gilles")[9] Die Komposition der Räumlichkeit scheint nach alter russ. Tradition gebildet zu sein. (Von den kleinen Fenstern z. beiden Seiten ist mir unklar, ob sie durch eine tatsächlich vorhandene 6-eckige Form oder durch einen „perspektivischen Fehler" (!) die Erhöhung der Raumillusion erreichen) Sein Gesichtsausdruck ist asketisch streng, – schmale Lippen, gerade Nase, mit 2 vertikalen Brauenrunzeln, hohe gewölbte Stirn, unter der aus scharfumgrenzten Höhlen durchdringende und quälend mürrische Augen sehen. Die helle Figur im beengenden düstern Raum richtet sich wie eine gespensterhafte, erschreckende und mahnende Traumerscheinung auf. – Beim ersten Anblick denkt man unwillkürlich an Giotto. – Doch ist dieses Bild echt russisch! und darum das Beste was ich bisher von russ. Kunst gesehen habe. – In diesem Bild ist jene unheimliche Mystik, die in der russ. Literatur das Typisch russische ist; hier jener Drang nach seelischer Erhebung (Überhebung), nach Überwindung des Endlichen, das neben andern ein Hauptzug der Wesensverwandtschaft zwischen den Russen und nördlichen Völkern (Deutsche, Norweger) ist; und hier ist ein Ausdruck der großen Einförmigkeit des russ. Landes, das auf unser Gemüt lastend wirkt, mit Melancholie erfüllt. –

8. Max Slevogt (1868–1932), Maler und Graphiker. Das Bild „Der Sänger d'Andrade als Don Juan" (1902) befindet sich in der Stuttgarter Gemäldesammlung.

9. Jean-Antoine Watteau (1684–1712), franz. Maler. Das Bild „Gilles" (1729, Louvre) stellt einen melancholischen Pierrot dar, stehend mit herabhängenden Armen.

T.[omsk] 3. Juni 17. (Eindrücke)
Die Hinterstube einer Konditorskaja ist nun der Treffpunkt Kriegs- und Zivilgefangener, Österreicher, Polen, Deutscher etc. geworden – ein Asyl für die Geächteten. (Es besteht für uns zwar immer noch das Verbot sowohl Privathäuser als öffentliche Lokale zu betreten. Da die Vorschriften – zumal die von der alten Regierung übernommenen – gegenwärtig aber wenig streng gehandhabt werden, wird der Besuch des Cafehauses stillschweigend geduldet.) – Ich habe wieder bemerkt, wie mich das Gefängnisleben unsicher und täppisch im Auftreten gemacht hat; dazu kommt eine Beeinflußung durch die Kleidung – die man sich nicht gerne eingesteht, die aber doch tatsächlich ist. Man wird das unangenehme Gefühl, daß „zivilisierte Leute" mit Verachtung auf unsre zusammengestückten, schmutzigen und zerrißenen Uniformen sehen nicht los. – Das Vergnügen über das geglückte Unternehmen gleicht ganz dem der Untergymnasiasten wenn sie das „Gasthausverbot" übertreten, – rauchen, trinken, selbstbezahlen, und sich „wie Erwachsene" gebärden. Diese Rückfälle in einen früheren Zustand (welches Gefühl mir auch der Verkehr mit den meisten Kameraden auslöst) sind beengend und erniedrigend. (Selbst im Traum, – wo uns diese Rückversetzung in ein früheres Stadium unsrer Entwicklung häufig geschieht, aber auch immer so, daß nebenher das Bewußtsein der zuletzt erreichten Stufe vorhanden ist, empfinden wir diese Erniedrigung und Beengung.)
Am Ufer des Tom ein junges Weib (kirgisischer Typus, rassig gebaut, mit hohem Hals und rundem Kopf, lichtviolett und lose gekleidet, prachtvoll gegen die Ferne des Wassergrün und Himmelgrau sich abhebend) – das einen alten Soldaten lockt. Sie tänzelt, lacht, ordnet die Haare, windet und dehnt sich, reckt die Brüste; er steht mit gierig vorgestrecktem Kopf vor ihr mit dem erstarrten blöden Lächeln der Geilheit. – Eine Chinesin die Papierblumen verkauft. Sie sitzt in ein blaues Gewand gehüllt auf einer Treppenstufe, hält eine rote Blume vor, die sie verzückt betrachtet. Unvergeßlich dies gelbe Gesicht im Blauen, der Ausdruck der schwarzen Schlitzaugen, die leise Neigung des Kopfes! – Am Ufer redeten uns Soldaten vertraulich an, die erst vor kurzem aus der Katorga[10] befreit worden sind. Sie künden uns, daß die Kriegspartei gestürzt werden soll, und daß wir bald heim fahren werden. – Wetterharte Gesichter, mit fast kindlichem Ausdruck und verwischten, verdeckten Spuren alter Verbrechen. – In einer entlegenen Gasse kommt eine Jüdin – „ein Weib im Hurenschmuck" – auf uns zu und spricht schamlose deutsche Worte. – In einer prawoslavischen Kirche Gruppe eines Greises und einer Greisin: langsam tappen sie sich zueinander, suchen ihre Hände und begrüßen sich stumm mit unbeweglicher Miene – es sieht aus wie das merkwürdige Betasten der Ameisen, deren Sprache wir nicht hören und sehen, nicht verstehen, nur ahnen, daß hier ein Gedankenaustausch vor sich geht. – Viele blinde und verstümmelte Bettler an den Kirchentüren.– Gesang polnischer

10. Katorga = Zwangsarbeitslager.

Frauen in einer röm.-kathol. Kirche. Ach, wie dringt mir die Stimme eines Weibes „wie Engeltöne" ins Herz! Wie erregt und beseligt mich die Nähe weiblicher Wesen!

T.[omsk] 5. Juni 17. (Westeuropäer in Rußland)
Es ist beschämend ansehen zu müssen, wie so viele Kriegsgefangene in jedem Russen ihren persönlichen Feind sehen, wie sie mit starrem Vorurteil alles Russische betrachten, wie sie immer nur äußere, zivilisationelle Unterschiede feststellen, sich des Gegensatzes brüstend arrogant auf das russ. Volk herunter schauen, für dessen wertvolle Charakterzüge aber absolut blind sind. Durch solches Gebahren glauben sie sich als Träger „westeuropäischer Kultur" zu manifestieren. – Ich habe bemerkt daß hierin der Reichsdeutsche den Österreicher übertrifft, die Österreicher, deren „Gemüt" noch kein Berliner Amerikanismus ausgedörrt hat, – besd. die Leute aus dem Volke – erweisen sich befähigter auf den russ. Charakter und die ihm entspringenden Sitten einzugehen; sie gewinnen eher ein rein-menschliches Verhältnis zu dem russischen Menschen. Zufolge ihrer (dem Norddeutschen gegenüber) beweglicheren, geschmeidigern und liebenswürdigern Lebensart vermögen sie viel leichter und eine geschicktere Umgangsform zu finden als der preußische Soldat. – Unsere Zeit, die allen Kulturidealen so ins Angesicht schlägt, hat das höchste Ideal der Menschheit: die Brüderlichkeit aller Menschen, – die schöne Erdenliebe zu allen Lebewesen – so auf den Kopf gestellt, daß es schier ein Verbrechen geworden ist, sich zu ihm zu bekennen. (Übrigens erlaube ich mir, der Meinung zu sein, daß auch vom Standpunkt des Nationalisten aus, das Bestreben, sich die Sympathie der Russen zu erwerben, bessere Früchte trägt, als feindseliges Benehmen. Haß schärft die Waffen, Liebe entwaffnet! Und es ist wohl eher im Interesse unsres Staates gehandelt, wenn wir trachten durch Verbesserung unserer Lage uns möglichst gesund zu erhalten, als die Rolle des Märtyrers zu spielen.) – Mir gelingt's nicht mich von Herzen zu freuen, wenn ich einsehe, wie Rußland von seinen Verbündeten betrogen wird, wenn ich jetzt die Zeitungsberichte lese über das Mißverstehen der Revolution, von der Desorganisierung des Reiches etc. – Ich erkenne die gegenwärtige Notwendigkeit der Ausnützung aller Vorteile welche daraus den Zentralstaaten erwachsen, aber „an sich" kann ich mich darüber nicht freuen, wenn ich bedenke wie schwer dadurch das russ. Volk in seiner kulturellen Entwicklung geschädigt werden kann. (– Mit der Uniform habe ich nicht die Verpflichtung zum Haß auf mich genommen!)
– Wenn ich in der Stadt die vielen Krüppel und Bettler sehe, die kraftstrotzenden Bauernweiber, in der Kirche die russ. Frömmigkeit, wenn ich den Gesang der Soldaten höre – mit den so unberührten, treuherzigen Bauern, die nicht lesen und schreiben können, radebreche, wenn sie von ihrem Land, ihren Frauen und Kindern erzählen, uns bitten an sie heim oder an den kriegsgefangenen Sohn zu schreiben, — alles was mich als Wohl und Weh des Volkes anspricht, was mich

seine – noch gebundene, im Dunkeln gährende, so große Gegensätze zeugende, so viel Irrwege wandelnde – Riesenkraft ahnen läßt, erweckt in mir mehr als bloß kaltes Interesse. – Ich verstehe Dostojewskis allumfassende Liebe zu diesem Volk, ich empfinde sie mit und glaube an seine prophetischen Ausrufe von der Zukunft dieses Volkes! –

T.[omsk] 28. Juni 17. (Eindrücke)
– Als mir heute auf der Straße bei jedem Schritt eine Karikatur begegnete, habe ich eingesehen, daß die Menschenfratzen und Satyren auf soziale Verhältnisse eines Gogol nicht durchaus subjektive Gestaltungen sind, sondern daß man von ihm ebenso, ja mit größerem Recht annehmen kann, er gehe objektiv zu Werke. Es ist objektiv vorhandene Welt! – Und eine Welt von solcher Ausdehnung und Wichtigkeit, so – vielleicht allem Menschenleben zugemischt (– die Kehrseite des Lebens, der Fluch der Unzulänglichkeit – oder absterbende Zweige: die aus dem Leben geworden und neues Leben zeugende Fäulnis) daß man ihr ausweichen müßte um sie nicht zu sehen: – dies die Flucht der Klassizisten-Schwächlinge! – Eine Frage ist die Stellungnahme zu dem Zerrbild der Menschheit, die Frage ist: ob es einen zu kaltem, unheilbar bitterm Lachen reizt, – oder ob es einen zu schmerzlichem, aber hoffnungsvollem Weinen zwingt, aus tiefstem Mitgefühl, – ja Mitschuldigsein heraus. Letzteres ist die Stellung von Gogols großem Nachfolger Dostojewski, – es ist die Weltanschauung Christi, Grünewalds, Rembrandts, van Goghs. —
– Furchtbar quälend war wieder das rasende Vorübereilen der Erscheinungen, ihr Fliehen vor der satten Aufnahme und schon Überholtwerden von neuen Eindrücken. – In den belebten Straßen (...... [russisch, unleserlich]) erweckte mir das Meer der Weiber – das Gewoge des Fleisches, – des fetten, aufgeschwemmten, gesättigten, des magern, braunen oder bleichen und immer gierigen Fleisches – seine schreiende Bekleidung, das Gewirr der schwarzen, hellgelben und roten Haare, – das Geblitze der Augen – das Gefühl, als sei hier alles zersetzt von einer giftigen Erotik, – die Luft schwanger von schwülem, scharfen Orchideengeruch, – das Gefühl des „erotischen Verfolgungswahnsinnes", wie er sich nach sexuellen Exzessen einstellt. –
– Besichtigung eines Schiffes: Der anregende Geruch des Teers, und der Lärm der Lastträger (es waren fast alle Kalmücken) – eine Aufforderung zur Tätigkeit, zum Losreißen aus gewöhntem Zustand und zur Entdeckung neuer Länder! – Am Ufer ein schöner, junger, noch ganz unbewußter Soldat, vor ihm ein Mädchen in Anbetung, – ganz hingerissen vom Glück in seine guten blauen Augen zu schauen. – Die strotzenden, zum Bersten angefüllten Hoden der Hengste! –
– Im Stadtpark eine Dame in Blau: hochgewachsen, geschmeidig und stolz, doch in reifer Fülle und voll weiblicher Weichheit. Gedanken an Ruy Blas[11] wie er zu

11. Siehe Wackers Lektüreliste Frühling 1916: Victor Hugo: Ruy Blas.

Bild 16

Hafen am Tom in Tomsk. Aufnahme um 1920.

seiner Königin aufblickt. – Witziger Chinesenknabe der um Kopeken mit Messern jongliert. – Alter in rotem Hemd, eine dunkelgrünblättrige Topfpflanze tragend. – Ein häßliches Paar, übernächtig, bleich und krank: die Beziehungen dieser Beiden, – ihre gegenseitigen Eingeständnisse. – Alte Tatarin mit blauem Stirntuch über gelbem Gesicht. – Eine Dame mit schwarzer Brille im Profil, – fast ganz geschlossenes Auge tief in der ausgedörrten Höhlung: – das Antlitz einer Leiche, vor dem man bis ins Mark erschrickt, weil es lebt, sich bewegt, lächelt!

– Frauenkopf der an das Porträt der Isabeau de Portugal erinnert, auf dem Doppelbildnis mit ihrem Gemahl Philippe le Bon (Ecole Flamande XV. Jhd. Genter Mus.[eum]).

Dann in der Bäckerei (Гренич[Grenich]): blondes Fleisch, schwarze Haare (am Nacken!) gleichmäßig gerundete Augenbrauenbogen, große blaue Augen, süßes Mündchen, pralle Backen, schöne wohlgepflegte Hände, koquettgraziösbewegte, üppige Figur, schwarzes Kleid.

T.[omsk] – 18. Juli 17. (– Eindrücke)

– Ein junger Blinder, eine grüne Tellermütze auf, -strenger Ausdruck des gelben, pockennarbigen Gesichtes. – Man trifft überall hier, – in ganz Rußland – an den Straßenecken, Häusernischen und besd. bei den Kirchen Bettler. Zumeist Verstümmelte oder Blinde. Sie sitzen am Boden und halten stumm ein Gefäß oder ihre Hand dem Vorübergehenden entgegen, den Gebenden danken sie durch ein Gebet und fromme Wünsche. – In den Köpfen der Blinden prägt sich ein ernster, messerharter Zug aus, über dieselben Gesichter aber ist sehr oft ein überaus milder Schein gebreitet. Mit der Außenwelt scheinen sie durch geheime, für uns nicht wahrnehmbare Fühler verbunden zu sein. Ihr eigentliches Leben scheint aber durch ein inneres Feuer genährt zu werden. (Dieses von innen her durchleuchtet werden der Gesichter mit den für immer verschlossenen Augen, die große Feierlichkeit die von diesen Köpfen ausgeht, gestalten!!!) – Ein Weib am Fenster, die nackten Arme aufgestützt, mit nach einwärtsgewandten Ellbogen. – (18.VII.) Eine Bäurin wendet sich mit lüstern schelmischem Lächeln nach uns um, ihr von hellbraunem Tuch umrahmtes Gesicht erinnert in Form und Farbe an die bunten Münchner Holzpuppen. – Ein schlankes, zartes etwa 8jähriges Mädchen – schwarze Strümpfe, weißes, nicht bis zu den Knien reichendes Kleidchen – in entzückender Pose: auf dem rechten Bein stehend, das linke seitwärts gestellt, die Hüfte eckig ausgebogen, die Ärmchen erhoben eine Frucht zum Mund zu führen. –

Wäscherinnen im Fluß watend, mit aufgeschürzten Röcken, andere knien am Ufer, schwenken die Wäsche oder schlagen sie mit Hölzern (wie bei Millet)[12] daneben badende Kinder. –

Eine rüstige, alte Bäurin in roter Bluse, mit strengem, gebräuntem Gesicht, aber doch voll frischer Gutmütigkeit – neben ihr die kleine zierliche Figur eines blaßgepuderten Stadtmädchens.

– Eine Stiege von unten herauf müht sich der Koloß eines fetten Weibes. –

Tatarinnen in lichten, geblümten Kleidern; – auf diese Rasse bezieht sich vorzüglich der dem Orient entstammende Vergleich „wie Taubenaugen".

– Wir haben ein Motorboot auf dem Tom bestiegen um überzufahren. – Welch köstliche Erinnerung erweckt mir der Geruch des Wassers und das sanfte Schaukeln des Schiffes! – Was für ein Vergnügen, wie ein freier Mensch neben den Passagieren zu sitzen! Hübsche Jüdinnen. – Ein prachtvolles junges Bauernweib, hochgebaut, breitbeckig, vollbrüstig, gesunde weiße Zähne, klarblaue Augen, frische rote Wangen, – zutraulich, fröhlich und offenherzig! Eben vor der Abfahrt sagt man uns, (eine der jüdischen Damen auf deutsch!) daß das Schiff erst „morgen" zurückkehre und wir müssen also wieder aussteigen. – Die Iswarchtschiks (Kutscher) fahren in den Fluß hinein bis zum Bauch der Pferde, um die Wagen zu reinigen. –

Am Ufer Begegnung und herzliche Begrüßung mit einem Infanterist meines Regiments, einem strammen jungen 59er. – Im Park trank ich in einer Bude Kumis (Pferdemilch). – Ein robuster tatarischer „Lebemann" in weißem Reitkostüm nach europäischem Schnitt.

August 17. (Kunstgeschichte)

– Ich habe früher in der Kunstgeschichte immer nur Persönlichkeiten gesehen, Individuen empfunden und mich an Individuen gewandt. Es hat sich mir um des

12. Jean François Millet (1814–1875), franz. Maler und Graphiker. Millet war einer der wenigen Künstler, die Wackers Lehrer Egger geschätzt hatte.

Bild 17

Foto rückseitig von R.W. beschriftet:
„Rudolf Wacker im Gefangenenlager /
Tomsk Aug. 1917".

Künstlers persönliche Lebensauffassung, seine Stellung dem allgemein menschlichen Leben gegenüber gehandelt. Ich habe mich nicht um seine Abhängigkeit von den Zeitverhältnissen, sein Herauswachsen aus ihnen gekümmert und nicht um seinen geistigen Zusammenhang mit den vor und nachlebenden Künstlern (in Hinblick auf Darstellungsmittel, Ausdrucksform und Wesen des Dargestellten). –
Nun komme ich zu einer historischen Kunstbetrachtung. (Ich habe der Kunstgelehrten Reden von der „Entwicklungslinie" überblättert, mißachtet, mich belästigt gefühlt von ihnen, – zuweilen wollte mir fast scheinen, als reden sie darum soviel von diesen Dingen, weil ihnen am Ende der eben ganz unbeschreibliche Reiz des Persönlichen in der Kunst verschlossen bliebe.) In aller Kunst gibt es neben dem Persönlichkeitsextrakt, ein von den jeweiligen Kulturverhältnissen Abhängiges, ja, dies ist das Primäre, der Grund auf dem die Persönlichkeit steht, nach sich ziehend und in die Ferne weisend zwar, aber in ihrem Wachstum dennoch bedingt durch diesen Boden.
Um dies unumstößlich festzustellen, versuche man nur einmal in Gedanken irgend eine Persönlichkeit und deren Produktion zeitlich oder örtlich zu versetzen: es ist unmöglich, weil es sich um ein in einem Organismus Gewachsenes

handelt – so unmöglich wie etwa die willkürliche Veränderung einer Einzelform in einem Kopf, einem Leib, – wie die Versetzung des Menschengeschlechts auf ein andres Gestirn. – Es gibt in der Kunstgeschichte („geschichte"!!) eine Entwicklungslinie! Sie ist kompliziert und vielgestaltig wie alles Ornament das Natur bildet. Sie schießt vorwärts, sie unterbricht sich scheinbar, verweilt – verschlungene Arabesken zeichnend, sie hüpft, greift zurück und überspringt sich wieder. Es gibt in ihr Traditionen von Lehrer zu Schüler, von Schule zu Schule, von Land zu Land, – gleichsam feste natürliche Traditionen (historische?) – es gibt in ihr die freie Wahltradition, es gibt in ihr erste Suchende, zusammenfassende Vollender, nachklingende und erstarrende Epigonen, zerbrechende, neu aufbauende Reaktionäre – Geführte und Führende, den Weg Wandelnde und vereinsamt Abseitsstehende, für das Vorwärts des Weges bedeutsame und solche die wie Verzierungen da sind, es gibt in ihr Volk, reiches Bürgertum und thronende Könige! – Diese Entwicklungslinie zu suchen, aufzuklären, ihr Wesen zu erfassen, ist die Aufgabe des Kunsthistorikers. Solcherweise kann er vielleicht auch dem Künstler ein Anreger sein, ein Mitwirkender für die Zukunft. Der Künstler selbst braucht sich zwar seiner Stellung gar nicht bewußt zu sein – wie in allem Geschehen: er ist Vollstrecker höherer Gesetze in die er nur ahnungsweise Einsicht haben kann – er denkt ja auch beim Arbeiten zunächst nicht an die Allgemeinheit, nicht an das Wirken, sondern das erste, treibende Motiv ist sein künstlerischer Impuls, die Arbeit ist ihm Mittel seine Seele zur Welt in Gleichgewicht zu bringen. Er denkt zunächst nur an sich, folgt seiner Not und wird so doch zu einem Priester der Menschheit. – Schön, wenn der Künstler sich seiner kunstgeschichtlichen Mission bewußt ist, wenn sein Geist die Übereinstimmung mit dem Zeitwillen fühlt und er dessen Verkünder und Erfüller sein will.

T.[omsk] September 1917. (Kunstgesetze)
Aus dem Wesen des Materials, aus dem der künstlerische Ausdruck gebildet werden soll entwickeln sich Kunstgesetze. – Wo diese, die Künste scheidenden, Gesetze überschritten werden, wird auf Grundfehlern aufgebaut und ist ein Resultat von vornherein unmöglich. (Z.B. Plastiker, die mit der körperlichen Masse malerische Eindrücke wiedergeben wollen; Maler, die – wie es „Futuristen" getan haben wenn nicht zeitliche, so doch immer räumlich getrennte Vorgänge in Eins zerfließen lassen. Dichter, die vergessen, daß das Wort nie den Reiz einer farbigen Empfindung, durch direkte Beschreibung, darstellen kann etc.)
Für das Auge schaffe der bildende Künstler!
Er gestalte das Erlebnis der visuellen Welt und finde für jene inneren seelischen Vorgänge in dem Spiegel oder Drama der Linien, der Formen und Farben sein Gleichnis! – Aus dem Gefühl für das Wesen des Materials heraus entwickle man sich Vorstellungsmittel = und Form. – Die Malerei und Graphik bleibe sich bewußt, daß ihr Reich die zweidimensionale Fläche ist, sie soll nicht

„Rundplastik" sein wollen. So denke ich mir auch, daß das Wesen der Zeichnung vor allem die Linie ist, – das Wesen der Malerei die Farbe. – Die Darstellung der Hell-Dunkelverhältnisse wäre eine Angelegenheit des Pinsels. In der Malerei aber muß die Unterschiedlichkeit der Lichttöne zu einer der Farbtöne werden! „Die Farbigkeit der Schatten", das ist ja die große Entdeckung des Impressionismus, – an der wir festhalten müssen! (das Typische der Lokalfarbe steigern!)

Tomsk, 15. Oktober 17. (Eindrücke) –
Nach 3 Monaten wieder einmal für eine Stunde aus dem Lager! – Die Bäume stehen schon kahl! Man hat die allmähliche Wandlung nicht miterlebt, und so kommt's wie das Erwachen aus einem Traum über einen: man besinnt sich nicht auf die Wirklichkeit. – Das Gefühl der Befreiung! Erinnerung an die Spaziergänge in der Jugend am Mittwoch und Sonnabend; dem Schulzwang entflohen! Wieder die Empfindung eines halbwachen oder überwachen Zustandes – wie ihn etwa Scheintote erleben müßten: Da ist ja das Leben um Dich! Wo war's nur? Warst Du nicht in einem Gefängnis? Wie lange wohl? Hast Du's amende nur geträumt? Oder ist dies, das Leben Traum?
Weg zum Tom. – Plötzlich neben mir der unheimlich tolle Kopf eines schielenden russ. Soldaten – fürchterlich wie der Glöckner von Notre Dame (V. Hugo). – Lachsrote Fahne vor dem Blau des Flusses! Kohlenträger! – Durch ein Fenster sah ich ein Mädchen, mit lebhaftem, frech-klugem Gesichtsausdruck wie es im Zimmer einen Wortwechsel führt und lachend gegen ihren Partner die Zunge herausstreckt. –
Über eine Heide! Durch Sumpf und Sandwege. Erinnerung ans Feld: an den zähen Willen nur immer vorwärts zu marschieren, das unendliche Hinausschieben der Grenze menschlicher Kraft; an die tröstliche Hoffnung auf Menage und Post.
– Abenddämmerung im Birkenwald. – Zwei junge Bauernweiber auf einem Wagen. Eine sagt zu mir: «Что ты смотришь?» (Was schaust du?), – die Augen lüstern zugekniffen, heiß, wie jäh von einer Welle Sinnlichkeit übergossen. – In einer Чайная (Teestube u. Bäckerei) bekommt jeder von uns 1 Pfund черный хлебъ (Schwarzbrot). An den kleinen niederen Tischen sitzen Soldaten, trinken Thee u. essen. An einem Tischchen 2 Mädchen die mitsammen aus einem ganz kleinem Teller ein Fleischgericht mit einigen Kartoffeln teilen. Die eine drall, – die andere zart u. schüchtern, – halbreif, grünes Kleid, rotes Kopftuch, gelbes Gesichtchen mit blaßblauen Augen, langes dünnes Hälschen, – jener rührende schwindsüchtige Typus den Dostojewski gestaltet hat – ich glaube i.d. Erzählung „Bei nassem Schnee" (1914 VI. gelesen). – Abends wieder einmal das gesunde Wohlbehagen körperlicher Ermüdung u. satte Zufriedenheit nach dem Pfund Brot, einem Teller Kartoffeln mit Gelbenrüben, und gezuckertem (!) Thee.

30. Okt. 17. (Eindrücke)
– „Eisgang" des Tom; großartiges dramatisches Naturschauspiel! Das drohende Krachen, das Sausen u. Geklirr der Eisschollen, das Übereinanderschichten u. wieder Mitgerissen werden! Die Rufe der Leute die über den Fluß gehen (Леде идетъ! [Eislaufen]) – Zwei Schwestern in grünen Kleidern, schwarzen Pelzmützen, mit rosaroten wie angefärbten Puppengesichtern, in einem zweirädrigen Gespann von einem Paar zierlicher Rappen gezogen. – Auf dem Basar eine schwarz gekleidete Frau, die einer Genossin ihre Leidensgeschichte erzählt, von Schmerz überwältigt gleichgültig gegen die Umgebung, von Schluchzen geschüttelt mit tränenüberströmtem Antlitz. –

Sonntag d. 4 Novb.
Besuch in der evangelischen Kirche (Marienkirche)[13] deutsche Predigt (Reformationsfest – 31. Okt. 1517) Sprache u. Gesten des Pastors. Die Kirchenbesucher Deutsche, einige, besd. unter den Frauen, mit slavischem Einschlag. – Ein Bauer mit seinem Weib, in Bildung, Bewegung u. Kleidung wie herausgenommen aus der Zeit Dürers. –
Gedanken über die Religion als Kulturfaktor, ihre fördernden u. ihre hemmenden Wirkungen auf die Kunst, – die Religion als Werkzeug des Staates – die Erstarrung der R.[eligion] zu äußerlichem Kultus – das Überflüssigwerden der Religionen in der modernen Welt (des modernen Menschen Kirchen, seine Tempel der Kunst u. Wissenschaft!) die Wiedergeburt christlicher Ideen in der Bewegung des Sozialismus!
Am Rückweg Bekanntschaft eines Hauptmanns der bei den 94-ern in Weimar gestanden hat.

Samstag d. 17. Novb. 17.
Der unheimlich öde Eindruck des erstarrten Tom! – Ein Fischer sitzt auf dem Eisboden und angelt, gegen den Wind hat er die aufgebrochenen Eisschollen aufgestellt. – Weiber die im Eiswasser Wäsche waschen! – Die scharfe Zeichnung der Figuren gegen den Schnee u. Reinheit der Farben! – Besuch in der Synagoge. Unten nur Männer, die Frauen auf der Galerie. – Diese alten Judenköpfe!! Gedanken über die Größe, die zähe innere Kraft des Judenvolkes! Sie lesen laut aus hebräischen Büchern, haben zerfetzte, weiße, schwarz gestreifte Mäntel an u.

13. Bereits im 18. Jhd. gründeten schwedische Kriegsgefangene in Tobolsk und Tomsk (1718) evangelische Gemeinden und erbauten Kirchen. Seit den 90er Jahren des 19. Jhds. wanderten zahlreiche Deutsche aus den Wolgakolonien und Wohlhynien sowie Esten und Letten aus den Ostseeprovinzen ein. In Tomsk wurde die neue Kirche im Jahre 1864 vollendet. Siehe: Die Evangelisch-Lutherischen Gemeinden in Rußland. Eine historisch statistische Darstellung. Hg. v. Zentralkomitee der Unterstützungs-Kasse für evangelisch-lutherische Gemeinden in Rußland. St. Petersburg 1909, I. Bd., S. 86 ff.; Karl Stumpp: Die Rußlanddeutschen. 200 Jahre unterwegs. Freilassing 1969, S. 102 ff.; eine Abbildung der Tomsker Kirche auf S. 103.

wackeln mit dem Oberkörper nach vorn u. von links nach rechts. Hebräischer Gesang des Rabbiners. –

T.[omsk] 19. Dez. 17. (Besuch i.d. Stadt) –
Zufolge der überhand nehmenden Desorganisation gelang es mir heute ohne Konvoi aus dem Lager zu kommen[14]. Abenteuerlustiges Gefühl! Auf Schleichwegen, um nicht von der Miliz gefaßt zu werden, in die Милионная Улица № 29 [Millionen Straße Nr. 29]. Durch eine Hintertreppe in eine Küche gelangt, Erkundigung nach „Mademoiselle Вера Рубинстейна, студентка [Wera Rubinstein, Studentin]", die meinen Bruder Romedi von Turkestan[15] aus kennt u. mir Briefe von ihm übermittelt hat. Empfang durch einen jüdischen jg. Student. – Der sich als begeisterter Zionist zeigte /: Eroberung Palästinas durch die Engländer :/ in einem ziemlich öden Zimmer in dem 3 noch ungemachte Betten stehen. – Bald erscheint die Medizinerin Wera R. u. ihre Kollegin Роза Фридманъ [Rosa Friedmann]. Beide kleine, zierliche Jüdinnen mit dunkeln Blitzaugen, schwarzen Brauen u. Haaren, kleinen weichen, wohlgepflegten Händchen mit überaus graziösen Bewegungen. Wera scheinbar ernsthafter veranlagt u. von jener einnehmenden Art, die Aufopferungsfähigkeit verrät – ich habe mich an die kleine Bianca L. in Weimar erinnert. Ihre Freundin Rosa («Розочка») vielleicht hübscher, üppiger, mit den rundlichen Schultern einer Susanna – etwas lüstern. – Später kam noch die хозяйка (Hauswirtin), eine Kurländer Jüdin welche leidlich deutsch verstand u. sprach und diente in unserer drolligen Unterhaltung als Dolmetsch, – ein jüdischer Infanterist u. zwei Gymnasiasten hinzu. Es wurde Thee mit Zucker u. Milch (!) getrunken, Butterbrot u. Kaltes gab's u. viel geraucht wurde. Dieses Radebrechen – sie konnten alle noch weniger deutsch als ich russisch u. so wurden beiderseits die Sätze halb deutsch halb russ. gesprochen – war sehr lustig. Die Unterhaltung gewinnt dadurch an lebhafter Mienensprache und dies gegenseitige Erraten – zumal zwischen liebenswürdigen Mädchen mit einem Gefangenen, der 2 1/2 J. mit keinem weiblichen Geschöpf verkehrt hat, ist ein reizvolles Spiel. Ja, nach 32 Monaten Gefängnisleben wieder in ein Wohnzimmer zu treten, an einem gedeckten Tisch zu sitzen, mit nichtuniformierten Menschen, u. Frauen sich zu unterhalten, – wie bohèmeistisch dies Milieu auch war – ist ein merkwürdiger Zustand! Das Son-

14. Die Auswirkungen der Oktoberrevolution kamen in Sibirien erst mit zeitlicher Verspätung zum Tragen. Über die besondere Situation in Sibirien schreibt etwa der Historiker V.V. Rjabikov: „Die Revolution in Sibirien hatte keinen selbständigen Charakter, sondern war nur ein Spiegelbild. Wenn nicht im Zentrum die Oktoberrevolution entbrannt wäre, dann hätte Sibirien noch viele Jahrzehnte keine Revolution erlebt." Zitiert nach Dieter Groh: Rußland und das Selbstverständnis Europas. Ein Beitrag zur europ. Geistesgeschichte. Neuwied 1961, S. 149; V.V. Rjabikov: Irkutsk. Hauptstadt des revolutionären Sibiriens. Irkutsk 1957, S. 195 ff.

15. Siehe Romedius Wacker: Erlebnisse eines Arztes im Krieg und russ. Gefangenschaft. In: Sonntagsblatt der Solothurner Zeitung. Nr. 14–22, 1922.

derbare auch, daß die anderen – die „freien Menschen" die nicht wissen wie glücklich sie sind – einen wie ihresgleichen behandeln – nicht ahnen, welchen Eindruck auf uns die gewöhnlichsten Dinge machen, sich nicht vorstellen können, was für ein, – an alles Harte, Lieblose, Dunkle, Schmutzige gewöhntes, geächtetes Wesen so ein Kriegsgefangener ist! Eine Einladung ins Theater (mit einem Zivilmantel maskiert) hab ich leider ausgeschlagen; u. 1/4 Pfund Tabak das sie mir für Weihnachten schenkten hab ich auf der Fahrt zum Lager verloren! Der Student und Soldat (der f. den Notfall als mein Wächter gegolten hätte) haben mich im Schlitten begleitet. Um 9h Abds. kam ich ohne Anstand wieder hier herein. –

3. Jänner 1918. (Eindrücke)
Abend mit Graf Luckner[16] Spaziergang in die Stadt. Der „Wasserturm" gegen den gestirnten Nachthimmel; monumentaler Eindruck! Ausgelassen fröhliches Lachen von Weibern die mit Männern im Schlitten fahren. – Eintritt in einen Kinomatograph; nehmen keine Karte mehr weil gleich Schluß sei. Im II. Kino politische Versammlung. Eine Stunde in einem Cafehaus. Angeregte Unterhaltung; Erinnerung an die Cafehausgespräche in Weimar – kindische Freude über das Gelingen unserer Unternehmung, – wie Gymnasiasten wenn sie das Gasthausverbot übertreten. –
4. I. Einkauf in der Stadt (mit Weber)[17] Erkundigung nach allen Marktpreisen, – tote Schneehasen im Fell,– die abgezogenen Hasen, starr gefroren – wenn sie übereinander kollern klingt's wie das Gegeneinanderschlagen von Holzkeulen. – Farbe gefrorener Schinken. – Heiße Kolatschen mit Kraut gefüllt. – Interessantes Ladenmädchen (bei Фридмановича[Friedmannowitsch], slavisch-jüdische Mischung – erinnert mich im Typus ihres Wesens an ein stellungsloses Dienstmädchen aus Elsaß, das ich einmal mit J.J.V.[rieslander] im Weimarer Park traf.

5.I.18 (23. Dez. alt. russ. Stil) (Выставка картинъ восн ...) [Ausstellung von Gemälden: ... (unleserlich)]
Den ganzen Tag von 10h V[or]m.[ittag] bis 3h Nachts draußen, die Ausstellung der österr. ung. Kriegsgefg. (Zeichnungen, Malereien, kunstgewerbl. Gegenstände) herzurichten. Schlittenmorgenfahrt zum Мужская Гимназия [Männer-Gymnasium]. Bekanntschaft einer Dame die neben dem Schullokal 2 Zimmer bewohnt. Fr. Cladek, aus Kurland geflüchtet. Ihr Vater war Österreicher, Čeche.

---

16. Graf Heinrich Luckner, geb. 1891, Maler; 1909–1919 aktiver Offizier, 1914–1918 in russ. Gefangenschaft, 1915 Begegnung mit J. Meier-Graefe, 1919–22 Studium in Danzig und Dresden. Während der Gefangenschaft unterrichtete ihn Wacker im Zeichnen; später trafen sie sich öfters in Berlin. Lit.: G.H. Luckner. Ausstellungskat. Neue Münchner Galerie. 1964.

17. J. Weber. Wacker nennt ihn einmal seinen Schüler (Übersichtlicher Rückblick. Kriegsjahre 1914–18; S. 12). In den späteren Tagebüchern taucht er nicht mehr auf.

Kurzgeschorene, graue Haare. Krankhaft eingefallenes Gesicht, fein geschnitten. – Mittagessen (zu 1,70 P. [R. (Rubel)]) in einer Stolowaja. Bedienung von einem sympathischen Weib in blauem Kleid. – Ein anderes Weib: wohl schwanger, die Hände überm Schoß, – Ausdruck der Augen – – brütend, geistesabwesend, wie mit Widerwillen an's Vergangene und mit Sorgen an die Zukunft denkend. – – Ein liebes etwa 4jähriges Mädchen – wie es ißt, – die Geste mit der es nach Salz verlangt, – meine innerliche Rührung. – 2 Österr. und 1 deutscher Infanterist, befangen, anständig, bieder. – Jude. – Mann im Pelzmantel, schwarz gekleidet mit weißer „Brust". –
Gymnasiasten: alle bleich und halb verderbt. „Unreif gepflückte Äpfel" – Besuch bei einem Kgfg. Mediziner in der Некрасовская Больница [Nekrasowski Krankenhaus.] Spitalgeruch. Erinnerung an die Besuche bei meinem Bruder F.[ranz] im Salzburger Spital. – Stahlfederbett! Weißgekleidete Wärterinnen. / Die unbeholfene versonnene Schüchternheit eines Menschen der aus langem Dunkel in's Helle tritt!/
Abendessen in einer andern Stolowaja [Speisesaal]. – Weib in roter Bluse, unglaubliche Fülle der Brüste. – Aus einem Hinterraum (Küche und Wohnzimmer

Bild 18

Speisesaal („Stolowaja") des Kriegsgefangenenlagers Tomsk.
Foto rückseitig beschriftet: „Die obere ‚Stolowaja' von der Orchesterrampe aus gesehen. Tomsk, 19. Juli 1917."

der Familie) erklingen monotone Gitarrakkorde. – 4–5-jähriges Mädchen im Türrahmen stehend in Unterhöschen und Leibchen. Wie sie neugierig schaut, mein Lächeln erwidert, fortspringt und wieder verstohlen guckt. – Was für ein gesteigertes Lebensgefühl ich in diesen wenigen Augenblicken empfinde. Wie reich, bedeutsam und erregend das simpelste Stück Leben ist! Wie unerschöpflich und beglückend ein sinnlicher Eindruck!
– Weg im Mondschein! Um 1/2 4^{h} Morgen wieder im Lager. Esse noch mein p. [Pfund] Brot. Sensibilität nach der Übermüdung. Erinnerung an die Morgenstunden in meinem Weimarer Zimmer nach durchtanzten Nächten.

<u>Tomsk. 15. Februar 18 – russ. Feiertag. (Zwei Besuche)</u>
In zerfetzten zusammengestückten Zivilkleidern (seit August 1914 wieder zum erstenmal in Zivil!!) – Besuch beim Bäckermeister Grenich um Grüße vom Grafen L.[uckner] zu bestellen. Gespräch mit einem Mädchen (deutsch), leicht pokkennarbig, zierliche Zähne, blaue lebhafte Augen; sympathisches Wesen, frisch resolut – ein Mädchen das auf seine Rechnung kommt, doch die Fähigkeit inniger treuer Hingabe vermuten läßt. – Rote Plüschlesesessel, weiß getünchte Wände mit einigen alten Photographien und Bildern behängt. – Ein Mädchen setzt sich in Hut und Jacke zum Klavier, ein Bäckerjunge in weißer Joppe begleitet sie auf der Violine. – Herr G. kommt in Arbeitskleidern mit mehlbestäubtem Haar aus der Bäckerei. Ostpreuße v. Geburt. Viereckiges, breites Gesicht (wie der sächs. Kurfürst v. Dürer!) mit blauen kleinen gutmütigen Augen. Eine echte Hans Sachsfigur, ein ganz prächtiger Mann, ein Stück Deutschtum aus guter alter Zeit verkörpernd, rechtschaffen, arbeitsam, fürsorglich, – <u>bieder</u>. Es fallen einem die Sprüche Luthers ein. Er hat es zu Wohlstand gebracht und vor d. Krieg hier eine bedeutende Rolle i. d. Stadtverwaltung gespielt. (U. a. Gespräch über die unerhört billigen Lebensverhältnisse vor d. Krieg. – Pfund Fleisch 3–4 Kopeken. Die Löhne nicht niedrig!: aber <u>faul</u> sind die Russen, er arbeitet 2 Tg. und hat 1 Woche zu leben, denkt nur von heut auf morgen, arbeitet wie der Südländer, nur wenn ihn die Not dazu treibt, versauft und verspielt dann den Gewinn bis auf die letzte Kopeke, bis auf's Hemd!) – Bewirtung mit Kohl und Piroschni.
– Ein Zivilgefangener, geborener Petrosbürger, deutscher Untertan, Bankbeamter, ist auch dort. Spricht deutsch wie russ.; – nie in Deutschland gewesen spricht er mit leicht sächsischem Akzent. Intelligenter, sympathischer Mensch. 37 Jahre alt. Vogelgesicht. Große kluge Augen. Kopf nach unten zu gespitzt, ein gezogenes Kinn, vorstehendes Oberkiefer, abhängige Schultern. – Gehe mit ihm zusammen auf der почтамтская [Post Str.] spazieren. Belebter Korso!
– Besuch in seiner Wohnung. Lebt in kümmerlichen Verhältnissen. (Kellerwohnung in der man sich kaum umdrehen kann. Hat jetzt eine Stelle mit 125 R.[ubel] monat. Gehalt.) Erzählung durchgemachter Not: in Petrograd unter Tataren, Baschkieren und besonders Kosaken. – Seine Frau eine Finnländerin, blond, blauäugig, frisch, liebevoll. Ein 10 Mon. altes und ein 6-jährg. Büble. Wie wohl

Bild 19

Postgasse in Tomsk. Aufnahme um 1920.

tut's, Kinderhände zu halten, Kinderaugen auf sich ruhen zu fühlen. – Wie wohl und schmerzlich zugleich ist mir der Blick in menschliche Verhältnisse! Dieser Mann lebt im Kreise seiner Frau, seiner Kinder – wenn diesen Kreis die Liebe bindet, was tut es da schließlich ob er „in einer Hütte oder in einem Palaste" wohnt? (Wie bitter es andererseits auch sein muß, schuldlos seine Familie mit in's Elend zu reißen! – Wir leiden eben immer nur als Einzelne und da ist alles erträglich, was auch immer uns geschieht.) – Merkwürdig ist nur, daß alle in Rußld. lebenden Deutschen von den Russen eine sehr schlechte Meinung haben. Vor allem betonen sie deren Mangel an Disziplin, Unvermögen zu planmäßiger Arbeit, ihre „Dummheit" und „Roheit". – Man muß sich da fragen, ob z.B. ich mir nicht doch ein falsches Bild (aus den geringen Erfahrungen die nur wirkliche Anschauung gewährt, und vor allem aus der russ. Literatur) vom russ. Nationalcharakter mache? (z.B. tragen diese Beobachter wirklich nicht nur deshalb so stark auf, um uns gegenüber etwa solcherweise ihr Deutschtum dokumentieren zu wollen?) – Haben sie kein Gefühl für die guten, die großen und hoffnungsvollen Seiten dieses Volkes? – Ein Dostojewski, der wie vielleicht niemand seine schlechten Seiten zu sehen Gelegenheit hatte, – sie aber eben so tief, in ihrem Ursprung erkannte und voll Mitleiden sah, glaubte doch so fest an sein Volk! – Und wie anders sollen wir auch eine Nation beurteilen, wenn nicht nach ihren Großen? (!)

(Schwierigkeit, ein junges Volk zu beurteilen? Die Anlagen eines Kindes? – Beurteilung der Deutschen durch Franzosen und Engländer z.B.)

Februar 18. (Weltkrieg.) –
Motive: Kampf des Kapitals gegen das Kapital. (Vielleicht um seine Machtstellung über das Proletariat zu befestigen? Vielleicht um überhaupt durch Bildung der Kräfte gegen Außen vom innern Kampf abzulenken, die sozialistische Bewegung zu unterdrücken oder doch hinauszuschieben? – Im Reich des Siegers: Vermehrung des K.[apitals] dadurch auch Hebung des Niveaus der Unterklasse. – Aber: auf Kosten der Besiegten. Wer zahlt diese Kosten, wer leidet darunter? Das P.[roletariat] des besiegten Reiches/ – Ließe sich der, von der Oberklasse der Unterklasse zugesagte Wohlstand nicht von vornherein, sicher, und ohne Leiden zu verursachen, durch einen Ausgleich der obern und untern Säcke erreichen?/ Alle andern, angeblich leitenden „Ideen" – wie Rassen- oder Nationalkampf, Religionskrieg, Kampf der „Demokratien" (Entente!) gegen den Imperialismus etc. sind Deckmäntel (viele dieser Gegensätze künstlich gezüchtet oder doch unterstützt und als Kampfmotiv vorgegeben).
Revolution: Die Deckmäntel werden fadenscheinig, der Krieg entwickelt sich zum Klassenkampf, (wird als solcher schon in seinem Ursprung künstlich?) – wird als Kampf des Sozialismus gegen den Kapitalismus ausgefochten (?).
Rußland: reale Ursachen (d.h. begünstigende Grundlagen zur Verwirklichung der Revolution): Schroffheit der sozialen Gegensätze, Fehlen einer vermittelnden Klasse. Ideelle: Exzentrik des Russen; das im Volksbewußtsein lebendige christliche Ideal.
Westeuropa: Hindernis der von den Russen geforderten Weltrevolution: Vorhandensein einer vermittelnden „Mittelklasse", Zufriedenheit in dieser und Möglichkeit von unten in sie aufzusteigen. – Aber: Diese Klasse hat in diesem Krieg am allermeisten gelitten – sie gab Gut und Blut. So existiert sie vielleicht nicht mehr in ihrer alten Form und geht zu den „Unzufriedenen" über (?).

Tomsk, 12. März 1918. (Sexualleben) –
Den Sexualtrieb in gesunde Bahnen lenken!
Ihn in seiner Ursprünglichkeit, seinem Zwecksinn erkennen. – Freudig die Gewalt und das Recht dieser Macht bejahen – dieser Macht, die das All geschaffen, es zusammenhält und ewig wandelnd weiter schafft! Um ihre Heiligkeit wissen, alle Göttlichkeit in ihr als dem Ursinn anbeten! – Mann und Weib die sich ersehnt haben/ – vorher der Mann allein: halb, vorher das Weib allein: halb! – die einander ergänzenden, helfenden, beglückenden Gefährten, beide erfüllt vom Drang ihr Leben über sich selbst hinaus zu zeugen, die sich in hingebender Liebe vereinen ihr Geschlecht fortzuführen! – Fluch den sozialen Mißverhältnissen die uns in Kompromisse zwängen, so schmerzliche immer unbefriedigende und oft erniedrigende Kompromisse –, oder die uns zur Not der Enthaltsamkeit und

Bild 20

Foto rückseitig von R.W. beschriftet: „Rudolf Wacker im Gefangenenlager Tomsk Febr. 1918".

unnatürlicher Befreiung zwingen – zu einem Leben in dem der gesunde Geschlechtstrieb zum Zerrbild eines peinigenden Dämonen wird! – Ob man nicht von diesem Zentrum aus auf die Gesundung des gesammten Lebens hin wirken könnte? – Forderungen: Normaler Geschlechtsverkehr mit der Frau. Besinnung des Triebes auf seinen Sinn, seine Einschränkung in gesundes Maß und Form, – durch Einlenkung in seine natürliche Bahn und gesunde Lebensführung (Wechsel geistiger und physischer Anspannung, – Ernährung etc.) In Reife, aus Saftüberfluß den Akt wollen und gewähren. – Die Folgen des unbefriedigten und die des übersättigten Triebes? – Der Mittelweg auch für den Bestand der gegenseitigen Anziehung von Wichtigkeit. –

(12. III. Kindererziehung) –
Den Kindern die Unschuld in der Anschauung des nackten Körpers bewahren! Sie zur Freude am gesunden Leib erziehen! Körperkultur! (nicht nur gehen, sondern auch laufen, tanzen, schwimmen etc. lehren!) Keine Lügen und Mär-

chen über den Ursprung. Müßte nicht das Ahnen vom Mysterium der Zeugung und Mutterschaft die Ehrfurcht und Liebe nur steigern? – / Hindeutung auf die Biologie der Pflanzen. Es ist Zeit die Schranke zwischen dem Tierreich und dem Menschen endlich aufzuheben! Nicht eine Erniedrigung, sondern eine Erhöhung des Menschen liegt darin! / –

(Gedanken an die Zukunft)

T.[omsk] 6. April 18. (Die drei fürchterlichen Verwundungen):
1. Verlust der geschlechtlichen Zeugungsorgane und Kraft. Leben bleiben! Zusehen, wie sich das Leben empfindet ohne diesen Mittelpunkt. – Ob die Erinnerung der alten Empfindung bleibt, – ob sie für immer bleibt, allmählich schwindet oder plötzlich vorbei im Bewußtsein des neuen // „Geschlechtslosen" – „Desinteressement!" // unmöglich wäre? Ob und was für eine Kunst aus diesen Zuständen geschöpft werden könnte?! – 2. Verlust der Augen: Leben bleiben! Die Welt des Blinden erfahren! Auch das Interesse an der weiteren Entwicklung der Nahestehenden und der Welt müßte einen erhalten. – Und vor allem Kinder mit neuen Augen zeugen! –
3. Verlust beider Arme: Leben bleiben! Aus denselben Gründen und zu denselben Zwecken wie der Blinde. – In beiden Fällen Zuwendung zu andern Schaffensgebieten und Ausbildung der neuen hierfür notwendigen Werkzeuge möglich. – Ist die Schaffensmöglichkeit versiegt, hat der Zuschauer keine Rolle mehr als die des bloßen Zuschauers, – und ist selbst dieser letzte Reiz wertlos: Dann dem Lebensrest ein Ende bereiten! – Erst dann!! – Dies alles wußte ich schon als ich zum erstenmal in's Feld ging. – Sind wir zäher als andere – die vor diesen dreien denken das Leben zu enden? Oder wissen die nur nicht wie zäh das Leben in Wirklichkeit ist. – Das große Übel bleibt immer der Tod! –

6.IV.18. (Halbphilister)
„Halbphilister" – das ist immer die übelste Gesellschaft, Leute die sich an Große wie zu ihresgleichen wenden, in denen alles Große zu einer lächerlichen, beleidigenden Carikatur wird, in deren Händen alle Werte und Klänge zu Münzen werden, Leute ohne intuitive Begabung, die nicht zwischen den Zeilen zu lesen verstehen – die Widersprüche nicht einen können etc. etc. (Da ist der Philister – der gar nicht einmal weiß, daß es zwischen Zeilen auch was zu lesen gibt – doch der Bessere!) – Dieser „Halbphilister" scheint mir der Typ des heutigen „Gebildeten" zu sein.

8. April 1918. (Eindrücke, – Bad)
Besuch einer Баня (Bad). Eine alte Kupplerin und zwei Freudenmädchen, denen ich erkläre, daß ich nur um zu baden hergekommen sei, geben sich alle erdenkliche Mühe, mich zu gewinnen. – Die eine: mächtiges Bauernweib, groß, breit und starkknochig, – in den Gelenken aber doch nicht derb, die Gliederung der Hän-

de sogar schön – Lenden „stark eine Welt zu tragen", üppige Brüste, kurzes, dikkes Blondhaar, lüsternes Raubtiergesicht, rote Bluse, nackte Füße. – Die andere: schlank, schmiegsam, merkwürdig wild leuchtende, blaue Augen in einem blassen, mit Sommersprossen leicht getupften Gesichtchen – fein geschnitten, geistig und sanftmütig – eine Sonja („Raskolnikoff")[18] in blauem Kleid.
Sie können sich wohl kaum vorstellen, daß Furcht vor Ansteckung das Motiv zur Enthaltsamkeit sein kann; – «Посмотрите, посмотрите! Я покажу вам!!» [„Schauen sie, schauen sie! Ich werde es Ihnen zeigen!!"] – noch weniger begreifen, daß man zwar ihrer Wahrhaftigkeit glaubt, aber nicht an die Möglichkeit (oder doch Wahrscheinlichkeit) ihres Wissens. – Was mögen sie sich überhaupt denken von „so einem"? – Die Gefahr die für mich in solchem Fall im „Mitleid" liegt? – eben darin, sie vor falscher Auslegung bewahren zu wollen (daß die Zurückhaltung z. B. nicht aus instinktiver Abneigung – physischer oder moralischer – entspringt). – Auch dies nur ein „Scheinmitleid" – der eigentliche Grund wohl auch hier egoistisch! – Die Wahl die ich treffen würde zwischen den Beiden von ihrem Gesichtspunkt aus: Ein Schwächling der sich die Bändigung dieser Bestie nicht zutrauen kann? – Auch der einer der plumpen Männer, die der „Fleischmasse" den Vorzug geben? – Welcher „Stolz" würde in mir siegen? – Wie die Instinkte versuchen die Vernunft zu betrügen und den Entschluß zum Akt schließlich von Zufällen abhängig machen wollen. – Diese ganze komplizierte Reihe von Überlegungen nebeneinander und durcheinander, die sich gleichsam im Unterbewußtsein abspielen! Endlich lassen sie mich in eine Kabine „nur um zu baden". Dort steht aber eine Wanne nur zum Schein und ich muß mich mit einer Waschung begnügen. – Die Mädchen kommen einzeln noch einmal zu mir herein, lassen aber schließlich, da sie mich ohne Erregung nackt vor sich aushalten sehen, doch von mir ab. „Sonjas" Triumph, mit dem sie mir, als ich herauskomme, einen kräftigen und hübschen russ. Soldaten zeigt: «Вотъ мой мужъ!» [„Da ist mein Mann!"].

12. April 18.
Besuch beim „Kollegen" H.K. – der hatte zwar genug Aktivität, durchzusetzen, daß er „draußen" wohnen und arbeiten kann, versteht es nun aber nicht, das russ. Leben geistig auszubeuten! – Er ist noch unschlüssig ob er hier bleiben soll. Sein ganz falscher Weg: jahrelang ausschließlich auf Gelderwerb ausgehen zu wollen und dann erst zu malen was er innerlich muß – (= als ob ein solcher überhaupt „müßte"!)
Die Nacht (v. 12. auf 13.IV) in der „Katalaschka" verbracht. (5 Minuten zu spät

---

18. Sófia Semjónowna, genannt Sonja, Marmeladows Tochter (S.S. Marmeladow – ein entlassener Beamter); vgl. Wackers Lektüreliste April 1918: „Dostojewsky: Raskolnikoff (Schuld und Sühne)."

– die „rote Garde"[19] unsrer Krgsgfg. sperrt uns ein). – Gespräch mit einem bayerischen Bäckergehilfen über Zusammensetzung der r.[oten] G.[arde] (die Motive: teils Not, teils Abenteuer, Mord und Raublust, bei den wenigsten sozialistischer Idealismus –) und deren Ziele. – Gefängniszelle: Steinmauern; eng; feuchte Stickluft; Fensterchen hoch oben; schwere Tür mit „Guckloch"; an den Wänden naive erotische Karikaturen. –

Tomsk, 25. April 1918. (Wilhelm Leibl) –
Ein Rätsel dieser Leibl! – Man sehe sich seinen derben Bauernschädel an (ein Kopf, aus dem man wohl einen zähen, starken und zielbewußten Willen, die Kraft eines Stieres fühlt, aber kaum eine hohe Geistigkeit erraten kann – z. B. seine unintelligenten Ohren!) man höre seinen Freund Mayr über seine Lebensweise, – wie scheint er bar aller geistigen Interessen, scheint sich (– ausgenommen einige Meister – die er auch bloß „als Maler studiert" weder um Kunst oder Literatur, noch um das Leben selber bekümmert zu haben: – dieser Mann der Bildner einer so fabelhaft aristokratischen Malerei! (als Maler war er in all seinen Werken Aristokrat des erlesensten Geschmackes!). Er der feine Seelenrater als der er sich offenbart z.B. in der „Frau Gedon!" (69!), „Kokotte", Trübner(72!), „Schuch", „Dame in Schwarz", „junge Bäuerin in Pelzmütze", „linke Hand des Rembrandtdeutschen (Langbehn)", „Pallenberg", „Alte von Perfall", „Gräfin Treuberg", zuletzt noch ein Bildnis der Apothekersfrau, – ich glaube „Rosenberg"!
Wenn man von diesen Bildern, in denen er ganz „der große Künstler" war, herüber denkt zu andren, wie etwa: „Die Dorfpolitiker", „Das ungleiche Paar", „In der Bauernstube", „Der Jäger Karebacher", „Zeitungsleser" – sagt man sich da nicht daß er „als Künstler" gesunken ist, daß sein hohes geistiges Auffassungsvermögen hier brachliegt, und daß er seine subtile Malerei an Gegenstände verschwendet, die deren nicht würdig sind? – Man versteht: „Es gibt nichts Kleinliches in der Natur, nur machen muß man's können!" – Alles kann man malen, „es handelt sich nur um das Wie"! –
Eins der größten Malgenies (so selten!!) aus dem „Volke der Denker" ein „l'art pour l'art-Maler" – ist's nicht sonderbar? und bedauerlich? – dabei ist Leibl in Bildern wie den letztgenannten doch „Anekdotenmaler"! – Man fragt sich: wozu braucht er für diese Bauern diese subtilsten Ausdrucksmittel? Stehn nicht Mittel und Objekte in einem Widerspruch? Ja, ließe sich von diesen Menschen

19. Im Januar 1918 tagte in Samara der erste revolutionäre Kriegsgefangenenkongreß. Die Teilnehmer verfaßten eine Resolution, in der sie bei der Sowjetregierung um die Erlaubnis nachsuchten, eine Rote Garde aus freiwilligen Kriegsgefangenen als Teil der russ. Roten Armee aufzustellen. Diese Roten Garden veranlaßten die Internierung aller Kriegsgefangenen, die sich der III. Internationalen nicht angeschlossen hatten, um unter ihnen neue Mitglieder zu werben. Dabei kam es auch zu Mißhandlungen und Schikanen, unter denen vor allem die kriegsgefangenen Offiziere zu leiden hatten. Siehe E. Brändström (Anmerkung 4), S. 108 ff.

nicht Wesentlicheres sagen, und dies notwendig mit anderen Mitteln? (Egger-Lienz!! – Buri ist mit anderen Mitteln in der Mehrzahl seiner Bilder auch nur Anekdotenmaler, darüber kann sein „monumentales Format" nicht hinwegtäuschen!) – Leibl ist als Maler eine Vollendung; aber es ist denkbar, daß ein Leibl-Schüler ihn als Künstler weiterentwickelt. –

Aus den seit 1918 abgesandten Briefen (bis Mitte April).

Mutter, Tomsk 23. Febr. 18 .... Gestern eine K.[arte] Cornelias erhalten in der sie nur sehr Gutes, Beruhigendes über Dich schreibt. Ich habe ja so fest auf Dich, Deine gesunde bejahende Natur vertraut, – ich bin glücklich daß Du Dich u. meinen Glauben erfüllst. Und doch tut mir jetzt wieder alles so weh! Von Neuem sehe ich Dich wieder v. außen bedrängt; von Neuem vor unsern Leben wieder die schwarze Wand über die wir schon so lange hinausgeträumt haben! Ich sah sie seit Monaten, habe alle Möglichkeiten die sich ergeben können und die welche ich mir schaffen könnte erwogen und bin mir klar über meine Lage. Jetzt nur ruhig und fest den weiteren Lauf der Ereignisse abwarten. Jetzt nur an's Nächste das kommen wird denken! – An den unerhörten Aufschwung / – die Fahrt, das wirkliche Erleben, das Wiedersehen alles Geliebten / – nun wohl nicht der Jubel, – wieder der Weg in's Leben, in ein friedvolles, arbeitsreiches, den wir seit 3 J.[ahren] erwartet haben – sondern wieder die ekstatische Hingabe an Augenblicke vor einem Abgrund! Schmerzlicher noch als früher, weil m. Beziehungen zum Leben in den Jahren nur noch breiter, fester und vor allem bewußter und reifer, weil wir so lange zuversichtlich auf die Erfüllungen unsrer Hoffnungen gewartet haben, weil sich mein Verhältnis zu diesem Krieg von meiner persönlichen Stellungnahme zu einer allgemeinen erweitert und – gewandelt hat – wie, werdet Ihr schon lange erraten haben. Von allem das Bitterste ist mir auch jetzt wieder der Gedanke an Dich geliebte Mutter! – Hänge dem allen nicht nach lb. M.[utter] – abwarten! Ich will die Kraft haben trotzdem ich mir alles in's Bewußtsein rufe ruhig und hingabefähig zu sein. Je stärker der wehe Druck ist, desto höher soll meine Seele fliegen! Dieser zähe, kämpferische und gläubige Lebenswille soll meine Rechtfertigung sein, mir ein Anrecht auf weiteres Lb. [Leben] geben! – Übermorgen mein 25. Geburtstag. Nun lautet das Gebot wieder: Sei's nicht der letzte! 24 – hieß es, der letzte hier! – Ich denke daran daß in dem Alter Vater Dich kennengelernt hat! Ich denke an die Kreise des Lebens! – Habe wenig Sammlung zur Arbeit (Zeichnen, Malen) zumal auch viel äußere Störung und Unruhe ist. Lese wieder viel (Maeterlinck, Strindberg, de Coster, – in den Gedichten W. Whitman's und Goethes Briefen).

Otto Herbig. T.[omsk] 26. Febr. 18.
Gestern an m. 25. Geburtstag beglückten mich Deine K.[arten] v. 13., 22. XI., 1. XII. Von Joh.[anna Gräf] kam ein freundschaftlich lieber Brief (!). Heut erhielt

ich Deine K.[arten] v. 27. Sept. und 29. XI. Mein Herz in höchster Wallung! Voll Freude, voll Schmerz! – Wie habe ich Platz, Dir nur zu antworten! Vorerst das Beste, – das uns nie Worte ausdrücken und doch immer wieder mitteilen sollen: glühende Liebeszeugnisse! Einander treue Hände geben zu gemeinsamem Wollen, gläubige Herzen zu liebevollem Vollbringen! Bestätigungen gleicher Endziele, gleicher Wurzelstöcke, Bestätigung freudigen Glaubens aneinander!!! – „Sieh zu, daß man mich nicht vergißt" – wie mich das brennet, lieber Otto! Du meinst, nicht jetzt; und weißt, daß ich auch hiefür von hier aus alles tue. Unsere Mütter, Freunde, Frauen, immer wieder inständig bitte, Dich fühlen zu lassen wie reich Du von Liebe umgeben bist! – Ich schwöre Dir wieder, daß ich mein Leben und Gut dafür einsetzen werde – wenn es uns bestimmt ist, daß Du vor mir stirbst Dein Bleibendes den Menschen zu geben, es wirksam zu machen – das Vermächtnis Deiner Bilder und Schriften, und darüber hinaus, das in meine Seele gepflanzte lebendige Vermächtnis Deines Wollens, Deiner Freundschaft und Liebe, durch Aufnahme und Fortwirkung in meiner Kunst und m. Leben! – Dann habe ich heute einen russischen Maler kennengelernt (M. M. Poljakoff)[20] (der hatte auf der Ausstellung von mir erworben – gerade der, das freut mich jetzt). Bei dem sah ich einen echten Tintoretto (Figurenbild), japanische Originale und große Sammlung von Reproduktionen aller Zeiten und Völker! Oh, Oh, Oh! – mein Kopf wirbelt noch! – Wie ich dem Mann durch die kaum verständlichen Worte und paar Gesten doch gleich nahe kam; wie das wohl tat! Sich über Kulturschätzen brüderlich die Hand zu reichen – über allem Kriegsunheil hinweg! Ach, wenn doch in allen Menschen ein Stück Künstlertum stecken möchte (d.[as] i.[st] Menschentum!) – dann sähe es wohl anders aus in unsrer jetzt so erbärmlichen Welt! – Und wieviel Raum doch auf dieser Erde zu friedlichem Nebeneinander und Miteinander-Wirken! – Ich denk mir oft, wie schön es auch sein muß, wenn Ihr die belgischen Künstler besucht, Euch in Einigkeit findet! – Eingesendete Mitteilungen über James Ensor erwarte ich noch. Redon kenne ich nicht. Grüß bitte Renner und Penzoldt![21] Herzl. Dank f. die lb. Grüße Deiner Jugendgeliebten und die von Frida W.[ettwer] – Es ergreift mich, was Du von ihr schreibst, Dank für die Adresse. (Leipzig) .... Es macht mich froh Dich auch im Willen zur Ehe einig zu wissen. Nun steht ja zwar vor der Verwirklichung meiner schönen Lebensträume wieder eine dicke Wand, mein Lb. wieder vor einem Abgrund – aber Sie wird sich dennoch, und deshalb jetzt, entscheiden

20. M.M. Poljakoff, russ. Maler; besaß eine umfangreiche Kunstsammlung; Wacker erhielt von ihm 2 chinesische Bilder (siehe TB, 3.VII.1920). Tichomiroff (siehe Anm. 76) berichtet in einem Brief an Wacker, Moskau, 16.3.1925 (Wackers Nachlaß), über den Selbstmord Poljakoffs, der sich aus finanziellen Gründen erhängt haben soll.

21. Ernst Penzoldt (Pseudonym: Fritz Fliege; 1892–1955), Bildhauer, Maler, Radierer und Schriftsteller; studierte gemeinsam mit Wacker bei Egger-Lienz in Weimar, später Studium bei H. Olde in Kassel, lebte in München. In Wackers Nachlaß finden sich 8 Briefe und 1 Postkarte von ihm aus den Jahren 1912–21 sowie einige Photographien.

müssen! Lb. O. Du wirst mitfühlen, wie viel schmerzlicher noch dieser 2. „letzte Abschied" für mich sein würde, – .... Jetzt nur an's Nächste das kommen wird denken, dann zusehen was getan werden muß und kann! ..... Ich will die Kraft zu ekstatischer Hingabe an die Augenblicke vor dem Ende haben und versuchen von da aus noch eine Brücke über mein Leben hinaus zu schlagen! ....
In Liebe dein R.

W.[altraut] g[e]b.[orene] v.[on] C.[onta][22] Tomsk, 7. März 1918.
... Hoffentlich kommt noch viel Post an; ich brauche es. Wieviel Trost und neuen Schmerz schafft's mir noch! Du errätst wie's in mir aussieht? Oder Otto weiß es? – Was ich v. jetzt ab von hier aus noch schreibe, wird mir kaum mehr hierher beantwortet werden. – Heut kam wieder ein Telegramm das den Friedensschluß mit Rußland bestätigt. (Ich rauche eben eine österr. Zigarette, die ich 2 1/2 J.[ahre] aufbewahrt hatte!) Allmählich fange ich an, durch die Gedanken an's nächste Kommende aufzuleben. Trotz allem neuen Zwang (– ach, wir können keine Sprünge, Übersprünge machen, müssen uns der Zeit in die wir hineingeboren sind, unterordnen! – Frei ist der Geist! und unsre Sehnsüchte, Träume und Ideen ziehen neue Zeiten nach sich!) – Welches Aufleben wird's werden! Emporschießen wie eine Feuergarbe! – Kein „Geächteter" mehr! wieder aktives Leben (wenn auch nicht im Sinn meines individuellen Wollens)! wieder das Erlebnis der Wirklichkeit, Durchleben der Gegenwart! Ich denke an die Fahrt, das Rollen der Züge durch weites Land, seinen Anblick, die Menschen darauf; an das geheimnisvolle Band aller Dinge, die wiedergewonnenen Beziehungen zur Erde und all ihrem Leben! Ich denke an das Wiedersehen meiner Mutter (unser Vater durfte nicht mehr m. Rückkehr erleben!) und Allernächsten (es wird mir nicht Zeit und Raum gegeben sein alle nur zu sehen!) an das Wiedersein auf Heimatboden, im Elternhaus, an die Berge, den See!
– Im Frühsommer !!! .... Wir wollen weiter, wie bis hierher, an eine erlösende Zukunft glauben, der Notwendigkeit alles Geschehens i. d. Natur vertrauen, von fatalistischer Gläubigkeit erfüllt sein! – Ich überdenke, wie ich alles, was ich mit meinem Leben in der kurzbemessenen Spanne von Tagen und Nächten noch anfangen kann, erfülle. – Wie vieles wäre da! Wievieles bliebe ungeschehen! (Gibt nicht ein zäher, starker u. gläubiger Lebenswillen ein Anrecht auf weiteres Leben? Gibt es etwas, das nicht eine Aufgabe hätte, und könnte es zerstört werden, ehe sie erfüllt ist?)
Ich bin voll Drang, mir eine Sicherheit zu geben: alles was in mir ist, zusammenzufassen und in ein fortführendes Leben hinüberzuretten. – Wie ist die Sehnsucht nach einem Familienleben u. m. Kinde in den Jahren klar und reif geworden, – nun lodert sie brennend auf! Glaubst Du, daß ich die aufopferungsvolle,

22. Waltraut v. Conta, Freundin Wackers aus Weimar. Wacker erhielt von ihr (TB, 9.II.1920) in der Zeit vom 8.12.1916 bis zum 6.12.1917 37 Karten und 1 Brief.

über sich selbst und mich selbst hinausliebende Gefährtin finde? Die nicht weiß, ob sich die Träume gemeinsamen Lebensweges verwirklichen werden, die nur den Willen hat mein und ihr Geschlecht vereinigt fortzuführen – diesen heiligen Ehewillen und tiefsten Liebessinn!? Dies ist die Frau nach der ich mich sehne, – die reine Mutter! Ich glaube an sie!! –

O.[tto] Herbig. T.[omsk] 31. März 18.
(Düsseldorf) .... Auf der einen K.[arte] „plauderst" Du von Zukunftsträumen, die andere spricht als 1. vom nahen Wiedersehen. Wohl tut's! – aber ich bin zum mindesten skeptisch. Ob wir beide uns wiedersehen werden, hängt nur von dem glückl. Zufall ab, ob unsere Urlaube zusammenfallen.
Vrieslander könnte ich vielleicht in München sehen. Event. könnte er auch nach Salzburg kommen. – Ob ich Waltraut sehen werde (mein Gott: „sehen" – was soll das ausdrücken!) wird von ihrer Entscheidung abhängen (dann ist es äußerlich auch unbedingt durchzuführen, daß sie zu mir kommt – wenigstens f. die letzten Tage nach Bregenz und dann (oder dann) nach Salzburg.) Lieber Otto, bitte sorge dafür, daß ich doch gleich wenn ich über die Grenze komme ihr offen schreiben kann. Wenigstens dann endlich! Sie klärt mich über gar nichts deutlich auf und ich weiß noch nicht, ob ich an sie i. d. Kleiststr. schreiben darf, ohne auf fremde Leser Rücksicht nehmen zu müssen. Und zwinge mich dazu seither so gut ich kann. – Ich freue mich herzlich, auch bei Dir den Willen zur Ehe zu finden. Nur scheint mir's, als sprächest Du zu viel von den äußeren Dingen die uns dazu bestimmen. Z.B. möchte ich davon besonders betonen: nicht etwa die Frau ein Mittel zur Steigerung der Kunst – da ja die Kunst auch nicht Lebenszweck ist, sondern auch sie nur Mittel zur Förderung des Lebens! Verstehst Du mich, wenn ich's in seinem ganzen Umfang meine? – So denke ich auch an die Ehe als Zentrum von dem aus die Gesundung des Gesammtlebens geschieht, als die Vervollkommnung des Lebens (wir sind halb ohne das Weib!) u. an die Familie als den einzig gesunden Lebensboden. – Das Kind ist die Sehnsucht aller Liebe, ihr Sinn, ihr Zweck! – Wie tief bin ich mir dessen bewußt geworden, wie lange drängt's mich dahin – und jetzt, angesichts des Abgrundes, läuft alles dahin zusammen, flammt plötzlich auf! – Ich denke an's Allernächste – und bin doch zugleich wieder einmal ganz erfüllt von den Grundfragen: woher? wofür? wozu? – So bin ich in letzt. Zeit von den Künsten ab auch ganz in Wissenschaftliches geraten: (Schopenhauer, Darwin, Nietzsche, Haeckel.)
Ach lb. O., wieviel sollten wir uns auch aus den Errungenschaften der modernen Wissenschaft belehren, wie viele Zeit haben zur Aufnahme der Weltliteratur, u. wie sehr wäre es notwendig für die allgemeinen sozialen und polit. Fragen offene Augen und Ohren und noch tätige Hände dafür zu haben! Alles möglich bei einem gesunden Leben! Und alles nur, um eben tiefer in's Leben einzudringen, um intensiver zu leben und um so wieder kräftiger und sinniger auf das Leben wirken zu können! Die Frau mit zu all dem Hinführen! und in Einigkeit mit ihr die

Kinder erziehen! Von Egger-Lienz endlich Nachricht (v. 6. X.), leider vorausgegangene nicht erhalten. Auf einen Brief, in dem er auch eine Abbildung seines „letzten großen Bildes –, den Namlosen 1914" – womit er „in München großen moralischen Erfolg gehabt"[23] habe sandte, hoffe ich noch. – Fühle mich ihm innerlich näher als je! – Traf gestern wieder Bauernsohn aus den Alpen! Doch ein herrlicher Menschenschlag mein Lieber!! – Ich bat meine Mutter Dir von meinem Geld zu schicken, Du scheinst keines zu haben. Nimm meine herzlchst. Ostergrüße, denkst auch zurück und vorwärts! und sollte doch die Gegenwart einem allein was wert sein!!! Grüß bitte heut auch Hanna B.[usse] – Von F.[rieda] W.[ettwer] erführe ich gern mehr! Die wünschte ich Dir und Dich ihr!!! Lese jetzt „Raskolnikoff" („Idiot" scheint künstl. wertvoller!)

O.[tto] Herbig T.[omsk] 4. April 18.
(Jena) Brf. [Brief] 31.III .... Was ich dort anfgs. schrieb gilt vielleicht nicht mehr, – ist jedenfalls nicht fest. Gestern schrieb ich Dir 1 Karte, Du wirst mich schon verstehen? – Bitte frage Sie[24], ob sie entschlossen ist, mich zu heiraten und mir unbedingt zu folgen. Voraussetzung, daß das jetzt schon geschehen kann allerdings: Ihr Vermögen (d.h. das für sie seinerzeit wohl bestimmte „Heiratsgut" und ihr zu erwartendes „Erbteil") müßte eine freie Existenzmöglichkeit sichern – wenigstens für die nächsten Jahre brotlosen Studiums, bis auch nur daran zu denken ist, durch m. Arbeit die für ein Familienleben notwendigen Mittel zu erwerben.
.... – Wenn ich diese Nachrichten hätte (u. sie bejahend sind) würden sie wohl meine Entschließung zu dem Schritt den ich lange schon erwäge, erleichtern. – Eigentlich ist dies eine Probe an der ich ihre Liebe erkennen kann. (– Es steht geschrieben! Moses I. 2. (24)) Ohne Opfer geht's nun einmal nicht: so oder so! Schließlich wäre das neue Opfer, das ich fordere leichter und vernünftiger. – Meine Motive braucht sie ja nicht einmal zu wissen, sie müßte nur vertrauen! Auch läßt sich ja die Liebe nie irre machen durch die Dinge in uns, die wir „Überzeugungen und Anschauungen" nennen. Ihre Gründe sind tiefer, unnennbarer, unbewußter, beziehen sich auf das Wesen. So fühle ich mich der Treue meiner Mutter, meiner Geschwister und der Deinen für immer sicher!
Leb wohl für heut! Telegraphiere vielleicht oder sie selbst. Noch eins: bitte, könntest Du mir für eine Empfehlung bei Munch sorgen? oder sonst jemanden dort? – Für später gedächte ich in der Heimat meiner mütterlichen Vorfahren zu leben. – Zunächst natürlich abwarten; es können sich ja noch andre Aussichten ergeben. – .. Weißt Du wie sich der Jenaer Prof. E. Haeckel zu diesem K.[ünstler

23. Abb. bei Kirschl (Anm. 6), S. 281 f. Das Bild war 1917 in München, Glaspalast, Kunstausstellung vom 1. Juli bis Ende September, zu sehen (Kirschl, S. 637). Zur Wirkungsgeschichte vgl. Kirschl, S. 633; Beiträge und Kritiken in Zeitschriften und Zeitungen; Kirschl führt zur Münchner Ausstellung allein 15 Besprechungen an.

24. Waltraut v. Conta.

(Munch)] verhält? Würde mich interessieren. Leb wohl! Grüß alle Unsern herzlichst! Innigst Dein Rudolf.

Frau Professor F. Klemm, Tomsk 12. April 1918. (Weimar)
Verehrte Frau Professor. Herzlichsten Dank für Ihren Brief v. 21. XI. mit den 4 Aufnahmen aus Rügen! — Können Sie sich vorstellen in welche Gärung mich's bringt, wenn ein Strahl aus so einer Sonnenwelt in mein Gefängnisleben herein leuchtet? Plötzlich Gewißheit zu bekommen, daß es eine Welt, die in mir so lange nur mehr als Traum existiert, doch noch in Wirklichkeit gibt! Zu erfahren: es gibt da ein Stück Erde – heitern Himmel! die Unendlichkeit des Meeres! warmes Sonnenlicht! – darauf Menschen in Freiheit leben dürfen, – ein Mann, eine Frau, ihr Kind! und die Gemeinschaft gleichgesinnter Freunde! – Es gibt ein vollwertiges Leben und Arbeit für dieses Leben und aus diesem Leben! – Und zugleich wissen, daß man 3 Jahre Gefangener war! Und vor sich sehen, daß die Schranken über die man so lange hinausgeträumt hat, erst von neuem Erstehen sollen! Ja, die Möglichkeit sehen, daß die in diesen Jahren zur Klarheit gereiften Träume und die für ihre Verwirklichung nun zielbewußte und aufs äußerste gespannte Willenskraft, – daß das ganze Leben erst vor einem Abgrund steht! Toll ist's! Dennoch soll mir das letzte Stück Leben, selbst um dieser Traumgestaltung willen, noch lebenswert gewesen sein! Ein letzter Aufschwung und Kampf bleibt mir ja auch noch! So, denke ich mir, muß man das Leben lieben, – ob man da doch nicht ein inneres Recht auf weiteres Leben hat? Räumt es einem die Natur nicht ein, so können wir doch wohl heiter bleiben, uns noch im letzten Augenblick freuen, daß sie eine solche Verschwenderin sein darf! – Glauben Sie nicht, daß die „Lebensfreude" erst „jetzt erwacht" ist in mir. Vielleicht ist sie mir, – die früher so stark und glühend in mir war! – in den Jahren oft fast ganz versiegt, – die abstraktesten Reflexionen haben mich oft an die Grenze des Lebens geführt, in „luftleeren Räumen" war ich am Ersticken. Aber wiedergewonnen hab ich sie und ich fühl sie jetzt reicher und gewaltiger in mir als je. – Die Photographien sind sehr schön! – Wie fein Gerdi's[25] kluges Gesichtchen, – die Schulter, ihre Ärmchen – auf dem Bild mit dem Schleier. Am wundervollsten „die Tänzerin am Meeresstrand"! Welches Glück gibt mir dies Bild! – ich will stille sein davon, mit Worten ist nichts auszusprechen von all der Sonne, Heiterkeit und Grazie! Und wie freut's mich, daß sie da nackt im Sonnenlicht und der frischen Luft herumtanzt – und daß Sie die Freiheit und so viel Vertrauen zu mir haben mich dies schauen zu lassen. Zur hellen Freude am Menschenkörper erziehen: auch eine meiner Forderungen! Bei den Kindern anfangen und sie der finstern Verkrüppelung durch die „Schwarzkittel" entreissen. Es ist endlich Zeit, daß wir das Ungesunde des Christentum's aus den Gliedern bringen! Möchten die Menschen doch aufhören zurückzuseufzen nach dem Märchen des „verlorenen Pa-

25. Gerdi = Tochter von Wackers Professor W. Klemm in Weimar.

radieses" – Sie sollen vorwärts träumen und den Willen haben auf dieser Erde sich ein Paradies zu schaffen! — ... Röhl .. Vrieslander ... Sie haben ja von den alten Schülern Herbig nicht erwähnt; der war doch am weitesten! Er hat während des Krieges nichts veröffentlicht oder ausgestellt; es müssen aber wohl einige großartige Arbeiten entstanden sein. Von ihm werden wir sicher noch etwas ganz Großes sehen! Bitte, möchten Sie nicht auch ihm die „Tänzerin am Meer" schenken – bitte schicken Sie ihm's doch auch – auch er soll diese Freude miterleben! Sagen Sie ihm bitte einen Gruß von mir dazu. (–) – Also „nichts als Weiber" jetzt an der Akademie. Ich freue mich über die Kritik die ich aus diesem Ausruf entnehme. Ich glaube nämlich nicht an die „Malmädchen". Ja, wenn sie ganze Weiber bleiben könnten und so was schaffen würden (denn nur so könnten sie es – und das scheint eben ihr Konflikt zu sein/ – sie können nicht geistig und fleischlich Schaffende zugleich sein/) daß ich aber doch in der Frau immer eine Künstlerin finde, erraten sie wohl. – .... (Egger) .... da der Kontrakt der Weimarer Professoren bis inkl. 1919 verlängert wurde, ist's nun doch am Ende möglich, daß ich Sie und Herr Prof. in W.[eimar] wiedersehe. Bitte grüßen Sie ihren Herrn Gemahl und auch Herrn Prof. Engelmann. Viele herzliche Grüße der lieben, schönen Gerdi! Die neuen Kunsthefte noch nicht erhalten. Für alles besten Dank! Ihr ergebener R. W.

Tagebuchblätter, Mai – September 1918.
Mai 1918.
(Wandlungen) –
Nietzsche gab mir einen Schlüssel. – Als ich hier seine Philosophie kennen lernte (– deren Kern Vaihinger[26] formuliert als: „die Schopenhauersche Willenslehre, aber mit positivem Vorzeichen versehen unter dem Einfluß des Darwinismus und seiner Lehre vom Kampf um's Dasein.") und meiner inneren Übereinstimmung mit dem Wesen der N.[ietzsche] Lehre gewahr wurde, – mich darauf besann, wie sehr meine frühere Lebensführung und meine Wertschätzungen – unbewußt – oder doch ohne Kenntnis Nietzsches – unter dem Zeichen des „Willens zur Macht" stunden, erschien mir meine Zuwendung zum „Sozialismus" wie ein fremdes Stück in meinem Leben. – Nun erkenne ich die Konsequenz, die persönliche Linie in dieser Zuwendung. Die Triebfeder waren rein egoistische Motive: Empörung über die jahrelange Ausschaltung individueller Lebensbetätigung, über das Eingereihtwerden in die „große Herde" in das moderne „S......h..." – Insofern die s.[ozialistische] Bewegung gegenwärtig den Kampf um den Frieden (direkt gegen den Kapitalismus) führt, gehörte ihr meine Sympathie. Meine „philanthropischen Neigungen" aber – meine Begeisterung für den

26. Vgl. Wackers Lektüreliste April 1918: H. Vaihinger: Nietzsche als Philosoph. Wacker wurde durch seine Lektüre stark von der Kultur und dem Denken der Jahrhundertwende beeinflußt. Vgl. Jost Hermand: Der Schein des schönen Lebens. Studien zur Jahrhundertwende. Frankfurt a./M. 1972.

Herderschen Humanitätstraum, meine Interpretation des Soz.[ialismus] als eine Wiedergeburt der christlichen Moral-Ideale etc. – wie m. demokratischen Neigungen – erkläre ich mir als „Überschuß". – (Soweit ich über die s.[ozialistische] Bewegung und Nietzsches Stellung zu ihr informiert bin, glaube ich behaupten zu können: N.[ietzsche] sieht und beurteilt immer nur die „ideelle" Seite, das was ich als „theoretischen Sozial-Idealismus" bezeichnen möchte und seine absolute Verdammung der s.[ozialistischen] Bewegung kann sich nur auf diese Seite beziehen. Er übersieht aber die, gerade im Geiste seiner Wertung sittlichen Kräfte, das Erfreuliche des gesunden Kampfes, der die andere und eigentliche, die wirkliche Seite des S.[ozialismus] ausmacht, – jenes S.[ozialismus] den ich als „praktischen S.[ozialismus]" bezeichne. – Einerseits ist N.[ietzsche] doch weit davon entfernt, in den gegenwärtig „herrschenden Ständen" die Verkörperung des „aristokratischen Ideals" zu erblicken oder eben ihre soziale Stellung als eine Garantie für ein Innewohnen der „Herrentugenden" zu nehmen, – andrerseits aber scheint er von einem Vorurteil gegen die sozial niedern Schichten befangen, will dort nur Pöbel sehen und Pöbel – „Ressentiment!" –)
— Es ist zwar richtig, daß dieser Krieg nicht dem „Rassenhaß" und dgl. mehr entspringt, – daß die „Völker" im Dienste des Kapitalismus kämpfen etc. aber in seiner Wirkung, insofern der Stärkere (vorausgesetzt daß es einen solchen am Ende des K.[rieges] gibt!) ein Übergewicht über den Besiegten erhält (vorausgesetzt die Wechselbeziehung zwischen materiellem Wohlstand und Kultur) ist der Sieg doch ein nationaler ..... /.
Nehmen wir an, daß der Wettstreit um die Weltherrschaft früher zwischen D.[eutschland] und E.[ngland] wirtschaftlich geführt wurde und daß E.[ngland] als es fürchten mußte schließlich gegen den deutschen Kaufmann nicht mehr aufkommen zu können, zum rohen Gewaltmittel des Waffenkrieges als Erster gegriffen hat. Daß D.[eutschland] in Voraussicht solcher Möglichkeit für den K.[rieg] gerüstet hat und nun nach bald 4-jähr. Kriegführung, die Vorteile die es auch auf diesem Kampfplatz errungen hat, weitertreibt und Willens ist, sie gründlich auszunützen. – Der Krieg eine gewaltige Äußerung des „Willens zur Macht" im Großen. – An Stelle des Krieges Einzelner gegen Einzelne, der Partei gegen Partei – innerer Zusammenschluß und Wendung nach außen: der K.[rieg] von Staatsverbänden gegen Staatsverbände. – Also ein immer mehr umfassender Zusammenschluß: könnte man diese Entwicklungslinie nicht auch als zu immer dauernderem, und mehr umfassenden Frieden deuten? Zu einem schließlich „einigen" Europa z.B.? – „Zuletzt" zu einem „Weltfrieden"?
– – Unsere heutige Kampfform – das „kapitalistische System" ein Umweg. – Der sozialistische Staat gedacht als Grundlage für eine freiere geistige Entwicklung und Betätigung des Individuums? –

(Verkehr) Mai 1918.

– Es ist unbedingt notwendig den „allermeisten" Menschen gegenüber Distanz zu wahren! Es kommt vor, daß wir ihnen zu nahe kommen, – weil wir uns anfangs durch sie täuschen lassen – wozu uns der Mangel an guter Gesellschaft, also angestautes Mitteilungsbedürfnis so leicht disponiert – aus Ärger darüber, daß man sich täuschen ließ und das Versagen der Selbstbeherrschung rächt man sich dann an ihnen. –

Die allermeisten Menschen zu betrachten als: Mittel – zur Förderung irgendwelcher Zwecke; als: Objekte – für irgendwelche partielle Abgaben an sie; als: „Szenerie" (Dekoration) – eine Umgebung in der wir uns so bewegen wollen, daß sie uns nicht störend werden kann. –

(Die zwei Grundmotive zum Kunstschaffen) – Mai 1918.

Alles Kunstschaffen scheint mir aus zwei Grundmotiven zu entspringen: 1.) Aus Harmonie mit der Welt, mit sich selber, aus einem Überschuß an Lebenskraft, – die Kunst als Ausdruck der Selbst- und Welt-Bejahung, der Lebensfreude und zur Steigerung derselben, zu deren Verklärung, um Höhepunkte des Lebensgefühls zu verewigen, – eine direkt bejahende, eine „optimistische" Kunst (Antike, Renaissance, .. Rubens, Tizian, Rembrandt, Manet, Renoir ...) 2.) Aus Disharmonie mit der „Welt" und dem Kampf gegen sich selber, aus Mißlust an der Wirklichkeit, aus dem Willen und der Not dem als „Nein" empfundenen Wesen der Körperwelt ein „Ja" des Geistes entgegen zu stellen, ein Ideal zu schaffen (Befreiung durch Objektivation), – die Kunst als Weltflucht, eine „pessimistische" Kunst (– als solche Schopenhauer die Kunst auffaßt, – als Mittel zur „Erlösung" – natürlich eine Contradictio – denn eben als Kunst, als Schaffen ist auch sie bejahend!)

(„Christliche" Kunst, Romantik, Klassizismus, — .. Giotto, Greco (?) Rembrandt z.[um] T.[eil]; Grünewald (?)) – die Trennung nicht immer rein; oft ein Nebeneinander beider Grundstimmungen. – Parallelen: monistische – dualistische Weltanschauung .... Moralphilosophen; deren Ideale entweder aus dem Verhältnis der Identität (z.B. Spinoza, Kant) oder dem des Kontrastes (Schopenhauer, Wagner, z.T. Nietzsche) zur eigenen Persönlichkeit entspringen .... „Herrenmoral – Sklavenmoral" ... (?)

= Tagebuch – [27]

5.–10. Juni 1918.

– Am 1. Juni Morgens das Lager unbewacht. Rote Garde von der Druschina (Tschecho-Slovaken) bei Taiga geschlagen; die Bolschewickenherrschaft in

27. Die Bezeichnung „= Tagebuch – " wurde von Wacker erst nachträglich in großer Schrift mit Bleistift zwischen die in kleinerer Schrift mit Tinte geschriebenen Absätze eingetragen.

Tomsk gestürzt, durch die Soz. Revolutionäre (Menschewiki)[28]. Nach Aufhebung des Kriegszustandes wird uns weitgehende Freiheit eingeräumt. – Da keine Posten mehr stehen, freier Ausgang in die Umgebung – in die Stadt (officiell) mit Sapiska. – Post geht z. Zt. weder ab, noch kommt an. Gehe jeden Tag (allein oder mit Kameraden – Sadofski, Genser, Horak, Irresberger)[29]. Vormittags, Nachm. und Abends bis 9h spazieren. – „Kurleben"! Vrm. meist zur Uschaika: paradiesisches Tal! 2, 3 Schwimmbäder täglich! Eine Gesellschaft 8–17jährg. Mädchen mit einer Lehrerin (Internat oder Ferienheim) – einige entzückende Geschöpfe! – Клавдия, Елена, Вера, Лидия [Klaudia, Helene, Vera, Lydia]. Sie spielen, baden, singen... Unterhaltung mit ihnen. – Kuhherden und berittene Hirten. „Alp-Geruch" – Männer und Weiber die zusammen baden. –
– Ausflüge um die Stadt (resp. durch die Vorstadt-Viertel) zum Tom, und über den Tom mit Motorbot, zum Goradok (Tatarendorf, Stolowaja!) Bad im Tom und seinen Nebenarmen. Schwimmende Pferde und nackte Reiter! – Wäscherinnen am Tom und der Uschaika. – Bei Bauern, Bahnwärtern, in Stolowajas frische Milch! –
Abends meist im von der Mannschaft neu gegründeten „Cafehaus" – Unterhaltung mit der Mannschaft. Österr. Fröhlichkeit. – Musikkapellen. Orchester, Zigeuner, Volkssänger. – Am 8. Ankunft von 1 000 Mannsch. und 200 Offz. aufgehaltene Transporte. Darunter Tiroler und Vorarlberger u. a. Med. Kohler aus Bregenz und Hauptm. d. Res. Madlener – der berühmte Atleth und Bergsteiger (Bregenzer) prächtiger Mensch! (Seine Erzählung über den Wahnsinnausbruch meines Freundes J. Jelinek in Serbien. Was Madlener in jener Zeit f. J.[elinek] getan hat und tun wollte, nie zu vergessen!!!) – Am 9. (Sonntag) Besuch bei der Jüdin Зина Рубинская [Sina Rubinskaja][30]. Nach 4 Jahren wieder Frauenköpfe gezeichnet! – und ein Weib geküßt! – Trage Notizblätter mit, versuche land-

28. Gleich nach Beginn des Krieges wurde aus den in Rußland ansäßigen Tschechoslowaken eine eigene Legion, die „Družina" (Druschina) gebildet. Diese kämpfte auf der Seite der Weißen gegen die Rote Armee. Siehe Mathilde Uhlirtz: Handbuch der Geschichte Österreichs. Wien, Graz, Leipzig 1939. III. Bd. Der Weltkrieg, S. 225 ff. Nach Chamberlin (W.H. Chamberlin: Die russ. Revolution. 1917–1921. Frankfurt a./M. 1958, II. Band, S. 8 ff.) wurde Tomsk am 31.5.1918 von den tschechischen Truppen eingenommen, Omsk am 7.6. Teilweise wurden die Bolschewiken noch vor Ankunft der Truppen durch innere Aufstände (Geheimorganisationen von Sozialrevolutionären und Offizieren) gestürzt; Chamberlin führt hier unter anderem Omsk und Krasnojarsk an.

29. Von den hier aufgezählten Tomsker Kameraden bleiben nach Wackers Rückkehr Josef Genser und August Irresberger bedeutsam. Josef Genser, von Wacker „James" genannt, wurde später Polizeikommissar in Wien und wurde dort von Wacker häufig besucht. August Irresberger ließ sich nach der Rückkehr in Altmünster als Arzt nieder, bei ihm verbrachte Wacker mehrmals einige Wochen. Beide zählten zu den engsten Freunden Wackers.

30. Sina Rubinskaja. Vgl. SaKat. 8; Abb. S. 203; Sináida im Profil, 1918. Bleistift, 500 x 400. Bez. gegen Mitte u.: RW 9. VI. 18 Sináida [in kyrillischer Schrift]. Sandner zitiert hier diese Tagebuchstelle.

schaftliche Kompositionen, zeichne nach Figuren und Tieren – ... alles was mir in den Weg kommt. –

13.VI.18.
Am 12. in der Stadt. Besuch bei Prof. Poljakoff, sehr angeregt aktiv und heiter. Einen prächtigen Russen, Maler (Autodidakt) kennengelernt, kräftig, resolut, temperamentvoll, laut, erfreulich wie er mit den Kindern zu spielen versteht! Neue Renoirs gesehen, neue Photographie Rodins! – Puschkin Park. Musikkapelle im Stadtpark. –
Seit gestern steht wieder ein Posten; gehe aber frei wie die letzten Tage aus – durch ein Loch in der Plankenwand. Heut Feiertag – beim „Wächterhaus Марфа". – Abends auf einem Hügel über der Uschaika – unten baden Reiter und Pferde – und plätschern die Девушки [Mädchen].

15.VI.18.
Wieder ein Heckenrosenzweiglein im Wasserglas auf meinem Tisch – ein zierlicher Bogen über dem Bild (Mutter und Kind) – grün, rot! zart, heiter duftend. – Eine wilde Pfingstrose, roter Klee, Schneeball, Frauenschuh.

17.VI.
Das Loch noch offen – wie ein Vogel aus und ein. Aktives Leben! Vorm. Bad in d. Uschaika. Письмо отъ Клавдии!! [Brief von Klaudia!!] Bekanntschaft eines schönen deutschen Mädchens! – Abends bei Зиначка [Sinatchka] gezeichnet... offenes Haar, voll, schwarz, berauschend, üppige nackte Arme, Papier und Stifte geh'n aus.

21.VI.18.
Клавдиа [Klaudia] hat sich leidenschaftlich verliebt u. schreibt mir Liebesbriefe. – Die entzückenden Heimlichkeiten (vor den „andern") eines 17jährigen Mädchens! Die Heiterkeit, das erstaunte fröhliche Über-sich-selbst-lachen, das mir über meiner Rolle bleibt, wenn ich mich im Ernst in ihr finde! – Der Geschmack den ich an solchem Verhältnis finde und überhaupt das Glück das mir der Verkehr mit den kleinen Mädchen bereitet – dafür bin ich erst reif geworden. Solange man „das Weib" sucht – das Erlebnis, zu dem die ganzen Jugendjahre drängen, ist man zu jung für solche Köstlichkeiten. – Die Дружина [Druschina] (Tschecho Slowaken) rekrutiert gewaltsam alle Kgfg. Slaven.[31] Im andern Lager

31. Die Tschechen gingen außerordentlich grausam gegen die Kriegsgefangenen vor. Jeder, den sie der Zusammenarbeit mit den Internationalisten bzw. der Roten Armee verdächtigten, wurde erschossen. Ungarn, Deutsche und Deutsch-Österreicher hatten besonders unter ihrem „Nationalhaß" zu leiden. Um ihre Truppen zu stärken, nahmen sie Zwangsaushebungen vor und schreckten auch vor der Todesstrafe als Zwangsmittel zur Unterwerfung nicht zurück. Siehe E. Brändström (Anm. 4), S. 116 ff.

wurden von denen, welche sich weigerten 4 erschlagen! – Wieder Gerüchte von einem Abtransport nach Osten. – Oft beobachtete Wirkung des Krieges auf das „Volk": Abwendung und Verhöhnung der Religion. .. Sie glauben nicht mehr an den „alten lieben Gott"! – (Der Staat „nach innen" und „nach außen"!!!)
– Zum „Willen z. Macht": Probe des starken Mannes: – wie viel Herrschaft er dem Weibe gutmütig über sich gesteht! – Die Schwachen: wie „kritisch" sie sind und sich dessen als Kraft rühmen möchten, wie viel Distanz sie immer für notwendig haben! – (Bis 1/2 11 Uhr hell!)

Bild 21

Am Barren. Kriegsgefangenenlager Tomsk. Aufnahme 1917.

26.VI.18.
Die Spaziergänge ins Uschaikatal (täglich Vorm. und Nachm.!) fortgesetzt. Nach dem Baden meist eine Unterhaltung mit den девочки „Mädchen". Skizzen nach ihnen und landschaftl. Kompositionen. – Wieder das „man müßte malen"! Körperlich vollkommen obenauf. Starker Arbeitsdr[an]g. Turne auch täglich Morgens und Abends am Barren – Papier und Stifte gehn aus. – Immer Blumen auf dem Tisch. (Glockenblumen, Federnelken, Salomonssiegel, Türkenbund, –) Heuer komme ich nicht dazu wie letzt. Jahr große Blätter nach ihnen zu zeichnen. Abends (9^h), wenn sie in den letzten Strahlen der sinkenden Sonne aufglühen (wie die Verklärung Christi v. Grünewald!) und einen betäubenden Duft

ausströmen, genieße ich sie. – Dann ins „Cafehaus" – Man wird es nie für möglich halten, was für tolle Stücke unsre Mannschaft in diesem Rußland aufgeführt hat! –

4. Juli 18.
Täglich mehrere Gewitter, dazwischen Sonnenschein. Herrliche Regenbogen. Immer an der Uschaika. Spazieren, baden, skizzieren. (fühle, daß ich nun auch für die Landschaft reife) Viel unter den девочки [Mädchen]. Sie sind alle nun sehr zutraulich. Was für köstliche Stunden unter den frischen, fröhlichen Kindern! Manchmal mit Klaudia allein; dann ist sie so erregt, daß sie stottert. – Am Fluß einen Eisvogel gesehen u. der schöne Gesang ist von Pirolen (Goldamsel) wenn ich nicht irre. – Durch Zufall zu einem Пропуске [Propusk = Passierschein] gekommen. Heut Vorm. ein Porträt nach Poljakoff begonnen. Rodin (Knackfuß Monogr. – Grautoff) ausgeliehen: Das Rätsel unsrer Zeit: alle Modernen, verglichen mit den wenigen ganz großen Alten sind Zwerge – (nicht was die Qualität einzelner Werke anlangt, – sondern genommen als ganze Persönlichkeit; in Bezug auf Universalität//. Wandlung dieses Begriffes!!) – Volumen ihres Gesamtwerkes – Rodin aber hält den Vergleich aus!! – („C'est Michelange avec trois siècles de misere de plus" – Geffroy)

9.VII.
– Einige heiße Tage. – Der Geruch des Sommers in der Luft! – Trinke viel Milch. – Елена – Лидия ! [Helena – Lydia!] – Клавдия [Klaudias] Hand geküßt. – Diese lieben trunkenen, vergötternden Augen! – Zur „Treue": – Es gibt Männer (auch Frauen?) – die viele nebeneinander lieben ohne das Gefühl der Untreue – Objekte und Gefühle differieren so sehr, daß der Gedanke gegen eine andere dadurch untreu zu sein gar nicht möglich ist. – Treue (absolute) aus Dankbarkeit, daß sie vollkommen vertraut, sich ganz in unsern Besitz gibt. Treu'bruch hier „Verrat gegen sich selbst"! – Zum „Machtwillen": der Starke, der dem von ihm vergöttlichten Weibe gutmütig Herrschaft über sich zugesteht: mit der Bedingung, daß sie dieses Zugeständnis nicht mißbraucht. Sie muß es fühlen, daß er sich losreißen kann, daß er zertrümmert, sobald sie Mißbrauch treibt! – Handzeichnungen v. Tintoretto: aphoristisch, vollkommene Meisterschaft, die sich auf das Wesentlichste beschränkt, Tonwerte in der Linie angedeutet und sogleich in ihrem Wert hingesetzt. Formale Vornehmheit; Leichtigkeit, spielend – der Ausdruck monumental (an Daumier erinnernd). Einige Zeichnungen v. Rubens: „akademisch" – es muß viel bessere Zchg. von ihm geben – ich erinnere mich an keine.– (Beispiele „aphoristischer Zeichnung" – aufs Wesentlichste reduziert, ganz geistiger Ausdruck: Lautrec, Rodin, Daumier, Munch!) –

16.VII.18.
– Täglich in der Uschaika geschwommen. – Ich fühle, wie ich – ohne mein Zutun

oder Wollen gleichsam – immer wieder ein Stück Nietzsche verdaue. – Intuitive Betrachtungen, in denen ich einen Satz Nietzsches abwandle und ihn mir zum Eigentum mache. – Wenn man so den R.[ussen] zusieht, wie sie's treiben, muß man sie verachten. Ich bin heute mit dem Brester Frieden nicht nur als Deutscher zufrieden, sondern halte das Vorgehen der Deutschen sogar für das wünschenswerteste Zuchtmittel: es heißt für die R.[ussen]: entweder arbeite! oder geh zu Grunde! –
Tolstoi's christl. Moral: Die Seligkeit der Faulen will sich rechtfertigen und ihr Paradies mit einer moralischen Schutzmauer umgeben! – Eine vorzügliche Bleistiftzeichnung (sitzende Dame) von J.B. Greuze – mit leichtem, sichern Schwung hingeschrieben. Wie freut man sich über so eine Entdeckung – und doch verschärft gerade das Vorhandensein echter künstl. Qualitäten die Vorwürfe – wie die frühen Arbeiten Lehnbachs ihn erst zum unverzeihlichen Schwein machen! –

17.VII.18.
– Nachts wundervollen Traum von meiner Schwägerin, in dem ich mich leidenschaftlichst in sie verliebt finde. (Anregung vermutlich die „Angelique" in Zolas „Der Traum")

19.VII.
Seit gestern Ausgang unmöglich. – Lese Vorm. in Hebbels Tagebüchern, Nachm. Sonnenbad und Turnen. – 17. und 18. Abends Konzert (österr. Offz. Orchester/ – Beethoven, Schubert (H moll Symph.), Grieg, – Walzer fine de siècle (Waldteufel) Marsch I. R. 92/ – die hypnotische Wirkung der Musik auf die Zuhörer. Musik wirkt unmittelbarer als selbst die Malerei auf die Muskeln. – Ich genieße M.[usik] wie ein Ornament, mache die Bewegung der Linien mit den Augen und noch mit allen Muskeln mit – seponiere also lineare und farbige Eindrücke – lege diesen aber auch eine inhaltliche, geistige Bedeutung bei: – Alfred Rethel's Totentanz „aktuell" geworden! Ein guter Künstler! – Sich zur Gewohnheit machen: nie ohne Stifte und Papier zu sein – man muß den momentanen Lebensäußerungen immer auf der Lauer sein.

21.VII.
Gest. Vrm. Ausgang in Gruppe – aber nur durch's Tor! – Wundervoller Morgenspaziergang in die taufrische Waldeinsamkeit. – Erinnerung an die Heimat. Sehnsucht nach Bergpartien mit „meiner Frau". – eine alte Sehnsucht! – Bad.– Blumenstrauß (Königskerze, Eisenhut, Leinkraut, Rittersporn – das Blau wie der Sammt exotischer Schmetterlingsflügel) – den ich heut Abend gezeichnet habe. Heut Vorm. in der polnischen r. kath. Kirche. – Eckelhafte slavische Frömmigkeit. (Sie lecken alles ab!) Fürchterlicher Gesang der Weiber. – Junges, üppiges eben erblühtes Mädchen. – Der Vergleich mit der „reifen Frucht" vorzüglich – auch bezügl. der Wirkung auf den Mann! Starke Fesseln, wie man sie

hier so häufig sieht, – mir sehr sympatisch, diese stabilen Beine, die den Eindruck der Tragfähigkeit erwecken. (Die Forderung der Tragfähigkeit ist wohl hauptsächlich gemeint in der schönen Stelle im Mann-Gesetzbuch: „mit dem Schritt eines jungen Elephanten")

22.VII.
Habe Sehnsucht nach W.[altraut] – nach der Ehe mit ihr, dem Leben und der Arbeit in und aus diesem Kreise. Ihr Bild ist latent immer in mir – oft taucht's auf – zum Umarmen lebendig – endlich haben wir einander, gehören einander, – ihr helles Lachen trillert, fröhlich sind wir wie Kinder, – und alles ist, als wär's eine Erfüllung. – Wenn Träume, die wir immer wieder träumen und an die wir treu glauben, schließlich die Wirklichkeit nach sich ziehen – dann muß es hier geschehen! – Es müßte im Wesen dasselbe Verhältnis sein, wie das meiner Eltern – das Schönste das ich mir ausdenken kann! Das sichere Gefühl des Berufes zu einem Nämlichen kann mich nicht täuschen! (Auch der Liebe zu ihrem Kind Rm. [Rosmarie] glaube ich mich sicher – vielleicht ist das ein seltener Fall – und sie würde das fühlen)

24.VII.
Abends Alfred Hüttl .... kennengelernt, ein bildhübsches Bürschchen, zu dem ich mich hingezogen fühle. – Linzer! – Auch einer den sie für verrückt halten; mir gegenüber gleich mitteilsam und vertrauend. Noch sehr jung, etwas exaltiert, gegenwärtig ein wenig vom Pessimismus angehaucht; ich will ihn davon heilen. Aufgeweckter Kerl. – Es tut mir ein Mensch den ich lieben kann, wieder recht not. – Bis gegen Morgen bei Mondschein im Lg. [Lager] spaziert, – mit ihm, – dann noch mit Oblt. K.[unesch] – Unterhaltung über Ursachen und Entwicklung meines Verhältnisses zu Dr. K., über J. H. und Dr. St., J.[osef] G.[enser] – Man verachtet sich oft selbst darüber, daß man sich mit dieser Umgebung immer wieder auseinandersetzt – und doch glaube ich gewahr zu werden, daß ich gerade hier Erfahrungen gewinne zu denen ich sonst kaum gekommen wäre, da die Menschen meines Verkehrs sorgfältig gewählt waren und ich immer in einer sehr distanzierten Gesellschaft gelebt habe, hätte ich diese Sorten Leute, deren Nahansicht hier einem aufgezwungen wird, kaum so genau kennengelernt – diese Leute aber stellen doch die Menge dar, insofern also gewinne ich Erfahrungen über die Allgemeinheit – und Kenntnis der Norm läßt uns das Distinkte erst recht erkennen. – Balzac's „Landarzt" zu lesen begonnen. – Die soziologischen, national ökonomischen Probleme darin, – die mich erst jetzt interessieren.

25.VII.
Nachts Unterhaltung mit Kunesch über die Möglichkeit einer Reproduktionsmaschine f. Musik, resp. eines Apparates der das Orchester ersetzt. Existiert

überhaupt ein objektiver Kunstkörper – Analogie zwischen bild. K.[unst], Literatur und Musik. – Analogon: Recitation eines Gedichtes! – Die Suggestion die das Orchester und der Dirigent ausüben – auf die Menge der Zuhörer. Wäre der „Kunstkörper" nur der „Leitungsdraht"? – Oder ist die „Ausstrahlung hypnotischer Kräfte" nur etwas das hinzukommt, eine Begleiterscheinung? Letztes meine Ansicht. Das objektive Vorhandensein des Kunstkörpers insofern nur relativ gültig, als alle von uns als Existenz erfaßte Erscheinungswelt schließlich nur eine subjektive Vorstellung ist.

27.VII.
– Die Čechoslovaken haben unser Lager übernommen. Bewachen uns strenger; es ist mehr Ordnung, verhalten sich bis jetzt anständig. Ausgänge stark reduziert. – Als „weiße Gardisten" hatten uns erst russ. Gymnasiasten, dann Tataren, zuletzt Chinesen bewacht – die alle mit sich schließlich handeln ließen.

28.VII.
Die an der Uschaika berüchtigte Gymnasiastin Lydia kennengelernt. Die arme Клавдия [Klaudia], wenn sie das wüßte – die Gott gedankt hat, daß ich sie nicht kenne, daß ich ein «Честные Мужчины» [ehrlicher Mann] sei! Die schöne Lydia, von der sie schrieb: «она настоящая проститутка которая одна на всю казарму» [eine echte Dirne, sie allein für die ganze Kaserne]. Sie ist 16 Jahr alt, eine geborene Hetäre – ja oder sieht doch gegenwärtig im Leben einer solchen ihr Ideal – und ist jedenfalls eine geborene Tänzerin und Schauspielerin. Besitzt ein von köstlichen und launigen Einfällen übersprudelndes Temperament. Ihr ganzer Körper – ein wundervoller Körper, eben aufgeblüht, strömt Erotik aus. Katzenartige Schmiegsamkeit, den rhythmischen Tänzerinnenschritt, kräftige – muskulöse – und doch grazile Beine – die mir schon im Frühling, als ich sie zum erstenmal auf der Straße sah, den Schlaf einer Nacht gekostet haben. Wir waren 4 – sie besitzt eine geniale Collegialität! – Sie liebt das ganze Weltall – d.h. sie möchte alle Männer aller Nationen mit ihrem süßen Körper glücklich machen. Trotz allem Raffinement finde ich sie naiv und natürlich. Bad in der Uschaika, alle nackt und fröhlich wie eine Gesellschaft Wassermänner mit ihrem Nixlein. Dann durften wir sie ankleiden, wie eine Prinzessin mit ihren Pagen. Ich küsse ihre Schenkel – – oh, Raserei der Wollust![32]

29.
– Sie nicht wiedergesehen – wütend, wo's so schwer war hinauszukommen. – Vielleicht besser so – dieses Geschöpf hat gestern meine ganze Sinnlichkeit – 3 Jahre mühsam gebändigt – aufgewirbelt – vielleicht haben wir gestern den Rahm

32. Vgl. SaKat. 10; Abb. S. 203; Badeszene im Uschaikatal, 1918. Bleistift/gelb-bräunliches Papier, 113 x 157. Bez. r. u.: RW 10.VIII.18. Kunstsammlung der Landeshauptstadt Bregenz.

schon abgeschöpft. – Fällt mir ein, wie lustig war das auch, – wie sie in den Gesang von Knaben die auf „Kirschbäumen" saßen einfiel. – Лидия [Lydias] Köpfchen ist rund und steht auf einem runden, festen Säulenhals. Etwas mongolischer Typus – Es war gewiß immer die „Hetäre" die die Leidenschaft der „grands aimeurs" entfacht hat; hier wächst das, was man „Leidenschaft" nennt, die Liebe als l'art pour l'art, ein prachtvoll aufflammendes Feuerwerk! –

31. Juli.
Gegen Abend, nach dem Regen „Strombad" bei den „Thermophylen". Meine Kameraden: Sadofsky, Kunesch, Irresberger und Strack – mit dem ich mich neulich, da wir uns in derselben Mädchengesellschaft fanden, versöhnt habe – seit wir in Tetjuschi einmal in Streit gerieten, haben wir nun 2 Jahre einander ignoriert. –

Tomsk, den 1. August 1918.
Heut beginnt für mich das 5-te Kriegsjahr! 4 Jahre seit meinem Abschied von daheim! – Eltern, Heimat und Arbeit. – Das Beste wär's eben doch, sich an solch einem Tag zu besaufen! – Ich will jetzt, Abends schw. Cafe trinken und eine Zigarre (!) rauchen. – Heut unsere Lydia gesehen: она ехала в пролётке, с кавалером [Sie fuhr in einer Droschke, mit einem Kavalier].

2.VIII.18. –
Im „Landarzt" v. Balzac spricht Benassis über Staat und Gesellschaft ganz im Sinne Nietzsches. – Auch in Hebbels Tagebüchern fand ich bezügliche Stellen (so z.B. 28.VIII.47. über den Verbrecher)[33] – Gespräch mit Genser – –
Verwandte Zustände und ihre Gegensätze:
Stärke, Fülle, Masculinität, Instinkt, Aktivität, produktiv, offensiv, vertrauend – auf sich und andere, Suggestionen ausstrahlend, organisierend, sich ausdehnend! –
Schwäche, Armut, Femininität, defensiv, Intellekt, Passivität, rezeptiv, mißtrauisch gegen sich und andere, abhängig von den Umständen, unterordnend, sich bloß erhaltend! –

4.VIII. Sonntag. –
2 Tage mißlungen hinauszukommen. Bei den Ч. СЛ. [Tschechoslowaken][34] auch Willkür. – Heut Vrm. in der poln. Kirche. Wieder angeeckelt von dieser hündischen Frömmigkeit. – Bettlerinnen (während des Gebens plappern sie noch, so-

33. Siehe Wackers Lektüreliste.

34. Vgl. Gerburg Thunig-Nittner: Die Tschechoslowakische Legion in Rußland. Wiesbaden 1970. Hier wird auch der Einfluß der Legion auf die Situation der Kriegsgefangenen erörtert sowie weiterführende Literatur angegeben.

bald sie das Geld haben, ist nur noch vom Деньги [Geld] u. der Verteilung die Rede. – Nchm. Bad in der Uschaika von 1/2 5 – 1/2 6 dann mit Lydia Kazakoba zusammen und Irresberger. Uns beide scheint sie jetzt, wenigstens im Rayon der U.[nseren], erwählt zu haben und wieder mich ihm vorzuziehen. – Als ich sie heut sah, war ich erregt und bekam Herzklopfen wie ein 16 Jähriger.) Zu Irresberger: «Ты не умеешь такъ целовать какъ художникъ» [Du kannst nicht wie ein Künstler küssen], einmal zu mir: «какой темперамент у тебя – у тебя 40 Градосовъ» [Du hast ein solches Temperament – Du hast 40^0 Temperatur]. – Es wird nun schon um 1/2 9^h dunkel. – Und kein Petroleum! – Allabendlich im „Cafehaus". –

6.VIII. –
Wie heiter mich das Bad und das schöne U.[schaika]tal mit seinen Birkenhainen immer stimmt. Träume oft von Bildern. – Meist: Aktzeichnungen nach der Geliebten, Nachts dem Schlaf abgelauscht! – Mutter mit Kindern – Badende Frauen, Kinder und Jünglinge – Birkenhaine – „Die große babylonische Hure" – wie ich Лидия [Lydia] getauft habe, erst um 4^h gesehen; als wir по четыре [um 4^h] „einrückten" ging sie an den Kasernen vorüber, – mit niedergeschlagenen Augen wie ein Musterbild der Sittsamkeit. – Abends: wieder Haussuchung nach Waffen im Lager; die 5-te seit Mai. – Wir erwarten wieder einen Umsturz. – Es läßt sich unmöglich etwas Bestimmtes für die Zukunft voraussagen. Vielleicht haben wir doch ... [unleserlich].

7.VIII.18. –
Man ist jetzt genötigt, sich um 10^h niederzulegen – Wegen der Flöhe und Wanzen schlafe ich aber erst gegen Morgen ein. – Heut wundersamer Traum: meine Schwester war die Gattin meines Bruders R.[omedi] – liebte mich aber stärker als ihn; sie hatte eine tiefdunkelbraune Hautfarbe, darin ihre Zähne wie Perlen blinkten, und ihre Finger waren geziert mit kostbaren Ringen –. Sie war größer als ich sie kenne, und großartiger und schöner als ich sie vielleicht je sah. – Auch im Elternhaus war ich und brach vor meinem Vater in immer neue Tränenströme aus. – (Rückkehr?)
Nachm. Nach langem Manövrieren vor den Ч. СЛ. [Tschechoslowaken] von 4–5 mit Лидия [Lydia] am Bahndamm. – Die geschlechtliche Erregung ist wie früher mein stärkstes Stimulans – die Transfigurationskraft und Energiesteigerung in diesem Rausch ist unerhört! Um so niederträchtiger so handgreiflich fühlen zu müssen, daß man Gefangener ist! – Abends Konzert.

9.VIII.
Wieder mit L. zusammen. Die letzte 1/4 St. allein mit ihr сегодная .....! [heute .....!] – Die Sache wird allmählich gefährlich – es muß bald zu einer Entscheidung kommen. Ich will offen reden mit ihr; – aber ob sie mir Gewißheit geben kann?

Ein Risiko wage ich nicht. Es ist furchtbar; das kleine, süße, heiße Geschöpf geht mir nicht aus den Sinnen.

15.VIII. –
Während der am Sonntag Maijor Sloboda erteilten Malstunde erkältet. Dienstg. Abend Fieber, – jetzt lokalisiert als Darmkathaar. – Heut erst wieder wohl auf, aber bedeutend geschwächt. (– Es ist unerhört, was eine Fiebernacht an einem zehrt!) – Viele Gedanken in die Jugend daheim, an die Pleuritis als 16 Jähriger – an Mutter! – Verwandlung der Stimmungswelt. Für mich bedeutet selbst ein Unwohlsein schon fast eine Häutung. 3 Tage nicht geraucht (die ersten in den 3 Jahren Gefangenschaft!) Jetzt muß ich aufhören. Keine Kopeke mehr! Pläne für d. Herbst. – Der jetzt plötzlich einsetzt. Die «Ч. СЛ.»[Tschechoslowaken] werden immer gemeiner. Baden jetzt meist по четыре [zu viert]. L.[ydia] nur 1 x von fern gesehen. Heut K.[laudia] wieder getroffen, – entzückend; – sie brachte kaum 1 Wort hervor. – Schließlich steht endgültig mein Entschluß fest in m. Verkehr mit L. eine gewisse Grenze nicht zu überschreiten. Здоровье, самое большое добро! [Gesundheit, das Allergrößte, das Beste!] Synnon nach Geld. –

18.VIII. –
Das Bad schlecht bekommen: Rückfall – dem eine Unterhose zum Opfer fiel. Schone mich jetzt. Es fällt mir schwer mich wieder an's Lagerleben zu gewöhnen. Abends kein Licht – übrigens befohlen die Ч. СЛ. [Tschechoslowaken] an um 10^h schlafen zu gehen. Aus dem „erwarteten" Umsturz wird wohl nichts, und die Gegw. scheint sich wirklich z. Krieg rüsten zu wollen. Duma[35] endlich hier zusammengetreten, vielleicht also demnächst eine Entscheidung. – Sehe erst jetzt völlig ein wie sehr ich durch die 3 Eindringlinge geschädigt bin; kann mich in meiner Bude wirklich nicht mehr umdrehen (wörtl.) – an's malen nicht zu denken; lediglich aufs lesen angewiesen – nahm heute A. Lange „Geschichte des Materialismus" vor. – Und wie mich die 3 Eindringlinge jetzt anekeln!! – Heut Nachm. Konzert im Freien (zwischen 2 Baracken) sehr schön! Welche Ironie! Wir, die „Sklaven" sind in dieser blödsinnigen Stadt doch immer wieder in irgendeiner Weise eine Kultur-Oase. – Viel an den Zauber früherer Promenadekonzerte daheim gedacht. – Resignierte Heiterkeit des „Rekonvalescenten". –

20.VIII. –
Durch den Schweden 50 Rub. bekommen.[36] – Der „Durchfall" in den letzt. Tg. hat mich so mitgenommen, daß ich nun eine kleine „Mastkur" veranstalte. Viel

35. Duma = Stadtrat, Stadtregierung.

36. Das schwedische Rote Kreuz war von der österr.-ungar. Regierung bevollmächtigt worden, in ihrem Auftrag Geld und Hilfssendungen an die Kriegsgefangenen in Rußland zu verteilen. Siehe E. Brändström (Anm. 4), S. 75 ff.

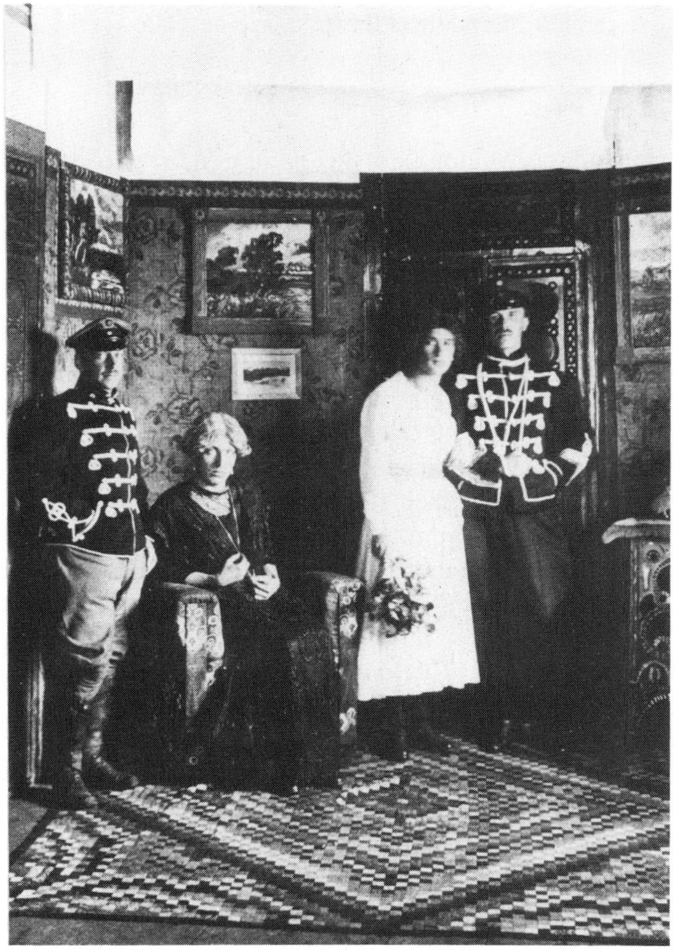

Bild 22

„Er heiratet seine Tochter", eine Aufführung des Lagertheaters der Kriegsgefangenen in Tomsk 1917.

Nahrung und viel Schlaf, wenig Bewegung. Nach 3 Tg. halt ich das aber schon nicht mehr aus, meine Natur widerstrebt dieser Art Kurgastmüßigkeit zu sehr. Es ist zu viel Brennstoff da, der sich, wenn ich nicht nach außen aktiv bin, selbst entzündet und nach innen brennt. – Las heut wieder einmal den Aufsatz K. Schefflers über Munch (Kunst und Künstler Jg. XII. H. 8). Trotz der Widerwärtigkeit, wie sie diesen Jongleuren eigen ist, mit der einen Hand sogleich wieder hinweg zu nehmen was sie mit der andern an Lob gegeben haben, lese ich ihn gern öfters. Er sagt viel Wesentliches und sagt es in einer schönen, schwungvollen Sprache. Daß er das „problematisch-bleiben" so betont, hat wohl seine Richtigkeit – vielleicht ist M.[unch] aber gerade deshalb so anregend für uns. Ich kenne nicht viel, woraus mich das Ringen eines ernsten Künstlers, einer echten Künstlernatur mit seiner ganzen Stufenleiter von der Verzweiflung bis zum Jubel, so unmittelbar anspricht. – Gewöhne mich allmählich wieder an's Leben im Lager; sobald wieder die Gelegenheit größerer Aktionsfreiheit sich ergeben sollte, werde ich schon gleich zugreifen. – Ich wundere mich, wie rasch und schmerzlos „die kleine Barbarin" mir in den Hintergrund treten konnte. – Sah heut N.[acht] i. Traum Berta Fischer als m. Ehefrau – schließlich verwandelte sie sich in Paula R.[isch] – Sonderbar, daß diese Jugendgespielin, die ich erst 1914 einige Tg. wiedersah und ganz ohne geschlechtl. Interesse, an die ich kaum jemals denke, öfters mir im Traum erscheint. –

24.VIII.18.
Vorgestern zum 1. x seit dem Regime der Ч.СЛ. [Tschechoslowaken] i. d. Stadt gewesen. Für 2 Std. durften wir auseinander. In Viererreihen und unter Bewachung zu gehn, ist einem schon fast fremd geworden. – Auch das Straßenbild mit den vielen uniformierten Stragorbhtschiks befremdlich. Und welche Ironie der Dünkel solcher Herren! – Das Verhältnis zwischen Sibiriaken und Ч.СЛ. [Tschechoslowaken] äußerst gespannt. – Sind aber wohl gegenseitig auf einander angewiesen. An das Zustandekommen einer neuen sibir. Armee kann ich nicht glauben. (Und wenn die Entwaffnung der Ч. СЛ. unvermeidlich wird, ist die zeitl. sib.[irische] Reg.[ierung] ohne Machtmittel. Halte dann einen Umsturz für wahrscheinlich.)[37] Diese, zu jeder ernsten, mit Ausdauer durchgeführten Aktion unfähigen, heimtückischen und feigen Sibiriaken muß man verachten. –
Bei Poljakoff gewesen. Sehr lustig unsre Unterhaltung über die polit. Ereignisse. Ich muß meine Ansichten immer in die simpelste und krasseste Form bringen. Er, ganz ohne Orientierung, vertritt lediglich die Tagesmeinung der sibir. Blätter. Zumeist also vollkommener Gegensatz: und doch hat dieser auf unsere sonstigen Sympathien nicht den geringsten Einfluß – ein Fall wie mit den Weibern „Sagen können sie was sie wollen – es berührt den Grund nicht auf dem sich das Verhältnis aufbaut. –"
– Klaudia hat sehr liebe Briefe geschrieben – rührend treue und aufopferungsfähige Liebe. – Dieser Vergötterung (Transfigurationskraft!) ist wohl nur „die erste Liebe" fähig: – mein Gott, – ich habe doch wirklich fast gar nichts getan, nicht einmal gesagt – ich bin nur dagewesen. – Ich muß sie vor tollen Streichen zurückhalten – ich glaub ihr's wohl wenn sie sagt «Я не боюсь – Я не изъ трусовъ ...!» [Ich fürchte mich nicht – Ich bin kein Feigling].

37. Die sibirische Regierung unter Koltschak stützte sich ganz auf die tschechische Legion. Die Kampfkraft der eigenen Truppen, teilweise durch „Strafexpeditionen" in den Dörfern ausgehoben, war gering. Nach dem Abzug der Tschechen brach die Front unter der angreifenden Roten Armee überall rasch zusammen. Vgl. E. Brändström (Anm. 4), S. 115 ff.

26.VIII. –
Jungen Wiener Architekten (Technik) – aus Krasnojarsk[38] gekomm. – namens Tomičić[39] kennengelernt, der ganz geschickt im Genre der Wiener Werkstätten und der „Mch. [Münchner] Jugend" arbeitet. – In einem Probeheft „Deutsche Kunst und Dekor.[ation]" – schöne Büste eines melancholischen Jünglings v. Lehmbruck und die prachtvolle Plastik eines sitzenden Weibes v. Maillol gesehen. – Versuch in die „Bahnbrücke" v. Goghs – dies Bild welches so einen „besoffenen" Eindruck macht – erinnere mich an Herbigs „– man müßte so malen, als käme man eben vom Mond herunter!" – die Perspektive hineinzukonstruieren. – Anregung mich mit Perspektive zu befassen. Wurde mir einiger Gesetze bewußt, die keine Anwendung finden, die man vielleicht aber verwerten kann. (Auch die frontal zu uns stehenden und parallel laufenden horizontalen und vertikalen Linien verkürzen sich – da unser Gesichtsfeld ja kein Punkt und keine Fläche ist! –) – Ob es am Ende nicht Nachlässigkeit oder Irrsinn ist wenn v. Gogh, Cezanne, Matisse und ihre „Nachfolger" etwa einen Cylinder zeichnen – sondern eine neue Perspektive? Eine der Empfindung gemäßere, also richtigere und naive Vorstellungsform?

27.VIII.18.
Herbst wird's! – In mir wieder die ganze Fülle herbstlicher Erinnerungen – Schwermütigkeit und Sehnsucht erweckt. – Es ist aber nicht nur der Herbst, sondern immer das Übergangsstadium der Jahreszeiten, das diese Sensibilität und Unruhegefühl in uns wirkt –. In dem Probeheft „D. K. u. D. [Deutsche Kunst und Dekoration]" auch Eggers „Mahlzeit" gesehen. Es könnte fast irgend einer der Münchner gemalt haben; es ist aber immerhin stärker in der Stimmung auch fühlt man hier und dort den späteren Egger in der Zeichnung heraus. –
– Eine Melone gesehen!: – Dies rot und grün der Melonen und das silbergrau und rot des Lachses gehört zu den raffiniertesten Farbkombinationen. – Will versuchen ob ich aus den im Sommer entstandenen Skizzen nichts für Bildkompositionsentwürfe verwerten kann. – Das Skizzieren nach Werken sollte man auch kultivieren – es bringt viel Gewinn.
Dann Untersuchungen nach den Formungsprinzipien, Nachzeichnen von Konstruktionslinien, Auffassung und Anwendung der Perspektive etc.! – Hodler und die Schweizer angesehen. Hodler so oft arm, unzulänglich, Theoretiker, Artist, Buri simpler Bauer und Anekdotenerzähler, Amiet Experimentator etc. etc. – So viel ist wirklich nicht los mit ihnen, – erinnern mich an Vrieslanders „Fremdenindustrie!" –

38. Siehe E. Brändström (Anm. 4), S. 42 ff.

39. Emil von Tomičić, Architekt, war einer der besten Freunde Wackers; auch nach der Gefangenschaft. Siehe folgende Tagebücher.

31.VIII.18. –
Abends auf der Lagerhauptstraße interessante Bilder. Alle Nationen Österreichs, Ungarn, Türken, Reichsdeutsche, Juden etc. (Mannschaften) – sie stehen immer in Gruppen beisammen, in kleinen Kreisen. – Geldmangel reißt immer wieder ein. – Der Invalidentransport aus Krasnojarsk heute von hier abgereist, wieder zurück nach Krasnojarsk! Ч. СЛ. [Tschechoslowaken] Lagerwache heut Abd. abgelöst. – In einem Heft „L'art et les artistes" Renoir! Immer wieder spürt man's, daß man ihn nicht genug schätzen kann! Was er alles in sich vereinigt! – Die Größe, Einfalt und Gesundheit eines Antiken, den Charme eines aus dem 18. Jhdt! – Heut V. Hugo's „Weltverlassen" begonnen; Zola's „Zusammenbruch" wartet – und täglich einige Gedichte v. St. George. –

/ Setze das Tagebuch in einem beigefügten Hefte fort![40]

Heft 3: Ende Januar 1919 – 20. April 1919

Rudolf Wacker geb. 1893 Bregenz
Tagebuchblätter. Tomsk Januar 1919 bis 20. April 19.

(Über die Bedeutung der Kindheitsjahre; Beobachtungen über die Erotik im Kindesalter; erste Liebe. Erinnerungen.) Tomsk, Ende Januar 1919.

Vielfach wird den Kindheitsjahren für die Bildung der Individualität und deren Beurteilung größte Bedeutung zugesprochen. – Ich frage: Ist das Leben des Kindes im Wesentlichen unindividuell und ist typisch als ontogenetische Erscheinung (summarische Rekapitulation der Stammesentwicklung)? Oder, können wir aus dem Leben des Kindes, das sich so triebhaft, unbeirrt durch intellektuelle Erwägungen abspielt, reiner als aus einem späteren Alter individuelle Grundzüge erkennen? – Vermutlich ist es ein Doppelleben, derart, daß ein Besonderes die Formeln eines Allgemeinen abwandelt und also in einem Treiben, das im Ganzen seine Charakteristik von der Phytogenesis her erhält, sich doch auch

40. Dieses Heft (Oktober bis einschließlich Dezember 1918) fehlt; das nächste Heft beginnt im Januar 1919. Die folgenden Seiten (S. L8–L17) nimmt ein Teil von Wackers „Chronologischem Verzeichnis der in der Gefangenschaft gelesenen Bücher" ein. Dieser und alle weiteren Teile des Verzeichnisses werden zusammengefaßt im Anschluß an die Tagebücher der Kriegsgefangenschaft chronologisch geordnet wiedergegeben (Heft 9).

rein individuelle Züge spiegeln. – Es wird oft behauptet, das Bestimmendste in der Bildung individueller Eigenart seien die Kindheits- u. Jugendeindrücke. Ich möchte aber hier den Hauptakzent nicht so einseitig auf die Umgebung (soziales Milieu, Eltern, Geschwister, Kameraden, Hausgenossen, gegenständliche Umgebung etc.) legen, sondern bereits hier schon nicht das Agens (die dem Kinde vererbte, eigenartige Kraftsumme) vergessen; ja, ich bin von jeher geneigt hier wie in allen analogen Verhältnissen, den Hauptakzent gerade auf das eigentlich Wirkende zu legen, – zum mindesten also nur eine Wechselwirkung zuzugeben. Die inneren Ursachen, ein innewohnendes Entwicklungsgesetz – das allerdings durch zuwachsende Eindrücke von außen modificiert wird, – die „Veränderungsfaktoren" also veränderlich sind – dieses Vererbte ist das Gegebene, Primäre, das von innen heraus Bildende, das Wachsende, Bauende, Macht-Wollende!

— Ich zeichne hier einige, auf das sexuelle Leben bezügliche Beobachtungen auf, die ich aus der Erinnerung an meine Kinderjahre ziehe. – Schon im Kindheitsstadium (von 4–15 J.) gibt es eine Menge Äußerungen die durchaus dem Geschlechtstrieb entspringen. Vielleicht ist die Basis aller Liebesempfindungen der Kinder zu Eltern, Geschwistern, Kameraden, Tieren, Puppen etc. sexual? – In den frühesten Jahren betätigt sich das K.[ind] schon direkt sexuell, in vollkommener Unschuld, ganz ohne sexuelles Bewußtsein. Hierher gehört die merkwürdige Neugierde, mit der Kinder die Geschlechtsteile gleichgeschlechtlicher Kameraden betrachten, und das schreckhafte Erstaunen, das zwischen Mädchen & Knaben die erste Entdeckung des in diesem Alter einzig in's Auge springenden Geschlechtsunterschiedes auslöst. – Ohne Verführung durch Ältere gelangen die Kinder (schon von 6 J. an) zu erotischen Spielen. Daß es sich nicht um ein zufälliges Spiel, ohne erotischen Charakter, handelt, beweist die dabei eintretende, wenn auch noch schwache & schwankende sexuelle Erregtheit (auch Errektion, – den Kindern selbst unverständlich wunderlich, spaßhaft!). – Es scheint mir wahrscheinlich, daß diese Spiele, wenn sie unter gleichgeschlechtlichen Kameraden od. Geschwistern stattfinden, bereits eine Perversion bedeuten, jedenfalls eine innewohnende Möglichkeit bisexueller oder konträr sexueller Empfindung bestätigen. Ich erinnere mich, daß ich meinen Kameraden, als ich mich mit einem Mädchen in diese Spiele eingeweiht hatte (ich dürfte damals 8 od. 9 und sie 4 od. 5 J. gewesen sein) das naive Geständnis machte, das Spiel mit ihr sei mir doch viel lieber; auch daß ich sie in der Folge möglichst für mich allein beansprucht habe, – also eine heterosexuelle Veranlagung unterstrichen habe. Es handelt sich auch zwischen den Beteiligten nicht um eine Verführung in dem Sinne, daß nur ein Teil aktiv (aggressiv, einseitig verführend) wäre, sondern beide Teile verführen sich gegenseitig, sind mit gleicher Interessiertheit beteiligt. (Ich erinnere mich übrigens, daß den ersten Schritt damals das Mädchen tat.)

In diesem Stadium dämmert bereits ein sexuales Bewußtsein auf. Ein Wille zur Erotik beginnt sich zu rühren, setzt Ziele, zur Inszenierung der erotischen Spiele

werden die K.[inder] berechnend (zB. Schlupfwinkel werden gesucht od. gebaut, das „Höschen" wird vergessen, die Phantasie wird erfinderisch, eine störende Spielkameradin zu entfernen, etc.) Hier erscheint auch schon das gegenseitige Betrügen, das allem erot. Verführen und Verführtwerdenwollen typisch bleibt. Dieses Betrügen geschieht bewußt. Das Grundmotiv wird verschleiert, doch so einfältig, daß man von dem, der betrogen wird, nicht annehmen kann, er durchschaue den Betrug nicht. Man scheint sich durch die, wenn auch noch so durchsichtige, Bemäntelung eine eventuell notwendige Rückzugsgelegenheit sichern zu wollen. – Alle diese erot. Spiele, sowohl unter Gleich- als Andersgeschlechtlichen, haben einen sadistischen oder masochistischen Grundzug. Ein Teil erniedrigt sich zum Sklaven des Anderen und wünscht sich von ihm „alles" befehlen zu lassen. Diese Rollen werden getauscht; zB. Herrschende & Sklave, od. Herrschender & Sklavin. – Der enorme physische Ehrgeiz, der mich, besonders im Beisein von Mädchen, angespornt hat, mich als den anderen Knaben überlegen zu zeigen, – Eitelkeit in Haltung & Kleidung, Geschicklichkeit in technischen Handgriffen, Gewandtheit & Kraft in allen körperlichen Übungen, Kühnheit, Tapferkeit, Verbeißen des Schmerzes etc. – hatte auch eine sexuelle Ursache, entsprang dem Bedürfnis, die Ansprüche der Andern an das begehrte M.[ädchen] zu übertreffen, war Werbung. – Die Lust des Knaben (bis 16) mit reifen Mädchen, zB. Dienstmädchen, sich zu balgen, ist rein sexuell. –
Zum Schluß einiges über „1. Liebe". Ich war damals 16, das Mädchen – die Kindheitsgespielin, 12 Jahre alt. – Dieses Gefühl kam als etwas ganz Neues u. Unerhörtes über mich, war ein plötzlich einsetzendes inneres Wachstum, war ganz „ideale Liebe" und ein echter Typus „erste Liebe". – Aufeinmal sah ich in diesem Mädchen einen Engel, dessen ich mich würdig machen wollte, eine Kameradin, die mir auf meinem Lebensweg helfen konnte. Eine Fülle von „Idealen" tauchte mit einem mal in mir auf, zu denen sie mir den Ansporn gegeben zu haben schien und die sie mir rein zu bewahren und in Tat umzusetzen helfen sollte. – Das wilde Herumtollen verlor seinen Reiz, nur geturnt und gefochten wurde noch (womöglich vor ihr!), das rohe Vögel-Schießen wurde unterlassen, – religiöse Probleme wollten „gelöst" werden, eine Art altgermanischer Götterkultus wurde geschaffen, ich begann zu lesen, Liebesbriefe und Gedichte wurden geschrieben, – deren Inhalt vorzüglich „ihre Schönheit", die Reinheit der Liebe, Unverbrüchlichkeit der Treue, deutsche Gesinnung, das Idyll liebevollen Familienlebens in einem innigen Zusammenhang mit der Natur, der Kampf um alle „edeln" Güter, war. – Zukunftsträume wurden entworfen, deren Grundriß immer das Streben nach dem „Schönen, Guten und Wahren" bildete, – nebenbei sollte nun auch meinen steten Mißerfolgen in der Schule ein Ende gemacht werden (– dazu war es damals übrigens zu spät: – im Frühling setzte diese Liebe ein, und noch vor Schulschluß warf mich eine Pleuritis nieder.) – Der Verkehr mit meiner Jugendliebe war so platonisch als möglich. Es war eine Erfüllung, nur bei ihr am Zaun zu stehen, in ihre Augen zu schauen, ihre Hände zu

berühren. Ihr Bild und eine Haarlocke wurden „angebetet". – Eines Tages, nach einer, auf ein kleines Mißverständnis erfolgten Versöhnung, frug sie mich, ob sie mich küssen dürfe (sie!). Von nun an küßten wir einander beim Wiedersehen und zum Abschied. Zärtlich gehauchte, schüchterne Lippenküsse! Nun das Merkwürdige: die Gedanken an unsere früheren erot. Spiele (die selbst zu wiederholen ich noch 1 Jahr vorher Lust gespürt hätte!) waren wie ausgeschaltet und jene Erlebnisse wurden als eine längst zurückgelegte „Kinderei" angesehen. Doch zitterte mein ganzer Körper bei diesen unschuldigsten Küssen und wenn dabei eine Errektion eintrat, war ich mir böse! –
Ich habe mich damals mit großer Energie gegen das Krankwerden gewehrt, vielleicht brach deshalb die K.[krankheit] wie eine Kathastrophe über mich herein. Vielleicht bestand auch zwischen dem Liebeswahn mit seinem gesteigerten Leben und der Krankheit ein Zusammenhang? – Ich weiß noch, daß mein letzter Gedanke, vor dem Eintritt eines 8-tägig. Fiebers ein an sie begonnener Brief war und daß, als ich wieder zu Bewußtsein kam und die Genesung einsetzte, meine Gedanken an sie nun ganz schwächlich geworden waren – alles war wie in weite Ferne gerückt. Ich erwachte zu einem neuen Leben; in jenen Tagen der Genesung befestigte sich mein Entschluß das Gymnasium zu verlassen und Maler zu werden. – Es folgten die wundervollen Wochen der völligen Rekonvaleszenz im Brandnertal. In sexueller Hinsicht faßte ich dann eine Neigung zu einer, ich glaube 12 J., älteren Gymnasiallehrerin und später zu einer hübschen etwa 5 J. älteren Französischlehrerin. Der Verkehr mit diesen bestand zwar lediglich in einem Austausch der Gedanken (später brieflich), ich bin aber überzeugt, daß leise sexuelle Regung als Unterton mitschwang, was ich mir damals nicht recht eingestehen wollte. —

29.I.1919.
– Vorgestern Bekanntschaft gemacht mit Herrn Dr. Hermann Molé[41], – Slovene (kam aus Krasnojarsk und entschloß sich hier gestern den südslawischen Druschina beizutreten.) – Kunsthistoriker (beamtet im österr. Ministerium – Resort: Erhaltung alter Kunstdenkmäler). Sah sich meine Zeichnungen an und verhielt sich sehr anerkennend. Erzählte von den Malern im Krasnojarsker Lager (ich würde mich sehr freuen dorthin zu kommen, wenn's auch nur Suppe und Kascha gibt, es scheinen da einige strebsame Leute zu sein, von denen ich Holzschneiden lernen könnte) und zeigte mir Skizzen und Holzschnitte von Michel (ehemalig.

41. Hermann Molé, Kunsthistoriker; fand zunächst in der Universitätsbibliothek Tomsk Arbeit, wurde später Mitglied im Omsker Nationalrat der „Kulturellen Sektion"; kaufte Arbeiten Wackers („Liste der während der Gefangenschaft in Privatbesitz übergegangenen Zeichnungen: [...] 4 große, 13 kleine Zeichnungen für 200 Rubel, alle Schnitte.") und förderte Wacker nach Kräften. In den späteren Tagebüchern taucht er nicht mehr auf.

Vorstand des Hagenbundes)[42], Erwin Lang[43], Thuma, Jokobowitsch, u.a. – Lieh mir 3 Bd. Springer![44] (II.IV.V.). Lebhafte, angeregte Unterhaltung: vom 100sten in's 1000ste & so, daß einer vor dem andern nicht zu Worte kommen konnte. Außerordentl. liebenswürdiger, versierter Mann, ein Mensch von hoher Kultur! Welche Freude! –

1. Februar 1919.
Zur Eintragung vom 6.XII.18:[45] Eisler behauptet in seinem „Philosophen-Lexikon" (S.500) daß Nietzsche Stirner gekannt hätte. Ebenso Guyau! – Heute geht ein Brief an Mutter ab. Seit Mai wieder die 1. Post. In Hinkunft soll am 1. und 15. jed. Mon. Post abgehen, von jedem Gefg. eine K.[arte] od. Brief.– Ich habe bemerkt, daß ich „sachlicher" geworden bin, – früher, – man denke: nach jahrelangem Schweigen! – was wäre das für ein Gefühlsausbruch geworden!

4.II.19.
– In Oesterreich (offenbar Deutschoest. –) werde über eine Reform der „katholischen Ehe" abgestimmt: Der Klerikalismus hat wieder gesiegt!! – Und wir träumten hier von einer Trennung von Kirche u. Staat, mehr: von einem Klöstersturm! – Das nennt sich „Revolution"! (In D.[deutschland] u. Oest. scheint der Bolschewismus schon „verraucht" – od. jedenfalls gelang es der Bourgeoisie die b.[olschewistische] Bewegung leicht zu unterdrücken.) Das Proletariat sieht nicht ein, daß jeder Kompromiß unsinnig ist, daß man radikal sein muß, daß nur die rücksichtsloseste Gewaltsamkeit zum Siege führt! Aber was ist das auch wohl für ein P.[roletariat]! – 5 Jahre haben sie draußen geblutet, die Pfaffen mögen derweil ihre Weiber geschändet u. ihre Kinder verführt haben und sie recht „fromm" gemacht haben – es ist ja das auch so einleuchtend: „Liebe deinen Nächsten." und zugleich: „Seid nur recht tapfer! gebt dem Kaiser was des Kaisers ist!" – Oder: daß dieser Krieg eine Strafe des Allgütigen ist etc. – und jetzt lecken sie ihnen weiter die Hände. – Was sind daneben doch die Russen für

42. Hagenbund; Österr. Künstlervereinigung, gegründet 1900 in Konkurrenz zur Secession, besaß ein eigenes Ausstellungshaus, Wien I, Zedlitzgasse 6; 1938 als „entartet" und „verjudet" aufgelöst. Siehe Ausstellungskat. Der Hagenbund. 40. Sonderausstellung des Historischen Museums der Stadt Wien. Wien 1975.

43. Erwin Lang (1886–1962), Maler, Graphiker und Bühnenbildner; geriet bereits 1914 als Offizier in russische Gefangenschaft, war in mehreren Lagern in Sibirien, 1917 in Nowo-Nikolajewsk hielt er kunstgewerbliche Kurse und schrieb Aphorismen über Kunst und Künstler, im Winter 1918 unternahm er einen Fluchtversuch, wurde aber von Tschechen gefangen, 1920 gelang die Flucht über China; 1925–1938 Mitglied des Hagenbundes; 1934 österr. Staatspreis. Siehe Arpad Weixlgärtner: Der Wiener Holzschneider Erwin Lang. In: Die Graphischen Künste. Hg. von der Gesellschaft für vervielfältigende Kunst. XLVI Jg. Wien 1923, S. 39–53.

44. Vgl. Wackers Lektüreverzeichnis Januar 1919: Springer: Handbuch der Kunstgeschichte [...].

45. Das Tagebuchheft über die Zeit von September 1918 bis Januar 1919 ist verschollen.

Kerls! – Wie oft man auch über sie fluchen mag, immer wieder reißen sie einen zur Bewunderung hin, man muß sie lieben! – Das absolutistischste Regime haben sie zerbrochen, als erste, und sie fordern die ganze kapitalistische Welt zum Kampf heraus! – Wenn den Bolschewiki ihr Werk mißlingt, scheitern sie an dem Mangel an Intelligenz der Massen, – die Deutschen haben dafür die Ehre, nun von der Entente für ihre „Intelligenz" gelobt zu werden! – Auf Seiten der Entente geht nun das Feilschen los! Nun heißt's mit den wahren Absichten (Wünschen) herausrücken. – Welcher Ekel erfaßt einen! – Ich nehme mir vor, daheim möglichst bald (sicher vor der Ehe, da ich meine Lebensverhältnisse ordne) konfessionslos zu werden und womöglich die Schweizer Bürgerschaft zu erwerben. –
– Vorgestern wieder einmal russisch begonnen, nach einem äußerst originellen Buch „Schnellrussisch von Nikolaus Lwoff, 1887". Französisch wird mit Eifer weitergetrieben; so geht der Vorm. – oft fast der ganze Tag (3–6 Std.) mit Sprachenlernen hin. –
Der gute W.... wird wohl sein Leben lang ein Querkopf bleiben, – wenn er nicht gar in Wahnsinn endet. – Es ist kaum zu erwarten, daß er jemals etwas Solides leisten wird. – Unsere Mühe mit ihm war wohl vergebens; ich habe am Ende nur die Konfusion in ihm vergrößert, in der er sich allerdings wohl zu fühlen scheint. – Ich habe in den 2 Jahren kaum ein originelles Wort von ihm gehört. Er war immer nur ein miserables Echo von mir, seine Originalität besteht darin, von all meinen Anschauungen u. Ideen nur Bruchstücke aufzunehmen und diese dann möglichst irr zusammen zu mengen. – Er ist für alles zu begeistern, alles bleibt aber Strohfeuer. Jetzt verleitet ihn seine Exzentrik zu krampfhafter Opposition und aus dem so erreichten Gegensatz zu seiner gesamten Umgebung schöpft er dann Genialitäts-Wahn! –

Am 11. Febr. 1919.
Heute seit März 1918 (das letzte war eine K.[arte] v. Lili G.[räf] v. 31.XII.17) wieder die erste Post erhalten!!! (6 Karten von Lili Gräf (20.VII.18), eine von Frau G.[räf] – aus Weimar und 2 Briefe (1. und 10.X.18) aus München von Johanna [Gräf]! – Mein erster Gedanke war leider: Könnte nicht etwas von Mutter, Waltraut oder Otto sein?! – Keine Mitteilung über daheim! Otto suchte durch Prof. Klemm einen Hinterlandsposten z. bekommen, scheinbar mißlungen, dürfte dann zur Ausbildung gekommen sein (also frühestens Mitte Okt. –) da im Novb. schon Rückzug war u. bald darauf Schluß, kann ich wohl hoffen, daß er nicht mehr an die Front kam!! – Menge nebensächlicher Mitteilungen. Lili über ihre „Kunstrichtung" und über Ausstellungen, Joh. über alltägliche Ereignisse. – Joh. scheint wieder eine Wandlung durchgemacht z. haben, liebt mich wieder, denkt immer an mich, träumt von mir, will mich in München oder Wien als erste treffen, (fragt, ob ich zu ihr „vor den Andern" kommen wolle), ihr „ganzes Wesen verlangt" nach mir „und erkennt jetzt" mein Wesen, will, daß ich ihr mehr schreibe, ist eifersüchtig etc. Sie haben viel gehungert, in M.[ünchen] wird sie

nun satt – scheint realistischer geworden. – Wie ungerecht die Frauen sind: Zur Zeit als ich kniete vor ihr, Nächte durch mich in Sehnsucht nach nur einem lieben Wort v. ihr verzehrt habe – ließ sie mich! Nach 2 Jahren deckte sie erst offen ihr Abwendung auf (d.h. vielmehr entstellt, lügenhaft). Und nach diesem Bruch, der meinerseits so energisch durchgeführt war – daß ich eine Zeit kaum an ein Fortbestehen auch nur freundschaftlicher Beziehungen glaubte, – kommt sie nun so zu mir (will nicht einmal zweifeln! / an mir). Macht mir Vorwürfe, daß ich zu einem Brief an Frau Klemm „Zeit" hatte, fügt zwar hinzu, daß es kein Vorwurf sein soll und erinnert sich an ihr eigenes Verhalten. – (– Sollte sie wirklich kein „Mannweib" sein, es sich nur um einen Irrweg handeln und sie sich auf ihr „weibliches, besseres Selbst" besinnen?) Für mich gilt jedenfalls endgültig: „Ich will mich jetzt zurückziehen von unempfänglichen Weibern, und bei der bleiben, die meiner harrt, bei Weibern die warmblütig sind und mir Genüge gaben ...." – Ist's nicht zum Lachen?!: Diese Mädchen fahren in der Welt herum und machen „Malereien und Bildhauereien" – und ein Mensch wie Herbig trägt 4 J. lg. Nachttöpfe aus! Frau v. Heyne soll mir oft geschrieben haben: außer einem Paket [19]16 i. Tetjuschi habe ich nie etwas bekommen. Nun ist's mir lieb endlich Gewißheit zu haben, daß dies Verhältnis nicht gestört ist.

15.II.19.
– Brief an Herbig abgegangen, ähnlichen Inhalts wie am 1. an Mutter. – Postverkehr, letzte Post; P. von Lili und Johanna, – deren neu entflammte Liebe, mein Verhältnis; Sommertage, Winter (Kälte); Beschäftigung mit Philosophie und Soziologie – Gewinn daraus: Erweiterung m. Interessenkreises, mein Verhältnis zum Leben vielfach geklärter, intensiver und breiter: formale Schulung d. Intellekts – die einseitige und eben fast nur rezept. geistige Beschäftg. üben: Sehnsucht nach aktiver Willensbetätigung. Zudem Konzentration durch die polit. Ereignisse beeinträchtigt, die sich immer in den Mittelpunkt d. Interesses drängen. – Einige neue Menschen kennengelernt, habe auch immer einige, zu denen ich Vieles aussprechen mag, aber nie Jemanden der mir ganz nahe ist, wo Geben und Nehmen vollständig und gleich gegenseitig wäre. Alte Sehnsucht nach Dir, Du Einziger! – gefaßt, manches anders wieder finden .. überzeugt, daß ich mich in allem zurechtfinde, nur Eines ist, ohne das m. Leben furchtbar leiden würde: Dich lb. O.[tto Herbig] brauche ich: Grüße.–
– N. Lwoff in seinem Lehrbuch behauptet über das russische Fluchen, wobei die Familie (die Eltern, besd. die Mutter) beschumpfen wird, es rühre das aus dem ausgeprägten Familiensinn des Russen, – um ihn zu beleidigen, muß man sein Heiligstes angreifen, jede direkte, persönliche Beschimpfung würde an seinem Gleichmut abprallen – dies wäre der ursprüngliche Sinn dieser Art zu fluchen (heute allerdings gebraucht der Plebejer solche Schimpfworte nicht nur in Zornausbrüchen, sondern auch in der gemütlichsten Unterhaltung – vor lauter Liebe ebenso wie im bittersten Haß). – Uns Deutschen ist dies Fluchen so fremd, daß

wir seinen Ursprung kaum richtig deuten und also gerade auf einen gänzlichen Mangel an Achtung den Eltern gegenüber schließen. —
– A.[lfred] H.[üttl] rasiert. Ausgesprochen weiblicher Teint! – Photogr. seiner Schwester: die interessante Variation der Charakterformen bei Familienangehörigen!

17.II.
Vorm. Dr. Molé dagewesen. – Er werde jetzt erst gewahr, wie er unter der Gefangenschaft gelitten; nie werde er den Augenblick vergessen, der ihn daraus befreit habe. – Ich denke, er wird sich bald eine Sonderstellung erringen; – hält bereits jetzt Vorträge und arbeitet (statt die Ausbildung mitzumachen) in der Universitätsbibliothek.

(17.II.19.)
In „The Literary Digest" vom 20.VII.18 wird mitgeteilt, daß kürzlich Ferdinand Hodler in seinem 65. J. gestorben ist. („The after-war place of pilgrimage will be Switzerland. People will go there to see the paintings of F.[erdinand] H.[odler] as they used to go to Bayreuth to hear Wagner, says a writer in the Manchester Guardian.") Wie gegnerisch meine Stellung zu H.[odler] auch, zumal in der Zeit, da Egger-Lienz den größten Einfluß auf mich übte, war, – war ich doch nie blind gegen Qualitäten, die H., gerade einem Egger verglichen, besitzt (Farbe und eine höhere Geistigkeit!). – So berührt mich die Nachricht von seinem Tode als ein bedeutsames Ereignis. Mit ihm ist einer der führendsten Geister geschieden. Ich will ihn nicht neben Rodin nennen, aber national (sofern seine ententefreundliche Stellungnahme zu Beginn d. Krieges seine Einbeziehung zu den Deutschen nicht verbietet – ich hoffe zwar, daß dieser ganze Unfug nun ein Ende hat) bedeutet sein Tod für die deutsche Kunst etwas ähnliches wie der R.[odins] für die französische. (Weisgerber ist in den 1. Kriegsmon. gefallen, Reger ist gestorben, W. Rösler gefallen – – wer noch?!) –

26.II.19.
– Gestern im Kreise I[rresberger], G[enser], S[track], H[üttl], v. T[omičić], K[unesch] meinen 26. Geburtstag gefeiert. Der 4-te in Gefangenschaft! hoffen wir wieder „der letzte". – Erinnerte mich an meine stolzen Zukunftsträume am 20. Gtg. [Geburtstag] in Weimar: damals dachte ich: wie weit wirst du in 4, 5 J. sein – heut will ich zufrieden sein wenn ich bis 30 die damals gesteckten Ziele erreiche – die sich im Besonderen nun allerdings klarer gestaltet, variiert und vermannigfaltigt haben. – Meine bitterste Sorge ist immer wieder: Siehst du deine Mutter wieder, oder doch wie? nach 5 Jahren die ihr soviel Leid gebracht haben. – Mein erstes wird sein, aus meiner ganzen Liebe und Verehrung ein Bild nach ihr zu schaffen! – In Frankreich und England revolutionäre Bewegungen. Auf Clemenceau ein Attentat verübt. Deutschland und die Proletarier der Engländer

fordern den Wilsonschen Frieden. Die Amerikaner wollen nicht gegen die r. Bolschewiken kämpfen. – Die Dinge gehen so einen Weg, wie ich ihn voraussehe und erwünsche. – Lese Hefte der deutschen sozialdemokrat. Wochenschrift „Die neue Zeit" aus den Jahren vor dem Krieg. Im Heft vom 29.V.14 eine Besprechung des Buches von Lu Märten „Die wirtschaftliche Lage der Künstler" – es gibt Leute, die es nicht begreifen können, daß der K.[ünstler] ein Interesse für den demokratischen Staat haben kann – wer einen Einblick tut, wie sehr gerade der Künstler unter der Anarchie der kapitalistischen Warenproduktion leidet, mit der auch die Anarchie des heutigen K.[unst]schaffens zusammenhängt und der Luxuscharakter, den die Kunst in der Gesellschaft hat etc., der muß verstehen, daß es nicht nur ideale Sympathie, sondern ein direktes Interesse ist, das den K.[ünstler] (– jeden geistig Schaffenden!) zum Sozialdemokraten machen muß! – In einem „Kunst"heft v. 1913 mit Achtung E. Scharff und K. Schwalbach angesehen: 2 ernste Schönheitssucher! – „Mutter und Kind" von Linde Walther. – Interessanten Aufsatz von Michel über das „Weltanschauliche der neuen Malerei".

1. März 1919.
– Brief an Mutter. – (Wiederholung; Waltraut; Johanna; Post:) (..... „Etwas aus unserm Zusammenleben ist in ihr wirksam geblieben, mußte es, weil es an ein in ihr Vorhandenes appellierte, an ein Kongruentes oder besser vielleicht ‚Korrelatives' und dies, was ich in ihr gesucht und es zu pflegen alle Mühe angewandt habe, ist seither gewachsen, ist frei u. reif geworden, Selbstbesinnung ist eingetreten, ein Bewußtwerden innerster und wertvollster Instinkte. Ich fühle, daß seither auch in mir jene Keime, aus denen sie intuitiv die Wesenheit meines Typus ‚Mann' erriet, zur Reife gediehen sind, ich empfinde es, als die mir von Euch eingeborene Erbschaft, die Ehe als mein Lebenszentrum zu wollen und glaube mich auch begabt ein schönes Familienleben führen zu können, wobei mir als Ideal das Eure vorschwebt. (Ich denke so oft an unsern lb. Vater und mit immer noch tieferer Verehrung und Bewunderung. Alle Einzelheiten seines Verkehres mit Dir und uns tauchen in m. Erinnerung auf, seine Gesten und Worte und die ihnen zu Grunde liegenden Gefühle und Anschauungen. Er war ein Wunder an vollkräftiger Männlichkeit und seelischer Vornehmheit!) (... materiell kein Hindernis nur Förderung.) ... "

2.III.19.
– Auf dem Sozialisten Kongreß in Bern sprach die Mehrheit dem Bolschewism. seinen sozialist. Charakter ab. [H.] Branting sagt: „Eine zwangsweise Expropriation zu Gunsten der kleinen Arbeitergruppen ist kein Sozialismus. Wahrer Sozsm. heißt, daß die Revolution besteht in der methodischen Entwicklung der ökonomischen Entwicklung unter der Kontrolle der Völker selbst." Seiner Resolution schlossen sich nicht an: die Mehrheit der italienischen Delegierten (?),

Spanien, Holland, die Minderheit von Frankreich und Oestrr. – – Bernstein sagt: „Die Bolschw. zerstören die soziale Rev. und schaffen einen Kapitalismus schrecklicher als früher." – 8 Mitglieder fahren nach Rußld. – darunter Kautsky.[46] – Wenn es sich so verhält, daß der Bolschw. nur eine umgekehrte Klassenherrschaft anstrebt, dann muß man ihm sozialist. Charakter absprechen, – nicht aber, wenn sein Ziel die Abschaffung (besser Umgestaltung) der kapitalist. Produktionswirtschaft ist, und nur die Mittel von denen der Evolutionisten verschieden sind. –

5.III.

– Gestern in die 12er Barake übersiedelt (die 14er wird repariert). Bei 25°– R. – Hier Etagen wie in den Mannschaftsbaracken. Man kann sich nur wie ein Affe bewegen. Nach der Kälte und den Raumverhältnissen hier wird man unsere elenden Unterkünfte drüben geradezu als fürstlich empfinden. – Übrigens habe ich Nachts, in Kleidern, eingemummt und zugedeckt mit all meinen Fetzen, nicht sonderlich gefroren. Abends die Empfindung in einer Alphütte zu sein; schöne Erinnerungen und noch schönere Träume, wie's einmal werden könnte – im Gebirg mit der geliebten Frau! –

7. – Die Barake 14 soll wie die Arbeiter nun feststellen, so baufällig sein, daß es selbst den Russen nicht geraten scheint uns weiter dort wohnen zu lassen. –

8.III.19.

– Ich skizziere nun manchmal wenn die Sonne untergeht, eine Stunde die mich von jeher in angeregte Stimmung bringt, und die auch objektiv hier sehr schön ist, an den Sonnenuntergang am Bodensee erinnernd. Ich weiß nicht, woran es liegt man möchte meinen, wo es sich mir doch eigentlich hauptsächlich um das Lineare der Komposition zu tun ist, die Beleuchtung hätte mir hierzu nichts zu geben. Und doch springt mir ein Stück Landschaft, das mich zu einer anderen Tageszeit nicht zur Gestaltung nötigt, plötzlich im Licht der scheidenden Sonne – hier dies merkwürdige „Rampenlicht" und dann die geheimnisvolle Helligkeit nachher, zumal an den endlosen Sommerabenden – „Munch-Stimmung" – ins Auge, zu ekstatischer Begeisterung hinreißend. – Leider kann ich in Handschuhen nicht zeichnen – abgesehen davon daß ich solche gar nicht besitze – und die Finger erstarren sofort, – auch nimmt das Papier den Graphit nicht an, und nachträgliches Verbessern tut meinen Zchg. [Zeichnungen] nie gut. –

11.III.

Gestern Esperanto begonnen! Dies zur prinzipiellen Förderung der Idee des Internationalismus. – Sterne's „Empfindsame Reise" begonnen, – mit unendlicher

---

46. Eduard Bernstein (1850–1932), Theoretiker der Sozialdemokratie, Redakteur des „Sozialdemokrat", Hauptvertreter des revisionistischen Sozialismus. Karl Kautsky (1854–1938), deutscher Sozialist, einer der geistigen Führer der II. Internationale, Gegner des Bolschewismus, Begründer und Herausgeber (1883–1917) der „Neuen Zeit". Vgl. Wackers Lektüreliste Februar 1919.

Gourmandise geschrieben, so daß von 100 99 es nach der 1. Seite weglegen. – Eine Photographie von Lydia aufgetrieben, ich zeichne sie ab. Aus einer früheren Zeit, da sie noch sehr voll war. Echt slavischer Typus!

13.III.
– Gestern Gedenktag der r.[ussischen] Revolution! Durfte in Sib.[irien] nicht gefeiert werden!! Die Franzosen, d.h. deren Regierung, stellt unsinnige Forderungen, Größenwahnrappel wie die deutschen Generäle in Brest. – Recht so! Dies kann nur den Bolschewismus fördern – den zu bekämpfen jetzt ja ihre wichtigste Aufgabe ist – sie scheinen jetzt erst zu ahnen, welche Macht da erwacht ist. Deshalb werden nun (auf einmal) die Fried.verhandlungen im Eiltempo geführt. Die Nachricht (vom 2. III.) aus Bern war vielleicht eine Fälschung – oder, es war ein Mißverständnis –: Lenin soll jene Delegierten eingeladen haben sich den B.[olschewismus] von nah zu besehen. – In D[eu]tsch[lan]d rühren sich wieder die Spartaken. –
Wir bleiben vermutlich in dieser Barake; wir haben die untere Etage abmontiert und sind jetzt gemütlicher als je eingerichtet. Ich sitze wieder an einem Fenster und bin von meinen liebsten Bildern umgeben. – Es ist etwas Stolzes und zugleich Rührendes: diese rohen Balken und Bretter mit Bildern zu behängen (billige Reprod.[uktionen] ohne Glas und Rahmen, angezweckt) es ist der Kulturkampf gegen Barbarei, und das Bedürfnis seiner Umgebung den eigenen Stempel aufzudrücken, sich gegen Fremdes abzugrenzen, sich mit sich selbst zu umgeben, sich ein Daheim zu schaffen. – Den lb. H.[üttl] hab ich recht gern und bin so lieb zu ihm als immer möglich. – Der Liebe muß man einen Kultus weihen: sie muß ein stets gegenwärtiges Gefühl sein das die kleinsten Formen und Handlungen noch durchdringt. Es ist eine Lust bis in die kleinsten Formen des Verkehrs das Bewußtsein der Liebe auszudrücken und zum Fühlen zu geben! – Die Frauen konnten das bei mir. – Es gehört dazu viel Kraft und Feingefühl. –

15.III.19.
– 1. Karte an Waltraut (Ammersbg.) abgegangen. – Es ist unglaublich wie sehr eine so geringe Veränderung, wie der Umzug in eine andere Barake und neuer Wohnplatz, das Wohlbefinden steigern kann – Beobachten, welchen Tieren die Menschen Sympathien, welchen gegenüber sie Haß oder Verachtung empfinden, z.B. Hund, Katze, – naive Geständnisse die als Schlüssel oder als Probe zu einem Charakter dienen! – Eine Holzfigur von Bartholomé, die ich in einer Ztschrft. fand, hab ich mir aufgehängt: ein Bildnis seiner Frau (von 1909) glaub ich, ein wunderbar <u>intimes</u> Werk! –

19.III.
– Immer noch kalt und die R.[ussen] geben keine Kohle mehr! Gestern furchtbarer Schneesturm. – Nichts erzeugt soviel Bitterkeit als Hunger und Kälte; die-

se beiden zeugen Revolutionäre! – Meine Schuhe tadellos hergerichtet (mein Landsmann J. Pfeiffer hat's ermöglicht.) – – Zum erstenmal in d. Gefgschft. gute, passende Schuhe! Wie wohltuend!

22.III.
– „Frühlingsanfang" – in unserer Barake hat's 4^0 + R. – Gestern Abend „gute Vorsätze". – Meine Zeichnungen durchgesehen. Da und dort doch Ansätze zu Neuem. – Was mir seit einem Jahr fehlt ist Konzentration. Ich muß das Interesse für die polit. Ereignisse eindämmen; es endlich aufgeben immer auf eine Veränderung unserer Lage zu hoffen, sie in untätiger Spannung zu erwarten; muß ohne Bedenken dessen was kommen kann, die Tage wieder voll nützen (früh Lektüre, Vorm. Französisch und Esperanto, Nachm. zeichnen, Abds. lesen und zeichnen); Selbstbesinnung tut mir not, ein in mich selbst zurückziehen, ich vergeude viel zu viel in einem oberflächlichen Verkehr mit Leuten aus denen doch, auch wenn ich mehr in die Tiefe gehe, nichts herauskommt. (W.[eber] ein Querkopf aus dem nie was wird; G.[enser] unfruchtbar, kalt, ein Willensschwächling, verkümmerte Jugend, ungesund; I.[rresberger] und S.[track] Menschen die meiner Welt viel zu fremd sind.) Die Liebe zu H. [Alfred Hüttl] wird mein Gefühl befriedigen, ich will ihr eine schöne Form geben; und mit v. Tomičić, der von allen der einzige ist, der in meinen alten Kreis passen würde, mehr Verkehr pflegen. Ich muß wieder einmal aus meinen alten Wurzeln saugen – aus der Heimat, den Frauen und Otto – die alte Post wieder lesen. – Ich habe bemerkt daß schmerzliche, gequälte Stimmung, ein Leben in gepreßten Zuständen – wie sie in Dostojeweski (Totenhaus) oder Zola (Germinal) herrschen, hier meiner Produktion am förderlichsten ist. –

24.III.19.
Gestern wurden wir vom Generalstab verständigt, daß das Außenministerium sich nun mit der Frage unseres „unbedingt notwendigen" Heimtransportes – „auf irgendeine Art" – befaßt. – Die erste offizielle Nachricht, die uns – nachdem die Aussicht auf eine Erlösung in dem Jahr fast ganz genommen war – Hoffnung gibt im Sommer zu reisen! Und zwar spricht man nun von der Möglichkeit eines Transportes über Norden! –

25.III.
– Der Papst wandte sich an die Entente, aus Angst vor dem Bolschewismus in den Zentralstaaten, sie möchten sich mit dem Frieden beeilen! – Wie sie alle gleich die rechte Witterung haben! – – Diese Sorge um die bourgeoisistische Religion und die Güter der Kirche! – Manchmal dünkt mich, als wäre der Bolsch. etwas das sich notwendig und unerbitterlich durchsetzen und verbreiten müsse, – eben wie eine „neue Religion" – ein neuer „Sklavenaufstand" aber diesmal ohne „Verläumdung" seiner Triebkräfte. –

26.III.19.
– Gestern in der Mittagssonne schöner Spaziergang mit H.[üttl] – Geständnis; meine Ahnungen bestätigt. – Ich lebe nun den ganzen Tag mit ihm, alles ist gleichsam ihm geweiht und wird nur durch ihn gefördert. – Ob ich nun glückliche oder unglückliche Tage haben würde, es wäre gleichviel – ich bleibe doch glücklich darüber, daß mein Gefühl endlich wieder einmal angesprochen und aufgeregt ist, daß ich liebe! – Schön ist er, wie ein junger Gott! Schlank und biegsam, zart und doch voll stählerner Energie. Ebenso sein Kopf: fein gegliedert, scharf geschnitten, „schneidig" wie ein Freiheitsheld, und von einem warmen erotischen Duft überhaucht. Erinnert mich oft an das wunderschöne Köpfchen meiner Schwägerin. (Derselbe warme, apfelblütenfarbene Teint, dieselben frischen Lippen und blendend weißen Zähne.) Eine Jünglingsfigur von O. Wilde oder Hofmannsthal, dazu noch etwas aus dem Zeitalter Napoleons. – Es wird eine delikate Lust sein, oft nach ihm zu zeichnen. Ich fühle mich angeregt zu der Feinheit, mit der ich früher Frauenköpfe in Anbetung gebildet habe. –

27.III.
– Als hätt' ich eine Ahnung gehabt! – „Herr, schicke, was du willst, ein Liebes oder Leides;/ Ich bin vergnügt, daß beides,/ Aus deinen Händen quillt." – Schon ist die Notwendigkeit und die Lust meines dionysischen Lebensgefühls da! – Ein Plan mit dem „er" sich lange getragen, soll jetzt zur Ausführung gelangen; das Lagerleben übersatt, nimmt er einen verzweifelten Ausweg; und von allen Möglichkeiten wählte er exzentrischer Weise gerade die, welche ihm wahrscheinlich am wenigsten Gewinn bringt, ihn aber den größten Gefahren aussetzt. – Starrköpfig wie er ist, ist an ein Abbringen nicht zu denken. – /Erinnere mich an Szenen mit W.[altraut] – wenn sie recht lieb zu mir war und ich warm eingehüllt in mein Glück und sie mir dann plötzlich eine „Neuigkeit" mitteilte, – z.B. „ich werde voraussichtlich in nächster Zeit heiraten." – Dasselbe Erstarren, bittere Scherzen, und die folgende Traurigkeit./

30.III.19.
Aus dem heitern Spiel „halb Scherz, halb Ernst", ist tiefer Ernst geworden, ich bin von einer Leidenschaft gepackt wie hier noch nie, wie überhaupt nie zu einem Mann. – Vorgestern zerschlagen vom ersten Schmerz bald verlassen zu werden, – sensibel, seelennackt und verwundbar, wie ich's lang nicht war, – erniedrigt durch die Ahnung „unglücklicher" Liebe. – Gestern, als Alfred Maria auf dem Bette lag, wurde ich einen nur von Frauen her bekannten Ausdruck gewahr: Vampyr! gesättigt und doch blutdürstig, wissend um den Liebeshunger des andern und an seiner Qual sich grausam weidend, lüstern ironisch. – Dies versetzte mich in eine gegen ihn neue Stimmung, – stachelte mich zu herrschsüchtiger, wollüstiger Begehrlichkeit auf, – ebenso wie ich's in analogen Fällen früher erlebt – wenn das „Kind" auf einmal zur „Bestie" wurde. – Die Nächte nicht ge-

schlafen. – Eine Zeichnung nach ihm gemacht, wieder einmal mit der alten fiebernden Lust.

31.III.
– Wir sind viele Stunden beisammen, die übrigen ist er meinen Sinnen gegenwärtig und verdrängt alles andere. Morgens frühstücken wir mitsammen, gehen dann ein wenig spazieren, Abends wieder. Leidenschaftliche Gespräche; ich ringe mit ihm um seine Liebe.

1. April 1919.
– Brief an Otto. (Teile mich in der Folge wieder über das Gegenwärtige mit. Durchsicht meiner Zeichnungen, Entschluß wieder mehr zu zeichnen. Seine Post wieder gelesen („dem geliebten Freund vorgelesen, ihn an dem Kostbarstem, das ich hier habe teilnehmen zu lassen.") Frühling! Sonne! Meine Liebe! –)
– Alfred spricht nichts aus, so muß ich alles erraten.– Ich leide darunter, daß er so ungläubig ist; – er muß viel und bitter enttäuscht, verwundet worden sein, das hat ihn so vorsichtig und hart gemacht, so skeptisch und ironisch. Nicht aber, daß er ein Mensch wäre, der von sich enttäuscht, an sich selbst verzweifelt ist, vielmehr wohnt ihm ein wunderbares Selbstvertrauen inne. – Ist nicht gerade das Verachten die Gewähr für eine eingeborene Sehnsucht nach Schönheit? für einen Willen zu Hohem, Höchstem? eine Gewähr, daß einer ein „Liebender" sei! Aber wir Liebende sollen uns aufschwingen zur großen Liebe, die in ihrer Umfassenheit auch das Verachten noch verlernt! — Prof. Поляков [Poljakoff] hat mir einige Bogen Briefpapier hereingeschickt; sehr lieb! –

3.IV.
Gestern eine Karte aus Weimar v. 24. Aug. und Briefe v. 4. und 5. Novb. 18 aus München von Johanna erhalten. – Unendlich warm und lieb, wie ihre heißen, seeligen Liebesbriefe in's Feld. Es ist unmöglich, daß dieser von Herzen kommende Klang nicht seine Wirkung tut. Schon tut mir die bittere Ironie mit der ich über sie gedacht und gesprochen habe weh wie ein Gift, von dem ich nicht begreife, wie's in mich kommen konnte. Ich sehe sie wieder in ihrer innerlichen Größe und Tiefe! – Ihre schöne, zarte, innigst geliebte Freundin Thildi ist an der „spanischen Grippe" – der mörderischen Epidemie – gestorben. In ihrem tiefsten Schmerz besinnt sie sich nur auf mich. Sie muß an meine Liebe glauben — „an das mit Waltraut kann ich nicht glauben, ich fühle es" – ???? – Ich weiß jetzt gar nichts – ich fühle nur, daß jetzt Alfred in mir ist, und mir alles Andere in die Ferne drängt. Wohin mich's führt, weiß ich nicht und frage nicht. Es ist alles eins. Ich bin voll Liebe und schönheitstrunken! Und ich fühle, daß aus solcher Liebe eine Kunst geschaffen werden könnte, so groß, so rein, so überirdisch wie aus sonst vielleicht keinem Gefühl! – Ich sinne viel über die innersten, verborgensten Geheimnisse Michelangelo's und Leonardo's. Ich glaube davon ahnen auch nur die Wenigsten etwas. –

6.IV.
(Mombert 77)[47]: „ – Und ich weiß doch: ‚Ist ein Jüngling?' ... Und ich denke beklommen: ‚wenn sie auch ein Jüngling ist, – kann ich sie darum nicht ebenso lieb haben?' ... und dabei krampft sich mein Herz, Tränen in den Augen" – 32: – „ – die große Marmortraurigkeit des Da-Seins!" (Erinnere mich übrigens an Träume die öfters in Weimar mich überkamen: Plötzlich entdeckt sich die Geliebte mir als Hermaphrodit! Das starre Entsetzen, die wehe Traurigkeit: „ist ein Jüngling!" – dann: „kann ich sie darum nicht ebenso lieb haben?" und die irrsinnig heftige Liebe dann! – Auch „Berasine" von Balzac fällt mir wieder ein.) – Nie hineinzukommen in die Dinge, nie etwas auszuschöpfen, ewig ungesättigt, unbefriedigt, – ewig ungestillte, unstillbare Sehnsucht. – O, diese grenzenlose Sehnsucht nach einem Menschen, nach einer unendlichen Hingabe und vollkommenem Hingenommenwerden, nach einem Eins-Sein, Hinschmelzen, Aufgelöstsein! – Die Kunst einzig öffnet uns ein Tor!! – Ich habe es auch wieder erkannt, wie sehr wir Künstler „Schauspieler sind vor uns selbst": halb gewollt, halb bewußt ist unsere erste Hingabe an ein Gefühl, wir legen die Zügel aus der Hand, schließlich übernimmt uns das Gefühl, trägt uns, reißt uns fort, bis die Wellen überm Kopf zusammenschlagen. – Und was für ein „Gefühlsmensch" bin ich doch im Grunde! Ich erlebe es wieder, wie mir, hingenommen von einem einzigen Gefühl, die ganze Umwelt versinkt, und wie mein Gefühl unbeherrscht nach außen schlägt, alle Hülle abspringt und meine Seele nackt ausgesetzt ist. – Aus seeligster Wonne kann mich ein Wort, eine Handbewegung, ein Augenwimperzucken herunterstürzen in ein unermeßliches Unglück, mir plötzlich die Kehle zuschnüren. In einem Augenblick durchmesse ich die entferntesten Räume. –

7.IV.19.
– Welches Weib wäre mir in diesen Tagen widerstanden, welche nicht 10 mal zerschmolzen vor meiner Glut? – Im Halbschlummer eine gräßlich-wollüstige Vision: ich habe ihn gemordet und seine Marmorschönheit in Stücke geschnitten. – Dies ist ein Weg –: zerstören, was man nicht besitzen kann. – Es fällt mir der dunkle Willensmensch Rogóschin („Idiot") ein, der die Philipowna tötet. – Ein anderer, den auch Dostojewski gezeichnet, ist der Selbstmord Swidrigailows („Schuld und Sühne"). – Den Ausweg ging D.[ostojewski] selbst: der Bestie der Begehrlichkeit einen Zaum anzulegen, sich zu objektivieren, ein Abbild der Schönheit zu schaffen. – Ja, ja „die Künstler sind nicht die Menschen der großen Leidenschaft"! – Sie gehen nie zu Grunde an ihren Leidenschaften, Überwinder sind sie und Ausbeuter! –

47. Alfred Mombert (1872–1940); frühexpressionistischer Lyriker und Dramatiker aus dem Kreis der „Kosmiker" unter dem Einfluß Nietzsches; beeinflußte besonders die Dichtung und die bildenden Künste des Expressionismus. Wacker las den Gedichtband „Der Glühende" (1896) und nahm dieses Werk in sein „Verzeichnis der Bücher, welche am meisten Einfluß auf mich übten" auf (siehe Heft 9 der Tagebücher der Kriegsgefangenschaft).

8.IV.
– Gestern durch die oest. Gesandtschaft in Stockholm 130 Rub. 66 Kop. erhalten! Nähre mich nun vorzüglich – Butter, Käse, Milch, roter Kaviar – zumeist heiter in Alfreds Gesellschaft. –

9.IV.19.
– Wieder zwei Briefe von Johanna, vom 27. Sept. 18 aus München, im „Wartburghospiz" mit Bleistift geschrieben. – Die Sinnlichkeit, die ich in ihr ahnte, scheint plötzlich nun reif geworden zu sein; sie erinnert sich, daß sie meine glühende Liebe früher nicht begriffen, nur fern geahnt, und damals nicht erwidern konnte. Nun ist sie zu einer unerhörten Macht erwacht. Ihre Worte sind wirr und alle sind ein Schrei nach mir, ein sich stets wiederholender Rhythmus der Leidenschaft: Komm zu mir, komm gleich zu mir, ich warte, ich bin ganz Dein! – „Ich denke nur an Dich, und habe Dich vor Augen. Die Arbeit, sie wird mir aufeinmal nicht mehr im Weg sein, wenn Du kommst. Wir werden leben und arbeiten. Du wirst arbeiten. O wie schön es werden wird. Lieber Rudolf, ich kenne nichts Schöneres. Und Du? Weißt Du, ich darf nicht zu sehr daran denken. Ich hatte Augenblicke, wo ich Dich so fühlte und vor mir sehe, daß Du es auch wissen müßtest im selben Moment. Komm bald, ich wünsche Dich so zu mir. Ich wußte es früher nicht so klar, aber ich weiß jetzt, daß Du mir immer lieb warst. Und daß wir zueinander gehören. Rudolf, manchmal glaub ich, die Tür müßte aufgehen und Du trittst herein ...... Es wäre zu schrecklich wenn Du wieder ins Feld müßtest, denn sieh', ich will Dich nicht wieder fortlassen, Du, dann wollen wir doch beisammen bleiben und nicht an Kommendes denken wollen; Nein wir wollen nur leben, froh sein, arbeiten und uns freuen an allen Dingen .... Sieh: ich küsse Dich innigst, gräme Dich nicht mehr, ich gehöre ganz Dir. Es ist alles ganz einfach. Komm bald. Ich ginge am liebsten zu Deiner Mutter und könnte alles sehen, wo Du als Kind warst. Auch alle Deine Kinderbilder. Leb wohl für heute, ich küsse Dich tausendmal .... Liebster, Du mußt wissen, daß ich jetzt alles Dir sein möchte, daß nichts mich davor zurückhält wie früher. Sieh, ich war damals noch zu jung. (Vergleich mit Lili) .... Ich fühle erst jetzt ganz für Dich, nichts stört mich mehr .... Ich denke an alles von früher, und suche keinen Augenblick zu verlieren in der Erinnerung, der uns einst gegeben war. Liebster, ich danke Dir für alle Liebe, die Du damals für mich gefühlt, die ich nur geahnt, aber nicht erfassen, noch so zu erwidern wußte. Du, ich bin so glücklich, daß Du so bist, wie Du bist Liebster. Ich glaube ich sterbe, wenn Du kommst. Wann wird es sein? Komm mir nur wieder! Gib acht auf Dich. Ich wollt, ich könnt um Dich sein. Meine Gedanken sind stets bei Dir, Du bist nicht einsam Liebster. Es wird bald die Zeit sein Du kommst zu mir, nicht wahr? Ich warte auf Dich Liebster, Du mußt, wenn Du frei bist, gleich kommen, wir wollen Tag und Nacht beisammen sein, ich habe Dich ja so lieb. Ich halte Dich ganz fest Liebster, ich streichle Dich, Du sollst alles Böse und Schlimme der vielen Jahre vergessen, Du sollst Dich

ausruhen und Dich des Lebens freuen. Ich will, daß Du ganz glückselig sein sollst. Ich denke an nichts anderes. Leb wohl jetzt, Liebster, Du, küß mich, ich will ja nun ganz Dir gehören, immer bei Dir sein" – Auch einige Nachrichten über daheim. –
Wenn diese Liebe andauert, ist es die, nach der ich mich immer gesehnt, die ich brauche. – Es kann tragisch werden. – Wenn Waltraut meine Nachrichten vom letzt. Frühling erhalten hat, sie voll ausgedeutet und einverstanden ist – was dann? War es Verzweiflung über Joh. und Mitleid mit W. – oder ist es jetzt wieder Mitleid mit Joh.? – Ich stehe zwischen diesen beiden Frauen – wenn ich bei ihnen wäre, dann sollte ich bald entschieden sein. So muß ich warten und darf mich nirgends binden.

12.IV.19.
Gestern wieder 2 Briefe von Joh.[anna Gräf] vom 18. Dezb. 18 und 3. Januar 1919 (!) erhalten. Im selben Ton wie die früheren. – „Liebster, ich habe auf dieser Erde nur den einen Wunsch, mit Dir zu leben, Dir alles sein zu können. Das ist es, was mich überhaupt nur noch leben läßt. – Ich kann nicht arbeiten – Ich warte auf Dich – ich verstehe jetzt alles ... Sieh, alles, alles will zu Dir. Daß ich so lange zögerte, ich kann nichts dafür, es lag in meiner Natur ..... Ach, R.[udolf] laß mich Deine Hände halten, in Deine Augen schauen, Liebster – nichts mehr will ich von dieser Welt, nichts als Dich. Alles will ich Dir geben, unerschöpflich. Ich lese alle Deine Briefe und Karten. In mir ist alles krank nach Dir ..... Wisse, ich lebe und warte Deiner, nichts will ich mehr als Dich und damit die Welt ... Es ist die größte Seligkeit zu wissen, daß Du bist .... Ich denke an alle Tage die wir einst erlebten, an alle Deine Worte – Du, ich liebe Dich ja so sehr, gerade so wie Du bist, gerade so." – Die Wand, die wir gegeneinander aufgebaut, ist wieder völlig verschwunden, ihre Worte dringen mir ins Herz, wie gesegnet fühle ich mich, ein Wohlgefühl des Geborgenseins umfängt mich. Strahlend wie früher steht sie wieder vor mir; die alten Vorstellungen, welch Wunder es werden könnte mit dieser großartigen, klugen, zärtlich-innigen Frau zu leben, wachen wieder auf. – Eben da ich entschlossen bin an sie zu schreiben und ihr alles ernst und offen zu erklären, wird das Briefschreiben verboten. – Eine Sehnsucht „heim" hat mich erfaßt wie nie noch, eine quälende, marternde Angst daß wir noch einen Winter hier bleiben könnten. –
Meine Liebe zu Alfred hat ihren leidenschaftlich-erotischen Charakter gemildert. Das Fieber hat nachgelassen – denn wie ein Fieber kam diese Leidenschaft über mich! Ich schlafe wieder ruhig und wundere mich über jene Nächte deren Schlaf mir dieser Fieberwahn geraubt. – Daß er meine L.[iebe] nicht erwidert mag viel gewirkt haben – ich bin einmal nicht geschaffen für eine „unglückliche Liebe", mein Organismus duldet es nicht, Herz und Verstand vereinen sich um mir bald einen Ausweg zu schaffen. Und wie immer begünstigt mich das Glück, und gibt mir eben jetzt Johannas Briefe. – Mombert 77: „Und noch und noch

fühle ich, mein Herz wandelt sich ..... Und ich schreite jetzt ganz ruhig an der Seite meiner lieben Frau, denke heiter über künftige Lebenspläne nach."

15.IV.19.
– Karte an Johanna. – Carlyles Vorträge über „Helden und Heldenverehrung" gelesen – mit Überwindung bis zu Ende. – Es gibt Worte von Carlyle, die man auf erzerne Gedenktafeln schreiben möchte. Selten aber sind diese Prophetenworte, zumeist kommt ein langweiliger Predigerton von ihm und diese ewige Pastorenmoral widert einen an. – Sein Optimismus ist wohl durchgängig und fest – aber es ist ein kleiner, ein einseitiger Optimismus; eine naive „Pastoren-Gläubigkeit": – Wie unzulänglich ist er, über große Männer zu sprechen, wie plump greifen seine Hände da nach diesen Seelenlabyrinthen! Wie dumm und ekelhaft das ist, wenn man an Nietzsche denkt, der wie Wenige gewußt hat, wie's in großen Menschen aussieht und mit Meisterhand ihre Rätsel zu raten gibt. Und doch gibts Punkte, wo sie sich treffen: z.B. wo er weiß, wie jeder große Mensch gegen die Anarchie für eine Ordnung, eine natürliche Rangordnung ist, oder Sätze wie dieser: „Die Geschichte der Welt war die Lebensgeschichte großer Menschen!" —

16. April 1919.
– Kunstziele und Lebenszweck. – Ich habe kein bestimmtes, festzusetzendes Kunstziel, überhaupt kein Kunstziel, keine Richtung, die ich etwa aus meiner künstl. Begabung ableiten oder aus der Anschauung von Kunstwerken als neue Möglichkeit konstruiere. Wie oft ich auch in dieser Weise spekuliere, und mich dadurch zu fördern trachte, meine eigentliche Anregung ist die Natur, mein Ziel das Leben selber. Meine Kunst ist mir nichts anderes als ein Mittel, – eine Bemühung, durch Nachbilden des Lebens, den unter der Haut des Sichtbaren verborgenen Rätseln nachzuspüren, den unter dieser Haut fühlbaren Lebenspuls zu betasten, – eine Sehnsucht dem Leben näher zu kommen, die ganze Symphonie des Lebens in mich aufzunehmen, mich aufzulösen in dem All des Lebens! – Mein Stoffgebiet ist unbegrenzt, die Ausdrucksmittel sind mir an sich gleichgültig. Ich habe nur ein Motiv: Das Leben! Wo immer und wie es zu mir spricht, mich packt, will ich's mit den Mitteln, die mir gerade zur Hand sind, oder die mir für den Ausdruck dessen, das an einem Sujet am wesentlichsten mich zur Gestaltung reizt, am gemäßesten dünken, darzustellen versuchen. Kein l'art pour l'art, – keine einseitige Verfeinerung der Kunstform in ihrer Stilrichtung! sondern, ich will sie am Leben steigern, nicht, indem ich auf's Papier sehe, sondern indem ich meinen Blick auf's Leben richte und mit bebenden, betenden Händen nach ihm bilde, will ich Formen schaffen, die möglichst unmittelbar Lebenseindrücke widerstrahlen. Solcherweise denke ich, entstehen auch die raffiniertesten „Kunstformen": reich, kompliziert, variabel, immer beweglich und immer neu, großzügig, mächtig und umfassend, wie der Geist des Lebens selber. – Ich will

mein Lebensgefühl gestalten: die Freuden des Lebens, die Schmerzen des Lebens, sein Aufgehen und Niedergehen, die Synthese Beides: das leuchtende, jubelnde Ja der Lebenslust! – die erstickende Ergriffenheit vom Leben, die Gier des Suchens, die Qual des Zweifels, die Freude des Wollens und Wertsetzens, die Marter und den Stolz der Einsamkeit, das Glück der Gemeinsamkeit, die süße Rührung vor den Unbeholfenheiten und die vor den Intimitäten des Lebens, die Anbetung und die ekstatischen Verzückungen vor dem Antlitz der Schönheit! Alles was ich dem Leben gegenüber empfinde, alles, was das Leben in mir selbst murmelt, belauschen und unmittelbar ausdrücken.
Länder, Himmel und Wasser, die Erde und die Bäume, die Tiere und Menschen drauf, mit all ihren dunkeln Willensimpulsen und ihrem hellen Geistesbewußtsein, all die Freuden und die Leiden ihrer Körper und die dessen, was wir Seele nennen, – der ganze Kreis der Erscheinungswelt ist das „Stoffgebiet" und das „Motiv" das eine, den ganzen Kreis durchlaufende: das Leben selber, dies Unnennbare, Nicht zu Greifende, Nicht aus zu Schöpfende, dies Ewig-Wandelnde, Ewig-Seiende, das wir Leben heißen, dieses Geistes oder Willens, von dessen Wesen alles Dasein nur eine flüchtige Form, ein Symbol ist. – So wird meine Kunst kein Ziel in sich selbst haben, nie ein Ende finden, sie wird immer was Neues sein und sich steigern können. – Ich will in meinen Bildern monumental sein und intim, ruhig und wild, sanftmütig, zärtlich, liebkosend, und schrecklich, abscheulich, wehe tuend, im Guten und Bösen zu Hause, und „jenseits" von beiden, und eine „Kunstschönheit" schaffen, die über dem „Wirklich-Schönen oder -Häßlichen" schwebt. –
Wieviel dies hier Worte bleiben, wie weit es „bei den Worten bleibt", – d.h. wieviel sich von meinem Streben realisieren wird, ist für mich nicht sehr wichtig – ich fühle ein unendliches Glück darüber, nur dies Streben zu haben! Ja es ist ein Streben, dessen Verkörperung für den Strebenden selbst immer nur ein Stammeln bleiben kann. Das eigentliche Glück ist das Streben selbst, der Wille hierzu. – So wie das Wertvollste, Große, ja Ewige der Kunstwerke, nicht das Greifbare dieser Werke ist, sondern ein Dahinter: die Persönlichkeit der Meister, und nocheinmal ein Dahinter, ein Etwas das noch hinter dem Meister steckt! —

17.IV.19. –
Welche Freude ist's hier eine illustrierte Zeitung anzusehen! Wenn „Bilder aus dem Leben" wie in einem Kinomathograph an einem vorüberziehn. – Überhaupt: Photographien, scharfe, unretouchierte Ph.! Ich habe förmlich eine Leidenschaft dafür! Wieviel wertvoller sind sie als schlechte Bilder oder Zeichnungen, in denen das Leben verarmt, erstarrt ist, die uns langweilen oder beleidigen. Die Photographie kann die Kunst nur fördern – nicht das Gegenteil, wie manche Laien und Photographen selbst meinen – sie ist ja gar keine Konkurrenz der Kunst, sondern alles dessen was eben nicht Kunst ist, sie hilft gerade zu dem Verständnis für das was der Kunst wesentlich ist. – Ich erinnere mich, daß Egger

mir einmal eine Photographie des Modells gezeigt hat, nach dem er seine Studien für den Sämann und den Mäher auf dem Bild „Erde" gemacht hat: ein sehr lehrreicher Vergleich, aus dem deutlich wurde was „Zeichnung" – „Bewegungserfassung" nach seiner Auffassung heißt.[48] – Auch kann der Künstler die Photo als Hilfsmittel gebrauchen: z.B. zur Unterstützung der Erinnerung von einem Eindruck, den er aus dem Gedächtnis zu gestalten hat, oder die „Momentphoto" zur Analyse einer Bewegung. – Nicht zu sprechen schließlich von der ungeheuren Bedeutung welche die Photo zur Förderung der Kunst gewonnen hat, als einzig zuverlässiges, billigstes und breitestes Reproduktionsmittel. – Ich nehme mir vor das Ph.en selbst zu erlernen sobald ich heim komme. (bei Paula) Es wäre überhaupt Pflicht jedes modernen Menschen.

18.IV.19.
Heute war endlich einmal Dr. Molé da. Vor langem hatte er Zeichnungen ausgesucht, die er heute nun, mit einigen von den neuesten (auch – o, Herz halt fest! – ein Bildnis Alfreds, das ich um 25 Rub. gab) abholte. Ich hatte, für die jetzigen Verhältnisse Spottpreise gemacht, die sich bei der ganzen Serie die er sich erbat (2 größere und 14 kleinere) aber doch zu 200 Rub. summierten. (50 R. davon gleich erhalten.) Ich schenkte sie also mehr: – dem verständigen Kunsthistoriker und dem sympathischen Menschen.
– Übernehme übrigens mit Tomičić die Ausmalung eines Saales, – gestern war deswegen ein südslav. Feldwebel bei mir und nun wird Dr. M.[olé], da er hört, daß ich mich dafür interessiere, uns dazu vorschlagen – es wird mir neben der „Abwechslung" einiges Geld und kann mir auch andre Vorteile eintragen. –

19.IV.19. –
Camille Lemonnier's, – des Freundes De Costers, Verhaerens und Meuniers – „Erinnerungen" (A. Juncker Vlg.) gelesen. Wunderbar wohltuend und anregend! Erinnerungen an das einmal reiche Leben mit den Freunden weckend und schöne Zukunftshoffnungen bekräftigend! –: die prächtige Vitalität und Lebenslust, das Lebensglück und die Arbeitskraft dieses Mannes, das rege, kämpferische Leben der „Jung-Belgier", die Hymnen an die Erde und das Blut Flanderns, die interessanten Anekdoten und Charakteristiken großer Künstler! Ein wundervolles Künstlerleben, – glücklich, wie die Verwirklichung eines Ideals! Was mich besonders sympathisch berührt, ist auch, daß er so viele gute Freunde hatte, seine köstliche Gemeinsamkeit und sein treues Zusammenhalten mit ihnen, das liebevolle Andenken, das er allen so rein bewahrte. – Einmal spricht er

48. Siehe Wilfried Kirschl (Anm. 6).

von Walt Whitmans[49] „mächtigen Poesien, gewaltig wie das Ramajana" – eine Bestätigung für die Künstlerschaft des „Barbaren", den ich ganz für mich selbst entdeckt habe und für den zu begeistern ich bis jetzt nur Wenige vermochte. – Es ist wohl richtig, daß seine Gedichte oft formlos sind, – oft sind sie nur ein „Sachverzeichnis". W. Stern meinte einmal, als ich ihm dies zugestand: „ja, wenn sie das wenigstens wären, aber noch öfters bleiben sie bloß ein ‚Namensverzeichnis'!" – Ich liebe an ihm den reinen Gegensatz zum „Artistentum", – sein „ein Leib ist schöner, als das schönste Gedicht!" und seine kosmische Allumfassenheit! –

20.IV. Ostermorgen 1919. –
In die laue dunkle Nacht hinein das Klingen der Osterglocken! Христос воскресе![Christus ist auferstanden] – Dazwischen fielen Gewehrschüsse!! Ich habe noch nach dem Spiegel gezeichnet (das schmerzlich grauenvolle Entsetzen) – Friedvolle Stimmung. Jugend- und Heimaterinnerung. Las in den „Grashalmen"[50] und Johannas Liebesbriefen. – Viele Gefangene klagen über's „Altwerden", jammern, daß ihre Ideale abbröckeln. Ich habe vielmehr das Gefühl, als hätte ich mir hier Jugend bewahrt! – Die Erlebnisse sind es ja, die uns den Begriff der Zeit geben, diese Merksteine, die sich unserm Hirn einprägen verleiten uns erst zu der Vorstellung der Zeit – als einer außer uns existierenden Dauer – wie die Gegenstände eines Raumes uns erst die Vorstellung „Raum" ermöglichen. Schopenhauer sagt einmal, dies Fehlen neuer Eindrücke wäre die Ursache, daß die Zeit, der Jugend so lang erscheinend, dem Alter so kurz sei. – Die Erlebnisse des Gefangenenlebens liegen so weit auseinander, daß, denk ich mir, diese 5 Jahre in der Erinnerung zu höchstens so viel Monaten zusammenschrumpfen werden. – Ich werde dort, wo mein Leben vor 5 J. abgebrochen wurde, an meinen 22 Jahren wieder anknüpfen, und es wird mir nicht anders sein, als wäre die Gefangenschaft ein Traum nur gewesen, der mich durch Erfahrungen bereichert und mir meine Ziele klarer vorgestellt hat – so kann das Leben (der Tag) von Neuem und mit verstärkten Impulsen einsetzen! – Vor allem fühle ich, daß ich meinen Idealismus nicht nur bewahrt habe, sondern daß er gestärkt wurde, gefestigt. Anders kann es auch gar nicht sein! Ihr die ihr sagt: das Alter kommt, die Enttäuschungen vernichten meine Ideale, – ihr habt einen echten Idealismus nie

49. Walt Whitman (1819–1892), amerikan. Dichter, beeinflußte die expressionistische Dichtkunst Deutschlands. Wacker schätzte Whitman außerordentlich. Den Gedichtband „Grashalme" nahm er nicht nur in sein „Verzeichnis der Bücher, welche am meisten Einfluß auf mich übten" auf, sondern er zählte ihn sogar zu den 4 für ihn „am bedeutungsvollsten" Werken. Wacker erhielt die „Grashalme" (in Auswahl übertragen von Johannes Schlaf. Leipzig 1907) als Geschenk: „Seinem lieben Rudolf Wacker zur freundlichen Erinnerung an karge Zeiten. Tomsk, Weihnachten 1917. Josef Genser." Wacker schrieb auf die erste Seite: „Dies Buch begleitete mich von 1917–1920 in Sibirien und Rußland, Estland und auf'm Meer bis heim. 1921 in Bregenz, Tirol, Berlin."

50. Siehe Anm. 49.

besessen, und daß euere tönernen Ideale zu Grund gehen, das ist nur gut. Die Lebensnot und das Fehlen von Idealen läßt diese nur umso notwendiger wünschen: Und wie wollet ihr etwas finden ohne es erst zu schaffen, wie etwas schaffen ohne an euer Schaffen zu glauben und dafür zu kämpfen? Das „Nein” der Welt soll ja nur eine Herausforderung für euer „Ja” sein! „Wer zu schwach ist zu sagen: so soll es sein; der fragt: wie ist es?” Übrigens sind Optims. und Pessimismus seelische Grundstimmungen – vielleicht kann man zu keinem Überreden, keines wollen, es sind die Merkmale des aufsteigenden und des niedergehenden Lebens. Ich fühle eine unbeirrbare Gläubigkeit in mir und sehe in ihr den einzigen Ansporn zum Vorwärts und Höher und die einzige Glücksmöglichkeit! —

Heft 4: 22. April 1919 – 14. Juni 1919

22. April 1919. Tomsk. Gefangenenlager bis 14.VI.
(Stadt, Eindrücke, Ausstellung Бурлюк [Burljuk])

Nach langer Zeit wieder einmal mit den Kirchgängern hinausgegangen. Prof. Poljakoff besucht; den „Osterkuß” von ihm empfangen. Er und Хазов [Chazow] wieder begeistert von meinen neuen Skizzen. Die Frau hat ein Söhnchen geboren, das so entzückend zu werden verspricht wie sein Brüderchen Вячволод [Wjatchwolod] Ach, Kinder! Nach ihnen bilden dürfen!!! Mit Поляков [Poljakoff] eine Ausstellung besucht, deren Mittelpunkt Давид Бурлюк [David Burljuk][51] ist, der sich nennen läßt «отец российского футуризма, художник, поэт, и лектор, Москва» [Vater des russischen Futurismus, Maler, Poet und Lektor, Moskau] – Wie immer: voll Kraft und Begabung, aber ohne Disziplin. Es fehlt die Tradition. Sie gehen in's Ausland und ahmen das Neueste des Marktes mit mehr od. weniger Geschick nach. – Ganz Rußland ist ein Chaos von Kräften! Wenn es ihnen einmal gelingt ihre Kräfte zu organisieren, werden sie Großes leisten. Ich glaube an eine Zukunft der russ. bild. Kunst. Die Voraussetzung zu künstlerischem Schaffen ist da: ein starkes Gefühlsleben. Die Russen sind Instinktmenschen, voll Kraft, voll Sinnlichkeit. In der Literatur haben sie schon ihre Ganz-Großen, in der Musik auch bereits schon ihren nationalen Ausdruck. – Landschaften u. Porträts die in Komposition, Kolorit und psychologischer Erfassung sehr begabt sind. Kubistische und futuristische Rätsel. In einigen Bildern Haare, Kleiderfetzen, Achselstücke, Tapeten, Bildchen etc. ein-

51. David Burljuk (1882–1967), russ.-amerik. Maler; studierte in Paris und München. Gehört zu den „Wilden” Rußlands, über die er im „Blauen Reiter” geschrieben hat. Beteiligte sich 1915 gemeinsam mit seinem Bruder und Kandinsky an der „Ausstellung linker Richtungen” in Petrograd. Siehe auch Camilla Gray: Die russische Avantgarde der modernen Kunst. 1863–1922. Köln 1963.

geklebt. Über das stilwidrige solcher Panoptikum-Effekte erübrigt sich jedes Wort – wer's als Erster gemacht war jedenfalls ein spaßiger und skrupelloser Kopf – aber die Wirkung ist, da die intensiven Farben der Stücke gut harmonieren – rein optisch genommen – frappierend. Herr Burljuk eine tolle Type. Große, breite, plumpe Figur, ungeschlacht und grotesk in ihren Bewegungen. Derber Balzac-Kopf, ein Auge blind, Schauspielergesicht mit wechselndem Ausdruck: brutal, gutmütig, verachtend, kindlich, verzückt. Ein guter Rhetor, der aber ohne Wahl des Publikums seine Sprüchlein heruntersagt, mit der Fertigkeit eines Marktschreiers. Imitiert die müde Verachtung eines näselnden Ästheten oder die Entrüstung eines Banausen; mit Prophetenpathos kündet ihm der Künstler das Evangelium der neuen Lehre, zitiert Verse von Lermontoff, Puschkin, Byron, auch den Namen Rembrandt's hörte ich eitel nennen. Ungeläutertes Künstlertum, – ein Schauspieler der wohl zuweilen an seine eigenen (d.h. vielmehr an die Anderer) Worte glaubt, – durch's ofte Wiederholen muß er sich aber doch selbst zum schalen Poseur werden und so erweckt er den Eindruck eines Scharlatans. Als solchen mögen ihn einige beurteilen; Andere werden in ihm einen Narren sehen – und leider eben im Narren auch den wesentlichen Typus des Künstlers überhaupt; ein Teil aber – die kritiklosen aber nach Offenbarung Dürstenden – werden von ihm begeistert werden. Der so suggestible Russe ist ja für Alles zu haben, froh etwas zu haben, für das er seinen Fanatismus einsetzen kann. – Ich würde mich nicht wundern wenn Herr Burljuk arretiert würde und man hier in seinem revolutionären Futurismus und seiner Agitation für die „neue Kunst" einen Deckmantel bolschewistischer Agitation sähe. – Von den Zeichnungen die ich zufällig bei mir hatte behielt Herr B.[urljuk] 11 dort und lud mich ein mehr zu bringen. (Wollte an Greco und (?) Rouault erinnert werden) Aufmachung und Umgebung ist mir aber zu übel.
– An der Kassa ein blühendes Weib, die Schwester Burljuks, – ich kann nicht anders, als die Fülle solcher Wangen, mit ihren mächtigen Ausladungen, warmen Senkungen und reizenden Überschneidungen, einem Popo zu vergleichen. Annehmend, daß sie mit „Künstler-Gebahren" einigermaßen vertraut sei, pflanzte ich mich sogleich mit dem Skizzenblock vor ihr auf, nur konnte ich vor Erregung und Eile nicht zeichnen und mußte die bessere der beiden Skizzen ihr überlassen. – Welche Sturzwelle von Gefühlen: nach so langem wieder ein Weib zu sehen! Wie ein Rausch überkommt mich's, Farben zu sehen: blühendes Fleisch, helle Frauenkleider, goldene Haare, rote und blaue Zierate an schwarzen Sammetmützen! Hier herinnen ist ja alles so farblos: die düstereren Baracken, darin die schmutzigen, grauen und braunen Uniformen und die bleichen, vergrämten Gesichter. – Solche Räusche einmal malen dürfen! –
Laufschritt. – In der polnisch. Kirche schöne Frauenstimme und ein kleines blasses Judenmädchen mit aegyptischem Profil. – Gesamteindruck: Chaos! Jeder Blick in russ. Leben zeigt einem immer dasselbe tolle Nebeneinander und Durcheinander: die Straßenbilder, die Gesellschaft, das Publikum bei öffentl.

Veranstaltungen, Benehmen, Gesten und Bewegungen der Menschen, ihre Stimmen, überall die krasseste Unterschiedlichkeit und Extremität. So auch in geistigen Dingen: da ist die tierische Stupidität und Indolenz neben regstem Interesse und feinem Verständnis, der tiefgründigste Ernst neben oberflächlichster Scharlatanerie, biedere Solidität neben skrupellosestem Spekulanten- und Gaunertum, inbrünstige Frömmigkeit neben rohestem Zynismus, die scheußlichste Brutalität neben überschwenglichster Nächstenliebe – endloses Register der Extreme, womöglich noch zusammengespannt im selben Menschen!

23.IV.19. –
Gestern Karte von m. lb. Schwägerin erhalten. (Tirol, „Deutschoesterreich"!) lauter gute Nachrichten. Nur Romedi ist noch in Turkestan und Cornelia hat – die K.[arte] ist vom 16.I.19. seit 11 M.[onaten] keine persönl. Lebenszeichen von ihm. – Genser bekam heut einen Abschnitt aus einem Nachrichtenbogen, Dezb. 18.: „Die Monarchie ist fluchbeladen untergegangen. Die oesterr. Republik übernimmt deren Pflicht für die Rückbeförderung der Gefg. zu sorgen. Verzage nicht, endlich winkt Dir die Befreiung. Deine Eltern." –

27.IV.19.
Konzert. Schöner großer Mann, vermutlich Ostpreuße. – Physisch sehr starken, ausgesprochen männlichen Typen gegenüber habe ich eine feminine Empfindung, ein „mütterliches Wohlwollen". Ich könnte sehr weich und gütig zu ihnen sein, sie könnten bei mir ausruhen. – Skizziere jetzt viel im Lager, besd. Abends. Die verwahrlosten Erdbaracken gegen den Himmel. Und die vielen Gefangenen (Südslaven, die sich weigern in die Druschina einzutreten) geben Mittelpunkte oder Akzente in der Komposition. Mit Freude fühle ich sich in mir ein sicheres Gefühl für Komposition (nun auch in der Landschaft) bilden, – nicht nur für lineare sondern auch für ein Komponieren in Farb und Ton-Massen.
– Erregende Vorfrühlingstage. Es ist als atme die Erde, die lang erstarrte Erde! Überall sickert Wasser, murmelt, gräbt Bäche. Schlünde tun sich auf. Feuchter, warmer Erdgeruch! – Zeichne auch oft Nachts bei Kerze vor dem Spiegel. Schmerzlich, nach Erlösung, Überwindung ringend, mit hinweisenden, abwehrenden Handgesten[52].

28.IV.
Karte an Mutter. Von nun ab kann jede Woche 1 Karte über Amerika geschrieben werden. – Französisch einstweilen aufgegeben. S. – von dem ich glaube, daß er der Paralyse entgegen geht, hatte mit G. einen häßlichen, dummen Auftritt und glaubt nun auch den Verkehr mit mir aufgeben zu müssen. – Lese Vorm. R. Richters Nietzschewerk, – zum 2. mal. –

52. Vgl. SaKat 12, Abb. S. 98; Selbstbildnis mit Händen, 1919. Bleistift, 314 x 208. Bez. l. o.: RW VI 19 Tomsk; auf Untersatzpapier r.u.: „die wissen nicht was sie tun"/Tomsk 30.VI.1919.

Bild 23

„Selbstbildnis mit Händen",
1919. Bleistift. Siehe Anm. 52.

30.IV.19. –
Hier, wo die äußern Verhältnisse immer dieselben sind, will man nicht begreifen, woher der große Stimmungsunterschied kommt. Auf Grund der jahrelangen Beobachtung an mir und andern, bin ich darauf gekommen, daß das Wetter einen unerhört starken Einfluß auf unser Befinden ausübt, und dies selbst dann, wenn wir gar nicht einmal in's Freie kommen – woraus etwa zu entnehmen ist, daß das Bewegende noch tiefer liegt, als in den äußeren Witterungserscheinungen, daß ähnliche Faktoren in uns selbst wirksam sind, wie jene die das „Wetter" bilden. – Es ist dies eigentlich nicht so wunderlich: wir sind aus der Natur gebo-

ren, aus denselben Elementen zusammengesetzt wie sie, – also ein Teil von ihr, in ihr und darum durch geheimnisvolle Bänder für immer mit ihr verbunden. – Wie deprimiert z.B. war ich neulich an einem regnerischen Tage – ein Vorfrühlingstag der so sehr einem Herbsttag ähnelte, daß man das Gefühl hatte um den Sommer betrogen worden zu sein. – Gestern der erste warme Tag, des Abends ein lauer Sternenhimmel überm Lager, die Luft wie durchzittert von brünstigem Schreien und Stöhnen. –

Am 1. Mai 1919.
Erinnerung an letztes Jahr – die Bolschewiken gaben uns an ihrem Festtag frei! – (Heuer ist das „Feiern" bei 3000 R Strafe verboten.) Vorm. gründliches Bad. (Waschung – Schwitzbad – Frottierung) Nachm. nahm ich heut das erste Sonnenbad! Wundervoll! – Abends bei den Bosnjaken vorzüglichen Kafe! – Liebe Kerls sind diese Bosnjaken! Auffallend viel stark und schön gebaute Männer, und was mich sehr schmerzlich berührt: sie scheinen ein offenes, vertrauensvolles Verhältnis zu einander zu haben, ich sehe sie immer einander hilfreich und so brüderlich gut zu einander. –

2.V.19.
Spaziergänge, mit Konwoi sind wieder gestattet – in die Umgebung. Will's möglichst ausnützen! Heut Vorm. wieder an der Uschaika gewesen – jetzt ein breiter, überschwemmender Strom. Die Landschaft noch öde und kahl –, so, daß ich alte liebe Stellen und Ausblicke kaum wiedererkannte. –

4.V. –
Karte an Otto. – Gestern wieder an der Uschaika. Konwoi ließ uns frei laufen. Milch getrunken im Bahnwärterhäuschen. Schwangere Mutter mit Kind am Arm. Echt slav. Typus, sehr sympathisch. Wie wohl tut ein Blick in warmes Menschenleben! – Dr. Molé, der nun nach Omsk fährt (Nationalrat „kulturelle Sektion") war hier, zahlte 50 R. ab. Abends im bosn. Caffée – kroatische Lieder. Schöner männlicher Gesang, so markant und festgefügt. Wie sie gleich in Feuer kommen! –

5.V.19. –
Gestern Vm. war, auf Dr. Molés Empfehlung hin, ein südslav. Kapitän (Bezič ..) bei mir und kaufte 7 größere und 6 kleinere Zeichnungen um 255 Rubel. Ich setze die Preise immer zu niedrig an, wenn man bedenkt, was jetzt der Rubel wert ist (ein Professionist verdient bis zu 100 R im Tag, eine Streichholzschachtel kostet 1 R.) und da ich gern die besten Arbeiten herausgebe, tuts mir immer, kaum, daß sie fort sind und ich an ihrer Stelle Geld im Sack habe, wehe. Und doch ist's eine Aufmunterung: was aus meinem Fleisch herausgeschnitten wurde soll recht bald wieder nachwachsen. – Aus der Saaldekoration wird's nichts. – Nachm.

wieder spazieren und im Bahnwärterhäuschen Milch getrunken. – Die schwangere Mutter und das 1-jähr. Kind zeichne ich. Was könnte man machen, wenn man frei wäre – unter den Menschen leben könnte und sich ganz der Arbeit nach ihnen hingeben könnte! Ich fühl's, bei solchem Anblick – einem Blick in die Wurzeln alles Lebens, wo reine Menschlichkeit – oder wenn ihr wollt „Tierheit" – einem unverhüllt sich offenbart, – daß ich einmal etwas Schönes, etwas Ergreifend-Schönes gestalten kann. – Wie rührend, wie groß und einfach ist das Leben dieser Frau! Tag und Nacht nur die eine Sorge um ihre Kinder, immer dieselbe Hingabe und Geduld. Vor allem wundert diese Geduld – und doch wird sie selbstverständlich, ja zum Glück aus dem Instinkt der Mutterliebe. – Nicht ein Spiegelbild der Objekte herzustellen gilt es, – sondern aus der subjektivsten und vollkommensten Hingabe an ein Objekt etwas drittes zu schaffen, also daß aus der Vereinigung von Objekt und Subjekt, von Welt und Künstler, des Künstlers und des Lebens Kind: dies Kunstwerk gezeugt wird. Es ist also genau derselbe Vorgang wie in der Liebe: Mann und Weib vereinigen sich, erleben in der gegenseitigen vollkommenen Hingabe, dem Sich-Auflösen, In-Eins-Fließen den höchsten Rausch – und aus diesem Hinabtauchen in den Urschoß – (der Auflösung in's All) wird ihnen ihr Kind. Es ist wie aus tiefster Quelle geschöpft, – als schenke die Natur neues Leben nur dem, den sie in ihren Urschoß aufnahm.

7.V. –
Lemonnier sagt im XII. Kap. seiner „Erinnerungen": „Das ganze Weltall in einer Liebesumarmung umfangen: Sich als eine Minute der Ewigkeit fühlen und diese Minute selber für ewig halten! Oh wunderbarer Rausch eines trunkenen Segens, von dem die Freude quillt, wie von den Rosen die Blätter! Ich fühlte mich der menschlichen Urzelle verwandt, die sich nach Rückkehr in den mächtigen Urschoß sehnt und die Vermählung des Weltalls zu erneuern strebte. Ich fühlte dasselbe Wesen in mir das Walt Whitmans mächtige Poesien erfüllt." –
— Wieder ein glänzendes Geschäft gemacht; den mir von Graf Luckner geschenkten und 1 Jahr arg strapazierten Regenmantel durch Ripper in der Stadt um 300 Rubel verkauft. (Für 100 Rubel kaufe ich nun einen warmen russ. Soldatenmantel) So bin ich plötzlich und unerwartet zum «Буржуй» [Bourgois] geworden. Fast denke ich, das Schicksal habe irgendwas vor mit mir. – Schon regen sich auch Pläne, wie ich aus dem Lager kommen könnte. Wenn Tomičić (Invalide) hier bliebe! Mit ihm ging ich gerne – auch geschäftlich wäre es gut, da er den dekorativen Teil der Aufträge übernehmen könnte. – In den letzten Tagen viel mit ihm zusammen. Gab ihm die Briefe Ottos zu lesen. Von allen Menschen die ich in den 5 J. traf hat er das nächste Verhältnis zu meinen Arbeiten. Ich werde mir erst bewußt, was ich verlieren werde, wenn er fort geht. – Es ist lächerlich, aber der Besitz des Geldes übt doch eine Wirkung aus, ich fühle mich etwas sicherer dem äußern Leben gegenüber, es ist mir, als wäre ich als Gefangener etwas freier geworden, so wie ich's auch auf den Gesichtern derer lese die Großun-

ternehmer und Kapitalisten[53] von uns genannt werden. – Auch auf meine Umgebung übt der Umstand, daß ich Zeichnungen verkauft habe seine Wirkung aus! Es gibt Leute, die mich jetzt tatsächlich respektvoller ansehen. So etwa: „ach; man kann dies wüste Gekritzel verkaufen? Du Narr kannst Geld aus ihnen machen? bist am Ende gar keiner?" –
Dostojewski, „Totenhaus" Kap. I: „Geld heißt soviel wie geprägte Willensfreiheit, es ist daher für den Menschen der dieser völlig beraubt ist, von zehnfachem Werte. Wenn das Geld in seiner Tasche klimpert, fühlt er sich schon zur Hälfte getröstet. – " –

Am 8. Mai 1919.
Auf Zureden der Kameraden – ich bin blaß und abgemagert – heute noch nachträglich zur Invalidenkommission gegangen und wurde wirklich als invalider Offizier, wegen Anaemia anerkannt: Die mangelhafte Ernährung, der beständige Kampf gegen die Kälte und der Mangel an Bewegung und frischer Luft etc. muß meine schon bei der Assentierung Juli 14 konstatierte Blutarmut verschlimmert haben. Auch mein Herz muß etwas gelitten haben (Neurose) und – o Ironie! wenn ich mich nicht irre zeigen sich Ansätze zu Haemorhoiden – man geht ins Feld und kommt zurück mit einer Bürokratenkrankheit! – Ich hoffe aber daß ich mich daheim bald von diesen Schäden befreien und erholen werde. – „Daheim"! – ach, es ist nicht ausgeschlossen, daß wir durch die Front ausgetauscht werden. Man redet davon. Sehr wahrscheinlich ist, daß wir bald von hier abtransportiert werden, in bessere Verhältnisse und wärmeres Klima kommen – ich würde jede Veränderung begrüßen! – Jedes Falls aber gehören wir zu den Ersten, welche wenn ein Abtransport beginnt, berücksichtigt werden .. ja es ist allgemeine Ansicht, daß wenigstens die Invaliden noch diesen Sommer fahren.[54] – Schön ist auch, daß ich so weiter in Hüttls und Tomičić's Gesellschaft bleibe. – Es ist wieder kalt geworden und neuer Schnee gefallen. – Lese Abends im P. Altenberg vor. – Schön! –

12.V.19.
Einige Tage unwohl gewesen. Frösteln, Fieber, Bronch. Katharr wohl wegen des Witterungsumschwunges der alle angegriffen hat, – dazu noch die „Suggestion des Invaliden". – Es ist unerhört bis zu welchem Grade die Physis die Psyche beeinflußt, so sehr, daß man geneigt ist, zu sagen, daß unsere „seelischen Stim-

53. Es gab in den sibirischen Kriegsgefangenenlagern eine blühende Heimindustrie, die u.a. Schuhe, Puder, Parfüme, Seife, Makkaroni, Bürsten herstellte. Vgl. E. Brändström (Anm. 4), S. 120–125.

54. Wacker hoffte auf eine beschleunigte Heimkehr aufgrund des bereits 1915 zwischen Rußland und den Mittelmächten abgeschlossenen „Invaliden-Austausch"-Abkommens. Vgl. E. Brändström (Anm. 4), S. 81–85. Im Nachlaß Wackers findet sich eine Bestätigung der Tomsker Abteilung für Arbeit und soziale Versorgung vom 26. Mai 1920; „daß der Ausländer-Invalide Rudolf Wacker, 27 Jahre alt, 15 % (fünfzehn Prozent) seiner Arbeitsfähigkeit eingebüßt hat."

mungen” nichts anderes seien, als ein Ausfluß und Ausdruck unseres körperlichen Befindens, ja daß „die Seele” nur ein Überbau, noch weniger: nur „ein Anhängsel” sei. –
Gestern mit Tomičić in der kathol. Kirche. Besuch bei Poljakoff. Nicht zu Hause. Хазов [Chazow], der die ganzen fast 5 Kriegsjahre dem Militärdienst entronnen, wurde nun assentiert. Soll als Sklave von Čechen, Südslawen, Engländern, Amerikanern, Japanern, Serben, Rumänen, Franzosen, Italienern (– das Ge....... all dieser Nationen treibt sich hier jetzt herum, einer dem andern mißtrauend oder ihn hassend, und bitter gehaßt von allen guten Russen. Ich glaube Sibirien wird schändlich verschachert!) – gegen seine Brüder kämpfen, Хазов [Chazow], der gute Vollblutrusse! – Den Hokusai wieder bewundert, und die alte, jetzt entschwindende japanische Volkskunst (Bazarblätter).

13.V. –
3h Nm. spazieren. Staune immer wieder über die gütige Geduld der Mutter: wie sie zwischendurch, wenn es ihr gelungen ist das 1-jähr. Kind zu beruhigen, flink ihre Arbeit tut. Die hochschwangere Frau wäscht! – Ihre 17-jähr. Tochter «Ефрасиния»[Efrasinija] gezeichnet, eine Millet-Type „anmutig-eckig”. Auch das einfachste, naivste weibliche Geschöpf nimmt eine liebliche Pose ein, wenn es sich beobachtet fühlt. –

14.V.19. –
Alfred gibt mir ein neues Rätsel auf. Er widmet sich K. so sehr, daß ich nicht nur eifersüchtig bin, sondern ihn darob zu hassen anfange. Obwohl ich ihn aufgegeben habe, ist es mir bitter zu sehen, wie er Stunden mit ihm zusammen ist, wo ich ihn oft vergeblich um Minuten gebeten habe. Es ist der gekränkte W. z. M. [Wille zur Macht] – So geht es einem zuweilen mit den Weibern: man hätte einen unendlichen Reichtum an sie zu verschenken, sie aber laufen irgendeinem Laffen nach! – Er will lieben und nicht geliebt werden? Das Verhältnis unserer Mischungen von M + W [Mann + Weib] paßt nicht. — Ich mache immer die Erfahrung, daß nur die Menschen was wert sind, die arbeiten, die einen dominierenden Instinkt haben, die in sich eine Rangordnung von Werten, Zielen und Strebungen haben. Diese besitzen einen Mittelpunkt, einen festen Grundstock, um den sich alles Übrige kristallisieren kann. Männer, die irgend eine Arbeit ernst nehmen, gewinnen von hier aus auch ein persönliches Verhältnis zu allen Lebenserscheinungen, nur sie besitzten eine Weltanschauung. Eine Weltanschauung kann nur erarbeitet werden, nie übernommen. An einer Sache schärfen sie ihr Werkzeug und es paßt ihnen schließlich auch für andere Dinge. – So hat ein Rodin zunächst nichts anderes gewollt, als Blätter, dann Arme, Beine und Körper gut zu modellieren und er hat von hieraus das ganze Weltall durchdrungen. – Nur die arbeitenden und zielstrebigen Menschen besitzen einen Inhalt, einen Persönlichkeitskern, sie sind fruchtbar und können als dieselben

doch immer neu sein, sie sind die gediegenen Menschen mit selbst erworbenen und wandelbaren Anschauungen. – Die Andern aber, die nie ernst gearbeitet haben, sind leer, wahllos, unselbständig, chaotisch, oberflächlich und wertlos. Auch ihre Gefühle taugen nichts. Zu diesen gehört ein großer Teil der heutigen „Gebildeten" – die ja immer geschoben wurden, und mit „Bildung" gestopft. –

15.V.19. –
Es scheint ein Gesetz zu sein, daß das Gedächtnis für Empfangenes für alle Art von Wohltat, daß die Dankbarkeit gerade den reichen Naturen, den Gebenden zu eigen ist, den Armen aber, den nur Empfangenden mangelt. Jene bedürfen des Scheines der Selbständigkeit nicht, sie können dankbar sein, weil sie nie das Gefühl haben sich selbst zu verlieren; sie sind dankbar für die kleinsten Dinge! Und sie sind auch noch dankbar für's Schenken-Dürfen! –
Täglich Nchm. spazieren. (Das Rauschen der Uschaika, der Wassergeruch, das Tosen und Pfeiffen des Windes! Die Erde erwacht! Die Birkenstämme triefen und träufeln vor Saft, die ersten Blumen sprießen: Veilchen, Himmelsschlüssel, Lungenkraut, – heut fand ich Küchenschelle und eine wunderbare violettrote Lilie: Hundszahn (dens canis). Die Bewegung im Freien kräftigt, würzt das Blut, treibts nachher durch die Adern und steigert so die Lust zu aller Art von Aktivität. Wenn ich allein geh' pfeif ich und sing oder deklamiere ein paar Worte. – Ach, wärst du bei mir Geliebte! Gerade in der Natur brauch ich die Frau, dort ist meine Sehnsucht nach ihr am stärksten – der Trieb zur Vollkommenheit! ich werde ihr Fehlen nie los.
– Das Anmutigste auf dieser Erde ist ein ganz junges Füllen. Unendlich rührend ist diese Mischung von Grazie und Unbeholfenheit, lieblicher Rundung und Ekkigkeit. („X"-Beine, beim Liegen stützen sie den schweren Kopf auf wie die Steinböcke.) Daneben die gute Mutter: ruhig, fürsorglich, geduldig und gütig! –

20.V.19. –
Wenn mir Alfred weh tut, zeichne ich nach dem Spiegel. – „Du stichst mich, – ich blute – und ich danke Dir doch!" –
Alle Abende im bosn. Café. Diese Kroaten sind prächtige Menschen. Ich habe einige schon zu Freunden gewonnen. Wenn ich komme, grüße ich: „zdravo!" – sie geben die Hände und erwidern: „zdravo, brat!" – Ich freue mich immer so sehr, wenn ich an einer mir neuen Nation sympathische Charakterzüge finde. Es beglückt meine Gläubigkeit an die Menschen, rechtfertigt meine internationalen Sympathien, es bestätigt mir mein Gefühl, daß durch alle Rassen und Völker durch ein „allgemein-menschliches Land" läuft. –
Die Verhältnisse in Sibirien wieder sehr unsicher. Die Ztg. [Zeitungen] schreiben viel von „bolsch. Räuberbanden". Lubkoff scheint aber eine organisierte bolsch. Macht zu sein.
Wenn man frei wäre und aktiv sein könnte, wäre so ein Leben nicht uninteres-

sant, ein raschlebiges Leben des Faustrechts, der Anarchie, – ähnlich wie in der Renaissance. – Hier im Lager aber, unbewaffnet, hilflos, jedem der Waffen trägt ausgeliefert, ist's ein deprimierender Zustand, – der auf die Dauer (so gehts schon 1 1/2 Jahre!) wohl seine Folgen haben könnte.
– In Europa wird der Bolschewismus kommen. Immer mehr sehe ich in dem „Weltkrieg" die letzte Äußerung einer endigenden, alten Kultur, die Vorbereitung für die „Weltrevolution" und in dieser den Anbruch einer neuen Kulturepoche. Wir werden das Glück und Unglück haben die Menschen dieser breitesten und größten Übergangszeit zu sein. – Wohl wird es eine Zeit sein für die praktischen Tatmenschen, für den νοῦς πολιτικός [politischen Verstand] – für uns, die Menschen des νοῦς θεωρητικός [theoretischen Verstandes] wird wenig Platz und Ruhe sein. – Der Künstler ist aber am Ende eine Zwischenart. Wir, deren Urwert „das Leben" ist, wir werden „ja" sagen und dazu auch das rechte Tuen finden. –

21.V.19. –
Die Kunst eine Brücke zur Auflösung in's All! – Sie gibt gesteigertes, in der Tiefe gesehenes Leben, – so packt sie mit ihrem Leben, zieht die an der Oberfläche Weilenden, wie ein Wirbel ins Zentrum des Lebens hinein, in den Urschoß zurück, aus dem sie von Ursäften genährt, neugeboren werden.

28.V.19.
Dem Vertreter des schwedischen rot. Kreuzes, Herrn Hans Knutzen (Christiania, Sekretär der christl. Vereinigung jg. Männer) Zeichnungen für 240 R.[ubel] verkauft, (darunter Selbstbildnis mit Hand um 50 und mit Bister 80 R.). Einer plötzlichen Laune folgend, gab ich nach diesen anständigen Preisen, dann einige lächerlich billig. – So kann ich schon sagen, daß mich, was Geld anlangt, jetzt das Glück verfolgt. –

25.V.19. –
Unser Bezirk in dem wir spazieren dürfen, wieder enger begrenzt; fand aber auch in dem Raum schon einige Motive. Die Birken blühen schon und entfalten ihr zartes lichtes Grün: an den Hängen zur andern Seite der Uschaika noch Schneeflecke! – Heut bei Poljakoff gewesen. – Herr Burljuk hatte versucht meine Zeichnungen zu stehlen! – Es hängt bei P.[oljakoff] ein vorzügliches Selbstbildnis, – sieht aus wie ein Waldmüller oder Runge. – Hat in der Farbe etwas von Delacroix – von Евгений Мяшкевич [Eugen Maschkewitch]. Auch eine sehr solide Porträtzeichnung von ihm sah ich. Er soll Zigeuner sein, als Artist mit einem Zirkus gezogen und in Belgien studiert haben. Es wäre interessant ihn kennen zu lernen. – Die Rodin Monographie wieder entliehen. – In der Kirche ein sehr zartes Mädchen neben mir: bleich, sehr blutarm, das etwa 17-jähr. Gesichtchen schon recht mürbe (Morbidezza) rote, erotische Lippen, sehr große, blau-

grüne, sentimentale Augen, mit großer Pupille, darüber schwarze, strenge Brauen. – Ich bemerke bei mir ein Wohlgefallen an ganz zarten, feinen und schlanken Mädchen! Früher hat mich „Magerkeit" bei weibl. Wesen geradezu abgestoßen, – so sehr, daß es mich Überwindung gekostet nur höflich zu sein. – Haben die „Fleischberge" ihren Zauber verloren? – Hängt es mit der Physiologie zusammen? Eine Wandlung in dem Verhältnis der sexuellen Ergänzung, oder eine Änderung in der Intensität des Triebes? Oder ist's die Psyche des Gefangenen: durch alle Not gezogen, in der Kälte und Lieblosigkeit der Umgebung gehärtet etc. pp. – sehnt er sich gerade nach dem Allerzartesten, überweltlich Feinen und Leichtesten. –

– Selbst fest und zielsicher geworden, mit der Welt bekannt, in mir ruhend fühle ich mich stark und geeignet, solchen Wesen eine Stütze zu sein. Sie sollen nur sein, wie sie sind: wir bieten ihnen einen starken Arm, ziehen einen Kreis um sie den nichts Störendes übertreten darf. Wir schaffen Throne und Königinnen drauf und sind zugleich willig gehorsamster Sklave. Aber wehe! wenn ihr Eure Macht mißbraucht! –

28.V.19. – –

Am 26. zum erstenmal in der Uschaika gebadet. – Gespräche über Alfred mit I.[rresberger] und K.[unesch] um mich zu orientieren oder besser um an Hand neuen Materials meine Gedanken zu prüfen. – Gestern Nchm. und Vorgest. Nacht gründliche Aussprache mit Alfred. – Ich habe den Zustand der Ungewißheit über seine Psyche nicht mehr ausgehalten. Ich sah eine Reihe von Möglichkeiten (tiefe Liebe, ohne den Mut zum Geständnis – aus psychischen oder physiolog. Gründen? – ursprünglich dies? verletzt durch mein Spiel zu Anfang? das beständige Ausweichen ein Mittel das Schauspiel in die Länge zu ziehen? also nur ein Spiel! aus welchem Grunde – bei und von einem Mann? wie ist's möglich meiner Aufrichtigkeit gegenüber? Ist es Verlegenheit? Mitleid? Schwäche? Furcht? – Wozu dies grausame, häßliche und dumme Spiel mit mir, nachdem ich resigniert habe und ein freundschaftliches Verhältnis suche? Woher dies Dirnenhafte? Dieser Mangel an Güte, an Entgegenkommen, Helfen? – Ist es die „geheimnislose Sphinx: das Rätsel der Leere?!" etc.) Wo ist die entscheidende Instanz? Das Gefühl? Furchtbar: meine psycholog. Kenntnisse versagen, – wie es mir oft bei W.[altraut] ging. Alles versagt auf einmal, ich stehe vor einer Maske von der ich nichts mit Bestimmtheit weiß! Meine Zweifel an ihm wurden immer stärker, Zweifel an dem ganzen Menschen: er ist das Rätsel der Leere, ein Typus von Nihilist aus Armut, er ist chaotisch, ohne jedes Streben, ohne Ziel, voll Bösartigkeit, Verderbtheit, absolut Negativ.

– Eröffnung dieser Zweifel. Er bezeichnet sich selbst – wie früher öfters – als verkommen, als heillos, als einer dem nicht mehr geholfen werden kann, als Verzweifelten. Daraus ergäbe sich die Anerkennung eines ethischen Ideals – wieso dann nicht das Streben danach? – Immer wieder Lügen, Ausflüchte, oder direktes Abweisen, ein Abweisen jeder Einsichtnahme, jeder Teilnahme und Hilfe. Wenn ich durch meinen Ernst, meine vollkommene Offenheit, mein eindringliches Bitten, endlich glaube ein Stück Wahrheit von ihm zu hören, aus einigen festen Punkten – dann versuche für ihn nun Konsequenz zu ziehen, stößt er alles wieder um. Ich habe ihm mein Verhältnis in all seinen Entwicklungsstadien und alle meine Gedanken über ihn dargestellt. – Das persönliche und das sexuelle Problem war mir zuletzt aber ganz in den Hintergrund gekommen – das Problem ist sein Gesamtcharakter: was bist du für ein Mensch, wohin willst du? und wie und wer kann dich fördern, dir helfen. Eine grenzenlose Sehnsucht ihm zu helfen! – Endresultat all dieser quälenden, immer wieder in Nichts sich auflösenden Gedanken und Gespräche: für mich ergibt sich die Notwendigkeit ihn für das zu halten, was ich zuletzt über ihn gedacht, für einen durchaus negativen, wertlosen und niedrigen Charakter; bestenfalls bleibt er ein Typus Mensch den ich nicht verstehen kann, jetzt nicht, – vielleicht begreife ich einmal später und ändere dann mein jetziges Urteil, – aus dem sich auch ergibt, daß ich mich von ihm abwenden muß. – Er läßt sich weder etwas geben, noch gibt er mir etwas – nicht einmal zeichnen läßt er mich – der Verkehr ist ganz fruchtlos geworden. Ich muß mich endgültig zurückziehen! – Es war ein Erlebnis! es war der Traum von einem sinnlichen Aufschwung und Glück! es war ein psychologisches Rätsel mit aller Qual des Unwißbaren! es war eine große Ausgabe und eine wehe Enttäuschung. /Amen.

31. Mai 19. –
Ich bin wieder einmal in ein Tal des Pessimismus geraten. – Weltleid faßt mich an, erfüllt mich mit einer namenlosen Traurigkeit – „Was ich traure, weiß ich nicht, es ist unbekanntes Wehe; Immerdar durch Träume sehe ich der Sonne liebes Licht." – Die heitern Dinge, die ich draußen manchmal sehe, – Birken, Frauen, Kinder, Pferde – seh ich auf dunkelm Grunde, sehe sie als Ausnahmefälle, die zu erreichen unsere sehnsuchtgestreckten Arme nie beglückt werden. – Mir ist auch, als werde mir nun allmählich das Gefangenenleben typisch, so wie der «Военнопленный» [Kriegsgefangene] eine typische sibirische Figur geworden ist, ein Volk für sich – das Volk der Unglücklichen, Mißhandelten. Früher habe ich die Gefangenschaft wie einen unnatürlichen, außergewöhnlichen Zwischenfall von kurzer Dauer angesehen, wie ein Experiment und gleichsam als außenstehender Beobachter; allmählich <u>werde ich zum Gefangenen</u>, – es ist wie ein Lebenslos – so wie einer Zuchthäusler, lebenslänglich Verbannter, Ausgeschiedener wird. – Vielleicht gewinne ich so den Standpunkt Typisches aus dem Gefangenenerleben zu zeichnen. Totenhausstimmung! (mit welchem bittern Genuß lese ich's eben wieder! – der <u>Menschen</u> – der <u>Schönheitssucher</u> Dostojewski!!) – Kein Ausblick! es sieht aus, als können wir noch weitere Jahre hier bleiben müssen. – Ein englischer Offizier machte neulich nur zynische Bemerkungen!: zu Menschen die 4 oder 5 Jahre gefangen sind! – Oft ist's zum Verzweifeln,

verzweifeln an der Menschheit, der Menschlichkeit! – Oft auch steigt ein unsinniger Durst nach Rache in mir auf! – Dann fühle ich mich wieder abseits, ein Einsamer, in Weltleid Geglühter, dem das Versagtsein eines schönen Lebens nur um so tiefer die Notwendigkeit idealer Forderungen einprägt.
Die „Enttäuschung Alfred" mag eine Hauptursache dieser gepreßten Stimmung sein. – Mich dünkt, als wär's die erste Enttäuschung in meinem Leben. – Ich habe sie nun zwar geschluckt – aber sie muß verdaut werden. – Es schmerzt! Ein Loch ist entstanden, der Liebestraum hatte mich hoch heraus gehoben, – nun sinke ich zurück in's Gefangenenleben. — Ich darf nicht bitter sein – es ist keine Schuld da. Mein Hunger hatte mich zum Dichter gemacht. – Frauen gestalten sich nach unserm Dichten, Holzstatuen? bleiben uns unsre stummen Gedichte. Aber ....!

1. Juni 1919.
Ein so glücklicher Tag, daß ich ganz heiter bin – als sei nach einer wüsten, dunkeln Nacht ein lichter Morgen aufgegangen. Vorm. spazieren, nach den zarten, heitern Birken gezeichnet. – Nchm. wieder draußen. – Von einer Proletarier Familie eingeladen Чай [Tee] mitzutrinken. Einfaches, nicht unschönes Weib, wohltuend verständnisbereit, kameradschaftlich, gütig. – Gebadet! – Einige Minuten mit Lydia. Dann abberufen: von wem? – eine kleine zierliche Dame in weißem Kleidchen. Die liebe Варя [Varja] (Гребнёва [Grebnowa]) aus dem Приют [Lager] vom letzten Jahr wars: ein sehr zartes, feinsinniges vornehmes Geschöpf mit köstlichem rotblondem Haar. Herzliche Unterhaltung mit ihr. – Gestern Abend:
Unsere Not und unser Wille und das was uns das Leben immer wieder leicht macht und uns das Leben als so schön empfinden läßt, ist: aus allen Situationen eine Essenz zu schöpfen, künstlerischen Gewinn daraus zu ziehen. Überall, aus der Freude wie aus dem Leid, aus allen Erscheinungen die Essenz zu entnehmen, die Gesetze des Lebens abzulesen, das eigentlich „Lebendige" durchzufühlen, das Treibende, Wollende, Erhaltende, Werdende, das allgem. Menschliche .....
– Dies gestalten!! Schaffen! Unser Schaffen ist ein Schiff, das uns über allen Wassern trägt, uns über alles emporhebt und alles überwinden läßt! —

5.VI.19. –
Die Bosniaken und Kroaten weigerten sich auf Arbeit zu gehen. (– Sie mißtrauen mobilisiert zu werden.) Vorgestern prügelten sie einen russ. Offizier. 2 Bosniaken wurden verwundet. Später kommen 2 Masch.gewehre ins Lager, serbische Druschina, als Reserve russ. Offiziers- und Unteroffiziers-Rotten und eine čechische Abteilung. –
Es soll ein Befehl zum Abtransport der Invaliden für nächste Woche – nach Barnaul da sein. – Habe mit einer Kunst- und Kunstgewerbe Ausstellung i. Lg. [Lager] (Zweck: Förderung des Denkmalfondes für verstorbene Gefg.) zu tun. –

Bild 24

„Birken im Uschaikatal", 1919. Bleistift, 127 x 164 mm.
Bez. r.u.: R.W. VII 19.

Fast jeden Nchm. spazieren, – baden in der Uschaika. Abends im Cafehaus, dann vorlesen aus P. Altenberg oder O. Wildes Märchen.
— Der wertvollste und wesentlichste Gewinn, den die europäische Kultur aus dem Christentum gezogen, ist, daß im christl. Menschen die Leidensfähigkeit so sehr gesteigert und differenziert wurde – damit auch die Fähigkeit zur Freude. —

10. Juni 19.
A.[lfred] H.[üttl] hat eine Liqueur-Fabrik errichtet. Kostproben haben mich in einen Schwips versetzt. Und in diesem köstlichen Zustand erlebte ich die Freude im „Xenien Almanach 1914" 2 mir wohlbekannte Zeichnungen meines lieben Freundes J.J. Vrieslander zu entdecken „Notre Dame und der Lac d'amour zu Brügge" (dies hing im Zimmer der Amalienstr. 3 in Weimar!) und „Notre Dame und der Quai de Tournelle zu Paris" (aus dem Werk „Paris"). 4 Jahre habe ich nichts mehr von ihm gesehen! Besser als je freu ich mich der Güte und Schönheit Vrieslanderscher Zeichnung! Wie freuts mich auch, daß ich m. Freunden und Kameraden hier, denen ich im Lauf der Jahre doch so oft von ihm gesprochen

habe endlich was von ihm zeigen kann. – Du wunderbarer Lieber, meinen innigsten Gruß!!
— Die Kunst- und Kunstgewerbe-Ausstellung wurde, eben als sie nach vieler Mühe einer Nacht und eines Morgens zur Eröffnung bereit war, verboten. Ein akt. Hptm. der betraut war die Russen um Erlaubnis zu bitten und sie einzuladen, hatte darauf vergessen.
In der Nacht, gestern noch einmal kl. Schnapsgelage, wesentliches erot. Erlebnis mit G.*[enser] – Gestern Abds. kamen Grüße von Dr. Molé. Er ist wieder hier und bleibt da, in seiner Eigenschaft als Nationalrat-Mitglied. Schrieb ihm gleich einen lg. [langen] Brief. – Wieder steigen meine Glücks-Chancen. –
*Warum „dies" erst jetzt? Wie dumm und ungeschickt ist man doch! Wieviel Not und Unglücklichkeit wäre vermindert, behoben, ja in Glück verwandelt, wenn die guten Leute nicht von ihren Vorurteilen geknebelt wären! –

14.VI.19. –
H. Kleinert (Wiener Maler) hatte Glück einen General zu finden, der sich für ihn interessiert, lebt nun als Porträtist in der Stadt und hat da gegenwärtig eine Aquarell-Ausstellung organisiert. Langweiliger Akademiker-Artismus! Als Aqua Malerei immerhin solid und als das was es ist (d.h. wenns nicht mehr sein will!) anerkennenswert. – Zumeist Porträts. Bei dieser Gelegenheit gegenüber Tomičić meine Anschauungen darüber, was ich von einem Porträt verlange, formuliert (siehe im nächsten Heft.) – Von Dr. Molé, als Antwort auf den meinen, einen schönen, mitteilsamen Brief erhalten. Er bekennt sich darin zu einer pessimistischen Weltanschauung – ich bin aber geneigt in seinem dargelegten Streben nach Gleichgewicht, nach Ausgleich zwischen den dunkeln und lichten Seiten, in der Annahme evolutionister Höherentwicklung etc. Optimismus zu erblicken. –

Heft 5: 15. Juni 1919 – 29. Dezember 1919

Tomsk, Kriegsgefangenenlager

(Über „Porträt-Kunst")
– Es gibt zwei Möglichkeiten ein Porträt zu fassen. – Die eine ist ein subjektivistisches Verfahren: irgend eine Seite des Modells spricht zur Grundstimmung des Künstlers oder erregt eine momentane, ekstatisch auflodernde Stimmung in ihm. Diese eine, vielleicht am Modell objektiv (wirklich) vorhandene Seite wird nun ausschließlich, mit Notwendigkeit auf Kosten aller anderen Erscheinungen am Modell (– um die gewollte Stimmung möglichst rein, ohne Beeinträchtigung

und Abzug durch ein Nebenher vorzustellen) gestaltet. Sie wird ins Monumentale gesteigert, sei es in's Groteske, Grauenhafte, Himmlisch-Reine, Überirdische, Allgemein-Menschliche, Typische ..... So ist das Modell nur ein Anlaß, eine Anregung, ja nur ein Vorwand, – es dient gleichsam nur als Unterlage, der Künstler schaltet frei mit ihm, und seine Formen dienen ihm dazu seiner subjekt. seelischen Stimmung Ausdruck zu verleihen. – Dieser „Expressionismus" ist im strengen Sinne nie „Porträt": – Als Beispiele: Antike, Rembrandt, Grünewald, Greco, v. Gogh. –
Das andere Verfahren ist objektivistisch: Der Künstler sucht das Modell möglichst plastisch zu erfassen, dessen gesammten Seelenkomplex zur Darstellung zu bringen, er sucht das Abweichende, die individuelle Differenziertheit. Er ist dem Modell gegenüber objektiv, kritisch, beobachtend eingestellt. – (Das „objektiv" natürlich nur ein sehr relativer Begriff und nur innerhalb der Kunst gemeint.)
Diese Gesammterfassung, Differenzierung und objektive Charakterdarstellung ist das eigentliche „Porträt". Als Beispiele: Velasquez, Holbein, Fr. Hals, Toulouse-Lautrec, Leibl).
Sicher ist aber in beiden Fällen: es wird etwas Geistiges ausgedrückt, es gilt mit dem Porträt etwas zu sagen! Nie kann es ein äußerliches, seelisch-unbeteiligtes Nachbilden äußerer Formen sein. Dies wären solche Porträts, vor denen das Publikum mit Recht seine Frage stellen könnte: „Wie kann ein Porträt interessieren, wenn man den Dargestellten nicht persönlich kennt?" (Ihnen ist ja nur darum zu tun die „Ähnlichkeit" zu kontrollieren). Diese After-Porträt-Malerei hat vor der Photographie nur den Vorzug „Handarbeit" zu sein, dafür gegen sie den Nachteil, nicht so billig und auch nicht so präzis zu sein. So paßt denen zu antworten, daß sie auf die Dauer die Konkurrenz des Photographen nicht aushalten wird – und dies zu Gunsten echter Kunst. –

18.VI.19. –
Wiederholte Erlebnisse und offene Aussprache darüber. – Gefühl der Befreiung, des Emporgehobenseins und einer gesteigerten Männlichkeit (– wie nach restlosen sex. Befriedigungen in Weimar und Salzburg) – das Verhältnis ist auf der einen Seite so wesentlich „M.[ann]", auf der andern so sehr „W.[eib]", daß ich nichts von Perversion empfinde. – Der Ausdruck „Homosexualität" (Hingezogenwerden von Gleichgeschlechtlichem) ist überhaupt ein Fehlgriff, ist unsinnig – er bezeichnet zum mindesten nur plump die sichtbarste Oberfläche. Ich bin überzeugt, daß es sich immer um eine Korrelation von vorwiegend männlichem und vorwiegend weiblichem Prinzip handelt. – Wäre der Prozentsatz von „M." respektive von „W." = 50 –, so wäre die Voraussetzung zur absoluten „Bisexualität" gegeben. Träfe ein solcher (äußerlich – oder also eine solche) auf sein Korrelat, so wäre ein abwechselndes Tauschen der akt. und pass. Rolle vollkommen möglich.

17.VI.19. –
Woher rührt dieses „Sich-schwer-beherrschen-können" – im Verkehr mit Menschen? – Es ist eine Eigenschaft jener Leute, die keinen geklärten Willens-Inhalt besitzen. Ihr also zielloser Wille und ihre hieraus entspringende Selbstunzufriedenheit äußert sich im Verkehr mit Menschen als Zanksucht, leere Oppositionsmeierei, Überempfindlichkeit etc. (Im Rausch randalieren solche Leute und bekommen dann wohl noch das „heulende Elend") – Menschen mit festen Zielen, und einer Rangordnung ihrer Werte treffen auch in ihrem Verkehr eine Rangabfolge. Ihre Verhältnisse zu Menschen erhalten sehr bald eine bestimmte Form (die für beide Teile zweckmäßigste, am möglichsten positive) innerhalb deren Grenzen sie sich leicht zu halten vermögen. –

20.
Gestern Brief von Dr. Molé erwidert, da er selbst noch nicht kam. (Über Kleinert, Porträt, „Umgestaltung" durch äußere Verhältnisse?, meine Pessimistische Periode, Ausweg, evolut. Glaube, – Zweifel an seinem Pessimism., Bekennung zu Nietzsche, seine Kunst)
– Endlich warme Sonnentage! tägl. Nachm. a.d. Uschaika. Zeichne Birken, bade, bin mit Lydia zusammen. – Durch Strack etwas über ihr Leben erfahren. Sie empfindet nie Liebe und ihr Interesse f. die vielen Männer ist rein erotisch und nur physiolog. begründet. Vermutlich ist sie nymphoman veranlagt. – Mit 12 J. fing sie an. Interessante Erzählung über das Erstemal. – Weiter sprach sie aus, daß sie es sehr auf mich abgesehen habe und meine Zurückhaltung nicht verstehen könne. Ihre Mutter scheinbar ebenfalls „Dirnentypus" – die aber von ihrer Tochter möchte, daß sie „anders" wird als sie (!) –

23.VI.19. –
Neulich hieß es, daß in Vorarlberg eine Volksabstimmung über ein Projekt Vlbg. der Schweiz anzugliedern[55] stattgefunden habe mit dem Resultat: 11 000 dafür und 33 000 dagegen. Natürlich wäre dies traurige Ergebnis dem Einfluß des Klerikalism. zuzuschreiben. – Gestern wurde diese Nachricht dementiert und ausgesagt, daß der Anschluß Vlbgs. an die Schweiz verwirklicht werden soll. – Leider ist es vorläufig nur ein Gerücht. Dennoch empfand ich eine solche Freude, wie ich kaum je für möglich gehalten hätte, daß ein polit. Ereignis sie mir machen könne. Ich bin mir wieder einmal recht bewußt geworden meiner tiefwurzelnden Liebe zu meiner engsten Heimat, und meiner alten Sympathien zur „freien Schweiz". –

55. Die am 11. Mai 1919 in Vorarlberg durchgeführte Volksabstimmung über einen Anschluß Vorarlbergs an die Schweiz brachte eine Mehrheit von 80 % für den Anschluß. Vgl. Karl Heinz Burmeister: Geschichte Vorarlbergs. Ein Überblick. Wien 1980, S. 179 ff.; Werner Dreier/Meinrad Pichler: Vergebliches Werben. Mißlungene Vorarlberger Anschluß-Versuche an die Schweiz und an Schwaben (1918–1920). Bregenz 1989.

– G.[enser] liebt mich mit einer Leidenschaft und Hingabe wie er noch nie geliebt hat. – Sie bleiben ein ewiges Rätsel die geheimnisvollen Gesetze und Kräfte der Anziehung, Sympathie und Liebe. – Unerhört sind die Wirkungen, welche von erotischer Gemeinsamkeit ausgehen – wieviel Neues wächst da plötzlich empor, wieviel erwacht da plötzlich aus dem Schlummer des Unbewußten, mit welcher Fülle entfalten sich plötzlich die Kräfte zu Dichtung und Transformation.
– Sein Intellektualismus ist wie weggeblasen, er lebt in einem Rausch. – Ich empfinde ein gesteigertes Kraftgefühl, oft ein fast vollkommenes Machtgefühl.

24.VI.19. –
Gehen allnächtlich (die „hellen Nächte"!) bis 3^h im Lager herum spazieren u. pflegen offenste Aussprache. – Bekenntnis meiner aktiven Empfindung, – er seiner passiven – vom physischesten bis ins Geistigste. An Beispielen bis in kleinste Details das Durchgreifende dieser Hypothese erörtert. So entstand ein sehr klares, organisches – in allen Teilen zusammenpassendes – Bild. Von dem Gesichtspunkt seiner Passivität aus (vorwiegend femininen Empfindung) einen Erklärungsgrund für eine Reihe Erscheinungen aus seinem früheren Leben gefunden (seine Stellung zu den Frauen, das Abwartende in seinem Leben, nicht Zugreifende, Anpassung an Stelle von Umgestaltungswille u. Fähigkeit seiner intellektuellen Richtung, etc.). – In allen Verhältnissen sexueller Natur ist das Grundprinzip die Ergänzung zwischen Aktivität (Männlichkeit) und Passivität (Weiblichkeit), „Das Entsprechende von dem Gleichen, das ich fühle; – das Entsprechende von dem Gleichen, was andre" (Whitman) – Es ist ein alle Lebenserscheinungen durchlaufendes „Prinzip der Ergänzung". Es ist das, was die Dinge miteinander verbindet, sie einander notwendig macht, – sonst stünden sie kalt u. zusammenhanglos nebeneinander. – Jeder hat demnach zwei Anschlußmöglichkeiten, er steht in einer Kette in welcher er nach einer Seite „aktiv gebend" (hier heißt das Glück „ich will") nach der anderen „passiv gebend" (hier heißt das Glück „er will") sein kann. – Schon in meiner Bezeichnung „aktiver Wille" und „passiver Wille" (welch letztere wie eine Kontradiktion aussieht) ist die Ansicht zu erraten, daß es sich um qualitativ (d.h. der Art nach) verschiedene Willensformen handelt, deren Inhalt nicht quantitativ (d.h. der Stärke nach) verschieden zu sein braucht. Z.B.: Wer wollte leugnen, daß die Sehnsucht des Weibes nach dem Mann, – ihr Wille, daß er ihre vollkommene Hingabe wolle, ihre Brunst ihm Kinder zu gebären, dieselbe Intensität besitzt, wie die Sehnsucht des Mannes nach dem Weibe, sein Wille, ihre vollkommene Hingabe zu erobern, seine Brunst das Kind zu zeugen u. von ihr empfangen? –
Insofern sogenannte „perverse Naturen" (in deren Liebe bekanntlich eine Reihe allergrößter Männer stehen) erobernd, versetzend, leitend sind, insofern ihre Empfindung wesentlich aktiv ist und ihnen das Gefühl gesteigerter Männlichkeit verleiht, – wäre es richtiger die von solchen Erwählten u. an sich Gezogenen „pervers" zu nennen. Die Aktiven wären nichts weniger als Zwitternaturen,

sondern vielmehr höchstgesteigerte Männlichkeiten. Es läßt sich denken, daß sie weibl. Männer und männliche Frauen lieben, weil sie an ihnen die Überwältigung des die völlig passive Hingabe zurückhaltenden männl. Restes reizt. Dazu kommt, gleichfalls dem männl. Prinzip entstammend, die Intelligenz, welche ein solches Verhältnis auf ein hohes geistiges Niveau hebt. (Eine feinere Empfänglichkeit, ein weitgehenderes, eben auch alle geistigen Interessen noch durchdringendes Einanderangehörenkönnen, also bewußte gegenseitige Förderung in der Arbeit etc. In der Erotik die denkbar höchste Vergeistigungsmöglichkeit u. dies beiderseits! Und selbst da wo die Erotik sich rein animalisch gibt, bedeutet gerade die so große Spannweite zwischen einem solchen Animalismus und der sonstigen Geistigkeit einen Reiz.

25.VI.
Gestern Nacht abermals Schnapsrausch. – Nachm. Клавдия [Klaudia] getroffen. Ohne Mühe versöhnt. Die bloße Gegenwart genügt.

26.VI./27.VI. Abds.
Mit dem Offiziersorchester als Baßgeigenträger in den Stadtpark (городской сад). Zwei Rassejüdinnen aus Polen kennengelernt. Die eine märchenhaft schön. Vorführungen: Sänger, Tänzerinnen, Sängerin. Anregend u. Erinnerungen weckend die Artistenatmosphäre hinter den Koulissen. Im Strom der Promenierenden die niedere soziale Stufe des Gefangenen recht fühlbar. Wir sind Rechtlose. – Nachts im Lg. in eine Sauferei geraten. So toll getrunken wie nie. Erst Liqueur, dann Nikolajewski. Morgens Erbrechen. (Seit 7 Jahren nicht mehr) Nehme diesen Zustand immer in demütiger Bußfertigkeit auf, als einen Ausgleich – das Übel abgezogen bleibt immer noch genug Plus. – Eine Karte von Otto erhalten (v. 13.III.19). Welche Freude, welche Ironie – seine letzte Nachricht war vom 9.XII.17. (Eine Jahreszahl fehlt) Menge sachlicher Mitteilungen. Aus Jena. Dort Ausstellung von ihm. Fahrt nach Berlin. Sieht dort seine Ostender Kameraden. (Heckel, Kaus, Kerschbaumer) u. Waltraut die er malen will. Frühling und Sommer wahrscheinlich an den Bodensee! Im Winter mit mir in Berlin oder Frankfurt!! Mackensen und Weise nicht mehr a.d. Akademie. Klemm und Engelmann große Pläne. Frau Kuithan erinnert sich meiner und läßt grüßen. Vrieslander in Dachau. Renner Lehrer in Kempten. Georg Fischer fährt noch Lazarettzug. Otto sah bei seiner Mutter schöne Zeichnungen von ihm. Im „Kunstblatt" (Kiepenheuer – Potsdam) eine Lithographie v. Otto „Tanzlokal", Hat auch ein „Wahlplakat" gemacht! –

28.VI.19. –
Mit Клавдия[Klaudia] und der zarten Варя[Varja] zusammen. – Verschiedene Papiersorten gekauft, darunter sehr schönes. Altes Papier von 1853! Kanzleibogengröße, aus alten Büchern, teilweise beschrieben, am Rand 4 Löcher, verhält-

nismäßig billig, das Blatt um 30 – 44 Kop. – Schönes Papier ist auch eine Anregung für Zeichner und Dichter! – Japanische Fettkreidestifte (12 Stück um 40 Rub.!!!) gekauft. –

30.VI. –
Abermals K.[arte] v. Otto (17. Febr. 19) erhalten. Den „wichtigen Brf." an W.[altraut] (Heirat und Schweden, später Schweiz) übergab er ihr. „Sie will das Wiedersehen abwarten" (Otto: „auch meine Ansicht") – Also damals keine Bedingungslosigkeit!! So bin ich nicht verpflichtet und behalte gegen Joh. freie Hand. – Er schreibt: „ich brauche Dich jetzt, wo man wiederaufbauen soll, so nötig wie's tägliche Brot." – weiter: „wir werden ein karges äußeres Leben führen; was tut's wenn wir zusammen sind!" – Allerdings! was täte das! ich bin gewappnet! gegen gar alles! Und fände erst noch luxuriös was dem Nichtgefangengewesenen äußerste Not dünkt.

Am 1. Juli 1919.
Telegramm: Am 28.VI. wurde von den Deutschen zu Versailles der Friede unterzeichnet. – Es ist komisch: 5 Jahre erwarten wir nur dies Ereignis. Es ist geschehen – und macht gar keinen Eindruck auf uns. Dabei spielt wohl mit, daß die Meinung herrscht: dies ist nichts Festes, Gültiges, Endgültiges. Es wird weitergehen und anders kommen. Es ist ein „Wisch Papier" – wie der Brester Friede der von den B.[olschewiken] unterzeichnet wurde ohne auch nur durchgesehen zu werden. Große vertrauende Geste, eines L.[enin] würdig! –

7. Juli 19. –
Heute bei einer Invaliden-Kommission abermals anerkannt worden (anaemia gravis!) u. zwar soll es sich um eine Kostaufbesserungs-Zulage (tägl. 3 R.) handeln. – Es wäre sehr erfreulich, zumal ich schon wieder vor dem finanziellen Ruin stehe. Ich will versuchen durch Porträtzeichnen Geld zu verdienen. Es gäbe im Lg. genug Leute die imstande wären anständig zu bezahlen. Der Produktionsanarchismus hat im Lager eine Klasseneinteilung hervorgebracht – Bourgeois und Proletarier. Das kapitalistische System mit all seinen Scheußlichkeiten hat sich hier im Kleinen herausgebildet – wie denn überhaupt das Lager immer ein kleines lehrreiches Modell typischer Gesellschaftserscheinungen ist. Es ist empörend wie die Einen (unter diesen oft die Wertvollsten) von Morgens bis in die Nacht hinein anstrengende oder die langweiligste mechanische Arbeit verrichten und die Andern – Unternehmer und Agenten – (unter diesen oft die Wertlosesten – lediglich mit einer praktischen Intelligenz, „jüdische Intelligenz" – oder mit Skrupellosigkeit Begabte) den Gewinn aus dieser Arbeit ziehen. Die Ersteren schinden sich und verdienen ein paar Rubel, die Letzteren, deren Exploiteure, arbeiten wenig und verdienen viele Tausende, – dabei entblöden sie sich nicht und schämen sich nicht, gegen die, ihnen ursprünglich sozial gleichge-

stellten und an Bildung so oft überlegenen Kameraden mit ihren Besitztümern zu protzen. – Es hätten diese häßlichen Zustände jedoch immerhin ihr Gutes, wenn sie Einige die bisher kein Auge und Herz hatten für die Abscheulichkeiten, das Unsinnige, Unökonomische und für die Notzustände die das kapitalist. System mit sich bringt, nachdenklich und zu einer Gegenwirkung tatkräftig machen würden. –

Mein Verhältnis zu A.[lfred] H.[üttl] hat neuerliche Wandlungen durchgemacht. Es tritt nun allmählich Besinnung ein. – Die Enttäuschung – die Einsicht so vieles an unfruchtbaren Boden verschwendet zu haben, ein Ideal geschaffen zu haben, das wieder zertrümmert werden mußte, – das Mißlingen hat, wie schon öfter, mich mit Rache gegen den gestürzten Götzen erfüllt, – welche letzten Grundes eine Rache an sich selbst ist, – d.h. ein Abladen des Unwillens über sich selbst. – Jede Gelegenheit ergriff ich um mit bitterster Ironie ihm seine Wertlosigkeit einzubläuen, ihn zu überzeugen, daß diese Auffassung – die er oft selbst absichtlich unterstützt hatte – endlich sich in mir festgewurzelt hat. – Da es immerhin, auch für den Gleichgültigsten, unerfreulich sein muß, wenn eine so intensive Liebe, Gläubigkeit, ein solches Glauben- und Helfenwollen in offene Verachtung umschlägt und er selbst im Innersten eine solche Wandlung nicht für möglich gehalten haben mag, – hatte ich in letzter Zeit vor ihm häufig die Empfindung, als bringe ihn dies in eine trostlose Stimmung der Verlassenheit, des Sich-Selbst-Aufgebens, und nötige ihn zu einer grotesken, rein negativen Opposition, an die er nie selbst glauben kann, und als keime in ihm ein ganz böser Haß gegen mich auf. – Es ist höchste Zeit, daß ich wieder meiner schon doch vor so vielen Jahren (etwa 1913) aufgestellten Maxime: meinen Verhältnissen zu allen Menschen die möglichst positive Form zu geben, – folge. – Wenn ich Gegengründe auf seine paradoxesten Äußerungen auch in scherzhaftem, ironischem Ton vorbringe, so muß er unter dieser Form doch den „guten Willen" durchfühlen. Wenn ein Einfluß auf ihn zu gewinnen ist, dann nur so und der geringste Einfluß in der Richtung des Guten ist unschätzbar mehr, als ihn zu einer unsinnigen Auflehnung zu reizen. Auch ist das Wohlwollen in m. Verkehr das Einzige was diesen erquicklich, ja überhaupt weiter möglich macht. – Ich kann und will nicht in der Atmosphäre des Übelwollens leben. – Menschen zum Übelwollen zu veranlassen ist letzten Endes immer Schwäche, ist Mangel an Disziplin, Darüberstehen und Übersicht, an Einsicht. Es bedeutet immer eine doppelte Verminderung: einmal eine negative Äußerung von sich aus, dann einen Entzug förderlichen Bodens – ja an dessen Stelle das Gegenteil: – selbst wenn die Betreffenden einem direkt nichts anhaben können, nicht sichtbar schaden können – so breiten sie doch um einen jene unerquickliche, armselige, gallige Luft der Mißgunst. Die Menschen unter denen wir leben, sind für uns eine Luft die wir einatmen. Alles Wohlwollen ihrerseits bedeutet einen Kraftzufluß, alle Mißgunst gegen uns aber eine Verminderung unserer Kraft.

In sex. Hinsicht habe ich in den letzten Wochen ruhiger und gesünder gelebt, als

wie mir jetzt scheint, die ganze übrige Zeit der Gfgschft. und hoffe, daß diese Stimmung und Zucht nun anhält.
– Ich lebe in einem gesteigerten Arbeitsdrang und zeichne Vorm. u. Abds. Porträts und Bildnisskizzen, Nachm. im Freien nach den Birken[56], Pferden u. kl. Mädchen.

13. Juli 19. –
Gehe an Feier- u. Sonntagen Vorm., sonst Nachm. spazieren und baden i.d. Uschaika. Komme leider nicht mehr soviel z. Zeichnen, da ich die meiste Zeit draußen Клавдия [Klaudia] widmen muß die jetzt täglich kommt. – Ich habe mich nun entschlossen in erotische Beziehung zu ihr zu treten u. mit den Vorspielen begonnen. – Was mich zurückgehalten hat, war die Erwägung: welch ein wesentliches Erlebnis dies für ein Mädchen, das zum ersten Mal liebt bedeutet (sie ist jetzt 18. J. – u. als Russin deshalb schon eine Ausnahme) u. daß ich in m. Situation kaum die Möglichkeit habe, mich ihr so widmen zu können, wie meine Gefühle und meine Anschauungen es mir für diesen Fall vorschreiben. – Nichts ist trauriger für ein jg. Mädchen, das voll innigster Hingabefähigkeit ist, als in die Hände eines Roués zu geraten. Diesen Eindruck könnte sie zwar unmöglich von mir haben, aber da mein Eingesperrtsein mir versagt frei mit ihr zusammen zu sein, würde sie wohl viel leiden. – Ich sehe aber, daß ihre Sinnlichkeit seither so erwacht und unbändig geworden ist, daß sie selbst das Erlebnis so stark wünscht, daß wenn ich weiter die Distanz wahre, sie wahrscheinlich sich bald einem anderen – wahllos – hingeben würde. – Schon bildete sie sich gestern ein – d.h. es könnte ja so wirklich sein – auch F. Strack zu lieben – erschrak dann über sich selbst, als ihr bewußt wurde: du liebst Zwei? – Will sie demnächst in ihrer Wohnung besuchen.
– Jene Invaliden welche über 5000 Rubel od. 200 Dollar verfügen sollen demnächst heimfahren können (über Osten). Es ist dies die niederträchtigste Verfügung, die mir zu Ohren kam. Soldaten die im Engagement des Staates an der Front zum Krüppel geschossen, od. in der 4–5 jähr. Gefangenschaft sich ein Leiden zugezogen, „dürfen" nun „auf eigene Kosten" von Sibirien „heimreisen". – (Der größte Teil der gefg. Soldaten arbeitet für das Ärar und bekommt nicht eine Kopeke, die Offiziere bekommen <u>heute</u> 50 R. Gage. – Das Zehnfache würde nicht hinreichen um so dürftig zu leben wie vor 3 Jahren, – zudem ist verboten mehr als 100 R zu haben – und wie bei diesen Verhältnissen sich diese Summe von daheim schicken lassen. Die himmelschreiende Ungerechtigkeit, daß der Vermögende vor dem Armen und vielleicht viel Invalideren heimkommen soll! o, o, o! – (Zwar erwächst aus dem Vorteil des einen dem anderen kein Nachteil u. wer immer irgendwie fort kann von hier, soll es tun – aber zu dieser Objektivität

56. Siehe SaKat 14, Abb. S. 204; Birken im Uschaikatal, 1919. Bleistift/bräunliches Papier, 127 x 164. Bez. r.u.: RW VII 19. Siehe SaKat. 15, Abb. S. 204; Kopf der Klaudia mit Zopf, 1919. Bleistift/bräunliches Papier, 153 x 122. Bez. l. u.: RW VII 19 Klaudia (in kyrillischer Schrift).

versteht sich die Mannschaft kaum.) – Dazu eine solche Zumutung in diesen demokratischen Zeiten.

17. Juli 19. –
Die Bolschewiken haben eine wohlorganisierte Offensive begonnen u. rücken unaufhaltsam vor. Die Entente scheint ihre Unterstützung von Sib.[irien] abzuziehen. Čechen und Südslawen fahren nach Osten und wollen heim. Selbst wenn diese noch kämpfen wollten, vermöchten sie nicht standzuhalten. Wir hoffen, daß die B. uns erlösen! – Ich bin geneigt in Lenin den größten Mann unserer Zeit zu sehen und im Bolschewismus keine bloß wirtschaftliche oder politische Bewegung sondern etwas wie eine neue Religion. Eine große soziale Umgestaltung die eine neue Kulturepoche in der Menschheitsgeschichte einleitet. Auch das Werben Lenins im Osten (China, Indien etc.) mit Verquickung des Buddhismus scheint mir kein äußerliches Hilfesuchen zu sein, sondern, Asien ist der Wurzelboden der bolsch. Ideen. Die alte röm.-christliche, die christliche Kultur endigt. Von Rußland und Asien kommt das neue Heil. Das Morgenland mit seiner buddhistischen Kultur nimmt einen neuen Aufschwung, das Abendland hat der Krieg reif gemacht zur Aufnahme der bolsch. Ideen. Es ist eine Bewegung wie die Heraufkunft des Christentums, die bolsch. Kommissäre wären den Aposteln zu vergleichen[57] – So ahne ich's manchmal – vielleicht ist's nur eine Phantasie, ganz ohne Grundlage. –
Sehr heiße Tage. + R. über 30⁰. Kein Ausgang. (Angst!) Den ganzen Tag in leichtester oder gar keiner Bekleidung, Sonnenbäder, kalte Tuschen! Gesteigertes phys. Wohlbefinden, das ruhige Glücksgefühl des Seins, Neigung zu vegetabilischen Träumen. Zeichne Vorm. u. Abds. In den Mondnächten (taghell) spazieren. Lese Lhotzky. „Die Seele Deines Kindes" – ganz einverstanden – und bis ins Detail finde ich die Erziehungsprinzipien (wenn es erlaubt ist eine Methode deren Grundsatz ist „die beste Erziehung ist keine Erziehung", überhaupt ein Prinzip zu nennen) m. Eltern, die hier ganz und lediglich aus natürlichen Instinkten handelten, wieder. Trotz des oft philiströsen Tones rührt mich dies Buch oft fast zu Tränen und erweckt mir wieder die heiße Sehnsucht nach meiner Mutter – ich müßte ihr Dank sagen für alles – Trauer um unseren besten Vater[58], der dies von seinem Jüngsten nicht mehr voll erleben durfte (wenn auch die anderen kaum sich ausgesprochen – wußte, fühlte er's doch) – und wieder die heiße und schwermütige Sehnsucht nach der Frau m. Kinder: den Ungeborenen. Immer wieder fühle ich: hier ist das Glück! hier der gesunde Boden! hier die wertvollste, wichtigste Lebensbetätigung, das rein-menschlichste Auswirken – in der Familie. – Sie ist der einzig vollkommene, einzig vollbefriedigende Gesellschaftskreis, die einzige rein menschliche Sozietät. Ich empfinde immer mehr,

57. Vgl. Emanuel Sakrisyanz: Russland und der Messianimus des Orients. Sendungsbewußtsein und politischer Chiliasmus des Ostens. Tübingen 1955.

58. Romedius Wacker starb am 1. August 1916.

hier sollte der Schwerpunkt sein. Und was ist auch alles daneben?? Taumel, Rettungsversuch, schmerzliche Resignation, Anhängsel, Überbau, Luxus, Unfug? – Heute Nietzsches „Menschliches Allzumenschliches" begonnen.

21.VII. –
Pollution! – G.[ensers] Liebe hält an. Es ist seine erste, innerliche u. leidenschaftliche Liebe. Ich wundere mich oft über die heiße Sinnlichkeit dieses früher anscheinend so kalten Menschen. Es liegt in seiner Passivität begründet. – In wie vieler Hinsicht ist er umgewandelt: z.B. wo ich früher erzählend aus meinem schönen Leben, zu dem ich so ganz ja sagen kann, von m. Freunden, Frauen, Verwandten, – bei ihm immer etwas wie Neid, Verkleinerungs- und Verdächtigungssucht, oder ein stummes Überhören oder Ablenken bemerkte – hört er heute mit liebender Anteilnahme und Bewunderung zu. – Er leidet an meiner erotischen Zurückhaltung und mag erstaunt sein über meinen Willen und die Fähigkeit mich hierin so sehr zu beherrschen.
– Soziale Reform: Ein tiefes, vielleicht un- oder unterbewußtes Motiv: die technische Komplizierung im Leben des heutigen Europäers, der durch die unendlich gespaltene Arbeitsteilung die Übersicht über seine Arbeit verliert, beraubt des Ausblickes auf Endziele, schafft in ihm die Unbefriedigtheit eines sinnlosen Lebens. – Es sind die gesunden Menschen- oder Tierinstinkte die sich gegen diese zunehmende Mechanisierung empören. Der Mensch läßt sich nicht zur Maschine machen (– zu der für Andere – eine kleinste Gruppe! – „zeit- und arbeitssparenden Maschine") – er empfindet sein Anrecht auf ein menschenwürdiges Leben. Jeder hat ein Anrecht auf eine Familie, auf ein Fleckchen Erde das er als sein „Daheim" fühlt, und auf – neben seiner den Lebensunterhalt einbringenden Arbeit – körperliche Erholung u. Stärkung und ein Stück Muße zu geistiger Betätigung. – Kann dies die Aufhebung der Produktions-Anarchie u. die Beseitigung aller Luxuserzeugnisse nicht garantieren?
– Schon vor dem Krieg u. abseits parteilich sozialistischer Bewegung; und nicht aus dem äußersten Notstand geboren, machte sich ein Streben: zurück zur Natur u. Natürlichkeit, hin zu einer ökonomischen, rationellen Lebensführung, entgegen allem Luxus – zu einer Verinnerlichung – geltend. Man erinnere sich z.B. an die „Kunstwart"-Ziele, an die neuen Strebungen zur Einfachheit, Sachlichkeit, Gesundheit: im Wohnungsbau, Kunstgewerbe, Bekleidung (Frauenreformkleid), Sexualhygiene, Körperkultur (Sport, Bad etc.), Verkehr zw. den Geschlechtern, Ernährung etc. etc. – Und unsere Generation die im Krieg gelernt hat, bis zu welchem Grade die Ökonomie im wirtschaftl. Leben gesteigert werden kann, welche erfahren hat bei welchem Minimum an äußern Gütern man sich zufrieden fühlen kann (wieviel wir also im Luxus gelebt) und wie gering alle äußeren Güter im Vergleich zu den innern, geistigen, sinnlichen u. wahrhaft kulturellen Gütern anzuschlagen sind, – unsere Generation scheint mir zur konsequenten u. breiten Durchführung jener Strebungen gut vorbereitet zu sein. –

23.VII.19. –
Verkehre in letzter Zeit viel mit F. Knauer (Naturhistoriker, Wien, 30 J. alt). Ein Mensch, der gearbeitet hat und gut fundamentiert ist. Anfangs hielt mich seine etwas rauhe äußere Schale und sein rasches, wie Zudringlichkeit wirkendes, Zugreifen u. Ausfragen von ihm ab. Letzteres muß aber wohl aus einem Instinkt der Sympathie gedeutet werden (aus dem gefühlsmäßigen Wissen: „Du bist einer den ich suche"). Ein sehr warmer, gefühlsstarker, und sehr verläßlicher Mensch und einer, der mit offenen Augen in unserer Zeit lebt. –
Gespräch über Evolution mit ihm, wobei mir ein ganz neuer, von heutigen Wissenschaftlern vertretener Standpunkt offenbar wurde. – An Hand der evolutionistischen Gesetze, läßt sich glauben, daß unsere geistigen Funktionen eine derartige Steigerung erfahren können, daß wir (d.h. unberechenbar ferne Generationen) bis zur Möglichkeit des Selbsterkennens des Lebens gelangen, daß es also keine Grenzen der Naturerkenntnis gibt (diese gelten nur für uns heutige!) entgegen z.B. Dubois R. (Leipzig, Naturhistoriker u. Ärztekongress 1886), (Lange, Gesch. d. Mater. [ialismus])[59]
Erinnere mich an L. Hearn (Kokoro-„Präexistenz") der von ungeahnten Offenbarungen spricht, die uns erwarten, da unsere geistigen Fähigkeiten eine unerhörte Expansion erleben können. So z.B. hält er für wohl möglich, daß ein späteres Geschlecht die Gabe sich an seine Präexistenz zu erinnern entwickelt. – Die Erkenntnistheorie wäre also nichts Feststehendes, die von Kant unserm Denken gezogenen Grenzen besäßen nur eine relative Gültigkeit, einmal könnten wir dahin gelangen, das Unbegreifliche des Phänomens „Leben", das „Ding an sich", den „Willen zum Leben", den „Willen zur Macht" zu verstehen, die Scheidung von Objekt u. Subjekt fiele, der Mensch würde Gott. Die frühere Menschheit schuf ihre Gottheit rückwärtsschauend, die neue Menschheit sieht ihre eigene Gottwerdung vor sich! – Wir sehen ja bereits wie Grenze über Grenze fällt: Keine mehr zwischen Mensch u. Tier, zwischen lebender u. „lebloser" Natur, zwischen „Geist" u. „Materie" etc. – alle Scheidungen der Art nach wandeln sich in graduelle Unterschiede, alles einmal Fixierte, mit einem Superlativ Belegte, alles Seiende, Unwandelbare, erkennen wir heute als eine von uns vorläufig u. willkürlich angenommene Vorstellung, als Hilfsmittel unseres Denkapparates, – alles ist im Flusse – παντα ρει alles ist im Werden, Alles ist eins! –

30.VII.19.
Vorgestern Abend, die Nacht über u. den folgd. Tg. Fieber gehabt. Auf Menschen, bei denen auch nur die geringste Abweichung vom Zustand vollkommenen Sich-gesund-fühlens eine seltene Ausnahme ist, übt das Krank-sein eine tiefere Wirkung aus als auf von Haus aus kränkliche Naturen. Ich habe bei mir wieder bemerkt wie sehr sich sofort meine Perspektiven verändern und wie an-

59. Siehe Wackers Lektüreverzeichnis.

ders, d.h. unerträglicher m. Lage empfunden wird. – Man erwartet eine „Durchsuchung" im Lager. In Omsk u. Novonikolajefsk soll den Gefg. alles bis auf die am Leib getragenen Kleider weggenommen worden sein. –
Von Bodor für die Porträtzeichnung nach ihm 200 R. eingenommen. Unerhört: In Omsk wurde über einen Vorschlag beraten die „Intelligenz u. die besitzende Klasse" nur zu Hinterlands- resp. roten Kreuzdiensten zu verwenden. Er wurde abgelehnt, aber es genügt doch wohl, daß ein derartiger Vorschlag überhaupt auftaucht. Es hätte sich dies kein europ. Staat geleistet! womit nicht gesagt ist, daß in der Praxis, aber wenigstens inoffiziell häufig gehandelt wurde, als bestehe eine derartige Ausnahme für Aristokraten, Kapitalisten, aktive Offiziere etc. – Nur die Geistlichkeit (kathol.) genoß das Vorrecht offen, überhaupt Militärdienstfrei zu sein, diese dem monarch. Staat so nützlichen Maulwürfe. –

Am 1. August 1919.
Das fünfte Jahr zu Ende! 5. J. seit ich von Heimat u. freier Arbeit, freiem Leben Abschied nahm! Der Krieg ist aus, für uns auch verloren (dh. – militärisch). Die Kameraden welche nicht gefallen, sind nun wieder in Zivilkleidern. Ich beginne hier heut das sechste Jahr! Arme Mutter!! –
Schon liegt wieder Herbst in der Luft, der melancholische Herbst! – Wir haben kaum 14 Sommertage genossen!

2. August 19. –
Endlich Dr. Molé dagewesen, hat den Rest (100) bezahlt. Einige Universitätsprofessoren interessieren sich für mich. – Will eine Aktion versuchen aus d. Lg. [Lager] zu kommen.

3. August 19. –
Sonntag. Kirche. In Dr. Molés Wohnung gewesen. Will mir einen Propusk beschaffen u. mich mit einem Kreis Kulturmenschen bekannt machen. Möchte mich um irgendeine Stellung in der Stadt bemühen u. dann draußen wohnen. – Las mir Gedichte von sich vor. – Träumer! keine urwüchsige Persönlichkeit mit originalem Blick u. starkem Willen, – vielmehr ein „Kulturprodukt", – „Ästhet" möchte ich sagen, – ein sehr versierter, vielgereister, vielkennender u. verstehender Mann, und sehr liebenswürdig – leider gegenwärtig etwas zerfahren. Hildebrandt (Problem d. Form) u. Czapek (Grundprobleme der Malerei) entliehen. Mit viel Genuß zu lesen begonnen. –

5. Aug. –
Die Zeitg. [Zeitungen] sprechen jetzt über die von uns schon langerwogene Möglichkeit eines – Deutsch-russisch-japan.-chines. Bündnisses. – Ein Gedanke der enorme Perspektiven ergibt. Man denke die chines. u. russ. Volksmassen, der unbegrenzte Reichtum an Rohprodukten – der buddhistisch bolschewistische

Geist ... und die deutsch-japanische Intelligenz, Industrie u. Organisationskraft. Die sich aus all dem ergebende gegenseitige Modifikation! Wie der bereite nach Befruchtung durstende Weiberleib u. der zeugungslüsterne, bewegliche Manneskörper sich nacheinander sehnen, so scheinen diese Länder jetzt einander zu suchen. In so einem Sinne möchte ich mir's deuten, wenngleich ich weiß, daß das Motiv ein politisches ist. Dieser Zentralblock schneidet die Welt in zwei Teile.

13. Aug. 19. –
Czapek „Grundprobleme der Malerei". Neue Gedanken od. Einsichten fand ich darin nicht; es war mir aber sehr erfreulich die wesentlichsten Probleme d.M. übersichtlich geordnet mir einmal vor's Bewußtsein zu bringen und wo ich mit einigem Mißtrauen das übliche Geschwätz für „solche die die Malerei erlernen wollen" befürchtet hatte, wirklich ein Buch kennen zu lernen, das die Probleme richtig stellt und andeutet, wie weit ihnen überhaupt verstandesmäßig beizukommen möglich sein kann. – Es könnte das Buch natürlich sehr erweitert werden, erwünscht wäre wohl auch die Beigabe einer Auswahl, den Text verdeutlichender Bilder u. schematischer Zeichnungen, auch ließe sich Manches prägnanter ausdrücken (oft hat man das Gefühl, derjenige, welcher nicht bereits in der Materie zu Hause ist, kann kaum erraten, was u. wie gemeint ist. Zumal es hier sich oft um Dinge handelt, die so ineinander u. durcheinander greifen, daß ihre Trennung nur eine begriffliche ist und nur der zu solcher Abstraktion fähig sein dürfte, dem bereits sichere Anschauungen eigen sind. Hätte ein Simmel[60] diese Probleme formuliert, so müßte ihn jeder verstehen der nur denken kann u. dem die Fähigkeiten, die Voraussetzung des Bildens nach Augeneindrücken sind (zB. räumliches u. flächenhaftes Sehen), nicht völlig fehlen. – Besonders gefreut habe ich mich über die stets wiederkehrende Betonung: Das Wesen der Flächenkunst (Malerei, Zeichnung (lineare wie hell-dunkle)) – aller Darstellung auf der Fläche – ist immer ein „Nebeneinander", nie kann der Hauptwert in der Erreichung von räumlicher Wirkung od. plastischer Form liegen. Unterschied zwischen malerischem u. bildhauerischem Sehen! – Erinnerung an die Egger-Schule! Egger leitete zu bildhauerischem Sehen an, wies immer auf die „Form" (im plastischen Sinn) – ja es war einer seiner Lehrsätze geradezu:
„Sie müssen zeichnen, als ob Sie ein Bildhauer wären, od. so, daß ein B.[ildhauer] nach ihrer Zchg. eine Plastik bilden könnte". – Ich halte diese Schule aber für gut.
1.) Gibt sie dem folgenden Erfassen der Linien, hellen, dunkeln od. farbigen Flecke, Massen – dh. der Flächenornamente, eine gediegene Grundlage – ich denke, daß der, welcher die Disziplin durchgemacht hat, die Dinge einmal ganz

60. Georg Simmel (1858–1918), dt. Kulturphilosoph und Soziologe. Wacker bewunderte besonders Simmels Sprache. In seiner Bibliothek: Georg Simmel: Rembrandt. Ein kunstphilosophischer Versuch. Leipzig 1919. Mit einer Widmung von Josef Genser an Wacker: „Meinem lieben Rudolf zur Erinnerung. Wien, im März 1924, James."

räumlich aufzufassen u. nachzubilden, viel eher dazukommt, sie hernach so darzustellen, daß die Räumlichkeit – zwar nicht direkt gebildet ist, aber doch die Flächenform derart mit räuml. Empfindung durchtränkt ist, daß im Beschauer sich die Assoziation räuml. Vorstellung einstellt. –
2.) Wird bei solchem Studiengang die Vergewaltigung eines jungen Bildhauers zum Maler verhütet. – Ich erinnere mich in der ersten Zeit meiner Schülerschaft bei Egger mein Auge so sehr auf eine bildhauerische Sehweise eingestellt gehabt zu haben, daß ich von da aus falsche Forderungen an Bilder stellte. Dies war eine der hauptsächlichsten Ursachen, weshalb mir z.B. die Zeichenkunst J.J. Vrieslanders so langsam einging, weshalb ich auf der Munch-Ausstellung (Jena 1913) so Manches ablehnte, ja selbst in den Radierungen u. Skizzen Rembrandts ein Ungenügen fand. Es war eine kurze Übergangsperiode. Bald kam ich darauf: (gerade bei Rembrandt, bei Lautrec) der Hauptakzent liegt gar nicht in der räumlichen Durchbildung, sondern im Flächenornament (u. der Durchgeistigung dieser Ornamente) – das die Gegenstände so geben muß, daß ihr Bild eine räumliche Vorstellung ermöglicht (und wäre es allein durch die Linie), daß „alles in ihnen da ist od. wenigstens hineingedacht-gezeichnet werden kann, und doch weggelassen ist". –
Ferner betont Czapek, was nie genug unterstrichen werden kann, daß das letzte u. eigentl. einzige Kriterium für den Kunstwert eines Bildes, die in ihm erreichte „Bildharmonie" ist, dh., die Linien-, Flecken- od. Farbharmonie resp. Kombinationen dieser elementaren Harmonie-Möglichkeiten, Kombinationen mit gleicher od. ungleicher Betonung der einzelnen 2 od. 3 Elemente. – Die Bildbedeutung (das „Inhaltliche") ist unwesentlich u. untergeordnet, kann also nie zum Obersten eines Bildes erhoben werden, die ästhetische Kritik darf nie sie zum Mittelpunkt machen. – Daneben ist es nicht erstaunlich, daß so oft gerade der Künstler selbst (besd. Künstler untereinander) in seinem Streben u. seinen Gesprächen immer wieder nach dem Inhaltlichen, dem geistigen Gehalt jagt – das Formale liegt ihm so im Blute, ist ihm als oberster Wert so tief im Bewußtsein, daß er nicht seinen Finger auf dies Selbstverständliche, immer Vorausgesetzte zu legen braucht. Hingegen wird er leicht im Gespräch mit Laien die Wichtigkeit u. Einzigkeit des Formalen oppositionell ja paradox hervorheben. Czapek vergißt nicht gelegentlich auch energisch auf das inhaltlich-geistige Moment hinzuweisen u. scheint gut zu wissen, daß wir im Formalen ohne stetiges Streben nach seelischer Vertiefung u. Verinnerlichung auch nicht einen Schritt weit vorwärts kommen, ja sofort in der Richtung „Manier" heruntersinken. – Die Kapitel „Komposition" u. „Rhythmus u. Stil" sind das Beste. – Wichtig ist die Unterscheidung der Kompositionselemente: Proportion (die Art der quantitativen Teilung der Bildfläche) und Dynamik (qualitative Teilung d. B.fl. [Bildfläche] innerhalb der gleichzeitig zu wählenden Verhältnisse; – „Dynamik" als relativer Begriff: von der Gegenüberstellung zweier Reize. „D., absolute" sofern eine Einzelerscheinung aus ihrer Umgebung herausgenommen betrachtet, pri-

märe, physiolog. Empfindungen auslöst.) Beide Begriffe innig zusammenhängend einander bedingend, und wiederum verknüpft mit der sog. „Übersetzung" (Transponierung) (dh. das veränderte, gesteigerte, neugeschaffene Bild der Objekte). – Schwatzhaft ist Teil II, 2. Absatz u. das Ende. – Im histor. Teil (Psycholog. Ästhetik) sagt Cz. das sexuelle Moment ist in seiner dunkeln Verkettung mit den Wurzeln religiöser Empfindung das tiefste, stärkste u. allgemeinste, seiner Art die geheimnisvollste u. der feinsten Differenzierung fähig. Es scheint alles Sein u. Wirken bis in seine entferntesten Ausläufer unerkannt zu durchtränken. – Man könnte das Sexuale zum Zentrum einer Weltanschauung machen und eine so orientierte Auffassung als „Sexualismus" bezeichnen (analog: „Voluntarismus, Intellektualismus" etc.). Ich, der ich früh und immer wieder empfunden habe, daß von der sexuellen Veranlagung eines Individuums aus, vielleicht alle Erscheinungen an ihm zu erklären wären od. mindestens in irgendeinen Zusammenhang mit ihr zu bringen sind, und der ich immer wieder behaupten möchte: „das Sexuelle ist jene Axe um die sich alles dreht, ist der Mittelpunkt von dem alles ausgeht und zu dem alles hinführt!" neige sehr zu dieser „sexualistischen Weltanschauung". –

17.VIII.19. –
In Erwartung meines Propusk's. Habe ich endlich (z. 1. x in den 4 J.) einmal freien Ausgang erreicht, setzt sofort ein neues Leben ein, ein Aktives. Dann gilt's die Stunden zu nützen. Lange wird die Herrlichkeit ohnehin kaum dauern. Möchte anstreben ganz hinaus zu kommen. Irresberger verließ gestern das Lager. Allerdings ist das Draußenwohnen, bei der jetzigen polit. Situation (die Bolsch. rükken unaufhaltsam vor – die Linie Tobol schon erreicht) sehr gefährlich, – sie ist ganz derart, daß man auf die unschuldigste Weise umkommen kann. – Beschäftige mich bis dahin mit Lesen (Hildebrandt, Nietzsche, Kierkegaard). – Die letzten 2 Wochen Abds. – oft bis geg. Morgen – mit Knauer zusammengewesen. Hatte begonnen ihm eine objektive, historische Darstellung meines Sexuallebens zu geben. Er erweist sich aber nicht als der wissenschaftliche Kopf f. den ich ihn nahm; vielmehr ist er von dem mir so unerträglichen Erzieherwahnsinn besessen, zudem von einer schlecht angebrachten Autoritätssucht. Er ist grob auf einige Prinzipien zugehauen und von einer bornierten, armseeligen Starrheit. – Es war wieder einmal eine blinde Verschwendung – entgegen m. anfänglichen instinktiven Mißtrauen – nun zieh' ich die Schleußen wieder zu u. stelle mich auf ihn ein. – Immer wieder die Erfahrung: gerade das Beste ist für die Allerwenigsten. – Wie wohltuend ist der Verkehr mit dem feinsinnigen, klugen, vornehmen Tomičić. –
– Liege oft bis Morgen schlaflos: die Flöhe waren nie so arg. –
– Beschicke mit 9 Zchg. eine Ausstellung i.d. Stadt, die den hochfahrenden, aber wenig haltenden Titel „Westeuropäische Künstler" führt.

24.VIII. –
(Sonntg.) Vormttg. poln. Kirche. – Die Bettelweiber, alte, gebrechliche u. kranke Überbleibsel, mit ihrer teils gemachten, mechanischen (zum Gelderwerb) – teils echten, inbrünstigen Frömmigkeit. – Sie küssen Kreuze, knien am Steinboden, bekreuzigen sich unablässig, heben die Hände „zu Gott empor", murmeln, schreien auf, küssen den Boden, schlagen die Stirn auf etc. etc. – sind etwas ganz Unbegreifliches. Man fragt sich: sind dies wirklich Menschen? – Sind es Tiere? Schemen? Traumgestalten? – Haben doch alle alten Weiber, zumal wenn sie nicht Mütter waren, etwas Rätselhaftes an sich – sehen aus wie groteske Vögel, leblose Mumien.
– Bei Dr. Molé gewesen. Das geliebte Buch „Noa-Noa" gesehen. – Bei Poljakoff einige neue Reproduktionen gesehen: herrliche Renoirs! Cezanne, Vuillard! (wie ich ihn nicht kannte: von Lautrec beeinflußt) Corot, Pisarro, Sisley, Hodler, Slevogt, Amanit (?), Marees. – Lebenshöhen! unerreichbare Welt, vor deren blassen Schein man schon fühlt, wie tief wir in Not u. Leid, in Armut gesunken sind – „Manche freilich .. " — Vom „Tell" Hodlers sagte P. „Theater" – ich gab Eggers Bestätigung darauf – da weist er lachend auf seinen Tintoretto an der Wand u. sagt: „Auch das ist Theater!" — Nchm. Irresbergers erster Besuch im Lager (ist im amerikan. Spital – dh. es wird erst eines – als russ.-engl. Dolmetsch angestellt.) – brachte eine anregende Stimmung von Arbeit in amerikan. Tempo und Freiheit mit. –
Hildebrand ausgelesen. Sein Stil – in dem Bemühen recht klar u. eindeutig zu sein – erinnert an das alte, Kantische „Gelehrtendeutsch". Er besitzt auch einen für einen Künstler erstaunlich hohen Grad von Bewußtsein u. klarer, objektiver Anschauung, von Wissenschaftlichkeit möchte ich sagen. Trotzdem kann er, zumal von „Malern", die die Fläche u. nicht die Raumwirkung betonen, mißverstanden werden. Es mag ihm auch so oft begegnet sein, daß er sich veranlaßt fühlte, durch den „Anhang" nochmal zu erläutern. – Daß er die Probleme richtig faßt, erhellt schon aus den richtigen, dh. künstlerischen Konsequenzen die er gelegentlich zieht (Bemerkungen über Photographie, Panorama, „Ideal", Klassizistische Kanons, etc.). – Mir ist durch dies Buch vieles, was ich zwar gefühlt habe, aber nicht in gesetzliche Form hätte bringen können, deutlich bewußt geworden. – Ich will es jetzt, od. gewiß später, nochmal durcharbeiten. – Er muß ein vorzüglicher Lehrer gewesen sein. – Wieder Geld- u. damit Nahrungsnot.

29. Aug. 19. –
27. Abds. alkoh. Excess. pur Nik. [Schnaps] – Verkauf verboten, daher ungeheuere Preissteigerung. – Umso weniger kann man eine Einladung ablehnen. –

28. –
Aussprache gegen Genser über den wahren Sachverhalt (dh. nicht ein Superlativ des Gefühls, wie es gegen A.[lfred] H.[üttl] war – vielleicht erzeugte gerade der

Widerstand diese Hitze, – vielleicht war das Folgende eben nur ein Surrogat für das einmal in dieser Richtung angeregte Gefühl?) und die zunehmende – schon längst völlig eingetretene – Abkühlung. Eine Bemerkung über Frauen ließ mich annehmen, daß er die Aufdeckung dieses „Betruges aus Rücksichtnahme" nun ertrage.

– Gestern Abd. ein wundervolles Gedicht von St. Zweig: „Die Sängerin" gelesen, u. Verhaeren (Insel Vlg. Kalend.) – als ich in der dunkeln Nacht – Träumen nach einer fernen Welt hingegeben – von einem Posten angebrüllt wurde, unnatürlich heftiger Schreck u. darauf Wutanfall. –

Ich bin mit m. Nerven auch arg herunter gekommen: das Schießen z.B. ertrage ich überhaupt nicht mehr – es ist dies zwar eine allgem. Erscheinung unter den Gefg. – ich denke sie rührt aus dem Bewußtsein vollkommener Wehr- u. Hilflosigkeit her u. aus der sofort sich einstellenden Ideenassoziation: daß man nach 5 glückl. u. heil überstandenen Kriegsjahren nicht durch einen sinnlosen Zufall umkommen mag. – Sehr dunkle Nächte steigern meine Phantasie in der Bildung von Angstvorstellungen (Aufstand, Durchsuchungen, Überfälle, etc.) und färben überhaupt das Deprimierende meiner Lage lebhafter: die Not, das Hilfs- u. Rechtlossein, die Dauer der Gefangenschaft, die Leiden der Lieben daheim, etc. pp. –

30.VIII.19. –

Den ungar. Malern Kovács und Spollarics näher gekommen. Unerhörte Träumer, Mystiker, sie erinnern mich an die weltferne Stimmung mir früher bekannter Theosophen. Zwei „sehr genaue" Freunde: nie ist einer ohne den andern zu sehn, meist schweigen sie miteinander – als hätten sie feinere Verständigungsmittel als Worte – wenn von ihren Arbeiten od. Gedanken die Rede ist, heißt es immer „wir glauben, denken, wir haben das gemacht, wir haben vor das zu tun" etc. – ja sie schlafen dicht nebeneinander und essen aus einem Teller (vegetarisch!!). –

Die Spartaken in München haben mit andern berühmten Männern den Maler F. v. Stuck, als Geiseln genommen und umgebracht.[61] – Wär's an Stelle dieses Scharlatans ein genialer Mensch, der solchen politischen Grausamkeiten zum Opfer fiel, würde es mich mit Traurigkeit erfüllen – die Erscheinung als solche aber, wirkt erfrischend auf mich: den Deutschen, – diesen durch militärische Zucht, gesellschaftliche Conventionen, wissenschaftlichen Rationalismus etc. etc. so lange in engen Schranken gewöhnten „Kulturmenschen" – hätte ich solche Greueltaten nicht zugetraut. Sie sind ein Zeichen von noch viel vorhandenem Barbarismus, von überschüssiger od. noch unorganisierter Kraft, von dem

61. Wacker saß hier der Propaganda der Tschechen und Weißen auf. Stuck erfreute sich noch bis ins Jahr 1928 seines Lebens. Die Münchner Räte richteten keine Geiseln hin, sehr wohl aber wurden viele führende Vertreter der Münchner Räterepublik nach der Zerschlagung derselben durch Freikorps ermordet.

Vermögen altgewohnte Fesseln zu sprengen u. nach neuen, eigenen Gesetzen zu handeln: Menschen, die so viel Kultur haben und doch noch solche Barbaren sind, versprechen viel! –

1. September 1919. –
In einer Lagerwerkstätte drehe ich nun täglich ein, zwei Stunden „Handmotor" ein Schwungrad. Echte Tretmühlenarbeit, für die Std. 2,25 R. – mit aller „Arbeiterpoesie": fiebernde Muskeln, keuchende Lungen, Schweiß, Schwielen, Staub, Lärm, Lohnerhöhungsbestechungen usw.
– Der Belag unserer Baracke um 55 Personen erhöht: jetzt 155. – Genser bei mir eingezogen. – Meine Propusk-Angelegenheit steht flau!

5. Sept. 19. –
Gest. Buch von Prof. Гвоздев [Gwosdjeff] „статьи и рецензии[Artikel und Rezensionen] 1914–17" mit Brief erhalten. Bitte (wohl nur der Form nach; Dr. Molé sprach von 200 R.) die leeren Blätter mit Vignetten od. Zeichnungen zu versehen. Eine buchmäßig dekorative Wirkung unmöglich, würde höchstens ein Kuriosum mit Erinnerungswert. Heute Brief an ihn (u. Dr. M.) mit Detail Vorschlägen, od. falls es ihm nur wesentl. um Zeichnungen v. mir zu tun, Vorschlag die Buch-Idee aufzugeben u. Zchg. aus meiner Mappe zu wählen. – „Das Leid v. Maurenbrecher" (Diederichs Vlg.) ein vorzügl. Buch, für das ich eben reif geworden scheine, so leicht u. selbstverständlich geht mir alles ein u. ahne ich seine Schlüsse voraus. In der Widmung, „dem Zueinanderströmen von K. Marx u. F. Nietzsche", liegt schon das Wesen. – Alle Religion ist aus dem Leid geboren und ihr Wert ruht in der Überwindung des Leides. Ein kurz gefaßter Überblick der Religionsgeschichte, in dem die Kernprobleme u. die historische Entwicklung (von innen heraus) der bedeutsamsten Religionsepochen (Primitive, Griechen, Juden, Asiaten) wunderbar anschaulich dargestellt sind. – 100 Kgfg., die aus Тюмен [Tjumen] evakuiert wurden, kamen im Lager an. (Heut 3 Thyphus u. 50 Fieberfälle unter ihnen) 100 sind am Weg zu Grund gegangen, 200 kommen in den Turm. 45 Reisetage. Unten im Schiff waren die „verdächtigen" Krgsgfg. und gefangene russ. Bolsch. Viele von ihnen elend krepiert (an Wunden und Hunger), die Leichen verwesend unter den Lebenden. – Unsere Not ist noch lange nicht am Ende, u. besitzt noch eine unendliche Steigerungsmöglichkeit. –

14. Sept. 19. –
Sonntag. Bei Herrn Nowikoff (мировой судья) (Friedensrichter) u. Frau 1. Besuch gemacht. Außerordentlich liebenswürdige Leute. – Zeichnungen vorgelegt. Auftrag sein u. seiner Frau Porträt zu zeichnen erhalten. Leider kann nur Sonntags gearbeitet werden. – Ein Buch „Karikaturisten" entliehen, in dem 32 Lithographien v. Gavarni!
– Prof. Гвоздев [Gwosdjeff] antwortete: ich möge ganz nach meinem Gutdün-

ken handeln. – Versehe nun sein Buch also mit 18 Zeichnungen (teils Wiederholungen). – Zu Tomičić gezogen. Im Winter wirds hier wärmer sein. –

17. –
Gest. Abds. Karte v. Frau Prof. Gräf aus Weimar erhalten. Traurige Nachrichten. Johanna krank (Fieber, Eiterherde i. d. Lunge), – die allgem. Stimmung, hauptsächl. durch die polit. Ereignisse u. die ökonom. Lage beeinflußt, deprimierend. –

18.IX. –
Täglich sterben im Erdbaracken-Lazarett bis zu 100 Gefg. an Thypus, – gestern auch 2 Cholerafälle. – Ich arbeite als Taglöhner in einer Schuhwichse u. Puder-Industrie im Lager.

21.
Sonntg. Buch für Prof. Гвоздев [Gwosdjeff] Dr. Molé übergeben. Geld (minim. 200 R.) gesichert. – Porträt nach Herrn Новиков [Nowikoff] begonnen; Leider etwas müde gewesen. Gestern ganze Nacht in der Druckerei Tomičić's[62] gearbeitet.

27.IX.
Sonntag. – Porträt nach Herrn Nowikoff neu begonnen (kleiner). Messer bekommen. Die liebenswürdige Fürsorglichkeit – dies mütterlich Weibliche – der Frau rührt mich. – Prof. Gwosdjeff gab für meine Arbeit 250 Rubl. – Der Fleckthyphus greift um sich. Fast alle aus Тюмен [Tjumen] „Gekommenen" gestorben, – heut der erste Fall in unsrer Baracke als ich „heim" kam. – Lebe mit Tomičić vorzüglich – die Originalität seiner Ausdrucksweise erinnert mich zuweilen an Freund Vrieslander, – ich lache oft so herzlich, daß ich an die Heiterkeit mit Herbig denke. – Esse wieder so gut u. reichlich als möglich: es soll mich oben halten. – Meinen ersten Linoleumschnitt begonnen. (Kinderkopf). – Abds. Vorlesung: gegenwärtig „Prof. Unrat" von Heinrich Mann – ein grotesk-komisches, gut gezeichnetes Buch. –
Schöner Herbsttag! Blau wie ein Morgen in Fontainebleau sein mag. – „An einem schönen Tage im September" – ach liebe Schwester, – Otto, Renner! Wie fern all dies – wie zerstreut, zerissen alles! –

30.IX.19.
Der erste Linoleum-Probedruck, ein technischer Versuch, ermuntert mich, weiter zu arbeiten. Es wäre eine für diese Verhältnisse vorzüglich geeignete Beschäf-

62. In einer Schweizer Privatsammlung befindet sich in einer Mappe aus Wackers Nachlaß ein Linoleumschnitt Tomičićs; ca. 10 x 10 cm, sechseckig, eine Architekturdekoration darstellend, mit der Aufschrift „Doudre-Serail". Auf die Rückseite schrieb Tomičić: „Meinem lieben Wacker ein Stück aus meiner Tomsker ‚Druckerei'. E. v. Tomičić." Wacker beschriftete das Blatt „Tomsk, Okt. 1919."

tigung, – auch böte sie eine neue u. sichere Erwerbsmöglichkeit. – Heute zum erstenmal als Freiwilliger Posten* bei den Thyphus-Baracken gestanden. (U.a. bei der B. 17, in der ich vor 3 J. gewohnt habe!) – Abds. günstige Nachrichten: der Sozialism. scheint auch in den Entente-Ländern zu siegen. Sie suchen einen Ausgleich mit den russ. Bolschewiken; die Militärmissionen weichen von hier ab u. die čech. u. a. Druschinas sollen abgezogen werden, die das größte Hindernis f. unseren Abtransport sind.
*(Nach 5 J. wieder endlich ein Stück Pflicht!) Kamerad Kunesch gestern als Bürger der Čechoslov. Republik nach Irkutsk abgefahren.

5. Oktober 1919. –
Sonntag. – Arbeite fleißig an einem neuen Schnitt. – Landschaft – die ich ganz in ein Ornament auflöse. (Sonderbar, daß obwohl ich nichts anderes tue, als die Linien meiner Zeichnung verfolgen, die ihrerseits ein direkt aus dem Natureindruck gewonnenes Ornament bilden, ein Ornament im Stile der „Wiener Werkstätten" entsteht.) – Oblt. Hofmann, der sich bei der Ordnung der desinficierten Kleider der Kranken inficiert hatte, gestorben. Unsere Baracke legte sich freiwillige Karantäne auf. Kleider kommen in den Desinfektor, gebadet auch wieder mal. – Kamerad Strack geht zu den Čechen, feiert heute Abschied; kaufte gestern von mir 7 kleine Zeichnungen für 500 R.[63] – Vorm. Porträt nach Herrn N.[owikoff] fortgesetzt. Wundervoller Herbstmorgen Blau-Gelb! –

12. Oktober 19. –
Sonntg. den ganzen Tag draußen geblieben! ohne Anstand. – Bei Dr. Molé, Poljakoff u. 2 x bei Nowikoffs gewesen. – Der arme P. ist gem. Soldat; ganz verzweifelt, sieht aus wie ein aus dem Nest in den Regen gefallener Spatz, mit einem leidenden, wehmütigen Ausdruck in den Augen. Russ. Märtyrer, eine Myschkin Figur. – Man wird (wenigstens ich, der so selten draußen) das Gefühl „vogelfrei zu sein", das Gefühl ein Deklassierter, Rechtloser, Geschlagener zu sein nicht los. – Man muß acht haben, nicht nach Flöhen zu suchen, die zerissenen Kleider zu verstecken, sich beherrschen, jemandem der nur freundlich zu einem ist, einen zu einem gedeckten Tisch lädt, Mitleid zeigt, – nicht um den Hals zu fallen. Unsre Kleider u. Wäsche stinken, – man paßt in kein Wohnzimmer mehr. Elektr. Licht, Betten, Sofas, etc. alles ein unerhörter Luxus! – Alles sucht dem Lager zu entfliehen, gehen zu den Südslaven, Čechen, Polen, Rumänen, Italienern etc. – Die Amerikaner sollen für eine Fremdenlegion werben. – Letzten Endes hält mich der Gedanke an m. arme wartende Mutter. Ich kann mich nicht entschließen, die Hoffnung mein Leben, da wo's abgerissen wieder anzuknüpfen ganz

63. In einem „Unvollständigen Verzeichnis der in Sibirien verkauften und verschenkten Zeichnungen 1918–1920" (Nachlaß) vermerkte Wacker: „Franz Strack, Friedeck (Schlesien), gestorben 1921, 7 Zchg. 1919".

aufzugeben. Fühle aber: Dies Hier-Sitzen darf nicht noch Jahre dauern! Besser alle Brücken endlich u. endgültig hinter sich abzubrechen, in ein Abenteurerleben sich stürzen. Eine Initiative müßte ergriffen werden, – wenn auch in's Ungewisse hinein, – sei's in den Tod – immer besser als hier schließlich wie ein Hund krepieren. Las Schweizer-Zeitungen vom Mai. Die Spartakisten in München. Schreckliche Greuel! – Verantwortungsloses kulturfeindliches Gesindel, das unter dem Deckmantel sozialer Ideen nur seine persönlichen Rache- u. Machtgelüste befriedigen wollte. – Da bin ich sicher daß Otto nicht mitgetan. – (Bezeichnend daß die Anführer Leute waren, die vor dem Krieg kaum der Volksschule entlaufen!)[64] – Die „Vorarlberger Frage". Anschluß an ein „Großschwaben" od. an die Schweiz. Beides wäre mir sympathisch u. f. das Land zu begrüßen. Letzters mir noch viel lieber. –

14. Okt. 19. –
Von Johanna Brief aus München v. 27. Juni erhalten! Ihre Schrift ist zarter, zierlicher, weiblicher geworden. Ihr Ton diesmal ruhiger. Nachrichten über Otto (jetzt in Düsseldorf – geht mit ihr im Sommer aufs Land). Fam. Vrieslander (– Sohn geboren, schon 1 1/2 Jahr alt, Amadeus), m. Mutter gesund, Marile und Werner bei ihr. Eine deutsche Kommission soll über N. Amerika kommen, den Abtransport zu beschleunigen. Sie bat um Aufnahme!! lernt russisch jetzt. Hoffentlich nehmen sie sie nicht, da sie doch Rekonvaleszentin ist. – Es ist wunderbar von ihr u. so ächt. – Wie tatkräftig ist sie! – Die Gute soll sich nicht so vielen Gefahren aussetzen, freiwillig u. um meinetwegen. Auch wäre ein Wiedersehen hier schrecklich – so schön – weh wie der Abschied vor 5 J. – Es könnte auch zu tollen Dingen führen – denn dann hielte ich's im Lager nicht mehr aus. – Neuen (2.) Schnitt begonnen: „Außerhalb ist Gottes weite Welt".[65] —

19. Okt. 19. Sonntg. –
Bei Nowikoffs. – Vor Dr. Molé's Wohnung wartend: ein schönes ca. 1-jähr. Kind, mit fragenden, still wandernden Augen, mit seiner Amme. Abds. Karte an Johanna u. durch Fhr. Pfeiffer, der als Italiener morgen abfahren soll – heim! – Brf. an Mutter. –

20. X.
Kamerad Pfeiffer wirklich heute abgereist. Ich gab ihm noch Zeichnungen mit, ihn bittend, sie an meine Mutter zu senden, – für Otto. Eigentl. wollte ich sie

---

64. Siehe Anm. 61; vgl. Eintragung TB, 17.VII.1919. Gerade das Gegenteil trifft zu. Es dürfte selten eine revolutionäre Bewegung gegeben haben, deren führende Köpfe von so hoher Bildung waren wie die Führer der Münchner Räterepublik.

65. Siehe SaKat. D1, Abb. S. 233; Am Lagerzaun. Linolschnitt, 147 x 185. Beschriftet unten: „Und außerhalb ist Gottes weite Welt."

Bild 25

„Außerhalb ist Gottes weite Welt", 1919.
Linolschnitt. Siehe Anm. 65.

gleich an ihn adressieren, um zu vermeiden, daß Mutter etwa von den Selbstbildnissen auf mein wirkl. Aussehen schließt. – Leider war es so eilig u. plötzlich, daß ich die Auswahl zu unüberlegt treffen mußte u. die Zchg. auch nicht mehr mit verschiedenen Widmungen versehen konnte. – So es das Schicksal will, kommen also heim von m. Zeichg. – Zum erstenmal aus der Gefangenschaft: 1. Linoleumschnitt; Zeichg. – nach d. Spiegel mit Hand (Entsetzen, Schmerz, nachts); Selbstbdsskizze „Raucher" u. „mit Mütze", „Alfred", „Kind"; „hohe Birken", Landschaft an der Uschaika; alte Erdbaracken; Nacht im GfgLg.; Abds. i. Lg. nach dem Regen (= 9 Zchg. + 1 L. Sch.). Pfeiffer widmete ich einen Schnitt u. eine Lagerskizze. –

23. Okt. 19. –
Abds. erster Schnee! – Stimmungen. – Paula, Waltraut. – Nähre mich jetzt vorzüglich. – Jeden Abend Extra-Nachtmahl (zusammen mit Tomičić, so mehr, mannigfaltiger u. billiger), zB. Beefstheak, Huhn, Schweins-, Rindsbraten, Leber, Roastbeef, mit Beilagen, Omletten etc! – Honig (1 p [Pfund] 35 R. = Butter ebenso!). Es ist so wirksamer u. billiger als immer nur Butter, Käse, Wurst. Fühle

mich körperl. wieder sehr wohl, habe etwas zugenommen. Damit rührt sich (wenigstens in den Träumen) wieder die Sinnlichkeit, die wie ausgelöscht war. – Arbeite tagsüber an Schnitten, abends zeichne ich. –

26.X.19. –
Sonntg. – Bei Dr. Molé. Hoffg. an Mme. Poznanska Zchg. zu verkaufen. Bei N.[owikoff] Porträt nach ihm beendet (taugt wenig). 200 R. bekommen. – Die Roten rücken wieder vor, scheinbar große Offensive. –
Abends mit großem Genuß Tomičić vorlesen gehört aus: Der seltsame Kampf „Mabel" von Alexander Castel – wenn ich nicht irre derselbe den Otto u. ich uns merken wollten, anläßlich einer Novelle in „Licht u. Schatten" die N° wo sein „Last des Lebens" – Sensibelste Menschen. Großstadtkultur. München! –

31. Okt. 19. Freitag.
Mit Propusk des B. i. d. Stadt gewesen. Wer so selten herauskommt wie ich, wird dabei ein gedrücktes Gefühl rechtlos, geächtet zu sein nicht los. Vor jedem Milizionär, Offizier, Posten muß man sich zu Haltung zwingen, schlägt einem das Herz, man sucht Um- und Schleichwege. Meine Zeichnungen zu Dr. Molé gebracht. Nächste Woche kann ich sie hoffentl. Mme П.[P.] vorzeigen. Angeregte Unterhaltung mit Dr. M., dann Besuch u. обед [Mittagessen] bei Новиков[Nowikoff]. Ein Heft „Logos" mitgebracht. Abends in ekstatischer Begeisterung „Rembrandtstudie" daraus von G. Simmel. Meine Verehrung für diesen Kopf, wird je mehr ich von ihm lese, größer. Seine Gedanken sind tiefgründig u. werden mit einer wunderbaren Prägnanz vor einem hingebreitet u. dabei ist seine komplizierte Sprache – eindeutig wie die Sätze eines Kant – oft voll funkelnder Schönheit. – Nachts vor dem Spiegel gezeichnet. –

3. November 1919. –
Am Sonntg. bei Molé. Er hatte sich meine Mappe angesehen u. gewann durch diesen Überblick wie er sagt, einen sehr guten u. einheitlichen Eindruck. Nur meinte er: „Warum können Sie in ihrer Kunst nicht lachen? Sie ist immer ernst, schmerzvoll u. grausig." Ich versuche dies aus der Situation u. m. in ihr vorherrschenden Stimmung zu rechtfertigen. – Wenn er wüßte wie ich mich nach heiteren Sujets sehne! Übrigens ist – von m. Lebensanschauung aus – all dies, was vielleicht an sich, d.h. einzeln gesehen, deprimierend ist, nichts zum Verzweifeln u. ich möchte hoffen, daß diese Gestimmtheit auch aus m. Arbeiten zu fühlen, daß aus allem Leid ein Ausblick ins Lichte, die Kraft innerer Überwindung zu ahnen ist. – Einmal will ich die andere Seite gestalten. Und dann wieder soll in's Heitere ein Schatten aus dem Dunkel herüberfallen! – Diese Spannweite der Seele, die alle Gegensätze bis in ihr Äußerstes erleben will u. sie doch zu einem Ganzen Untrennbaren eint, beglückt mich. Ich kann nie das Gleichgewicht verlieren, nie verzweifeln. Mit starken Lebensimpulsen ausgestattet, also von Haus

aus zum Leben „ja" sagend, ist mein Begriff von „Leben" so rund und weit, daß das Leben mir nichts bieten kann, das nicht in ihm Raum hätte. Ich fühle, es ist eine Weltanschauung, u. ihr entsprechend Kunstauffassung – die ich lange schon antizipiert habe, die durch meine zunehmende Lebenserfahrung nur verdeutlicht, erweitert u. gefestigt wurde. — Dann wieder (nach fast 1 Jahr) einmal Besuch bei Herrn Huther (jetzt Vertreter des schwed. rot. Kreuzes). Eduard u. Rolf gesund, Rolf damals getragen, geht u. spricht schon lustig. Die Frau, finnländische Blondine (an Gertraud B., d. i. das Rubensche Modell auf dem Berliner Bacchusbild [erinnernd]) sehr sympathisch. –
Heute endlich einmal den lb. Irresberger im amerikanischen Spital besucht. Merkwürdiger Eindruck in ein großes Steingebäude zu treten. 1 1/2 Wegstunden hin. Schöner gesunder Spaziergang in der kalten, frischen u. reinen Winterluft. –
– Den Inhalt einer Unterhaltung Krgsgfgner, die sich nach einiger Zeit wiedersehen, bildet: Ernährungsverhältnisse (Kost, Lebensmittelpreise), Wohnungsverhältnisse, Bekleidungssorgen, Geschäfte, allenfalls neue Bekanntschaften – vor allem weibl. Geschlechts. – Woraus zu ersehen ist, daß geistige Interessen ausgeschaltet sind u. alles sich ums rein Materielle, um die Existenzminima dreht. – Aufzuzählen vergaß ich: die polit. Neuigkeiten – u. zwar in der Perspektive unserer Abtransportmöglichkeiten. – Ich bemerke, daß ich im Lauf dieser Jahre, in Hinsicht meiner Verkehrsform mit Männern (zumal niederer sozialer Schichten – Arbeiter u. Bauern) viel gewonnen habe. – Die konkrete Unterhaltung übers Nächste, Reale war mir früher schier unmöglich u. ihr harter, bestimmter Ton hat mich gequält. – Nun habe ich mir selbst diese robuste Oberfläche im Verkehr mit Männern angeeignet. –

6. Novb. 19. –
Karte v. Paula [Risch] (Bregenz 30.II.) erhalten. – „ – aber ich will nichts unversucht lassen, Dir auch nur die kleinste Freude in den endlosen J. d. Gfgschft. zu bereiten ... Wir hoffen fieberhaft, daß du noch vor dem Winter heimkehren mögest ... komm bald lieber Rudolf." – Liebes, gutes Mädchen – die erste, treueste Gespielin m. Kindheit, erste Liebe u. immer wieder Musterbild nach dem ich m. Ehegedanken forme! –
– Alle meine Geschäfte (Zeichnungen u. einige Vermittlungsgeschäfte) jetzt in Schwebe. Von ihren Erfolgen hängt m. nächste Existenz ab.

11.XI.19. –
Am Sonntg. Bei Dr. Molé, Новиков [Nowikoff], dann 1. Besuch bei Poznanskis. – Großer Mißerfolg! – Rechnete mit 1000ern, verkaufte schließlich von 3 ausgewählten Zchg. eine (200 R) u. 1 Schnitt (50 R). Obwohl die Dame durch Dr. M. gut vorbereitet u. auch ich noch gut eingeleitet habe. Sie eine wohl sehr kluge, gebildete u. feinfühlige Dame, poln. Jüdin von etwa 35 J. – häßlich-schön nur ihre an Johanna erinnernden Hände, sehr weich u. zu „Wohltätigkeiten" bereit.

Sprach große Worte über m. Kunst (deren „Häßlichkeit" sie übrigens nicht erträgt), wurde aber von ihrem Mann veranlaßt, schließlich mich mit Ausreden zu trösten – „ ... polit. Lage, teures Leben, möchte gerne eine ganze Collection kaufen, möchte später wieder mal kommen etc. etc.". – Er, echter Snob, Bulldogge. – Verbrechergesicht. Ein Mann der nur eingerichtet ist, Geld zu verdienen, u. es für gutes Essen und Luxusdinge die der bon ton fordert auszugeben. – Nachm. im amerikan. Spital, dann mit Irresberger bei Новиков [Nowikoff], dort Kartenspiel, Чай [Tee] u. Bekanntschaft mit einem deutschen Studenten (Hamburger, in Jena u. Halle studiert) Hagenfeld, – angeblich Zivilgefangener. – Von der Frau einen „Koh-i.Norr" 6B. [Bleistift] erhalten! – Um 9^h zurück ins Spital. Abends dort Schnaps getrunken. – Im allgem. Saal der Angestellten 2. Kl. übernachtet. Andren Morgen noch im Vorbeigehen Huthers besucht, Mme. Brust dort getroffen. – Mit dem Entschluß, mit dem nächsten vom amerik. Sp.[ital] Angesprochenen das Lager zu verlassen. Zunächst wäre es nur möglich als Wäscher angestellt zu werden u. da keine Offiziere mehr bewilligt werden, Rang u. Name mit einer Mannschaftsperson (Intelligenz od. Invalider) zu vertauschen. – Bis jetzt Niemanden gefunden, der meine Stelle im Lager einnehmen will. – Es ist klar, daß ich – zumal solange ich in der Position als Wäscher bleiben müßte – in jeder Beziehung fast, meine Lage verschlechtern würde – aber ich nähme gerne alle Unannehmlichkeiten auf mich, das nur zu erreichen: heraus aus dem Lager! – Aufeinmal sagt man: „ich mag nicht mehr!" Daß ein Risiko – vor allem auch durch die Falschmeldung dabei ist, erhöht nur den Reiz. – Denn es ist vor allem dies, was einen treibt: sich zu überzeugen, daß man sich noch zu etwas entschließen kann, noch zu einer Initiative fähig ist, – es ist der Wille, die Furcht vor der Lebensangst zu überwinden. – Das Leben in niederster Stellung, – bedeutet für mich ein Erlebnis, eine Bereicherung u. Ausbildung mancher im Lebenskampf wichtiger Fähigkeiten. – Dann handelte es sich darum genug Energie aufzubringen in den freien Stunden nach der körperl. Arbeit, meine Beziehungen i. d. Stadt zu erweitern, möglichst viel zu zeichnen, – damit auch Geld zu verdienen. Schließlich höher zu steigen. – Meine Kameraden, die mich nicht gern fortlassen, halten es – gerade mich um eine so unvorteilhafte Stelle zu bewerben – für eine desperate, verrückte Idee. Es ist nicht mit Vernunftgründen darüber zu verhandeln. Es ist Stimmungssache: Es ist das ganze Leben nichts Anderes: Alles Stimmung, d.h. immer nur handelt es sich um die subjektive Gestimmtheit allen Erscheinungen gegenüber. Die Tatsachen selbst sagen gar nichts aus – jede Bedeutung gewinnen sie erst durch unsre Anschauungsweise, unsre persönl. Art zu erleben. – Gelingt dieser Versuch nicht, müssen neue Wege gesucht werden. – Besonders ungünstig ist natürl. die gegw. polit. Lage, der Fall Omsk scheint gewiß[66], die Evakuierung der Stadt Tomsk – vor allem ob die Kgfg. mit müssen,

66. In Omsk war der Sitz der weißen sibirischen Regierung und das Hauptquartier Admiral Koltschaks.

was für 2/3 den Tod bedeuten dürfte – ist das Tagesgespräch. — Geht eine vornehme, schöne Frau an mir vorbei, möchte ich zu ihr sagen „ich bin nicht der, der ich scheine!" – Kinder sehe ich mit einer wehen u. doch hingebenden Bewunderung – wie die Bettler die Königskinder in den Märchen sehen. –

13. November 1919. –
Gestern bei Dr. M.[olé] erfahren, daß Herr Jucker, Lektor f. Englisch a. d. Universität, mich erwartet. Erst noch Besuch bei Nowikoffs u. im amer. Spital. – Den Abend dann bei Juckers verbracht – vielleicht der schönste wohltuendste Abend den ich hier erlebt! Erst eine Stunde mit seiner Frau geplaudert. Außerordentlich sympathische, innerliche u. kluge Frau. Russische Jüdin, weltbereist, 4 J. in Zürich studiert, jetzt als Ärztin a. d. Univ. Klinik (Chirurgie). Sie muß sehr schön gewesen sein, scheint jetzt etwas abgemagert, überarbeitet. Neben der Ausübung ihres ärztl. Berufs besorgt sie alle Hausarbeiten selbst – u. findet – wenn's nicht gar zu viel wäre – die körperl. Arbeit nach der geistigen nur erquicklich. Spricht ein reizendes Deutsch. Ihr 1-jähr. Kind ungetauft „ein freier Mensch" – immer fröhlich, – eine Няня [Kindermädchen], noch da u. zu Besuch die Tochter der Wäscherin, ein etwas stupides, strotzend-gesundes Mädel, das einen Pleni [Kriegsgefangenen] liebt. – Bibliothek durchstöbert, – dort den immer fehlenden VIII. Bd. Nietzsche aus der Univ. Bibl. vorgefunden. – Als Prof. Jucker eintrat – ein schöner, harmonischer Mann, war er mir vom ersten Augenblick an sympathisch, vertraut, möchte sagen, wie ein Altbekannter. Aus seiner geraden, natürlichen Art u. seiner Sprache sofort als gebürtiger Schweizer zu erkennen. Schon dies ein Stück Heimatlichkeit. – Angeregte, offene Unterhaltung. Mein ganzes Herz hätte ich ausschütten mögen. – Er scheint begeistert von m. Zeichnungen u. versprach mir alles zu unternehmen um m. Lage zu verbessern u. hofft, daß ihm dies auf Grund seiner Verbindungen sicher gelingen wird. Bedauerte nur, mich nicht längst zu kennen – sonst wäre ich gewiß schon daheim(!) (– Ich wußte, daß Gefangene bei einem Prof. J. verkehren, – aber es ist so! wer Glück hat verschleiert es vor den andern, hütet sich jemanden einzuführen, aus Furcht, er könnte dadurch geschmälert werden!) – Nun will er versuchen, daß ich unter irgend einem Vorwand (als Zeichenlehrer bei einflußreichen Leuten, als irgendein Lektor an d. Universität od. dergl.) Erlaubnis erhalte in der Stadt zu wohnen, – die materielle Seite dann, so meint er, soll mir mit seiner Hilfe keine Sorge machen, – er könne für Käufer, Zeichenstunden, ev. Deutsch-Std. od. Platz in einer Familie sorgen. – Natürl. ist der Zeitpunkt wegen der polit.-milit. Lage allerungünstigst. – Ich sollte mich wohl hüten, mich zu großen Hoffnungen hinzugeben – zumal ich jetzt höre, daß Herr J. gern viel verspricht u. sich schließlich doch nicht einsetzt, (– wobei immer noch allerdings zu sehen wäre, wer dies von ihm behauptet!) – aber ich war so voll unaussprechlicher Dankbarkeit für den guten Willen dieses Menschen, daß jedes Wort Danksagung, das ja so oft ganz konventionell gebraucht wird, unmöglich leer u. ausdruckslos gewe-

sen wäre. – Die Nacht im amerikan. Spital verbracht. – Auch wenn's s jetzt Herrn J. nicht gelingt etwas Wesentliches für mich zu erreichen, so kann er vielleicht später mir nützlich werden – durch welche Gedanken –Aussicht, ich von übereilten, riskanten Unternehmungen mich bewahre. – Und wie wohltuend, aufmunternd ist es allein, wieder einmal zu erleben, daß es Menschen gibt, die an einen glauben, einen voll u. rein menschlich nehmen u. sich für einen einsetzen wollen.
Heut die Zchg.-Mappe von N.[owikoff] zu Dr. M.[olé] gebracht, u. „Leonardo v. M. Herzfeld" entliehen. –
Heimgekommen finde ich eine K.[arte] v. Mutter v. 31. Aug. – Endlich Post v. 19 daheim angelangt. Romedi angebl. in Poti am Schwarzen Meer!! Otto in München, Johanna in Wasserburg Bodensee!!! Alles steht gut daheim. Gott sei Dank!!!! Jetzt Abends – nach 1/2 J. wiedermal Musik in d. Baracke. – In Stunden – bloß von Hoffnungen, fühle ich alle alte Lebenslust – vertieft, stärker, überschäumender nur als je! – Die B.[olschewiken] rücken fabelhaft vor. In der Stadt wüste Propaganda geg. sie. – Gefährlich kann nur die Zeit werden, da die regulären Truppen noch nicht hier u. die Čechen etc. schon weg sind. – Daß wir noch evakuiert werden können erscheint kaum möglich. –
Benkowitz[67] erhielt eine K. aus Weimar „Museumsplatz"!

17.XI.19. –
Samstg. Nachm. bei Molé – 1 große, 4 kl. Zeichg. geschenkt. Er beabsichtigt, daheim einmal etwas über meine Sachen zu schreiben. – Mappe zu Prof. Jucker gebracht. Nur die Няня [Kindermädchen] mit Kind zu Hause. Abds. Besuch bei Новиков [Nowikoff] mit Irresbg. Im am. Spital genächtigt. Bis 10h die „Dionysos-Dithyramben" gelesen. Besuch bei Jucker. Gefang. Inftst. später ein Luzerner dort. Gespräche über die polit. Lage. Nachrichten über Rußld. – Einen Moment eine schöne Dame aus dem Kaukasus gesehen. Nach dem Kind gezeichnet, – ein unerschöpfliches Thema; schon deswegen muß man Vater werden! – Vor Kindern glätten wir unsere Mienen, geben ihnen einen freundlichen Ausdruck, – als wollten wir diese ahnungslosen Wesen vor dem Anblick der Gedankenschwere, der Sorge, des Alters etc. bewahren u. ihnen die heitere Seite des Lebens zeigen. Ich habe dabei oft die verlegene Empfindung: alter Sünder, der seine Fratze zum Lächeln verzerrt. – Jucker scheint ein viel natürlicheres u. richtigeres Verhältnis zu m. Zeichg. zu haben. Aus seiner wohl optim. Grundstimmung deutet er sie auch optimistisch, findet sie nicht deprimierend, sondern sieht darin, daß ich dem Leid nicht ausweiche, daß ich das Leid u. jede dunkle u. fragwürdige, häßliche Seite des Lebens tief zu erleben u. darzustellen suche, eine

67. Werner Benkowitz, Weimar; heiratete eine Russin (Natinka) und ließ sich in Sibirien als leitender Angestellter eines Bergwerks nieder; Wacker zeichnete gemeinsam mit ihm einen Stadtplan Weimars aus der Erinnerung (25.VII.1919, Nachlaß); 1921 besuchte Wacker die Eltern Benkowitz' in Weimar; 3 Briefe aus dem Jahr 1921 an Wacker befinden sich im Nachlaß Wackers.

starke Energie, eine Überwindung des Leides, u. unbedingte, umfassende Lebensbejahung. – Dr. Molé, der Pessimist (– Jucker sagte „ästhetischer Pessimist"!) deutet u. empfindet sie pessimistisch. – Bekam geschenkt 2 Bg. [Bogen] gutes Papier (1 Wattmann!) Sepia-Tusch, 2 Stifte, Federn! – Spaziergang am Tom u. in den Straßen 7 fertige Bilder. Wildschön u. furchtbar die eingefrorenen Schiffe, die Eiswälle wie erstarrte Wellen, darüber hinten ein intensiv grünblauer, blauer, rotblauer Himmel (Cezanne!) Besuch bei Новиков [Nowikoff]. Hagenfeld, ein Montenegriner u. später ein Beamter mit Frau dort – von einer Komik wie die Bürgerpaare des Gavarni. Am Gang ein entzückendes kleines Mädchen: Spaziergang mit Frau N. in ihres Gemahl's Paletot: ein hübsches Erlebnis! – Abermals im amk. Spital genächtigt. Den VIII. Bd. Nietzsche mit ins Lg. genommen.

19.XI.19.
Omsk am 14. d.M. gefallen! – Hier die antibolsch. Propaganda-Plakate verschwunden. – Unsere Kommandanten sollen ihr Benehmen verändert haben u. teils schon unsichtbar geworden sein. – Čechen u. Südslaven sollen abfahren. – Unsere Evakuation wird immer unwahrscheinlicher. – In erotischer Stimmung nach dem Spiegel gezeichnet (an Coreggio – Bernini erinnernd) . Ich muß mich immer nach oben verkriechen u. am Bauch liegend im Halbdunkel arbeiten – um allein zu sein. – Ich muß allein, unbeobachtet sein – dies ganz nie zu sein war in den 4 J. eins vom Quälendsten. – Wie sehne ich mich nach einem eigenen Zimmer, – nur einem Winkel, in dem ich allein sein darf, mich ganz m. Stimmung überlassen kann, – um rastlos zu arbeiten. – Alle Zchg. die ich hier gemacht, mußten in der Zeit von einigen Minuten bis 2 Stunden entstehen. Wie sehne ich mich oft nach Verhältnissen wo ich mich Tage – Wochen – Monate lang auf eine Sache – ein Modell – eine Stimmung konzentrieren kann, um langsam, ruhig, gründlich nach diesem Einen zu schaffen – etwas ganz Durchgebildetes, Durchgedachtes, Eindeutiges, Restloses.

21.XI.19. –
Von Prof. Jucker, meine Mappe herein geholt. Huther's u. Irresbg. besucht, Dr. Molé noch getroffen. Debacle! Druschinisten fahren Kopf über Hals ab. In der Stadt hat alles ein solches Tempo, daß das Bild so verändert ist als wäre man in einer europ. Großstadt. – Dr. M. ging heut schon zur Bahn; verabschiedete sich (Adr. seiner Frau: Ella Molé, Krakau Poselksa 18). Man hält allgemein unsere Evakuierung für ausgeschlossen; es wird nicht einmal Zeit u. Material da sein wichtige Institute etc. zu evakuieren. Die einzige Möglichkeit wäre, uns zu Fuß zu treiben. Dies wäre soviel als wie Hinrichtung u. würde uns wohl zu Verzweifelnden machen; die auch das Verzweifelte wagen würden! – Will mich im Lager halten; meine Sachen ordnen, – bereit sein ist alles – Nietzsche lesen u. zeichnen. – Zu Schnitten jetzt natürl. keine Muße. – Endlich also scheint eine Entscheidung zu kommen!

23. Novb. 19. –
Sonntg. – amerk. Spital heute evakuiert. Irresbg. bis zuletzt schwankend bleibt nun aber doch hier. Besuch bei Новиков [Nowikoff], in munterer Stimmung. – Jede Stunde andere Gerüchte: 2 Kfg. Serben kommen, Kosaken kommen – unsere Evakuation im Plan vorgesehen – ob Zeit sein wird? Einmal soll unser Lg. Kmmdt. gesagt haben – wir bleiben, einmal wir werden evak. – Häßliche Situation! Bestimmt scheint nur das eine: daß endlich mit uns eine Veränderung geschieht – und dies eine sollte mir eigentlich genügen.
– Postverkehr unterbrochen. – Meine Finanzen wieder vollkommen herunter u. keine Aussicht jetzt Zchg. zu verkaufen. – Die Leute hier sind alle verrückt geworden – Industriearbeiten im Lg. mag ich nicht! – also Asketen-Leben. In „guten" Stunden will ich zeichnen – aus Haß, Angst, Schmerz, Verachtung. – Abends Konzert in der Baracke. – Wie unmittelbar u. intensiv wirkt doch die Musik! Sie wirkt auf den Körper, macht mein Blut flüssig u. heiß. Erfüllt mich mit allem Zauber u. Reichtum des Lebens. Gauckelt mir die ganze Pracht meiner Vergangenheit vor – und eine Zukunft: dagegen empfunden die Not der letzten Jahre u. unsere gegenwärtige elendeste Lage – im Innersten doch gläubig, daß sich unser Schicksal einmal wieder wenden wird, daß ich wieder einmal nach oben komme – dieser Gegensatz löst mir ein Gefühl siegesgewisser, triumphierender Lebenslust aus.

24. Nov. 19.
Karte von Mutter v. 29. Aug. 19. – Wie sie sich sehnt, wartet, trauert! Romedi angeblich in Poti (nördl. v. Batum) – von ihm selbst 19 M.[onate] keine Nachricht. –
Die Bourgeois sollen von Тайга [Taiga] zurückkommen. – Kainsk schon genommen: Es scheint immer ausgeschlossener uns zu evakuieren, obwohl der Befehl dazu da ist. Jedenfalls muß man trotzdem damit rechnen – zumindest mit dem Versuch u. allem Schicksal das einen hierbei treffen kann. – Es gilt alle Kraft u. Energie, Geistesgegenwart zusammen zu nehmen; ich muß durchhalten! – Lese mit Begeisterung im VIII. Bd. Nietzsche. Jetzt den Antichrist. – Wie ich's geahnt, daß er urteile: vom ganzen Christentum bleibt nur die einzige Person Christi übrig u. der ist verstanden als übersensibler, pathologischer, ganz ins All sich auflösender, zu keiner Reaktion fähiger oder richtiger „Aktion". – Durchaus im „Diesseits" stehender aber doch jenseits aller Realität, alles verstehender u. verzeihender Typus, – ganz so aufgefaßt wie Tolstoi in der Darlegung der Evangelien das christ. Prinzip reinigt u. vor allem wie Dostojewski den Christus-Typus im Idiot (Fürst Мышкин [Myschkin]) darstellt. – – Wie verständlich u. ergreifend ist Nietzsches – Weh Bitterkeit, Verachtung. Schließlich schreit er auf in fürchterlicher Anklage! – : Die Menschheit betrogen um die ganze Ernte der antiken Kultur u. dann nochmal um die Renaissance. – Sind wir auf dem Wege zu einer neuen Renaissance?! Dem Willen hierzu, unser Leben gewidmet!

28.XI.19.
– Mittwoch bei Poljakoff gewesen, amerk. Spital, Abends (trotz des Gerüchtes „Kriegszustand") bei Prof. Jucker. Strindberg „Ein Blaubuch" zu leihen bekommen. – Слух [Gerücht]: die Stadt trägt sich mit dem Gedanken die deutschen Gefangenen zu bitten für die Zeit, in der die Stadt ohne Herrschaft ist – bis zur Übergabe an die B.[olschewiken] – die Bewachung zu übernehmen und Plünderung durch das Gesindel zu verhüten. – Donnerstg. bei Huthers. Dem kl. Eduard eine deutsche Lese- u. Schreibstunde erteilt. – Rolfi entzückend. Das Kind: der reine Affe des Menschen – aber wie fein, anmutig rührend, unendlich mannigfaltig ist seine Mimik! Man muß Kinder haben, – vielleicht ist, sie zu beobachten, mit ihnen zu spielen, ihnen Freude zu bereiten, für sie zu sorgen, u. unermüdlich nach ihnen zu bilden, das Schönste was wir im Leben haben können. – Bei Познанский [Poznansky], wegen Geld. – Bei Nowikoffs. – Heute Hose u. Rock aus russ. Mantel erhalten. Pfeiffer hat es ermöglicht. (gegen 1000R.) – Wohltuendes Gefühl, nach 3 J. wieder einmal ganze, reine u. warme Kleider anzuhaben.

Den 1. Dezember 19.
– Gestern bei Poznansky gewesen, für mich und 7 Kameraden wegen eines Darlehens verhandelt. Bei Huthers zu Mittag u. Eduard Lese- u. Schreibstunde gegeben. Bei Nowikoffs noch ein Mittagessen. –
– Ich bin kein Antisemit – verachte alle Überzeugungen die eine ausnahmslose Verurteilung einer Gesamtheit sind – die Träger solcher Überzeugungen gehören fast immer jener Sorte an, welche ihre Ideale lediglich aus diesem Gegensatz heraus konstruieren, sich selbst im Vergleich zu noch Minderwertigern zu Idealen dichten, Menschen, die allein durch den Besitz solch plumper, starrer Überzeugungen Wert u. Halt haben; – aber: die Juden sind eine gemeine Rasse!

2. Dezb. 19.
– Bei Poznansky mit 3 Kameraden solidarisch ein Darlehen von 6000 R. den Rubel zu 1 čechischen Krone aufgenommen, wovon auf mich 1500 R. entfallen. Die 1500 čech. Kr. sind an die Zionostenka Banka in Prag zur Verfügung des Herrn Salomon Csipowitsch Poznansky zu zahlen. (Bis 1.V.19 unbedingt zinsfrei, ab 1.V. die gesetzl. Zinsen des Zahlungsortes, der Gesammtsumme resp. des restl. Betrages.) Rückzahlungstermin 1 Monat nach unsrer Rückkehr in die Heimat. –
– Bei Huthers Stunde gegeben u. skizziert. –

3.XII.19.
– Nach Frau Huther – der hübschen Finnländerin – gezeichnet, aber ohne Erfolg. – Nachts köstlichen erotischen Traum von einem jungen bildschönen unbekannten Mädchen; es war daheim. – Träume jetzt sehr viel von daheim u. ertappe mich auch tagsüber immer wieder bei Gedanken von der Heimkehr. –

4.XII.

Wieder nach Frau H. – „Olga" heißt sie – gezeichnet. Wie es früher war. Es ist ein feiner erotischer Genuß. – Abends in der Baracke 16: Ein Schnapsfabrikant feierte seinen Namenstag, wozu ein russ. Stabskapitän mit Frau u. ein Kriegsgefg. mit Frau eingeladen war. – Am Abend Kapelle u. Gäste betrunken: Kosakentänze u. Tschandasch! Die Kapitänsfrau: klein, üppig, muskulös, geil – eine so tolle Tänzerin wie ich kaum je eine gesehen! – Mich hat's in allen Fiebern gepackt, – ach, wann werde ich wieder tanzen? – Dies fühl ich aber, daß sich meine Tanzlust nur noch mehr gesteigert hat – dionysischer ist sie geworden – Tanzen ist die unmittelbarste Äußerung der Lebenslust u. des Lebens vollkommenster Genuß, bei dem alle Sinne aktiv u. passiv zugleich beteiligt sind. Tanz ist der schönste Rausch.

6.XII.19.

– Bei Frau Olga. Wegen Dunkelheit nicht gezeichnet. Die letzte Porträtskizze ist ganz schön. — 30 ist sie – man kann sie für 25 nehmen. – Heut sehr gesund und frisch – und etwas sorgfältiger frisiert – Erinnerungen an Paula u. Waltraut. – Heut betupfte sie mich mit einem Tropfen alten Parfüms – hier, Abends wurde ich den starken, feinen Duft erst gewahr u. der Möglichkeit einer leisen Bedeutung. – Wie eine Geruchsempfindung anregen kann, – die ganze Erinnerungswelt erwecken. – Ach wie unablässig ich jetzt wieder heim, an Vergangenheit u. Zukunft denke! (Die B.[olschewiken] kommen gewiß und ebenso sicher scheint die Unmöglichkeit uns zu evakuieren – in weiterer Folge: unsre Heimreise!) – Frau Olga wird zutraulicher, reiner gesagt „vertrauender". – Ich phantasiere viel von ihr u. den nächsten Beziehungsmöglichkeiten. – Es ist ein merkwürdiges Verhältnis: es ist soviel Allgemeinheit darin (– eine ähnliche Empfindung wie ich sie von der Front heraus gegen die begegnenden Frauen, an den russ. Bahnhöfen, hatte.) – Bewege mich jetzt auf der Straße schon ganz frei u. das fortwährende Gelingen gibt mir im Aus u. Ein die nötige Selbstverständlichkeit der Geste. Auch im Zimmer bewege ich mich nun schon freier, natürlicher (daß ich die alten stinkigen Fetzen los bin wirkt auch mit) – wer den jahrelangen Zustand des Gedrücktseins, des Verachtetwerdens u. der Abgeschlossenheit von allem Menschenleben nicht am Leibe durchgemacht, wird diese Dinge kaum verstehen können.

7.XII.

– Sonntag. – Herrn Huther gezeichnet, – je besser ich ihn zeichnen würde, desto mehr müßte er sich vermutlich als Karikatur empfinden. – Umgekehrt sind, wenn ich die Frau zeichne alle Schönheit bildenden Transformationskräfte am Werk. (Es wäre sehr peinlich u. irrtümlich dahinter eine Absicht zu wittern.) – In Deutschland will ich nach ihm einmal ein „Herrenporträt" malen! – Die Arbeitsverhältnisse sind in der kalten u. finstern Wohnung leider sehr schlecht. –

– Die kräftigen Spaziergänge in der freien Luft tun mir sehr wohl, – Abends dann immer mit vorzügl. Appetit ein Extra Nachtmahl. Fühle mich wirklich schon kräftiger u. wohler. –

8.XII.
– Heut Befehl zu unsrer Evakuation erschienen. – Karte v. Mutter v. 17. Septb. – nichts Neues – (Joh. u. Otto in München). Andere Nachrichten angekommen u.a. von Vareschi aus Innsbruck: die wirtschaftl. Verhältnisse sehr schlecht, ja scheinbar ähnlich wie hier. Intelligenz besd. Beamte finden kaum ihr Auskommen, Handwerker u. Händler verdienen glänzend. Kunst wird viel gekauft. – In Deutschld. die Verhältnisse besser. – Herrn Huther teilte der Stab округа [d. Kreises] mit, der Befehl sei wohl da, aber undurchführbar, da niemand die Verantwortung auf sich nehme (?). – Abends Meldung: Ново-Николаевск [Neu-Nikolajewsk] gefallen. – Strindbergs Blaubuch enttäuscht – wenige Seiten ausgenommen, das Werk eines müdgewordenen, zusammengebrochenen, widerrufenden Menschen. Sehr verständlich u. nachzusehen – traurig aber, daß es ausgebeutet werden wird.

11.XII.19.
– Einige Tage im Lager. – Dumpfes, naß-kaltes Wetter, unter dem ich immer leide. Abends aus einem Werk „Der Mann u. das Weib" vorgelesen. – Über des Weibes Geschlechtsleben von einer Frau: moderne, freie u. gesunde Anschauungen. – Viel an Johanna gedacht – u. mit Waltraut verglichen. – Heut bei Huthers. – In N.N. [Nowo-Nikolajewsk] sollen die пленны [Gefangenen] sich an einem Aufstand beteiligt haben, dafür ein Blutbad unter ihnen[68]. (Vielleicht ist es eine Erfindung um uns einzuschüchtern!) – Stündlich neue Gerüchte – Hoffnungen, Befürchtungen – ich habe zu nichts Ruhe, kann nicht einmal mich zum Lesen sammeln, – das beste von den Tagen sind die Stunden draußen u. wenn ich vor dem Spiegel od. nach Kameraden zeichne. – Als sicheres Zeichen, daß es bald aus sein muß, nehme ich, daß Herr S........... (russ. Beamter) sich bereits zu uns ins Lager geflüchtet hat. – (30° –!).

15.XII.19.
Sonnabend H.[uthers] Kindern Piroschni gebracht, Prof. J. Bücher zurück. Abends im ehemal. amerikan. Spital «Вечер» [Abendgesellschaft] der Kriegsgefg. – Damen wie Herren in Kleidung u. gesellschaftl. Form sehr unterschiedlich. Bei den wirklichen „Damen" daher, aus dem Gefühl in eine „gemischte Gesellschaft" geraten zu sein und dem Unvermögen Ausländer – die zudem die

68. Im Lager Krasnojarsk wurden am 30. Juli 18 Kriegsgefangene wegen angeblicher Beteiligung an einer Revolte erschossen. Vgl. George Montandon: Im Schmelztiegel des Fernen Ostens. Geschichte der sibirischen Mission des internat. Komitees vom Roten Kreuze zu Gunsten der österr. und ungar. Kriegsgefangenen. März 1919 bis Juni 1921. Wien 1923, S. 72 ff.

russ. Sprache nur wenig können – aus ihren Verkehrsformen mit einem Blick richtig einzuschätzen, zurückhaltendes Mißtrauen. Ich meinerseits war dadurch, daß der gesellschafl. Rahmen fehlte – uns fehlt hier immer eine gute Einführung – auch gestört. Auch wenn man sich vorurteilslos dünkt, leidet man ohne gesellschaftl. Stellung zu sein – man leidet unter dem Gefühl nach der Kleidung falsch u. vorurteilig, oberflächlich beurteilt zu werden – obwohl man dies recht begreiflich findet! – Dazu kommt die Unfähigkeit eine gute Unterhaltung zu führen, und man leidet darunter, unter irgendeinen, keine Qualitäten aussagenden Sammelnamen – wie «В. П.» [Kriegsgefangener] – rangiert u. mit der Menge anderer Leute gleich gestellt zu werden. – Wenn mir in den Jahren nicht die Maßstäbe verloren gegangen sind, es also nicht bloß die Transformationskraft des sinnenhungrigen Kgfg. ist, die alles verschönt, habe ich wieder den Eindruck „die Russin ist schön". Zumal in einer so wahllosen u. improvisierten Gesellschaft würde in Deutschland kaum ein solcher Prozentsatz geradezu schöner und hübscher Frauen zu sehen sein. – Ich habe mit 5 Mädchen Walzer getanzt. Zu einem freien Genuß bin ich allerdings vor Erregung, Anstrengung u. der äußern Hemmnisse (schwere Stiefel!) nicht gekommen, – auch ist der Walzer den Russinnen, – die sonst geborene Tänzerinnen sind – zu wenig geläufig, so daß man sich mit einzelnen erst eintanzen müßte. – Gegen Schluß habe ich mich ausschließlich einer душенька [Liebling] = absolvierte Gymnasiastin aus Петропавловск [Petropawlowsk] gewidmet. „Фала [Fala]" heißt sie (sie sagte deutlich so, man behauptet aber, solchen Namen gäbe es im Russ. nicht, vielleicht müßte es „Валя [Valja]" heißen), ein Typus von dem W.[altraut] viel hat, der mich immer anzieht. Vielleicht kann man ihn als herrschsüchtig u. indolent bezeichnen, als „Sphinx der Leere". Passive, interesselose, höchstens abwehrende Frauen, mit wohlgeformten u. eine latente Energie ausstrahlenden Körpern und starrem Gesichtsausdruck. Die Mimik solcher Köpfe verändert kaum Formen u. Linien, ist schwer abzulesen, gar nicht zu beschreiben, zu messen, sondern nur mit der Seele zu fühlen. Es sind Frauen die einen riesigen Kraftaufwand fordern, will man nur wenig auf sie wirken, in die man eine Welt von Ideen schleudern muß – vielleicht versuchen sie's dann ihre eigene Seele zu suchen – gegen die man in geschlechtl. Hinsicht von strengster Disziplin sein muß – oder aber brutal vorgehen muß. Schwache Männer werden von solchen Weibern unfehlbar ruiniert, sie sind in Vollendung ihres Typus Vampyre, Satanistinnen. –

– Fala's Kopf ist slavisch rund, breit, auf rundem kurzem Hals; breite Backenknochen, schief stehende Augen (– nicht aber mongolisch geschlitzt, sondern weit geöffnet), niedere Stirne, kurze leicht aufgestülpte Nase, untere Partie am größten, aber durch das Weiche von Mund, Backenansatz u. Kehle in seiner brutalen Wirkung abgeschwächt, Mund weich, aber scharf und ausladend gezeichnet, herrliche Zähne in Hufeisenformkiefern. Teint ins Brünette, Haare dick u. widerspenstig, kurz geschoren, ganz dunkles Kastanienbraun. – Zum erstenmal hatte ich Mitgefühl mit diesen, ihre Heimat Fliehenden, als sie mir voll

Verachtung u. Haß von den B.[olschewiken] erzählte. – Ihre Freundin eine schlanke, graziöse Studentin aus Warschau; eine andre Type: „Lydia" Tomskerin, blondes, breites Bauerngesicht – anzüglich und bereit. –
Sonntag: Herrn H.[uthers] Porträt zu Ende gez.[eichnet] und eine Skizze nach einem 7-jähr. entzückend naiven Bauernkind, «Дуся» [Dusja]. – Bei Nowikoffs einen klugen Herrn mit Brille aus Warschau kennengelernt.

17.XII.19.
– Gestern bei Jucker, Irresberger, Huthers. Train von der Front! Die Garnison zum großen Teil schon weg. In Schlitten fliehende Offiziersfamilien. – Abends bei der Brücke vor dem Lager kein Posten (seit 1 1/2 J.!). – Heute zu Prof. Jucker Bücher v. Knauer gebracht u. „Die Kunst des Porträts" von W. Waetzoldt mitgebracht. – Es hieß die Weißen plündern (d.h. „requirieren") i.d. Stadt, es wäre gefährlich. – Viele Läden, gegen Abend alle Häuser gesperrt. Gaffendes Publikum auf den Straßen. Heut Nacht der letzte Bourgeois-Zug abgegangen. Viele Familien schienen auf Schlitten in Dörfer zu fahren. Front Train u. Soldaten, großer Durcheinander – Eindruck einer fliehenden Armee. Erinnerungen ans Feld. Alles in Eile u. nervös, – fielen irgendwo Schüsse, würde sofort eine Panik entstehen. – Die Soldaten alle sehr gut ausgerüstet. Das Evakuierungsgespenst vorbei an uns, Morgen schon können die Roten da sein! – Heut Abend Nachricht, in der Stadt kommen schon Plünderungen vor. – Unsere Wache abgezogen, das Lager stellt selbst für die kritischen Tage Posten, Bereitschaft etc. – Alle Nachrichten stimmen überein, daß die Bolschewiken die Gefg. – sobald als möglich abtransportieren. Seit Mai 1918 war unsre Hoffnung nicht so groß.–

18. Dezember 1919.
Bolschewistischer Umsturz. – in Tomsk –
Heute Früh kam die Meldung: in der Nacht hat das revolutionäre Komitee die Herrschaft an sich gerissen. – Vormittags trieben weiße Trainsoldaten schwunghaften Handel mit Schuhen, Mänteln, Thee etc. – Bald kamen Patrullen (übergelaufene Soldaten u. Arbeiter) mit roten Abzeichen, die in der 5er Baracke gefangen gehaltenen regulären Rotgardisten wurden befreit u. bewaffnet, unser eigenes altes Lagerkommando (Mjr. S.) um seine Maßnahmen befragt und mit weiteren Weisungen versehen. Unsere eigenen Posten, durch rotes Dreieck auf weißer Binde u. «B. П.» [Kriegsgefangener] kenntlich, dem Zeichen der Neutralität, bleiben vorläufig, um die Ordnung im Lg. aufrecht zu erhalten u. dem Ein- u. Ausgang Unberufener zu wehren. Nachmittags versuchte eine betrunkene r. Patrulle (das alte Gesindel!) eine Baracke Kgfg. in ihre Dienste (Arbeit und Trainbewachung) zu zwingen, – dabei fielen einige Schüsse, auch Knutenhiebe gab's – nicht betrunkenen, vernünftig denkenden Rotgardisten gelang es dann diese zu entwaffnen und die Gefg. – lauter Invalide – wurden frei gegeben. – Das Karaulkommando, natürl. auch Kosaktschuk etc. gebärdet sich „rot" – das Fett

das immer obenauf schwimmt – immer zu uns, sobald sie fest sitzen, gleich niederträchtig ist, gesinnungslose Schreier, die unter jeder Flagge nur seine niedrigsten äußern Vorteile sucht. – Der einzig anständige Offizier – sowohl zu uns als zu den gefang. Rotgardisten – Kavalewsky wurde von diesen arretiert. Diese Rotgard. sollen ihn denn auch befreit haben u. nun zu ihrem Kommandant ernannt haben. – Die regulären bolsch. Truppen können morgen schon da sein u. werden von uns, vor allem, mit großer Hoffnung erwartet. Alle Nachrichten über sie stimmen darin überein, daß sie mit aller Strenge gegen jede Korruption, Gaunersystem, Diebstahl, Dienstnachlässigkeit, Ausschreitungen etc. vorgehen, straffe Zucht u. Disziplin haben u. daher Ordnung u. allgem. Wohl garantieren. Nowikoffs haben mich antelegraphiert ich möchte kommen, es ist aber heute verboten das Lg. zu verlassen. – Lese im Waetzoldt. – Abends im Dunkeln blödsinnige Schießerei im Lager betrunkener Soldaten. Ein Kgfg. verwundet. – Ein Komitee wurde gewählt zu Regelung aller internen Angelegenheiten. –

20.XII.19.
– Gestern nichts Besonderes. – Spaltungen die Einsetzung eines neuen Lagerkommandos betreffend. Unter Oesterreichern scheint's nie anders zu gehn. Heute wurde ein Komitee gewählt, bei dessen Wahl die Mannschaft den Ausschlag gab. Viele ungarische Offiziere traten als Soldaten in die rote Armee ein. Es schien die Gefahr, befürchten zu müssen, abermals dasselbe zu erleben, was sie vor einem Jahr u. später die Čechen mit uns aufgeführt, – die heutige bolsch. Organisation, hoffen wir aber, wird solche Übergriffe unmöglich machen. Auch sind diesmal gute Elemente beigetreten, wie mir scheint, aus drei Motiven: die Idee der Internationale; Rache an den Čechen u. Weißen in Sibirien; die Wiederaufrichtung des Bolschewism. in Ungarn. – Heute Vorm. die ersten Vorposten der roten regulär. Armee hier angekommen. Abends eine Abteilung Kavalerie. – Nachmittags mit Hptm. Madlener einen Spaziergang in die Stadt gemacht. (30°–!) Die Stadt voll zurückkehrender und schon als rote armierte Pipeljajeff Soldaten, bewaffneter Bauern u. Arbeiter. Alles mit roten Kokarden u. Bändern „geschmückt" – es ist der rechte Ausdruck – denn so fröhlich, gutwillig, einig, befreit u. begeistert sehen alle Menschen aus, als feiern sie einen Festtag! – Abends das erste bolsch. Telegramm gehört. An allen Fronten Sieg, aus allen Berichten ein Hauch echter Begeisterung u. Zuversicht. Die Entente (jetzt Italien) fangt an beizugeben. Man fühlt, hier ist eine große Idee die siegt, etwas Gesundes, Aufsteigendes! –

21.XII.
Sonntag. – In der Stadt. – Dieselben Eindrücke wie gestern. Die Bevölkerung sehr liebenswürdig zu uns. Das знак [Zeichen] «B. П.» [Kriegsgefangener] wäre nicht mehr nötig; denn jetzt seien wir «иностранные поданные» [ausländische Bürger]. да здравствует власть советов, которая нам дала свободу [Es lebe

hoch die Macht der Räte, welche uns Freiheit gab]. Neue Plakate agitieren für den Bolschewismus, lobpreisen ihn. Sie sind nicht abstoßend roh wie die gegnerischen, auf denen es immer von Blut troff, sondern wollen für Einigkeit u. Friedensarbeit u. den Weg zu ihr begeistern. Bei uns würde all dies lächerlich wirken; wenn man aber bedenkt, daß das Volk hier durchschnittlich nicht lesen kann, muß man sich ihm durch anschauliche Bilder mitteilen. –

25. Weihnachtstag. 19.
– Montag die Situation kritisch. Polen u. Čechen in Taiga. Dienstag Nachm. soll T. gefallen sein. Jedenfalls sind wir vollkommen beruhigt. Reguläre Truppen (81. Division) sind eingetroffen. Wir sind frei von 8–5h, – als Военноплéнный [Kriegsgefangene] gelten jetzt die Weißen. – Weihnachtsabend im Kreise Tomičić, Knauer, Genser verbracht. Fr. u. Herr Новиков [Nowikoff] waren in der 11er Baracke. Tom betrunken, ich leider nicht. Gest. Nachm. Spaziergang auf der Irkustkaja. Heute Nachm. mit K. zu Huthers. An Kameraden 10 Zeichnungen geschenkt z. Andenken an unsere „letzten" Weihnachten. –

28.XII.
– Immer wieder taucht das Gerücht auf, die Čechen greifen ein. Dann wäre ein Rückschlag wahrscheinlich u. unsre einzige Rettung wäre sofort Gewaltmärsche nach Westen anzutreten. – Gestern wurde das sibirische Geld als ungültig erklärt. Sehr radikal. So kommt nun wieder eine karge Zeit. Ich hatte in der Tasche 110 und in der Küche 350 R. – Wir sind frei, ich gehe tägl. in die Stadt, kann nun aber m. Freiheit nicht ausnützen. Aufträge od. Verkauf aussichtslos. Die Leute bei denen mich Jucker proteschieren wollte sind fort. – Wenn ich neue Bekanntschaften hätte, könnte ich wenigstens zeichnen. Unser Abtransport wird vor einigen Monaten kaum zu bewerkstelligen sein. – Abends. – In Europa gärt es, der Hunger wird überall die Revolution erzeugen. Es kann uns passieren, daß wir heimkommen, hungern u. gerade noch zu neuen Kriegen zurecht kommen. – Es ist vielleicht unser Fehler, daß wir immer noch von der Friedenskultur träumen, nicht glauben, daß wir ein Jahrhundert der Kriege u. Revolutionen vor uns haben, daß wir nicht alle Brücken endgültig hinter uns abbrechen. Vielleicht wäre es das Klügste hier eine Kolonie zu gründen. – Ich will von meiner Kunst u. m. Lieben nicht lassen. – Heute werden noch die Küchenvorräte aufgeteilt. Die Macht des Geldes unter uns ist gebrochen, die „Gleichheit" hergestellt. –

29.
– Mit Tomičić im Интимный Театр [Intimen Theater] die „Künstlerwerkstatt" besucht. Man könnte Agitationsplakate malen. Von der dortigen Wirtschaft aber vorläufig keinen günstigen Eindruck. – Евгений Машкевич [Eugen Maschkewitch], den Zigeuner, begabten Maler kennen gelernt. – Nchm. Volksversammlung i. Lg. veranstaltet von den ausländischen (= Ungarn + Deutsche)

Kommunisten. Sie versprechen keinen Zwang gegen uns auszuüben, sondern nur zu helfen, auch hinsichtl. des Abtransportes.

Heft 6: 31. Dezember 1919–21. April 1920

Tomsk, Gefangenenlager (ab 15.III.20 in der Stadt) den 31. Dezember 1919 – 21.IV.20.

Der dritte Umsturz den wir hier erlebt haben, ist der erste der auch seine Wirkung auf uns ausübt. Unsre Lage erfuhr eine Veränderung, wir sind frei, werden nicht mehr als Feinde, sondern als Ausländer betrachtet, durch die Ungültigkeitserklärung des Geldes und Aufhören der Verdienstmöglichkeit leben wir zwar vorläufig schlecht und können überhaupt unsre Freiheit nicht genießen, und schließlich haben wir Hoffnung doch im Lauf des kommenden halben Jahres heimzufahren / und die soziale Umgestaltung draußen greift diesmal auch auf uns über, beschäftigt zumindest alle Köpfe. Die „Weltrevolution, der Kampf des internationalen Proletariats gegen die internat. Bourgeoisie, die Vernichtung des kapitalistischen Systems und Errichtung des sozialistischen Staates", diese Probleme die ich vor 2 Jahren mit wenigen Genossen erörtert und für deren Lösung ich mich hitzig ereifert habe, spucken nun in allen Köpfen. – Ich bin naturgemäß aller Politik und gar aktiven politischen Betätigung ferne, werde es immer bleiben, alle diesbezüglichen Überzeugungen machen nie meinen Mittelpunkt aus, liegen immer nur an der Peripherie. – Diese Jahre haben mich zwar über die Notwendigkeit einer Stellungnahme belehrt und es ist wohl möglich, daß ich von theoretischen Anschauungen heraus noch zu aktiver Teilnahme <u>gedrängt</u> werde. Wenn dies aber schon sein muß, dann in der Heimat. Hier liegen die russ. – gar sibir. Interessen zu ferne, – auch – schon wegen des Unvermögens sprachlicher Ausdrucksfähigkeit – wäre es ganz ausgeschlossen einen gemäßen Wirkungskreis zu gewinnen.

– Wenn ich in der Zukunft – die wir 5 Jahre so schön geträumt haben, nichts als Waffenkrieg, Parteikämpfe und den rohen Kampf um die bloße Existenz sehe, und die Heraufkunft eines Zeitalters ahne, in dem alle Interessen rein materialistisch gerichtet sind, und das alle Rangunterschiede vernichten will – etc., etc. – dann wird mir traurig zu Mute. Wehmütig gedenke ich aller alten Kulturen und ihrer Werte. Wohl mag von ganz unten aus, von der Not des Bauches aus gesehen, alle Kultur als Luxus erscheinen – aber uns erscheint das Leben ohne eben diesen Luxus vollkommen wertlos, eine bloße, leere, harte Schale. – Uns ist es um die <u>Kultur</u> – und zwar um unsere westeuropäische Kultur – zu tun. Und um die Kultur – das treibende Motiv hierzu tiefer gesucht – insofern, als sie uns die Möglichkeit wertvollster, kompliziertester und intensivster Auswirkung der Persönlichkeit gibt. Von diesem Gesichtspunkt aus, der Kulturaufgabe der

Menschheit, als obersten Wert, sind dann alle politischen und sozialen Formen – als Unterwerte, als Mittel zu betrachten und abzuschätzen. – Die französische Revolution brach die starren Standesvorurteile, heute handelt es sich darum, die durch den Kapitalismus erzeugten Vorrechte zu beseitigen. Wir wollen das denkbar beweglichste System, das allen alle Bildungsmöglichkeiten garantiert, durch dessen Maschen aber nur der Begabte, der Tüchtige nach Oben steigen kann. Durchaus also ein Oben und ein Unten, keine Gleichheit aller in allem, sondern die größte Differenzierung aller Individuen. – Den Unteren aber immer ein Existenzminimum gesichert, gesund und satt müssen sie alle sein, anständig wohnen, genug Ruhe ihre Kräfte zu sammeln und noch Muße zu lebensfreudiger Betätigung. – Alles Höherkommen in allen Berufen muß abhängig sein lediglich von der Qualität persönlicher Leistung, Geldmangel darf keine Tür versperren. – Ich denke mir die Gesellschaft als Pyramide, aber nicht erbaut in Quadersteinen, sondern in dieser Form[:] ein wimmelndes, wechselndes, fließendes Leben, jedes Individuum gehalten durch seine Schwäche, jedes aufsteigend durch seine eigene Kraft, die Spitze bildet die höchste Intelligenz, die eigentlich Verkörperer der Kultur, die Basis die wenig Individualisierten, in der Entwicklung Zurückbleibenden. –

Tomsk, 2. Januar 1920.

Am 31. собрание союза Томскихъ художниковъ [Versammlung der Vereinigung der Künstler von Tomsk].

Zur Mehrzahl Anstreicher und Dilettanten. Großer Wirrwarr. Einer von ihnen „klärte darüber auf", daß wir eine proletarische Kunst brauchen, eine echte, wahre Kunst an Stelle bourgeoisistischer Afterkunst, denn die Kunst war bisher «Бугуязно, чисто буржуазно!» [bürgerlich, rein bürgerlich!] – Abends Sylvester im Kreise Tomičić, Knauer, Genser, Benkowitz und mit den Vorarlbergern von denen einer 2 lettische Jüdinnen mitgebracht hatte. Зина [Sina] 19-jähr., ein naives Geschöpf, das mich an Rembrandtsche Porträts erinnerte. Lina (Eleonore) 17-jähr. Dirnentypus. Sehr wechselnd im Ausdruck: vom kitschigen, ordinären Schokoladenbildchen bis zur jüd. Rasseschönheit. Mit ihr getanzt und gekost. Immer noch der alte casanovistische Erotiker! – Nicht geschlafen! Am I.I.1920 in einer Митинг [meeting, – Zusammenkunft] der internat. Communisten. Russische, ungar. u. deutsche Reden. Die alten Agitations-Schlager, Teilnehmer hauptsächlich Gefangene, aller Nationen und Stände, – auch die ehemalig aktiven Offiziere fangen an, sich zu „orientieren". Unaufhaltsam greift die Bewegung um sich – und wie ich fürchte: diese sowohl, wie die Reaktionen werden über das Ziel schießen und so [auf] jede Kultur hemmend wirken. – Besuch bei Huthers, Neujahr zu wünschen. Tolle Judentype dort kennengelernt. Den Abend bei Nowikoffs verbracht wo auch die ungar. Kommunisten Hadul, Brandeis, Krischan u.a. waren.

Heute Nachm. – Vorm. durch Brief verständigt – bei den Jüdinnen gewesen. –

Unbeschreiblich elende Wohnung. Anwesend außer Lina und Зина [Sina] – die heute viel bedeutender aussah – noch eine 3. unähnliche Schwester – robust, und eine Freundin: klein, üppig, braunrot-haarig, runder, ordinärer, blühend farbiger Kopf, ein Auge blind, singt sehr gut, rass. Jüdin aus Minsk – eine Gorky-Figur; die beiden Alten u. 2 Liebhaber. – Lina ein ganz naives, unberührtes aber weiblich intelligentes, bildsames Geschöpf. Begleitete mich ein Stück zurück, keuscher Abschiedskuß – ein Blütenblatt!

6.I.20. –
Alle Nachmittage bis Abends 8^h bei Лина Рахел Хохом [Lina Rachel Chochom]. Zeichne nach ihr und den andern Mädchen. Eine wahre Fundgrube: leider sind die Verhältnisse nicht günstig: eng, schlechtes Licht u. viel Störung. Wenn ich Lina allein bei mir in einem Atelier hätte ließen sich wundervolle Dinge machen. Sie ist leicht zu hypnotisieren, ist von einer echt jüdischen Schmiegsamkeit u. Anpassungsfähigkeit u. würde mir viel zu Liebe tun. Habe angefangen ihr deutschen Schreibunterricht zu erteilen: sie ist sehr gelehrig u. nimmt sich zusammen. – Ich bin etwas verliebt in dieses süße Geschöpf u. leide manchmal darunter, sie nicht aus ihrer Umgebung herausnehmen zu können. – Das Milieu ist übel, übel. Ich muß mir viel Disziplin auferlegen zu den vielen Roheiten, Gemeinheiten u. Zudringlichkeiten eine gute Miene zu machen – zwar Distanz fühlen zu lassen, aber doch so, daß ich nicht für hochmütig u. ungefällig gehalten werde. – Mit den Weibern gehts immer an, aber mit den Männern habe ich Mühe. Zu Hause ist schwer ein solches Milieu kennen zu lernen; so ists mir interessant u. was die Hauptsache: ich bring aus diesem Gewimmel von Jüdinnen doch jedesmal ein paar Skizzen mit. –
Wir bekommen 100 R (neues Geld) Vorschuß. An die spartanische Lebensweise – Kraut, Kascha, Brot – gewöhne ich mich leichter als es zuerst schien, ich kann noch von früher zehren und bis der chronische Hunger eintritt mögen sich die Verhältnisse gebessert haben. –

11.I.20.
7. Tanzabend bei Kgfg. vom Landsmann Sperandio arrangiert. Dort übernachtet. Am 8. Hochzeit der obenerwähnten Erna oder Esther mit einem 40-jähr. Juden. Zur Zeremonie leider nicht mehr zurechtgekommen. Eine dichtgedrängte Menschenmasse, einige Kgfg. (dabei 5 Vorarlberger!) und Juden: Kinder, Mädchen, Frauen, Jünglinge, Männer, Greise. 3 Musikanten, von denen in dem entsetzlichen Geschrei aber nicht viel zu hören war, (hier gewann ich eine Anschauung zu dem Wort „es geht zu wie in einer Judenschule") diese Menge war in 3 kleine Zimmer mit niedrer Decke gezwängt. Kerzenbeleuchtung, heiße Stickluft die sich wie ein Eisenring um den Kopf legte. Zum Tanzen kaum 3 Meter für 5 Paare. – Das beliebte Postspiel wurde veranstaltet, – das einen in die Lage setzt „Damen" Dinge zu schreiben, die man mündlich nicht sagen könnte – und um-

gekehrt – wie die Erfahrung einem bald zeigt. Alle übrigen Spiele gehen sehr rasch auf das Küssen aus – wobei ein Teil immer der wählende ist. Eines heißt «хоровод» (-Reigen) Eine Gruppe Kavaliere wird von den Mädchen singend (davon blieb mir nur: «– Кого надо, видит» – wen wir brauchen, sehen wir) umtanzt, oder eine Gruppe Mädchen von den Kavalieren, und ist der Gesang zu Ende, wird die nächste Gefällige ergriffen und geküßt. – Es ist eine interessante Studie die Mädchen auf ihre Art zu küssen zu erraten versuchen und die Mutmaßung mit der Erfahrung zu vergleichen. Ich traf dabei zumeist das Rechte. – Gleich beim Eintritt konzentrierte sich mein Interesse, sowie es m. lb. Tomičić erging, auf eine Schönheit. Ich machte mich denn also auch sogleich mit bekannt u. erfuhr dabei zu meiner Schande, daß sie dasselbe Mädchen ist das ich – es als sibirisches Bauernmädel taxierend, schon bei Хохом [Chochom] gesehen hatte. Ich konnte unmöglich sie als dieselbe erkennen und mich in den Gedanken überhaupt nicht finden. Sie heißt Хава = Ева [Eva] Кайч [Kaitsch] früher Крымко [Krümko]. Ist in Marinsk geboren u. stammt von poln. Juden ab. Ich kann aber absolut nichts Jüdisches in ihr finden. Man würde sie für eine Russin mit buriatischem Blut halten müssen. Ein fast neuer Buriaten Typus. – Mittelgroß, sehr starkknochig und unheimlich muskulös, gedrungen, rotbraune Hautfarbe, kleine liebe Hände u. Füße, starken runden, eher kurzen Hals, mächtig ausladende Backenknochen und kräftige Kiefer, was ihren Wangen eine prägnante und prachtvoll üppige Modellierung gibt, schöne, regelmäßige, kleine Zähne in Hufeisenform, kleine Nase, unendlich reizvoll, energisches, breites und in schönem Schwung vorgebautes Kinn, das in mächtigen, vollen Linien zum Hals übergeht, eine gegen die breiten Backen als schmal empfundene, reich modellierte Stirne, kleiner, reif geformter Mund – sinnlich – aber nicht geil. Kleine, schiefstehende dunkelbraune, schwarze und blauweiße Augen mit runden Brauenbögen, schwarzes, dickes, kurz abgeschnittenes Haar, das sich wie Roßhaar anfühlt. Sinnlicher Atem und Hautgeruch. Wenn man sie z.B. neben Lina stellt wird sehr deutlich der Unterschied zwischen zu wollüstiger Erotik aufreizenden, weichen, reichen Formen und diesen kompakten, strengen, so reifen u. süßen Formen die nicht als geil sondern als sinnlich empfunden werden. Es drängt sich einem dabei die sinnliche Vorstellung von Erde, Luft und Meer auf. So durstig ist Erde nach der Sonne Kuß, und nach dem befruchtenden Regen u. so rasch trocken – wie sie es nach (-vor) und (-nachher) Männern sein muß. – So scheint mir Хава, Eva ein herrlicher Name für sie – auch Lilith – das erste Weib – könnte sie heißen. Im übrigen widmete ich mich Lina (Rachel), die bezaubernd hübsch u. ausgelassen, ja unverwüstlich vergnügungssüchtig war. – Von den unzähligen Typen erwähne ich nur noch eine schöne blonde Jüdin, die in ihrer Zurückhaltung am ehesten an unsre deutschen Mädchen erinnerte; eine 13-Jährige, ausgesprochen jüdischer Typus, sehr interessant mit faszinierendem verschleiert müden, lockendem Blick, – ich nannte sie «артлетка» [Artistin] u. dachte an die kleine Artistin in G. Hauptmanns „Atlantis" – und ein kl. etwa 8-jähr., zartes, schlankes Mädchen in blauem Kleid, gelbes Gesichtchen von japanischem Charakter. – Da von 10^h – 6^h niemand auf der Straße sein darf, dauern jetzt alle Unterhaltungen bis Früh. – Vorm. herrlicher Schlaf nach der Ermüdung. – Am 10. Benkowitz bei Хохом [Chochom] eingeführt, auf Linas Wunsch u. um gegen Eva freie Hand zu bekommen. –

13.I.20. –

Gestern Tanzunterhaltung bei Хохом [Chochom], wieder die ganze Nacht. In erdenklich schlechter Stimmung, – 2 Tage ging mir jeder Handgriff schief, mein Rasiermesser, die schöne, geliebte französische Klinge (Homon) wurde mir gestohlen – Хава [Chawa] kam erst um 11^h – und war eine Enttäuschung. Ich sah sie derber als in der letzten Nacht, und oberflächlicher. Erfuhr auch, daß sie sehr leicht zu nehmen sei, nicht wählerisch u. flatterhaft ist. Zudem ist sie Billettverkäuferin im Новый театр [Neuen Theater] geworden – vielleicht der erste Schritt zur Hure. – Lina ganz B. überlassen. – Von einem Skandal den Ungaren gemacht, u. dem ganzen übeln Milieu angewidert u. vorgenommen – die „Unterhaltung" in diesen Kreisen möglichst einzuschränken und nur drauf auszugehen Zeichnungen zu gewinnen. – Exzentrische, weltschmerzliche Stimmung. – Ekel vor der „Verproletarisierung" – es wird das Leben gründlich häßlich u. gemein machen. – : Antike – Christentum, Renaissance – Reformation, Französische Aristokratie des 18. Jhd. – Revolution – kapitalist. Kultur des 20 Jhdt. – Weltrevolution. Unterhalte mich oft darüber mit Tomičić – Es bleibt die Hoffnung, daß allen Epochen des Niedergangs solche des Aufstiegs folgen. Die ersteren sind eine Art Mischküche, in ihrem Dunkel werden neue Säfte gebraut.

13.I.20.

(31.XII.19 alter russ. Stil) – Heute hat mich eine Laus gebissen. Flecktyphusgefahr u. Todesgedanken – Ich denke, daß meine 3 Freunde, besd. Tom. alles tun würden um mir zu helfen. – Bei Huthers, Irresberger und Новиков [Nowikoff] – die jetzt Бюлинская [Bjulinskaja] 22. Kb. 3 wohnen. (1 Std. von hier). Abends beim Rückweg 5 mal von Mädchen lockend angesprochen u. gefragt «скашите ваше имя!» [sag mir Ihren (Namen)], «как вас зовут?» [Wie heißen Sie?] – Silvestersitte. –

15.I. –

Gestern 3 Läuse gefangen! Tomičić heut eine! – Bleibe im Lager, bin viel mit der Möglichkeit der hereinbrechenden Krankheit beschäftigt und in einer weltabscheidenden, süßtraurigen Stimmung. Ordne meine Sachen. – Waetzoldt zu Ende gelesen, bringe mg. zurück. – Kein Geld u. Hunger. Vielen in der Stadt gehts jetzt aber weit schlimmer. – Das Programm der kommunist. Partei Rslds. gelesen. – Ekel vor unsrer verrohten, verarmten Welt u. ihrem wüsten Getriebe. Die Kunst u. alte Kulturepochen eine Zuflucht. –

17.I. –
Bei Jucker, dann bei Professor Гвоздев [Gwosdjeff]. Bis er selbst kam, in seiner reichen Bibliothek gestöbert. Aus ihr werde ich lange versorgt werden. Der Genuß für Stunden in eine andre Welt – eine stille abseitsliegende voll Glanz u. Pracht – versetzt zu sein und die Wehmut die ihr Anblick auslöste. Professor Gwosdjeff nicht viel über dreißig, erinnerte mich im Aussehen an Freund Röhl u. in seiner vornehmen Art an Graf Luckner. Spricht ein schönes Deutsch. (4 J. in Deutschld. 3 in München eins in Leipzig) Empfing mich außerordentl. liebenswürdig u. bedankt sich überschwenglich für die Zeichnungen zu seinen Rezensionen. Angeregte Unterhaltung. Sehr versiert, auch in der Kunst. Ein Verehrer Lautrecs u. Munchs – sein Freund schreibt über M. – Bekanntschaft einer älteren Dame gemacht. – Die gegenwärtigen Ereignisse lassen diese Menschen mit Resignation über sich ergehen. – Erzählte mir von Moskauer Riesen-Sammlungen moderner Franzosen. – Mitgenommen: Strindberg „schwed. Schicks. u. Abent." – „Die Seele Tizians" – Fragonard; Insel Almanach 1913, Gauguin – Noa Noa. Abends bei Lina. – Ich bin traurig u. in mich gekehrt. – Die bloße Krankheits- u. Todesahnung würde mir schon genügen – ein Fingerzeig zur Selbstbesinnung u. Verinnerlichung. – Die Politik ist nichts für mich, die Hingabe an die Tagesereignisse bedeutet eine Verarmung, Zersplitterung u. Veräußerlichung. – Ich muß mich geistig konzentrieren u. jede Minute die ich gewinne auspressen. – Gesellschaft u. gesellschaftl. Konvention so wenig als möglich – u. nur als Mittel zum Zweck. – Ich mache mir manchmal Gedanken, wie sich unsre Zukunft gestalten kann; es scheint mir die Gefahr zu bestehen, daß in dieser Epoche der sozialen Umwälzung unsre ganze Kultur zusammenbricht u. in dieser rein materiell gerichteten Zeit für den Künstler kein Platz ist. – Da gilt es soviel als möglich private Arbeitsmöglichkeiten zu retten – eventuell die Existenz durch einen Nebenberuf sichern – trennen: „Bürger" und „Mensch" –. Für mich heißt leben: mein persönliches Leben auszuwirken, der ganze, einzige, selbstgesetzte Sinn des Lebens ist: seine Persönlichkeit auszubilden u. auszuwirken. Die künstl. Arbeit ein Mittel zu deutlicher Auseinandersetzung mit der Welt – ob etwas sichtbar bleibt von dieser Arbeit, was mit ihr geschieht, ob überhaupt jemand sich darum kümmert, ist ganz Nebensache. Diese Arbeit ist ganz Selbstzweck u. einziger Lebenszweck. Zu solcher Gleichgültigkeit allem Äußern, Unwesentlichen gegenüber, zu dieser heraklitischen Lebenserfassung u. wahren Innerlichkeit müssen wir uns emporschwingen.

18. Jänner 1920. –
Ich fühle mich heut am 8. Tg. nach den Läusen noch vollkommen wohl u. fange nun an zu vertrauen, daß ich Glück hatte. – Mein einziger Wunsch ist, allein ein Zimmer in der Stadt zu haben u. eine wenn auch noch so karge Lebensmöglichkeit. – Draußen in den Wohnungen zu zeichnen, – zumeist schlechtes Licht u. von den vielen Mitwohnern fortwährend gestört, läßt sich so schlecht arbeiten. –

Überhaupt muß man seine Modelle allein für sich haben. Einmal widersteht man dem Zwang zu Konzessionen bezügl. der gewünschten Ähnlichkeit leichter u. man vermag das Modell leichter unter seine Botmäßigkeit zu bringen: es ist notwendig eine Art Hypnose auf seine Modelle auszuüben um ihre seelische Stimmung zu leiten u. sie darin zu erhalten – wozu die Liebe ein so vorzügliches Mittel. –

E. Munch – Von den Bildern die ich neulich bei Prof. Gwosdjeff gesehen, machten mir einige Photogr. nach Zeichnungen Munchs – nicht einmal von den bedeutendsten – den stärksten Eindruck. – Von diesem Meister möchte ich lernen – richtiger – da gerade eine solch antiformale Kunst jenseits alles Erlern- u. Abschaubaren liegt – von ihm mich anregen lassen, Etwas, das auch mir immer wieder als Ziel auftaucht mit starker Konzentration zu verfolgen.

Munch ist in seinem Schaffen von sichtbaren, wirklichen Daseinsformen ganz frei, es ist als sähe er nicht mit Augen sondern unmittelbar mit seiner tiefgründigen Seele. Seinem geistigen Blick entkleiden sich Menschen u. Dinge bis auf ihre innerste Seele, er durchschaut u. übersieht die Hülle der Erscheinung und zeichnet mit seinem Stift das nackte Skelett der Geistigkeit alles Seins auf. – Seine so entstehenden Kunstformen können kaum mit anderen dagewesenen verglichen werden. Am ehesten erinnert man sich an Lautrec. Etwas Ähnliches ist in den Primitiven – den Alten (Aegypter, Giotto, Fouquée, Altrussen) u. den zu ihnen sich zurückwendenden Modernen (Gauguin, v. Gogh, Hodler, den Aktzeichnungen Rodins u. den Allerjüngsten). Munch scheint frei u. ungehindert von jener formalen Begabung, die an allen Formen immer wieder denselben Schwung entdeckt od. besser: alle in dieselbe Formel zwängt. Ich meine z.B. die Linie – deren Typus vielleicht Rubens am reinsten gibt, die die Renaissance aus der Antike herübergenommen, die die Gotik aufgelöst, die auch in Rembrandts Gemälden und bei den Spaniern durchblickt, die im Rokoko zierlich geworden auszuklingen scheint, aber neuen Aufschwung nimmt selbst in der Moderne – bei Daumier, Gericault, Courbet, Manet, v. Gogh, Renoir. – Munch läßt sich nicht vom Reiz der schönen Oberfläche verführen u. unterliegt nicht den Zaubern lieblicher u. prächtiger Valeurs. Formale Schönheit der Modellierung, der Linie, der Strucktur, des Halbdunkels – alle rein artistischen Probleme scheinen für ihn nicht zu sein od. er bekämpft, besiegt sie wie die Sünde. Für ihn ist die Kunst eine ganz persönliche u. rein geistige Angelegenheit, es ist, als sei die Welt nur eine Welt von Geistern, ein unentrinnbares u. unlösbares Rätsel der Geistigkeit. In dem Chaos dieser Rätsel-Welt treibt diese Seele, u. jeder Strich u. Farbfleck aus fiebernden Händen, sind Schrei ihrer Verwundungen und ihrer Verzückungen. –

Ich habe schon vor 2 Jahren dies Ziel gesehen – eine stark suggestive geistige Ausdruckskunst zu wollen, – das formale Streben nach musikalischer Linienschönheit, symmetrischer Komposition, subtiler Strukturwiedergabe, das bis dahin in meinem Wege lag, überwinden wollen. Seither scheine ich – innerlich zum Malen gedrängt u. äußerlich zum Zeichnen gezwungen – vielleicht ist dies eine Ursache – eine zweite von andern, die in unserer Baracke od. bei Kerze dazu verführende Beleuchtung – dem Reiz malerischer Darstellung nachgegeben zu haben. –

21.I.20. –
Das Lager verliert seinen militärischen Charakter u. soll aufgehoben werden, Kranke in Spitäler, Invalide bekommen Unterstützung, alle übrigen müssen arbeiten. Ich versuche mit den ungar. Collegen als Maler Arbeit zu bekommen. Vorläufig ist in der Organisation der Künstler noch sehr wenig Ordnung. – Gestern mit Poljakoff über „Proletarische Kunst" unterhalten, – wir sind derselben Meinung. – Schule ist verboten (!) jede Tradition soll gebrochen werden. So „muß" das Neue entstehen! –

24.I.20. –
Seit 2 Tagen im «Интимный Театр» [Intimen Theater] mit 6 Kollegen Plakate malen (gegen Typhus – für die Frontwoche u.a.) Heute selbst eines gemalt – „geeggert" [Egger-Lienz] – (Erinnerung an eine Studie nach dem Tiroler Neurohrer) – ordne mich vorläufig ganz Kovacs u. Spollorics unter, die im Dekorativen Praxis haben. In den letzten Tagen viel Hunger. Heute draußen 200 R. Avance bekommen! – Arbeiterfreuden. – Von 10^{h} bis 5–7^{h} abds. Sehr anstrengend, der Weg bei der Kälte – vorher Tauwetter, gefrorene Schuhe u. wieder zerrissen! Tagsüber Hunger, abends dann eine aufgewärmte Suppe. – Unsere Löhnung noch nicht fixiert, auch die Arbeitsdauer unbestimmt – wie alles. – Eine echt russ. Methode erkannt: – sie verlangen Unmögliches u. erwarten so das wünschenswerte Minimum. Machen in allem große Versprechungen. Immer heißt es «все будет сейчас»! [alles wird], d.h. aber beiläufig „nichts u. nie". – Prof. Jucker u. Denike versprachen mir einen Posten in der Universität; wäre mir eine sympathischere Umgebung als die sehr groteske Bohème-Athmosphäre in der Художественная Мастерская [künstlerischen Werkstatt]. – Gesunder Schlaf nach der Ermüdung. Das frühe Aufstehen in der Kälte eine Qual. –

26.I. –
Gestern 33^{0}R–! in der Baracke 3^{0} +, das Aufstehen in der Früh u. der Weg in die Stadt eine wahre Strapaze. Es ist ein Kampf gegen die Kälte u. stets die Gefahr Finger od. Zehen, Nase, Ohren zu erfrieren. – Das Aufzeichnen (groß) von Figuren, – zumal wenns nach Studien od. gar direkt nach Natur wäre – ist erquickend, – die übrige Arbeit übel. Bin so eingespannt, daß ich nicht einmal zum rasieren komme u. keine Besuche mehr machen kann. – Die Hauptarbeit leisten übrigens K. u. Sp. – u. ich leide oft unter meiner Untauglichkeit für diese Anstreichereien. – Haben heute abermals jeder 300 R. (im ganzen also 500) Avance bekommen u. dies ist die Hauptsache. Nun wird wieder fest gefressen – und ich bin unersätt-

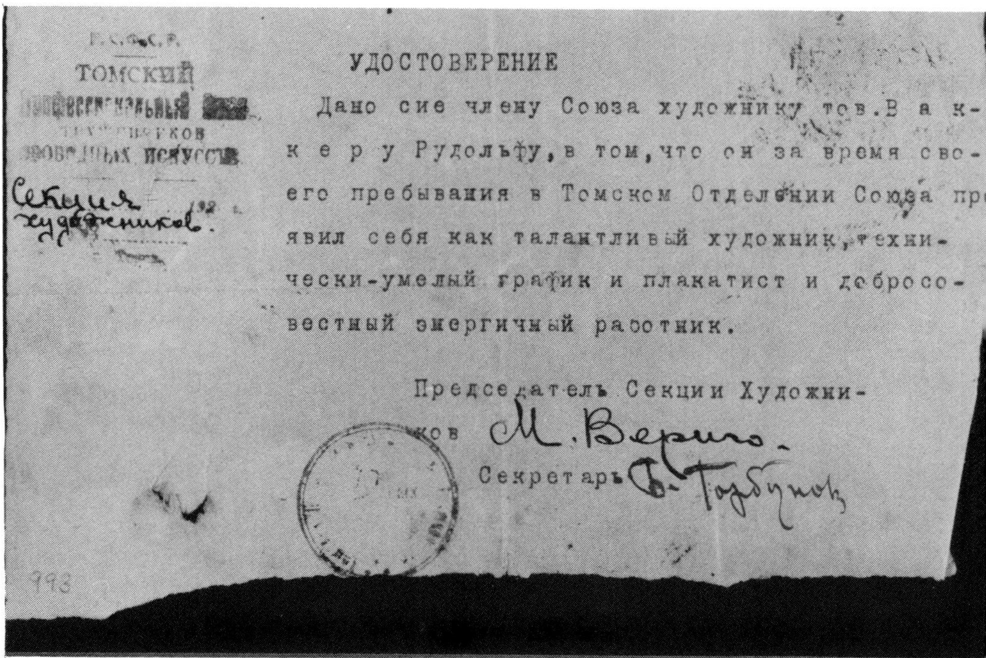
ТОМСКИЙ

Секция художников

УДОСТОВЕРЕНИЕ

Дано сие члену Союза художнику тов. В а к к е р у Рудольфу, в том, что он за время своего пребывания в Томском Отделении Союза проявил себя как талантливый художник, технически-умелый график и плакатист и добросовестный энергичный работник.

Председатель Секции Художников М. Вериго.

Секретарь

Bild 26

Bestätigung des Tomsker Gewerkschaftsverbandes der freischaffenden Künstler, Sektion der Maler: „Ausgegeben dem Mitglied der Gewerkschaft, dem Maler Rudolf Wacker, darüber, daß er sich während seines Aufenthaltes in der Tomsker Abteilung des Verbandes als talentierter Maler (Künstler), als Graphiker und Plakatzeichner mit Können und als gewissenhafter und energischer Mitarbeiter erwiesen hat."

lich nach dieser Hungerperiode. – Abends Vorlesung aus Strindberg, – liegend genieße ich noch Noa Noa.

28.I.
Unsere Arbeit scheint zunächst beendet – von allem: Bezahlung, Arbeit, Material – heißt es immer nur: «будет» [alles wird...] so gestern dort nur 1 Vorm. vertrödelt. (32°–R)! – Nchm. Besuche bei Jucker, Irresbg., Nowikoff. – Die Absicht mir einen passenden Posten zu verschaffen hatte Prof. Denike selbst – u. zwar gedenkt er bei der Einrichtung eines kunsthistor. Museums Beschäftigung zu geben; oder mich mit einer künstl. Mission nach Moskau zu senden. – Bliebe es nur nicht bei bloßen Versprechungen. – Heute zu Hause geblieben. Keine Arbeit u. 39°–R! –

30.I.20. –
Heute auf allgem. Nachrichtenbogen ein paar Worte heim. Bin arg erkältet – trotzdem Nachm. aus dem Wald Holz (gefrorene Birkenstämme) für Heizung

unserer Baracke auf einem Schlitten mit 8 Kameraden hereingezogen. Die Kälte nimmt endlich ab. In der Baracke morgens schon unter 0° – dazu Hunger u. deprimierende, wirre Verhältnisse. Ein Befehl widerruft den andern. Der letzte lautet: es werden weiter nur die Invaliden im Lager belassen u. verpflegt (vorläufig gilt mein Schein). Für alle andern wird bereits nichts mehr gefaßt (!!!) – wir teilen jedoch unsre Rationen mit ihnen, sie sollen mit Arbeit versorgt werden u. sich weiter selbst durchbringen. Eine schreckliche Maßnahme, wenn man bedenkt, wieviel Intelligenzler ihren Beruf nicht finden können, also zu Handarbeit – plötzlich – verurteilt sind, dazu die Mehrzahl, ohne russisch zu können, viele nicht mehr als 10 Worte. – Es ist eine Arbeitermobilisation – später vielleicht eine für die Armee? – Eine Hungersnot scheint bevorzustehen. Alles ist requiriert u. die Bauern bringen nichts mehr herein. – Voll Verachtung gegen dies unreife, untaugliche, faule, undisziplinierte Volk. – Immer wieder aber schlägt auch meine Liebe für den russ. Menschen durch. – Vielleicht schreiben wir Vieles, was lediglich dieser sibirischen Mischlingsrasse zu eigen ist, irrtüml. überhaupt dem russ. Charakter zu. Auch Russen u. Fremde, die europ. Rußld. u. Sibirien kennen warnen davor. – Ich denke wieder oft an den „preußischen Unteroffz." – wie nach dem Brester Frieden. –
Ich gedenke auf jeden Fall an der Invalidität festzuhalten u. vorläufig keine Stellung anzunehmen die mich zwingt von diesen Vorteilen abzustehen. – Angeblich sollen wir auch Aussicht haben in ein andres Klima od. wenn mögl. heim zu kommen. – Ich sehe wieder all das Leid der Jahre hinter mir – und vor mir neues Leid: Einsamkeit, Hunger, Erniedrigung, Barbarei, Krankheiten, – allmähl. Schwächung des Organismus u. Zermürbung der Seele – und das unermeßliche, endlose Leid der Meinen – und ringsum Roheit u. Niedergang. Mit welcher bittrer Wehmut erfüllt's mich, wenn ich denke, daß gerade mein Leben, das mit so seltenem Glück anhub so erbärmlich verpfuscht werden muß.

2. Februar 20. –
Ziehe aus den Ereignissen folgende Lehren: Russe bleibt R., welche Färbung er haben mag. / Die Armee hat gesiegt, weil sie keinen Widerstand hatte, denn von der Disziplin u. Ordnung die wir erwartet ist nirgends etwas zu sehen. Es ist u. bleibt das alte Chaos. / Wir können hier, ohne absolute Macht, nie mit den Russen zusammenarbeiten. Der Gefangene – alle hier gehaltenen Westeuropäer – bleibt für sie etwas Fremdes und Überlegenes u. darum werden sie ihn immer verleumden, betrügen u. auszubeuten trachten. Und wenn wir uns zersplittern lassen, sind wir ausgeliefert. Einigen Nachdruck in Verfolgung unsrer Interessen können wir nur in Masse u. Einigkeit haben, dies gilt für Verpflegung, Abtransport, noch viel mehr aber dann, wenn wir überzeugt vom Zusammenbruch Europas, uns entschlössen hier eine westeurop. Kolonie zu gründen. – Eine Idee mit der wir jetzt spielen, die aber einmal Ernst werden könnte. – Die kommunist. Partei zählt nur 40 000 Mitglieder. – 2 Vorarlbg. sind der internat. Abtlg. beige-

treten – weil sie arbeitsscheu geworden sind. Einige Offz. des Lagers – weil sie 1 Tg. kein Brot bekamen. – Eckel wo man hinsieht.

4.II.20.
Landsleute haben gute Nachrichten aus Vorarlberg u. Tirol (vom Sept., Okt.) erhalten. – Was mich darin bestärkt an m. Invalidität festzuhalten u. mich in nichts einzulassen. Die I.[nvaliden] wenigstens haben Hoffnung im Frühjahr wegzukommen. – Hunger, zu wenig Brod. Das Gute ist nur, daß der Mensch seine Ansprüche so anpaßt. – Wir trinken viel Tee – um den Magen zu täuschen.

5.II.20. –
Gestern erhalte ich von m. lieben Bruder Romedi eine Karte vom 26.1.1918 aus Tschardschin; – wie er sich bemüht beim dortigen Sovjet zu erreichen, daß ich zu ihm komme. – Wieviel Leid wäre uns so erspart geblieben – oder uns verklärt worden! – Wie nahe wir uns gekommen wären! Und welche Erleichterung für die Unseren daheim. – Ich sehne mich wieder einmal krank nach Post. Lese die alte von Otto, Joh. u. Waltrt. – Wie schön u. gut lebte ich doch früher noch, wo ich mit Otto wenigstens noch in schriftl. Verkehr war. – Ich erlebte innerlich alles mit ihm u. gleichsam wie für ihn. – Seit diese letzte Verbindung stockt – bin ich auch immer mehr verstockt. – Ich habe mich daran gewöhnt, – aber ich fühle – gar wenn ich im Alten blättere – daß ich verarmt bin. – Es hat sich eine Kruste um meine Seele gebildet, ich bin härter, rauher geworden u. mehr nach außen lebend, – aber zu Zeiten – vielleicht wittere ich den Frühling schon – glühts mir im Innern, bricht auf u. schmerzt wie eine Wunde. Alle Erniedrigung, Verkommenheit, Roheit, alles Elend u. Leid verschlingt mich schier, u. aus dieser Einsamkeit schreit meine Seele nach ihm, dem einzigen Freund und einer geliebten, lang geliebten Frau mit denen ich alles teile – und alles himmelhoch überbrücke! Ich fühle mich alt u. wie müde geworden, es ist als hätte ich zuviel gelitten – so sehne ich mich heim – nach der schweigenden Ruhe einer Seelenheimat – nach weiten Um- u. Irrwegen. Dabei weiß ich doch – in Bezug auf ihn wie meine Liebe: – wie Otto es selbst einmal schrieb: „es wird unsre Freundschaft zu der jahrelangen Vertiefung den jungen Glanz ihres Anfangs hinzuerhalten". Ich weiß, daß ich wieder aufblühe, stark, sicher u. vertrauend sein werde, wieder jung. – Aber hier kann ich nicht leben, mein Leben ist dort verankert u. kann nicht los. – Ich habe hier einmal geglaubt: wenn ich nur frei wäre – aber nun finde ich mich hier doch nicht ins Leben. Allerdings sind die Leute draußen durch Nahrungssorgen alle einseitig interessiert u. ich ebenso deswegen ans Lager gebunden, natürlich fehlt auch jedes Arbeitsmaterial. Vielleicht ist dies die Ursache. Sonst könnte ich glauben, – mir fehlt die Initiative, mein Wille ist gebrochen. Sicher ist, daß ich keine Konzentration aufbringe u. wieder – wie im 17er Jahr einmal ganz verzweifelt bin, ohne Lebenslust u. Freude. – Was mir zum Leben – d.h. Schaffen fehlt, ist ein ganz hingebender, gläubiger Mensch. – Die polit. Ereignisse in ihrer

Sinnlosigkeit u. die Aussichtslosigkeit in eine bessere Zukunft lähmen mich auch. – Vielleicht habe ich mich verändert, breche allmählich zusammen. – Ich sehe das Leben elend u. häßlich – das Gute, Schöne darin ein Ausnahmefall – der mir aber mißglückt. Ich sehe lauter Karikaturen u. denke Satyren. Ich sehne mich nach Einsamkeit mit wenigen Menschen, nach Ruhe, Zufluchtsstätte. – Las [in] Johannas heiße[n], wie im Fieber geschriebenen, und wie blödsinnig kindischen – darum so schönen, ergreifenden Briefen vom Herbst 18. – Ihr scheint es wie mir zu gehen – so finden wir uns – wie Peer seine Solwig. Aber ich glaube ja schon bald an nichts mehr – – kann sie sich wieder gewandelt haben? – Wenn sie so weiter meiner harrt – schon dieser Gedanke müßte mir dann alles sein, eine überirdische Seeligkeit! Zusammen finden wir uns dann wieder zurück ins Leben, blüht uns nochmal eine Jugend. –
Meine größten Fehler hier waren, daß ich nicht gleich 1915 Sprachen gelernt habe (russ. französ. engl.) und Farben etc. gekauft u. Studien gemalt habe. – Ich habe 5 1/2 J. gewartet u. sehe mich nun nur zum Warten weiter fähig. – Es ist entsetzlich wie verrunzelt, vergrämt u. alt ich mich im Spiegel sehe. – Ich fürchte, wenn wir diesen Sommer wieder betrogen werden u. hierbleiben gehe ich zu Grunde. – Oh, wodurch geht der Weg zur Seele – zu Innerlichkeit! – Mein Gott, die Christen haben sie ja entdeckt, geschaffen, was Wunder.

6.II.20.
Prof. Гвоздев [Gwosdjeff] Bücher zurück u. neu gebracht: Strindberg „schwed. Miniaturen", Karl Joël „Nietzsche u. die Romantik" Insel Almanach 1907 – G. Müller 13 Zehnjahreskatalog „Schriftsteller Verleger u. Publikum" – darin: – – J.J. Vrieslander, „Minni Ephra"[69] die von uns allen so verehrte Frau. Ich sehe ihn mir mit reinerem tieferen Genuß an als je u. bin voll Freude, daß er nach den Jahren so vor mir besteht. Eine feine Seelenkunst, ganz intime abseitsgeschaffene – wie ein stilles Gebet mit ihr, für sie beide u. die Freunde. – Welche Welt schönster, zarter Erinnerung an unser Glück ist mir wieder wach!

8.II.20. –
Ich habe mein Rasiermesser u. Pinsel wieder! Dem lb. Stiegelbauer[70] ist's gelungen es mir zurückzugewinnen, indem er den Dieb hieß: „Koffer öffnen u. das Messer u. P. des Wacker heraus – oder Du bist verloren!" Mein Verdacht war richtig. Unser ehemaliger Nachbar Fhr. Schrutka, der damals in die Stadt zog, hatte es mir entwendet. Ein Diebstahl wie er gemeiner nicht zu denken ist. Es ist ein wüstes Symptom! –
– Benkowitz ist krank, leiste ihm u. Lina, nach der ich zuweilen zeichne, häufig

69. Minni Ephra Vrieslander, Schriftstellerin; Gattin J.J. Vrieslanders. In Wackers Bibliothek findet sich ein Buch von ihr, das er anläßlich eines Besuches bei Vrieslanders 1921 in Dachau geschenkt erhalten hatte; Minni Vrieslander: Gespräche mit Sokrates. Dachau, München 1919.

70. Wacker traf Franz Stiegelbauer später in Wien wieder; siehe folgende Tagebücher.

Gesellschaft u. lasse mich mit Butterbroten traktieren. – Lese tagsüber im Joël. – Abds. Vorlesung aus den Schwed. Miniaturen. – – Genieße jetzt wenn ich draußen gehe – endlich nach 6 Jahren einmal nicht im Trupp oder Laufschritt – die Einsamkeit und ein träumerisches Wandeln. – Jede konkrete Beschäftigung und äußere Gebundenheit, zieht uns von uns selbst ab; das ziellose Traumwandeln, ganz einer Stimmung überlassen, scheint der Zustand künstlerischer Konzeption (zumindest sofern es sich um Lyrik handelt) u. menschlicher Verinnerlichung zu sein. – Es gab doch eine Zeit – ja es war so die ganzen letzten Jahre – da sehnte ich mich nur nach Aktivität – gleichgültig welcher und wo; jetzt fühle ich, daß der Traum viel kostbarer, als eine uns verarmende, bindende Tätigkeit, und daß es allein ein ganz bestimmter Lebenskreis ist nach dem ich mich einzig sehne. Die Heimat – und die wegen einiger treuer, ganz mit mir teilender, liebender u. gläubiger Menschen, – dahin geht all meine Sehnsucht. – Ich ängstige mich, daß wir heuer wieder nicht fortkommen, und ich sehne mich ganz krank u. habe die wehe Ahnung zusammenzubrechen, wenn ich nicht bald erlöst werde. – Einmal schrieb mir Otto: bald kommt der Frühling, alles ist dann leichter. – Vielleicht gibt mir das Baden u. Zeichnen im Uschaikatal, – vielleicht ein Mädchen, einigen Trost u. Aufschwung. Ich verdorre, wenn mich nicht ein paar Tropfen Glut Leben stärken.

9.II.20. –
Las heut Nacht alles, was ich von Waltraut hierher bekam, es sind 37 Karten u. 1 Brief – vom 8.XII.1916 bis 6.XII.1917. – Ein Jahr also – und seit 2 Jahren nicht ein Wort. – Vielleicht bin ich zu weit gegangen u. dachte sie nicht an eine Vereinigung mit mir – sie spricht es nirgends aus. Doch wäre es sicher so gekommen, wenn ich im Frühjahr 18 heimgekommen wäre. – Jetzt weiß ich gar nichts; als daß ich sie liebe, wenn ich an sie denke u. ihre Zeilen lese – wie ich Johanna liebe wenn ich ihre letzten Briefe lese. – Sie schien in jener Zeit nur von unseren Erinnerungen zu leben, ihr Mutterglück nur mit mir zu teilen und ihr Leben ganz in meinem Geiste zu leben. Ich staune über ihr getreues Gedächtnis an unsere Tage, alle kleinsten, zartesten Dinge lebten in ihr auf und alles was ich einmal ihr gegeben habe, scheint in ihr weiter zu leben, zu wachsen und sie zu verwandeln. Ich werde davon ergriffen, – wie alles was sie früher immer wieder Welten von mir entfernt hat, ausgetilgt ist, – das Leben – Mutterschaft, Tod und Enttäuschung – sie ernst, reif und einsam gemacht hat – wie sie nun ganz mir gehören könnte – und ich kann ihr nicht helfen. Eine stille, heimliche und wehmütige Heiterkeit kommt über mich, wenn ich die hundert kleinen zarten Dinge über unser Rosemariele – jetzt ist dies Kind über 3 J. alt! lese und sie immer mit dem Wetter leben sehe und sie immer wieder von Blumen u. allem was wir zusammen geliebt und unsre Liebe begleitet erzählt. – Vergib Johanna – vergib Waltraut. Versteht Euch, gebt Euch die Hände und beide zu mir her einen Schein von Licht, Wärme und Güte.

14.II.1920. –
Wenn bis zum Frühling nichts Positives geschieht, aus dem wir versichert sein können, daß wir abtransportiert werden, dann will ich mich entschließen, die Reise mit einigen Kameraden auf eigene Faust zu wagen, wenn nur die Möglichkeit besteht über die Grenze zu kommen. – Ich fühle, noch einen Winter hier halte ich nicht aus. Es muß eine Initiative ergriffen werden um dies abzuwenden. – Ich will nun russisch lernen, – meine Stunden bei Fr. Новиков [Nowikoff] gehen fort u. ich habe begonnen auch mich dafür vorzubereiten. Dann wenns an der Zeit ist, Geld, Papiere u. Proviant [zu] beschaffen – aufs Glück u. die eigene Kraft vertrauen.
– Nicht noch einen Winter in Sibirien, in Rußland! hier ist die Hölle!!!! – Über den Westen hört man die tollsten Gerüchte, wie: Bahn ganz unbrauchbar, zerstört, Hungersnöte, Typhus u. Pest. – Unsere Lage hier verzweifelt. – Ich habe den Eindruck, als arbeiten Behörden u. Publikum sich, was uns anlangt, entgegen. – Erstere behaupten, daß vorläufig der Abtransport undurchführbar und sie scheinen die Absicht zu haben uns als Arbeitskraft auszunützen (sie versprechen auch gute, angemessene Stellungen), die Bevölkerung aber, die den Begriff „ausländ. Proletarier" nicht faßt, klagt, daß ohnehin genug arbeitslose Russen wären u. wir ihnen das letzte Brod wegessen. – (Vor einigen Tg. wurden 10 Kameraden, die als Holzfäller gegangen waren erschlagen!) – Daß es Arbeit – und gerade auch für die Intelligenz – hier gäbe ist klar, – aber da es den R.[ussen] einmal unmöglich ist etwas zu organisieren, entsteht dieses Mißverhältnis. – Unerhört ist, daß neulich sogar eine Amtsperson, als Arbeit angesprochen wurde (wozu wir doch erst gezwungen wurden – wurde doch direkt zu diesem Zweck die Verpflegung für die Gesunden eingestellt!) fragte: „ja wollen sie denn nicht nach Hause? .... ja da müssen Sie halt Gesuche machen." – Das Schlimmste natürlich ist, daß die Gefg. selbst nicht einig, daß sie durch persönliche u. parteiliche Interessen zersplittert sind. – Sie müßten wie ein Mann zusammenstehen, behaupten: wir sind Gefangene, Ihr habt uns bis an die Grenze zu schaffen u. wenn dies jetzt wirklich unmöglich, dann müßt ihr für unsere Verpflegung aufkommen. Zu allem anderen könnt Ihr uns nur gewaltsam zwingen. – Unbegreiflich ist auch, daß jetzt nichts von zu Hause aus geschieht od. doch davon nichts zu hören ist.

17.II.
– Gehe nur noch 1–2 x wöchentl. in die Stadt u. verbinde dann möglichst viel. – Gestern bei Poljakoff eine sehr schöne russ. Ausgabe von Noa-Noa [Gauguin] gesehen, mit teilweise unbekannten Bildern. Eins, ich glaube „Barbarische Gesänge" unerhört schön u. merkwürdig, 2 Tahitianerinnen – eine wie ein Albino und ein tiefes, ganz verwildertes, eigentlich unangenehm häßliches Selbstbildnis drauf. – Mitgenommen, das schon bekannte schöne Apollon Heft V. 12 столетие французской живописи[Ein Jahrhundert französischer Malerei]. Der Montag Abend bei Frau Новиков [Nowikoff] ist immer schön, wohltuend die

kindliche Frau „aus gutem Hause". – Sonst halte ich mich im Lager, stehe nun zeitig auf, lerne russisch, lese, zeichne. – Fühle mich der passiven, pessimistischen Periode der letzten 14 Tg. wieder entwunden. – Ergötze mich all Morgen an dem immer variierten Spiel der Eisblumen am Fenster. Die Sonne bekommt aber schon Kraft u. Nachm. schmelzen sie.

19.II.20.
Gestern wieder im Wald Holz holen. Dies muß jetzt wöchentlich geleistet werden. Es wäre ganz schön; aber bei der jetzigen Kost ist's eine zu große Anstrengung – zumal ich nicht umhin kann mir das Bravourstück zu leisten, Bäume die sonst 2 Mann tragen allein auf die Schulter zu nehmen.

21.II.
Joël „Nietzsche und die Romantik" Man stutzt über den Titel im ersten Augenblick, aber schon im nächsten bestätigt man: natürlich ist er ein Romantiker! – Auch wenn man den historischen Begriff der deutschen Romantiker nimmt. – Diese Epoche, die mir immer noch viel zu wenig bekannt ist, in der ich mich doch so ganz heimisch fühle. So wars ein rechter Genuß die vielen Zitate von Fr. Schlegel, Novalis, Hölderlin, Tieck zu lesen – soviel Vorwegnahme Nietzsches! und von Jakob Böhme zu hören – in dem Joël einen Ausgleich zwischen N. u. der Romantik findet. – Oft erweitert sich einem der Begriff „Romantik" – mit ihrem Überschwang, ihrer Exzentrizität u. Ekstase, ihrem Subjektivismus u. ihrer Femininität – zum eigentlichen Wesen alles Künstlerischen, ja zu einem allmenschlichen Typus u. Joël sagt: „alles höhere Leben fordert Romantik" – aber er sagt auch „das höchste Leben aber ist Überwindung der Romantik" und es ist „R. kein bloßer Gegensatz zur Klassik, sondern ihre Voraussetzung." – Vor allem aber erweist sich die Moderne – zB. etwa Verhaeren, Maeterlinck, Hofmannsthal, Schlaf ... v. Gogh, ja selbst Munch – als eine neue Romantik, und wurde ich mir meines eigenen Wesens als durchaus romantisch bewußt.
– Interessant das Kapitel III. N. und die Antike. Wo aufgezeigt wird, daß er auch in ihr lediglich zur Romantik ein Verhältnis hatte, das wahrhaft Hellenische, das klassische Athen aber nicht verstanden habe. Er versteht die Alten aus ihrem Ursprung und nicht aus ihrem Ziel. – Erfreulich Joëls Gegnerschaft gegen die übliche Perioden Abteilung. Er sieht eine absolute Einheit, und geht so weit, jenen berühmten, berüchtigten Brief an G. Brandes vom 5.1.89 am Ende nicht so wahnsinnig zu finden. – Dionysos ist das Letzte, das Ende der Tragödie Nietzsches. Er hatte sein Lebensziel erreicht, als er sein Wesen in seinem Gotte fand. Und selbst die Unterschrift „Der Gekreuzigte" ist nicht sinnlos. Man denke an die früheren Christusparallelen, sein Verhältnis zu Christus ein noch fernes Mysterium, eine letzte Einheit der Gegensätze. – Dies Gottwerden vielleicht nicht Wahnsinn, sondern der höchste Augenblick im Leben N.

23.II.20
– Vorgestern bei Гвоздев [Gwosdjeff] Holbein Zchg., Munch, Galén (Letzteres von seinem Freund A. Левинсон [Levinson], der auch über M.[unch] schreibt). Neue Bücher Hofmannsthal, Almanach, Verhaeren u. Schaf. u. d'Annunzio. – Irresbg. übergab mir Grüße von Фала [Fala] sie ist hiergeblieben; schrieb ihr. – Gestern Abd. bei Benkowitz Schmaus! Fische u. Käse. Ungeheure Mengen vertilgt. – Nach so kräftiger Nahrungszufuhr kehrt mir meine alte Vitalität zurück, mein heißes, buntes Lebensgefühl u. Arbeitsgier. Der Mangel an reichlicher u. guter Ernährung ist es vor allem, was meine Energie schwächt. – Dies ist es vielleicht – eine Kraftverminderung, die mich für dies Leben hier untauglich macht. – „Das trunkene Schiff" v. Arthur Rimbaud u. eine biograph. Skizze über ihn v. St. Zweig gelesen. Überwältigender Eindruck. Ein Titan! – Nachts gezeichnet. –
– Nchm. ein Engagement bei S.W. Fischers Liebhabertheater als Souffleur. Heute erste Probe zu Peer Gynt. – Solwig eine kleine Deutsche die Russin sein will. –

25. Febr. 1920.
– Mein 27. Geburtstag. Heut Nacht schöner Traum von Paula. Vielleicht ein Gruß von der Jugendgeliebten die an m. Gebtstg. denkt. – Sie weinte u. sah mich mit wunderbar blauen, glücklichen Augen an, tief ins Herz hinein. Auch ich brach vor Rührung erschüttert in einen Tränenstrom aus, – dann war alles Leid u. alle Not der Jahre wie weggespült und ich gab mich ganz der Glückseligkeit inniger, heiterer Erotik hin. Tom ist lieb, beglückwünscht mich als erster, da ich noch trunken vom Traum erwache, und gibt mir Käse u. Honig zum Frühstück. – Gestern musikalischer Abend bei Prof. Гвоздев [Gwosdjeff]. Ein russ. Musiker, der kürzlich eine Weltreise gemacht, ein junger, frischer u. anscheinend begabter Bursch; Prof. Modompol (russ. Geschichte) und ein Archäologe. Ein Wiener Kamerad sang. Гвоздев [Gwosdjeff] Mandoline. Wohltuend in einem Kreis Kulturmenschen! Sah mir Bücher u. Bilder an. Franzosen – gute frühe Picassos – die späten kubistischen bleiben mir unverständlich – unbegreiflich wie er dazu kam, finde keinen Zusammenhang, halte es für eine Spekulation. In der illustr. Kunstzeitschrift „Vita d'arte" – fast lauter Kitsch, im Juli Heft 1915 aber 5 Radierungen von James Ensor – von dem ich 6 J. nichts gesehen u. der seit Otto ihn persönl. kennt u. begeistert von ihm spricht von ganz besonderm Interesse. Naturalistische Landschaften, an Vrieslander erinnernd: „Fattoria fiaminga", „Gruppo d'alberi", „Mulini" – eine Schlacht Humoreske „La battaglia degli epinoni d'oro" und eine groteske Phantasie „L'invidia", alles sehr gut, originell. –

26.II.
– Unsre Aussichten miserabel. Die Eisenbahn vor 1/2 J. nicht in Stand zu setzen, Tomsk wird ein Konzentr. Punkt aller Kranken, Flecktyphus nimmt ab, T.re-

kurrens, Rotzkrankheit zu, – Lungenpestanfälle! hier! – Solange Sov. Rußld. nicht anerkannt wird, soll kein Ausländer die Grenze überschreiten, etc. etc. – Wieder einer irrsinnig geworden. Unser Nachbar Gritz an Lungenschwindsucht gestorben. – Ich will weiter warten, in Passivität – bis mich gewaltsamer Zwang herauswirft. – Der Gedanke an m. Mutter – die ich wiedersehen muß, ist es vor allem, was mich davor zurückhält mich in den Strudel zu stürzen. – Es gibt immer mehr woran ich leide – und so lange u. tief, daß mir die „dunkle Seite", die Sinnlosigkeit u. Relativität nicht mehr aus dem Bewußtsein geht, – ich sehe die Freude durch einen Schleier von Trauer. – Ich weiß auch, daß ich tief lieben nur eine Frau kann, die viel gelitten u. geirrt hat – und die gleichsam zu sich selbst u. zu mir selbst zurückkehrt – ein tiefes Finden – und neues Leben. – Ich bin in einer pessimistischen, skeptischen Periode – es hilft nichts – es sind nur Augenblicke in denen ich auftauche – so war es 1917, damals litt ich am Krieg – und überwand erst durch revolutionäre Gesinnung – heute leide ich an der Revolution – am Kulturverfall. – Es gibt nur: wieder eine aktive Stellung – oder Resignation. –

1. März 1920.
– Die Sonntag Nchm. u. Abende verbringen wir nun meist bei Benkowitz, der ein eigenes Zimmer hat. Zeitgemäße Schlemmereien. – Gestern bereiteten wir „Sterz". Meist auch Lina zugegen. – Manchmal die Unterhaltung gezwungen u. krampfhafte Lustigkeit. Schließlich wirds aber immer noch anregend, zumal der jetzt so seltene Kaffeegenuß sehr stark auf mich wirkt, und wird manches gegeneinander ausgesprochen. – Ich habe in dem Zimmer eine Zeichnung (nach Lina) aufgehängt; – es erinnerte mich an Weimar, wo ich, um sie immer gegenwärtig zu haben die Zeichnungen der Geliebten, in verschiedenen Stadien, und andere Arbeiten im Atelier u. Zimmer um mich herumgehängt hatte – es liegt eine ständige Anregung hierin, es peitscht zur Arbeit an und steigert sie.
– In der schlaflosen Nacht – ein stolzes Glücksgefühl über die Kraft doch alles Elend zu ertragen und über die weite Spannung die meine Seele bekommt – in den weitesten Gegensätzen heimisch und sie zu einer Einheit fassend. – Die Notlast der Jahre, progressiv anwachsend – es ist nun kein intuitives Einfühlen u. Steigern mehr – keine „Literatur" mehr, wenn ich mich ironisieren will – sondern wir alle sind mitten drin im wirklichen Elend. Wir sind absolut sozial Deklassierte, können täglich als Чернора бочий [ungelernte Arbeiter] auf die Straße geworfen werden, – Epidemien: Thyphus, Rotz, Pest, – Hungersnot –, die Eindrücke sozialer Umwälzung: zumindest zunächst hier Chaos, kultureller Niedergang, plumpster Materialismus. – Daneben die Stunden über guten Büchern u. Kunstwerken, seltenes Zusammentreffen mit Menschen der alten Kultur, der Anblick zarter Frauen – und die weite, reiche Welt der Träume u. Erinnerung. Alles in Vollkraft u. Licht: die Liebe, Innigkeit u. Glaube der Familie, der Freunde und Frauen, die freie Arbeit in Kulturkreisen, die Sorglosigkeit um

die äußere Existenz. –
Manchmal erfaßt mich eine Angst vor dem Zugrundegehen. Auch dies muß überwunden werden. Wie traurig u. tragisch es auch wäre: wie im Feld als Soldat, – ich muß ihm mit blanker Stirn entgegenstehen in innerer Freiheit u. Seelengleichmut. Es gilt, sich wieder zu jener Höhe der Gesinnung aufschwingen – in der wir beten sollen, immer zu leben, Kraft u. Tiefe zu haben – zu jener religiösen Ekstase in der Leben u. Tod gleich gelten. – Es stellt sich mir angesichts der Gefahren ringsum wieder – wie im Feld – das Gefühl ein – nur durch diese tapfere u. philosophische Stellung das Anrecht auf Leben zu bewahren. – Es ist ein Gefühl von höchster Höhe u. Selbstsicherheit: jenes – genug Glück schon, dies innere Schauen u. Wissen – und man nur leise vor sich hinbetet – ganz wie ein frommer Christ der sich der Gnade Gottes ergibt: schön wäre es, dürfte ichs erfüllen: diese innere Spannung aus sich herausstellen, eine Welt bauen in Bildern, die voll u. tief klingt, eine Welt von weitester Umspannung. –

1.III.20.
Abds. – Zum 1. x in der «Железнодорожная библиотека» [reisenden Eisenbahn-Bibliothek] unter den Apollon Heften das gesuchte (I.13) mit 15 Abbildg. nach Edvard Munch gefunden. 8 Oel, 4 Lithogr., 1 Radierg., 2 Holzschnitte – davon mir 7 neu, – Japaner. Außerdem gemerkt 2 Akte v. Manet (II.10) Seurat, Denis, Bosch, Moreau, – 2 Egger gefunden. – Fr. H. [N.], Irresbg. – zum Umfallen müde. –

3.III.
– Gestern Nchm. wieder in der Bibliothek. Аполлон [Apollon] – Hefte: III.11: G. Seurat, „[unleserlich]", „Le cirque", „Le dimanche à la grande jatte" (originell in Komposition u. Zeichnung psycholog. Erfassung – mich an die frühen Pariser Studien Vrieslanders erinnernd und an einige Blätter primitiver rumänischer Kunst – die ich einmal in Weimar aufstöberte – erinnernd, – in dem neoimpressionistischen Vortrag aber etwas langweilig. – M. Denis „Maternité", Cezanne „La maison dans les montagnes", Gauguin „Bretagne". XI.10: Maillol, Cezanne «пять голых женщин» [fünf nackte Frauen], Bonnard „Nu", Denis «Плани» (?) [Entwurf], Gauguin aus der Sammlg. Щукин [Schtschukin], ein vermutlich früher J. Gueren „Venus", Valloton. – Kunst 1913: Munch „Strand", Daumiers „Ecce Homo", Gericault „Kürassier", E. Martini (Poe) (!) gute frühe Picassos. –
Abend bei Prof. Гвоздев [Gwosdjeff]. – Kunstgeschichte von Бенуа [Benua] – (altdeutsche Meister). Nachher beim „internationalen Abend" im «Интимный Театр» [Intimen Theater]. Vielleicht zum letztenmal die alten Pleni [Kriegsgefangenen] -Scherze (Frühwirt, Wurz etc.). Schön waren die russ. Tänzerinnen, oft grotesk vom Balkon aus. Wie herrlich die Modellierung der nackten Arme im starken Licht! Und die stillen, weichen und erregten Bewegungen! Der verfüh-

rerische Zauber dieser weiblichen Rhythmen! – zum Tanzen leider wenig Platz, Unordnung u. Roheit. Eine Bekanntschaft (Маруся Искотинова) [Marusia Jaskotinowa] erneuert – verheiratet, Mann abwesend, Bauerntypus und eine neue mit einer актриса Колеря Панина [Schauspielerin Koleria Panina] – gemacht. Ebenfalls Mann a.d. Front. – Vielleicht bin ich auf die interessant „-geschminkten" Augen hereingefallen. Маруся [Marusia] durch die menschenleeren – nur hin u. wieder Posten – die mit Gewehr fertig die Papiere verlangen – mondhellen Straßen nach Haus begleitet um 5h Früh. Abschiedsküsse. –
Einen 59er getroffen, der auch am 7. Okt. 15 in Gefangenschaft kam. Erinnerungen ans Feld, Rowno, Tarnitza. Abends Besuch bei Маруся[Marusia]. Guter Eindruck.

5.III.20.
– Deutschld. soll abermals vor dem Krieg gegen Frankreich stehen, Hindenburg Präsident werden. – Große Spannung. – Ich kann [es] mir nicht anders denken, als daß Rußland mit uns ist. Damit änderte sich auch unsre Lage. Entweder würde der Abtransport sofort durchgeführt – ich fühle mich heute sofort bereit, wieder an die Front zu gehen (– wie anders meine Stimmung als anfangs im 18er Jahr!) – oder wir würden gleich hier schon mobilisiert – bekämen wohl auch gleich Aufgaben. – Übel wäre nur an eine russ. Front zu kommen. –
Morgen soll das Lager geräumt werden, wir nach Basandaika (дача [Dorf] überm Tom) kommen.

7.III.20.
Seit Vorgestern Abd. in entsetzl. ratloser Situation. In Basandaika werden nur die Schwer-Invaliden verpflegt werden, für die übrigen vielleicht Werkstätten eingerichtet. – Sicher ist, daß auch ich endlich in den sauren Apfel beißen muß. – Die erste Frage ist: soll ich erst, wenn ich dort doch bald herausfliege oder in einer Werkstätte (wieder unter Gefangenen u. außer der Stadt) arbeiten muß, nach B. ziehen soll, oder mich gleich um einen Posten in der Stadt bemühen soll, eventuell bis ich einen solchen bekomme irgendwo unterschlüpfen. – Meine Exzentrizität rät mir vielleicht schlimme Dinge: – so scheint es meinem Gefühl besser zu liegen, als Holzfäller zu gehen, denn in eine Werkstätte – oder – da dies doch einmal das Einzige ist, was ich außer m. Kunst geübt u. gelernt habe, u. wofür ich – wie gegnerisch ich oft gewesen war, doch Neigung habe: – Soldat zu werden. Was mich dahin zieht ist auch ein törichtes, störrisches Rachegefühl: Die Gefg. halten nicht mehr zusammen, alles intrigiert gegen einander u. bröckelt auseinander. Dann: die Russen setzen uns auf die Straße, wollen uns so in die Internat. Abteilg. zwingen – „so sollen sie's haben, – und sehen wie es ihnen bekommt". – Dort ist der Zwang des Zusammenhalts – anders hält dies demoralisierte Gesindel nicht mehr zusammen! – und Gewicht u. Kraft haben wir nur als einheitliche Masse. Auf der anderen Seite zwar die Möglichkeit für Einzelne „durchzu-

schlüpfen" – hier ist das Schicksal des Einzelnen an das der Allgemeinheit gekettet. – Wenn man einen Blick voraus in die Politik hätte! – Führt Deutschld. Krieg u. geht mit Rußld. dann werden wir ohnedies mobilisiert u. wer früh u. freiwillig kam hat Vorsprung. Andererseits, die Gefahr sich die Rückkehr in die Heimat zu verwirken u. auch hier sich in eine verzweifelte Situation zu stürzen. Aber gerade diese Gefahr u. das große Risiko reizt. – Wie ein Schmetterling tanze ich um diese Flamme. Und all das heftige Für u. wieder-Reden ist ein kämpfen um etwas was einen in seinen Kreis zieht. Ich komme mir dabei vor wie eine der determinierten Figuren in Dostojewskis Romanen (eine Stelle zB. – einer sieht eine Hacke u. nimmt sie sinnlos, oder ein Messer in einer Auslage fällt ihm auf, – oder Raskolnikoffs gefährliche Unterhaltung mit dem Richter). – Andere Möglichkeiten sind: doch noch einen Posten durch Vermittlung der Professoren zu erhalten, oder im Spital eine Anstellung, oder in einem Bad als Aufseher, oder als Holzfäller oder in einer Schiffswerft. Alles in Schwebe. – Oder doch mit einem Arbeitertransport nach Westen fahren u. sein Glück versuchen. – O Gott!!! – – –. Gestern anläßlich der „Transport-Woche" an der Bahnstrecke Schnee geschaufelt. Effekt: Muskelschmerzen und arge Erkältung.

8.III.20.
– Gestern Sonntag, Gensers 32. Geburtstg. mit Tom bei Benkowitz. – Endlich nach 5 Jahren – einen festen Entschluß gefaßt. Unbeirrt von allen Gerüchten gemeinsam auf einen Weg in die Heimat, auf eigene Faust hinzuarbeiten. – Gehobene Stimmung, endlich ein Ziel zu haben u. Aktivität zu entwickeln. Unter dies Ziel ist nun das Leben der nächsten Monate unterzuordnen. – Resolution: 1. Geldbeschaffung 2. Ankauf u. Sammlung von Proviant u. Tauschmitteln 3. Vorschlag: <u>Informationen</u> über den Weg per Schiff ob abwärts bis Obdorsk, von dort durch Schweden u. diesbezügl. <u>Verbindungen</u> anknüpfen (<u>meine</u> Hauptaufgabe) 4. Wenn sich dies Projekt als durchführbar erweist unbeirrbar f. seine Verwirklichung arbeiten. Nur wenn undurchführbar, sofort ein neues ausarbeiten. Es wird nichts aufgegeben, bevor nicht etwas ganz Positives von offizieller Seite für einen allgem. od. Invalid. Abtransport, bis zu dem Tage an dem wir zu selbständiger Handlung schreiten, geschehen ist. – Glück auf! – Durch Pfeiffer <u>Stiefel</u> bekommen (die alten Schnürstiefel unreparierbar) 770 Rubl. – Sie sollen mich heimbringen. – Lagerräumung verschoben!

11.III.
– Über unser 1. Projekt nur Ungünstiges. – Versuch bei einem Arbeitertransport heimzukommen. – Vorgestern z. 1.x bei Prof. Denike (Kunsthistoriker) gewesen – eigentlich einer Anstellung od. Arbeit halber. Einige schöne Bücher u. Bilder gesehen. Im Apollon Heft I. 1915 Sachen von <u>James Ensor</u> (ein Ölbild „Intrigue" – sehr stark). Er spricht leidlich deutsch. Später kam eine Lehrerin aus dem Polytechnikum und Univ. Prof. Diel. (– Diese jungen Professoren hier sind lauter

ganz unbedeutende Leute) Unterhaltung deutsch geführt. Tolle Situation: als Salonmensch sich über Kunst u. Anstand zu unterhalten und dabei zu wissen, daß man in den nächsten Tagen auf der Straße liegen kann u. in ein Arbeiterbataillon eingereiht werden soll. – Die Leute helfen einem nicht; – könnten es wohl auch nicht, selbst wenn sie wollten. – Lauter „ausgefallene Ideen". – Doch entschloß ich mich gestern Abd. dem Angebot als Zeichenlehrer im Polytechnikum nachzugehen, und falls ich die Stelle bekomme, es zu wagen. – Es könnte sehr schön werden.

12.III.20.
Gestern vorläufig vergebliche Bemühung. Die Schulen werden neu formiert. Als ich um 5h zurück ins Lager kam, treffe ich Hauptmann Ulrich, der mich durch seinen Hausherrn einlud (um fremder Einquartierung zu entgehen) sein Zimmer mit ihm zu teilen. Noch gestern die Ordre dazu eingeholt u. den Abend in seiner u. Dr. Ein's Gesellschaft verbracht. Ein herrliches Haus mit wunderbaren Zimmern, Bad, Elektrisch, etc. – Ziehe in den nächsten Tagen dort ein – privatisiere womöglich noch einige Wochen um das Lagerleben los zu werden, u. sehe mich dabei um eine Anstellung um. –

14. März 1920.
In der Акимовская улица 8. квартира [Achimowski Str. 8] Abends. – Heute hierher übersiedelt. – Morgen womöglich schon einen Dienst annehmen u. alles tun um Geld od. Verpflegung zu bekommen. – Es ist vielleicht sehr gewagt – aber es bleibt uns ja nichts anderes übrig. In Basandaika müßte ich in einer Werkstätte arbeiten. Hier kann ich m. freien Stunden doch schöner u. nützlicher verbringen. – Hungern heißt es auf jeden Fall – alles hungert. Nur kann es zunächst ganz schlimm werden – ich werde mich förmlich durchbetteln müssen. – Deprimierend dieser Umzug. Am 10. Juli 16 habe ich das Lager bezogen – wie freudig haben wir uns den Auszug immer vorgestellt. Nun müssen wir – solange eingesperrt – unter den ungünstigsten Verhältnissen u. von vornherein benachteiligt, durch unsre Bettelarmut und Unkenntnis der Sprache u. Sitten den Existenzkampf aufnehmen. Fast keiner von uns wirklich in seinem Beruf. Und alles Sichhineinzwängen in diese Tretmühlen bringt nicht mehr ein, als daß man sich vor dem Erhungern (wörtlich!) schützen wird. – Manchmal kommt eine entsetzliche Apathie über mich, ich verliere den Glauben jemals heim zu kommen, oder auch nur in geordnete Verhältnisse. –

15.III.
Morgens. – Gut geschlafen – auf dem Fußboden, Hptm. Ulrich liegt im Bett, trat mir aber seinen Strohsack ab. Fürstlich war mirs – vor 6 J. in der Einjährigenschule ein Greuel – so bescheiden wurde man. – Kalte Tusch! Dann Schuhe herrichten, auskehren etc. Kaffee u. Brot. – Schneefall. Bäume vor m. Fenster – ja-

panisch. – Mittags. – Im Lager 2 Teller Kartoffel, 1 Suppe, 1 Stückchen Fleisch u. 1/2 p Brot gegessen. – Vorm. bei Готов Матиевич [Gotow Mateiwitsch] angefragt u. erfahren, daß ich in der Мастерская [Meister-Schule, Kunstakademie] – das einzige, was ich bisher für sicher hielt, auch kaum eine Arbeit bekomme. Man scheint mir dort auch nicht gewogen. Bei Poljakoff war ich auch, – er ist vielleicht der Einzige der es wirklich gut mit mir meint, der mich als Mensch u. Künstler schätzt – man sieht ihm an, daß es ihm wehe tut mich als Ausländer hier leiden zu sehen, aber er ist ja selbst ein so armer Teufel, hat mit seinen Kindern nichts zu knabbern – auch ist er, weil er sich gegen all den Unfug „prolet. Kunstgeschreis" passiv verhält einflußlos u. überhaupt unpraktisch u. energielos. – Abends. – Beim lieben Tom gewesen. Ihm tuts auch weh, daß ich in der Luft hänge. Vielleicht komme ich doch noch dort in der Lehrmittelwerkstatt unter. Bekam auch eine Empfehlung an Univ. Prof. Кузнецов [Kuznetzoff] für ein gleichartiges Unternehmen, von Prof. Борис Петрович Денике [Boris Petrowitch Denike], den ich nachher aufsuchte u. mich angeregt unterhielt. (Über Egger). Gab mir Versprechungen mich in aller Weise zu rekommandieren (Verkauf v. Zeichng. Deutsch- u. Zeichenstunden). – Bekanntschaft mit der Sängerin nebenan. Spricht deutsch (aber ungern), sieht individuell aus und scheint sehr kapriziös zu sein.

16.III.20.
– Den Nachm. mit Tom verbracht; er ist so lieb zu mir, füttert mich noch u. strengt sich nun an, daß ich in der Lehrmittel-Mastjerskaja wo er arbeitet ankomme. Ich hätte mich eben anfangs nicht höheren Hoffnungen hingeben sollen. Abends bei Prof. Кузнецов [Kuznetzoff] glatt abgewiesen: «работы для вас нет» [Arbeit für sie nicht]. Von Prof. Гвоздев [Gwosdjeff] mitgebracht: H. Bang „Hoffnungslose Geschlechter", Peter Nansen „Julies Tagebuch", F. Blei „F. Rops", Rilke „Rodin", Hofmannsthal „Unterhaltungen über liter. Gegenstände", W. Brecht „Heinse und der ästhetische Immoralismus". – Renne wie ein gehetztes Tier herum und finde keine Anstellung, kein Brot! Eine Situation die mir ganz neu ist, von der ich nie geträumt habe, die ich nur vom Hörensagen kannte. Es ist eine schwere Lage, sehr grotesk, tragikomisch, – man fühlt sich wie ein Seiltänzer – tanzend über einem Abgrund, ein Bajazzo – lachend, mit der blutenden Wunde in der Brust. – Dazu bekam ich heut Post (erhielt sie in der Монастырская 16) [Klosterstr. 16] eine Karte von Otto vom 17.1.18 – „ ... Meine Arbeiten machen mir große Sorgen" – mir die Nahrungsbeschaffung Du bester Freund! – und eine Verlobungsanzeige von Lili – „Elisabeth" – Gräf – mit Dr. med. B. Malkwitz – von Weihnacht 1917 – ich glaube Joh. schrieb daß dies längst wieder aufgelöst. – Otto aus Jena. – Er schreibt von seinen inneren Nöten, deutet was von Fränze an, findet immer wieder, daß er noch wenig geleistet, lobt wieder die Zchg. nach Marile 1913 – seine farbigen Wünsche wachen auf. – Schöne Arbeiten – „musikalische Feierlichkeit" – von Kuithan gesehen, seine Frau zeigte

sie ihm, bei ihr war er viel. – Mehr als 2 J. liegt dies zurück. –
In Deutschld. Umsturz, angebl. monarchistisch, kann unsere Lage verschlimmern. Quälende, entsetzlich grauenvolle Träume.

17.III.
1/2 7h aufgestanden. Tusch! rasieren, aufräumen, Stiefel putzen. Vorm. gelesen. (Unterhaltung Balzacs mit Hammer Purgstall in Döbling) – der große, herrliche Balzac! – wie artistisch (im tiefen, besten Sinne – etwa wie Nietzsche – „die Kunst sein Vampyr") er den Künstler erfaßt – eine Bestätigung – wenn gleich ich mit derselben Heftigkeit den Whitmanschen-Rimbaudschen Antiartismus vertrete – es kommt doch aufs selbe hinaus – eben das Leben, das Erlebnis nehmen wir artistisch (wir sterben nie daran – es bleibt eine Form). – Lageressen, Benkowitz, Tom, abends bei Stiegelbauer zum 1. x zu Gaste. Aus schöner Tasse Milchkaffe, in hübschen Tellern Gebäck. Seiner Geliebten nur flüchtig vorgestellt – eine Frau die schon viel gelebt zu haben scheint. – Nachher im Hause bei Familie Недоводев [Nedowodeff]. Sympathische Leute, jetzt verarmt, plötzlich. Gewöhne mich schon allmählich an das Leben heraußen, bewege mich freier (anfangs ganz wie eine vorsichtige Ratte) und erwache zur Aktivität. (Ich fürchte – ich habe es von andern gehört z.B. Dr. Molé – daß eine Reaktion kommen kann, eine Art Krankheit – die das langjährige Gefangenenleben – das Grab – wie einen Infektionsstoff erst ausscheiden muß. Es wäre jetzt gefährlich, gerade jetzt, ich brauche Aktivität, eine energische, aufs Gegenwärtige, Praktische gerichtete, – sonst – wenn mich jetzt Schwäche befällt, kann ich umkommen.) –

20.III.
– Gestern Nacht ein heiterer Traum: ein Herr lud mich ein, doch nicht durch Rußld. zu fahren, sondern als Gesellschafter u. Künstler mit ihm über's Meer – wogegen ich mich nur verpflichte ihm aus der Ausbeute einer Woche eine Zeichnung zu geben. – Abends bei Denike; Gespräch über die rätselhaften Fresken im Благовещенский собор [Basilius Kathedrale] in Moskau (ob von einem Italiener od. Russen italien. Schule). – Die frührussische (antik, byzantinisch u. italien. beeinflußte) Kunst für mich Neuland mit unendlichen Fundgruben! Dann über Politik. – Er hält den Sozialism. in dem noch unzivilisierten Rußld. für viele 100 Jahre zu früh. Hält den Bolschewismus, da er die Individualität nicht berücksichtigt für unhaltbar, kulturhemmend. – Lebte 2 Tg. in Aussicht auf das Darlehen – das sich nun wieder hinausgeschoben, ziemlich sorglos. – Nach mir gezeichnet, aber erfolglos, keine Konzentration. Möchte orgiastische Zeichnungen nach Weibern machen. – Mittags in der «секция изобразительных искусств» [Abteilung der darstellenden Kunst] gewesen und heute (vermutlich da die 3 ungar. Maler weggehen wollen) aufgenommen worden in den «штат художников декоративы художественной мастерской» [Personalstab der Werkstatt für ‚dekorative' Malerei]. – Die Gehaltsfrage ist noch nicht gelöst.

Die Arbeit zu der ich so gar kein Geschick habe (Plakate, Dekorationen, Kulissen, Aufschriften etc.) wird übel sein u. noch schlimmer die Stunden blödsinnigen Wartens u. Trödelns (so soll's dort sein, man muß ca. von 9h Vorm. – 4h Nachm. in der Masterskaja sein, wie ein Beamter. Montag unser Feiertag. Wenn viel Arbeit, wird bis spät abends gearbeitet.) – Schön sind die Stunden in denen ich allein im Zimmer bin – endlich nach so vielen Jahren einmal in einem Zimmer allein! – aber ich kann nichts tun, noch, kaum lesen – bin erfüllt von einem namenlosen Weh, einer unbestimmten Sehnsucht u. nervösen Unruhe. – Wenn das Trillern der Наталия Феодоровна [Natalia Feodorowna] zu mir herüber klingt, – fällt mir die Hensstraße 12 in Weimar ein u. die erste Zeit dort mit der Schauspielerin Dora Schlüter. – In Deutschland angeblich jetzt bolschewistischer Umsturz – dadurch mehr Aussicht heim zu kommen, wenn auch mit Waffe! – Übrigens behauptete ein Herr vom Stabe Smirnoffs (Außenminister) daß alle Ausländer baldmöglichst aus Rßld. ausgewiesen würden! – Heut war ein junger Arzt da, besuchte Dr. Ein. Holländer aus Java, russ. Untertane, zarter Mensch mit bleichem, sehr femininen Gesicht u. wunderbar klaren, ganz lichtblauen Augen. – Zuweilen begegnen einem Menschen, die „heraußen" gelebt haben, – vor denen mich ein Gefühl überkommt, – als hätten wir von dem jahrelangen Zusammenleben mit 100en von Gefangenen etwas Gemeinsames bekommen, als wäre viel Individuelles in der Kerkerluft verkümmert, zurückgedrängt u. überkrustet.

22.III.

Dienstag. Unser einziger Frei-tag. Gestern um 3/4 9h meinen „Dienst" angetreten. Im ganzen vielleicht 2 1/2 Std. gearbeitet – fürs Новый Театр [Neue Theater] Suffitten mit Mauerquadern versehen. Daneben hatten die Schauspieler Probe. Ganz interessante Atmosphäre – „hinter den Kulissen." Die übrige Zeit, da keine direkte Arbeit war, vertrödelt. – Von 3–4h noch aus Liebenswürdigkeit für einen Kollegen nach ihm eine Porträtskizze gemacht. Abends dann mit Tom bei Benkowitz. Endl. wieder einmal gehörig satt gegessen.

24. III.

Gestern Plakat (für die „Reinigungswoche") gemalt. Dann «дежурство» [„Wachhabender"] – (in diesem Dienst bis 9h verpflichtet in der Masterskaja zu sein u. allenfalls eilende Arbeiten erledigen – so zB. gestern 2 Leisten an Koulissen fürs Theater anstreichen). собрание [Tagung] Mme Вериго Чудновская [Werigo Tschudnowskaja] kennengelernt. Hernach ein Stück von Boccaccio mit angesehen. – Das Theater eine mich sehr anregende Athmosphäre! – Heut wieder Plakat. – Sehr ungeschickt – ganz unvermögend „auswendig – zu komponieren" und in den Leimfarben keine Erfahrung. Ich fluche über die „gemeine Arbeit" – aber da wir doch ganz frei sind – warum ließe sich nichts leisten? O – ja, man könnte schon, man könnte ganze Bilder malen – Herbig zB. könnte es gewiß. – Vielleicht lerne ich mit der Zeit allerlei Praktisches. – – Skizziere soviel als möglich – die Collegen dort u. in den Straßen. – Esse von 2–3 od. 3–4 in der „Sowjetskaja", – oder Studjetskaja Stolowaja [Speisesaal]. – Nachts oft märchenhaft schöne Stadtbilder (Brücken, russ. Kirchen, beleuchtete Fenster, Sterne).

25.III.
– Abends Schnee geschaufelt – (alle Hausbewohner sind dazu verpflichtet). – Dann Wannenbad – das letzte hier 1916 – das vorletzte in Salzburg Mai 1915! Herrlich !!!!! – Endlich mit der Miliz, Fassungsbuch etc. alles in Ordnung. – Leide in der Mastjerskaja durch meine Unbrauchbarkeit – ich bin eben ganz gottverlassen, wenn ich keine Natur vor mir habe.

26.III.
– Heute mußte ich einen Rokokospiegel fürs Theater improvisieren. Am Ende geht es doch – wie Katzen schwimmen, wenn man sie ins Wasser wirft. – In der студентская столовая [Studenten-Speisesaal] tragen Mädchen auf, dies erinnert mich an München. – Trotz aller Mühseligkeiten (viel Hunger fürs erste – Mittags 1 Suppe u. eine handvoll Erbsen z.B. u. abends ein Stückchen Brot) freut mich das Leben heraußen, das Gefühl der Freiheit.

27.III.20.
Vorm. im [unleserlich] bei der Registration gewesen. Neue удостоверение [Bescheinigung] erhalten No 1128. – Man spricht von der Möglichkeit eines Krieges mit Japan, ein Mob. Befehl ist angeschlagen u. man spricht auch von einer Mobilisierung der Ausländer. – Mir ist wirklich alles schon gleichgültig; ich fühle mich von der Heimat u. m. früheren Leben abgeschnitten, einsam sinkend. – Ich bin wie ausgebrannt, müde – frage zuweilen nach alten Leidenschaften u. suche in der Asche nach Glutfunken. – Las eben ein schönes Buch der Liebe (Julies Tagebuch v. Peter Nansen) u. sah weit zurück, wo ich wie ein Fürst in Weimar lebte. – Alle Sorge dreht sich um das Fressen – und am Ende sind es die besten Stunden, wenn ich mich wieder mit Brot gehörig anstopfen kann. – Manchmal blitzt mirs aus dem Dumpfen, Dunkeln auf: ich suche eine Frau – die mich mit einer Leidenschaft erfüllt, und manchmal bin ich dicht hinter einer Wand die ich sprengen möchte – mich dem Taumel – „o schmerzlichster Genuß" hingeben möchte, eine wilde, blutige Orgie. –

29. Montag.
Gest. Abds. bei Benkowitz wieder einmal gehörig angegessen; es bringt mich immer in eine gute, kräftige Stimmung. Dazu die Freude auf den heutigen freien Tag. Хава [Eva] sollte zu mir kommen (Zeichnen). – Kein Geld mehr. Wahrscheinlich bekomme ich II. Kategorie u. dann ein Gehalt von 3900 Rubl. – aber wann?

30.III.
– Sah gestern in der Studentenmensa eine schöne, interessante Frau. – Mein Selbstbewußtsein muß gelitten haben. Ich getraue mich an eine großartige Frau nicht heran. Vielleicht ist es auch ein Unsicherheitsgefühl im Verkehr, zumal ich mich ja nicht ausdrücken kann. Frage mich, – was kannst Du denn jetzt geben? – sie wird Dich auslachen müssen u. mich für sehr naiv halten, daß ich mir einbilde „ich könne es sein" – „wer sind Sie denn?" „‚Kriegsgefangener, Deutscher, Offizier, Künstler' – in der Werkstätte?" – Und für die Alltagstypen kann ich mich nicht erwärmen – und will Sie nicht einmal betrügen. – Es haftet mir etwas vom Blicke derer an die die Welt von unten sehen, der Schlechtweggekommenen, der Bettler. Und es ist mir eine geheime Wollust so am Rand zu stehen und Fußspuren zu küssen. – Jedenfalls bin ich tief in die Seele der Kleinen, Armen, Gebundenen hineingekrochen. – Wenn ich wieder einmal „hinauf" komme, kann es eine weite Perspektive geben. – Sehe, unter dem Muß der gegenwärtigen Arbeit, manche Dinge in Bezug auf Komposition, Struktur u. Farbe interessiert an, meine Augen sind wachsamer. – Auch Bilder – zumal solche die ich sonst immer instinktiv übersehe u. Photogr. suche ich nach „Verwendbarem" ab. – Jetzt sind Entwurfsskizzen für Theaterdekorationen zu machen.

4. April 1920.
– Ostersonntag. – Morgens. Bis zum Theater 5 mal angehalten worden; ohne Dokumente darf niemand weiter. Die Mastjerskaja gesperrt. Kugle mich vor Vergnügen so nun doch zu einem Feiertag zu kommen. –

5.IV.20.
Unter großen Schwierigkeiten bis zu den roten Kasernen gekommen. Bei der 4. Miliz, wo ich 2 Std. auf einen Propusk gewartet habe, Tom getroffen. Zusammen zu Benko gegangen, bald darauf kam Genser. Vorzügliches Essen u. in Masse. (Reissuppe mit Rindfleisch u. Ochsenmark, Faschiert. Braten mit Kartoffeln, Reis und Preiselbeer, Käse, Butter, Leber- u. Blutwurst, Mohnstrudel, Schnaps, Kaffe, Thee m. Zucker, Zigaretten.) Bei ihm übernachtet, ich mit Tom auf einem Lager. – Erlebnis. 1 Std. geschlafen. Aus den Resten ein herrliches Frühstück, dann direkt in die Mastjerskaja. – Nun sehr müde, passiv u. verträumt. Abds. noch bei Knauer. –

6.IV.
Abds. in müder Stimmung nach dem Spiegel gezeichnet; den Rest bei Frau Natalja Fjodorowna verbracht – die ich am Ostersonntag zu zeichnen begonnen habe. „Damenköpfchen" feine, kapriziöse, reiche Formen. Schöne Erinnerungen an Weimar. – Ich getraue mir nicht, bin ganz leise u. vorsichtig. – 30 Zchg. in die Ausstellung getragen. – Immer viel zu tun. Stelle mich allmählich mit den Collegen ganz gut. –

8.IV.
Neuen Mittagstisch entdeckt, wo man sich einigermaßen satt essen kann – aber 46 R. – „gefaßt" – gegen geringe Bezahlung: 9 p 3. 2 p 2. Sorte Mehl, 1/4 p Zucker, 1/4 Tabak (Blätter), 2 p Salz, 1 Stück Seife, ein wenig Thee. – Da dies das „Pajok" [?] der Arbeitenden, mein erster Gewinn aus m. Tätigkeit. – Das Dienstmädel, eine Finnin, hat mir gebacken (ein 4 cm² großes Würfelchen Hefe kostet 20 R.!) u. ich komme mir nun beim Anblick der Brotleibchen ordentlich Bourgeois vor. – Heute Haarschneiden lassen – 20 R.! Schnee geschaufelt. – Gestern bei Prof. Denike eine sympathische älter Dame (Generalstochter, die gut deutsch kann) kennen gelernt.
Аполлон [Apollon] 1915 I (J. Ensor) 6.7. (Japaner) u. J.M. Graefe „Marees" entliehen. – Deutsche kommen in Rußland zu Nationalstolz. –
Abends – die japan. Aquarellfarben zu probieren, bei Licht eine Studie nach Spiegel. – Was für eine Lust wäre das Malen! – Meine Kunst ist intim u. eine ganz private, geistige u. herzliche Angelegenheit. – Ich fühle Lust größere u. allgemeinere Sachen zu machen; angeregt durch die Dekorationsarbeit, bei der ich doch allerlei lerne od. dessen mich doch befleiße. Versuche mein Können, od. doch Talent auszunützen, ins Praktische umzusetzen.

12.IV.20.
(russ. Ostermontg.) Arbeiten (resp. man ist anwesend u. tut so, wenigstens die Meisten) über die Feiertage. – Gestern bei Benko wieder ein Festmahl. Mme. Ragotschowa (Oberste Schwester in den rot. Kaserne. – Kommunistin – eine tolle Type, Mannweib mit viel Lebenserfahrung u. Praktik, sehr beredt u. klug u. energisch) abds. bei mir gewesen. Interessiert sich f. mich. Vermeide unbedingt jede erot. Annäherung. Habe nach ihr gezeichnet. – Heute Eröffnung der Ausstellung. Habe 30 Sachen dort (9 große, 16 kleine u. 5 Schnitte – Preise von 200–2000).

14.IV.
Gestern war Irresberger bei mir. Er hat sich als Feldscher gut eingearbeitet, freut sich an der Arbeit – fühlt sich nun aber doch in der Umgebung nicht wohl. Er sieht gut aus u. war sehr lieb. – Wir haben keine Feiertage (angebl. nächste Woche) – arbeiten schon 14 Tage durch. Bin sehr verärgert deswegen u. noch geplagt von allerlei Sauarbeiten – (Wäsche waschen, Schnee schaufeln, Schuh putzen etc. –) komme zu gar nichts. – Abends. – Ich denke wenig heim – habe z. Glück keine Zeit dazu. Geschieht es, bin ich voll Haß auf dies verfluchte Volk und daneben kommt eine müde, wunde Sehnsucht über mich. O, die Güte u. Größe der geliebten Frau – in deinem Schoß möchte ich eine Stunde ruhen – und zu einem neuen Leben erwachen. Oh – Du setzt nicht den Fuß auf mich – vor Dir darf ich niedersinken. – Las wieder Ottos letzte Karte von Jänner 18 aus Jena. Wie mir graut vor mir, meiner jetzigen skrupellosen Arbeit – ich bin ganz demütig u.

klein, erbärmlich geworden. Manchmal kommt eine entsetzliche, lähmende Angst über mich – mein ganzes Streben nur ein Traum, er wird sich nicht mehr erfüllen. – „Manche freilich müssen drunten sterben –".

16.IV.20.
– Hauptmann Ulrich ist heute nach Basandaika übersiedelt. (Seine Abreisepläne sind alle vereitelt – zumal ein Befehl nun allen Ausländern verbietet nach Westen zu fahren, u. er hat den Existenzkampf satt bekommen.) – So wohne ich denn allein im Zimmer (– seit 1914!). Es wäre mir aber lieb, wenn Tom einzöge, er würde sich sehr wohl fühlen.

18.IV.
Gestern z. 1. x im Theater mit Tom. (Wir haben eine Loge im Balkon u. 5 Pl. i. Parterre.) Operette „Chadschi Murat". – Ich würde nun Opern besser als früher ertragen, da ich keinen Naturalism. darin verlange. – Die russ. Sprache hört sich wunderbar an, denke zB. unbedingt schöner als die deutsche für ein fremdes Ohr). Sehr übel ist das Publikum, alles in Mänteln u. Mützen, auch die Lokalität furchtbar ordinär – die „Stimmung" „Theater" ist es ja die ich vor allem liebe. – Mawa getroffen. – Abds. ein Mädchen, von früher bekannt, ein Stück begleitet. Sie wäre „frei". Hat zarte weiche Hand, ein lustiges, mongolisches Gesicht.

19.IV.
Montag. Endl. ein freier Tag nach 20 Arbeitstagen. – Gestern Tom u. James [Josef Genser] bei mir. Im Hof Schnee geschaufelt. Viel Ärger. Beide Tische aus dem Zimmer genommen. Mißverständnisse mit den Hausleuten. James bei mir übernachtet. – Vorm. nach der Sängerin gezeichnet. Nachm. im Marees gelesen. Wähle die Bilder Marees anders aus und den Text Graefes – als 1914. – Abends bei Benkowitz dann bei Schwester Рагочова [Ragotschowa], scheint verliebt in mich. Bei aller Tollheit u. Arbeitswut scheint sie lebensmüde. Ihr Knabe sofort zutraulich (wie ich dann sah zu allen Männern – die er alle Onkel nennt). Später kam Schwester Мура [Mura] total eine andere als ich sie neulich sah: damals nach dem Typhus ein zartes, ätherisches Geschöpf u. heute ein strotzendes, Sinnlichkeit aussprühendes, wildes Mädchen, das sich vollkommen wohl fühlt in der Gesellschaft von 3 Matrosen – die mit ihr kamen. (отряд коммунистов) [kommunistische Abteilung]. Ein unerquickliches Gefühl – wie diese Naturburschen sich durch ein paar Höflichkeitsphrasen den Anschein von Zivilisation geben wollen u. gleich darauf voll Unverschämtheit u. Pöbelhaftigkeit sich aufführen, all diese Menschen sind voll Ressentiment gegen jede Kultur. Eine übelste, verderblichste Art Halbintelligenz. – Heimweg im Dunkel bis an die Knie in Kot u. Wasser. –

20.
– Heute u. morgen noch frei! – Leider klappts mit den Modellen nicht – Pünktlichkeit od. daß ein Versprechen bindet – also zu mindestens in Schuld bringt wenn mans nicht hält – scheint hier unbekannt. W. Brecht „Heinse" gelesen. – Freu mich auf den „Ardinghello" – den muß man lesen! – Überhaupt Heinse. Abends in Prof. Гвоздев [Gwosdjeff]'s Bibliothek gestöbert, ich habe den Rahm wohl schon weg.

21.
– Vorm. nach der kleinen 12-jährg. klugen Тамара Тренкин [Tamara Trenkin] – dem Töchterchen der Dame die früher hier wohnte, gezeichnet. Sie sind (der Mann hier früher sehr mächtig, starb an Typh.) in Not u. Verfolgung, wollen weiter hier wohnen, aber alles scheint dagegen. – Dr. Ein als Zeuge zur Ziviltrauung mit Lydia Alexandrowna begleitet. – Nun mit Essen schon ganz auf Theater angewiesen, dort noch am Besten u. Billigsten. 30 R. u. ich habe Credit. 1 p Schwarzbrot 40 R. Die Verhältnisse verschlechtern sich. Nirgends mehr was zu kaufen, man kann nur in den Sowjet-Stolowajas essen, muß sich stundenlang dort herumdrücken um eine schlechte Suppe. – Bin viel verärgert und mein Haß gegen diese erbärmliche Nation wird immer böser. O, wie ich sie hasse! Ich wünsche mir oft nochmal einen Krieg. Ausrotten soll man sie u. den Rest unterjochen. Ganz R. aufteilen. –

Heft 7: 22. April 1920 – 8. Juli 1920

Ende April bis 8.VII. Tomsk, –
Heimreise

22. April 1920.
– Der grüne Haß zehrt an mir. Was ich bei mir für unmöglich hielt, geschieht: Nationalhaß hat sich meiner bemächtigt. – Einzelne Menschen – rein als Menschen genommen, d.h. sofern man keinerlei amtliche od. geschäftliche Beziehungen zu ihnen hat – sind prächtige Leute – aber ich verachte die Nation. Ich bin dazu gekommen – wovor ich mich früher immer gehütet – die Verhältnisse unter denen wir alle die Jahre gelitten u. die jetzt ganz unerträglich sind – nicht mehr den „Dingen" od. Einzelnen zuzuschreiben – sondern alles letzten Endes auf Rechnung der Nation zu setzen. Vielleicht ist es falscher als wenn ich's je getan hätte. Aber es gibt meiner Wut ein Ziel. – In guten Stunden umfasse ich wieder alles in verstehender, hilfsbereiter Liebe.
Ich komme leider in der freien Zeit sehr wenig zum Arbeiten. Muß immer zusehen wie ich zu einem Stückchen Brot komme —. Ich habe zu wenig Kraft. Meine Energie flackert immer nur auf – ich bin meist so entsetzlich matt. – Und schrei-

be dies der ganz ungenügenden Ernährung – bei m. ohnedies heruntergekommenen Zustande zu. (Einmal im Tag einen Teller Wassersuppe mit einem Fetzchen Pferdefleisch, 2 Stückchen Brot, u. 3 Löffel Griespapp – Abends Thee.) – Plötzlich wirds nun Frühling, die Luft ist schon lau u. duftet nach Erde. Oft träume ich – von Paradiesen. – Der Gedanke an die Existenz einer Johanna – an das Leben mit einer Frau, so wie ich es heute – reif – vielleicht auch „müde u. wissend" geworden, erleben könnte – macht mich unfähig irgendwelchen Surrogaten u. Lügen nachzujagen. Ich habe so wenig Lust mehr zu Spiel u. Betrug und Halbem – Tausendsteln. – Man spricht von einem offiziellen Abtransport der Ende Mai beginnen soll. Ich glaube halt schon gar nichts mehr. Lache voll Hohn über alles u. will nicht dran denken.

25.
Mit den Arbeiten f. 1. V.[orstellung] wurde begonnen. Das 1. Plakat das ich hierfür heute begonnen, freut mich. Ich gewöhne mich besser an das große Format (3/4 lebensgroße Figur) und die Leimfarbentechnik. Abermals Schneefall, in der Nacht Frost, und Hochwasser (wie seit vielen Jahren nicht – hat den Vorteil, daß das Elektr. die ganze Nacht brennt). Sehr schön, romantisch, an Nordpolexpeditionserzählungen erinnernd – die Eisberge am Tom. – Gest. in Новый Театр [Neues Theater] [Rest unleserlich].

26.IV.
– Ausstellung beendet – meine 30 Zchg. wieder zurück. Das Museum „wollte" 1 Zchg. ankaufen. 1 Std. in der Bibliothek der Eisenbahn verbracht. Zart dekorativ: „Die Kunst" u. „Jugend" angesehen. – Egger! Er ist gut – aber gar nicht das was ich möchte (wenn gleich ich gegenwärtig viel „eggere" – aber das ist ja die Gemeinheit!) – Auch seine glatte, fertige, simple Technik mißfällt mir. Ich liebe es so sehr, wenn man in der Mache das Impulsive des Schaffensfiebers fühlt – wie bei Daumier, v. Gogh, Lautrec, Munch, Rodin. – Die „Jugend" ist doch sehr schwach – diese ganze, eigentliche Münchner Malerei (Stuck, Jank, Diez, Putz, Rieth etc, etc.) nicht mehr als ein sehr derbes Handwerk. Doch war es wehmütig – die vielen Erinnerungen an das liebe München. – Abends bei Tom, Nowikoffs u. Prof. Гвоздев [Gwosdjeff]. – Das Schöne, Gute an m. jetzigen Leben ist, daß ich den „Gefangenen" doch schon ganz los geworden bin u. mich wieder frei u. als Mensch bewege. – Ich fühle auch – trotz der vielen Müdigkeit – daß ich noch was wert bin u. sehr aktiv sein könnte – ich brauchte nur genügend Nahrung. – Auch schleicht sich wieder die Hoffnung diesen Sommer heim zu kommen bei mir ein. —

27.IV.
Es ist unbegreiflich, wie die Leute leben. Am Markt ist nicht einmal mehr Brot zu bekommen. In den „Sowjet Stolowajas" (noch die einzigen) bekommen nur So-

jusmitglieder, Sluschaschii, Arbeiter (gegen Vorweis der Karten) u. dort nur von 12–4. Überall muß man stundenlang anstehen u. bekommt schließlich erst nichts. – Häufig passiert mir, wenn ich erst nach der Arbeit um 3^h komme, daß ich ohne Essen bleibe. Bin dann darauf angewiesen, daß ich irgendwo zu Gaste wenigstens Brot bekomme. – Und es gibt nichts Schlimmeres als Hunger! – Ich könnte manchmal vor Wut über dies erbärmliche Volk weinen. – Im eigenen Land u. wenn die Notwendigkeit eingesehen wird, läßt sich all dies noch ertragen; aber hier, wo wir widerrechtlich gehalten werden u. wo es doch wirklich nur Schlamperei ist, daß jetzt gehungert werden muß! Es wäre möglich, daß das Ende ein großes, entsetzliches Judenpogrom ist. – Abends einige Scenen der „Lustigen Witwe" (**Весёлая Вдова**) angesehen. – Ein Hohn! – **Хава** [Eva] soll morgen bestimmt kommen, – der erste weibl. Besuch, der mir Freude machen wird.

28.IV.
Хава [Eva] war bei mir; nach ihrem Kopf gezeichnet. Er hat aber nicht mehr den Reiz für mich, von dem ich einmal eine Nacht geträumt. Ihr Körper muß aber herrlich sein – monumental wie die Leiber Maillols. – Ich war ganz ruhig; es scheint als hätte sie den richtigen Moment versäumt. –

29.IV.
Der russ. Künstler **Милашевский** [Milaschewski][71] war bei mir, – ein sehr tüchtiger Zeichner. Strenge, an den Altdeutschen geschulte Zeichnung, – vielleicht zu bildhauerisch – erinnert mich an mein früheres Streben. – Ein ganzer, origineller, sehr energischer Mensch. Sehr ehrgeizig – – wie ich den Künstler verlange – seine Arbeit eine Ausübung des Willens zur Macht. – Er ist auch klug u. kennt vieles. – Voll Bewunderung für meine Zeichnungen. – Möchte mit mir wegreisen u nach Deutschld. – Wollen Wege suchen. –

30.IV.
– Frühling. – Am „Korso" blühen einem die Mädchen entgegen (woran sie blühen können? haben sie denn auch nur eine Suppe im Magen?) – Lieblich anzuschauen – genieße kühl. Ihr Duft verwirrt u. irrt mich nicht mehr. – **Наталия Феодоровна** [Natalia Feodorowna] **Гаионовя** [Gaionowja] – die Zirze – wird zutraulicher – „Man sagt ich habe schöne **Плечи** [Schultern] – Sie müssen sie zeichnen." – «да, правду говорят, с удовольствием рисую» [ja, es ist wahr was man sagt, mit Vergnügen zeichne ich]. – Prof. Denike heut abgereist nach Petersburg – traf ihn leider nicht mehr. –

---

71. W.W. Milaschewski, russ. Maler; Wacker besuchte mit ihm Ausstellungen in Moskau. In Wakkers Nachlaß findet sich ein Brief Milaschewskis, Petersburg, 14.12.1921, an Wacker, in dem er ihn um Bücher und Kataloge aus dem Westen bittet („[...] denn Zeitschriften und Bücher aus dem Westen sind hier ebenso selten, wie warmes Wetter im Winter.").

1. Mai 20.
– Für Sowjet-Rußland Arbeitstag! – Abends bei Milaschefsky neue Arbeiten gesehen – Skizzen zu russ. Revolution 1919, 2 weibl. Porträts u. eine wirkl. künstlerische, psycholog. gute Erotische Satyre. – Seine Arbeiten erinnern mich ungemein an meine Art zu zeichnen von 1913/14. Er freut sich kollosal jemanden gefunden zu haben der ihn so voll schätzt; schade daß wir uns so mühsam u. plump verständigen müssen. – Es regt mich an, stachelt mich zu eigener Produktion, wenn ich die eines andern werden sehe u. jemd. habe dem ich mein Geleistetes zeigen kann. –

3.V.
– Nachts nach J. eine Aktskizze. (Sensation). Хава [Eva] u. Natalia keine Zeit zum Posieren – so wieder den freien Tag nicht ausnützen gekonnt. – Meine Monatsgage beträgt fast 4000 R. (unerhört hoch im Vergleich zu dem was in der Mastjerskaja geleistet wird – die I. Kategorie sogar 5000 R.! u. zu den Gehältern anderer Sovjetangestellter – zB. Universitätsprofessoren nur 3600, Arzt 3800) – 900 R.– für Ende März endlich ausgezahlt. Nun ist aber absolut nichts mehr zu kaufen. 1 p schwärzestes Brot 40 R.[ubel] – Hunger „steigende" Unzufriedenheit. Wieder dasselbe: man spricht vom Umsturz. Polen u. Japaner greifen an. – Neuerliches Abreiseverbot für uns erlassen. Es hat sich ein gewähltes Komitee aus Kgfg. gebildet zur Beschleunigung unsres Abtransportes – wird aber wohl kaum etwas erreichen. – Ich will mich dem Auf u. Ab der wechselnden Gerüchte entziehen u. den Rest m. Tage, die Stunden von 4 bis Nachts 1^h für mich nutzen u. genießen, zeichnen soviel als möglich. Bin einsam, viel weltmüde, hungrig u. traurig.

4.V.
– Abends Sonnenuntergang am Tom, schon eisfrei u. die Schiffe warten. Die Schiffe u. Wasserluft, die mir immer eine Sehnsucht nach der Ferne geben. Herrliche Farben, reich u. satt – wie wohl der Anblick dieser Gesättigten, Vollendeten tut – mit dem Stachel zum Schaffen. – Ein interessantes Mädchen gesehen, großen (für hier) Körper, koketten Gang, kleinen, individuellen Kopf – blinkenden blauen Augen, kleinen scharf gezeichneten roten Mund – ein Munchtypus – sah sie schon öfters – wenn sie mich weiter interessiert, will ich sie ansprechen. – Lese Gedichte. – „Und ihrer Stimme Ton ist dunkelfarben, wie Stimmen von Geliebten die uns starben".

7.V.
Gestern ist mein lieber Tomičić bei mir eingezogen. P. Verlaine (Hesse)

12.V.
– Sonntg. d. 9. Versammlg. aller Kgfg. hier, angebl. Besprechung der Evakuation – in Wirklichkeit war davon kaum die Rede, sondern hielten unsere Kommuni-

sten polit. Agitationsreden. Natürl. mit größtem Mißerfolg, den Leuten die um's Wort baten, wurde es verweigert. – Ich hoffe, daß es ihre letzten Versuche sind, uns sich in den Weg zu stellen – aus nur zu durchsichtigen Gründen. – Sonst in den letzt. Tg. bezügl. der Abtrspt. Aussichten günstige Nachrichten.
Stärker u. weher ist die Sehnsucht heimzukommen. Oft habe ich so schwere Sorge um die arme wartende Mutter. Sehne mich krank nach ihrer u. der geliebten Frau begütigenden Nähe – u. dem Schritt mit m. Freunde. – Zuweilen befällt mich die Angst – wir kommen wieder in den nächsten Monaten nicht weg – d.h. dann, wir sitzen wieder über Winter u. wer weiß, wie lange dann noch. Diese entsetzliche Angst! – Früher war hier vielleicht noch die letzte Hoffnung – nun, draußen hielt ich's noch einige Zeit aus, – jetzt weiß ich, auch heraußen nicht mehr. Zumal wenn der Hunger andauert. Am Bazar buchstäbl. nichts zu haben – als 1 Paar Wildenten zu 1000 R., 1 Huhn 1800, Eier – Stück 40 R., Milchflasche 100 ([unleserlich] 500), Schwarzbrot 80. – Wenn's anhält werde ich mich bald nach Basandaika flüchten – dort (wie sich jetzt herausstellt) nichts arbeiten u. mindestens so schlecht verpflegt werden als jetzt. Mein einziger Vorteil ist die Wohnung. Am 9. Sonntag Tom's 26. Gebtg. Sonnabend. Benkos 24. – Feier. Leider Magen verdorben. Montag aber zu Hause geblieben. Dr. Ein удостоверение [Bescheinigung]. – 1 p. Schwarzbrot am Bazar 80 R.! – Bei Tom wirds auch schon knapp. So daß, wenn ich das Essen i. Theater einmal versäume, ich ohne Bissen (..... !) bis nächst. Tag 3h bleibe. – Was uns Westeuropäer aber am meisten erzürnt, ist nicht einmal der Hunger selbst – sondern daß die Notwendigkeit dazu nicht einzusehen ist u. daß man, um ein Stück Brot od. 1 Teller Suppe stundenlang warten muß – die unerhörte Unordnung. Dem Russen macht dies gar nichts. Er wartet tagelang – steht geduldig wie Schlachtvieh – Wir Gefg. haben nun in den 5 J. wirklich alle Grade u. Möglichkeiten des Elends durchgemacht. Entzug der individuellen Arbeit, der persönlichen Freiheit, Entwöhnung von allem Luxus, Not, Tod, kein Hemd, keine Seife, etc., zerrissenes Kleid, 100te in einem Stall auf hartem Lager etc., etc. / schließlich Hunger. Die Gefahr, Not, Kälte u. Strapazen an der Front sind Nichts gegen die Leiden, Erniedrigungen, Elend der 5 J. – der Zeit an der Front erinnern wir uns mit Freude –.

13.V.
– Bin schon sehr geschwächt von der ständigen Unterernährung, – das Schlimme dabei ist, daß man so matt u. energielos wird, – sich nur noch nach Ruhe sehnt. – Aus Rußland kommen lauter gute Nachrichten, von denen die irgendwie weggefahren sind, als Arbeitstransporte od. schwarz. – Viele sind schon in Moskau, Samara, Odessa, Petrograd u. hoffen bald weiter zu kommen. Wir andern haben uns wieder betrügen u. hinhalten lassen u. jetzt ist absolut nicht fort zu kommen. Ich bin am Verzweifeln. –

15.V.
– Aprilgage, die ganzen 3978 Rubel erhalten. – Nun ist aber nichts mehr zu bekommen, und 1000er nur sehr schwer zu wechseln – auch gelten sie bereits als Kleingeld. – Durch Fr. Huther Eier bekommen. So heute 5 Eier gegessen (roh, gerührt mit Salz u. Brot – wie mir die Mutter sie als Kind nach der Schule gegeben) – d.h. 250 – Rubel (heute Stück bereits 50 R.!) – Ein Fest! – Wie billig u. nahrhaft könnte man jetzt zu Hause Abendessen. – Aus Moskau den 5. Tg. keine Nachrichten. Man spricht vom Fall u. folgenden Umsturz. Was natürl. unsre Lage von Neuem verschlimmern würde. —

17.V.
– Abds. lieben, schönen Brief von James. Voll Bewunderung u. Glauben an m. Arbeit. Wie notwendig ich doch diesen Glauben u. dies Vertrauen brauche, es ist ein Ansporn zur Arbeit. – Abds. Brief an ihn – lauter gute Vorsätze: in der Gegenwart leben, wie Männer, als gäbe es keine Heimat, Selbstbesinnung, jede Ablenkung von der persönlichen Aufgabe vermeiden, sich konzentrieren u. alles aus dem schlechtesten Augenblick herauspressen, wie's das innere Gebot befiehlt. –

18.V.
Genser schreibt: „Das Nach-Innen-Gekehrte, Hellseherische, ich möchte sagen, „Vivisektionistische" Deiner Zeichnungen übt auf mich einen solchen Zauber aus. Du schälst die Dinge gleichsam auf, indem Du sie zeichnest, – um sie in einem neuen, tieferen, von allem Zufälligen u. Äußerlichen gereinigten Zusammenhang aufzuzeigen. Dies glaube ich bei Dir zu sehen u. bin überzeugt, daß Du es so od. ähnlich empfindest." – Ich bin zufrieden, wenn ich dies auf mein Wollen beziehen darf und wenn es mir gegeben wird davon etwas zu realisieren so habe ich ein reiches, arbeitsames, Leid- und Freudvolles Leben vor mir. –

23.V.20.
Der heutige Sonntag wurde hier als 1. Mai („Arbeiter-Feiertag") gefeiert. Alle Leute wurden zu öffentl. Arbeiten in Parks u. Straßen etc. mobilisiert. – Es wäre eine imposante u. erschreckende – aber doch schöne – Sache – als die unabsehbaren Scharen von Männern, Frauen u. Kindern am Morgen mit Musik, die Schaufeln u. Pickeln u. Besen geschultert, zur Arbeit auszogen – wenn dies alles Ernst u. Wahrheit wäre – aber diese Massen waren gezwungen u. voll Unwillen –. Wir haben gestern bis 1/2 12^{h} Nachts u. heut von 9–12 Mttg. arbeiten müssen, – selbst die öffentl. Gebäude schmücken müssen. – Jetzt aber 3 Tg. frei! Erinnere mich mit Selbstironie, wie ich vor 3 Jahren heim schrieb, daß der 1. Mai nun immer für mich ein „wichtiger polit. Feiertag" bleiben wird. – Gest. interessante Unterhaltg. über Kunst mit Milaschewsky – der eine originelle Persönlichkeit ist. – Hingegen Mißverständnisse (bestenfalls) mit Tomičić – es ist mir unver-

ständlich, wie dieser fein organisierte Mensch im Einzelfall so subtile Dinge über Kunst sagt u. im allgem. mir so fremde u. nach m. Ansicht verschrobene Ideen über K. haben kann. – Über Maschkjewitsch, nach persönl. Bekanntschaft m. Urteil geändert. Er ist ein ungebildeter, nachahmender, jüdisch-unpersönlicher Handwerker der Kunst. –

25.V.
Gest. mit Tom Besuch bei Nowikoffs. Es ist rührend von welcher Zuvorkommenheit u. Liebenswürdigkeit diese Menschen zu uns sind. – Wenn man eine Stunde bei einem so gutherzigen, gemütlichen u. so diszipliniert höflichen Russen verbracht hat, möchte man wirklich all den Haß u. die Verachtung gegen die Nation zurücknehmen. – Wieder neue Hoffnung auf baldigen Abtransport (über Щломен, Петроград [Schlomen (?), Petrograd], Estland) – Ich darf aber nicht damit rechnen – auch wenn wir noch einen Winter hier bleiben müssen – ich muß es aushalten, ich darf nicht sinken u. zusammenbrechen. Meine Nietzschesche Weltanschauung muß mich elastisch u. stark erhalten, mein hochgespannter auf m. Kunstziele gerichteter Wille muß mich durch dies Tal retten. Das Blut m. Väter, ihre Stahl-Nerven, sie seien in mir und mögen es schaffen! Die Hungerperiode wird ja auch nicht andauern (dies ist das Gefährlichste!) – dann will ich mir im Herbst m. Zähne richten lassen, was mich auch oft deprimiert. – An Arbeit für mich muß herausgeschunden werden was möglich. Und wenn die Konzentration u. Ruhe nicht reicht zu Neuem, soll das Alte ausgebaut u. gefestigt werden. – Bei der praktischen Arbeit in der мастерская [Werkstatt] läßt sich schließlich auch Einiges Brauchbare gewinnen. – Übrigens ist es ganz lustig, daß ich schließlich doch einmal ganz von m. eigenem Verdienst lebe. –

26. Mai 1920.
Heut vor 5 Jahren nahm ich in Salzburg Abschied ins Feld. – (Genau so lange ist es auch, daß ich zum letztenmal ein Mädchen in m. Armen hatte.) – Gest. Abd. nach einer kl. Dame – Маргерита [Margerita] – gezeichnet. Rosig u. blond. Wahnwitzig kokett mit einer etwas zu billigen Grazie. Ihr Köpfchen auch ein wenig Schokoladenbildchen – schön, aber doch wieder sehr individuell (Quattrocento!) – dies möchte ich herausschälen. – Wieder die alte Lust u. Erregung beim Arbeiten – das fromme Anbeten! – Als an einem Gedenktag ein Selbstbildnis gezeichnet. – Abends Spaziergang im Frühlingsregen. Die Bäume werden nun grün. Betörende Düfte in der Luft. Voll Traurigkeit. Wie ein paar geliebte Menschen auf mich warten werden! – Sann über die Wege meiner Kunst. – Im Malen möchte ich lernen von Lautrec, Munch, Ensor. – Die individualisierende Zeichnung der Altdeutschen – aber Zeichnung u. Malerei unmittelbarer, flüssiger, momentaner im Vortrag.

Bild 27

„Selbstbildnis". 1920. Bleistift, 350 x 222 mm.
Bez. r.u.: RW 26.V.20 Tomsk. Rückseitig beschriftet:
„Rudolf Wacker Selbstbildnis 5 Jahre nach
meinem Abschied von Salzburg ins Feld.
Tomsk. Akimofskaja 8. 26. Mai 1920."

28.V.
Gest. Abd. Porträtskizze nach Ольга [Olga] Анисимовна [Anisimowna] (Bekanntsch. vom Winter). Volles, blühendes Gesicht, unendl. Backenknochen, kleine, dunkle, schiefgestellte Augen. Weißer Spitzenchapeau mit ganz leisen Rosarot u. Gelbs. Unter ihm hervor kleine schwarze Flecke der Haare. Auf der Wange ein winziges Pflästerchen. – Alte liebe Aufgaben – die ich aber mehr als je malen möchte. – M. Zchg. bekam übrigens, wie ich eben seh; etwas von W.[altraut].

30.V.
– 4 Bilder v. Maschkewitsch gesehen u. das Urteil, das ich mir unterdessen nach dem menschl. Eindruck gebildet bestätigt gefunden. Imitation von Epigonen. Bloßer äußerlicher Artismus, – man sieht es direkt wie er nicht vor der Natur kniet u. dem Leben nachstrebt, sondern Bilder malen will – zusammengesetzt aus lauter technischen Fertigkeiten die er von andern abgelernt. Er ist einer der ungebildeten Malertypen, ähnlich dem Weimarer Stegemann[72], – dazu stimmt auch seine Eitelkeit, sein Nichtgeltenlassen aller Leute um ihn, sein Mißtrauen. – Gestern hat Milaschewsky nach mir gezeichnet, bin jetzt viel mit ihm zusammen u. wir verständigen uns vorzüglich. – Er sagte gestern etwas, das ganz mit Egger übereinstimmt. – Die beiden Pole der Begabung sind Subjektivismus u. Objektivismus, zwischen beiden liegt die Klassik. Extrem führt ersterer zum Manierismus (Goethe!), letzterer zum Naturalismus. Aus einer gewonnenen Verbindung zwischen der Seele des Künstlers u. dem Rhythmus des Objekts entsteht ein Kunstwerk. „Egger". Der Künstler ist der Mann, das Objekt das Weib, in ihrer Ehe wird das Kind – das Kunstwerk geboren.

30., 31.V.20.
(«Тройца») russ. Pfingsten. – Mit Tom bei Nowikoffs. Abd. bei Benko. Ganzen Tag Zahnschmerz, was mich immer total ungenießbar macht. Ich kann leicht heftige Schmerzen ertragen – gegen die man sich gewissermaßen aktiv verhält – aber diese andauernde, bohrende Belästigung, die man passiv auf sich nehmen muß, bringt mich zur Verzweiflung, macht eine Jammerfigur aus mir. Auch greift es mein ganzes Nervennetz an, zuckt mir bis in die Fingerspitzen, woraus ich glaube schließen zu können, wie empfindlich meine Nerven geworden sind. – Abends allein Spaziergang zur lieben Uschaika. Die Birken endlich grün, jungfräulich, zart lichtgrün, kein Mensch, vor allem kein Kriegsgefangener – und ich zum erstenmal nicht als Kgfg. frei ohne Bewachung, Stille! nur Kuckuckrufe. Wundervoll beruhigend, in's All auflösend, – so allein im Schoß der Natur. Gedanken an Johanna. Von den geliebten Bäumchen, nach denen mein Stift getanzt, die mich 2 Sommer beglückt u. getröstet, nur mehr wenige: alles umgehauen u. eingeheizt. Von 9–10^{h} noch 4 Birken gezeichnet, ein erstes, zartes „Frühlingsgedicht". – Montag wieder mit Tom bei Fam. H. [N.] Abds. mit Milaschefski im Stadtpark – Konzert. Gute Unterhaltung. Über Dostojewski, Gogol, das russ. u. deutsche Volk, ihre Zukunftsmöglichkeiten. Hernach seine letzten Zeichnungen angesehen. – Er wird „mein russischer Freund" werden. – James schreibt mir: „Ein Wesenszug Deiner gegenwärtigen Zeichnungen ist, daß sie ein Verlangen an Stelle der Erfüllung, ein Problem an Stelle der Lösung setzen (Romantik). Am meisten liebe ich Deine zarten, intimen Landschaftsskizzen, – von

72. Heinrich Stegemann (1888–1945), Hamburger Maler, Radierer und Holzschneider; Studienkollege Wackers in Weimar.

denen einige mit einer spielenden Leichtigkeit, trotz der Grobheit des Materials die größten Feinheiten, fast möchte ich sagen Unsichtigkeiten durchschimmern lassen. Der weiche Bleistift fährt über eine rauhe Papierfläche u. schon sieht man die ersten Frühjahrskeime, die zarten Blättchen u. die Ästchen mit den lebendigen Krümmungen u. Verschneidungen der Stämme. Das Auge glaubt zu sehen, was es sonst nur fühlt, von innen heraus."

2. Juni 1920.
– Es kam mir gest. der Gedanke, es könnte Dr. Molé – wenn er heimkommt, einfallen, von den Zeichnungen die in seinem Besitz, einige zu veröffentlichen. Es wäre dann eine ganz groteske Sache, wenn Otto, und die andern Lieben – durch Zufall das Journal in die Hand bekommen – und unter den Reproduktionen – die sie vielleicht anziehen – meinen Namen lesen! Irresberger, der neulich mit s. Spital evakuiert wurde, schrieb v. Ende Mai (24, 26) aus Tjumen! – Der gute Tom hat sich – wieder mal entschlossen – mit seinem Frd. Herchel unbedingt in nächster Zeit abzufahren. – Ich will den 3. Monat noch bei der Arbeit ausharren, in dieser Zeit auch zum Zahnarzt gehen, und wenn bis dahin (Juli) der Abtransport nicht ganz gewiß ist, irgendwie durchgehen. Vielleicht gelingt mir ein Plan. Es ist ja entsetzlich, daß es gewiß doch einigen gelungen ist aus Rußld. hinauszukommen – heimzukommen – womöglich zu sagen, es ist unverständlich, daß die andern nicht nachkommen – daheim warten u. warten sie, vielleicht täglich – u. wir sitzen in diesem Gefängnis Tomsk fest. –

3.VI.
Herrlich schöne Frühlingstage, – die Abende lauwarm u. voll Duft. Ich fühle, es könnte schön sein – aber ich geh einsam u. traurig herum, mein Herz ist weit weg. Komme mir in dieser Versonnenheit wie Fürst Myschkin vor. – Mein Entschluß Ende des Monats selbst abzufahren verdichtet sich. So ist's mit dem Arbeiten wieder ziemlich vorbei.

4.VI.
– Schon den 1. Schritt getan: Zum Zahnarzt gegangen – dh. Ärztin – eine schöne Jüdin – wußte es nicht – denn ich würde nicht schönen Frauen meine Defekte zeigen – nun, so werde ich wie ein Eisenmensch sitzen müssen. – Weiter 3, 4 Möglichkeiten erwogen u. eingeleitet. –

5.VI.
– Täglich bei der Zahnärztin; ist sehr gütig u. lieb zu mir, hat mir sogar Hoffnung auf einen Propusk gemacht – es wäre dies sehr schön u. romantisch. – Mit Milaschewsky bei Mme. Веригo Чудновская [Werigo Tschudnowskaja]. Gute Unterhaltung. – Sie versprach durch den Союз [Bund] für mich etwas zu erwirken. – Dann bei Prof. Гвоздев [Gwosdjeff], dessen Frau aus Petrograd gekommen.

Sehr hübsche, junge, vornehme Dame. Spricht ein reizendes Deutsch. Erzählte viel aus P., besds. für M., mit dem sie viele gemeinsame Bekannte hatte. M. der mir viel von der alten russ. Kultur erzählt, söhnt mich wieder aus. Ich gewinne wieder viel von meiner alten Liebe u. Gläubigkeit zum russ. Volk. Es wäre schön, wenn ich doch mit solchen Eindrücken Rußld. verließe. – Der dumme Nationalhaß ist mir im Grunde doch so fremd.

8.VI.

Gest. – nachdem Prof. J.[ucker] mir große Hoffg. gemacht, daß ich mit noch 20 Gfg. als Professionist (маляр [Maler]) mit der Permer Universität, welche reevakuiert wird, mitkommen kann – u. ich andrerseits entschlossen bin, wenn's anders nicht geht „schwarz" zu fahren – mich ab 15. d.M. aus der мастерская [Werkstatt] abgemeldet[73]. Gehe bereits nicht mehr hin, erwarte nur noch den Gehalt. Alle Stunden dicht ausgefüllt: Bücher zurückstellen, Abschied nehmen, noch einige Porträts zeichnen, das Entbehrliche verkaufen, meine Sachen ordnen, das Erreichbare an Papieren besorgen, Erkundigungen einziehen etc. pp. – Heute eine Karte von Mutter v. 19. Sept. 19 erhalten. Alles steht gut. „O, liebs Rudele, komm bald zu Deiner Dich innig liebenden Mutter!" Und doch würde sie mir wahrscheinlich – wo der Abtransport so nahe erhofft wird, nicht raten mich all den Strapazen u. Gefahren auf die ich mich gefaßt mache, auszusetzen. – Seither aus Rußld. von allen Kameraden günstige Nachrichten. – Gestern aber – zufolge der Erneuerung eines Befehls, strenge Kontrolle u. das Schwarzfahren sehr schwierig u. mit dem Risiko in die Tjurma zu kommen. –

9.VI.

Das hiesige Museum (das Zentrale f. Sibirien werden soll –) will Zeichnungen von mir erwerben – dies zu dem Geld das ich durch Verkauf alles Entbehrlichen u. zu der Gage (6000 R.) gerechnet, kann ich etwa 15 000 Rubel zusammenbekommen. Enorm viel zu erledigen; ich liebe diese gesteigerte Aktivität – dies Großstadttempo. – Zuversichtliche Stimmung – hoffe eben doch heim zu kommen u. bin voll Gedanken an alles dort, das wie ein Magnet zieht. Ich will all meine Kraft u. Fähigkeiten einsetzen. Es muß gehen – durch persönl. Verbindungen wäre doch alles zu erreichen. Manchmal denke ich: Es hat doch das Leben wieder begonnen. – Dein Leben früher war eine Kette von Glücksfällen –

73. In Wackers Nachlaß findet sich eine Bescheinigung des Kommissariats für Bildungswesen, Tomsker Abteilung für Volksbildung, vom 15. Juni 1920: „Bescheinigung der Tomsker Abteilung für Volksbildung für den Künstler der Sektion für bildende Künste Wacker Rudolf darüber, daß er mit 10. Juni 1920 auf eigenen Wunsch von der Dienststelle entlassen wurde." Zusätzlich findet sich hier die Bestätigung des Tomsker Gewerkschaftsverbandes der freischaffenden Künstler Sektion der Maler (Tomsk, ohne Datum): „[...] daß er sich während seines Aufenthaltes in der Tomsker Abteilung des Verbandes als talentierter Maler (Künstler), als technisch vermögender Graphiker und Plakatzeichner mit Können und als gewissenhafter und energischer Mitarbeiter erwiesen hat."

warum sollte nicht wieder das Glück kommen, alles seinen rechten Weg nehmen – 6 Jahre Unglück die ich zäh ausgehalten geben mir ein Recht darauf! —

10.VI.20.
– Gestern eine gute schöne Zeichnung nach Mlle. Маргерита Буркина [Margerita Burkina] gemacht. Abends die schöne jüdische Zahnärztin Mme. Граивер [Graiwer] begonnen. Reif, üppig u. süß. Ein Veronese – oder – wenn sie lacht eine schwarze Helene Fourment. Will ihr die Zeichnung zum Dank geben. – Noch die Frau eines Regisseurs skizziert. Ein Kopf der wirklich all das ist, was ich etwa machen möchte: Eine feine, zarte u. doch scharf geschliffene Schönheit, einzigartig, gesteigertst individuell u. darum so aristokratisch wirkend. Ich möchte solch einen Damenkopf mit utrierter Charakteristik zeichnen – mit so wenig als möglich – alles verdichtetst u. doch einen klingenden Linienrhythmus schaffen und den Zauber des Valeurs u. der Farbe (– des farbigen Valeurs!) beibehalten. – Ebenso malen! – Mein lieber Freund Emil von Tomičić mit seinem Freund Herchel heute Abd. zur Bahn gegangen. – Новиковы [Nowikoffs] waren noch rührend gütig: Wie wohl dies tut, weil es echt ist – der gemeine Mensch verliert sofort alles Interesse – „Der fährt ja nun weg u. ich seh ihn wohl nicht einmal mehr im Leben".

10.VI.
– Abds. – Ein Permer U. Prof. sagte mir, daß die Gfg. nicht mit können, endgültig abgelehnt. Sehr deprimiert. Jeder hatte noch Hoffnung. – Wieder nach Mme. Graiwer gezeichnet. Berauschende Pracht – aber ich getraue mir nicht u. m. Zeichg. wird wohl hübsch u. langweilig. – Ich fühle doch in d. letzten Zeit wieder, wie sehr mich das Arbeiten nach den Frauen ausfüllen – erfüllen – könnte. Das Frauenbildnis gibt mir inhaltlich u. formlich alles Feinste – was u. wie ich es aussprechen möchte. – Aber wie traurig ist es, wie fühl ich wieder die ganze Elendslast! – ich lebe auf, fühle tiefer u. stärker als je früher – dies alles ist dein, gehört dir, du hast Anspruch darauf, weil du es verstehst, siehst – dichtest – all dies ist greifbar im Bewußtsein und die Notwendigkeit jahrelangen konzentriertesten Arbeitens – – und bei mir heißt es die zum Teil verlorenen 6 Jahre nachholen – fruchtbar machen, dabei noch nicht wissen, wird das Leben wirklich wieder beginnen, endlich, jetzt. – Es ist jetzt ein Kampf mit dem Schicksal – den gibt man so bald auf – sinkt wieder zurück in die Masse, sie zieht einen. – Ich muß mich aufraffen, als Einzelner zu versuchen, als Einziger zu gelten. – Wenn ich nur die Sprache so wie die eigene könnte – das Wort hat eine starke Suggestivkraft. –

11.VI.20.
– Früh 9^h schon bei J. – Von allen Seiten nochmal versucht – es half nichts. (Aber wir wissen wo die Ecke ist) – Die ganze Nacht nicht geschlafen, heut daher sehr abgemartert. – Versuche jetzt mit diesem Transport „schwarz" mitzukommen – sonst mit Benko. Mißlingt alles – hätte ich fast Lust nach Basandaika zu gehen.

Bei der gegenwtg. Situation haben aber allgemein Transporte kaum Aussicht u. persönlich kann ich von dort aus m. Angelegenheit nicht gut fördern. So wäre es eine Gefahr. Wenn man 6 Jahre seiner Individualität entsagt hat u. passiv das Schicksal auf sich genommen, sinkt man so leicht nach dem ersten Mißlingen wieder in den alten Zustand zurück. – Ich weiß doch: für einen Einzelnen muß alles zu erreichen sein. Es war immer u. überall so – am meisten in revolut. Zeiten. Es handelt sich lediglich darum Protektion zu erlangen. Am sichersten ist immer der Weg durch Frauen (– aber dazu bedarfs der Liebe – u. für die taug ich jetzt so wenig; ein sachliches Interesse ist von Weibern nie zu erwarten).

12.VI.
Es sollen Specialistentransporte nach dem Innern R. gehen. – Versuche nun hier m. Glück. Mme. Вериго Чудновская [Werigo Tschudnowskaja] (die heut übrigens ein Porträt nach mir begonnen – es ist die erste Dame der ich sitze!) versprach nach Perm um eine Kommandirofka f. mich zu schreiben; auch besorgt sie, als Predsedatel [Vorsitzende] unsrer Sektion mir die Rekommandation des Sojuses [Union]. Versuche allerlei und hab mir bereits in dieser Woche die Stiefelsohle durchgelaufen. Ab 15. schwebe ich – es wird nicht lange gehen; werde mich sobald wieder bessere Nachrichten aus letzt. Zt. einlangen, doch noch entschließen schwarz zu fahren – trotzdem es heißt Schwarzfahrer werden in bewachte Lager gebracht u. als Letzte transportiert. – 2. Brf. v. Irresbg. – aus Ekaterinburg v. 1. d. M. Das dortige Lager soll Konzentrationspunkt für alle sein, dort soll auch eine Karantine [Quarantäne] (Reinigung etc., Impfung) stattfinden. Bis 12. Oktb. sollen alle Kgfg. aus Rßld. draußen sein. – Habe meine Sachen nun ziemlich in Ordnung. Bereite mich so vor, daß ich alles in den Rucksack bringen muß. Nehme nur m. Zeichnungen (die nun auch endgültig gemustert), Tagebücher, ein kl. Paket Post (die letzte Auslese von der ich mich nicht trennen kann: das Wichtigste von Otto, Johanna, Waltraut, Mutter u. ein paar andere Karten – ein Paket übergab ich Genser – auch Zeichnungen), Grashalme[74], Stifte, Aquarellfarben, etwas Papier und die allernotwendigsten Gebrauchsgegenstände (Eßgeschirr, Löffel, Tschainik, Rasierzeug) mit. Alles übrige ist, od. wird (hoffentl.) verkauft. – Es befällt mich, wenn ich einpacke – und so vieles was mit Mühe jahrelang gesammelt, aufgehoben u. an dem ich mit Pietät hänge, wegwerfen muß – immer Traurigkeit. – Gest. Abd. mit M.[ilaschewski] bei Маргерита Сергеевна Буркина [Margerita Sergejewna Burkina]. Sie hat doch Seele – ist übrigens wohl kränklich (Herz, Lungen, Nerven!) Sie hilft mir auch. –

14.VI.20.
Vormttg. bei Иленбеш [Ilenbesch] keinen Erfolg. – Traf den lieben Neuroterer, einen echten Tiroler Bauern, den ich im Lager vor 3 J. gezeichnet u. der damals all m. Liebe hatte. Der Riesenmensch ist auch schon arg mitgenommen – ist 45

74. Siehe Anm. 49.

Werst von hier im Wald als Holzfäller bei Wasser u. Brot. – Der Gute kam einmal nachzuseh'n, ob's nicht bald zum heimfahren wird. Den Nachmittag mit ihm verbracht – ihm auch ein Essen besorgt. – Unentschlossene Stimmung. – Das Schwarzfahren scheinbar erfolglos. Überlegung, ob ich nicht hier die Vorbereitungen f. eine Kommandierofka treffen soll u. ihr Eintreffen im Invalidenlager Basandaika abwarten soll – falls nicht doch ein Invalidentrspt. früher geht. – Könnte mich dort auch noch etwas ausruhen. Die vielen Laufereien, diplomatischen Überlegungen und Unterhaltungen und das fortwährende Auf und Nieder der Stimmung, dies Hoffen, Mißlingen, Neubeginnen der letzten Woche hat mich sehr nervös gemacht. –
Abends beim Kommunisten Klein – neuer Weg! – Wäre ich vor 2 Wochen bei ihm gewesen, wäre ich schon in Moskau – noch vor 3 Tagen – so wäre ich mit einer Dame am Weg dorthin. – Durch ihn (seine politische Rekommand.) komme ich nun vielleicht doch in einen der nächsten Transporte – die scheinbar sicher bald abgehen. – Ich muß in der Stadt bleiben – weil ich hier von allen Vorgängen unterrichtet bleibe und gleich aktiv sein kann – ich darf nicht in die Masse zurückkehren u. passiv sein. Als Einzelner kann und muß ich mein Ziel – von Tomsk fort, womöglich ins Zentrum (Moskau oder Petrograd) u. von dort bald heimwärts – erreichen. Ich muß ein Ziel, das ich hartnäckig und mit allen Mitteln verfolge erreichen! Ich habe alle Qualitäten dazu – eine umso größere Ironie ist's, wenn ich zusehen muß, wie das was ich vergebens anstrebe, hin und wieder Leuten ohne jede Qualität glückt. – Alle guten Geister in meiner Heimat, ich beschwöre Euch, gebt mir Glück, seid Magnete mich zu Euch zu ziehen.

15.VI.
– Klein hat praktisch gar nichts geholfen, – versprach in Moskau sich für mich zu verwenden. – Auf Grund m. Entlassungspapiers vom „Naobras"[75] beim Gutewak [?] als Specialist für Transport registriert. – Täglich werden Kgfg. Schwarzfahrer und Wanderer eingebracht, eventuell in Zwangsarbeiterabteilg. gesteckt. Ganz schwarz zu fahren jetzt aussichtslos, ja wahrscheinlich eine Verzögerung der Heimfahrt. – Werde hier nun abwarten ob ich mir etwas erwirkt habe und nun einige ruhige Tage haben. – Eine Künstlerkommission wählte heut fürs Museum 4 Zeichg. und 2 Linoleumschnitte von mir aus.

17.VI.
Meine Preise (300.–, 500.–, 2000.–, 2500.–, 3000.–, 4000.–) wurden zu hoch befunden – und nun, obwohl ichs nicht gern mache, – schon lieber schenken würde – werde ich mich mit den von ihnen ausgesetzt. Preisen begnügen, da ich ja Geld brauche (sie wollen 300 und 500 beibehalten, für die Zeichnungen aber je 1000

75. Siehe Anm. 73; „Naobpras" oder „Naobras" = vielleicht „Narkompos" = Kommissariat für Volkserziehung. Siehe Camilla Gray: Die russ. Avantgarde der mod. Kunst. 1863–1922. Köln 1963, S. 206.

geben). – Ragatschowa hat ins Spital geschrieben (Benko telegraphierte mirs heute) daß Tom und Herchel in Taiga aufgehalten wurden und sie nichts dagegen ausrichten konnten. – Heute Nacht Fieber, den ganzen Tag zum Umfallen schwach. Genser bei mir, ebenfalls krank. – Vielleicht sinds die Nerven – eine Überanstrengung in letzter Zeit. Jedenfalls habe ich das Bedürfnis nach Ruhe. Mein Plan ist jetzt, Juli nach Basandaika zu gehen und mich dort zu erholen. – Es ist ein neuer Befehl erlassen mit Tröstungen, Bitten und Drohen – aus dem hervorgeht, daß der Abtransport nicht so rasch stattfinden wird. Gegen Schwarzfahrer werden strenge Maßnahmen getroffen. – Sehe mir Apollon Hefte an (Munch, Franzosen bei Щукин [Schtschukin] u. Ikonen XV. Jhd.).
Aus der Ferne leuchtete mir alles so hell und glückselig – aber die Nähe ist wieder finster, s'war alles nur Gefunkel, bin wieder gesunken ins Dunkel.

20.VI.20.
– Meine letzte Hoffg.: Mme. Вериго [Werigo] will bei Таубер [Tauber] (Präs. d. allruss. Trans. Kommission) vorsprechen und ihn bitten mich ins Zentrum zu senden. – Neue Gerüchte über Wendung der Zentralenstaatenpolitik zu unserem Unheil. Wenns wahr ist oder wird, ist gewiß, daß die ehemalig. Offiziere (– wir sollen ewig unschuldig daran leiden) es hier büßen werden. Ich bin so trostlos und traurig; am Schwersten ist mir, daß die Lieben daheim jahrelang ohne Nachricht bleiben – daß ich hier einsam im Dunkel verkommen soll. Ich fühle, daß mein Organismus, wenn die Unterernährung fortdauert, weitere Jahre nicht mehr standhalten wird können. – Von Tom verhältnismäßig gute Ncht. aus Taiga. Gott sei Dank. War schon sehr bekümmert. Man sagte: alle werden in die Bergwerke geschickt. – Er ist als Künstler beim dortigen Naobras angestellt, hofft bald weiterzukommen. – Gest. Abd. im hiesigen Zirkus. Ein schönes Pferd, ein Kraftweib und Ringkämpfer. – Wie wohl tut es, Kraft zu sehen unter all den bleichen, ausgehungerten Menschen. – Im Publikum elegant angezogene Dame. Wirkt immer wie ein schönes kostbares Altertum, dessen Anblick traurig macht. – Erinnerung an m. erste Bekanntschaft mit Waltraut – wie ich sie am 2. Mai 1913 – nach der Maifeiernacht in Tiefurt in den Zirkus führte! – Abends. – In einer Menagerie gewesen. Nach 7 Jahren! Wie anders sehe ich die gefangenen Tiere. Oh, wie nahe fühle ich mich Ihnen, wie verwandt. Und welchen Eckel bereiten mir die plumpen, gaffenden Menschen, die Belustigung oder „Belehrung" suchen. – Die Tiere, die rastlos in ihren engen Käfigen rundum und hin und her gehen, mit sehnsuchtskranken, wehen Augen, in der Ecke kauern und vom Leben träumen. Schöne Wölfe, noch voll Feuer – ha! wie ihr Auge aufblitzt, wenn die Tür aufgeht und sie ein kleines Stück blauen Himmels schauen. – Edle Rehe[76] – wie schön, wie göttlich schön und herrlich – jede Linie, jede Bewegung voll Adel.

76. Siehe SaKat. 29, Abb. S. 206; Reh, 1920. Bleistift/bräunliches Papier, 114 x 147. Bez. r. u.: RW [ligiert] VI 20.

Mir eckelt, wenn Menschen sie angreifen wollen – sag vor mich hin, ihr abscheulichen schmutzigen Halbtiere, – nicht einmal berühren dürft ihr solche Schönheit – seht ihr denn nicht die großen, dunkeln Augen, wie sie scheu und so voll Trauer blicken! – Andere, häßliche Tiere; ich empfinde: auch ihr Leid ausgezeichnet und emporgehoben, durch euer Leid das ihr einsam tragt. – Will öfters dort zeichnen. Habe überhaupt wieder begonnen. Nach dem Spiegel und Porträts.

23.VI.20.
Für m. Zchg. 5000 R. eingenommen. Ließ mir auch eine Bestätigung geben (dient als Rekommandation). – Lebe die letzt. Tage verhältnismäßig gut, kaufe Milch (1 Fl. 100 R.), Quark (1 p 150–200) Radieschen (10 Stk. 50 R.) Smetoma sauer (1 p 300) Eier (1 Stck. 35 R.) aber es gibt nicht aus, so ausgehungert bin ich. – Gestern mit Stiegelbauer und Mme. Elsbeth Patrikuff in Basandaika gewesen. Schöne landschaftl. Eindrücke – der gewundene Tom und das weite, ebene russische Land besonders schön, romantisch in der Nacht: die märchenhaften Kompositionen der Birken, zu Massen – filigran durchbrochen – geschlossen, – der Mond und sein Spiegel im Wasser – alles von einem geheimnisvollen Licht umgeben. – Im Tom geschwommen, Eier und Milch gegessen. – Die frische, würzige Luft tat mir wohl! So ein Tag in der freien Natur zaubert mir alle lieben Heimaterinnerungen herauf und bringt mich in eine gesunde, fröhliche Naturburschenstimmung. Ich fühle deutlich: noch würden mir 2 Monate Heimat genügen, wieder einen kräftigen, gesunden u. heiteren Menschen aus mir zu machen. Ich muß aushalten! u. wenn es noch ein Jahr dauert!!! – Von meinem Vorhaben eventuell im Juli nach B.[asandaika] zu gehen, aber abgekommen. Mich deprimiert der Anblick der armen Kriegsgefangenen. – Wenn ich mir auferlege in der Stadt nicht soviel herumzurennen, u. zu arbeiten, – mehr ruhe und schlafe – wird es für mich hier gesünder sein. – Zudem müssen die Leute nun dort wieder arbeiten. Billiger ists in B. auch nicht und ich verliere manchen Bissen Brot, den ich hier auf «гости» [als Gast] einheimse. Das einzig gute wäre die vorzügliche Luft und mehr Ruhe. Dann ist dort Föhrenwaldung – und deren Geruch erinnert mich immer an die Front und das ertrage ich jetzt nicht. – Abends eine Zeichg. nach Маргерита Сергеевна [Margerita Sergejewna] gemacht – sieht sehr nach Greuze aus – die letzte doch sehr gute, gab ich ihr. –

26.VI.20.
– Habe 3 Bd. „Kunst f. Alle" – 1912 u. 13 entliehen und den größten Teil der letzten Tage dabei angenehm verbracht. Wie oft hab ich daran gedacht, welche Freude es sein wird, die unbekannten Jahrgänge der Kunstzeitschriften durchzusehen u. mich über das Kunstleben der letzten – nun 6 Jahre – zu orientieren. – Es wird dies nun schon ein großes Stück Arbeit das sich nicht auf einmal wird bewältigen lassen. Umsomehr werde ich mich – zumal aus den Texten – nur mit

dem Vorzüglichsten und für mich Interessantesten beschäftigen, wo mir jetzt – ausgehungert – schon jeder alte Ausstellungsbericht Freude macht. Aus den jetzt durchgesehenen Heften 1/4 12 und 2/4 13 merke ich mir als am Eindrucksvollsten: Axel Gallén „[unleserlich]" – Die Frauen des Etzel Frieses von Egger, v. Gogh: Selbstbild., Eisenbahnbrücke, Irrenwärter. (Vollkommenheit!) Greco „Hl. Johannes"!!! Picasso: Apachen, Jüngling, Le Lapin agile, Munch „Herrenblds.", Lehmbruck wbl. Torso, G. Minne („Neugotiker"), F. Behn „Negerin und Panther", Weisgerber „Sebastian" (klassisch schön), C. Kaspar ernstes Talent – Heckendorf (?) Heckel, Kirchner – ohne Eindruck – aber nun als neugewonnene Freunde Herbigs von Interesse. – Hodlers Blds. einer reizenden Dame (Meisterwerk), das berühmte Tanzbild von Matisse kann ich nicht hoch einschätzen. – Der mir seit den letzten Jahren entfallene Name eines jg. sehr begabten Schweizers, von dem Otto und ich zuletzt in der Tschudi Spende München ein Bergbild gesehen und den Dr. Grisebach Jena besitzt und vergötterte – ist glaube ich H. Huber. Eines der schönsten, merkwürdigsten Bilder Gauguins – „Contes barbares" mit dem tollen Selbstbildnis darauf – in meinem Tagebuch schon einmal erwähnt und beschrieben.
Heute Brf. v. Irresberger 200 Werst westl. v. Perm erhlt. Der Glückliche fährt nun mit einem Invalidentrspt. Richtg. Petrograd, Narva, Revel – heim! Es ist zum Weinen. Wenigstens hoffe ich, daß die Meinen so bald Ncht. über mich durch ihn erhalten. Ich bin ganz verzweifelt und sinke in eine müde Resignation. Glaube an gar nichts mehr. Sehe dem Schicksal wie mit traurigem Vorwurf ins Auge: „also ich soll hier zugrunde gehen – ist am Ende doch schade!" – Man sagt allgemein, daß der Abtranspt. sicher noch vor Okt. stattfindet, – aber wir glauben nichts mehr. Zudem letzte Ncht. aus Petersbg. – daß Offiziere nicht ausgetauscht werden: Mme. Вериго [Werigo] hat nach Perm geschrieben. Milaschewsky fährt in diesen Tg. nach Omsk und verspricht mir dort eine Kommandirofka zu besorgen, fährt dann nach Petrograd und will mir dorthin helfen. Meine letzten vagen Hoffnungen.

2. Juli 20.
– Am 24. fuhr Milaschewsky nach Omsk. War die letzt. Tg. noch viel mit ihm zusammen und waren einander immer näher gekommen. Er zeichnet ähnlich wie ich früher gestrebt habe (Grünewald, v. Eyck etwa) und unsere fernen Ziele haben eine seltene Verwandtschaft, auch sind wir ungefähr auf derselben Weghöhe – er wie ich müssen nun malen und haben dazu ähnliche Voraussetzungen. Er ist ein prächtiger, lieber Bursch, sehr ehrgeizig, hochstrebend, stark selbstbewußt und vertrauend, energisch und vital – dazu – worauf ich Gewicht lege, da ich immer mehr glaube, daß die Menschen da ihre Wurzel haben, besitzt er ein stark ausgeprägtes Nationalgefühl. Er ist ein echter Russe (obgleich von polnischer Abkunft) und will eine russ. Kunst – die ebenso wie die Deutsche nach seelischer Tiefe streben muß. – Gestern die erste Bekanntschaft mit dem russ. Maler Alex

Tichomiroff[77] gemacht. War 1913 in München und bis Ende 18 als Zivilgefangener in Ungarn. Spricht vollkommen deutsch. Sehr kultivierter feiner Mensch. Scheint jedoch etwas schwächlich und in seinen Kunstzielen von s. ungar. Lehrer .... abhängig (Impressionismus zur Klassik fortentwickeln, Marées). Scheinbar artistisch, mehr Maler. Hab ihn mit einem Strom von Mitteilung übergossen, – immer weit ausholend u. ganze Entwicklungsstücke aufzeigend, wie ein Mensch der Zeit und Sammlung dazu hatte, viel über sich nachzudenken. Leider hat er noch nicht verstanden in München – war auch in Paris – ausgiebig zu leben und kennt vieles, was er kennen müßte nicht, ist auch leider über das d.[eutsche] Kunstleben während d. Krieges nicht genügend orientiert. –
Die Post in's Ausland wieder eröffnet (Novb. 19 gingen die letzt. Nachrichten über Amerika). Habe gestern einen rekommandierten Brief an Mutter abgeschickt, schreibe heute an Otto Herbig, und morgen Johanna. – Es hilft mir viel.

3.VII.
– In letzt. Tg. häufig bei Benko – wo ich immer wie in Sommerfrische bin. – Nowikoffs abgereist, konnte mich leider nicht mehr verabschieden. – Von Poljakoff z. Andenken und als Gegengabe f. 2 Zchg. 2 Prachtstücke erhalten:
1.) Mädchen (vielleicht von einem Unbekannten, vielleicht eine Kopie) zarte blaue, rosarote, gelbe, grüne Töne, schwarz, grün, gold, – trägt ein grau getöntes längliches Paket (ähnlich wie ein Schirmbehälter).
2.) Dicker Kerl in prächtigem Gewand, orangerot, mit gelbem, grünem, violettem und schwarzem Muster, hält in der Linken Blumen, in der Rechten eine Sache ähnlich unserem Bischofsstab, fettes Gesicht. – Hab eine Riesenfreude an diesen echten Sachen, die man bei uns nirgends bekommen kann. In Ostsibirien konnte man sie früher auf jedem Bazar um Kopeken kaufen – wenn man Glück hat auch bedeutende Stücke, so kam P. zu seinem Hokusai.
Unbekannter chines. Volkskünstler Original (Wasserfarben auf Papier, Figur) sehr zart und fein, schön! und einen Farbendruck, wie man sie früher am Bazar kaufen konnte – wirkliche Volkskunst – aber wie schön originell, großartig! Ebenfalls Figur mit Wasserdruckfarbe auf Papier. Ich möchte sie schon zu Hause an meiner Zimmerwand sehen – 3 ausführl. Brf. geschr. – viel aus dem Herzen. Könnte endlos sein.

---

77. Alexander Tichomiroff, Maler und Kunsthistoriker; seit 1925 Mitglied der AchRR (Association der Künstler Revolutionäre Rußlands), 1929 Geschäftsleitung und Organisation einer Ausstellung dieser Künstlervereinigung in Köln. In Wackers Nachlaß finden sich 6 Briefe Tichomiroffs aus den Jahren 1922–1929, in denen er detailliert über seine Arbeit und die Situation der Künstler in Rußland berichtet. Zur Ausstellung der Künstlergruppe AchRR auf der Kunst- und Industrieausstellung Köln siehe: Illustrierter Katalog mit Abschnitt „Russische Kunst". Köln 1929. Beteiligt waren 65 Künstler mit 227 Werken. Siehe auch A. Tichomirov: Zeitgenössische Kunst in Deutschland. In: Kunst in die Massen (Iskusstvo v massy), Nr. 7/8, November/Dezember 1929, S. 24–27.

5.VII.20.
– Heut angebl. endgültige Registration f. den Specialistentransport (ich als Маляр [Maler]) – er soll am 7. abgehen!!! Eventuell müssen wir in Nischnji Nowgorod (dahin solls gehen) arbeiten (man sagt man wird uns für 5 Monate verpflichten) – aber warum soll ich nicht Glück haben. Die Hauptsache: aus Tomsk fort und aus dem verfluchten Sibirien. Mit der Zeit komm ich dann schon weiter! – Brief an Johanna.

6.VII.20.
– Bereits eine Beziehung in N.[ischnji] N.[owgorod]. Brief von Mme. Тренижа [Trenizha] für ihren Schwager der dort главный инженер [Haupt-Ingenieur]. – Hoffnungsvoller Brf. von Tom, dürfte Taiga bald verlassen. – Aus Omsk Telegramm: Offiziere werden vorläufig nicht evakuiert. – In Petersbg. soll der seinerzeitige Befehl bereits aufgehoben sein, – dies geht nur von dem Omsker Komman. aus). Es ist unerhört: die Ärzte protestieren, sie kennen nur „kranke Menschen”. Da die Invaliden jedoch Austauschtransporte mit gerader Direktion „Heimat” und wir „Arbeitertransport” braucht der Befehl auf uns keinen Bezug zu haben, – jedoch große Befürchtung, daß man ihn dennoch auf uns beziehen wird, uns aus der Liste streicht – dann ist auch kaum Hoffg. mit einer speziellen Kommandirofka wegzukommen und ich muß mich hier wieder einrichten und geduldig weiter warten. Wie aufreibend ist dies fortwährende Mißlingen u. neue Entschlüsse fassen! – Den Abend mit Tichomiroff bei Mme. Вериго Чудновская [Werigo Tschudnowskaja] verbracht. Hochkultivierte, intellektuelle Dame. – Tichomiroff – obwohl selbst andere Wege gehend und Ziele anstrebend, ist voll Begeisterung f. m. Zeichnungen (am höchsten schätzt er m. landschaftl. Skizzen ein), er erkennt in ihnen ein sicheres Kompositionsgefühl, die charakteristische Zeichnung (bei den Köpfen scheine ich ihm manchmal die Konstruktion zu verlieren od. zu sehr zu vernachlässigen) u. vor allem den starken realistischen Ausdruck an und sieht in mir, eine Versprechung für die deutsche Kunst. Erhofft überhaupt viel von der jungen deutschen Generation. – Es tut mir sehr wohl, wenngleich ich genügend Selbstkritik zu haben und auf Anerkennung mich nicht angewiesen glaube, so wie ich auch sehr gleichgültig gegen absprechende Urteile bin, – einen Kunstverständigen zu finden, der bis 1918 noch in Kontakt mit dem Kunstleben war, der mich bestätigt. Es ließe sich der Fall denken, daß man sich, jahrelang ohne Verbindung mit der Kunst, ganz auf sich gestellt, in sich gesperrt, verrennt, ein Narr fixer Ideen, dessen Ziele Wahnillusionen oder dessen gutes Wollen und sein Leisten in gar keinem Verhältnis stehen. –

7.VII.20.
– Bin in der Liste, habe heut die Bedingung in Нижний Новгород [Nischnji Nowgorod] 5 Monate zu arbeiten unterzeichnet. – Packe nun endgültig – und

morgen solls um 6h Früh losgehen!
Brief von Irresbg. aus Petrograd – nicht eben aussichtsvoll. (26.VI.) aber in der persönl. Stimmung gut.

Heft 8: Übersichtlicher Rückblick. Kriegsjahre 1914–1918

Tomsk, November 1918.

I. Militärdienst daheim. 31.VII.1914 Bregenz bis 26. Mai 1915. Salzburg.

Den Abschieds- und Todesgedanken fassen und ertragen gelernt. Das Gefühl „innerer Freiheit" vor dem Tod gewonnen. Die philosophisch-religiöse Idee von der Unzerstörbarkeit geistigen Wesens. – Zum erstenmal den Begriff „Pflicht" – gegen ein außerhalb meiner selbst – ins Auge gefaßt. Versuch einer „Verallgemeinerung" zum „Staatsbürger", – das innere Motiv: eine Bestätigung zu geben –, ich kann auch das, kann mich verallgemeinern, veräußerlichen, auch ich kann Euere „Pflichten" auf mich nehmen und sie streng erfüllen. Ansicht, dadurch mein Anrecht auf eine individuelle Lebensführung zu bestätigen. Das Streben nach „allgemeinen Idealen" als eine niedere Stufe betrachtet, die ich übersprungen hatte und nun nachholen will.
– Antizipation der Kriegseindrücke. Sah den Krieg als etwas Fremdes an, das zu erleben meine innere Person nichts angehe und das zu erleben mich nicht verändern oder wesentlich fördern würde. – Das Kriegshandwerk als etwas Negatives empfunden; Neigung als Arbeiter oder Sanitäter zu wirken. – In Augenblicken: Reiz, das Antizipierte wirklich zu erleben, auch den Krieg durchzuleben. – Abschied von daheim, – den Meinen, von Arbeit und Leben. – Im Verkehr zu allen Menschen herzlich. Tiefe Wehmut in den Stunden mit Frauen. Das Zusammensein mit den Kasern-Kameraden schwer (– ich hatte ja in so exklusiver Gesellschaft gelebt!). Meine überschwenglichen Gefühlsäußerungen (Eruptionen) finden keinen Widerhall. Alte Bekannte in Innsbruck. September in Trient – zum erstenmal im „Süden"! Besuch bei Prof. Egger-Lienz in St. Justina. – Die „große Liebe" Johanna. Tage mit ihr in Salzburg, Linz und Steyr. – Erste wehe Sehnsucht nach meinem Kinde („hätte es W.[altraut] doch geboren" – später: „Joh. soll es empfangen").
Johanna nicht reif zur Frau (vielleicht der Konflikt: Leben oder Kunst?) – Erotisches Ausleben: Die geile Halleinerin M. v. E. – süße, wohltuende Liebe mit Katharina S. – Seitensprünge. – Künstlerische Produktion im Gefühl, daß als vielleicht Letztes etwas Reifes geschaffen werden müßte, unmöglich. Alles wird noch in die Briefe an Mutter, Herbig und Johanna gedrängt. Anklammern ans Leben in Stunden des Genusses: Liebe, erot. Ekstase, Essen und Trinken, Leben

in der Natur. (Bewegung im Freien, – Vergeistigung der Landschaftsbilder. – Härtung durch die militärische Disziplin. Gehorchen und Befehlen gelernt. – Aussprache gegen meine Schwester, Johanna und den neu gewonnenen Freund Dr. Joh. Dellacher.
27. Mai Auszug ins Feld. (Tagebuch)

II. Im Feld. Mai bis 7. Okt. 1915. Galizien, russ. Polen, Wolynien.

Im Wesentlichen haben sich meine Eindrücke (subjekt.) und mein Verhalten gedeckt mit meiner Ahnung; so war es im Ganzen nur die Bestätigung der Richtigkeit meiner Antizipation durch die Wirklichkeit. Alles wurde von mir auf die Ausbeute persönlicher Erlebnisse hin betrachtet. Sowie also alles für das Feld Typische erlebt („eingeheimst") schien, hatte das eigentlich innere Motiv sein Ziel erreicht, – es trat Langeweile ein und verstärkte Sehnsucht nach individuellem Wirkenskreis. – „Kollektivgefühle" (Volkszughörigkeit, Pflichterfüllung gegen den Staat, Tapferkeit und andere Soldatentugenden, etc.) werden miterlebt, – man hat aber das Gefühl „herunterzusteigen", man schwingt mit, aber das Persönliche kommt nicht, oder nur als (unwesentliche) Zugabe, öfter als Gegensatz zu Worte. Diese Gefühle und Erlebnisse haben nichts Auszeichnendes und die Tätigkeit als Sammelwesen befriedigt nicht. – An den letzten Grenzen äußerer Lebensnot standgehalten zu haben verleiht einem das sichere Kraftbewußtsein in allem künftigen „Kampf ums dasein" unüberwindlich zu sein.
– Die philosophisch-religiösen Ideen von der Unsterblichkeit geistigen Seins und der innern Notwendigkeit in allem Geschehen: klären sich, und bewähren sich im Praktischen. – Absoluter Fatalismus, – das Erlebnis des Negativen, des Furchtbaren, Elenden, Harten, der Not und des Todes steigert die Empfänglichkeit für seine Gegensätze (– oft eine unerhörte Steigerung der Empfindsamkeit! –) und gestaltet das Weltbild plastischer, erweitert die Intuition. – Bewußtwerden und Steigerung der „Männlichkeit". – Austoben der Abenteuerlust. – Sehnsucht nach ruhiger, geordneter Lebensweise zum Zwecke ausgiebigster Arbeit. – Die Arbeit, als bleibender Ausdruck des Persönlichen, als höchster Lebenswert empfunden; – das „nicht als Individualität sich auswirken können" als größte Qual und einzige Not erfahren. –
Künstlerische Produktion unmöglich. Die Aktivität als Soldat schließt sie aus. Die Kraft reichte nicht aus und ein „Gekritzel" wäre als Schändung des innerlich Geschauten empfunden worden. – Fülle von Eindrücken die zur Gestaltung reizten. (Verwundete, Tote – ein Bildnis des inneren Sieges gestalten! – Männerköpfe, das unheimlich zerwühlte Land, alle Bilder der Zerstörung und Grausamkeit, die Musik der Bäume (Philigran-Ornamente) Sonnaufgang, Pferdeköpfe, fliehende Bevölkerung, Juden allen Alters und Geschlechts in den Städten Galiziens und r. Polens, russische Typen in Wolynien, etc. etc.) – Klärung und Verinnerlichung meines Kunstwollens. Gedanken an und über – vor allem

altdeutsche und altniederländische Kunst (Grünewald, v.d. Goes) – Rembrandt, – H. Toulouse-Lautrec.
Verhältnis zu den Soldaten, den Salzburger Bauern, brüderlich. Besonders vertraulich mit meinem Diener – gegen den oft einzig sich mein Mitteilungsbedürfnis öffnete. Von den näheren Kameraden – den Offizieren, Einjährigen, – meist mißverstanden, schließlich stumm gegen sie. Hilflosigkeit in dieser Umgebung. Innere Einsamkeit. Das Schweigen und Verschließenmüssen schwer, – als meinem Wesen widersprechend empfunden. – Die Post einziges Ventil. Die Briefe der Lieben gaben mir die schönsten, höchsten Augenblicke! Elternliebe, Liebesstunden mit W.[altraut] und J.[ohanna] und die Freundschaft mit Otto Herbig als höchste Güter verehrt – die Gemeinschaft mit Herbig als ein Wunder von Lebensglück. – Das Verhältnis mit Johanna wieder hergestellt – der „überirdische Jubel" dieser Liebe! – Freundschaft und Verliebtheit zu andern Frauen (besd. K. und W.). Aufrichtigkeit meiner Gefühle; das Leid, welches meine „mannigfache Treue" den Frauen bringt, tut mir weh. Sexualtrieb physisch meist wie ausgeschaltet, wächst ganz ins Geistige.

<u>III. In der Gefangenschaft.</u> Okt. 1915 bis Ende 1918.

1. <u>Tetjuschi</u>, Novb. 1915 bis 22. Juni 1916.
<u>Reise</u>: Rowno, Kiew, Pensa, Kasan. Auf der Wolga nach Tetjuschi. – Befreiung vom Druck des Todesgedankens, Aufleben, Hoffnung auf Arbeitsmöglichkeit. Reiseeindrücke: Das Elend im Lager Tarnitza. Menschen- und Rassetypen. Landschaft. Stadt Kasan.
<u>In Tetjuschi</u>. Arbeitshoffnung vernichtet. Die unmittelbare Umgebung des Lebens fehlt. Es entstehen nur Augenblicksskizzen nach Kameraden, Spiegel und Russen. – Rückblick über die Kriegsmonate, Bilanz. Der Krieg wurde als für mich „abgetan" betrachtet. – Vollkommene Teilnahmslosigkeit an den kriegerischen und polit. Ereignissen.
– Zukunftsträume. Sehnsucht nach fieberhaftem Arbeiten und intensivem, reichem Lebensgenuß. – Plan nach dem Krieg in Flandern zu leben – Individualist.
– Stimmungswechsel zwischen Aufbäumung gegen das Untätigliegenmüssen, – das noch drückender ist als die wesensfremde Aktivität im Feld, – und Ergebenheit in „eine Zeit der Vorenthaltung". – Ein Leben von Erinnerung und Hoffnung. – Die Post enthält fast <u>nur</u> Äußerungen des Gemütslebens. (Die Weimarer Erinnerungen spielen eine große Rolle) – Qualen unter dem „Dämon Sinnlichkeit", fürchterliche Kämpfe die ein moralisches Gesicht annehmen. – Allmählich gelingt die Ummodlung zu rezeptiver Tätigkeit und die Beschränkung im engen Raum.
– Stunden hoher Glücksempfindung durch die ästhetische Betrachtung. (<u>Faust</u>, <u>Hamlet</u>, Schiller, <u>Eckermann</u>, Rousseau „Bekennt.", Schopenhauer, <u>Hofmannsthal</u>, Ibsen). Das Verhältnis zur altdeutschen Kunst vertieft sich noch

(Dürer, altdeutsche und altniederl. Madonnenbilder) Giotto neu! – Michelangelo! – Überlegungen: Malerei = Darstellung auf der Fläche! Der Sinn für Komposition (lineare) wächst. – Frauenbildnisträume! – Das Verhältnis zu den Kameraden meist unerquicklich und quälend. (Zuflucht zum „Bajazzo") Freundschaft mit G. Schuller. – Vergötterung Johannas, – eine „Heilige"! Heiratsgedanken auftauchend. Die Zweifel an Joh. wegen Ausbleiben der Post, werden zu Zweifeln an mir. Bitte um Geduld. – Gewissenszweifel auch wegen meiner „mannigfaltigen Treue" (– „es fehlt die aus dem Augenblick geborene Tat und die Rechtfertigung durch Arbeit"). – Ein Ereignis: (17.IV.) Waltrauts Heirat (Leidenschaftliche Erregung, Betrübung, Sorge um sie. 27.V. Brief: Bitte um Freundschaft und Aufnahme in den Familienkreis.)
Reise: Auf der Wolga: Samara, Sisran.
Bahnfahrt: bis Nowonikolajewsk (1 Nacht), Tomsk. Eindruck der Ebene. Im Ural Erinnerung an die Alpen. Menschen und Rassetypen. Vor allem Weiber! Einseitige Stimmung (Aufnahmefähigkeit) durch den unbefriedigten Geschlechtstrieb. –

2. Tomsk. (Konzentrationslager) 10. Juli bis Dezb. 1918.
1916 – Nachricht vom Tode meines Vaters. (I. Aug. 16)
Zwang, äußerlich Haltung zu wahren. Selbstbesinnung. Gedanken über Vaters Leben, unser Familienleben, mein Jugendglück. Elternliebe. Gedanken über Unsterblichkeit. Vater soll ein Denkmal im Lebendigen geschaffen werden. Diesseitige (fortzeugende) Unsterblichkeit. – „Große, reine Bilder steigen auf" – „Visionen feierlicher Gestaltungen, von denen eine starke Suggestion ausgehen soll!" Bündnis mit Herbig erneuert und „geheiligt". Arbeit nur Mittel und Form! – im Leben selber soll gebildet werden, alles auf dies lebendige Gebäude hin angelegt werden, das Leben soll zum Kunstwerk werden!
– Depressionen unter dem allgemeinen und endlosen Elend des Krieges. Weltschmerzstimmungen. Frage: Können alle Kulturideale zertrümmert werden? „Retardierende Dämone?" Blinder Glaube – aus optimistisch gläubiger Grundstimmung – daß der K.[rieg] aus einer innern Notwendigkeit entstanden, daß er wie ein „Naturereignis" aufzufassen sei und schließlich positive Resultate zeitigen werde. Er selbst ein Negatives, – bleibt übrig an seine Wirkung als ein Positives zu glauben. – Die „idealen Güter" machen das Leben lebenswert, ihr Besitz den Menschen erst zum Menschen. – Einsam. – Ein Freund? (Dr. K.) Blind aus Not des Mitteilungsbedürfnisses. Kein Widerhall. März 1917: Enttäuschung und Rache. – Johanna „ganz hingegeben" (alles von ihr ist „eine Läuterung für mich").
Bücher: Goethe, Hugo, Ibsen, R. Wagner, G. Hauptmann und andere Neue. „Klassiker d. Kunst". Springer V. Im Jahr 1916 ca. 100 Bände gelesen.

1917 –
Mit diesem Jahr wieder zu zeichnen begonnen. Alles mühselig den Verhältnissen abgerungen. Zeichnungen nach dem Spiegel (meist Nachts), nach Kameraden, Dienern, Soldaten. – Die frühere Tendenz zum „Schönen" und das Streben nach subtiler Darstellung der Stofflichkeit (Oberfläche) wird allmählich durch Stärkeres überwunden. Expressionismus! Schwenkung von Leibl zu van Gogh. – Verwandtschaft zwischen altdeutscher Kunst und der Moderne. Meine Kunstziele treten deutlicher und breiter ins Bewußtsein. Identität mit dem „modernen Kunstwillen". Auseinandersetzungen mit Egger. Farbe und Zeichnung (als gleichwertige Mittel!) zu synthetischer Ausdrucksmacht zu steigern! Cezanne! v. Gogh (die klarste Verkörperung des modernen K.[unst]willens), E. Munch (ein Fortführer). Neubeurteilung der Jüngsten, Anerkennung ihres Strebens. – Meine Zeichnung verliert allmählich ihren harten, rein linearen Charakter, wird malerischer, lockerer und momentaner. Werde immer unabweislicher zur Malerei geführt. – Im Sommer Blumen! – Herbst: Malversuche, methodisch. Rasche Fortschritte. Gewinne sicheres Vertrauen auch in die Zukunft meiner Malerei: (Neue Forderungen siehe unten)
Nützliche Beschäftigungen: Russisch, Stenographie. – Allmählich immer stärkeres Aufkeimen eines Entwicklungsglaubens. – Des naiven, unbewußten, animalischen Lebensgenußes beraubt, taucht die Frage über die letzten Dinge auf: warum? wozu? wohin? Die Qual der Endlichkeit, das Gefängnis der Seele. Dualismus. Suchen nach Endzwecken, nach einer allumfassenden Idee. Empörung gegen das „Sklavesein der Natur". Pessimismus. Weltschmerz. Abstrakte Reflexionen, losgelöst von allem Leben. Erstickungsgefahr in den luftleeren Räumen. Selbstmordgedanken. – Einziger Ausweg zur Versöhnung mit dem Leben: der Glaube an Höherentwicklung. Suchen nach Bestätigungen. (Herder). – Komme auch in der Kunst zu historischer Betrachtung; Aufdecken von Entwicklungslinien. – Bewußtwerden, daß zwischen den materiellen, äußeren Lebensbedingungen und den geistigen Lebensäußerungen eine Wechselbeziehung besteht. – Von der russ. Revolution ab die politischen Ereignisse eifrig verfolgt. – Interesse für soziologische Probleme. – Sozialist. (Utopien gesponnen) – Dostojewski. – Liebe zum russischen Volk. Demokratische Neigungen. Im Frühling: Aufschwung, Verjüngung, heiteres Sinnen, Optimismus. W. Whitman, der „Ersehnte" Monismus. Die Liebe, die Brüderlichkeit höchstes Kulturideal. – Revolutionär. Antimilitarist. Die Empörung steigert sich. Der Krieg ist Klassenkampf. Das kapitalistische System. Hoffnung auf Einsicht und Zusammenschluß des Proletariats. Der Volkswille wird siegen! Die soziale Weltrevolution. Der Sozialismus die Ablösung des Christentums. – Forderung auch an den Künstler: auch er muß Stellung nehmen zu den allgemeinen Fragen, mit bilden helfen am sozialen Leben. Künstlertum ist Menschentum! – Gedanken über „demokratische Kunst" und die Stellung des Künstlers im „sozialen Staat". – Hoffnung auf die große Reaktion: Der Krieg wird soziale Reformen bringen. Die Depression,

welche die Gedanken an das allgemeine und endlose Elend des Krieges verursacht, allmählich ganz gewichen. Neue Kampflust taucht auf! Dezember: Friedensaussicht. Schon vor dem r.-d. [russisch-deutschen] Friedensschluß Gewißheit, daß es nicht zum allgem. Frd. [Frieden] führt. – Revolutionärer Märtyrer! (?) Zweiter Auszug in's Feld. (?) – In dem Jahr häufig in Stadt und Umgebung gekommen. Überfülle Eindrücke. Die Qual die die „Flucht der Erscheinungen" verursacht! (Tagebuch: Verzeichnis der Eindrücke und Erlebnisse draußen) – Tanzkurs mitgemacht. – Beim Lager-Theater mitgewirkt. – Einen Zeichenkurs geleitet. – Im Sommer Körperkultur (Turnen und Sonnenbäder). – Die früher vereinzelt auftauchenden Ehegedanken verdichten sich. Im Juli tritt der Plan baldmöglichst eine Ehe zu schließen, als klare und unabweisbare Forderung auf und wird als ein, nun zur Reife gediehenes Erbe empfunden ([unleserlich] ... mus?)
Mann und Weib ein Organismus! Getrennt beide nur halb. Ein gesundes, vollkommenes (ganzes) Leben Hauptforderung. Das Familienleben der einzige Boden für eine gesunde Kunst! Wahl der Frau: ein Weib mit reinen, stärksten Mutterinstinkten. (Wechselnd Gedanken an Johanna, Paula, Anna, Waltraut.) – Hungerperiode! – Verkehr: J. Weber, – mein Schüler. Jos. Genser. An Weihnacht: H. Graf Luckner. (Vermutlich Beziehungen mit Folge) – Zu Jahresbeginn Johanna, das „Idol", ein Ringen wie nach unerfüllbarer Erlösung. Frühling: Zweifel, die Ahnung der Entfremdung durch die lange Abwesenheit taucht auf. Ende August Bestätigung durch sie. Bruch. (Ursache, neben der langen Entfernung ihr Charakter: der Konflikt zwischen Kunst und Leben.) Starke Erregung; nach der Beruhigung freundschaftliches Verhältnis. Waltraut: Mitte Februar Mitteilung von der Geburt (Rosmarie) (Traurigkeit, Einsam: Qual des Allein und nie allein seins). Immer häufigere und herzlichere Mitteilungen von ihr. Ahnung von ihrem Ehe-Unglück. Anfang Oktober Bestätigung hierüber. Ihre Ehe-Scheidung, treuer Glaube an mich. Meine immer glimmende und verhaltene Liebe flammt auf. Fester Entschluß sie zu ehelichen. (4.XI.17). Alle Tage ihr geweiht, meine Aussprache fast ganz an sie gerichtet. (Zwang der Einschränkung!) – Otto: immer das alte, gleich innige, einzige Verhältnis. (Warnung an ihn nicht ins Feld zu gehen unablässig wiederholt.) Über J.J. Vrieslander, der über 2 Jahre für uns alle verschollen war, Mitte Juli Nachricht. Unsere Korrespondenz kam aber nicht mehr in Gang.
Bücher: Vorwiegend moderne Literatur. Strindberg, Dostojewski, W. Whitman, Tolstoi und andere Russen, Nietzsche, Zola, Hamsun, L. Bruun, Bellamy, Schopenhauer, Darwin.
(Im Jahr 1917 ca. 100 Bände.)

1918 –
Aussicht auf die Heimreise. Schwanken zwischen Front und Desertion. (Schweden, später Schweiz?) – Ab März Aufnahme und Auseinandersetzung mit

Nietzsche. (Hauptproblem N. Stellung zum Sozialismus und diesem Krieg.) Nietzsche ein Schlüssel zu mir. Selbstbesinnung. – Als Grundmotiv meiner Zuwendung zum Sozialismus und den revolutionären Strebungen wird der Egoismus erkannt. Meine Humanitätsträume und philanthropischen Neigungen werden als „Überschuß" erklärt. – Der Krieg eine Äußerung des „Willens zur Macht" im Großen. Der „Staat" nach innen und nach außen! Lösung der Widersprüche! – Der Sieg bedeutet nationalen Fortschritt (trotzdem!) – Der soziale Staat: eine Grundlage für freiere geistige Entwicklung und Betätigung vieler Individuen (?) – Der Brester-Friede. Aussöhnung mit ihm! (Bedeutet für die R.[ussen]: arbeiten, Tempo halten oder zu Grunde gehen!) Tagebuch (ab Juni kein Postverkehr mehr!): Gedanken über Ehe. Das Kind Sinn und Zweck der Liebe. – Kindererziehung. Gesundung des Sexuallebens. Über Literatur, Politik, Evolution, Perspektive (eine neue!?) – Interpretationen durch die Formel „Wille zur Macht". Gedanken über „Pessimismus in der Kunst". – Die Kunst „Oberwert" meines Lebens. Die Kunst als Leben fördernder Faktor.
Juni und Juli frei. Alle Tage Vor- und Nachmittg. draußen, im „paradiesischen Tale der Uschaika." – Skizzen: Landschaft, Mädchen! Cafehaus im Lager. – Baden (Schwimmen) i. d. Uschaika. Köstliche Stunden mit den Mädchen eines Heimes. Klawdja Wassiljewas Liebe und fortdauernde Korrespondenz, das liebliche Abenteuer Lydia Kasakowa. – Spaziergänge jenseits des Tom. (Tagebuch über all dies) –
Verkehr: Jan. Febr. Graf Luckner, später Dr. P. Elsner, W. Stern, ab Juli: A. Hüttl, ab Aug. E.v. Tomičić. Seit Februar Bekanntschaft und Verkehr mit dem russ. Maler M.M. Poljakoff.
Im November: Friedenshoffnung, Waffenstillstand! Politik im Vordergrund. Abtransport nach Osten erwartend. Dezember 18: Revolution im Westen; Oesterreich aufgelöst; Deutschland Republik.
Bücher: Strindberg, Maeterlinck, Nietzsche (Richter, Vaihinger, Simmel), Schopenhauer, F.A. Lange, Haeckel, Balzac, Dostojewski, Hugo, L. Hearn, Wilde, Stirner, Murget, Altenberg und andere Neue.
(Im Jahr 1918 ca. 100 Bände.)

Allgemeines: 1915 zu Rauchen (Zigaretten) angefangen; wurde zur Leidenschaft. – Möglichkeit homosex. Neigung (im Notzustand) empfunden.

Zusammenfassung.
Verhältnis zum „Staat" gewonnen. – Härtender Einfluß des Soldatenlebens. Gehorchen und Befehlen gelernt. – Kriegserlebnis und Eindrücke. Auf Erfahrung beruhendes Schätzungsvermögen für die äußeren Lebensgüter gewonnen; im positiven wie negativen Sinn. – Das Leben ohne Frauen. – Höchste Steigerung physischer Aktivität. Reiseeindrücke, fremdes Land und Volk. Leidenschaft des Rauchens (ein neuer Genuß!) – Warten, Ausharren in Passivität.

Russ. Revolution und ihre nächsten Folgen in R. – Interesse für Politik, Volkswirtschaft, – soziologische Probleme. Kunsthistorische und literarische Studien. Philosophische Studien. (Intellekt!) –. Erfahrung über den Normalmensch, über die „Menge". Ein Zusammensein mit Allen und Jedem erlernt. – Neue Menschen: Dr. Dellacher, G. Schuller, A. Irresberger, J. Genser, J. Weber, H. Graf Luckner, Dr. P. Elsner, W. Stern, A. Hüttl, F. Sadofski, E. v. Tomičić.

1920
В. В. Милашевский [W.W. Milaschewski]
А. А. Тихомиров [A.A. Tichomiroff]

Einführung zum „Chronologischen Verzeichnis der in der Gefangenschaft gelesenen Bücher"

Die im Anschluß wiedergegebenen Literaturlisten werden deshalb hier vollständig angeführt, weil Bücher für Wacker im allgemeinen und während der Kriegsgefangenschaft im besonderen einen wesentlichen Teil seines Lebens ausmachten. Nur so ist auch zu erklären, daß er selbst mit dieser geradezu peniblen Genauigkeit über das Gelesene Buchhaltung führte. Und die Bilanz kann sich sehen lassen: Wacker hat in der Zeit von der Gefangennahme 1915 bis zu seiner Heimreise im August 1920 nicht weniger als ca. 420 Titel gelesen.

Wie das Verzeichnis deutlich zeigt, war Wacker eigentlich nur im ersten Winter in Tetjuschi büchermäßig schlecht gestellt. Als erstes las er den mitgebrachten Faust, – ob die anderen Titel eventuell auch aus den Tornistern belesener Kriegsteilnehmer stammten oder ob es sich bereits um die ersten Buchsendungen seiner Freunde aus Deutschland handelte, läßt sich schwer feststellen. Belegt sind solche Buchsendungen aus der Heimat jedenfalls schon ab Ende Januar 1916[1]. In Tomsk besserte sich die Situation schlagartig, als es Wacker möglich wurde, die dortige Universitätsbibliothek, Privatbibliotheken von Angehörigen der Tomsker Universität und die „Reisende Eisenbahn-Bibliothek" zu benutzen. Die Bestände an deutschsprachiger Literatur dieser sibirischen Bibliotheken waren sowohl was den Umfang als auch die Aktualität anlangt außergewöhnlich. Während dieser Zeit in Tomsk las Wacker nicht nur für sich selbst, sondern, wie viele Anmerkungen zeigen, unterhielt er auch seine Kameraden mit Vorlesungen. Neben unterhaltsamen (z.B. Ulenspiegel von Ch. de Coster oder Liebeszeichen von F.M. Felder) brachte er auch schwierige Texte zum Vortrag: etwa Schopenhauers Aphorismen, Nietzsches Genealogie der Moral oder Weiningers Geschlecht und Charakter. Mit diesen drei Namen sind zugleich auch die für Wacker selbst prägendsten Philosophen angegeben, mit denen er sich auch über die Kriegszeit hinaus beschäftigte. Die beiden anderen großen Interessensgebiete Wackers in Sibirien und größtenteils auch später waren Arbeiten zu Kunstgeschichte und Kunstbetrachtung und nahezu die gesamte kanonisierte europäische Belletristik, besonders die der zweiten Hälfte des 19. Jahrhunderts. Die Werke, die ihn von all den gelesenen am nachhaltigsten beeindruckten und beeinflußten, hat Wacker in einer eigenen Liste festgehalten, die sich am Ende des „Chronologischen Verzeichnisses der in der Gefangenschaft gelesenen Bücher" befindet.

Diese Bücherliste zeigt, daß Wacker selbst unter den schwierigen Bedingungen der Kriegsgefangenschaft den Anschluß an das europäische Geistesleben nie hat abreißen lassen, so wie er auch später in der Provinz auf die Lektüre angewiesen war, um auf dem Laufenden zu bleiben.

Anmerkung

1. „Ende Januar sind eine Anzahl Bücher an Dich abgegangen, allerdings nichts von Goethe – ich werds aber nachholen lassen." Brief Otto Herbigs an Wacker vom 23.III.1916 aus Flandern; Wackers Nachlaß.

Heft 9: Lektüreliste Oktober 1915 – August 1920
Chronologisches Verzeichnis der in der Gefangenschaft gelesenen Bücher*

Verzeichnis der gelesenen Bücher

Auf der Reise von Rowno nach Pensa
Oktober 1915
Ibsen „Peer Gynt"
Zola „D. Sturm auf die Mühle", „Jahreszeiten" u.a.

Während des Aufenthaltes in Tetjuschi (Тетюши)
Herbst u. Winter 1915/16
Goethe „Faust I", „Faust II Bühnenausg.", „Natur", „Gespr. mit Eckermann I. Bd.", „Iphigenie a. Tauris"
Schiller „Gedichte", „Räuber", „Fiesko", „Millerin", „Don Carlos", „Phönizierinnen", „Semele"
Shakespeare „Hamlet"
Tolstoi „Volkserzählungen"
G. Rodenbach „Das tote Brügge"

Frühling 1916
Goethe „Werthers Leiden"
Tolstoi „Luzern", „Familienglück", „Herr u. Knecht", „Kindheit", „Das Caféhaus v. Senrate"
Moerike „Mozarts Reise nach Prag"
Grillparzer „Der arme Spielmann", „Das Kloster v. Sendomir"
Potapenko „Im Pfarramt", „Kein Held"
Shakespeare „Die lustigen Weiber v. Windsor"
Schopenhauer – Biographie von Damm (Rekl. [Reclam])
Tolstoi „Die Macht der Finsternis"
Altes Testament (Luther) „Hiob", „Hohes Lied", „Bücher Moses 1–3", „Apokryphen"
Ibsen (Reklam [Reclam] Bd. I u. II) „Gedichte", „Kaiser u. Galiläer", „Nora", „Stützen der Gesellschaft", „Fest auf Solhaug", „Brand", „Bund der Jugend", „Volksfeind", „Gespenster"
Rousseau „Bekenntnisse I. Bd."
Dante „Das neue Leben"
W. Scott „Der Junker v. Ravenswood", „Marquis v. Montrose"

* Publikationen über Kunst und Künstler hat Wacker in der Lektüre-Liste durch einen vorangestellten Stern ★ besonders hervorgehoben.

Plato „Gastmahl" (übertragen v. K. Hildebrandt)
Droste-Hülshoff „Lyrische Gedichte" (Meier Volksbücher)
Björnson „Arne"
Tolstoi „Zwei Husaren"
Goethe – Schiller Briefwechsel (Rekl. I. Bd.)
Eckermann Gespräche mit Goethe II. Bd. u. III. Bd.
Tausend und eine Nacht (Henning, Rekl.) Teile daraus
K. Hamsun „Viktoria"
Heine „Harzreise"
H. v. Hofmannsthal „Gedichte u. kleine Dramen" (Insel-Vlg.)
Flaubert „Madame Bovary"
Sophokles „Philoktetes"
E. T. A. Hoffmann „Martin der Küfer u. seine Gesellen"
Goethes Briefwechsel mit seiner Mutter (Christiane) (Rekl.)
Calderon „Das Leben ein Traum"
V. Hugo „Ruy Blas"
Goethe „Torquato Tasso"
Mad. de Stael „Über Deutschland" I. Bd. u. 1/2 II. Bd.
Jakobsen „Niels Lyhne"
Bildwerke:
⋆ Michelangelo („Blaue Bch."), Madonnenbilder altdt. – u. altniederländ.
„Maria im Rosenhag" (blaue Bch.)
⋆ Dürer, Giotto (Ausgb. „Weichers Kunstbücher")

Auf der Reise, im Viehwagen, von Tetjuschi nach Tomsk (Sibirien)
Anfang Juli 1916
Turgenjeff „Dunst"
Rousseau „Bekenntnisse II. Bd."
Shakespeare „Antonius u. Kleopatra"
Kozebue „Freimaurer"

Verzeichnis der in Tomsk 1916 und 1917 gelesenen Bücher
Tomsk, Konzentrationslager
Juli u. August 1916
Eichendorff „Leben eines Taugenichts"
E. T. A. Hoffmann „Der goldene Topf"
Byron „Der Gjaur"
Molière „Die gelehrten Frauen"
Zschokke „Jonathan Frock"
O. Wilde „Die Ballade vom Zuchthaus zu Reading"
J. Gotthelf (Bizius) „Uli der Pächter"
Bojesen Kommentar z. Goethes Faust

Otto Ernst „Vom Strande des Lebens" (Rekl.)
* Rembrandt (Radierungen) Klass. d. K.
* Velasquez (Klassiker d. Kunst)
Gorky „Nachtasyl"

Oktober 1917
Nietzsche „Also sprach Zarathustra"
Zola „Germinal" I. u. II. Bd. (Rekl.)
Björnson „Mary"
Thomas Mann „Der kleine Herr Friedemann u. a. Nov." (Vlg. Fischer)
Gorky „Der Tunichtgut u. a. Erzählg." (Rekl.)
Schubring „Rembrandt" (Natur- u. Geisteswelt)
* Deutsche Plastik des Mittelalters M. Sauerland (Vlg. Langewiesche)
F. Hebbel „Barbier Zitterlein", „Schnock"

November 1917
Shakespeare „Othello", „König Lear" Ausgb. v. 1832
Schlegel, Tieck
Arzybascheff – „Morgenschatten", „Schuster Anton"
Tolstoi „Chadschi Muart" (Fischer Vlg.)
Turgenjeff „Tagebuch eines Überflüssigen" (Rekl.)
* Rembrandt (Gemälde) Klass. d. Kunst
Puschkin „Ausgewählte Novellen" (Rekl.)
* The Studio August 1904 (The French Primitifs: Clouet, Fouqué, M. Liebermann)
M. Lermontoff „Ein Held unserer Zeit" (Rekl.)
Gogol „Taras Bulba der Kosakenhetman" (Rekl.)
B. Kellermann „Yester und Li" (Vlg. S. Fischer)
Hebbel „Der Rubin u. a. Novellen" (Rekl.)

Dezember 1917
Knut Hamsun „Pan" (Vlg. A. Langen)
Chr. Morgenstern „Palma Kunkel" (Vlg. Cassirer)
O. Walzel „H. Ibsen" (Insel Vlg.)
Laurids Bruun „Van Zantens glückl. Zeit" (Vlg. Fischer)
E. Haeckel „Das Weltbild v. Darwin u. Lamark" – (Festrede z. 100. Gebtg.feier Ch. Darwins 12.II.1909 i. Volkshaus zu Jena)
Wackenroder „Herzensergießungen eines kunstliebd. Klosterbruders" (Vlg. Kiepenheuer – Weimar)
H. St. Chamberlain „R. Wagner" V. Auflg. (Vlg. Bruckmann)
H. Eulenberg „Das deutsche Angesicht"
(ca. 105 Bd. – 1917)

Jänner 1918

Chamberlain „Wagner"

Strindberg „Der Sohn einer Magd" E. Schering, Vlg. G. Müller

G. Kennan „Sibirien" III. Teil Rekl.

A. W. Hunzinger „12 Vorträge i. Hamburg 1916 gehalten" (Vlg. Wissenschaft und Bildung)

„Die Güldenkammer" bremische Monatsschrift 1911, X. XI. 1912, I. II. (Maeterlinck „Der Kindsmord", W. Steinhausen „Verhaeren", J. Schlaf „Der Zustand des Naturalismus", R. König „Zu den Quellen des Lebens" u.a.)

Schwind „Briefe u. Bilder" (Delphin-Vlg.)

Ch. de Coster „Ulenspiegel u. Lamm Goedzak" (Vlg. Borngräber) (Übertrag. v. W. v. d. Bleek; mit Bildern v. Felicien Rops) (vorgelesen)

Maeterlinck „Das Leben der Bienen" (Vlg. Diederichs)

Пушкин «Пиковая дама» [Puschkin „Pique Dame"] (übersetzt mit Kunesch)

* Schweizer Maler (Vlg. Langewiesche) Hodler! Buri, Amiet

Письма Винцента Ван-Гога к Бернару [Die Briefe des Vincent van Gogh an Bernard] 1888 (Аполлон [Apollon]) 9, – 1913

Februar 1918

Ruskin „Menschen untereinander" (Vlg. Langewiesche)

K. Hamsun „Vom Teufel geholt" (Vlg. A. Langen)

M. Maeterlinck „Der Eindringling", „Die Blinden" (Rekl.)

Goethe's Briefe, kleine Auswahl v. W. Bode I. u. II. Bd.

Strindberg „Am offenen Meer" (E. Schering)

Kellermann „Der Tunnel" (Vlg. Fischer)

Ibsen „John Gabriel Borkman" Volksausgb. währd. des Krieges „Wenn wir Toten erwachen" Vlg. Fischer

Heinrich Mann „Zwischen den Rassen" (K. Wolff Vlg. 1916)

* Einige Bilder von Prof. Поляков [Poljakoff] gesammelt (Daumier, Cézanne, Gauguin, Marées, Munch, Picasso)

März 1918

Raoul Richter „F. Nietzsches Leben u. Werk" II. Auflage

Maeterlinck „Von der innern Schönheit" (Vlg. Langewiesche)

* Felicien Rops (G. Kahn) Monographie I. u. II. Bd.

* Moderne Plastik (Vlg. Langewiesche)

Tolstoi „Neue Briefe" Velhagen u. Klasing Mh. Juli 1911

Darwin „Abstammung des Menschen" (III. Teil)

Schopenhauer (W. a. W. u. V.) [Die Welt als Wille und Vorstellung] II. Bd. Kap. 44, 45 „Metaphysik d. Geschlechtsliebe", „Lebensbejahung"

Alfred Mombert „Der Glühende" (Gedicht-Werk Vlg. Schuster u. Löffler)
Dr. F. Tönnies „Entwicklung der sozialen Frage" (Smmlg. Göschen)
E. Haeckel „Die Lebensmüde" (Vlg. Kröner Lpzg.)

April 1918

Dostojewski „Raskolnikoff" (Vlg. Weichert), „Schuld u. Sühne"
Nietzsche „Jenseits von Gut und Böse" Taschen-Ausgabe, Vlg. Naumann, VIII. Bd.
„Zur Genealogie der Moral"
„Aus dem Nachlaß 1885/6"
H. Vaihinger „Nietzsche als Philosoph" (Vlg. Reuther u. Reichard)
«Аполлон» [„Apollon"] 1912 V. (столетие французской живописи [Ein Jahrhundert französischer Gemälde] 1812–1912)
Nietzsche „Fröhliche Wissenschaft", (Nachlaß): „Der Wille zur Macht", (III. Bch. 4.) „Physiologie der Kunst", (IV. Bch. 4.) „Das aristokratische Ideal" (5.) „Dionysos".
Zola „Das Fest auf Coqueville u. a. Nov." (Rekl.) (Überschwemmung, J. Liebe, Durch Wald u. Flur u.a.)

Mai 1918

E. G. Kolbenheyer „Amor Dei" (Vlg. Müller 1917) (1/2 gelesen)
* „Kunst u. Künstler" Okt. Novb. Dezb. 1916 (Renoir – J. M. Graefe – Kolbe); Jan. Feb. März 1917 Sammlg. H. Nathan F. a/M. Wasmann;
Stendhal (Beyle) „Novellen" (Reklam)
Nietzsche: Nachlaß: „Der Wille zur Macht – Versuch einer Umwertung aller Werte" (Bd. XV. Naumann)

Juni 1918

Lombroso „Genie u. Irrsinn" (Rekl.)
Nietzsche Nachlaß: I. Erkenntnistheorie; Rangordnung; Kultur u. Kunst; Weib Liebe Ehe; II. Nachträge aus der Entstehung d. Zarathustra 1882–85; Pläne u. Gedanken zu den Schriften v. J.v.G.B; G. d. M. 83–87; Aus den Vorreden Material 85–88
Bernard Shaw „Cashel Byrons Beruf"

Juli 1918

F. Nauman „Die Kunst im Zeitalter der Maschine" Kunstwart? Juliheft 1904
* A. Rodin von O. Grautoff (Knackfuß-Monogr.)
Strindberg „Schwarze Fahne" (E. Schering) G. Müller Vlg.
E. Zola „Der Traum"
Hebbel „Tagebücher" II. Bd. (Reklam) (Jahr 1845–48)
A. Daudet „Tartarin aus Tarazcon" (Rekl.)

H. St. Chamberlain „Kriegsaufsätze 1915"
1. Grundstimmung in Engld. u. Frkrch.
2. Wer hat den K. verschuldet
3. Deutscher Friede
Balzac „Der Landarzt" (Vlg. Globus)
* G. Kahn „Rodin"
Goethe „Novelle", „Die guten Weiber" (W. Ernst Ausgb.) – 14.VI. 4h Mgs. Regen!
Dr. Eberhard Arnold „Urchristliches u. Antichristl. i. Werdegang Nietzsches"

August 1918
Hebbel „Tagebücher" II. Bd. Jahr 1848–51
F. Wedekind „Die junge Welt", „Frühlings Erwachen" (Fragment), „F. Schwigerling"
«Искусство» [„Die Kunst"] No 5, 6, 7. 1905. (реликты японского лака, В. Гогъ Письма [Japanische Lack-Reliquien, van Gogh Briefe, O. Wilde])
* K. Scheffler „Aufsatz über E. Munch", Kunst u. Künstler Jg. XII. Heft 8
F. A. Lange „Geschichte des Materialismus u. Kritik seiner Bedeutung i. d. Gegenwart (bis auf Kant)". I. Bd. (Vlg. Kröner, Volksausg.)
V. Hugo „Hernani" (castilianische Ehre) (Rekl.)
H. de Balzac „Eugénie Grandet" (Vlg. S. Hendel, Halle a.S.)
* „L'art et les artistes" 1909 XII. J. Downman (Rosenthal) Renoir, peintre de la femme (G. Geffroy)
* „Künstler der Secession" Hodler u. die Schweizer, Lovis Corinth ... von R. Klein
* Probeheft: „Deutsche Kunst u. Dekoration" (Lehmbruck, Egger, Maillol, Buri, Hodler, Gogh, etc.)

September 1918
Stefan George „Hymnen, Pilgerfahrten, Algabal" (Vlg. Bondi)
V. Hugo „Die Weltverlassenen" I. u. II. Bd. Bearbeitung von Dr. A. Sleumer (Vlg. Steffen Limburg)
E. Zola „Der Zusammenbruch" (Deutsche Vlgs. Anstalt)
Hebbel „Tagebücher" (1851 –)
Lange „Geschichte d. Materialism." I. Bd.
** „L'art et les artistes" 1909 X. Guérin; XI. Houdon; 1910 III. à la Venus de Milos par Aug. Rodin, L. Dejeem; IV. Salomé aux cent visages, E. Bouchardon VI. Jan Steen (Corot, Manet, M. Denis, Zuloaga etc.) M. A. Врубель (русск. худож.)[M. A. Vrjubel (russ. Maler.)]
Lafcadio Hearn „Kokoro" Vorwort v. H. v. Hofmannsthal, Buchschmuck v. E. Orlik (Vlg. Frankfurt a/M.)
Liliencron „Miszellen" (8 Bd. der gesammelten Wk.)

Bilder Visionen

IX.17. – Der Mann in des Weibes Schoß sinkend

XII.17. – Bildnis des Märtyrers: der in den Klauen der rohen Gewalt für das Bestehen auf seiner idealen Forderung den Tod erleidet. (...............)

VII.18. – Koitierende, gebärende, säugende Tiere und Menschen

Oktober 1918

Georg Simmel „Schopenhauer u. Nietzsche" ein Vortrag Zyklus

Liliencron „Miszellen" – „Gedichte" (Bd. VIII u. II gslt. Wk.)

Zola „Die Beichte Claudes", „Groß Sidoine u. klein Médérie" –

Peter Altenberg „Wie ich es sehe" (Vlg. Fischer Berlin 1914)

„L'art et les artistes" I, VII, VIII, IX, 1910 (VIII: Les Figurines d'In-Tépé Musée Imperial Ottawa)

November 1918

A. Tschechow „Humoresken u. Satiren" (Rekl.)

Sacher-Masoch „Im Venusberg u. andere Geschichten von den Messalinen Wiens"

Hebbel „Tagebücher" (1854–58)

E. v. Keyserling „Abendliche Häuser" (Vlg. Fischer)

Schopenhauer Parerga u. Paralipomena II. Bd.

Über die Weiber

Über die Erziehung

Über Lärm u. Geräusch

Über den Selbstmord

Zur Physiognomik

Gleichnisse, Parabeln u. Fabeln

Über Lesen u. Bücher

W. Bode „Goethes Liebesleben" (Mittler u. Sohn Berlin 14) vorgelesen

Bierbaum „Yankeedoodlefahrt" (vorgelesen)

O. Wilde „Das Bildnis des Dorian Gray" (Rekl.)

Max Stirner (Kaspar Schmidt) „Der Einzige u. sein Eigentum" (Rekl.)

Chronol. Verzeichnis der i. d. Gefangenschaft gelesenen Bücher.
Tomsk, im Konzentrationslager

Dezember 1918

M. Stirner (Kaspar Schmidt) „Der Einzige u. sein Eigentum" (Rekl.)

Friedr. Huch „Pitt und Fox" (vorgelesen)

E. v. Keyserling „Wellen" (vorgelesen)

A. Schnitzler „Der einsame Weg" (vorgelesen)

Nietzsche „Genealogie der Moral" (2.x) (vorgelesen)

F. A. Lange „Geschichte d. Materialism." II. Bd.

Oskar A. H. Schmitz „Don Juan, Casanova und andere erotische Charaktere" (Vlg. G. Müller) (vorgelesen)

Gorky „Nachtasyl" (2.x) (vorgelesen)
A. Schnitzler „Reigen" (vorgelesen)
Choderlos de Laclos „Liaisans dangereuses" (2.x) (vorgelesen) (aus ars amandi Vlg. Fischer u. Franke)
Strindberg „Am offenen Meer" (**2.x**) (vorgelesen)
Peter Hille „Aus dem Heiligtum der Schönheit" (Rekl.)

Januar 1919
* R. Muther „Geschichte der englischen Malerei" (G. Fischer)
* Искусство Рококо, Таузенштейнъ [Rokoko Kunst, Tausenstein]
J. Wassermann „Treunitz u. Aurora", „Hilperich"
K. Hamsun „Victoria" 2.x (vorgelesen)
A. M. Frey „Dunkle Gänge" (Delphin Vlg.)
Gustav F. Steffen „Der Weg zu sozialer Erkenntnis" – (Polit. Bibliothek Diederichs)
Mummenhoff „Der Handwerker" (Vlg. Diederichs) (Monographien zur deutschen Kulturgeschichte)
Lange „Gesch. d. Materialismus" II. Bd. (Rekl.)
* Springer „Handbuch der Kunstgeschichte":
    Bd. II. „Das Mittelalter" (Neuwirth 1913)
    Bd. IV. „Die Renaissance im Norden, Barock und Rokoko" (Bergner 1914)
    Bd. V. „Die K. des 19. Jhdts." (Osborn 1914)
R. Wagner „... Judentum in der Musik" (vgls. [vorgelesen])

Februar 1919
Lafcadio Hearn „Kokoro" (z.2.x vgls.)
O. Weininger Exzerpt aus „W.: Geschlecht u. Charakter" (20 Schriftseiten, vgls.)
* Springer Bd. II. IV. V. –
Chamberlain „Immanuel Kant" (vgls.)
(Bruckmann 1916) I. Goethe, II. Leonardo, III. Descartes
Gogol „**Der Mantel**" (Insel Vlg.) (vgls.)
Eisler „Philosophen-Lexikon" (Stellen daraus)
„Die Neue Zeit" (Deutsche Sozialdemokratie) (Kautsky) 6.III.14, 9.VI.11, 29.V.14, 20.II.14
Otto Runge „Die weiße Jacht" (Rütten u. Loming 11)
* „Kunst"-Hefte von [Jahresangaben fehlen]

März 1919
„Zukunft" (M. Harden) 9, 11.IX.09, 30.X.09, 21.X.05
Eugéne Sue „Thérèse Dunoyer" (deutsch v. Scherr, Stuttgart 1844)

Flaubert „Die Sage v. Skt. Julianus dem Gastfreien" (E. Hardt. Insel Vlg.) (vgls.)
L. Sterne „Empfindsame Reise" (Rekl.)
Carlyle „Über Helden, Heldenverehrung u. das Heldentümliche i.d. Geschichte" (Dtsche Bibl.)
Moerike „Maler Nolten" (Cotta)
Ernest Daudet „Im Banne der Liebe" u.a.
Dürerbund Flugschriften N.⁰ 18 „Vom Luxus" W. Bode, 36, 9

April 1919
Stanislaw Przybyszewski „Das Gericht" (Xenien Vlg. 13)
H. Bang „Gräfin Arne"
Camille Lemonnier „Erinnerungen" Axel (Vlg.) Juncker
A. Schnitzler „Sterben" (Novelle, Vlg. G. Fischer)
John Ruskin „Vorlesungen über Kunst" (Rekl.)
E. Manet v. Rud. Klein (Westermanns Mon. Hefte II. 04)

Mai 1919
Dostojewski „Memoiren aus einem Totenhaus", „Literarische Schriften"
Peter Altenberg: „Wie ich es sehe" (vorgelesen z. 2.x)
R. Richter „F. Nietzsche, sein Leben u. sein Werk" z. **2.x**
O. Wilde „Märchen u. Erzählungen" (H. H. Evers)

Juni 1919
(Dostojewski Totenhaus; Richter – Nietzsche)
Grautoff „Rodin" (Knackfuß-Ausgb.)
Xenien-Almanach 1914 (2 Vrieslander!)

Juli 1919
Dostojewski „Totenhaus"
H. Lhotzky „Die Seele deines Kindes" (Langewiesche)
F. Nietzsche „Menschliches Allzumenschliches" II. Bd.
H. Bang „Die vier Teufel" u.a.
A. Hildebrand ges. Aufsätze:
1.) Wie die Natur u. wie die Kunst arbeitet
2.) Arbeiter u. Arbeit
3.) Zur Museumsfrage

August 1919
Goethe übers. „Benvenuto Cellini" Ausgb. v. 1847 (vorgelesen)
⋆ **R. Czapek** „Grundprobleme der Malerei"
⋆ **A. Hildebrand** „Das Problem der Form"

Nietzsche „Menschl. – Allzumenschliches" I. Bd.
„Güldenkammer" (brem. Mon. Schrift)
G. Ch. Lichtenberg „Aphorismen"
Sören Kierkegaard „Tagebuch des Verführers"
Friedr. Huch „Die Gespenster"

September 1919
Insel Vlg. Kalender, Jahr? (Hofmannsthal, Gozlan-Balzac, K. Scheffler, Verhaeren, **Zweig**, Dehmel, R. M. Rilke, R. A. Schröder, Brillat–Savarin, L. d. Vinci
Gerh. Hauptmann „Rose Bernd"
Max Maurenbrecher „Das Leid" (Vlg. Diederichs) 1912 (Eine Auseinandersetzg. mit der Religion) („dem Zueinanderströmen von K. Marx u. F. Nietzsche gewidmet")
Zola „Madeleine Ferát"
Haeckel „Die Natur als Künstler"
G. Keller „Kleider machen Leute"

Oktober 1919
Heinrich Mann „Professor Unrat" („K.W.V.") [Kurt Wolff Verlag]
Tschechoff „Verhängnis u.a."
R. Weber „Aus dem Notizbuch eines Berliner Frauenarztes"
Rideamus „Wilde Sachen"
Alexander Castel 3 Novellen „Der seltsame Kampf", „Mabel", „Das Fenster"
„Logos" (internat. M.schft. f. Philosophie der Kultur) 1914 „Rembrandtstudie" v. **G. Simmel**, Ästhetik v. Schmidt (?)

November 1919
Otto Myller „Spielende Kinder" (ein Novellenbuch 1913)
Nietzsche – Werke I. Abt. Bd. VIII (der Fall Wagner: Götzen-Dämmerung; N. contra W; Umwertung aller Werte I –, Dichtungen)

Dezember 1919
Strindberg „Ein Blaubuch" I. Bd.
„Mann u. Weib" herausgeg. v. Dr. R. Roßmann u. Dr. J. Weiß. I. Band. Union deutsch. Vlgs. Anst. (Johann Eberskirchen, Lili Braun, – „Das geistige Leben u. das Geschlechtsleben des Mannes" v. Dr. jur. Theod. Sternberg II. Band. –)
W. Waetzold „Die Kunst des Porträts" (Hirt u. Sohn, Leipzig 1908)
Eugen de Mirecourt „Ninon de Leuclos" (Weichert)

Jänner 1920

Waetzold „Die Kunst des Porträts"

G. Hauptmann „Griselda"

Programm der kommunistischen Partei Rußlands (Bolschewiki) angenommen auf dem 8. Parteikongreß 18.–23. März 1919 (Kommunist. Biblioth. N.º 6)

Insel-Almanach 1913 (Verhaeren, Zweig, Scheffler, Hofmannsthal, Seidl, etc.)

E. v. Mayer „Die Seele Tizians" (Führer zur Kunst, Vlg. P. Neff)

W. Fred „Fragonard" („Die Kunst" Muther)

Gauguin „Noa-Noa" (B. Cassirer Luise Wolf)

Strindberg „Schwedische Miniaturen"

Februar 1920

Strindberg „Schwedische Schicksale u. Abenteuer"

Karl Joël „Nietzsche u. die Romantik" (Diederichs 05)

Insel-Almanach 1907 (R. A. Schröder, Maupassant, Verlaine, R. M. Rilke, Schlaf, M. Gräfe, Bierbaum etc.)

G. Müller Vlg. 1913 (10-Jahreskatalog) Schriftsteller, Verleger, Publikum; Vrieslander Minni Ephra (!)

Аполлон [Apollon] V. 1912 «Выставка столетие французской живописи» [„Ausstellung eines Jahrhunderts französischer Malerei"] 1812–1912, Petersburg

Тургенев «Стихотворения в прозе» [Turgenjeff „Gedichte und Prosa"]

März 1920

Insel-Almanach 1908, Rilke, Rimbaud, Zweig, Wilde, v. Velde, Bethge

Xenien-Almanach 1913 Hamsun, Liliencron

Rokoko in Briefen, Memoiren, Tagebüchern R. Pechel Vlg. Bonge

J. Schlaf, Verhaeren („Die Dichtung") (Vlg. Schuster und Loeffler)

A. v. Puttkammer „G. d'Annunzio"

H. v. Hofmannsthal „Kleine Dramen" I. Bd.

Аполлон [Apollon] I. 1913 (Munch – Lewinson) VII. 11 Seurat, XI.10 дорожная библиотека [(aus der) Eisenbahn-Leihbibliothek]

„Kunst" 1913

G. Kühl „Richard Dehmel" (Die Dichtung)

„Die Zukunft" (Harden) Okt. 05, Novb. 04

J. Meier-Gräfe „W. Hogarth" („Klass. Illustratoren" II)

Peter Nansen „Julies Tagebuch"

Hofmannsthal „Unterhaltungen über literar. Gegenstände" – „Die Literatur" G. Brandes

Franz Blei „Félicien Rops" („Die Kunst" R. Muther)

April 1920
R. M. Rilke „A. Rodin" („Die Kunst" R. Muther)
Herman Bang „Hoffnungslose Geschlechter" (Vlg. Fischer)
Walther Brecht „Heinse u. der ästhetische Immoralismus" (Vlg. Wiedemann 1911)Apollon I. 15 (J. Ensor) VI./VII. 15 (Japaner)
J. Meier-Gräfe „H. v. Marées" (Piper)
Secession 1910 (Berliner-Katalog)
Strindberg „Frau Margit" Mit Vorwort v. Spiel
Bethge „Lyrik des Auslandes" (In neuerer Zeit) Vlg. Hesse

Mai 1920
Zur Hälfte [gelesen]: Herman Bang „Hoffnungslose Geschlechter"

Juni 1920
Mark Aurel „Selbstbetrachtungen" (Deutsche Bibliothek) angefangen
Dante „Die göttliche Komödie" angefg. (R. Zoozmann – Vlg. Hesse-Becker)
Аполлон [Apollon] I, II, 1914 Franzosen bei Щукин [Schtschukin] I.13 Munch, II.15 russ. Fresken, Ikonen
„Kunst (für alle)" 1912 I. Bd., 1913 III. u. IV. Bd.

Juli 1920
„Die Kunst" 1912 II. Bd. 1913 II. Bd.
„L'art et les artistes" Bd. 1911 (**Lautrec**, par A. Thalasso)

Moskau
August 1920
Peter Altenberg „Märchen des Lebens", „Hyperion-Almanach 1911"

Verzeichnis der Bücher, welche am meisten Einfluß auf mich übten.

Am Bedeutungsvollsten.
Nietzsche (Wille z. Macht), Whitman (Grashalme), Dostojewsky (Totenhaus), Strindberg (Offene Meer)

1915/1916
Ibsen, Peer Gynt, Brand
Goethe, Faust, Briefwechsel
Shakespeare, Hamlet
Tolstoi, Kindheit
Hoffmannsthal, Ged. u. kl. Dramen
Hugo, Ruy Blas, Notre Dame

Rousseau, Bekenntnisse
Wilde, Ballade
Hauptmann, Weber

1917/1918
Dostojewsky, Totenhaus, literarische Schriften, Raskolnikoff
Herder, Philos. d. Gesch.
Strindberg, Vater, Julie, Sohn einer Magd, Offene Meer, Fahnen
Darwin, Abstammung
Whitman, Grashalme
Nietzsches Werke
Zola, Germinal, Zusammenbruch
Hamsun, Pan
L. Bruun, Van Zanten
Maeterlinck, Bienen
Ibsen, Borkmann, Toten
Richter, Nietzsche
Mombert, Glühende
Balzac, Landarzt
Lange, Gesch. d. Materialismus
Hugo, Weltverlassen
Hearn, Kokoro
Simmel, Nietzsche
Altenberg, Wie ich ...
Schopenhauer, Werke
Stirner, Einzige

1918/1920
Steffen, Soziale Erkenntnis
Weininger, Excerpt. aus Geschl.[echt] und Char.[akter]
Gogol, Mantel
Neue Zeit
Sterne, Reise
Lemonnier, Erinng.
Nietzsche, Werke
Maurenbrecher, Leid
Strindberg, Blaubuch

Einführung zum „Berliner" Tagebuch 1921

„Alles ist noch vor mir. Aber zu fühlen, daß etwas vor mir ist, und kommen muß, – das ist das Schöne."

(14.IV.1921)

Nur vier Monate lang hielt es Wacker in Bregenz zu Hause bei der Familie. Seitdem der Vater 1916 gestorben war, hatte die Familie durch Kriegsanleihen und in der Inflation den größten Teil ihres Vermögens eingebüßt. Seine beiden Brüder praktizierten als Ärzte, verdienten, und seine Schwester erwartete das zweite Kind. Wacker zog es nach Deutschland in die Metropole Berlin zu seinen Freunden, zu Museen und Galerien, zu „seiner" erst noch zu findenden Frau. Er wollte nachholen, was er versäumt hatte, sehen, wo er mit seiner künstlerischen Arbeit stand, den Anschluß an das zeitgenössische Kunstschaffen finden, endlich in Ruhe arbeiten und von seiner Arbeit auch leben. Von Bregenz aus kündigte er seinen Weimarer Studienkollegen in Briefen seine Rückkehr und seine baldige Abreise nach Deutschland an. Seine alten Freunde und Bekannten hatten sich in den Jahren nach dem Krieg Stellung und Namen in der deutschen Kunstszene erworben und konnten und wollten dem „Heimkehrer" helfen.

Ende Januar 1921 reiste Wacker über München, wo er Ernst Penzoldt[1] wieder traf und u.a. die Staatsgalerie, die Alte und Neue Pinakothek und die Galerie Goltz besichtigte, nach Dachau zu J.J. Vrieslander. Er wohnte dort bei Künstlerfreunden Vrieslanders, zeigte und besprach seine sibirischen Blätter und wurde von Vrieslander in den Dachauer Künstlerverein eingeführt. Nach einem anschließenden Besuch bei Ludwig Renner in Landshut, der dort als Zeichenlehrer an einem Gymnasium beschäftigt war, fuhr er weiter nach Weimar. Er fand hier Aufnahme bei seinem ehemaligen Professor, Walther Klemm, welcher ihm ein Darlehen von 3000 Mark für den folgenden Berlin-Aufenthalt gewährte und ihm weitere Unterstützung zusicherte. In zwei Briefen nach Bregenz hatte er Wacker zuvor schon willkommen geheißen und ihm mitgeteilt, daß er und Professor Engelmann an ihn anläßlich der Besetzung einer Stelle als Zeichenlehrer an der vom Bauhaus losgelösten Weimarer Kunsthochschule gedacht hätten[2]. Es blieb jedoch bei der Ehre, aus der Stelle wurde nichts. Klemm und Engelmann waren als ehemalige Professoren der Großherzoglichen Sächsischen Hochschule für bildende Kunst Weimar an der Gründung des Bauhauses maßgeblich beteiligt. Sie gehörten zu den wenigen alten Professoren, die nach der Secession einer autonomen, traditionellen Kunsthochschule vom Bauhaus im März 1921 weiterhin gute Kontakte zu den Bauhausmeistern aufrecht hielten; insbesondere zu Gropius, Feininger und Itten[3]. Über Klemm und Engelmann und über seine ehemaligen Mitstudenten Karl Peter Röhl und Lili Gräf, die nun am Bauhaus studierten, lernte Wacker den Bauhausbetrieb kennen. Er hörte Vorträge von Itten und von Gertrud Grunow, sah Gropius, Muche und Klee und besuchte Feininger und Burchartz in ihren Ateliers. Um dem Bauhausgedanken etwas abgewinnen zu können, hatte er jedoch eine zu individualistische, bürgerliche Kunstauffassung und vor allem schon zu lange auf deren Verwirklichung gewartet.

Es ist erstaunlich, mit wie vielen führenden Künstlern, Kunsthistorikern, Museumsleuten und Sammlern Wacker innert kurzer Zeit zusammentraf. In Jena besichtigte er die Sammlung Grisebachs, in Erfurt verbrachte er einen Tag gemeinsam mit dem dortigen Museumsdirektor Dr. Kaesbach und dem Sammler Alfred Hess. Über die Unterhaltung im Hause des Industriellen Hess schrieb er nicht ohne Spitze an die Mutter: „Bin ja eine tolle N.⁰, mit meinen Sowjetschrecknissen die Suppe solcher Bourgois zu würzen"[4]. In Weimar lud ihn der Museumsdirektor Dr. Koehler zu einer Kollektiv-Ausstellung im Museum ein, an der sich Wacker mit über 40 Zeichnungen beteiligte, ohne auch nur ein Blatt verkaufen zu können[5].

Am 17. Februar 1921 wurde Wacker von seinem Freund Otto Herbig nach fast siebenjähriger Trennung am Bahnhof in Berlin abgeholt und begrüßt. Er bezog ein Zimmer in Berlin/Steglitz, Mommsenstraße 60, zwei Treppen tiefer als das Atelier Herbigs[6], wo dieser mit seiner Frau Johanna (Gräf), Wackers langjähriger Freundin, wohnte. Wacker beschrieb sein Zimmer der Mutter: „Es ist natürlich wunderbar, daß ich im selben Haus [....] mit Herbigs wohne. Mein Zimmer (groß, gut möbliert, mit 3teiligem Riesenfenster und noch ein kleines) kostet 150 M., dazu kommt noch die kleine Heizung. Hab auch einen großen Spiegel nach dem ich arbeiten kann"[7]. Der Spiegel war ihm sehr wichtig, zeichnete er doch fast täglich, meist abends, immer wenn ihn ein Erlebnis oder eine Stimmung besonders bewegt hatte, Selbstporträts oder ganzfigurige Akte[8]. Seine alten Bekannten Lili Gräf und Waltraut von Conta standen ihm Modell und waren zugleich seine Geliebten. Aus erotischen Räuschen entstanden ekstatische Aktzeichnungen: „Nachmittags nach Lili 2 Aktzeichnungen gemacht. Oh, welche Lust! Sie ist schön wie die Venus von Giorgione! Und kann sein wie ein Gauguin! – Dann bei ihr im Bett. – Ich bin unersättlich! Je tiefer u. vollkommener unsere Beziehung, desto berauschender die Wollust. Sie dringt durch die Oberfläche hindurch, das ganze Wesen erschütternd u. erfüllend. Sie zuckt endlos auf, und orgastische Extase wie Ermattung sind gleich schön. Wir sind immer in Zauber gehüllt – dunkel versinkt die Welt und geht immer wieder frisch wie am ersten Tage auf, voll Sonne, Sterne und neuer Wunder!" (30.III.1921). Sie hatten ja alle viel nachzuholen, und Wacker mußte sich von seinem „sibirischen Alptraum" befreien. Er verarbeitete die Gefangenschaftseindrücke, schuf Lithographien auf Umdruckpapier nach sibirischen Motiven: „Birken im Frühling in Sibirien"[9], „Phallus"[10], „Lagerstraße im Kriegsgefangenenlager Tomsk"[11] usw. Anfang der 20er Jahre herrschte in Deutschland, angeheizt durch die Inflation, ein expressionistischer Druckgraphik-Boom, an dem Wacker auch aus finanziellen Gründen teilhaben wollte. Herbig brachte Wacker mit seinen Kameraden vom Sanitätsdienst während des Krieges in Flandern[12] zusammen. Anton Kerschbaumer, Max Kaus und vor allem Erich Heckel gehörten zu den in Berlin schon arrivierten Künstlern, und ihre Freundschaft verhalf Wacker zu vielen wichtigen Bekanntschaften und Ausstellungsmöglichkeiten. Er lernte die Kunsthistoriker Ludwig Thormaehlen, Julius Meier-Graefe und den Verleger Paul Westheim kennen, beteiligte sich mit drei Zeichnungen an der Schwarz-Weiß-Ausstellung der Berliner Akademie der Künste[13], stellte in der Galerie Heller aus[14], sprach beim Verlag Kiepenheuer in Potsdam vor[15] und wurde von der Buchhandlung/Galerie Wollbrück in Weimar zu einer Ausstellung im September 1921[16] eingeladen.

Auch bei Verkäufen waren ihm die alten und neuen Freunde behilflich. Wakker schickte zu diesem Zweck Lithographien an Prof. Klemm in Weimar und an Ernst Penzoldt in München[17], und er überließ seine Arbeiten befreundeten Künstlern, von denen er annehmen konnte, daß sie potentielle Käuferkreise kannten[18]. Paula Risch[19], Wackers Bregenzer Nachbarin und Spielkameradin der Kindheit, arbeitete in Berlin im Betrieb Adolf Thomers. Dieser besaß ein großes Maldekorationsgeschäft und sammelte moderne Kunst, auf Anregung Paula Rischs hin auch Werke von Wacker und dessen Freundeskreis. Diese Einnahmen deckten jedoch bei weitem nicht Wackers Ausgaben, und so mußte er seine ursprünglich für „unverkäuflich"[20] erklärten sibirischen Zeichnungen feilbieten. Geldsorgen quälten ihn, und er blieb auf die Unterstützung von zu Hause angewiesen. In den Briefen an seine Mutter und den Bruder Franz strich er stets seinen Fleiß, seine Erfolge und die Hoffnung auf zukünftige Einnahmen hervor. Wenn er einmal von Besuchen in Nachtlokalen, Tanzveranstaltungen oder Variétés berichtete, beeilte er sich sofort hinzuzufügen: „Natürlich nicht auf meine Rechnung!"[21]. In einem anderen Brief an die Mutter hielt er seine ungefähren Lebenshaltungskosten fest: „Esse mittags nun in der Mittelstandsküche zu 3.50; abends kaufe ich selbst ein. (Konservenfleisch, 1/2 Pfd. zu 4.50, Bückling 1.25, Margarine: wie Butter, beinahe, 1 Pfd. 10–11 M., Würste 1/4 Pfd. 4.50, etc.) [...] doch kann man mit Minimum 600 M. 1 Monat existieren. Wohnung (etc. ca. 200 M.)"[22].

Wacker war ein fanatischer Museums- und Galeriebesucher und versäumte keine Ausstellung. Seine Vorliebe richtete sich bereits zukunftsweisend für seine spätere Ölmalerei auf die Vorläufer einer neusachlichen Malerei, u.a. auf Dix, Grosz, Radziwill, Beckmann, Hofer und die italienische Künstlergruppe „Valori Plastici". Für sein gegenwärtiges zeichnerisches Schaffen waren Kokoschka, Heckel, Toulouse Lautrec, van Gogh und Munch von größerem Einfluß. Die gegenstandslose Malerei, die in Berlin durch die russische Avantgarde stark vertreten war, interessierte ihn wenig. Doch er bemühte sich nun um Verständnis[23], während er noch ein Jahr zuvor in Moskau etwa die kubistischen Arbeiten Picassos als „vollends unbegreiflich", als „Geschmacklosigkeiten, Stilwidrigkeiten und Sinnlosigkeiten, wie sie bei einem so intelligenten, begabten Menschen einfach rätselhaft sind"[24], abgelehnt hatte. Er entdeckte die Kunst der außereuropäischen Völker für sich und begeisterte sich besonders für die ozeanische und afrikanische Kunst. Das Berliner Völkerkundemuseum wurde ihm zum Studiensaal, in dem er die folgenden Jahre jeden Montag und Donnerstag zeichnend verbrachte[25]. In den Werken der „primitiven Völker" sah er: „Ein Äußerstes an Expressionismus. – Alles durchsetzt mit einer dunkeln, grell aufblitzenden, heißen Erotik. Oft konzentriert sich alles direkt auf die Geschlechtsteile"[26]. Diese Faszination am „Dinglichen", an ausdrucksstarken Objekten, an Masken, Mumien, Figuren und Puppen, an „Dingen, die zwischen Kunst und Leben stehen"[27], weist bereits auf Wackers späteres Hauptthema der Malerei, das Stilleben, hin.

Im April stand ihm Ilse Moebius, eine Pastorentochter aus Goslar, die kunstgewerbliche Arbeiten für einen Modesalon in Berlin ausführte, zum ersten Mal Modell. Sie wurde Wackers große Liebe und bereits 1922 seine Frau, und nur schwer konnte er sich von ihr den kommenden Sommer über trennen. Ende Mai reiste er über Weimar, München, Dachau, Landshut, wo er überall Freunde besuchte, zurück nach Bregenz. Es war ja unter den Berlinern Künstlern üblich, den Sommer auf dem Land zu verbringen; so fuhren Max Kaus an die Ostsee, Anton Kerschbaumer und Otto Herbig nach Bayern, Erich Heckel an die Nordsee und Wacker eben nach Hause an den Bodensee.

Das Tagebuch beginnt mit der Beschreibung der Reise nach Berlin. Vom 20. Januar bis zum 17. Februar hielt Wacker jeden Tag die wichtigsten Ereignisse der Reise fest. Das Zusammentreffen mit alten Freunden und Bekannten, neue Bekanntschaften und Museums- und Galeriebesuche; wobei sich die Beschreibungen der Münchner Museen fast wie „Inventar-Listen" lesen, nur vereinzelt sind sie durch persönliche Bemerkungen bereichert. Einen Monat nach seiner Ankunft in Berlin, am 17. März 1921, beschloß er, „ein Tagebuch über den hiesigen Aufenthalt zu führen". In einem fünfseitigen Nachtrag ohne Datumsangaben faßte er zuvor noch die Ereignisse des vergangenen Monats zusammen. Vom 18. März an folgen nun täglich Eintragungen bis zu seiner Abreise aus Berlin am 22. Mai 1921. Über die Heimreise mit Aufenthalten in Weimar, München, Dachau und Landshut berichtet ein im Juni 1921 in Bregenz verfaßter Nachtrag mit täglichen Eintragungen.

Den Schwerpunkt dieses Tagebuchs machen die in Sibirien am meisten vermißten Dinge aus: Frauen, Künstlerfreunde, Kunstausstellungen und das freie künstlerische Schaffen. Politik und Zeitgeschichte scheinen ihn nicht mehr betroffen zu haben, umsomehr aber die Suche nach einer Frau und nach einer eigenen künstlerischen Identität. Er durchforschte die Berliner Museen, Galerien und Künstlerateliers nach den aktuellsten Kunstströmungen und hielt das für ihn Brauchbare in Aufzeichnungen fest. Eine wichtige Brücke zur russischen Vergangenheit bildeten die zahlreichen Zusammenkünfte mit emigrierten russischen Künstlern und Industriellen. Das Lesen, das ihn in Sibirien vor drohender

Lethargie und dem Stumpfwerden gerettet hatte, behielt er bei. Seine Lektüre konzentrierte sich nun auf neu erschienene Werke und aktuelle Kunstzeitschriften. Die gelesenen Bücher sind alle im Tagebuch verzeichnet; ein gesondertes „Literaturverzeichnis", wie es für die Gefangenschaftsjahre vorliegt, fehlt. Sein besonderes Interesse fanden autobiographische Künstlerschriften, u.a. Delacroixs Tagebuch, Segantinis Schriften und die Briefe van Goghs und Paula Modersohn-Beckers. Unter den Kunstzeitschriften wurde Paul Westheims „Das Kunstblatt" zur wichtigsten Informationsquelle Wackers für all die kommenden Jahre. In Tomsk hatte er in Erwartung der baldigen Heimreise geschrieben: „Wie oft hab ich daran gedacht, welche Freude es sein wird, die unbekannten Jahrgänge der Kunstzeitschriften durchzusehen und mich über das Kunstleben der letzten – nun 6 Jahre – zu orientieren. – Es wird dies nun schon ein großes Stück Arbeit, das sich nicht auf einmal wird bewältigen lassen"[28].

Bild 28

„Selbstbildnis mit Straße", 1921. Siehe Anm. 29.

Wackers Bereitschaft, sich ganz zu öffnen, sich ganz dem neu gewonnenen Leben in der Freiheit hinzugeben, auch wenn es mit Schmerzen verbunden sein sollte, drückt sich beispielhaft in dem 1921 in Berlin entstandenen „Selbstbildnis mit Straße"[29] aus. Wacker steht hier mit weit aufgerissenem Hemd, die Rechte bekennerhaft auf die entblößte Brust gelegt, mit zurückgeneigtem Kopf und geöffnetem Mund am offenen Fenster. Keine Brüstung trennt ihn vom Sog der Straße, auf der ein Liebespaar und ein Gespann galoppierender Pferde zu sehen sind. Der zur Seite gezogene Vorhang löst sich in Blumenornamente auf und verbindet sich fast mit den Bäumen am Straßenrand; das ganze Blatt ist mit bewegten, kurvigen Strichen gezeichnet. Die 1921 entstandenen Zeichnungen hängen stilistisch noch mit den Arbeiten aus der Kriegsgefangenschaft zusammen. In den kommenden Jahren, unter dem Einfluß der Graphik Kirchners, Schmidt-Rottluffs, Heckels und Beckmanns, verfestigt sich Wackers Strich zunehmend, wird breiter und eckiger und verliert viel von der früheren Sensibilität.

Anmerkungen zur Einführung zum „Berliner" Tagebuch 1921

1. „In München war ich bei Penzoldt vorzüglich aufgehoben. Meine Zeichnungen gefielen ihm sehr gut, so daß er selbst einige kaufen will u. da er gute Beziehungen hat, gelegentlich mir helfen kann. Er selbst arbeitet gut (Bildhauer, Illustrator, Scherenschneider, Dichter)." Brief an die Mutter, Weimar, „Im Kaiser Café", 7.II.1921; Nachlaß.

2. „Bauhaus – ja auch darüber lässt sich kaum schreiben. Sie müssen kommen, sehen u. hören." Brief W. Klemms an Wacker, Weimar, 30.IX.1920; Wackers Nachlaß.
„Ganz im Vertrauen: Engelmann u. ich hatten auf ihre Zeichnungen hin gedacht, Sie für die Zeichenklasse als Lehrer zu holen – aber! Das Budget für die Schule ist zu klein u. alle möglichen Dinge sind von vornherein unumstößlich festgelegt, so z.B., daß einer der 2en zu Berufenden unbedingt ein in Weimar ansässiger Künstler sein muß u. der zweite (zugleich Direktor) ein Landschafter, der die Weimarer Landschaftstradition weiterzuführen im Stande ist." Brief W. Klemms an Wacker, Weimar, 13.XII.1920; Wackers Nachlaß.
„Mit meiner Professur ist vorläufig nichts, es sollen keine Ausländer angestellt werden (seht also daß wir bald angeschlossen werden) sonst hätte ich Chancen." Karte an die Mutter, Weimar, 15.II.1921; Nachlaß.

3. Siehe H. M. Wingler: Das Bauhaus. Köln 1968, S. 232.

4. Karte an die Mutter, Weimar, 16.II.1921; Nachlaß.

5. „Morgen wird meine Ausstellung im hiesigen Museum eröffnet! (Über 40 Zeichnungen)." Karte an die Mutter, Weimar, 12.II.1921; Nachlaß.

6. Herbig hatte das Atelier von Erich Heckel übernommen, dieser wiederum von Otto Mueller.

7. Karte an die Mutter, Berlin, 21.II.1921; Nachlaß. Drei Tage später schon schrieb er der Mutter einen Brief, in dem er sein Zimmer noch ausführlicher beschrieb und eine Skizze desselben beifügte; Berlin, 24.II.1921; Nachlaß.

8. Siehe SaKat. 32, 33, 34 und 38.

9. Siehe SaKat. D2 (siehe Anm. 25 zum „Berliner" Tagebuch 1921).

10. Siehe Rudolf Sagmeister: Rudolf Wacker. Bekenntnisse. Lustenau 1983, o.p. Phallus, 1921. Lithographie, 408 x 293, handsigniert r.u.: R. Wacker [ligiert] 21. Die Vorzeichnung zu diesem Blatt entstand 1917 in Tomsk.

11. Siehe SaKat. D4 (siehe Anm. 41 zum „Berliner" Tagebuch 1921).

12. Vgl. Leopold Reidemeister; Brücke-Archiv-Heft 4. Brücke Museum Berlin 1970. Kerschbaumer, Herbig und Kaus berichten hier über ihre gemeinsamen Erlebnisse mit Erich Heckel als Krankenpfleger im I. Weltkrieg in Flandern. Unter der Leitung des Kunsthistorikers Dr. Kaesbach konnten sie hier ihre künstlerische Arbeit fortsetzten. U.a. druckten sie Speisekarten für die Lazarettinsassen, bemalten sie „zur Verdunkelung" die Glasfenster des zum Lazarett umfunktionierten Ostender Bahnhofs, besuchten sie im Zuge von Krankentransporten die Museen Belgiens und lernten sie den Ostender Maler James Ensor kennen. Es wurde auch vorgelesen, u.a. Jean Paul, Dostojewski, Gogol, Hofmannsthal, Klabund und Rodenbach. Herbig berichtete Wacker in Briefen an die Front und nach Sibirien darüber und beeinflußte so Wackers Lektüre.

13. „Ich war heute bei der Eröffnungsfeierlichkeit der Schwarzweißausstellung 1921 der Akademie der Künste am Pariserplatz. Große Sache! Reden, Ministers, – Liebermann – der Herr Gott – hab ich gesehen – da hab ich den Cut a way einmal spazierengeführt. – Es ist sehr erfreulich und wird mir allseits gratuliert, daß sie von mir, der ich ganz neu erschienen bin u. hier zum 1. x [mal] 5 Zeichnungen hinschickte, gleich drei genommen haben. – Es haben nur die geladenen Mitglieder der Akademie ausgestellt, dann Ehrensäle für Klinger und Hildebrand (gest.) und Berliner Künstler, – [...] – Du sollst Dich freuen liebe Mutter!!" Karte an die Mutter, Berlin, 4.III.1921; Nachlaß.

14. Siehe TB, 30.IV.1921 und TB, 17.V.1921.

15. Siehe TB, 19.V.1921.

16. Siehe TB, 28.V.1921.

17. Siehe TB, 7.IV.1921.

18. Siehe TB, 6.IV.1921.

19. Paula Risch sammelte selbst Werke von Wacker, Heckel, Herbig, Kaus, Dix, Schmidt-Rottluff usw. Sie kannte alle Künstler persönlich und war mit Lili und Johanna Gräf eng befreundet. Sie lebt heute in Bregenz und erteilte mir in vielen Gesprächen (Bregenz, 1981–1990) wertvolle Auskünfte über Wacker und über die 20er und 30er Jahre in Berlin.

20. Siehe TB, 6.IV.1921.

21. „[...] im Skala, wunderbares Variété (Fremdenloge, umsonst!). Dann oben im Tanzlokal. Toll. Wo die kubistische Architektur ist. Champagner. (Natürlich nicht auf meine Rechnung!)" Karte an die Mutter, Berlin 14.III.1921; Nachlaß. Siehe auch Anm. 13.

22. Brief an die Mutter, Berlin, 22.III.1921; Nachlaß.

23. Siehe TB, 24.IV.1921. Wacker analysiert hier sein Verhältnis zu Marc, Macke, Klee und Feininger.

24. Siehe TB, September 1920. „Nachtrag Gemälde Galerien neuer Malerei von Morosoff und Schtschukin in Moskau".

25. Eine Mappe mit über 150 Zeichnungen nach Objekten aus dem Berliner Völkerkundemuseum befindet sich in Privatbesitz.

26. Siehe TB, 21.IV.1921.

27. Siehe TB, 22.IV.1921.

28. Siehe TB, 26.VI.1920.

29. Siehe SaKat. 38, Abb. S. 100; Selbstbildnis mit Straße, 1921. Bleistift, 605 x 430. Bez. r.u.: RW 4.21.

„Berliner" Tagebuch 1921

Eintragungen vom 20. Januar 1921 bis zum 15. Juni 1921. Wackers Beschriftung auf der Innenseite des Tagebuchs:

Rudolf Wacker
Tagebuch 1921
Ende Januar bis Mitte Juni
Reise und Berliner Aufenthalt, Reise

(weich gebunden, 20,5 x 16 cm, 76 Seiten)

Reise: Bregenz, München, Dachau, Landshut, Weimar, Erfurt, Jena, Berlin.

München 20.I.
abds. Nory Matthes u. Ernst Penzoldt. Atelier.

21. Januar 1921.
– Staatsgalerie: Leibl (Frl. Kirchdorffer) Marées (Bilder u. Zchg. [Zeichnungen]) v. Gogh (Selbstbildnis – stärkster Eindruck!) Cezanne (Bahndurchstich, Jüngling mit roter Weste) Zeichnungen v. Rodin, Weisgerber (Sebastian, Erde) Kokoschka (Mondlandschaft), Hodler, 1 Matisse, Minne. – An Uhde, Liebermann, Slevogt etc. uninteressiert.
Nachm. bei Goltz. Alter, sehr farbiger Daumier, mir neu. Lehmbruck. – Kurt Schwitters: Dadaismus („Konstruktion für edle Frauen" zB!). Eberz, Grosz. Bücher. – Abends in Gesellschaft mit Penzoldt bei Heimeran's. Erzählg. aus Rußld.

22.I.
Nach Dachau. Am Bahnhof zufälliges Zusammentreffen mit Ludwig Renner! – In Dachau Wiedersehen mit J. J. Vrieslander u. seiner Frau Minni. Ihre Kinder Beate Rose u. Amadeus. Nchm. Kostümprobe bei Niestlé's.[1]. Künstlerfest (im russ. Hemd). Angela («Катя» [Katja]) und Gabrielle (Марушка[Maruschka]) Niestlé.
Sonntag Morgen Schlaf im Atelier bei N.[iestlé] Frühstück. Bücher (Cezanne, Weisgerber Monogr.) Nchm. Unterhlt. mit V.[rieslander]-s. Abds. bei Niestlé m. Zeichnungen vorgezeigt, Tanz beim Phonograph.

24.I.
Mittags bei V.-s. Unterhlt. Pendelversuche. Nm. Cafe bei N.[iestlé]. Tanz im Atelier. Herr Hatzler spielte Klavier. Gabrielle! – Rausch von Lebensfreude. In Ekstatischer Begeisterung u. Dankbarkeit ihre Fingerspitzen geküßt. Abends im Künstlerverein Dachau. Im Bett „Die frohe Botschaft der Frau" von Minni [Vrieslander] zu lesen begonnen.

25.
Morgen bei J.J.V.[rieslander] Pendel. Abends bei N.[iestlé]. Vrieslander pendelt die Photos von Waltraut, Frl. Borger, die Schrift der Вериго [Werigo] u. Чорбунов[Gorbunow][2]. (Fabelhafte Resultate!) – Verliebtheit. Die lustige Ver-

1. Henry Niestlé, geb. 1876 in Neuchâtel/Schweiz, Maler, Autodidakt, Mitglied der Münchner Secession, des Dachauer Künstlervereins; lebte und arbeitete in Dachau; befreundet mit Vrieslanders. John Jack Vrieslander, Ludwig Renner (1884–1962) u. Ernst Penzoldt (1892–1955) sind Weimarer Studienkollegen Wackers. Im Verlag Ernst Heimeran, des Schwagers von Penzoldt, erschienen mehrere Werke Penzoldts.

2. Zwei sibirische Bekanntschaften Wackers.

wechslung durch Vrieslander der Mimmi meint während ich von Minni (Gabrielle) spreche. –

26.I.
Alte Pinakothek. Lochner, Pacher (neu), Bouts, Cranach, Massys, Clouet (Denise Fournier), Dürer, B. Grien, Grünewald, Holbein, Altdorfer, Muelich (Portr.) Rubens, Hals, Rembrandt (kl. Christus) Selbstblds. Jordaens, v. Dyck, J. Steen, Terborch, Brouwer, Vermeer (neu!: Mädchen mit Flöte) Metsu (Bohnenkönigfest), Perugino, Raffael (Madonna della Tenda, Madonna Tempi: süße Farbe, strenge Kompos. – Psychologie – mein größtes Interesse diesem Bild) Breughel (altes Weib, – Schlaraffenland, Komposition!! neu) Tiepolo (Dekorateur), Chardin (Gemüseputzerin), Greuze, Boucher, 2 Velasquez, Goya (kl. Blds. [Bildnis] v. Königin Luisa!) Tintoretto (Jesus bei Maria u. Martha, – Mars, Venus, Vulkan) Tizian (Karl V., Krönung Chr.), Moretto, Veronese, Bassano, Franciabigio (Madonna u. Kind, neu), Cima da Conegliano, Greco (Entkleidung Chr.) Filippo Lippi (Madonna) A. da Messina.

27.I.
Graphische Sammlung: „Ausstellg. v. Kunst u. Altertum in Elsass-Lothringen". Schongauer. Die großen Photos nach dem Isenheimer Altar. –
Staatsgalerie: Hodler, M. Denis, Gauguin, Rodin (Kauernde) Pissaro, Manet (Barke!) Renoir schlecht vertreten, Cezanne (Selbstblds., Badende Männer) v. Gogh Selbstblds. stärkster Eindruck (Sonnenblumen Arles) Marées Selbstbildnisse. 1 Lautrec (in der Loge), Th. Hagen, Grf. Kalkreuth (Bild mit Regenbogen. Böcklin Stimmg.) Habermanns Akt , v. Gogh Zchg. Maillol (Terrakottabüste Renoirs, mit Hut!, Frau Denis). Eine üble Plastik v. Matisse („Le serf") Gerstel tote Chr., Meunier, Leibl (Fr. Gedon, Frl. K.). Daneben Trübner! gut seine Dogge! – Marées Hildebrandt Bild, Diana. – Haider, Thoma ldschft! silbrig!
Nchm. Frau Minni V.[rieslander] u. Gabrielle begleitet, dann mit ihnen, später allein mit G. im „Cafe Tuskulum". – Durch P.[enzoldt] einen Museumsmenschen u. einen Vertreter von Hanfstaengel[3] kennengelernt. M.[eine] Zchg. vorgezeigt. Anerkennung.

28.I.
Vrm. Neue Pinakothek: J. Opie, Lawrence, Reynolds, Koch, Feuerbachs Medea, v. Kobell, frühe Defregger, Lehnbach Blds. einer russischen Fürstin. Courbet (Pferd, Damenblds. Apfelstillb. Sommerldschft. Steinbruch v. Optevoz, Exminister Olivier.) Gericault (auffahrende Artillerie) Corot (Mühle) Delacroix

3. Eberhard Hanfstaengl, geb. 1886, Kunsthistoriker; Direktor der städtischen Kunstsammlung in München, seit 1925 Direktor der bayrischen Staatsgemäldesammlung in München.

(Wildschweinjagd), Constable (Waldldschft) Daumier (Drama, Don Quixote), Menzel, Keller (Chopin) Spitzweg, C.D. Friedrich (Riesengebirgsldschft!). Glyptothek (zum 1. mal!) aegypt. u. griech. Plastik (der überlebensgroße schlafende Bachant, der irrsinnig schöne kniende Jünglingstorso, ein Tier (Hund?) Fragment einer erotischen Plastik).
Nchm. in Dachau bei Frau M. [Vrieslander] u. den Kindern. (Gefühl vollständigen Verstehens. Bedürfnis intimster Mitteilung u. seine Überflüssigkeit, es geht ohne Worte hin und her). Bei Niestlés. Abds. München, im Cafe Arkadia.

29.I.
12.[30] Uhr nach Landshut gefahren.
Von Renner abgeholt. Weg durch den Park nach Berg ob/L. das Märchenschloß! – Das irritierende „Sie" beseitigt. Unterhaltung. Zchg. gezeigt.

30.I.
Vorm. Spaziergang im Park. Brf. an Frau M. [Vrieslander] –
Nachm. Spaziergang in der schönen alten Stadt (an altdeutsche Städte wie zB. Lindau erinnernd, – aber irgendwie großartiger). Immer lebhaftester Austausch. Viel aus Rußland, dem Land der russ. Seele, dem Kriegsgefgleben erzählt. Viel Gemeinsamkeit in künstl. polit. philosph. nationalen Gedanken, – stärkste Sympathie durch die gleiche Betonung des Menschentums. – Durch ihn gefühlt, daß mein Verhältnis zu J.J.V.[rieslander] viel mehr sich auf Oberflächen bezieht. Zu Ludwig [Renner] irgend eine ganz innere Beziehung u. nahe Verwandtschaft. Fühle vor allem: dies ist ein Deutscher.
Schwabe! – Was in meiner Mutter u. den Bergen der Heimat wurzelt ist ihm verwandt. – Über seine Frau, die alte Freundin, viel gesprochen. – Ludwig singt mir allein die alten Lieder vor mit seiner metallenen Stimme. Tut's gern und von Innen heraus. Fühle wie mir dadurch gleichsam eine Verpflichtung auferlegt wird. – Als ich schon im Bett stolpert er nochmal ins dunkle Zimmer, beugt sich zu mir, küßt mich, geht stumm wieder. (Zuerst von der Komik der Situation gerührt, dann tief ergriffen. – Dieser Mensch! – Solchen Kuß, rein von Mensch zu Mensch erlebte ich nie.) –
Voll Begeisterung für m. Zchg. – hätte in dieser Zeitspanne eine solche Entwicklung, menschl. und künstl. nicht für möglich gehalten. Bestärkte mich in m. eigenen Glauben, daß ich nichts verloren habe. – Auch ich hätte kaum früher für möglich gehalten, daß wir uns einmal so nahe sein könnten. –

31.I.
6[h] Früh durch den Park zur Bahn. Ludwig gab mir ein Paket mit zum Essen u. die „Menschenwege" v. W. Bonsels. Im Zug Unterhltg. mit einem Mädchen, Typus „Flitscherl". Frivol. – Dann mit einem ehemaligen prisonnier de guerre (deutsch national), einem ostpreuß. Soldat, strammer erfreulicher 19jährg. Bursch, einem

Kommunisten (starrer Theoretiker). Bei Jena erkannte mich ein alter Bekannter aus dem Künstlerheim. Half in Weimar beim Gepäck.
Weimar. Tram ging nicht. Fahre mit der Droschke, wie ehemals! Russische Lieder aus dem Jubel!
Von Prof. W. Klemm empfangen. Schönes Zimmerchen bei ihnen. Frau K.[lemm], Gerdi Zchg. vorgezeigt. Unterhltg. Karte v. Waltraut.

1. Februar 21.
– Besuch bei Prof. Gräf[4]. – Er ein alter kranker Mann geworden. Spaziergang mit ihm nach dem Silberblick über Felder, – wo die Lerchen trillerten u. man Neuwallendorf sieht. – Friseur, Buchhdlg. Wollbrück. Heußstraße 12. – Prof. Förster, dem alten Syndikus begegnet. Gertrude Both auf der Schillerstr. begegnet. Frl. Martin begegnet. – Cafe. Prof. Engelmann, Haar, Ehlers. – Abd. bei Gräfs. Lili stumm. – Immer wieder wie ein Wunder, daß ich doch in der geliebten Stadt bin. Auf Schritt und Tritt werden Erinnerungen geweckt, – oft ist mir als wär ich von den Toten auferstanden.

2.II.
Bauhaus. Kastellan. K.P. Roehl[5]. – Der Alte: liebe, ja rührende u. sehr begabte Mensch, aber unverbesserliche Wirrkopf. In seinem Atelier. „Dadaismus". Erwacht wieder. – In Lilis Atelier. Besuch bei den Eltern v. Benkowitz. (Erzählg. aus Tomsk v. Werner B.[enkowitz] u. seiner Frau Натя[Natja]) Abends Künstlerfest in Neuwallendorf. Weg mit Lili. Lb. alte Kameraden. U.a. A. Weise, v. Hopffgarten, Biewald. – Die schöne Lotte Hegeler, Freundin Lilis. Dörtö Helm[6] (reizende kleine Person mit süßen Händchen), Frau eines Malers, Amerikanerin – sehr schön, die kleine Heyne (mit der ich als sie noch 15 war im „Maitau" war). Heimweg mit Dörtö. Erot. Rausch. Schwere Trennung.

3. Februar.
Mit der Post ein Telegramm: Einladung in Fürstenhof zu kommen von einer Unbekannten. – Ein Abenteuer? – „Grüße" wären zu übergeben. Fr. Waltraut v. Conta war's. – Ihr Begleiter ein polnischer Fürst, Lensky. Sie spricht mit ihm

---

4. Vater von Lili und Johanna Gräf. Berthold Paul Förster, geb. 1851 in Westerau (Holstein), Landschaftsmaler, 1896 bis 1915 an der Weimarer Kunstschule.

5. Karl Peter Röhl (1890–1975), Maler und Graphiker; studierte in Kiel, Berlin, dann in Weimar bei Egger-Lienz und nach dessen Weggang bei Klemm; 1919–1921 Meisterschüler des Bauhauses.

6. Dörte Helm. Ein Wandbehang und eine Bettdecke aus ihrer Hand scheinen in der „Verzeichnung der Arbeiten und Eigentumsrechte der Werkstätten des Staatlichen Bauhauses in Weimar 1925; Eigentumsrechte der Weberei" unter Nr. 9 und Nr. 60 auf. Siehe H.M. Wingler: Das Bauhaus. Köln 1968, S. 110. Wie viele andere Bauhausstudenten stellte auch Dörte Helm selbstgemachte Puppen und Spielzeug auf dem jährlichen Nikolausmarkt in Weimar aus.

französisch, ich russisch. – Besuch bei Fr. v. Heyne. Nchm. mit Waltraut in der „indischen Theestube", dann kam Dörtö.
Besuch beim Maler Burchartz[7]. Gute Zeichnungen. Kehrt zur Natur! – Kultivierte Farbe. Schöner, feiner Mensch, viel Kultur. Rheinländer. – Lotte Hegeler. (Kleid!) Abds. im „Goldenen Adler" Soupée mit W.[altraut] u. Fürst L. Letzte Stunden mit W. allein. Ihre Erzählungen über die Ehe, u. das „Verhältnis" mit Lt. Sch. – Scheußlich. Hat alles verkehrt gemacht. Mitleid. – Meine „Forderungen". –

4. Febr.
Beim Maler Lyonel Feininger. Sehr liebenswürdig, zeigt Bilder aus allen Epochen. – Persönlichkeit. – Auch aus allen Bildern eine Überzeugung fühlbar. Herrlich schöne Oberfläche. Starkes Kompos. Talent. –
– Steht mir ferne. Wird Abstraktion. Ist ohne Nerv. Sehr kultivierter u. ernster Mensch. – Nchm. mit W. im Fürstenhof (ehem. „russischer H.") Cafe in einem einsamen Zimmer. Später bei ihr oben. Nebenan ihr Galan. Dann mit ihr im „Gold. Adler" in der Ecke.

5.II.
Vorm. Bei W. im Zimmer, während sie noch mit ihrer Toilette beschäftigt. Nchm. mit ihr i.d. „ind. Theestube". 1 Std. – Lili „erscheint". – Abschied von W. – 5–6 Analysenkurs von Joh. Itten angehört[8]. (Ablehnung! Lästerung Rembrandts) Abds. Tanz bei Fr. von Heyne bis 1/2 3^{h}.

6. Sonntag.
Vorm. bei Klemm im Atelier. Für Vieles Anerkennung, – besser als ich ihn in Erinnerung hatte. In „Altweimar" – „Samos". Nchm. Spazierg. mit der kl. Gerdi im Park. Bücher über neue Kunst. – (Ein Alter: Seegers!!) Photos. – Abds. Frl. Grunow[9] („Ordnung durch Farbe u. Klang"); Harmlose, gutmütige, etwas hy-

---

7. Max Burchartz (1887–1961), Maler; studierte an der Düsseldorfer Akademie, nach dem I. Weltkrieg in Hannover, dann in Weimar ansässig, beteiligte sich 1919 (mit Lithos zu Dostojewskis Raskolnikoff) und 1923 an Ausstellungen der Novembergruppe.

8. Johannes Itten (1888–1967), Maler und Kunsthistoriker. Die Strukturanalyse war ein wesentlicher Bestandteil von Ittens Elementarunterricht (Vorkurs am Bauhaus). Insbesondere am Beispiel der Werke alter Meister – bevorzugt wurden Meister Franke, Fra Angelico, Greco und Rembrandt – wurden die Gesetze des Bildaufbaus analysiert. Siehe Johannes Itten: Analysen alter Meister. In: Almanach. Utopia Dokumente der Wirklichkeit. Hg. von Bruno Adler. Weimar 1921, siehe H.M. Wingler: Das Bauhaus. Köln 1968, S. 58.

9. Gertrud Grunow (1870–1944); gehörte dem Lehrpersonal des Bauhauses nebenamtlich an, ihre Berufung wurde von J. Itten durchgesetzt. Sie entwickelte eine synästhetische Theorie; in Ton, Farbe und Form wurde hiernach ein und dieselbe Ureinheit, dasselbe Urphänomen, wahrnehmbar. Siehe G. Grunow: Der Aufbau der lebendigen Form durch Farbe, Form, Ton. In: Staatliches Bauhaus. 1919–1923. Bauhausverlag. Weimar, München 1924, S. 20–23.

sterische alte Jungfer. Zchg. Wein.
– Walt Whitman gelesen. Brief an W. (nun täglich).

7.II.
Beim Museumsdirektor Dr. Koehler. Einladung zu einer Kollekt. Ausstellg. angenommen, – im Atelier bei Prof. Engelmann[10]. – Bei der alten Frau Pastor Kormann. Kaisercafe! Brf. an Mutter.

8.II.
Dr. Koehler. – In Lilis Atelier m. Zchg. ihr, Roehl, Burchartz, Dörtö gezeigt. Abd. im Künstlerverein. Alte Bekannte. –

9.II.
8.37 nach Jena. Alma Dannenberg, Schwiegermutter, 2 Kinder. Besuch bei Dr. Grisebach[11]. Sammlung: Huber 4 Epochen, Munch (satte, warme Farbe), Kirchner. – Mutter Herbig. Mittags bei Dr. Dannenberg. Bei Geheimrat Stintzing's. Fränze. – eine Baltin. (Erzählg. aus Rßld., russisch). Bei Ludwig [Renners] Bruder, Direktor des botanischen Gartens. – Fuchsturmweg. Schlag nicht getroffen. Im Theatercafé mit Georg Fischer[12], dem alten lieben Kamerad. 8.47 zurück.

10.II.
Museum: Cranach (Luther u. Frau, Sibylle Cleve, Eifersucht, Adam u. Eva, Hölle, Charitas, 2 Akte). 1 Terborch. Rembrdt frühes Selbstblds. Tintoretto „Sansovino", Kobell, Kersting, Friedrich (auch Zchg.) (1 unbedeutd. Blechen) L. v. Hofmann. Abds. bei Dörtö. Ihre Puppen.

11.II.
Ausstellung. – Zchg. nach Gerdi. Nchm. beim Dichter Dr. H. Lilienfein[13].

---

10. Richard Engelmann (1868–1966), Bildhauer; Studien in München, Florenz und Paris, 1913 als Bildhauer an die Großherzogliche sächsische Hochschule für bildende Kunst berufen (u.a. studierte Lili Gräf bei ihm). Er war einer der Initiatoren der Reformpläne, die zur Berufung von Gropius führten. Ebenso wie Prof. Klemm schloß er sich der Secession der alten Professoren aus dem Bauhaus, dem er als Meister angehörte, erst nach längerem Zögern an. Bis 1930 unterrichtete er an der Hochschule, die 1921 in Konkurrenz zum Bauhaus gegründet worden war. Siehe H.M. Wingler: Das Bauhaus. Köln 1968, S. 232.

11. Eberhard Grisebach (1880–1945), Professor der Philosophie und bedeutender Sammler moderner Kunst; seit 1922 a.o. Prof. in Jena, 1931 Ordinarius in Zürich. Über seine Bedeutung für die bildende Kunst siehe Lothar Grisebach (Hg.): Maler des Expressionismus im Briefwechsel mit Eberhard Grisebach. Hamburg 1962.

12. Georg Fischer, Weimarer Studienfreund Wackers; ein Feldpostbrief Fischers an Wacker aus Jeanmont vom 25.I.1915 findet sich in Wackers Nachlaß.

13. Heinrich Lilienfein (1879–1932), Schriftsteller, ursprünglich Historiker; lebte in Weimar, war mit Professor W. Klemm befreundet und verfaßte einen Aufsatz über diesen: H. Lilienfein: Walter Klemm. Eger 1930.

Schwabe. Sehr sympat. Mensch, schön, voll Güte. – Sein Mädele „Hannchen". – Abds. Gesellschaft bei Klemms. (Engelmann, Roehl, Lindway – ungarischer Musiker, Brd. [Brüder?] Haar.)

12.II.
Bei Wollbrück. Klemms erot. Mappe (Schöpfungsgeschichte, origineller alter Text. Blätter teils sehr schlecht.) Bei Lili i. Atelier. – Abds. Bauhausfest in Neuwallendorf. – Gropius kurz gesprochen, P. Klee (erinnert an Trotzky, – irrsinniger Blick) u. Muche (Konfirmandentyp) gesehen.
„Gundhild", Mädchen aus Jena, slav. Typus. – Heimweg mit Leni Heinrich. Eine Überraschung. Im letzten Augenblick erhascht. Seltener, freier, instinktstarker, gesunder Mensch. – Kam eben aus Italien. Morgens mit ihr noch im Park. –

Sonntag, d. 13.II.21.
Eröffnung meiner ersten Ausstellung. Prof. Engelmann, Gehr. G., Dr. Frede getroffen, Dr. Klopfer, Fr. K, Leni, Abschiedskuß, nchm. bei Lilienfein's. („Die Überlebenden". Unterhltg. über Rußld. Deutsche Zukft. Bauhaus, das alte Weimar, Vrieslanders). Café. –

14.II.
Abreise verschoben. – Zchg. nach Gerdi. Im Bauhaus. „Der alte Kurt". – Abds. bei Gertrude Both. 1/2 Std.

15. –
Bauhaus. Lili. Dörtö. Klemm. Rothaariges Modell, das 1. seit Juni 14! – Ausstellung. Dr. Zschimmer, Grüße f. Otto. – Bei Fr. Pastor. Biewald. Abds. Besuch bei Gräfs. Café.

16.II.
– Vorm. nach Erfurt. Museumsdirektor Dr. Kaesbach[14], orig. Unterhaltung über Herbig. Pietà (2 Hlft. d. 14. Jhrdt. aus dem Ursulinerkloster). E. Nolde Ausstellg. Schöne, sinnliche Farbe. Zchg. oft roh, bloß noch äußerliche Karikatur. Herr Hess, der Kunstmäzen[15]. Mit ihm u. Dr. K. im Auto ins Haus Hess. Frau H.[ess]

14. Walter Kaesbach (1879–1961), Kunsthistoriker; wissenschaftlicher Beirat der Direktion der Nationalgalerie Berlin, 1920–24 Direktor des Erfurter Kunstmuseums; während des I. Weltkrieges Führer eines Sanitätszuges in Roeselaere und Ostende/Flandern, forderte Erich Heckel direkt für den Dienst in seinem Zug an und verschaffte ihm und anderen Malern (Beckmann, Herbig, Kaus, Kerschbaumer) künstlerische Arbeitsmöglichkeiten. Siehe Leopold Reidemeister (Hg.): Brücke-Archiv-Heft 4. Brücke-Museum Berlin 1970, S. 5 ff.

15. Der Erfurter Industrielle Alfred Heß besaß eine umfangreiche Sammlung moderner Kunst, er sammelte u.a. Heckel, Pechstein, Feininger, Rohlfs und Schmidt-Rottluff. Seine engen Beziehungen zu den Künstlern ersieht man aus den Zeichnungen und Eintragungen in seinem Gästebuch, das sein Sohn unter dem Titel „Dank in Farben" veröffentlicht hat.

Bilder v. Feininger, Nauen, Heckel, Rottluff, Kaus, 1 James Ensor: (das erste Oelbild!) Pechstein, (einige gute) Kirchner, Chagall, etc. Mittagsmahl. Erzählg. aus Rußld. Tasse Mocca. Mit Herrn H. im Auto zum Dom. Severinkirche. Korrektur einem jg. Maler. Bekannter eines Wr. [Weimarer] Kollegen. –
Städt. Museum Sammlg. oben. – Sehr schöne Th. Hagen. – Nauen Portr. – Ausstllg. v. Menzel Zchg., – Dr. K. Fremdenbuch des Haus Hess. – In Weimar: Stunde mit Lili im Café. Aussprache. Abschiedsabd. bei Klemms.

17.II.:
11.^{05} von Fr. K.[lemm] u. G.[erdi] zur Bahn geleitet. Fahrt durch die Gegend wo ich neulich als „Heimkehrer" fuhr! – Ungarische Artistin. 1/2 5^{h} Ankunft in Berlin. Otto Herbig am Bahnhof. Begrüßung u. Kuß nach fast 7 Jahr Trennung. Fahrt nach Steglitz. Johanna. Zimmer in der Mommsenstr. 60. II. bei Frau Rehropp. 2 Treppen tiefer als Otto u. Johanna. –

Berlin – Steglitz.

17. März 1921.
– Entschluß ein Tagebuch über den hiesigen Aufenthalt zu führen.

Nachtrag. Vom 17. Februar bis 17. März 1921
Das Erregende des Wiedersehens mit Otto u. Johanna durch die vielen Briefe seit der Rückkehr abgeschwächt.
– Otto ganz derselbe. Unsere Freundschaft gleich. Noch wunderbarer durch die Frau. – Auch als Künstler derselbe. Viel weniger beeinflußt, als ich nach den ersten Lithos gedacht hatte. Geistig (in Bezug auf den Inhalt, das Weltanschauliche in s. Kunst) durchaus in derselben Linie, auch formal, vielmehr als ich dachte – u. es auf den ersten Anblick schien, nur reicher und einfacher geworden.
– Sein Leben mit Johanna voll Weihe – die auch auf mich übergeht wenn ich unter ihnen bin.
– Ihre Weiblichkeit, früher oft so schwer verständlich u. oft wie verdeckt, nun ganz offenbar u. von seltener, kostbarster Prägung. – Rührend in ihrer Schwangerschaft. Voll, – fast unbegreiflicher Schamhaftigkeit. – Gesteigertste Sensibilität. Wie ohne Haut. Alles – Menschen, Dinge, berührt sie gleich. Muß viel allein u. in Ruhe sein. Oft schreckhaft kindlich.
– Über unser Verhältnis bringen wir kein Wort über die Lippen u. fühlen, daß etwas sehr Schönes zwischen uns ist. –
– Oft mit Waltraut zusammen. Verliebt wie früher. – Noch skeptisch. Letzter „Auftritt". Von neuem gläubig. Am 25.II., meinem 28. Geburtstag, glücklicher Abend bei ihr. Im Boudoir. Im herrlichen Bett. Nackt. Ekstase. (Ungenossen, weil zu erregt.) Auch äußerliche Störungen. Am Heimweg: der alte Jubel in mir:

dies in die Welt hinausrufen, singen wollen, sich an die Welt verschenken u. die ganze Welt besitzen – und tiefe, innige Dankbarkeit.
Am 27. Sonntag. Kam sie wieder zu mir. – Wieder fern, in lauter Dinge u. Menschen verstrickt die ich verachte. – Bestürzung. Bringt viele Motive vor: äußerliche, innere, – alles wirr und unentwirrbar. Das Alte! Ich kann nicht mehr, will nicht, darf nicht. Bruch. Geht wie im Bösen. – Nach Tagen ein Brief an sie. (Will das Freundschaftliche aufrechterhalten.) – Viel gelitten. Qual der neuen Enttäuschung. Ermüdung durch die Kontraste. Leere, Öde, nach der Zerstörung dieser Illusion. Ärger über viele Verluste. Selbstvorwürfe: daß ich's doch nicht gemeistert habe. Mein Gefühl mich überwältigt hat. – Ich bin absolut in der Liebe, – auch in der Liebe – der Liebe wie früher. Darin der alte Narr, das gleiche Kind wie früher. Kann keine Konzessionen machen. – Muß gegen sie mein Gefühl ausschalten, streng einzäunen.
– Aus der Stimmung heraus einige Zeichnungen gemacht. Briefe an Paula [Risch], Gabrielle [Niestlé], Fr. Klemm geschrieben. Anstrengungen gemacht, endlich mit den alten Bekannten zusammenzukommen. – Neue Menschen. – Modelle – Geliebte. – Wieder suchend, unruhig, wie früher. Voll Lebensgier. –
Gearbeitet: – Phalluszeichnungen lithographiert u. koloriert[16]. Die Tanne lithogr. – Umdruckpapier. Ein Reproduktionsverfahren. Auf dem Stein, werde ich allmählich aus dem Material heraus zu neuen Mitteln kommen. 1 Zchg. auf Stein. – Zeichnungen nach dem Spiegel. – Malversuche. Aktzeichnen nach dem Spiegel. Schöne Blüte (Amaryllis?) – Brauche Modelle!! – Wieder mehr Objekt. Altes Wollen neu beleben. –
Einmal mit Otto im Kronprinzenpalais[17]. Heckel. Selbstbildnis. Sehr geistig. Wunderbar gezeichnet, ganz naturnah. Kultivierte Farbe. Landschaften. – Die Freunde v. Kokoschka. Viel Wunder der Farbe. Styl in der Zeichnung – im Ganzen zu wenig übersichtlich (?). – Unten eine meisterhafte, wunderschöne Zeichnung, (Frau) v. Kokoschka.
– Knabe von v. Gogh. – Lehmbruck's Plastiken. –
Unter den Linden. Elegante Welt. Märchenhafte Blumenläden. – Nirgends schöne Frauen. – Irrtum Waltraut zu sehen. Treibt mich schließlich in ihre Wohnung. Am Morgen war sie für 2 W.[ochen] nach Erfurt, Weimar, heim gefahren. – Später Karten von ihr. Es ist eingerenkt. –
– Wiedersehen mit m. Cousine Marianne bei Familie Henze.

16. Phalluslithographie, 1921. 408 x 293, handsigniert r.u.: R. Wacker [ligiert] 21; abgebildet in: Rudolf Sagmeister: Rudolf Wacker. Bekenntnisse. Lustenau 1983, o.p.

17. 1919 wurden durch einen Regierungsbeschluß die Richtlinien für neue Erwerbungen der Museen festgelegt und eine Genehmigung für die Nationalgalerie in Berlin zum Erwerb moderner Bilder erteilt. Für diese neue Abteilung wurde das Kronprinzenpalais eingerichtet und im August 1919 unter der Leitung von Walter Kaesbach eröffnet, der Mitglied des Arbeiterrates gewesen war. Unter seinen ersten Ankäufen waren Arbeiten von Marc, Heckel, Kirchner, Feininger, Pechstein und Kokoschka. Siehe John Willet: Expressionismus. München 1970, S. 129 f.

– Ein Abend mit dem Tomsker Kameraden Stern, jetzt Regierungsrat im Finanzministerium.
– Einen Abd. mit Otto bei Heckel's[18]. – Prächtiger, sehr ernster, vielfältiger doch bestimmter, sehr anregender Mensch. Großer Künstler, deutscher Künstler. Viele Bilder, Landschaften, Figuren, Porträts, Radierungen, Schnitte, Lithos von ihm gesehen.
– Reiche, doch einfache Farbe, (oft auch eintönig, erden, schwarz), naturnahe, äußerst vereinfachte Zeichnung. Alles sehr suggestiv, u. durchgeistigt. – In seinen Porträts das realisiert, wovon ich in Tomsk 1917 schon, in einer Epoche da ich einmal gut zum arbeiten kam u. mich sammeln konnte, geträumt hatte, mir als „expressionistisches" Kunstziel vorschwebte. – Vorgang: Er macht viele Studien vor der Natur u. malt das Porträt dann frei! – Betont sehr die Notwendigkeit des Kontaktes mit der Natur, ohne ihn würde man bald steril, erstarre. (Eine Bestätigung.)
– Seine Frau klein u. unschön. Sympathisch, gütig, treu. Zeigte wunderbare Photos von „Wilden".
– Einen Abend mit den 3 Schwestern Irmgard, Jutta, Gertraude v. Heyne. Viktoria Studienhaus. Café Regina. –
– Einen Abd. bei Frau Gertraude Valett, geb. v. Heyne. Schlechte Bilder ihres Mannes. Weimarer Kamerad.
– Einen Abd. bei der alten Wr. [Weimarer] Pensionsfreundin Schauspielerin Dora Schlüter-Rieman. Ihr Mann jetzt Kinogröße. Schauspieler Th. Los vom Lessingtheater u. seine Frau, Dr. Zumer (?) (angebl. Freund Kokoschkas u. Altenbergs. Kultiviert, – spielte – ist vielleicht oberflächl. Salonmensch.) – Mit ihnen im Skala. Wundervolles Variété. Genuß!! – Akrobaten, Tänzer, Tänzerinnen, Komiker, Bärentänze, dressierte Hähne, Hunde etc.
Programm in fabelhaftem Tempo u. köstlicher Eleganz abgewickelt. Alles sehr fein, vornehm. Kleine süße Pikanterien. Saßen in der Fremdenloge. Später oben im Tanzlokal. Kubistische Architektur von Belling. – Groteske Musik. Spanisches Paar. Apachentanz. Champagner.
– Oft Abends nebenan beim „Rummel". (Karusell, Ringkämpfe, Boxer, Abnormitäten etc.) Schöne Lichteffekte. Übles Publikum. Skizziere[19].
– 2x im Kunstsalon Heller, Charlottenburg.
– Bekanntschaft mit dem Bildhauer Banroth.
– Beim Steindrucker in Charlottenburg.

18. Erich Heckel (1883–1970), Maler und Graphiker. Heckel hatte gemeinsam mit Herbig, Kaus und Kerschbaumer während des I. Weltkrieges als freiwilliger Krankenpfleger in Flandern gedient. Nach dem Krieg bildete sich aus diesen Malern eine Art „Heckel-Kreis", der mit gemeinsamen Ausstellungen hervortrat.
19. Siehe SaKat. 31, Abb. S. 206; Ein Bummel in Berlin, 1921. Bleistift/beiges Papier, 131 x 143, Bez. r.u.: RW [ligiert] 21; rückwärts auf alten Untersatzpapier: „Ein Bummel" Berlin 1921 Rudolf Wacker [ligiert].

– Einen Abd. in einem Tanzlokal hier in Steglitz (Albrechtshof). Übles Publikum, – wie beim „Kavalierball in Oberweimar". Begleite 2 Schneiderinnen heim. Die eine soll gelegentl. kommen.
– Einen Abd. Kerschbaumer[20] u. Frl. Fleischmann oben bei Herbigs.
– Besuch beim Bildhauer Rhades, einem Nachbar. Kollege Ottos aus'm Feld. Handwerker, Schwätzer. Sympathische Frau.
– 1x im Kaiser Friedrich Museum.
Altdeutsche, Niederländer, Holländer angesehen. Breughel! Bosch! – Rubens erst flüchtig, Rembrandt nur Hendrikje, Italiener nur durchgegangen.
– Besuch beim Reichskunstwart Dr. Redslob. Nur seine Frau getroffen. – 2 Kirchner Bilder. 1 gutes Bild von Muche. 1 Bauernholzschnitt v. Kirchner.
– Gelesen: Lilienfein – „Die Überlebenden", Großinquisitor v. Dostojewski, Stendhal „Römerinnen", Segantini Schriften, – begonnen Delacroix Tagebuch.

Tagebuch. Berlin – Steglitz.

18. März 1921.
Gestern Abend bei Kerschbaumer im Atelier.
Ölbild von James Ensor. „Die Mahlzeit der Mageren".
– Wie von einem Dilettanten gemalt. Wie gespielt, in Zeichnung u. Farbe. Beides wie illustrierend.
– So soll er auch arbeiten: spielend, wie ein Kind, voll Freude an den hübschen Sächelchen die er macht. In einem altmodischen Salon, mit viel kostbaren Dingen u. Gerümpel umgeben: Schöne Muscheln (unten im Haus hat er einen Laden in dem er besonders Muscheln verkauft), Blumen, Puppen, Masken etc. Läßt sich durch diese Dinge anregen, holt aus ihnen seine Phantastik. –
Otto erzählte heute viel von ihm aus Ostende. –
Es ist der Geist Breughels, Bosch's in ihm. –
Das Ganze von klarster, prächtigster Bildwirkung. Ein schöner Teppich, dessen Ornamente viel erzählen. Raffinierte Farbe. Ausdrucksdichteste Zeichnung. – Dort sind zB. weiße Skelette auf blauem Grund. Die spielen Billard. Die andern pissen und daraus wachsen Blumen. Mit „Nichts" ist das alles gemacht, – und alles so ganz ohne „Ambitionen" gemacht, wie aus einem Spieltrieb heraus. Ganz entgegen zB. aller Renaissancekunst. –

20. Anton Kerschbaumer (1885–1931), Maler; studierte an der Münchner Kunstgewerbeschule; auf Anraten seines Malerfreundes Konrad Westermayr einige Monate bei Lovis Corinth in Berlin; 1915–18 als Sanitäter in der Künstlergruppe um Erich Heckel (mit Herbig und Kaus) in Flandern, in Ostende Bekanntschaft mit James Ensor, von dem er 2 Bilder erwarb; seit 1919 Wohnsitz dauernd in Berlin, 1920–26 den Sommer über in Bayern, 1925–28 am Gardasee; führte ebenso wie Wacker ein „Kunsttagebuch", aus dem in der Literatur häufig zitiert wird. Siehe A.K. Gedächtnisausstellung. Galerie Neumann und Franke. München 1931; A.K. Gedächtnisausstellung. Städtische Kunstsammlung Rosenheim. Rosenheim 1955; A.K. Ausstellungskat. Galerie Günther Franke. Stuckvilla. München 1957.

Mit K. beim Maler Czobel[21]. – Seine Malerei mir zu „wüst". Persönl. sympathisch. Still, ruhig, ernst. Werde irritiert durch seinen Typus: ungarischer Jude, das erinnert mich an die übeln Kerls aus der Gefangenschaft. Muß mich erst auf seine Person einstellen. – Seine Frau lebte bis z. 23 J. in Moskau, dann Paris, kennt ganz Europa u. ist in aller Kultur zu Hause. Sprach mit ihr zuweilen russisch. (Die 1. Frau. Dies u. dazu der Ungar zwang mich in die Illusion wieder in Rußland zu sein. So entsteht immer von neuem die Freude hier zu sein.)
– Ihre Tochter, «Лизачка» [Lisatchka] gerufen, irrsinnig schön! 14jährig, aristokratisch, stolz, fern, kühl, gemischtes Blut: oberbayrisch, französisch, ungarisch, jüdisch. – Frau Cz. erzählte aus Paris: sie fragt in der Schule nach ihrer Tochter, wie sie lernt, sich aufführt. Antwort: „Sie ist hübsch, sie wird ihren Weg machen". – Dort war auch Frl. Schütz. Wienerin; Lehrerin an der hiesigen Kunstgewerbeschule.
– Begann heut Nacht „Sanin" v. Arzibaschef zu lesen.
– Heute meine Zeichnungen von der Weimarer Ausstellung zurückbekommen. 26 Blätter (1, „Abwendung" wurde Fr. Prof. Klemm übergeben). Nichts verkauft!
– Otto schenkte mir heut, zur Erinnerung an die Erzählung von seinen Besuchen bei James Ensor, eine kleine schwarze Dose die er in Ensor's Laden gekauft hat.
– Die knospende, aufblühende, reife, welkende, erstarrte Blüte hat dieselben Zustände wie die Körper der Tiere und Menschen.
– Als unser Zentrum erscheint immer das Sexuale.

18.3.

Nm. nach Fr. Friedl Fleischmann (Schwägerin des verstorb. Malers K. Westermayr[22], Kerschbaumers Freundin) gezeichnet. – Sehr schön. Typus der Frau Maurice Denis, mit Mona Lisa Einschlag. – War zu befangen. / Abends: Kunstgewerbeschule im Atelier des Bildhauers Ludw. Gies[23] Hanna Busse[24], die alte Freundin wiedergesehen. Gestern Abd. erfuhr ich, daß sie mit G.[ies] verlobt ist.

---

21. August Rhades, geb. 1886 in Berlin, Holz- u. Steinbildhauer. Béla Czóbel, geb. 1883, ungar. Maler; studierte an der Münchner Akademie und an der Académie Julian Paris; während des I. Weltkrieges in Holland; 1919–25 in Berlin; später in Paris und Ungarn. Lit.: Clarisse Philipp: Béla Czóbel. Budapest 1973.

22. Konrad Westermayr (1883–1917), Maler; studierte gemeinsam mit A. Kerschbaumer an der Münchner Kunstgewerbeschule, ein Semester an der Münchner Akademie, ab 1910 in Berlin; befreundet mit den Malern Martin Bloch, Freytag, Jones, Kerschbaumer und W. Lange; fiel am 2. August 1917 in Flandern im Felde. Lit.: K.W. Ausstellungskat. J.B. Neumann. Berlin 1921.

23. Ludwig Gies (1887–1966), Bildhauer; studierte an der Münchner Kunstgewerbeschule; Kriegsdienst; 1917 Leitung einer Bildhauerklasse an der Unterrichtsanstalt des Berliner Kunstgewerbemuseums (Bruno Paul, Hans Poelzig, Carl Hofer, Edwin Scharff), 1927 Professor an der Berliner Akademie, 1937 fristlose Entlassung. Lit.: Toni Feldenkircher: Ludwig Gies. Recklinghausen 1960.

24. Hanna Busse; kannte Wacker seit dessen Studienjahren in Weimar; heiratete den Bildhauer Ludwig Gies.

– Sie war hier m. letzte Hoffnung. – Zusammen in einem Restaurant Abend gegessen. Viel geredet, aus Rußland u. über Kunst. G.. sympathisch u. so ist ihr Glück zu wünschen. Leider war es nun eigentlich nicht ein Abend mit Hanna, sondern mehr eine Unterhaltung mit Herrn Gies. –

19.3.
Mit Otto im Kronprinzenpalais: Ausstellung von August Macke, der 1914 als 27jähriger fiel. – Von 1908–9 noch einige frühe Arbeiten, die nicht mehr als äußerst mittelmäßige Akademiker-Studien sind. Dann gehts plötzlich aufwärts und schuf er eine Reihe sehr schöner Bilder. Ein heiterer sonniger Mensch der seine Lebensfreude in Farbe umsetzt. War im Süden, aus Drang, fand dort vielleicht seine Farbe. – Ist ohne menschliche Tiefe, immer nur an der heiteren farbigen Oberfläche. Eine sehr schöne Dekorationsmalerei. Ohne zeichnerische Differenzierung, überhaupt keine Psychologie, – spielend sicher abgewogene Kompositionen von Linien u. Farben, Musik – heiter – klingende, Bilder die ein Fest fürs Auge sind u. so das Wesentlichste dessen, was ein Bild sein soll, erfüllen. –
– Papiereinkauf in einem Magazin. –
Eine 2., bessere Zeichnung nach Frl. Fleischmann gemacht.
– Elfriede Görlitz, die Schneiderin vom Tanzlokal, kam Abends. – Vorspiel: wenn sie wieder kommt, sollen Aktzeichnungen gemacht werden.

21.III.21.
– Gest. Sonntag, in Nowawes, Park Babelsberg bei Marianne.
– Die „Herrschaft" war nicht zu Hause. Nur die kleine Ursula – köstlicher Anblick als sie zu Bett gebracht wurde. Hübsches, hochgewachsenes, blondes Dienstmädchen. Mitgefühl mit ihrer Situation. – Diese Leute achten sie nicht, haben kein menschliches Verständnis – solche suchen dann immer durch Betonung äußerer Distanz die Rangordnung herzustellen. Lebt nun in diesem Park wie in einem Kloster. Lud sie hierher ein. – Spaziergang im schönen Park. Besuch bei „allen Damen". In der dichtgepferchten Wannseebahn tolle Bilder, die Paare noch voll Trunkenheit. – Sehr müde. Heute Vrm. die Birkenlitho begonnen[25]. – Nachm. beim Drucker. – Kaus[26] nicht getroffen. – Bei Dr. Paul Elsner,

25. Siehe SaKat. D2, Abb. S. 233; Birken im Frühling in Sibirien, 1920 bzw. 1921. Lithographie 150 x 198; SaKat. D3, Abb. S. 233; Birkengruppe mit Menschen, 1920 bzw. 1921. Lithographie, 220 x 152. Bezeichnet im Stein l.u.: RW [ligiert].

26. Max Kaus (1891–1977), Maler und Graphiker; 1905–08 Malerlehre; 1908–13 Besuch der Kunstgewerbeschule Berlin-Charlottenburg; Tätigkeit als Dekorationsmaler; 1914 Reise nach Paris; 1915–18 Kriegsdienst als Krankenpfleger in Flandern, Freundschaft mit Heckel, Kerschbaumer, Herbig und dem Dichter Ernst Morwitz; Sommerreisen an die Ostsee; Ausstellungen in den Galerien F. Möller, P. Cassirer, Dr. Goldschmidt/Dr. Wallerstein, K. Nierendorf; 1921 Mitglied der Berliner Secession; 1937 Entfernung seiner Bilder aus Ausstellungen und Museen. Lit.: Leopold Reidemeister: M.K. Gemälde von 1917–1970. Berlin 1971; M.K. Ausstellungskat. Graphik. Sammlung Buchheim. Altonaer Museum. Hamburg 1973.

dem Tomsker Kameraden. Wird mir kaum in etwas nützlich sein. Angeregte Unterhaltung über Rußland, Politik, Literatur. – Dann bei Bildhauer Игор фон Якимов [Igor von Jakimoff]. Sein Bruder auch da. Lebhafte Unterhaltung über Sowjetrußld, russisch. Hübscher Mensch, als Künstler unbedeutend.* – Enttäuschung. Ich war herzlicher und höflicher als diese Leute. Zum „Abendakt" 8–10 dort geblieben. Häßliches weibl. Modell in 4 wenig interessanten Posen. Unter den Besuchern niemand von Interesse. – Die Frau, geb. Kruse, ist schön, rassig. Sah sie nur flüchtig. –

* „chicistisch" mit dem Einschlag russischer Theatralik, als Lehrer Charlatan. –

22.

– Die Birken fertig gemacht. Elfriede kam nicht. – Aquarell.
– Brf. heim. Zeichg. Blume. –

23.III.

Henny Fuchs, die Kunstschülerin von Weimar, besucht. Ist sympathischer geworden, ruhiger, – hat liebe gütige Augen. Mit ihr im Kronprzpalais, nochmals Macke Ausstellung, v. Gogh, Heckel, Kokoschka. – Traf auf der Straße zufällig einen Bregenzer Bekannten, Herrn Dellert. Mit ihm in der Nationalgalerie. Noch nicht alles gesehen. –. Wichtig die neuen Marées, die früher im Keller waren! Leibl nicht so bedeutend vertreten wie in München. Einige sehr gute kleine frühe Trübner, auch das Porträt nach Schuch. – Menzel! Großer Meister. Übrigens ungleich. Die großen Bilder meist wenig interessant. Am besten die kleinen, auch von den Genrebildern die kleinen Improvisationen. Eins der schönsten Bilder das Theater – schöne Studien. Wenn auch oft nur Studien, wieviel künstlerischer zB. als Klinger, der mir nun ganz unerträglich ist. Er mag einen guten Kopf gehabt haben und viel Lebenskraft, hat mit bewundernswerter Energie gearbeitet, ist als Künstler aber wirklich nicht mehr als ein trockener Schulmeister. – Feuerbach u. Böcklin wieder angesehen. – Wie folgerichtig – abgesehen von äußern Umständen u. Anregungen die mitgewirkt haben mögen – war eigentlich mein Weg in der Einschätzung der deutschen Künstler d. 19. Jhdts. Böcklin, – Feuerbach, — Menzel, – Leibl, — Marées. – Einige sehr schöne K. Blechen.
– Freu mich nächstesmal auf C.D. Friedrich.
– Zum Lehrter Bahnhof. – Zum Anhalter Bahnhof. Lili Gräf abgeholt. – Abds. erst mit Otto, später mit Lili am „Rummel". Die Karusells, doppelt bewegt, in magischer Beleuchtung, gegen den Himmel, den aufsteigenden Mond, märchenhaft schön! – Mit Lili im Cafe u. Variété.

24.III.

– Beim Steindrucker 13 Abdrucke eines Selbstblds. mit Hand u. 15 von der 2. Phallus Litho gemacht. Das Buch von Hans Blüher „Die Rolle der Erotik in der männlichen Gesellschaft" (Eine Theorie der menschlichen Staatsbildung nach

Wesen und Wert), wovon mir Renner schon sprach u. nun Lili den II. Bd. mitgebracht hat, zu lesen begonnen. – Ganz großartiges, freies, kluges Werk, voll neuer Anregungen und Aufschlüsse. – Möchte es Vielen geben. – Gedenke der Kameraden, mit denen ich die Probleme während der Gefangenschaft so viel erörtert habe, besonders des lieben, klugen James [Josef Genser].
– Linder Frühlingstag, Glocken läuten – Osterstimmung. Gedanken an Rußland u. heim. Ostergrüße. Brfe. an W.[altraut] (die ich eben anteleph. u. erfuhr daß sie schon 1 Woche zurück) und Paula. Abd. mit Lili im Café.

25.
– Landschaft (am Tom)[27] lithographiert. Nchm. mit Lili bei ihrer Tante. – Abds. bei Herrn P. Westheim[28] (Herausgeber des „Kunstblatt's") 2 neue Kirchner. – Dort: Herbig, Kerschbaumer, Czobel u. Frau, ein Kunsthistoriker Tormelen [Thormaehlen][29] (sehr interessanter schöner Kopf) Herr und Frau Westheim. – Herr Westheim intelligenter, aber unangenehm typischer Jude. – Unterhaltung mit Lili. Sehr seltener, freier, großangelegter u. komplizierter Mensch. Jetzt voll Sexualprobleme. –

26.III.
Zur Ausstllg. d. Akad. d. Künste 5 Blätter gebracht. Mit Otto im Café Bellevue am Potsdamer Platz. Allein bei Waltraut, nach 1 Monat. – Viel schlecht maskierter Kampf. Wenn die Erotik ausgeschaltet ist, bleibt nichts mehr übrig an dieser Frau. Oder so wenig Erfreuliches, Schönes, daß es kaum in die Waagschale fällt, neben dem Abscheulichen. Es macht traurig dann plötzlich klar zu sehen, wem man sich da hingab. Wie „alles daneben ging", notwendig gehen mußte, nichts fast wirksam blieb oder sich aufeinmal ins Häßliche kehren konnte. Alle positiven Erlebnisse vollständig einseitig waren, – meine Illusion. – Es scheint nicht auszureichen, sie als Dirnentypus (im Gegensatz zum Muttertypus)[30] zu bezeichnen, – „Kokottentypus" ist sie, mit dem ganzen stupiden, indolenten Lebensgefühl dieser so außerhalb stehenden Wesen. – Es macht sehr traurig. –

---

27. Sibirisches Landschaftsmotiv.

28. Paul Westheim bevorzugte in seiner Zeitschrift „Das Kunstblatt" die gegenständliche Malerei. Wackers alte und neue Freunde Kaus, Herbig, Kerschbaumer, Heckel, Wollheim und Pankok scheinen darin häufig auf. In der Folge brachte Westheim mehrere Abbildungen und Besprechungen Wackers; siehe Literaturliste.

29. Ludwig Thormaehlen, geb. 1889, Kunsthistoriker; seit 1925 Kustos an der Nationalgalerie Berlin; war mit den Malern der „Brücke" eng befreundet.

30. Diese Einteilung in „Mutter"- bzw. „Dirnen"-Typus übernahm Wacker von Weininger; siehe Wackers Lektüreliste Februar 1919: „Otto Weininger: Exzerpt aus ‚W.: Geschlecht und Charakter'."

27.III. Ostersonntag.
– Gest. Abd. noch bis 2h mit Lili unterhalten. Rührung. Die Kreise schließen sich enger, beglückt von ihrer Kostbarkeit u. Schönheit. – Noch im Blüher gelesen. Begeisterungsrausch. Geniales Werk! Neue Gesichtspunkte, Aufschlüsse. Wunderbare Kombinationen u. Deutungen. Ein Ja sagender Seher! – Morgens Lili Tee gekocht. Den ersten Kuß gegeben. Fühle, daß etwas sehr Schönes, Freies aufblüht. – Johanna u. Lili geben mir einen Osterkuchen. Ostergrüße von Romedi u. Renner. – Die 2. Phalluslitho koloriert.

28. Ostermontag.
Nachmittag waren Otto u. Johanna herunten bei mir. Lili spielte Klavier u. sang. Von innen heraus. Starke Erregung u. Ergriffenheit, daß dieses Wesen mir gehören wird. Weiß nichts mehr von mir u. der Zukunft. Versinke ins Leben, erhalte neue Impulse. – Ergriffenheit von Johanna. Erinnerung an die gemeinsamen Erlebnisse, zu wissen, daß ich sie erweckt habe – und sie nun Otto gehört und wir alle doch in so wunderbarer Harmonie sind. – Wie schön ist sie in ihrer Strenge und Milde als Mutter! –
Liebesnacht mit Lili! – „Ich tue Euch nicht mehr wehe, als Euch vonnöten ist!" – Die Lust des Mannes, ein Erwecker zu sein, ein Schaffender ! – Das irrende, suchende, sehnsüchtige Mädchen, das plötzlich ihr Zentrum findet, dessen Verschlossenheit durch Manneswille gelöst wird, u. sie aus sich hinaus führt u. doch im tiefsten Sinne zu sich selbst. Das zum erstenmal die ganze Wollust erschauernd erlebt, zu einem ersten tiefen Erleben mit dem Manne aufblüht. Dem Erlebnis, das sie plötzlich umschafft, Leib und Seele mit ihrem Geliebten erfüllt. – Sie mag nun verstehen die gewisse Überlegenheit, die Männer wie ich gegenüber den „geistigen Neigungen unerlöster Mädchen" haben, – wissend, das Zentrum liegt wo anders. – Alles kommt aus dem Eros! Beim Manne wie beim Weibe und bei Beiden anders und Anderes, und Beides sich erweckend und ergänzend! – Wie die Schamhaftigkeit sich mehr u. mehr lockert und ganz hingegeben wird, Intimstes gerne verratend und mitteilend, – und doch wieder eine neue, echte u. unverlierbare da ist, – die der Reinheit des Ja-sagenden Menschen.
– Nach wenig, aber abgrundtiefem, Schlaf, fröhliches Erwachen, kalte Douche, nochmals ins warme, heiße Bett. Ich bin ganz leicht, wie erlöst, voll goldener Heiterkeit, inniger Dankbarkeit u. erfüllt von dem Bedürfnis nach Güte zu aller Welt. –
Schmerzlich ist die, bei unserer Zivilisation in allen Liebesverhältnissen von Mann u. Weib, wenigstens zeitweise, nötige Verhütung der Konzeption, was viel Verzicht und Beherrschung auferlegt, wo der schrankenlose Rausch herrschen sollte. –

29.III.
– Gest. Abd. mit Otto am Rummel, dann gemeinsam Abendbrot. – Bei der Zeu-

gung scheint der Mann überlegen; wird die Frau Mutter, gewinnt sie eine Überlegenheit – sie gerät in einen Zustand den wir kaum mehr nachfühlen können. Erlebt etwas, an das wir nicht heranreichen. –
Als ich mit Lili herunterkam zur letzten Nacht allein in der Wohnung: war meine Wirtin mit den 2 Töchtern zurück. Komisches Theater: sie überlassen Lili für diese Nacht nochmal ihr Zimmer u. ich biete alle Beredsamkeit auf, ihnen begreiflich zu machen, daß man so viel Liebenswürdigkeit kaum in Anspruch nehmen kann u. Frl. G.[räf] ebensogut in meinem Zimmer schlafen könnte. – Wir müssen leise sein u. sind es immer noch nicht so wie die armen Jungfrauen nebenan die ihr Hündchen kosen. – Der Gefallen, daß die 3 sich in ein Zimmer

Bild 29

„Kniender weiblicher Akt", 1921. Bleistift, 473 x 318 mm.
Bez. r.u. RW [ligiert] 21.

kauern, damit wir 2 haben, legt uns eine schwere Trennung auf. – Morgens bring ich Lili den Thee hinein. – Vorm. Litho (Birkenlandschaft II) begonnen. Von der Bank 300 M. geholt. Nchm. 2 Zchg. nach Lilis schlafendem Köpfchen gemacht. Abds. Unterhaltg. mit ihr, dann mit Otto, der heut wieder bei mir u. Lili oben schläft. Oh die verruchte Komödie! Ich bin so glücklich wie noch nie! Ist's die Liebe die immer neu ist u. von der man jedesmal das Beste glaubt? aber mir scheint, es gibt viel Objektives, das mir's so erscheinen lassen muß.

30.3.21.
– Vrm. Beim Drucker, – stehe mit ihm nun schon vorzüglich. Beitner heißt er u. ist ein guter, interessierter Arbeiter; 1 Dutzend von den Frühlingsbirken (Sehn gut aus, aber die Umrahmung muß doch fort) und eins von der Tanne. Nchm. nach Lili 2 Aktzeichnungen gemacht. Oh, welche Lust! Sie ist schön wie die Venus von Giorgione! Und kann sein wie ein Gauguin! – Dann bei ihr im Bett. – Ich bin unersättlich! Je tiefer u. vollkommener unsere Beziehung, desto berauschender die Wollust. Sie dringt durch die Oberfläche hindurch, das ganze Wesen erschütternd u. erfüllend. Sie zuckt endlos auf, und orgastische Ekstase wie Ermattung sind gleich schön. Wir sind immer in Zauber gehüllt – dunkel versinkt die Welt und geht immer wieder frisch wie am ersten Tage auf, voll Sonne, Sterne und neuer Wunder! – „Eben ist die Welt erst rund geworden, mein Leben voll" – Ich bin ganz Lust und Arbeitswille – und doch ist sie enger geworden, ich habe nur den einen Wunsch, bei ihr zu sein, immer bei ihr, alles mit ihr zu teilen u. immer nach ihr zu arbeiten – Abds. Skizze nach ihrem Mädchenköpfle, – sie muß schon um 10h ins untere Zimmer, – Brief an sie, Zchg. nach dem Spiegel. – Blüher.

31.3.
– Brf. an Tomičić, von dem endl. 1 Karte mit neuer Adresse kam. Lilis Köpfchen lesend. – Abds. Café. – Dann noch bei mir. Wie blüht sie auf!! – Ihre Sinnlichkeit ist gleich stark u. von derselben Spannweite wie die meine, was ich zum erstenmal erlebe. Sie ist bis zum Äußersten keusch u. bis zum Äußersten schamlos.

1. April 1921.
Vm. die 2. Birkenlitho fertig gemacht. Nchm. mit Otto im Kaiser-Friedr. Mus. (Ein Frauenbildnis von Filippo Lippi von unerhörter Schönheit, technischem u. farbigem Raffinement.) – Die Rembrandts angesehen. Besd. Hendrickje; Josef, Potiphar u. Frau (psychologisch wichtig auch der Kopf Potiphars) und Jakob mit dem Engel ringend (Psychologie! – Kopf u. Geste des schönen Engels! Er ist gütig, liebt diesen Jakob, ist von einer feinen spöttischen und gierigen Überlegenheit, ist unerbittlich, etc.) Viel Perversität. –
Gotische u. frühitalien. Holzplastiken. (Eine an Lili erinnernd) – Caravaggio (Schöne Knaben, viel Perversität. psycholog. interessant) – Breughel! – Hals.

Holbein (stilistisch so schön wie die Italiener!) – Cafe i. d. Friedrichstraße. Kunstsalon Heller. – Geldsorgen steigen manchmal auf. Es ist so dumm! Mir fehlt nur Geld. Es ist das Nebensächlichste wenn man's hat u. wird zum Wichtigsten wenn mans nicht hat.
– Abends mit Lili bei Frl. Fridel Fleischmann, Kerschbaumer, wo ich noch eine Kunstgewerblerin namens Käthe Freude und den Dichter Kronenberg (Wiener) mit s. Frau kennen lernte. Den I. Bd. Blüher ausgeliehen – und begonnen.

2. April 21.
– Zu Heller (Kunstsalon, Charlottenburg) 3 Lithos und 8 Zeichnungen gebracht, (auf Heckels Empfehlung) von der lieben Lili begleitet. Dann mit ihr im Pschorrbräu Abendessen, im Café „Größenwahn" („des Westens") (Malaie, bucklige rote Zeitungsausträger, junger Mann à la Dorian Grey) im Tauentzien Variété. (Einige gute Vorführungen, schöner Saal, skizziert)[31] Am Kurfürstendamm in einem Buchladen ein kl. Büchle von W. Whitman „Der Wundarzt" gekauft.

3. April Sonntag.
– Zchg. Lili. Nchm. mit ihr beim Schauspieler Daghover (Wiener, Bekannter aus Weimar), freundlich aufgenommen. Die Frau (Porträtaussicht, drzt. in Wien, hier Kinostern[32]). – Entzückendes Kind, Mädchen von vielleicht 10 J. – Dann allein zu Familie Boehle. Er war früher in Rußland großer Fabricksherr. Seine Frau die Schwester von Fr. Czobel. Viel Erinnerungen an Rußld. ausgetauscht. Es war sehr schön. Feines Töchterchen von 20. (aus 1. Ehe, mit einem livländ. Baron). Dort auch Maler Czobel u. Frau und einen Herrn Mark (einer der größten Fabricksherrn Rußlds) kennengelernt. –

4. Apr. 21.
– Die Zusammenstellg. einiger Briefe u. Aufzeichnungen v. Whitman – „Der Wundarzt" ist sehr schön. Ganz schlicht üben sie doch eine starke Wirkung aus, durch ihre wunderbare warme Menschlichkeit. Wir haben das alles erlebt, an anderen um uns herum gesehen und selbst drinn gewesen. Die Strapazen, die Wunden, das Blut, Stöhnen, Sterben oder Genesen, das tiefe Elend der Körper und das tiefere der nach Menschentum sich sehnenden Seele.[33] – Es ist ein Buch das ich neben die „Ballade vom Zuchthaus zu Reading" u. die „Memoiren aus

31. Siehe SaKat. 35, Abb. S. 207; Berliner Variete, 1921. Bleistift/bräunliches Papier, 200 x 159. Bez. r.u.: IV 21.

32. Lil Dagover, Schauspielerin; spielte u.a. im Film „Das Kabinett des Dr. Caligari", 1919 Regie Robert Wiene, die Rolle der Jane.

33. Walt Whitman beschreibt im „Wundarzt" seine Erfahrungen als freiwilliger Helfer während des amerikanischen Bürgerkrieges in einem Lazarett.

einem Totenhaus" reihe. Das Leid dieser Bücher betrübt mich nicht, sondern ist mir wie was Liebgewordenes, Heimliches. Aus Prunk und Roheit geh ich in diese wehe Einsamkeit und Not und erlebe wieder das Glück sich findender, helfender Menschen.
– Heut Vorm. Spaziergang zum Breitenbachplatz. Herrlicher warmer Frühlingstag. Spielende Kinder! – Wieder 200 M von der Bank geholt, stehen nun noch 600 + 200 die ich von Waltraut zu bekommen habe. –
Mehr und mehr bemächtigt sich meiner die Geldsorge. Es ist höchste Zeit, daß ich was verdiene. Und ich hab in diesen Tagen stillen innern Glücks so gar keine Lust zu Geschäftlichkeiten. – Nchm. nach Lili gezeichnet, Abends auch.

5.IV.
– Vm. beim Drucker, kleine Auflagen der 3 Landschaften („am Tom", „Birken im Frühling", „Sibir. Birken") gedruckt. 1. Besuch beim Maler Max Kaus. Sympathischer Mensch, fing als Dekorationsmaler an, ist erst 29 u. hat eine Menge schöner Dinge schon geschaffen. – Aquarelle, Oelbilder, Holzschnitte, Lithographien, Zeichnungen. Alles sehr von Heckel (teilweise auch von Kerschbaumer) beeinflußt, – kompositionell, zeichnerisch, farbig, technisch und geistig. – Viele nach sich selbst u. seiner Geliebten. Große Freude soviel gute Arbeit zu sehen. Besonders schön die Lithographien (zB. Fleisch), sehr raffiniert. Hat vielleicht eine Neigung zu technischen Effekten die gefährlich werden kann, zur Manier führt.
Unterhaltung. War sehr liebenswürdig. Das schöne Buch „Bali" mit den wunderbaren phot. Aufnahmen nach „Wilden" (oh, diese Aristokratie!!), das ich neulich schon bei Heckel sah wieder angeschaut[34]. – Lili Abds. i.d. Stadt. Ich war beim Bildhauer Rhades u. seiner lieben Frau, ihnen Freud zu machen, ein Abendbrot zu bekommen u. m. Zchg. zu zeigen.
– Noch nach dem Spiegel gezeichnet u. im I. Bd. Blüher gelesen. –

6.IV.
Vm. mit Otto nach Lili gezeichnet (Bister u. Rötel) Nchm. nach d. Spiegel. (Das alte immer wiederkehrende Motiv: „Verzückung" – die Hingabe an etwas Schönes, Geliebtes, – erstaunt, sinnend, traurige Gedanken wehen hinein.) Dann Besuch beim Maler Gottfried Hofer[35], der Vater einer Jugendfreundin Johannas, geb. Bozner, Löffzschüler, Salonmaler. – Er spielte den Meister, ich den Schüler. Mußte viel Lächerliches hinnehmen u. mitmachen. Findet mich sehr begabt u. schon einmal ([19]14) am rechten Weg – versteht nicht, warum ich so alles „über-

34. Eine Besprechung dieses Buches durch Alfred Salmony findet sich in: Das Kunstblatt. Potsdam/Berlin, 5. Jg. 1921, S. 198 ff.: Karl With (Einleitung), Gregor Krause (Photographien): Insel Bali. Folkwang-Vlg. Hagen.

35. Gottfried Hofer, geb. 1858 in Bozen, Maler; studierte an der Münchner Akademie.

treibe". – Auch Greco ist für ihn „ein großer Manierist". Bewundert die Antike, Holbein, Velasquez, Raffael, Leibl – ich auch, lieber Herr, – aber trotz ihrer Anbetung für diese Wunder, haben Sie selbst doch nur die „Manier des Kitschies". Persönlich ein ganz lieber Mensch. – Was für ein schönes Atelier haben solche Leute, – und ihr ganzes Bemühen ist so überflüssig! – Er will versuchen von m. Zchg. u. Lithos, ließ ihm 9 + 4 dort, zu verkaufen. – Wie eckelhaft ist es mit seinen Arbeiten (Zeichnungen aus Sibirien, die ich zT. neulich noch „unverkäuflich" sein ließ) hausieren gehen zu müssen und andere Dinge sagen zu müssen als man denkt. – Wenn nicht bald Geld eingeht, bin ich ruiniert. Es ist sehr unbestimmt wie ich noch 3 Monate aushalten soll, und was soll im Herbst werden? Es ist deprimierend! Ich komme aus 6jähriger Not in eine neue. – Es wäre mir so leicht geholfen. Wieviel Leute gibt es hier, die in einer Nacht das 10fache von dem ausgeben, womit ich jahrelang frei arbeiten könnte. – Aber die Leute, die während wir gelitten haben, sich reich gemacht haben, laufen gemästet herum und haben kein Geld für unsereinen. Es ist abscheulich. –

7.IV.
– Vm. Lithos f. Penzoldt u. Prof. Klemm vorbereitet, als Modell gesessen. – Nchm. mit Lili in der Stadt. Im Kronprinzenpalais, Ausstellung der italienischen Künstlergruppe „Valori Plastici". Carrá, Zadkin, Francalancia, zur-Mühlen, De Chirico, Martini, Morandi.
– Kurzer Überblick, will mirs nochmal ansehen. – Viel neue Strebung, d.i. eigentlich Reaktion, auf die dramatische Gestimmtheit der letzten Expressionisten nun vorwiegend lyrische Stimmung, – auf die bewegte Form ruhige, die Buntheit Eintönigkeit, u. teilweise das Hauptgewicht in der Zeichnung, – ein Zurückgreifen zu den frühen primitiven Italienern und vorwiegend klassizistischen Idealen. – Man bezeichnet dies wohl als „Ingreismus" od. „Verismus". – Mir sympathisch durch seine naive Anspruchslosigkeit und das intimere, anbetungsvolle Verhältnis zur Natur. – Bei Wertheim, Lili einen Strohhut gekauft. – Im Konzertcafé „Vaterland" (früher wohl Picadilli). Karte v. Mutter bekommen; Fieber, Übelkeit, Schnupfenanfall.
War für Otto in der Apotheke, Erlebnis. Vielleicht geschieht es heute Nacht. –

8.IV.
– Vm. Brf. an Mutter u. den Verleger Biewald (ob er eine Mappe von mir herausgeben will.)
Nchm. mit Otto seine Bilder zum Lehrter Bahnhof gebracht dann mit ihm zu P. Cassirer in die Munch-Ausstellung. (Die letzte, für mich die erste, die mir erst in Sibirien zum Erlebnis wurde, sah ich 1913 in Jena.) Je ein Saal Lithographien, Holzschnitte, Radierungen, Bilder. – Munch, der ein Revolutionär war wirkt heute fast wie ein Akademiker. – Es sind gar nicht so viel neue Formen, er arbeitet (zumal in den Lithos u. Radierungen) mit den impressionistischen Mitteln,

nur ist es ein seelisch erschütterter Germane der sie handhabt, ein gegen die Welt aktiv gerichteter Herrenmensch der Impressionen in Expressionen wandelt. – Munch ist für uns heute ein Klassiker!, er ist es in dem Sinne in welchem man „Klassik" definieren könnte, als die Kunst in der sich „Objekt und Subjekt die Waage halten". – Und er besitzt die ungeheure seelische Spannweite der großen Meister, der großen Menschen. –
Es gibt da Akte die mit einer brennenden Sinnlichkeit gestaltet sind, andere aus einer kühlen Heiterkeit, andere aus einer nagenden, bis auf's Skelett analysierenden Skepsis. – Bilder von krassestem, quälenden Realismus, andere die wie Träume sind. – In den Landschaften ist die Materie wunderbar – und aus einem Nichts an Aufwand gestaltet, es ist immer in ihnen der Geruch vom Meer, von der Erde, von Wäldern, Äckern, von Jahreszeiten. Neu war mir unter den Porträts solche zu finden, die eine absolute Naturnähe haben, die objektive Form mit leichten, flüssigen Mitteln zauberisch hingeschrieben, und doch von einer unerhörten Suggestivität seelischen Ausdrucks. – Neu auch, Porträts von Kindern u. Frauen zu sehen von äußerster Zartheit, ganz Liebkosung und Charme.*
– Dann Waltraut besucht. Sie ist nun Bardame. War diesmal sehr liebenswürdig. Scheint die Kampfstellung überwunden zu haben. Oder soll's ein neues Mittel sein. Wir waren wie gute Kameraden. Ich endlich vollkommen ruhig. –
* Einige Blätter gibt es die lediglich illustrativ sind und einige die für mein Gefühl nicht über das Dekorative hinausgehen. Diese schwachen Stunden sind aber selten.
– Mir fiel vor einem traumhaften Bild Macke ein. Es ist formal ähnlich. Ein Mädchen u. eine Frau. Ganz ohne Details gezeichnet, die Gewänder, Gesicht, Hände nur Farbflecke. Doch bleibt es bei Macke rein dekorativ, ohne Psychologie. Bei Munch strömt von Demselben, also ganz unaufzeigbar, eine intensive seelische Stimmung aus. – Es liegt der Gedanke nahe, man trage hier von anderen Bildern Munch-schen Geist hinein, unterliege einer Autosuggestion. – Es gibt viele Meisterwerke die so sind, deren Wesen nicht aufzeigbar ist. Es ist, als ströme einfach das geistige Fluidum des Meisters in sein Werk. – Abends noch nach d. Spiegel gezeichnet, 2tes großes Blatt mit Zigarette[36].

9.IV.21.
Mit Lili im Zoologischen Garten. (Gang der Elefanten (leise u. wie ein Schiff), DrillAffe, Papageien, Bären, Löwen, Tiger) – Im Cafe d. Westens. – Eine üppige, hübsche Frau erkennt mich, spricht mich an. Ich erkenne sie nicht wieder. Sie ist die älteste von den Götze's (3 Schwestern die in Weimar Modelle waren!). Sie war ein schlankes, sanft aussehendes, aber berechnendes Mädchen. Penzoldt liebte sie einmal – und sonderbar eben zuvor hatte ich davon zu Lili gesprochen!!

36. Siehe SaKat. D5, Abb. S. 233; Selbstbildnis mit erhobener Hand, 1921. Lithographie, 630 x 430. Bez. im Stein: RW 5/21.

– War die Frau eines deutschen Leutnants, der gefallen ist. Ist jetzt die Frau eines türkischen Offiziers, der hier bei der Gesandtschaft ist. Hat Reisen gemacht, gesellschaftliche Formen, Sprachen gelernt, hatte 2 Kinder. – Es war ein interessantes Zusammentreffen. Sie war glücklich wieder einmal die ganze Distance ihrer Carriere zu fühlen. – Die jüngere, hübscheste Schwester, ist glückliche Frau eines Universitätsprofessors, die jüngste Naive, der haben sie nachgeholfen, die ist aber wenig glücklich verheiratet, hat Tuberkulose u. wird bald sterben. –
– Von einem andern Modell, Maria Pfotenhauer, ein vitales, strammes Weib, das ich sehr gerne hatte, erzählt sie, daß sie sich erhängt habe. – Von einem anderen Frl. Müller, daß sie sich hier erschossen habe. – Lud mich ein sie zu besuchen. – Die Geschichte von 5 Modellen! Es gibt also Romane. – Briefe an Prof. Klemm u. Penzoldt.

10.IV.
– Nachts um 3^h die Hebamme abgeholt.
Sonntag, den 10. April 1921
Heut Vormittag um 1/2 11^h wurde Johanna u. Otto ein Sohn geboren, er ist 8 1/2 pfündig und wird den Namen Tyl Matthias führen. –
Starke Ergriffenheit als der Bruder kam mirs sagen, wir küßten u. umarmten uns, ich mußte den Tränen wehren. – Otto erzählt später von der Wucht des Ereignisses. – Er hat immer bei ihr ausgehalten und geholfen. – Fühlte, wie das Weib zum Weib plötzlich ein näheres – und scheinbar vom Mann abgewandtes Verhältnis hat (zur Hebamme, Schwester, Mutter). Bei den größten Schmerzen schrie sie nach ihrer Mutter. Die Glocken des Frühlingssonntagmorgen läuten dazwischen und sie singt!
– Mich schmerzt es etwas, daß ich nicht auch mitten im Kreis bin, und hier unten bin, nur durch Otto u. Lili höre und die Mutter nicht sehe. – Es ist die zweite Frau der meine ganze Liebe gehört hat, die nicht durch mich Mutter ward. –
– Nachm. kam das Dienstmädchen vom Park Babelsberg, Anna Meyenberg, die mich neulich in ihrer Einsamkeit und unter den ordinären „Herrschaften" erbarmte. Nach ihr gezeichnet.
Abds. Selbstbildnis. – Ich arbeite daran, meine Form zu verändern. Zu vereinfachen, die subjektive Übertreibung etwas zu dämmen und sie wieder mit mehr Objekt zu füllen. – Hoffe auf einen guten Sommer, in dem ich mich einzig auf die Arbeit konzentrieren will.

11.IV.
– Heut kam ein Brief aus Sibirien, vom Kameraden Benkowitz. Von Mutter die Nachricht, daß m. Schwester am 4. dM. ein Mädchen geboren hat. – Brfe. an Marile u. B. Eltern. –
– Habe das Gefühl als ob Lili sich in den letzten Tagen von mir entfernt hätte. – Es liegt nicht daran, daß sie jetzt wenig Zeit hat. – Sie denkt an die Bildhauerei, –

und jetzt, wo sie von dem Erlebnis der Geburt ergriffen ist und zu mir kommen müßte, weiß ich nichts von ihr, habe das Gefühl, daß sie sich in sich zurückzieht und ihr inneres Erleben nicht teilt. – Aber sie ist ja ein so stiller, verschlossener Mensch und unliebenswürdig, herb. Ich kann mich irren. Auch hat sie drzt. Menstruation, auch dies mag ihre Beziehung beeinflussen. – Ich sehe nicht mehr die hingegebenen, glücklich leuchtenden Augen. – Es macht mich traurig und zieht auch mich in mich selbst zurück. – Auch daß Johanna nicht nach mir ruft macht mich traurig. – Nachm. n.d. Sp. gzcht. [nach dem Spiegel gezeichnet] – meine Traurigkeit. Abends vergeblich gewartet, daß Lili mir noch guten Tag sage. Es gibt schon Augenblicke in denen ich Haß fühle. Wieder gezeichnet.

12.IV.
– Die Lithos an Prof. Klemm u. Penzoldt abgeschickt. Otto nahm mich mit hinauf. Der kleine Tyl sieht sehr gut aus. Johanna desgl. vorzüglich, u. scheinbar wieder ganz auf Reales gerichtet. – L. [ili] ist sicher losgelöst. – Nachm. n.d. Sp. gzchnt. (Im Hintergrund die Straße unten)[37]. – Blüher „Erotik" zu Ende gelesen, beide Bände. – Vollkommenes Einverständnis, daß alles was Leben heißt, vom Eros ausgeht. Daß auch der Staat, sofern er Kultur ist, keinen andern Ausgang hat und zwar lediglich von der Männlichen Gesellschaft geschaffen u. getragen wird. Der „Typus inversus" also von höchster Bedeutung. Nebenform, in 2 Bildern, der „Typus inversus neuroticus". – Ferner: es gibt keinen Mann ohne invertierte Komponente. – Die „Femininität" spielt bei der Inversion keine wesentliche Rolle. – – Aufzeigung eines doppelten Wahlsystems in der männ. weibl. Liebe. „Gattinnen"typ (Inzest), – „freie Frau" (s. Weininger: „Mutter – Hetäre"). Möglichkeit einer „Mehrehe". – Deutung der Frauenbewegung. (Konservativ). Unproduktiv. – Geschlechtl. auf den Mann angewiesen. „Eros-Logos". – Mucker u. Fauntypus. Theorie der männl. Gesellschaft. – Oberster Männerbund. – Adel. Durchs ganze Werk hindurch Nietzschesche Weltanschauung. – Unangenehm an dem Buch ist sein oft eitler Ton. – Abends. – Lili war da. – Große Entfernung zurückgelegt. Unser Verhältnis war nur noch ein Objekt.
– Erzählte mir viel von ihrer Entwicklung. Früher, noch zuletzt (mit Lotte H.) viel Inversion. Sie ist sich als aktiv gewöhnt, erträgt die weibl. Hingabe nicht, hat das Gefühl sich zu verlieren. (Ich gebe mich vollkommen hin, will mich mit allem was ich bin u. habe verschenken, will knien, anbeten – kanns nur wenn ich geliebt werde, die geringste Schwankung der Gegenliebe macht mich stumm u. darf ich um nichts mehr bitten – habe nie das Gefühl, mich zu verlieren – sondern am tiefsten ich selbst zu sein. – Es ist die gesteigertste Aktivität. –
Das echte Weib muß sich verlieren!? –) Sie ist sich unklar über sich. Es ist alles neu für sie. Sie weiß nicht von welchem Bestand. Bittet um Geduld. Nach langer

37. Siehe Bild 28 auf S. 327 und Anmerkung 29 auf S. 330; Selbstbildnis mit Straße, 1921. Bleistift, 605 x 430. Bez. r.u.: RW 4.21.

Aussprache – viel Bitterkeit, Erregung, Objektivität, Losreißen – Anziehung u. Versöhnung. – Brief an Sie. –

13.IV.
– Pastell u. Aquarellversuche. Um 5^{h} mit Otto in die Stadt, Papiereinkäufe, Besuch bei W.[altraut] (war nicht zu Hause. – Sie sinkt! – Bei ihr wohnt eine dicke Berlinerin, die den geschlechtlichen Betrug zum Erwerb ausgebildet hat. Die findet W. dumm, immer viel zu anständig! und will sie nun etwas in die Lehre nehmen. Die grob-materialistische Lebensauffassung dieser Menschen, ist uns fast unbegreiflich und tut förmlich weh. Durch ihre Armseligkeit und den gewinnlosen Selbstbetrug.) Im Café Irsty oben am Balkon. – Abends mit Lili. – In den Briefen der Paula Becker-Modersohn gelesen. – In der Stadt, der Potsdamerstraße, trafen wir zufällig einen alten Weimarer Bekannten vom Montagskegelklub, den Maler Lindemann, der jetzt in Dresden ist. – Bei Licht noch ein Aquarellversuch.

14.IV.
Heut Morgen weckte mich der Geldbriefträger: 100 Mark „3 Künstler-Freunde von Erny Penzoldt senden herzliche Grüße". (In Charlottenburg aufgegeben, vermutlich von P.-s. Schwägerin, der Sängerin Onegin.) – Papier vorbereitet. – Was für eine köstliche Sache sind große Blätter schönen, reinen Papiers! Man sollte sich in seinem Arbeitsraum immer ein paar Blätter davon aufhängen! Weißes Papier ist eine Anregung! – An m. Schwester als Glückwunsch u. Gruß für die kleine Nichte die „Frühlingsbirken" geschickt. – Nachm. in den Briefen der Paula Modersohn gelesen. – Abends wieder. – Sie sind wundervoll, die aus Worpswede, Paris, dann die Liebesbriefe. So hat Johanna mir geschrieben! So anmutig, innig, ernst u. tief, jubelnd, weltentrückt. – Wieder ein Buch, das ich den liebsten Menschen schenken möchte. (Er hätte diese Briefe auch nur für seine Freunde drucken lassen dürfen u. erst nach seinem Tode veröffentlichen. Ich bin dankbar, daß ich sie lesen darf; aber es wirkt peinlich, ist eine Profanierung, daß sie öffentlich sind. Es müßten Beide tot sein, – oder Beide leben.)
Welch glückliches, reiches, dankbares Lebensgefühl. So habe ich's auch. Es ist ein Göttergeschenk! Die einen gehen blind u. unglücklich durch's Leben, andere sehend und glücklich. – Ich hatte immer diese helle Freude an meinen Tagen. Und in den kältesten, dunkelsten, wußte ich, daß sie nicht verderben kann. Ich habe sie mehr als je. Früher war sie mehr so, daß sie sich auf etwas bezog. Jetzt bräuchte ich bloß zu sagen: Ich bin so glücklich, daß ich lebe! – Ich fühle wieder wie's wächst in mir! – Diese Verzweiflung neulich in Bregenz nach dem großen Glück der Rückkehr hatte vielfache Ursachen, die jetzt beseitigt sind. Ich denke jetzt wird es vorwärts gehen. – Ich brauche nur Zeit, Zeit u. Geld! Sonst hab ich alles – in mir. – Ich will lauschen, wählen, verstärken! – Ich muß in den Tag hineinleben, hinein arbeiten. Bis Herbst schon muß ich ein Stück weiter sein. – Ich

darf nicht dran denken wie wenig erst da ist. – Alles ist noch vor mir. Aber zu fühlen, daß etwas vor mir ist, und kommen muß, – das ist das Schöne. – Wieviel Stunden hab ich gesonnen über meine Arbeit, wieviel tief erlebt, – das alles hinein muß, an wievielen Punkten in Träumen u. da u. dort schon an einem Eckchen in der Wirklichkeit angefangen. – Ich muß den ganzen Willen dran setzen, anzufangen die heiligen Selbstversprechen einzulösen. – Ich werde nun die Ruhe zur Arbeit haben, auch in Bregenz, die ich neulich nicht hatte. – Die Verbindung mit der Welt ist wiederhergestellt. Ich habe alles wieder, viel Neues dazu. Ich fühle mich ganz. – Ich habe auch an Kunst viel aufgenommen. – Letzten Endes gibt alles nur die eine Gewißheit: Das „Was" ist gleichgültig, selbst das „Wie" – ist gleichgültig. Ich meine die Mittel, – „womit". Es läuft alles auf das Eine hinaus: Persönlichkeit muß dahinter stehen, künstlerische Empfindung! – Ich muß lokkerer werden in einem Sinne – draufgängerischer, mehr in mir lösen, mich an mehr Probleme wagen und mehr probieren. In einem anderen Sinne wieder straffer werden: – länger und tiefer mich besinnen, stärker einsetzen, höhere Disziplin üben. – Vor allem: immer, unermüdlich arbeiten! – Wir brauchen viel Besinnung, Einsamkeit. –
– Nachm. gezeichnet, Sbstbds. mit der Straße unten. Abds. glücklich 1/2 Stde mit Lili, vorgelesen aus den schönen Briefen, und Sommerträume gesponnen. –

15.IV.
Gestern Abend noch im Bett in den Briefen gelesen und dann lang nicht schlafen können. Es gingen Ströme durch mein Herz! Oft ist man wie mit Geistern verbunden – mit abgeschiedenen oder entfernten. Mußte vor allem an Johanna denken und fühlte – was ich neulich, da sie mich nicht rief, nicht so wußte: wie gut sie mir doch im innersten Herzen ist, – war und geblieben ist. – Ich brachte ihr heut einen Blumenstock (rote Primeln) hinauf. – Ich habe gebetet, daß Lili doch recht viel so wäre, wie ihre Schwester; – – deren Liebe war mir Läuterung! – So muß es sein: die „große Liebe" erfüllt unsere Sehnsucht nach Offenbarung, hüllt uns in lauter Wunder, führt uns am Tiefsten in unser Selbst, ist Läuterung. Wir müssen anbetend, ganz in Frömmigkeit versunken, vor einander stehen und Hand in Hand anbetend vor dem All. – Dacht an meine Schwester, Brüder, Mutter, Otto u. Ludwig. –
Einmal sagt Paula Becker-Modersohn zu Klara Westhof und R.M. Rilke: „Können wir denn nicht zeigen, daß d. Menschen sich liebhaben können? Das wäre doch eine erbärmliche Welt, auf der das nicht ginge!" – Das Glück zu haben, in einem solchen Bund zu sein, ist das Schönste das wir hier miteinander erleben! – Dieser Wille zu solchen Bünden war immer in mir – und ich hab doch oft viele Menschen zusammengebracht u. war ein guter Mittler. Es ist das Schönste das wir auf dieser Erde tun können. – – Wir müssen viel Eitelkeit, Argwohn und Maske ablegen. Es ist das Schönste, Größte, Beste: – zu den Menschen ganz wahr und voll Vertrauen u. Güte zu sein. Immer Mensch zum Menschen. –

„Wenn ihr nicht werdet wie diese da ...” das ist es! Wie groß ist der „Idiot”! – Aber die Härte nicht verlieren! –
Heute nicht gearbeitet. Karten an Egger-Lienz, Fischer, Grete Sch. und einmal einen intimen Brief an Franz geschrieben. Nachm. bei Frl. Fleischmann u. Kerschbaumer gewesen. Abends bei Gertraude Valett u. Irmgard v. Heyne. – Brief an Lili.

16.IV.
– Unangenehmes Verhalten Hellers. – Sein Publikum wäre halt so sehr „links orientiert”. Blöder Affe! Aber mich deprimieren solche Dummheiten so leicht.
1/2 Stunde im „neuen Museum” altgriechische u. ägyptische Malerei u. Plastik. – Die Ägypter müssen ein fabelhaftes Volk gewesen sein; mit unheimlichen Rangordnungen. „Unter den Linden”, Müdigkeit. Der Anblick der schönen Blumen u. Frauenkleider stimmte mich melancholisch. Obwohl wir durch unsre Augen all die schönen Kostbarkeiten („Wenn i so a Kettele hätt, da tät i a Eichhörnle dran, wenn i eins hätt!”) tiefer besitzen als die Leute die sie sich erkaufen können. –
Kein Geld zu haben u. wohl nie zu viel zu kommen ist etwas Deprimierendes. – Ich möchte die schönen Dinge geliebten Menschen schenken können! – Marternd die Masken von Menschengesichtern. Wie wenige Augen dieser Vorübergehenden sind Türen – in eine Seele! – Café Vaterland. Sie spielen Anitras Tanz. – Erinnere mich an meine Tanzübungen u. das Auftreten im Gefangenenlager. – Wie sich alles merkwürdig verkettet. – Jemand frug mich, als er wußte, daß ich Künstler bin „Ja, lohnt sich das denn jetzt?” – W.[altraut] angerufen. – In der „Sturm”Ausstellung gewesen (H. Walden). – Wieder dieser Charlatan K. Schwitters, den ich neulich bei Goltz sah. Пуни [Puni], Rud. Bauer, Архипенко [Archipenko], Donas, Wauer, Gleizes, Marcoussis, Evola, farbig reizvolle Bildchen von Klee, Chagall (Шагалл) – der russische Ghetto-Jude. 2 frühe Porträts u. eine „Entbindung” (1909, 10 – sehr gut, er soll wieder dahin zurückgekehrt sein). – Bekanntschaft mit einer italienischen Malerin* die die Leute von Valori Plastici kennt. –
*Frau Slocovice-Salmona s. 30.IV.
Es ist im Expressionismus zu viel Gewalttätigkeit, – Vergewaltigung (bei ihr bekommt man die Seele nicht mit, und die körperliche Liebesform bleibt so roh). – Diese allzu aktive, zu übermäßig subjektive Betonung ist als Reaktion zu begreifen. – Wir müssen in die Mitte kommen! – Uns tiefer auf uns selbst besinnen, einen intimeren Kontakt mit der Natur gewinnen, mehr in ihr aufgehen, frömmer sie anbeten. – Diese Versenkung hatten Chinesen u. Japaner (– darum können sie durch einen Blütenzweig den Frühling darstellen). Dann kommen wir zur Klassik. Sie ist wirklich die Mitte von Subjekt u. Objekt. Es wäre ein ganz analoger Vorgang wie die Vereinigung in der freiesten, höchsten Liebe. (!)
– Die Briefe der Paula Becker-Modersohn beendet. – Es gibt da ganz mystische,

hellseherische Stellen – neben dieser lieblichen Sentimentalität, plötzlich fühlt man die ganze Spannweite u. Größe dieser Seele – und errät von ungefähr wieviel Tiefes, Dunkles, Hartes u. Bitteres hier weggelassen worden sein mag. –
Abds. 1/2 Std. mit Lili. Sie ist wieder nicht ganz bei mir. Sie sinnt nach über sich. Ihr Wesen ist nicht aufgelöst, – es ist nicht so wie in den Ostertagen. – Sie fühlt, wie ich sie liebe und lieben will und geliebt werden will, und ist ratlos und traurig daß diese Gegenliebe nicht in ihr ist, – fühlt solch ein Letztes in sich, aber es bleibt ungelöst. – Es macht mich müde. – Sonderbar ist's, wie sich's immer überträgt – gestern schon u. heut den ganzen Tag hing davon meine Stimmung ab. Ich wußte gar nichts, es gab keine Tatsachen (wenn nicht etwa die, daß sie für einen Weimarer Bekannten, – Herr Domin, der hier die Schauspielerschule besuchen wird – eben doch 1 1/2 Stunden „Zeit" hatte) – aber immer überkommt mich die Ahnung ihrer Zustände. –

17. April, mein Namenstag.
– Mutter hat sicher drangedacht. – War im Kronprinzenpalais. Sah eingehend diesmal die untern Säle mit den Deutschen (sehr wenig Gutes, viel sehr Schlechtes) und Franzosen an, und oben kam ich nur noch zu den Italienern (außer Carrà). De Chirico u. Morandi diesmal lange angesehen. – War in guter Stimmung. – Bis Abd. dann Unterhaltung mit dem lieben Freunde, über Lili: Es ist ihm auch unbegreiflich daß „es nicht ist". – Für Herrn D. hatte sie den ganzen Nachmittag Zeit. Sie findet sich selbst „grausam" – ich finde es nur „unschön und etwas dumm". Der Grausamkeit würde ich mich rasch entwinden. Aber auch so ist es an der Zeit, daß ich mich loslöse. – Sie müsse „frei sein" – als ob ich's wäre! – Es ist soviel Ironie dabei: Wie dies Mädchen sich nach Liebe gesehnt hat und lange auf mich gewartet hat, – wie schwer ich zu ihr gefunden habe, und kaum gehörten wir einander, bekam unsre Liebe Erfüllungsklang und den Blick in Weite u. Tiefe, – stockt's bei ihr und alles bleibt eine Episode, – die für sie zwar mehr bedeutet als für mich. – So wird es wohl bleiben. Es kann anders werden. Aber wir müssen uns hüten, daß keine Rachegefühle aufkommen. Und sie muß Glück haben, den Anschluß nicht zu verpassen.
– Abends am „Rummel" – diese Musik, die so furchtbar traurig ist, weil die Melodie aus ihr genommen ist! Und die Menschen, die wie Marionetten alle um die große Freude herumtanzen u. irren und nie in die Tiefe kommen. – Viele Probleme. Aber man müßte ein Meister der Farbe sein. – In Hoffmannsthal „Tod des Tizian" gelesen. Verabschiedungsbrief an Lili. – Ich will nun arbeiten, was sich mir hier gibt, viel in die Galerien gehen, noch einige Besuche (Westheim, Redslob, Kiepenheuer) machen – und dann wohl bald heimfahren. –

18.IV.
Otto gezeichnet! Es ist die erste Zeichnung die ich nach ihm gemacht habe[38]. –

38. Siehe SaKat. 37, Abb. S. 100; Otto Herbig 1921, Bleistift, 520 x 390. Bez. l. u.: RW 4. 21. Kunstsammlung der Landeshauptstadt Bregenz.

Nachm. Aquarellskizze. Abds. Besuch bei Rhades. – Gezeichnet, nach dem Spiegel (und durch den Akt Lilis im Hintergrund, den ich schlecht komponiert habe, verpatzt). Als ich mich um 2 schlafen legte, fand ich im Bett einen langen Brief Lilis vor – der mich im Grunde nur ärgerlich gestimmt hat und sie mir entzaubert hat. Nur am Schluß nach Erhalt m. letzten Briefes fügt sie noch ein paar liebe Worte hinzu. – Schlaflose Nacht. Häßlich, – wie die in Sibirien oft waren: wie ein dunkler Schacht das ganze Leben. Alles entzaubert, alles nur noch eine Fratze. – Wieder ein sonniger Morgen, der seltsam kontrastiert „Du Erde warsts auch diese Nacht beständig!"

19.IV.
Vrm. Unterredung mit ihr, Einiges richtig zu stellen. – Aquarell n. d. Sp. [nach dem Spiegel]. Abds. Brief an Sie. Nochmal Auseinandersetzung über den ihren. – Er enthält zu viel Nebensächlichkeiten die nur wie eine erstbeste Form ihre Verstimmung auszusprechen sind u. ist zu erregt, um endgültig zu sein. – Versöhnungswünsche. –

20.
– Sonne scheint u. ich bin voll Fröhlichkeit, gewinne wieder meinen innern Halt von dem aus ich die Dinge leicht nehmen kann. – Könnte sie lachend in meine Arme nehmen, und ihr sagen: „Du kleines Mäderl Du! Du kennst ja die Liebe nicht, weißt nicht wie sie kommt, wie sie geht, was alles sie tut!" – Aquarell. – Ich werde darin Fortschritte machen. – Im Sommer will ich viel mit Farben arbeiten, Porträts, Landschaft, Blumen. – Farbige Leichtigkeit fühle ich in mir aufsteigen u. hoffe, daß ich diesen Sommer endlich den Anfang machen kann. Zchg. n. d. Sp.[iegel].

21.IV.
– Die gestrige Zeichnung ist gut. Voll heißen Emporringens aus Schmerz. – Ich will die Dinge gestalten, daß sie wie Flammen gegen Himmel lodern!
– Heut im Museum für Völkerkunde gewesen. (Das oberste Stockwerk: Indien, Palästina nicht mehr gesehen.) Einer der stärksten Eindrücke, vielleicht der stärkste weil ganz neue Dinge zu mir sprachen, und teils solche, zu denen ich früher keinen Zugang gehabt hätte. – Zum erstenmal sah ich chinesische Fresken u. Masken. Wunderbar prächtig, reich, ausdrucksstark. – Ich sah es zum erstenmal im Original u. in so großem Maßstab. Auch ist es wohl frühe chines. Kunst. – Zum erstenmal wirkte auf mich die Kunst primitiver Völker: Altes Amerika, Afrika, Ozeanien. Am stärksten die ozeanischen Gebilde. Mumien, Tanzmasken, Totemfiguren. Wieviel Barbarentum in Material, Form, Farbe! Doch sind all dies Dinge die aus unheimlichen Urgründen heraus, aus überwältigenden Gefühlen heraus geschaffen sind. – Darum haben sie die neue Kunst befruchtet, – sie sind ein Äußerstes an Expressionismus. – Alles durchsetzt mit einer dunk-

Bild 30

„Ozeanische Figur", 1921. Bleistift, 282 x 220 mm.

len, grell aufblitzenden, heißen Erotik. Oft konzentriert sich alles direkt auf die Geschlechtsteile. Zu denken gibt die Verquickung männlicher u. weiblicher Geschlechtsmerkmale, und im allgemeinen die Betonung der männlichen (wo doch sicher Männer die Schöpfer waren). – Im Kunstgewerbemuseum beim Prof. Gies. Gute Kleinplastiken in Alabaster, Silber, Elfenbein von ihm gesehen. – In der Bibliothek d. Kgwmus. [Kunstgewerbemuseums]: Chinesische Scherenschnitte und Schwarzdrucke. – Menge Kunstzeitschriften durchgesehen. – Im „Cicerone" einen Aufsatz v. E. v. Sydow über afrikanische u. ozeanische Kunst gelesen[39]. – (Aufschlüsse durch die Theorien Freud's. – Der Vatermord. Das

39. Am 13.6.1921 erwarb Wacker in München ein Büchlein von Sydow: Eckart v. Sydow: Exotische Kunst. Afrika und Ozeanien. Leipzig 1921.

„nicht hinweg kommen" über dies böse Gewissen, aller primitiven Völker. Nur die Arier haben sich befreit.) – Vrm. Unterredung mit Lili. Zwang sie Abends zu mir zu kommen. Eindringliche Gespräche. – Es ist eben so: es ist doch ein tiefes Erlebnis mit dem sie durchaus noch nicht „fertig" ist. Sie ist sich noch absolut nicht klar. Sie liebt mich, aber irgendwo stockt's. Es liegt nicht bei mir oder an mir. Sie hat innere Hemmungen die sie nicht überwinden kann. Sie ist unglücklich über sich selbst und weint. – Brief an sie. Ich knie wieder vor ihr, bitte sie um Güte, will in Ehrfurcht warten u. nicht in sie dringen. –

22.IV.21.
Mit Lili im Museum für Völkerkunde. – Nun alles durchgesehen. Noch die Abteilg. Amerika (weniger interessant, bis auf einige Holzplastiken.) Oben: Japan, China, Indien.
Unübersehbare Schätze. – Auffallend die Parallelität menschlicher Gestaltungen. (Verwandtschaft der Ausdrucksmittel, Symbole, Formen, – zB. das aus Blumen wachsen, Heiligenscheine. – Der Epochenfolge: Primitivität; zunehmende Individualisierung, Klassik – Barock etc; auch die gleichen Materialen mit denen gearbeitet wird spielen eine Rolle – sogar eine sehr große.) – Und zwar ist nicht wohl so sehr an eine Übernahme, an Tradition zu denken, als an die durchgehende menschliche Verwandtschaft, aus der eben ähnliche Mythen, Religionen, Kunstgebilde entstehen. – Wo auch könnte die Notwendigkeit der Kunst, als ein allgemeines und dringendstes Bedürfnis aller Menschen, deutlicher aufgezeigt werden als in solch einem Museum. – Ganz naturalistische kleine Figürchen, bemalt und angezogen, mit Haar beklebt etc. – die trotzdem künstlerisch sind. – Lange bei der Ozeanischen Kunst verweilt. – Stärkster Eindruck wieder diese Holzplastiken und Masken (Totenköpfe, mit einer Maske überformt, eingesetzten Augen, Haar u. Schmuck, bemalt – //James Ensor//) – Will öfters in den Museen zeichnen. Man sieht so mehr, besser. – Nach Bildern, – allem was in der Fläche ist, zu zeichnen reizt mich wenig. Viel mehr Plastik. Am meisten, Masken, Mumien, solch naturalistische (in Bezug auf das Material) Figürchen, und dergleichen, Dinge die zwischen Kunst und Leben stehen. Sie regen die Phantasie stärker und freier an, und nach ihnen kann als Malerei od. Zeichnung eine Kunst auf der Fläche gebildet werden[40]. –
Der Geist der Buddhafiguren spricht nicht zu mir, ich genieße nur ihre formale Schönheit. – Die Europäer, von den Griechen angefangen, haben die Kunst mehr differenziert, als alle andern Völker. Es wirkt die Persönlichkeit viel stärker als solche, die Tradition ist lockerer, und daher drängt sie zur äußersten Individualisierung vor (s. Nachtrag am 26.IV.) Wobei nicht vergessen werden darf, daß wir, die wir eben in dieser europäischen Kultur wurzeln, nicht genügend Unter-

40. Wacker zeichnete in den kommenden Jahren häufig im Völkerkundemuseum. Eine Mappe „Museum für Völkerkunde. Berlin 1921/22" mit über 150 Zeichnungen nach völkerkundlichen Objekten befindet sich in Privatbesitz.

schiedsempfinden für die Gebilde anderer Kulturen haben. So wie ein Japaner zB. die ganze europäische Kunst sehr gleichförmig finden wird (wie ich's auch 1 mal von einem solchen bestätigt hörte) oder zB. ein nicht Pferdekenner, Pferde nicht unterscheiden kann. –
Otto hat 1 Litho (die Frühlingsbirken) von mir verkauft, zu 50 M.

23.IV.
– Lustigen Brief vom Meister Egger-Lienz bekommen. Er meint, ich sei hier um nicht gegen den Strom zu schwimmen, um mich dem „Zeitgeist" anzuschließen und warnt mich. – Er arbeitet an einem neuen Bild „Tischgebet" – „welches manchem die Augen öffnen wird". – Dieser Mann glaubt wirklich nur an sich selbst – und braucht scheinbar doch dies Gegensatz- u. Kampfgefühl. – Ich glaube übrigens, daß er überhaupt nichts von Kunst versteht, gar kein Verhältnis zu ihr hat. Wenn er Rembrandt u. Holbein verehrt ist dabei glaube ich viel Konvention, und wenn er's ausspricht tut er es um eben überhaupt irgendetwas anzuerkennen. (Die Psychologie und der unerhört kultivierte Styl – in Zeichg. und Farbe – Holbeinscher Porträts – bleibt ihm doch verschlossen, – und die Universalität Rembrandtscher Geistigkeit und die zauberische Pracht seiner Bilder ebenso.) –
Richtig: Grünewald stellte er doch einmal als den Meister dar der ihm den stärksten Eindruck gegeben hat. –
Aber diese Geistigkeit und das Reiche, Gekräuselte dieser Zeichnung und die sprühende Farbigkeit, bleibt ihm ebenso verschlossen. – Es bliebe Millet – aber wenn er die farbig süßlichen Originale sähe, wäre er wohl auch von ihm, – seinem einzigen Lehrer (?), enttäuscht. – Die Antike geht ihn nicht an, ist ihm zu schön. – „Die ganze Renaissance ist Luxuskunst, Hurerei". – Vom Rokoko, Barock, nicht zu reden. – Manet malt schön, „aber das könnt er ja auch, wenn es darauf ankäme". – Leibl malt „fast besser als ein Photograph". – Marées u. v. Gogh – sind problematisch geblieben – sie haben „sehr viel gewollt aber es hat halt nicht gereicht" u.s.w. – So ein glücklicher Mensch ist doch ein armer Teufel!
– Das Gefangenenlager lithographiert[41]. –
Besuch von Herrn Domin und Rhades gehabt. –
Brief an die Eltern Gräf. –

24.IV.
– Vm. mit Otto im Kronprinzenpalais. Den obersten Stock angesehen, Macke wieder und die Italiener „Valori plastici". Der Begabteste u. Führende scheint De Chirico zu sein. – Morandi ist sehr nobel. – Martini, der Bildhauer (Mutter, Sterne, Jüngling) sehr schön. Zu den Farbstiftlandschaften von Francalancia diesmal auch ein Verhältnis gewonnen. Carrà eingehend angesehen. – Macke

41. Siehe SaKat. D4, Abb. S. 233; Lagerstraße im Kriegsgefangenenlager Tomsk, 1919 bzw. 1921. Lithographie, 145 x 115. Bez. im Stein l.u.: RW 19 Tomsk; handsigniert r.u.: RW [ligiert] 21.

Barlach. Besuch bei Waltraut, die eben nach Breslau fuhr, und mir die 200 M. nicht geben konnte.
Nchm. war Henny Fuchs bei mir. Freute sich sehr über meine Arbeit, hat ein feines Verhältnis dazu.
Frl. Margot bringt eine Kollektion von Herrn Pinkus (reichster Mann Berlins!) zurück, der nicht für 1 Pfennig kaufte! Henny meint, „was wollen Sie: kommen aus Sibirien u. schon hängen Sie am Pariserplatz!"[45] Brf. an Lili u. Fr. Prof. Klemm. –

5.V.
Das Buch von Meyrink, obwohl ein Sensationsroman, regt mich sehr an, erweckt mir Ahnungen u. früher in Sibirien Gedachtes wieder. –
Die Nachtstunden im Bett vor dem Einschlafen sind oft meine kostbarsten. Ich bin da sehr sensibel, überwach, voll Ahnung u. Offenbarung. – Stunden innern Wachstums, einer tiefen Selbstbesinnung. Bin mit Geistern verbunden. Und diese Geister sind der Geist: das Weltall spricht. – Ich kann zu Männern und Frauen kommen, ganz ihnen gehören – und das eine stört das andere nicht. Es ist ein Geist. Dringe zum Wesen vor. – Die Frauen sind wie Blumen die da wachsen, – alle aus einer Erde! – Es gibt etwas, das allen Menschen, allen Dingen, allem Sein gemeinsam ist. Aber Weniges wird erlöst. Wir sind Larven u. müssen zu Schmetterlingen werden. – Die Unsterblichkeits- und Wiedergeburtsideen haben eine Realität. – Viele Völker vor uns waren weiter als wir. Die Inder, Ägypter zB. –
Doch glaube ich an unsere Zeit, – glaube an den Krieg und an die Zukunft. Alte Ideen liegen neu in der Luft. Es regt sich etwas. Wandlungen kommen. In der Wissenschaft und besonders in der Kunst regt sich Neues, in der Gesellschaft. In der sozialistischen Strebung ist – trotz allem! – viel davon letztes, verborgenes Motiv. – Auch die Frauen wachsen. Es wird Frauen geben, die anders sind als die der letzten Jahrhunderte. – Menschen die in ein Jenseits hinüberragen. – Kunst ist nichts anderes, als das Bemühen, den Kontakt mit dem Geist zu suchen und das Erlebnis mitzuteilen. – Wir können uns kaum bemühen. Es ist ein Geschenk, eine Offenbarung. Wände müssen sinken, lautlos sich Türen ins Jenseits öffnen. –
Ich ahne: alles ist Geschenk, oder Notwendigkeit.
Ahne: alles äußerliche Streben u. Kämpfen ist Verblendung. – Alles ist ein Weg, ein Gleichnis. – Menschen sind nur Formen – und die kostbarsten, – die sich nackt fassen können, nur eine Brücke für einander zur Auflösung ins All. – Den Weg zum höchsten Sein weist die Liebe. – Nietzsche – gegen den ich keinen kämpfen lasse – war vielleicht nur eine Epoche in mir, – über die ich hinaus komme. Er selbst noch ein Unerlöster. – Dostojewski oder W. Whitman waren

45. Gemeint ist die „Schwarz-Weiß-Ausstellung" der Akademie der Künste.

weiter. Der alte Strindberg doch nicht zusammengebrochen, – sondern weise. – Christus der größte Mensch, der Erlöste und darum Erlöser. – Es ist dunkel in mir. Ich bin viel an die Materie gebunden. – Vielleicht muß ich durch viel Leid noch hindurch.
– Von innen heraus muß ein Licht brechen! –
– Die Bemühung um äußern Erfolg (Geld) sind vielleicht auch fruchtlos. Dennoch will ich sie fortsetzen – obwohl ich oft ahne, daß nur der grobe Mensch in mir es rät u. will – und daß es lächerlich ist – und höchstens ein Ausweis für andere grobe Menschen. – Alles was wir wirklich brauchen kommt zu uns. –
Gedanken an James, den verlassenen Freund in Sibirien. Ob er sterben kann? Ob er tot ist und sein Geist mir erscheint? Ob unsere lebenden Gedanken sich anziehen? Wie er an mich denken mag, wie vielfach er sich sehnen muß und eins sein. –
Die sinnliche Lust auch nur eine äußere Form, eine Brücke zweier Menschen zu einander und über sich hinaus. Aus ihr wächst etwas Unendliches! –
Das Gleichnishafte aller Erscheinung! das Doppelwesen Erscheinung und Sein! Form, Erlebnis – und Sinn!
– Brief an Lili. –
Abends bei Frl. Fleischmann u. Kerschbaumer. Großes franz. Werk: Gauguin!
– Kerschb. Das Auswendigarbeiten durch Übung erlernbar. –

6. Mai 21.
– Bitte um die Briefe (die sie an mich schrieb u. später Otto gab) an Johanna. Behauptet es wäre Ottos Sache. Wir hatten es als die Ihre empfunden. Gespräch mit Otto darüber. – Ich habe ein Anrecht sie zu lesen und will sie lesen – es erscheint mir wichtig u. kann mir helfen.
Wenn sie nicht innerlich es will, ganz frei, – ist es eine Enttäuschung, ja Kränkung für mich – und stört unser Verhältnis, – ich hatte es anders empfunden. – Vermutlich ist ihre Schamhaftigkeit der Grund (auch O. scheint es). Es ist traurig. Wenn sie die Freiheit u. Größe hatte, diese an mich gerichteten Briefe, meinem Freund zu geben, müßte sie auch die haben, sie jetzt mir zu zeigen. Der Erwecker war ich, selbst wenn ich der Früchte nicht würdig wäre, od. für ihrer unwürdig gehalten würde, – Dankbarkeit und der Wille mich zu läutern, – müßte sie bestimmen, sie mir doch zu zeigen. – Aber dies Gefühl des Sich Zeigens, kann sie wohl nicht los werden. – Oh, daß die Menschen nicht zur tiefsten Gemeinschaft reifen können. Die nackte Seele sich geben können! Warum nur Einem? warum nicht einem Kreis!
Abds. 2. Zchg. n. Otto; Litho; Meyrink, das Buch erscheint als Anlaß viel umzurühren.

7.V.
– Brief v. Lili. Sie schreibt: – „es lag etwas so Bedrückendes in der Luft, ich habe

fast kaum geschlafen, seit ich zu Hause wohne, lag so lange wach, und wußte gar nicht warum. Gestern hat es sich aber herausgestellt: Mittwoch früh, am 4. also einen Tag vor Vaters Geburtstag, – der zum 1.x seit seiner Geburt auf einen Chr. Himmelfahrtstg. fällt, hatte Vater gesagt, er legt sich noch schlafen; // Mutter ging z. Markt // statt dessen geht er auf den Friedhof zum Gräbchen seiner früh verstorbenen Schwester Elly und öffnet sich dort beide Pulsadern. Leute die vorübergingen, brachten ihn ins Krankenhaus." – Es geht mir sehr nahe und den ganzen Tag noch. – Wie doch alle feinen Menschen so hart an der Grenze stehen. – Johanna u. Lili also die Kinder eines Selbstmörders (er soll es schon öfters versucht haben). Ein ganzes Leben Beschäftigung mit Goethe, konnte ihn davor nicht bewahren. – Es gibt ja unendlich viele Motive (die auch nicht aus der Schwäche zu stammen brauchen – sondern gerade aus sehr hochgespannten Forderungen –) welche gar nichts mit Irrsinn zu tun haben. Aber bei ihm geschah es im Wahn und eine erbl. Belastung der Kinder ist möglich. Solche Frauen soll man nicht heiraten – nach der Ansicht der Ärzte. –
Um Graf Luckner am Anhalter Bahnhof abzuholen zu spät gekommen. Kunstgewb.mus.bibliothek. V. Kunst u. Künstler. – (Unerhörte Urteile Scheffler's über Macke und Valori Plastici, – scheinbar aus persönl. Gründen – Justi, den Nat.Gal. Direktor anzugreifen.)
Abds. noch Ilse gezeichnet. Spaziergang mit ihr. Erheiterung. – Solche liebe, heitere Frauen sollte man lieben! – Meine Philosophie hat einen Stoß bekommen. Ohne Philosophie können wir nicht leben. – Der Angelpunkt um den sich alles dreht ist die Unsterblichkeitsidee. – Wenn es ein Jenseits (gleichgültig in welcher Form, – als irgendein Fortleben des Ichs, oder Wiedergeburt etc.) gibt – und dies in unsere reale (?) Welt herüberspielt – was es dann wohl tut – ändert sich alles. –
Ich schien am alten Leben wiederanzuknüpfen, schien so fest zu stehen, – nun tauchen Ideen von 15 und 17 wieder auf – und alles schwankt.

Sonntag, 8. Mai 21.
– Vm. Kaiser Friedr. Museum. Graf Luckner doch wieder verfehlt. – So 3 Std. dort gewesen. Italiener, Spanier, Franzosen und noch flüchtig das Erdgeschoß (romanische, gotische, barocke, persische, koptische Kunst.) – Zum erstenmal von Tizian bezaubert. (Venus mit dem Orgelspieler. – Der blühende Leib auf den farbigen Tüchern. Der (eifersüchtige?) Hund rechts. Der Kopf des Spielers. Musik erklingt. Der Blick wird in die Landschaft gezogen – in die Ferne! (die springenden Pferde wichtig!) – viel Traurigkeit ist darin. – Tizian war nicht der naive lebensfrohe, sinnenfreudige Mensch! – Selbst der so heiter erscheinende Correggio (Leda mit den Gespielinnen im Bad! Entzückendes Bild, ganz Musik, feine Psychologie) war es nicht. – Rubens, Jordaens, das waren die robusten, ganz im Diesseits stehenden Naturen! – Tizians Porträt eines kleinen Mädchens mit Hündchen! –

Ein Porträt v. Tintoretto in rotem Plüsch (Kopf, das rote Tuch, Hintergrund – Composition). – Signorelli. Filippo-Lippi. Cosimo. Settignano, Robbia, Mino d. Fiesole (Damenbüsten), Donatello. – Raffael (sehr schöne Madonnen, doch keine so wie die Münchner „Tempi"). Giorgione! Palma V. – Goya. 2 kleine solide Porträts, Mönch u. alte Dame; „impressionistische" Versammlung. Ribera. Zurbaran: Bildnis eines vornehmen Knaben: Psychologie, Farbe – unheimlicher Knabe! Reynolds, Mignard, Chardin, Watteau. – Otto sagt von den Spaniern (von Velasquez, besd. Zurbaran), daß sie kühl und irreligiös wären. – Aber man könnte erwidern: sie sind heiß – die trockene Sonnenhitze Afrikas ist in ihrem Blut (ich habe keine Ahnung, ob dies wirklich eine Bewandtnis hat, – aber ich fühlte heute, in Erinnerung an Negerplastiken, so – und es könnte sein, daß es nicht nur ein Bild ist). Und ihr Realismus ist so krass, daß seine Folter notwendiger zu einer Philosophie zwingt als es die Maler tun welche die Dinge mit einem einlullenden Zauber umkleiden. Der Atheist ist näher bei Gott als der laue Christ, – ist von der andern Seite her so nahe als der fanatische Gläubige.
– Nchm. kam Anna Meyenberg. Ich habe sie ausgekleidet, und nach ihr gezeichnet. – Die Banalität ist unabwendbar. – Sie (die aus den niedern Ständen) könnten unser Leichtes nicht teilen, wir ihr Schweres nicht. – Höchstens wenn sie ganz fremden Rassen angehören, könnten sie Erlebnisse werden. –
Johanna gab mir einen Brief, den sie mir am 8. Okt. 1915 ins Feld geschickt hatte u. der mit dem Vermerk „Kriegsgefangener" retour gegangen war, – einer dieser wunderschönen Liebesbriefe die mich damals in der größten Not so „überirdisch" glücklich gemacht haben. – Es hat eine feine Bedeutung, daß sie den mir jetzt gibt: „Sieh, – wie gut ich Dir bin. Alles gib ich Dir, was Dir gehört. – Das andere ging an Dich, – aber ich gab's meinem Mann; kann Dir's nicht wiedergeben." – Dieser Brf. liegt 5 1/2 Jahre zurück. Die andern wurden im Frühjahr 19 geschrieben.

9.V.
– Brief an Lili. Ich wollt Joh. eine Zeichnung schenken – und find nicht eine, die ihrer würdig wäre. Ich bitte sie, sich wenigstens die auszuwählen, die sie am liebsten mag. – Aus einem alten Brief oben erfuhr ich, daß sie mit m. Mutter auf Du ist. War ergriffen davon u. mußte ihre Stirne küssen. – Las meines Schwagers Emil Brief an Otto vom 28.XII.19. – Es ist abscheulich, daß diese geifernde Kreatur nicht davon ablassen wird in unsere Verhältnisse hineinzupfuschen und wohl durch nichts davon abgebracht werden kann. Entschiedene äußere Stellungnahme ist unmöglich, weil wir den Frieden im Haus erhalten müssen und Vorstellungen – wenigstens um ihm zu zeigen wie weit seine und unsere (d.i. meine) Rechte äußerlich gehen – ist er wohl unzugänglich. – Ich begreife nur nicht wie er Dinge aus Briefen lesen konnte, die ich selbst nie aus ihnen gelesen habe (wie weit O. Beziehungen zu m. Schwester auch körperlich gingen – was ja natürlich ganz belanglos ist für unsere Auffassung – für seine aber die Hauptsa-

che). Zur Kontrolle dient mir, daß ich's bis neulich nicht wußte u. ihn erst fragen mußte. – Dann zB. daß O. mich je aufgefordert hat, Joh. „geschlechtl. zu gebrauchen" – etc. etc. / Es ist unbegreiflich, was für schmutzige Schlüsse er aus allem zieht. Es ist ein so vollkommenes Nichtverstehenkönnen, ins Banale und Niedrige Umdeuten all unserer Handlungen u. Worte – daß wir schwer tun, uns überhaupt in die Psyche solch eines Menschen hineinzufinden und daraus die Unmöglichkeit irgendeiner Verständigung einsehen. – Ach, und wieviel Häßlichkeit, Kleinheit u. Geifer. All diese unsachlichen Beschimpfungen, Ausbrüche in ehrgeizigen „Edelmut", – daneben diese lächerlichen Warnungen und Drohungen. – Man kann wirklich nur ein Gesicht machen wie der Joseph auf Rembrandts Bild der Pothiphar. – Das einzige, das innerlich berührt und sehr traurig ist, – ist, daß Marile wirklich Otto auch zu verkennen scheint und an dem nicht-mehr-an-ihn-glauben-können – gelitten haben muß. –

– Abends nach Ilse gezeichnet. – Ich küßte sie und wir sagen uns Du. Es ist eine schöne Begegnung. – Wenn sie nur so leicht bleiben kann, wie ich. – Aber Frauen sind – wenn sie nicht Dirnentypus sind – und solcher mit hellem Blut – viel absoluter in ihrem Gefühl als wir. Darum ist es ja so schwer – und vielleicht fast unmöglich – eine Gemeinschaft unter ihnen herzustellen (deren Bindeglied ein Mann ist). – Ich fühle, daß die verschiedensten Beziehungen zu Frauen – unter Menschen überhaupt – einander nicht stören können. – Das was daran Allgemeines ist (allgemein Menschliches, oder allg. Männliches, Weibliches) kann sich nicht stören, weil es eins ist, und das Besondere (die Nuance der geistigen oder herzlichen Beziehung welche die Individualität schafft) nicht, – weil es sich überhaupt nicht berührt, ein Einzelfall ist, der höchstens verglichen werden kann. –

Abends in Gesellschaft bei Frl. Flatow (Sanitätsrat, Bayr. Pl. 3. – kaufte durch Otto, den sie seit 2 J. kennt, Litho von mir; – mit Fr. Kuithan befreundet.) – Feine, kluge Frau. Ihr Bruder Georg. Ein jg. Herr. (Heider) Eine hübsche Cousine (Jüdin?): 2 Österreicherinnen (Freundinnen). Die eine Wienerin (Hilde Phillipowich). – Es hat großen Reiz für mich wienerisch reden zu hören. – Was für Charme haben diese Frauen gegen die hiesigen!

Viel aus Rußld. erzählt.

10.V.

– Im alten Museum: Die kl. griech. Tonfiguren angeschaut u. skizziert. – Sehr interessant – ausdrucksvoll, auch die kl. Nachbildungen verschütteter Pompejaner.

Im Kupferstichkabinett. Radierungen und die Neuerwerbungen angesehen. – In einem Lokal wo „Kunst" versteigert wurde. – In der Schwarz-Weißausstellg. (Kokoschka, Barlach) – Frau Rhades war hier, brachte Blumen f. Johanna.

Graf Luckner fuhr gestern nach Danzig. Wir haben einander nun wirklich nicht gesehen! – Schickte mir Photos nach einigen Bildern zu – die machen mir wenig

Eindruck. – Es sind „Bilder"! Ich glaub er will fliegen bevor er gehen kann. Vielleicht haben sie farbige Qualität. – Ich empfand aus seinen früheren, ersten, Zeichnungen mehr eine persönliche Note. –

11.V.
– Beim Drucker. Probedruck der großen Litho. Viel ist ausgeblieben. Kerschbaumer getroffen. – Brf. von Lili. v. 10. – Sie glaubt nun zu wissen, daß sie sich für meine Liebe nicht eignet. – „Wahrscheinlich bin ich eine unglückliche Mischung Mensch – und außerdem, wie ich jetzt positiv durch Vaters Verhalten gesehen habe, ziemlich stark erblich belastet. – Du hättest keine Freude mit mir gehabt Lieber." „Ich danke Dir für alles Liebe und Schöne, das wir erlebt haben. Ich bin Dir sehr dankbar dafür, auch daß Du so gut zu mir warst, wo ich so häßlich war." –
– Vielleicht wird sie auf m. letzt. Brf. hin noch was sagen. Aber alle Worte können nichts mehr wirken. Ich habe mein ganzes Wesen hingegeben. Sie muß mich erfaßt haben. – Es ist wahrscheinlich endgültig. Aber wenn ich denke, wie Johanna sich immer wieder losgelöst hat u. voll Hemmungen war, bis sie ganz mein war (Otto wurde das alles erspart, ihm fiel die Reife zu) – und sie noch später u. schwerer ist, kann es auch anders kommen. – Ich bin traurig u. müde. Es ist schmerzlich, daß alles was ich groß u. unendlich träume, immer Traum bleibt. – Kleist Pentesilea gelesen!! Abends nach Frl. Margot gezeichnet. Nachts n.d. Spiegel.

12.V.21.
– Bei Dr. Janke (Herausgeber der „Deutschen Roman-Zeitung"), der – durch die Schw.-W.-Ausstllg. aufmerksam geworden – mich in s. Ztg. – die er nun illustriert herausgeben will – einlud. – Man käme da in üble Gesellschaft; doch vielleicht läßt sich etwas machen. –
Im Völkerkunde-Museum. Nur die Primitiven (Wilden!) im I. Stock angesehen und gezeichnet, nach Holzplastiken (Häuptlingsfigur Nd. Kamerun, Figuren aus Urna, Augusta Flußgebiet, Nd. West Kamerun, Masken (über den Schädel geformt) aus den Neu-Hebriden, Ahnenfig. Dtsch. Neu Guinea, Bronze aus Troas (alt kretischer Typus) etc.)
Man sieht sehr viel eingehender, wenn man nach diesen Dingen zeichnet, entdeckt dann erst recht wieviel (doch durchaus aus der Natur geholte! –) Empfindung und Schönheit darin steckt! – Ich freue mich darüber, daß ich so ganz von mir aus, ohne irgend eine Vermittlung zu dieser Kunst einen Zugang fand. Und daß das möglich ist, spricht deutlich für ihren Kunstgehalt. – Man geht fehl – wie immer – wenn man versuchen würde diese Dinge nachzuahmen; aber es geht eine starke Anregung von ihnen aus. – Sie sind mit einer wunderbar frischen und überzeugenden Kühnheit gestaltet, besitzen in Form, Farbe, Linie eine wilde Schönheit und sind aus Wurzeln menschlicher Empfindung heraus geboren. –

Bild 31

„Mumie, Süd-Amerika", 1921. Bleistift, 270 x 158 mm.

Ich bin immer viel eher angeregt nach Plastischem zu zeichnen, als nach Flächenkunst, – in ihr ist die Linie bereits festgelegt u. müßte reproduziert werden, – während dies ein Neu und Umschaffen ist. – Die räumliche Empfindung <u>nährt</u> die Linie, – die reproduzierende nach der Fläche, bleibt so leicht leblose Kontur. – Besonders anregend ist es auch, nach Mumien u. Masken, – diesen zwischen Kunst u. Leben stehenden naturalistischen Gebilden zu arbeiten, – je nach Stellung, Beleuchtung und subjektiver Stimmung wirken sie verschieden auf die Phantasie und ließe sich nach jedem Stück eine Unzahl Bilder zeichnen und malen von selbständigem Wert. – Man muß dieses Studium kultivieren. –*

– Abends kam Ilse. Ich war zerstreut u. habe nicht gut gearbeitet. Erotisches Vorspiel. Wir schenken uns einander, gehören uns schon, sind glücklich. Sie ist unendlich lieb, rein weiblich.
*Ein 2. Brf. v. Lili kam, Antwt. auf m. letzten – Sie wußte nichts von den früheren Selbstmordversuchen des Vaters, ist erschüttert und erklärt sich ihr unglückliches Wesen aus erblicher Belastung. – Es zieht sie nicht zu mir, und ich kann ihr nicht – od. nicht viel // denn nur die Liebe vermag viel // helfen. Wir sind am Ende und bleiben gute Freunde. – Lese R. M. Rilke „Die Aufzeichnungen des Malte Laurids Brigge".

13.V.
Vm. mit Johanna u. dem kl. Tyl im „Wagerl" spazieren. Sprach nun endlich einmal mit Johanna über Lili. Sie hält die Schwester in vieler Hinsicht noch für sehr unreif u. glaubt daß sie eben noch langsamer u. komplizierter in ihrer Entwicklung ist als sie's war. Sieht die Ursache fast alles dessen was sie zu einem so unglücklichen, in sich gehemmten Menschen macht, in ihrer unglücklichen Kindheit. Erzählte rührende und ergreifende Dinge – wie das Kind Dinge die ihm gefielen zu sich nahm und dann von den Eltern wegen dieser „Diebstähle" schlecht u. verkehrt behandelt wurde, früh nach Wolfenbüttel gegeben wurde und so ohne Vertrauen zu den Eltern u. ohne Liebe aufwuchs. Dort auf Freundinnen angewiesen, mag auch ihre Neigung zur Inversion geweckt od. verstärkt worden sein. –
Brf. an Lili. – Abends von Frl. Heider eingeladen. Ihr Vater (Prof. f. Zoologie a.d. Universität) Frl. Hilde Phillipowitsch (die Wienerin von neulich, – sie ist die Tochter des berühmten Nationalökonomen) ihr Bruder und noch eine Wienerin waren dort. – Wie stark wirkt man auf Menschen, wenn man frei ist, sich ganz ohne Maske zu geben, und an den Augenblick anknüpfend Einiges von Erlebtem od. Gedachtem einfach gegen sie ausspricht.

14. Mai 1921.
Mit Otto in der „Großen Berliner" am Lehrter Bahnhof. (Verein Berliner K.[ünstler], Düsseldorfer, freie Secession, Novembergruppe, Architekten) – Solche Riesenausstellungen sind ein Unfug! –
Klee, Kerschbaumer, Czobel, Partikel, H. Hauser, H. Fuchs, I. Hauptmann, K. Hofer, Brass, Orlik, Weiss, Fiori, Chagall, Marie Laurencin (entzückendes Bildchen), Picasso, Vlaminck, Dix, Purrmann, Pechstein (2 sehr amüsante Bilder. Postkarten-Romantik) besonders angesehen. –
Es gibt viele Leute die etwas können, aber wenig die selbständig arbeiten, originale Persönlichkeit haben. Sie imitieren: zB. Cezanne, Gauguin, Matisse, Picasso, Kandinski, Klee, Feininger, Chagall, Vlaminck, Derain, Renoir, – alles sehr verdünnt, nichts wächst ihnen auf eigenem Boden, – sie kommen nicht aus der Natur, sondern aus der Kunst – persönliches Erleben, Menschentum fehlt, aus

Ehrgeiz arbeiten sie u. ihre Arbeit ist überflüssig. – Von den „Berlinern" ist nicht zu reden. –
Den Präsident Ebert gesehen. Sieht aus wie ein Weinhändler. Ein Herrscher muß repräsentativ sein. Es ist traurig daß sich die deutsche Nation von solch einer Figur vertreten läßt. – Dr. Thormaehlen, Valett u. Frau, Lommnitz (Bekannter aus Weimar, Kunstgewerbler, jetzt Maler), H. Fuchs u. Frau (den unsympathischen „Fuchs" aus Weimar u. seine russische „Prinzessin", – sprach mit ihr russisch), Lene Czapsky (Bekannte, Malerin aus Jena, interessanter Kopf) getroffen. – Abds. Ilse. Im Bett, nackt, in Liebesräuschen! Ihr Köpfchen schlafend gezeichnet und eine Aktzchg. Leider beides nicht gut. Wundervoller, entzückender, blühender, blonder Körper. Göttlich entzückt. Oh, arbeiten, bilden!!
– Wie lieb u. gütig, hilfreich ist sie mir. Und in 1 Woche muß ich fort, und habe noch so viel zu erledigen. Oh Glück der Ekstase!

15.V.
Pfingstsonntag. Mit Otto u. dem Wagerl spazieren, Brief von Egger-Lienz, Nchm. u. Abends bei Herrn u. Frau Freude Ilses Verwandten. Eine Cousine, Studentin (Nat. ökonomie) noch dort. Cafe, Abendessen u. Spaziergang, Cafehaus. Sympathische Menschen. –. Heitere Komödie: formelles Benehmen mit verstohlenen Blicken u. Händedrücken. Ilse hat sie gut u. reizend gespielt.

16.V.
Pfingstmontag. – Besuch beim Schauspieler Daghover. Die Frau war erkrankt u. darum aus dem Abend mit Lili nichts geworden.* Nchm. bei Irmgard von Heyne. Die war sehr lieb u. nett. Abends mit ihr zur Schwester. Valett einmal zu Hause. Hat sich den ironischen Ton von früher mir gegenüber abgewöhnt. Kommt als Künstler nicht in Betracht.
*Die Beziehung zu ihr (Porträt – auch des Töchterchens, Kino, Theater) muß im Herbst dann ausgenützt werden. –

17.V.
Kunstsalon Heller. Meine Sachen abgeholt. Ausstellung angesehen (Heckel, Feininger, Kaus, Radziwill, Huth, Holf – Schmidt-Rottluff, Glaser, Schwichtenberg, Pechstein) – Drucker. Die letzte Litho gedruckt. Sieht nun, nach der Überarbeitung besser aus. – Dr. Elsner, Nietzsche zurückgebracht, Litho „Gefg. Lg." geschenkt, – dagegen ein neues Buch von H. Blüher, „Werke u. Tage" bekommen. Abends mit Ilse im Bett u. Aktzchg. nach ihr gemacht. – Posiert mir mit rührender Hingabe. Ich möchte Jahre mit ihr vor mir haben! In der Eile u. Unruhe dieser letzten Tage kann nichts mehr geschafft werden. – Ich will es unbedingt einrichten, daß ich im Herbst wieder hier sein kann.

18.V.21.
– Beim Verleger Dr. Janke (s. 12.V.). Behielt sich 17 Blätter, die er im Spielraum von 2 Jahren in seiner „Deutschen Romanzeitung" veröffentlichen will. Für diese Blätter hat er sich während dieser Zeit das einmalige Reproduktionsrecht gegen die Pauschalsumme von 500 M, welche mir sogleich ausbezahlt wurden, erworben. – Werden sie schlecht reproduziert, sieht mans, – kommen sie gut, so macht es die Arbeit nicht schlechter, daß sie in diesem Familienblatt gezeigt wird.
Es ist das denkbar beste Geschäft, für das bloße Veröffentlichungsrecht (1-malige!) etwas zu bekommen. Und ich brauche Geld. Wer mir's in Übel nimmt, in diesem Blatt zu erscheinen, – der soll mich in besseren bringen u. auch bar bezahlen – sonst eben hol ihn der Teufel.
– Im Völkerkunde Museum. Gezeichnet (Chinesische Plastik, Negerplastik, Fayence aus Kreta, Mumien etc.)
Abends bei Rhades, in Gesellschaft.

19.V.21.
– Vrm. nach Potsdam mit Otto. Wildpark, Verlag Kiepenheuer. Menge Bücher u. Kunstjournale angesehen. (Ensor. Monogr. v. Collin, Heckel, M. Laurencin!)
3 Std. auf Herrn K. gewartet, seine Frau war erkrankt. Ich habe den denkbar ungünstigsten Tag erwischt. Konnte nur m. Zchg. in größter Eile durchblättern u. keinen momentanen Erfolg erzielen. Doch wäre K. geneigt von mir u. auch v. Otto etwas illustrieren zu lassen. Für Mappen wäre jetzt keine Zeit.
Erst um 1/2 6^h heimgekommen. Douche, ins Bett, Kopfschmerzen. Ilse. 1. Tg. Menstruation. Glückseliges Nebeneinanderliegen. Sie ist so wunderbar innig. –

20.V.
– Regentag. (Darum kann ich die Mappe nicht schleppen). 1 1/2 Std. im Museum f. Völkerkunde: oberster Stock, – Indien, Persien, China, Japan etc. gezeichnet: Taoitische Genien u. Gottheiten, japan. Drachenkönig, Indische Figur, die Maske von den Neu-Hebriden. – Im Café „Vaterland". Brief an Ilse. – In der Sturm Buchhandlung Bücher u. Bilder angeschaut. (G. Grosz „Das Gesicht der herrschenden Klasse" gekauft – sehr begabter Karikaturist, voll Galle.)
Abends zu Hause. Abschiedsstimmung. – Es reicht nicht aus, von Grosz zu sagen „sehr begabter Karikaturist". – Er ist so gräßlich u. peinigend, daß ich nichts ihm an die Seite zu stellen wüßte. Andere, große Karikaturisten, daneben gestellt: plaudern oder sind noch voll Humor, oder sie adeln das Abscheuliche durch eine schöne Form. Er ist ein bitterer, beißender Satyriker. – Ich bin ein Gegner dieser Dinge. – Wie gut versteh ich den Haß! ich bin einmal durchgegangen. Aber ich weiß, daß auf der roten Seite nichts Besseres kommt. – Vielleicht kommt aus dem Haß nie Gutes. – Aber dieser Mensch sieht die Welt so. Wäre er in Rußland so würde er die gleiche Fratze über den Sozialismus schneiden. – Der reine Satyri-

ker ist nicht groß – er übersieht das Ideal und ist selbst ohne idealisierende Kraft. – Und zumal der politische nicht. – All dies ist doch nur eine Oberfläche. – Die Blumen blühen, Kinder wachsen, Frauen sind voll Liebe, Wasser sprudelt, Menschen beten zu Gott, Sterne funkeln -- – das Leben selbst, das Bleibende im Wechsel, das Ewige hinter aller Erscheinung erleben und gestalten! –
Ich sah den winzigen Tyl wie er gebadet und gestillt wurde. – Wunderwesen zwischen Tier und Mensch. – Das Lebensgefühl solchen Wesens erraten! Alles was in uns ist, ist dort angedeutet – oder ist's umgekehrt: was wir, noch am Verborgensten in uns haben, haben wir aus jener ersten Zeit? –
Es gibt fast keine Bilder von Säuglingen. (Dürer, Mantegna haben es versucht.) – Man brauchte mehr Beweglichkeit dazu, zB. die organische und ganz eigenartige – uns so fremde oder so verwandte wie bei Tieren – Bewegung dieses Körperchens wieder zu geben. – Wir müssen selbst Kinder haben! Dann werden wir erst voll und rund, dringen in neue Mysterien ein. – Ich weiß nun, wie ich auch das Wickelkind lieben könnte und wie tief die Liebe zur Frau die uns das Kind schenkt, werden muß[46]. – Es gibt nur dies Eine, das wir brauchen: eine vollkommene Liebe. Dann sind wir geborgen, können nach allen Seiten wachsen und blühen.

21.V.21.
Bei Neumann (Graph. Kabinett). Nicht ihn selbst getroffen, und keine Bilder der Paula Modersohn-Becker u. keine von K. Westermayr mehr dort zu sehen. – Einige schöne Bilder von Heckel und ein fabelhaftes Bild von Chagall (Interieur mit Menschen, – süße Regenbogenfarben) gesehen und Graphik von Kokoschka angeschaut. – Um 5^{h} schon kam Ilse. 2 Zchg. gemacht (Kopf, Hände, Brüste, Arme). Ich fühle wie ich's neu anpacke, intensiver, freier und größer. – Im Herbst muß es geschehen. – Göttliche Stunde im Bett mir ihr. (Alle erotischen Erlebnisse sind variiert, keines gleicht dem andern und bleibt unbeschreiblich.) – Sie ist vollgesogen von meinem Wesen – sieht aus in ihrem vollkommenen an mich Verlorensein wie eine Traumwandlerin – und ebenso würde sie niederstürzen, wenn ich den Kontakt zerbräche. – Abendessen mit ihr – wie immer – es ist köstlich und noch 1 Glas Bier. Skizze der Mondscheinstraße, Brief an sie. –

22.V.21.
– Zchg. geordnet. Mittagessen mit Otto. Besuch bei Kerschbaumer u. Frl. Fleischmann. Die letzte Litho gegen eine von K. getauscht. – Bei Freude's Cafe. Zchg. nach Ilse u. eine nach ihrer Cousine Suse gemacht. – Zu spät in Cirkus Busch. (So bin ich hier denn wirklich weder in Cirkus noch in ein Theater ge-

46. Das Motiv „Mutter und Kind", überhaupt Kinder, wurden für Otto Herbig ein zentrales Thema seines Schaffens. Siehe Walter Scheidig: Otto Herbig. Ausstellungskat. Staatl. Museen zu Berlin. Nationalgalerie. Berlin 1962.

kommen.) Im Café mit den Beiden. – Heimweg allein mit Ilse. Es ist schwer und traurig von diesem himmelsguten Wesen Abschied zu nehmen. – Sie ist ganz an mich verloren und bis in die letzte Faser von mir durchfiebert. – Oh, könnte ich den traumwandlerischen, in seiner Hingabe seligen Blick, die keusch entgegenblühenden Lippen und die Anmut des leise gebeugten Köpfchens erfassen; ich habs heut versucht. Ihr Ausdruck erinnert an den m. Schwester als sie Otto liebte.

Bild 32

„Porträt Ilse Moebius", 1921. Bleistift/gelbliches Papier, 499 x 369 mm. Bez. r.u.: R.W. [ligiert] 5, 21.

Bregenz, – Nachtrag.

Am 23. Mai.
Nachm. bei Dora Schlüter-Riemann, – Zeichnungen verkauft, die Briefe v. Goghs an Theo, 2 Bände geschenkt bekommen. – Abends packen mit Ilse und im Bett mit ihr. Abschied. – Ihr Gruß an m. Mutter!! –

24.
Früh 8^h Abfahrt. Glückliche Fahrt mit Johanna und dem kl. Tyl. – Alles hält mich für den Vater. Joh. schenkt mir noch alte, einst an mich gerichtete Briefe, die ich erst daheim – in Ruhe u. Sammlung lesen soll.
1/2 2^h Ankunft in Weimar. – In der Kutsche, Lili wie eine pommersche Amme, in die Lisztstr. 23. – Mutter Gräf. Abends zu Klemm's – Hartogh[47] getroffen.

25.
Vrm. Besuch bei Fr. – v. Heyne. Jutta v. H.
Nchm. Spaziergang mit Gerdi im Park. – Schrammen getroffen. – Besuch bei Prof. Fleischer[48]. Großes Interesse für seine maltechnische Lehre (von der Untermalung in Grau, – fertige Zeichnung, – die Farbe nur Lasur). Abends Joh. u. Tyl gesehen. Brf. von Otto: „sie ist besser als wir alle" – wie ich's am Morgen ihm geschrieben hatte! – Prof. K.[lemm] m. neuen Zchg. gezeigt. Letzte Litho geschenkt. – In Scheffler „Talente" gelesen.

26. Mai (Fronleichnam).
Bei Verleger Wollbrück (Klee, Negerplastik, Einstein Exoten, Breughel 26 M gekauft). Gertraude Both besucht. Spaziergang mit Gerdi im Park. K.P. Roehl und seine Frau Alexandra besucht. Dr. H. Lilienfein besucht. – Meissel getroffen. Bei Gräf's Abendessen, Blumen f. Johanna. Abds. im Theater: Hedda Gabler (Irene Triesch!). Auseinandersetzg. mit Lili.

27.
– Besorgungen f. Johanna. – Fechner, Biewald getroffen. – Im „Genius" gelesen (Kirchner) Besuch b. Frau Pastor Kormann u. Frl. Reusse. Abds. bei Roehl im Atelier. Erlebnis! Frau Alexa – und das Kind!! – Roehls frühe Zchg. u. Radierungen. Neueste Baumstudien. Bilder, Kriegszeit u. letzte. Absolutes. Holzschnitte (Tiere). – Begegnung mit Leni Heinrich. Abendessen bei Roehls. Unterhltg. über Egger, Feininger, Klee, Fuhrmann, Schlaf. Aufschlüsse über seine

47. Rudolf Franz Hartogh, geb. 1889, Maler, Graphiker, Architekt; studierte 1906–10 bei Lovis Corinth in Berlin, an der Weimarer Kunstschule bei H. Olde, am Bauhaus 1919–1925.

48. Fritz Fleischer, geb. 1861, Genremaler; Professor der Kunstschule in Weimar, Autodidakt; vertreten in den Museen von Weimar, Dessau, Hannover, sowie im Goethehaus in Weimar.

absolute Kunst. Gedichte von Hartwig. – Der schöne Jüngling Peter Müller (oder Otto). Nicht zu Joh. Schlaf[49] gekommen.

28.
Post. Johanna. Wollbrück (Birken zu 50, Selbstbds Litho z. 80 M verkauft) 2 Phallus-Lithos in Kommission, Einladg. zu einer Ausstellg. im Septb. Bücher gegen 1 Litho eingetauscht). – Besuch bei Fr. Pastor K. u. Fam. Benkowitz. Abds. bei Frau v. Heyne in Gesellschaft. Post bei Gräfs.

Sonntag, 29.
– Bei Burchartz im Atelier, schöne neue Bilder. Bei Prof. Klemm im Atelier. – Neue Schnitte zur Divina Comedia (1 Probedruck davon, 2 aus Reinecke Fuchs, 2 Radierg. geschenkt bekommen). Abds. Roehl u. Frau u. der kl. Tülö, u. ein Herr Scheibe bei Klemms – Von Prof. K. 250 M. angenommen.

30. Mai.
Von Joh., Roehl verabschiedet, Burchartz nochmals besucht (neue Bilder Zchg. Aquarelle gesehn) 1.^{18} Abfahrt.

31.V.
– Nacht im Wartesaal auf einem Stuhl verbracht. – Einem Tiroler Mechaniker der ausgestohlen worden war 20 M. gegeben. Um 7^{h} zu Penzoldt. Angeregte Unterhaltung. (Ernst Heimeran u. ein Bruder des † Stolle). Mit Herrn Stolle im National Mus. Freude an romanischer u. gotischer Plastik, an Gobelins, Möbeln, Kunstgew. – Pracht u. Prunck. Geruch alten Stoffes, Holzes u. vergangener Generationen. Kulturgesch. Überblick. – Bürgerbräu. Bei Goltz (kl. Bildchen v. M. Laurencin, Zchg. v. Kokoschka) Cafe Fohrig. 3.^{15} nach Dachau.
Besuch beim Maler Schröder. Familie Niestlé. Spannungen Minni u. J. J Vrieslander. Lampion. Grammophon. Schlafzimmer.

1.VI.
– Schloßpark. – Armband. Unterhaltg. mit Fr. M.

2. Juni.
Spazierg. a.d. Amper. Besuch b. Maler Kallert, nach Fr. M. gezeichnet. – Unterhaltung mit J. J. Vrieslander über die neue Kunst – Kluft, hierin u. überhaupt zwischen mir u. dem Menschen. Er ist starr geblieben, ich ihm entwachsen. Uns knüpft nur Erinnerung. Kameraden. Tanz mit Angela. –

---

49. Johannes Schlaf (1862–1942), Schriftsteller; lebte seit 1904 als freier Schriftsteller in Weimar. Wacker schätzte besonders seine Übersetzungen Walt Whitmans.

3.
Von einer Schwalbe geweckt. J. J. V. alte Zeichnungen angeschaut. Am Besten einiges aus Paris u. Landschaften. Einige schöne Akt- u. Kostümzchg. andres an süßen Kitsch mehr als grenzend. – Er ist ohne Entwicklung. Immer gleich gut u. gleich schlecht. – Bad in der Amper mit Angela (wundervoller Mädchenkörper) einer 13-jährigen u. einem 3. Mädchen. – Gabrielle hat Menstruation. Viel Unliebenswürdiges daraus zu erklären. – Brachte ihr gelbe Schwertlilien ins Bett. Abends im Kimono u. der holländ. Haube sah sie lieb aus.

4.
Zurück nach München mit Fr. M. Wege mit ihr, Park, Restaurant, Cafe Tusculum, Aussprache mit ihr, Erlebnis. Ihre Liebe zu mir, Unterhaltg. über J. J. V. Abschied. – Paula 1/4 Std. gesehen. 1/4 Std. bei Penzoldt.
1/2 8 nach Landshut zu Renners.
Ludwig und Frau erwarten mich bei d. Tram. Sind den Abd. besetzt. Empfang im Schloß oben. Briefe v. Ilse. bis 11. Juni in Landshut. – Es waren wunderbare Tage. Das Erlebnis zweier Menschen u. ihrer Ehe. – Wieder sieht die Harmonie einfach aus und war f. die beiden komplizierten Menschen so schwer zu erreichen.
– Landshut, Berg, das Schloß, der Park, mein Zimmer. Lasen zusammen im Spengler (Untergang) – Geniales Werk! Sahen Bücher u. m. Zchg. an. Begossen den Garten, tranken Bowle, aßen Erdbeeren mit Milch. Plauderten viel von Mensch zu Mensch. Fr. Frieda eine großartige schöne Frau. Viel von Nastasja Filippowna. (Troitzki fehlt. Wuchs wie eine Pflanze auf. Hatte dann viel Hemmung gegen die Welt. Nun lebt sich ihre Kindlichkeit frei aus. Wunderbar ihre urwüchsige Natürlichkeit (hat holländ. Blut!).) Rührender Wettstreit wenn ich ihnen von m. Sachen schenken wollte. Ergriffenheit von Ludwigs alten Liedern.

11. Vrm. Abfahrt n. Mch. [München].
Besuch bei Feuerle's. Paula getroffen.
<u>Neue Staatsgalerie</u>: Matisse, Purrmann, Hodler, Kokoschka, Weisgerber, Gauguin (Maria), Manet <u>(Barke!)</u> Pissaro (Straße) Renoir (Damen, Ausblick auf sacre coeur) <u>Cezanne</u> (Bahndurchstich! Stilleben, Portr.) v. Gogh (Selbstbildnis, Sonnenblumen, Arles), Lautrec (i.d. Loge) Kalkreuth (Regenbogen) Rodin (Zchgn. <u>Kamerad.</u>) Maillol (Renoir, Mad. M. Denis) Gerstel, Scharff, <u>Meunier</u>, <u>Marées</u>, 3 Schuch, <u>Leibl</u>, Trübner, Thoma (Mainlandschaft). Stärkster Eindruck wieder v. Goghs Selbstblds, die Marées (besd. ein Selbstblds) die Maria Gauguins. – Cafe Tusculum. Fr. M. nicht getroffen.

Sonntag, d. 12.
Bei Frau Kuithan[50] mit Otto u. Johanna in Söking a. Starnberger See. – Erlebnis Fr. K. (unerfreulicher Eindruck, verbitterte Frau) doch sie ist groß u. fein.

13. Juni.
Zusammen mit Otto in München, Staatsgalerie. Alte Pinakothek durchgesehen. (Italiener – Tizian K.[arl] d. V., Perugino), Altdeutsche – Grünewald, Striegel, Schäufelin, Mühlein, Pacher, frühe Franzosen, frühe rheinische Bilder (Portr. einer Frau an Joh. erinnernd.) Niederländer (Breughel, Memling, Rubens der Riese, v. Dyck). Vieles auf Maltechnisches hin untersucht. Prof. Fleischers Lehre von Untermalung u. Lasur bestätigt. (v. Dyck unfertige) Abds. mit Penzoldt.

14.
– Bei Brackl [Brakl; Moderne Kunsthandlung] (Egger-Lienz u. Bilder, ohne wesentl. Eindruck), Neue M.[ünchner] Secession: Lehmbruck Gedächtnis Ausstellung, voll Andacht erlebt. – Graphik, teils in Berlin i. d. Ak. d. K. nicht vertreten (Heckel, Beckmann, Rholfs, Vlaminck, Derain, Laurencin, Nauen, Grosz, C. Hofer, Klee, Kubin).
Begegnung mit 2 Zürchern Stud. d. Med., im Cafe mit ihnen. 4–5 im Völkerkunde-Museum (gezeichnet – Karten zu 10 Pfg.). Reich, doch übersichtlicher als das Berliner. Oberes Stockwerk gesperrt. Bereicherung. Fieber. Cafe Bauknecht. Musik, Post. Fr. M. nicht da.
Abds. Geburtstagsfeier bei Penzoldt. Die Frau seines Bruders, die berühmte Sängerin Siegried Onegin sang uns ein paar Lieder.
(Erlebnis! – Tizian – auf die Negerkunst!) Herr Tölke, Jäger, E. Heimeran u. Schwester, die schöne Jela u. Zwillingsschwester, andre Frauen u. Mädchen Gäste. Telegramm v. Fr. M.

Mittwoch. 15. Juni 21.
Vormittag noch mit Fr. Minni zusammen, Mittags Abfahrt nach Bregenz. – Während der ganzen Reise tägl. Brief an Ilse.

50. Frau Kuithan, geborene Traute Frieß, heiratete 1911 den Maler Erich Kuithan (1875–1917). Otto Herbig hatte bei Kuithan in Jena seinen ersten Zeichenunterricht erhalten und war mit Kuithans eng befreundet. Lit.: Oskar Schmolitzky: Erich Kuithan. Ein Malerschicksal am Anfang des 20. Jahrhunderts. Schriften des Stadtmuseums Jena. Jena 1957.